启真馆 出品

史学经典

William Robertson

苏格兰史

THE HISTORY OF
SCOTLAND

〔英〕威廉·罗伯逊 著

孙一笑 译

ZHEJIANG UNIVERSITY PRESS
浙江大学出版社

译者序

　　呈现在读者面前的这部《苏格兰史：自玛丽女王与詹姆士六世统治期间直至詹姆士六世君临英格兰》（一般省作《苏格兰史》），是苏格兰启蒙运动时期的著名史学家威廉·罗伯逊（William Robertson）的成名之作，也是能够代表其史学思想的学术名著。

　　1721年威廉·罗伯逊生于中洛锡安郡（Mid-Lothian）的博斯威克（Borthwick），其父是当地的一名牧师。由于家庭的影响，罗伯逊自幼受到了良好的教育，先后就读于当地的教会学校与语法学校，为之后的学习打下了坚实的语言基础。其后，他的父亲受命为旧方济各会的牧师，罗伯逊因此随父搬迁到了苏格兰的首府爱丁堡，并在那里继续接受教育。

　　1741年，罗伯逊从爱丁堡大学神学专业毕业，获得了布道许可。其后，他继续攻读神学学位，并于1759年获得了神学博士学位。在学习与传道的过程中，罗伯逊搜集到了关于苏格兰的大量历史资料，由此开始写作他的第一部史学著作《苏格兰史》。这部书在1759年完稿付梓，并且取得了巨大的成功。

　　《苏格兰史》共八章，讲述了从罗马对苏格兰的入侵直到斯图亚特王朝的詹姆士六世继承英格兰王位这一时期的苏格兰历史。这八章大体上可以划分为三个部分，首章为第一部分，讲述了玛丽女王登基之前的苏格兰历史概况。在这一部分，威廉·罗伯逊将重点放在了苏格兰王国的政治发展情况及其特点之上。他首先叙述了封建体制产生的过程与特点，其次从自然、社会环境等角度入手，详细论述了苏格兰王权衰弱、贵族权力强大的原因。此外，罗伯逊还兼顾了玛丽女王登基之前欧洲各个主要封建国家的历史。[①]第二部分始自第二章，终于第五章。从这一部分开始，罗伯逊关注发生在苏格兰土地上的各个历史事件，着力考证这些事件的来龙去脉，尤其对玛丽女王的婚姻问题做出了详细的阐释。此外，罗伯逊还侧重对英格兰女王伊丽莎白一世的刻画，叙述了她是如何利用玛丽的婚姻问题达到控制苏格兰的目的。[②]第三部分为第六章至第八章，从玛丽女王在内战中的失败开始讲述，最终以玛丽女王之死及詹姆士六世继承了英格兰王位作为结束。[③]

　　总体上来看，这部著作文笔流畅、叙议俱佳，无论是作为一部文学著作还是史学著作都有其长处。就其文学性而言，罗伯逊在刻

[①] William Robertson, *The History of Scotland: during the Reigns of Queen Mary and of King James VI, till His Accession to the Crown of England*, New York: Derby and Jackson, 1856, pp.7–42.

[②] William Robertson, *The History of Scotland: during the Reigns of Queen Mary and of King James VI, till His Accession to the Crown of England*, New York: Derby and Jackson, 1856, pp.43–205.

[③] William Robertson, *The History of Scotland: during the Reigns of Queen Mary and of King James VI, till His Accession to the Crown of England*, New York: Derby and Jackson, 1856, pp.205–322.

画人物形象方面十分成功。他将故纸堆中的陈年旧事稍加铺陈，曾湮没于历史长河中的王侯将相、士庶商绅便跃然纸上，读来令人不忍释卷。就其史学性而言，罗伯逊十分注重对档案资料的搜集与考证，这使得他的这部历史著作更加严谨。正如该书第一版序言当中所说的那样，罗伯逊在写作这部《苏格兰史》的过程中不仅参考了大量前辈留下的相关历史著述，还四处走访，在图书馆与博物馆中搜寻与苏格兰历史相关的档案与文物。此外，他还注重搜集各种原始档案文件的手抄本，并对其加以考订。同时，罗伯逊还对各种版本的苏格兰历史著作加以评介，利用搜集到的资料对这些著作中述及的历史进行细致的考证，纠正了这些著作中的许多错讹之处。所有这些在那个尚未建立起历史科学的年代中无疑都是难能可贵的。

　　研究苏格兰史学史的前辈们在讨论 18 世纪末与 19 世纪初的苏格兰史写作之时，基本上都秉持着一种消极的观点。大部分史学家认为，这一时期的历史写作走的是一种狭隘地区主义的路子。科林·基德（Colin Kidd）在《颠覆苏格兰的过去》（Subverting Scotland's Past）这部书中犀利地指出，18、19 世纪的苏格兰史家们放弃了苏格兰作为独立民族的历史身份。他说："这并不仅仅是一场简单的区域主义重构，同时还是曾经身处一个独立王国之中的人民意识到了自己在历史上的失败。他们也看到一场旨在吸纳苏格兰人民的合并拯救了他们自己。"因此，苏格兰的近代史学家们最终接受了一个"英格兰－不列颠"的单一身份。[①]换言之，基德等学者认为近代的苏格兰史家们将曾经妇孺皆知的古代苏格兰传说从历史写作中剥离，这一做法并非出自一个历史学家的严谨，而是为了将苏格

---

① Colin Kidd, *Subverting Scotland's Past: Scottish Whig historians and the creation of an Anglo-British Identity, 1689— 1830*, Cambridge: Cambridge University Press, 1993, pp.98–99.

兰纳入英格兰的历史与发展轨道当中。他们打破了传统上的苏格兰历史的写作框架，用英格兰式的写作手法与思考习惯对其进行加工，并且从英格兰史的视角出发，对苏格兰的历史进行重新解读。这种解读使得苏格兰民族的独立性受到威胁，在史学家们的眼中，这无疑是"历史精神的失败"。

在译者看来，与其说这种写作苏格兰史的方法是一种狭隘的地区主义，倒不如说是秉持着这种观点的史家们难以从苏格兰往昔的历史之中超脱出来。秉持着狭隘地区主义观点的人，恰恰正是不愿意看到英格兰与苏格兰的文化进行交融的这些史家们。他们的叙述往往会给读者带来一种错觉，使人们认为这一时期苏格兰史的重构工作是英格兰文化的侵蚀所造成的，认为英格兰想要通过将苏格兰历史纳入自己的发展轨道中，达到"消灭"苏格兰民族的目的。事实上，苏格兰人从一开始就没有对两国的合并做出抵制，不希望看到两国合并的恰恰是自视甚高的英格兰人。英国皇家历史学会会士、格拉斯哥大学高级讲师卡琳·鲍伊曾经专门论述了对两国合并的抵制问题，她在《大众抵制、宗教与 1707 年合并》一文中从文化角度入手，详细阐述了英格兰人抵制 1707 年两国合并的历史。有趣的是，英格兰人抵制两国合并的理由竟然是担心会被苏格兰人"征服"，反倒是苏格兰人自己表现出了较为积极的态度。[①] 因此，我们不应认为这一时期的苏格兰史写作是出于任何主观上的目的，它并非是一个民族想要用文化手段消灭另一个民族的政治工具。恰恰相反，这一时期的历史写作正是历史本身做出选择的结果。这些所谓的对苏格兰史的扭曲也并非完全是不合史实的歪曲，这一时期的史家们在

① Karin Bowie, "Popular Resistance, Religion and the Union of 1707", in T. M. Devine ed, *Scotland and the Union, 1707—2007*, Edinburgh: Edinburgh University Press, 2008, pp.39–54.

史料考证上做出了远超前人的努力，詹姆斯·布朗（James Browne，1793—1841）关于苏格兰氏族的历史著作、亨利·莫尔（Henry Maule）关于苏格兰原始档案的汇编都具有较高的史学价值。[①] 倘若仅仅以剥离了不合信史的古代传说为由就将这些史学家贬斥为"丧失了史学精神"的历史罪人，未免就显得有失公允了。

罗伯逊的《苏格兰史》也在这些史学家的批判之列。但显而易见的是，罗伯逊的这部讲述苏格兰地区历史的著作已经超出了所谓"狭隘地区主义"的范畴。凯伦·奥布莱恩（Karen O'Brien）与苏珊·曼宁（Susan Manning）在一篇专述苏格兰历史编纂与身份认同的文章中提到了罗伯逊《苏格兰史》的史学价值。他们认为，罗伯逊的这部著作是"区域性世界主义"这种历史观念的初次胜利，这一点无疑是十分中肯的。所谓"世界主义"，是兴起于 18 世纪的一种写作历史的观念。这一时期诞生了许多关于世界历史的著作。这些著作的作者往往在书中架构了一个宏大的体系，用它解释整个人类社会发展的路径。根据这一路径，人类社会要经历四个阶段的发展历程。第一个阶段是原始的狩猎采集阶段，由此经过畜牧阶段、农业阶段，最终达到商业交换的现代公民社会阶段。[②] 这种史观固然有其局限性，但跳出了以往用地方单元来界定历史写作框架的写作模式，使得史家们能够用一种宏观的视野把控自己手头的原始资料。从某种程度

[①] James Browne, *The History of Scotland: its Highlands, Regiments and Clans*, Edinburgh: Francis A. Niccolls and Co., 1909; Henry Maule, *Miscellanea Scotica: A Collection of Tracts Relating to the History, Antiquities, Topography, and Literature of Scotland*, Edinburgh: Printed for John Wylie, 1818.

[②] Karen O'Brien and Susan Manning, "Historiography, Biography and Identity", in Susan Manning and Ian Brown eds., *The Edinburgh History of Scottish Literature, Volume Two: Enlightenment, Britain and Empire, 1707—1918*, Edinburgh: Edinburgh University Press, 2007,pp.143–144.

上而言，由于人们能够查阅并搜集到的史料越来越丰富，这也是史学史自身发展的结果。

事实上，秉持"世界主义"这种历史观念的学者在一开始并没有提出"四阶段论"这样系统的观点。18世纪40年代开始编纂的《普世史：从远古至今》（*An Universal History, from the Earliest Account of Time* ,65 volumes）可以算是较早采用"世界主义"观点的著作。但是这部书受到了许多人的批评，德意志史学家施勒策就批评它缺乏整体的历史观念，仅仅是史料的堆砌而已。[①] "四阶段论"的观点最初由凯姆斯勋爵亨利·霍默（Henry Home, Lord Kames）在18世纪40年代首次提出，他在三卷本的《人类历史概述》（*Sketches of the History of Man*）一书中详细阐述了这一历史观念。凯姆斯勋爵认为，渔猎是人类必须经历的第一个阶段。人类通过这种原始的方式采集食物，使得族群的人口不断增加。人口的不断增加使得渔猎无法满足人类的需要，由此使得社会逐渐进入第二个发展阶段即畜牧阶段当中。随着人口的不断增加与资源的相对减少，相邻的部落开始发动战争，人们由此开始种植农作物，以确保战争之时的物资需要。其后，战争使得一块块割裂的土地合并起来，农业使得人们的生活定居下来。政权的稳定与各种产品的富足催生了商业，社会因此进入第四个阶段，现代公民社会因此萌发。[②] 凯姆斯勋爵提出的这种史观在后来大行其道，比较著名的代表作有托拜厄斯·斯莫利特（Tobias Smollet）的《英格兰全史》（*Complete History of England*）、詹姆斯·密尔（James Mill）的《英属印度史》（*The History of British*

① 格奥尔格·伊格尔斯、王晴佳：《全球史学史：从18世纪至当代》，杨豫译，北京：北京大学出版社，2011年，第30—31页。

② Henry Home, *Sketches of the History of Man*, Edinburgh: Printed for William Creech, 1813, vol.1, pp.71–75.

India）等。^①而罗伯逊的《苏格兰史》也无疑受到了凯姆斯勋爵的影响。

与人类社会的"四阶段论"相对应的是，罗伯逊将苏格兰的历史也划分为四个阶段。他将苏格兰王权初兴到肯尼思二世登基（约971年）划分为苏格兰史的第一阶段。犹如人类原始的采集狩猎时期，这一阶段的苏格兰史"充斥着神话与臆想，它应被完全忽略，抑或丢弃给轻信人言的古董商"。第二个阶段始自肯尼思二世征服皮克特人，止于亚历山大三世之死（1286年）。在这个阶段，"史实渐露端倪，真实之光起初虽然微弱，但却渐趋明朗"。第三个阶段从亚历山大三世之死开始，直到斯图亚特王朝的詹姆士五世驾崩为止。由于有了来自英格兰的历史档案的佐证，这一时期的历史"开始具有可信度"。第四个阶段则包含了从詹姆士五世驾崩直到詹姆士六世君临英格兰为止的历史。罗伯逊认为这一时期的苏格兰已经在国际舞台上占据了重要的一席之地，"她的政治态势在欧洲十分重要，她对邻国的外交活动也具有明显的影响力"。由此，"她的历史在那时成了邻国关注的焦点"。^②通过这样的划分，罗伯逊不仅将苏格兰历史上的典章制度的沿革进行条分缕析，而且还将苏格兰史置于欧洲历史发展的宏大视野之中，由此使得读者能够在诡谲变幻的欧洲国际关系史中清晰地把握苏格兰本民族的历史，这一点是前辈史学家所无法做到的。换言之，罗伯逊的《苏格兰史》不仅胜在史料考订

---

① Karen O'Brien and Susan Manning, "Historiography, Biography and Identity", in Susan Manning and Ian Brown eds., *The Edinburgh History of Scottish Literature, Volume Two: Enlightenment, Britain and Empire, 1707—1918*, p.144.

② William Robertson, *The History of Scotland: during the Reigns of Queen Mary and of King James VI, till His Accession to the Crown of England*, New York: Derby and Jackson, 1856, pp.8–9.

的严谨、叙事文笔的流畅，更在史观上胜出一筹。这也是我们今天阅读《苏格兰史》之时所应当留意的。

此外，与此前的历史著作更偏重于对事件的描写所不同的是，罗伯逊在《苏格兰史》当中还着力论述了苏格兰的政治体制，对苏格兰的行政、司法体系都有着较为深入的探讨。在本书的第一章，罗伯逊就首先开宗明义地点出了苏格兰政治的特点是王权弱小、贵族权力强大。他随后详细地论述了苏格兰贵族权力难以抑制的七个原因，由此得出了苏格兰的政治体制并非"王政"，而是典型的贵族政治。更为重要的是，罗伯逊在梳理苏格兰最高民事法院发展历史的基础之上，对国王设立的各个司法机构做出了详细的阐释，最终指出了司法权在国王与贵族权力斗争当中的重要地位。罗伯逊的这部分论述，直到今天仍然令研究者们无法视若无睹。译者曾写了一篇论述苏格兰斯图亚特王朝司法改革的论文，其间曾将罗伯逊的观点与现代研究苏格兰司法史的相关著作进行了比照，除个别有所偏差之外，罗伯逊的考证基本上是没有错误的。尤其是他关于"常务法庭"（Daily Council）的论述，更是与圣安德鲁斯大学整理出版的《1707年之前的苏格兰议会档案》（*The Records of the Parliament of Scotland to 1707*）当中的相关原始材料几乎别无二致。[①] 这无疑证明了罗伯逊在搜集史料方面用功之深，其对史料的分析也颇为严谨。

除了《苏格兰史》之外，罗伯逊还有许多传世名作，比如《美洲史》（*The History of America*, 3 volumes）、《查理五世统治时期史》（*History of the Reign of the Emperor Charles V*, 4 volumes）等。这些史

---

① 根据现有的议会法令来看，常务法庭设立于1504年，它"常驻于爱丁堡，或是设置于国王的驻地，抑或是根据国王的意愿择地开设，以处理人民的日常纠纷，此外，它应当享有同民事法官等同的权力"。详情请参阅 *The Chronological Tables of Statutes: 1424—1707*, A1504/3/102。

学著作或多或少都反映了上文提及的"四阶段论"史观，因主次有别，译者在此便不再赘言。最后需要提及的是，国内目前的苏格兰史研究仍存在着很大的空间。这并非是由于国内学者对苏格兰史的研究不够重视，而是因为苏格兰现在已不再是一个独立的国家，学者们站在不列颠国家的宏观层面上对作为地区的苏格兰历史进行把握，其侧重点自然有所不同。然而，由于苏格兰在历史上的特殊性，也由于如今的苏格兰独立问题，研究中古乃至近代时期的苏格兰历史又具有了特殊的重要性。因此，这部《苏格兰史》作为国内引进的第一部关于苏格兰的通史性著作，其参考价值是显而易见的。

《论衡》云："河冰结合，非一日之寒；积土成山，非斯须之作。"翻译之事，理与之同。译介此类佳作，仅求译文之"信"，便需狠下一番功夫，更何况于"信""达""雅"兼具了。译者学识浅陋，惟愿以勤补拙。译文之中，务求准确，而不敢矫饰文辞以害其真。虽然作了诸多努力，仍难免舛误，故望读者明察。若能斧正，则不胜感戴之至。

孙一笑

2017 年 3 月 5 日于福建师范大学

又玄图书馆

第一版序言

　　每当人生中的第一部著作出版时，作者们的焦虑之情都难以言表。伴随着这种焦虑与争论，本书终于付梓。在此期间，我所消磨掉的光阴与承受着的苦痛，皆为报偿公众对我的认可。尽管在确信这种认可是否值得置于本书之上以前，它应当被谨慎地予以收贮。

　　然而，就像我曾多次背离了前人的研究成果，为早已"盖棺定论"的历史过客们描画出新的面孔那样，我应当向读者们阐明我这样做的原因，并为我在书中予以否定的观点拿出证据，无论这些观点属于前人还是与我同时代的历史学家们。

　　玛丽女王统治时期的事件催生了两个政党的兴起，它们彼此之间因强烈的政治仇恨而相互争斗，因狂热的宗教热忱而撕咬不休。然而所有这些，在历史学家眼中却都极具价值：他们采纳了这些政客的观点，并为其行为狡辩。在这些人眼中，求真显然不是唯一的目标。他们为偏见所蒙蔽，在一幕被篡改了的历史大剧中自以为是地翩翩起舞，扼杀了作为主角的真相而不自知。因而，其所写皆非国史，而是为派系倾轧所做的辩护。不幸的是，后来的史学家们几乎毫不怀疑地踩在了前人踏出的脚印之上，自然也就可悲地复述着前人的谬误与偏见。然而，当此前激起两党之争的情感留传至后世子孙之时，当所有涉及玛丽女王统治时期的历史事件成为人们怀疑或是争论的焦点之时，求实精神便开始觉醒，这种精神就是：倘若没有更加真实公正的材料，便不可轻易对历史妄下结论。在这种精神的推动下，历史档案被寻出，原始文件被找到，档案馆——即便是私人仓库也被来自不同政党的"猎奇者们"翻了个底朝天。公众对塞西尔的关注，促使人们去搜寻一切与那个他发挥了重要影响的时代有关的古物。就像充分满足了古董商的欲望一样，这种行为进而为历史学家论证塞西尔时代在英格兰乃至苏格兰历史上的地位提供了大量的原始档案。罗伯特·科顿爵士（他的图书馆现在属于公众）为有关塞西尔的藏品增添了浓墨重彩的一笔，还有狄格斯。通过上述丰富的资源库，这位效力于卡瓦拉、安德森、基思、海恩斯和福布斯家族的编辑编纂了大部分他们曾印刷过的出版物。

即便如此，仍有许多重要的文献没有被那些辛勤的搜集者发现。尽管有不少文献得以重见光明，但依然有很多被湮没在黑暗之中，不被关注，更不被出版。发掘出这些文献便是我的职责，这一工作即便令人略有不快，但对于历史编纂却仍颇有效用。

爱丁堡律师协会图书馆不仅收藏了大量与苏格兰历史有关的原始资料，还收贮了大量精巧的复制品。这些复制品或被罗伯特·科顿爵士保存，或为英格兰政府所存贮，它们的保管者们都乐于允许我对之加以研究。

尽管大英博物馆尚未对公众开放，以古道热肠闻名的贝奇博士仍为我争得了一睹古物风采的机会。这些收藏世所罕有，确实与这个伟大且优雅的国度相称。

这些汗牛充栋、精美绝伦的文献记载了伊丽莎白女王统治时期的兴衰治乱，它们皆出自福布斯博士之手，且只出版了两卷。在博士物故之后，由大法官罗伊斯顿子爵（Philip Yorke, 2nd Earl of Hardwicke, Viscount Royston, 1720—1790[1]）购去。子爵阁下欣然准允我使用这些图籍，其中颇有与我的课题密切相关的资料。

亚历山大·迪克爵士慨然交与我两卷极有价值的原始文件，它们主要记载了詹姆士时期的风云变幻，其中大部分都有斯伯西伍德大主教的标注。从节选自这位主教所写的《历史》中的几段篇章来看，他对这些档案给予了充分的关注。

上世纪[2]最杰出的长老会教士考德伍德先生编纂了一部六卷本的《苏格兰史：自詹姆士五世登极至詹姆士六世驾崩》。在这部书中，他引用了许多重要的文件，这些文件是无法从他处觅得的。这部书稿虽未付梓，但苏格兰教会拥有一份手抄复本，我的好友乔治·维希特牧师是苏格兰教会的主要职员，我在他的帮助下得以一览此书。

大卫·达林普尔爵士（Sir David Dalrymple, Lord Hailes, 1726—1792）[3]不仅帮我找到了涉及高里阴谋的档案，而且他对一些苏格兰历史问题的评论亦使我得以更中肯地审视那场迄今仍颇具争议的政治交易。

尽管知晓我那关于玛丽女王行为与个性的拙论与自己的观点迥然不同，古道尔先生还是将他手头有的一卷资料借给了我。它包含

---

[1] 为便于查核，译者在全书的部分名字后面附上其王衔、封号、在位时间或生卒年。——译者注

[2] 指 17 世纪。——译者注

[3] 达林普尔爵士是哈丁顿伯爵托马斯·汉密尔顿的外孙，他于 1766 年担任最高民事法院法官，1766 年之后又担任最高刑事法院法官，因此对很多司法档案了如指掌。——译者注

了大量来自学院图书馆和文件保管室的原始档案手抄本，且皆由已故爱丁堡大学教会史钦定教授克劳福德教士誊抄。此外，我还从古道尔先生那里获得了学监雷诺克斯先生保存的原始信件集。

我尽力研读这些文件，直到我认为它们对我所写的这部历史有所裨益。我所能做的，仅仅是证实世所皆知之事——探明历史疑云并进而在争论中做出取舍。关于此点，公众须当明鉴。

我本应轻而易举地将手头所有的材料附于书后，以使其规模得以与最宏大的藏品相称。然而考虑到本书的精确性，我还是决定只出版其中最具说服力的部分。在我的印象之中，没有任何一份档案曾在前人的收藏中出现过。

此外，我将《论亨利国王遇刺案与女王致博斯威尔书的真实性》[①]一文附于本书之后。至于有关玛丽女王信件的来龙去脉与档案资料，我要感谢我的好友、掌印官约翰·戴维森先生[②]，他以其一贯的敏锐与勤勉检视了该文所述的观点。

---

① 英文版书尾附有，此译本未附。——译者注
② 约翰·戴维森（John Davidson, 1725—1797）是苏格兰古物学者，与达林普尔爵士等人是好友，他同时也是爱丁堡皇家学会的创办者之一。——译者注

目　录

第一章　苏格兰史概览 ①

苏格兰史上的蒙昧时代一片黑暗且虚幻难知。国家就像人类一样，一步步走向成熟。然而发生在其幼年期的史实已无从考察，亦无识记的必要。在上古时代，北欧人民普遍处于蒙昧状态。由于在这个时期，居民迁徙持续不断，变革频繁且极具破坏性，探明诸国建立之时的确切历史已无可能。任何超出了良史所记录的事件都已模糊不清，这就为后世的想象留下了广阔的空间。在这种情况下，各国史官在人类那与生俱来的虚荣本性的驱使下，都着力渲染本国的古老与荣光，以此来填补那段历史空白。本应记载真实、传授智慧的历史为虚妄与荒谬所充斥。

苏格兰人对其悠久历史的自负之心丝毫不逊于任何邻国。他们根据无从考证的传奇以及吟游诗人诵唱的传说整理出了公元前的

---

① 作者在原书中并未给各章拟定题目，仅仅以年代顺序在书中做了相应的标记。译者在翻译时为各章拟写了标题，仅供读者参考。——译者注

列王世系，并绘声绘色地讲述了发生于这些国王统治时期的兴衰治乱。然而，正如研究其他北方诸国时一样，对于苏格兰，我们所能依据的最古老的史料却并非他们自己的记述，而是出自古罗马史家之手［81 年］。当罗马人在阿古利可拉^①的统御下首次登临北部不列颠岛时，这里早已是苏格兰人的天下。不过，罗马军团并没有选择征服这些蛮族部落，而是将他们驱逐出境，并在福斯和克莱德这两个港口之间建造了一道坚固的城墙，由是确立了帝国北境的边界［121 年］。^②哈德良统治时期，由于戍卫如此遥远的边境困难重重，帝国便又修造了一道横亘于卡莱尔与纽卡斯尔之间的城墙，从而稳固了不列颠行省的边界。^③继任的罗马诸帝雄心勃勃，他们力图重占哈德良（Hadrian）放弃的地区，因而自此以后，战事不休，两道城墙之间的疆土数度易主，罗马人对此地的掌控也时断时续。这种情况一直延续到了公元 5 世纪之初，彼时高卢人与其他蛮族的入

---

① 阿古利可拉，即格涅乌斯·尤里乌斯·阿古利可拉（Gnaeus Julius Agricola, 40—93），公元 78—84 年的不列颠行省总督，史学家塔西佗的岳父。他于 58—62 年担任不列颠总督盖乌斯·苏维托尼乌斯·保利努斯帐下的军团指挥官，由此开始了仕途。在担任不列颠总督后，发动了对苏格兰的战争，但没能征服苏格兰。84 年返回罗马，93 年去世。参见 "Gnaeus Julius Agricola", *Columbia Electronic Encyclopedia,* 6th Edition, 2014。——译者注

② 此处作者的叙述与史实有出入：从福斯到克莱德的城墙是在安东尼皇帝统治期间（138—161 年）修建的，阿古利可拉担任总督期间仅仅是在这一范围内修建了一些堡垒，为今后安东尼城墙的建造打下了基础。参见 J.H. Westcott: "The Roman Wall in Britain", *Classical Weekly*, Vol.5, 1911, p.18。——译者注

③ 此即"哈德良长城"。哈德良皇帝（117—138 年在位）于 122 年命人建造，历时六年建成。关于古罗马时代的城墙，威廉·罗伯逊认为阿古利可拉首先在苏格兰境内修造了一道长城，后来由于难于防守，在哈德良时代于是又在南部修造了新的长城。这就将两道城墙修筑的时间顺序弄颠倒了。实际上，在罗伯逊生活的年代（18世纪），关于古罗马城墙的研究还不成熟，并且有很多错误的观点。参见 Richard Hingley: "The most ancient Boundary between England and Scotland: Genealogies of the Roman Walls", *Classical Receptions Journal*, Vol.2, 2010, pp.26—28。——译者注

侵使得罗马人深感掣肘，他们为了拱卫王畿而不得不召回了戍守边疆行省的军团，罗马对不列颠的征服便也就此告终。

［421 年］罗马人的长期驻守在一定程度上促进了原住民的文明进步。布列吞人对罗马人与他们之间的文化交流心怀感念，他们学到了文学与数学，这就使得长久保存其历史文化并进而使之流传成为可能。

苏格兰人与皮克特人在罗马军队撤离后接管了北部不列颠。在 4 世纪结束之前，苏格兰人的情况并没有被任何一位罗马史家提及。他们可能是来自凯尔特或高卢部落的移民，至于两者之间的亲缘关系，则表现在他们的语言、习俗以及宗教仪式上。相较于虚构的传说、不为人知的故事甚或是一知半解且容易受骗的编年史家而言，环境对于解释国家的起源更具有参考意义。根据目前通行的解释，苏格兰人首先定居于爱尔兰，继而逐渐发展起来，最终在与爱尔兰隔海相望的不列颠北部登陆并在那里建立了据点。残酷而又血腥的战争不久即告爆发，他们与皮克特人争战数年［838 年］，在传说中的第六十九代大王肯尼思二世①统治时期获胜。肯尼思二世以压倒性的优势战胜了皮克特人，进而统一了从哈德良长城至北海之间的土地。这不仅使王权得以确立，也使得沿用至今的"苏格兰"名号从此为世人所知。这一名号得自一个初居此地的异乡人，长久以来不为人知且微不足道。

8

---

① 肯尼思二世（Kenneth II，971—995 年在位），苏格兰国王马尔科姆一世（943—954 年在位）之子。他即位伊始就发动了一场针对诺森伯里亚的突袭，但在 973 年时臣服于诺森伯里亚国王埃德加（957—975 年在位），并从埃德加那里得到了从特威德河到福斯河之间的土地，这也是历史上特威德河作为英格兰与苏格兰边界的最早记录。995 年，在与阿盖尔伯爵（即 Mormaer of Argyll，"Mormaer"一词是盖尔语中对地方统治者的称呼，理论上仅次于苏格兰王，与"伯爵"等义，且在英语中也常被译为"Earl"，因而在此也译为"伯爵"）的冲突中被杀。参见"Kenneth II"，*Columbia Electronic Encyclopedia*，6th Edition，2014。——译者注

从这时起的《苏格兰史》如果有任何一点可靠性的话，它就值得人们给予关注。然而，如同我们那与其他国家同等黑暗难知的古史一样，苏格兰此后的历史也因我们所特有的不幸而被蒙上了一层晦暗的面纱。这种不幸是由英格兰国王爱德华一世（Edward I, 1239—1307）的阴谋所造成的：在 13 世纪末，这位君王对苏格兰的独立地位提出了质疑，他宣称苏格兰王国是英格兰君主所拥有的王室领地，且适用于封建土地占有权所规定的一切条款。为了证实自己的说辞，爱德华一世没收公共档案，搜查教堂与修院，并以或强制或欺骗的手段占据了许多有助于证明苏格兰王国独立性的历史文件。这些文件中的一部分被他带到了英格兰，其余的则均被付之一炬。人们对历史的普遍遗忘也许在一定程度上使这一具有毁灭性的举动产生了效果，但一些不甚完美的编年史却在狂怒的爱德华一世手中幸免于难。来自域外的史家们记述了一些关于苏格兰的重要史实，关于彼时诸事的传说常常使人有醍醐灌顶之感，因而值得被记载下来。福尔顿的约翰[①]，这位生活在 14 世纪的作家尽责地收集起了这些断简残篇，将之整理成了一部叙述翔实的史书。他的作品得到了同人的嘉许，并填补了苏格兰王国编年史的空白——这是因为搜寻更古老的记录已无可能。约翰的这部史书被诸多修道院誊抄贮藏，此后的历史也被僧侣们继续书写下去，历经数朝而不息。16 世纪初年，约翰·梅杰[②]与赫克

[①] 福尔顿的约翰（John of Fordun，？—1384），苏格兰编年史家。他生于福尔顿，可能是阿伯丁的圣马查尔大教堂（St. Machar's Carthedral）的神父。1360 年，约翰编撰的《苏格兰民族编年史》（*Chronica Gentis Scotorum*）出版。这部书共有五卷，前三卷大多取材于古代传说，因而可信度较低；后两卷记载的事件与他生活的年代相近，因而具有较高的史学价值。——译者注

[②] 约翰·梅杰（John Mayor，约 1469—1550），苏格兰思想家。他不仅在哲学上颇有造诣，而且在自然科学、政治学、逻辑学、历史学、国家法领域都有较大的影响力。他在巴黎大学学习并任教，其史学著作《大不列颠通史》于 1521 年出版，其中体现出的拉丁文风以及治史方法都深刻影响了波伊提乌等人。——译者注

托尔·波伊提乌^①出版了他们的《苏格兰史》：前者叙事简洁，往往可以一语中的的；后者则是位多产作家，且常爱在作品中使用华美的辞藻。至于他们的共同点，则是轻信人言，较少考据。数年之后，布坎南^②创作出了同样的作品。倘若此书的精确性与公正性能稍稍与其典雅瑰丽的笔触、清新生动的文风相比肩的话，它就会成为古代苏格兰最负盛名的史学佳作。只可惜，他非但没有剔除来自其他编年史家的荒诞故事，而且还尽其所能地对之加以润色，最终使略显野蛮与夸张的传奇故事成了美丽动人的传说。

苏格兰的历史大致可以分为四个阶段：自王权初兴至肯尼思二世登极是第一阶段；第二阶段则始自肯尼思二世征服皮克特人，止于亚历山大三世之死；此后直到詹姆士五世驾崩是第三阶段；詹姆士六世君临英格兰则宣告了整部苏格兰王国史的终结。

第一阶段的苏格兰史充斥着神话与臆想，它应被完全忽略，抑或丢给机敏但又轻信人言的古董商。在第二阶段，史实渐露端倪，真实之光起初虽然微弱，但却渐趋明朗。这以后发生的故事也许有悖常理，但却并不值得我们去费力考证。苏格兰第三阶段的历史主要是由于保存在英格兰的档案而开始具有可信度：这不仅是因为那

9

---

① 赫克托尔·波伊提乌（Hector Boethius, 1465—1536，这是其拉丁文姓名，英文写作 Hector Boece），苏格兰思想家。1465 年生于邓迪市，早年在巴黎大学学习，在那里遇到了伊拉斯谟并与之成为好友。1500 年回到阿伯丁，奉詹姆士四世之命创办了阿伯丁国王学院（阿伯丁大学的前身）并成为首任校长。《苏格兰民族史》是他的主要学术著作，他在这部书中带有鲜明的民族立场，因而有不少有悖史实的地方。——译者注

② 布坎南，即乔治·布坎南（George Buchanan, 1506—1586），苏格兰历史学家及人文主义学者，早年曾在巴黎大学学习，但因病未能完成学业。病愈后，师从约翰·梅杰学习逻辑学。1560 年返回苏格兰直到去世。1579 年完成了《苏格兰史》的编撰，1582 年出版，这部书文辞优美，但与波伊提乌等人的史书一样有许多失之考证的地方。——译者注

时的事件得到了整理与讲述，也是因为史家们阐释了它们的起因与影响，勾勒出了相关历史人物的个性与品质，描绘出了那个时代的风土人情并点明了典章制度的流变与沿革。此外，更为关键的是，彼时的每一个苏格兰人都开始关注历史，他们并非简单地阅读历史，而是钻研、探究祖国的掌故。在第四阶段，苏格兰与其他国家的联系日趋紧密，它的政治态势在欧洲十分重要，它对邻国的外交活动也具有明显的影响力。因为它的历史在那时已经成为列国关注的焦点：这些往事中包含着发生在苏格兰的全面而又惊人的变革，倘若没有这些知识，他们便无法在思考 16 世纪那些辉煌事迹与杰出人物时得出正确的结论。

下文述及的历史大都发生在苏格兰王国史的末期，向读者介绍那个处于快速领先时期的王国的政治情况是写作本书的意图所在。这样一种介绍颇为必要，因为外邦人对苏格兰的认识并不完善，苏格兰人对祖国的政治变革也怀有偏见。

自亚历山大三世之死到詹姆士五世之死长达两个半世纪的时期，它始于 1286 年，止于 1542 年。

这一时期肇始于那场关于苏格兰独立性的辩论。在两个王国尚未合并的年代，这是一个极其重要的问题。倘若两位国王的其中一位被视为另一位的附庸，关于合并的条约就不可能在平等的前提下缔结；并且，处于附庸地位的王国所获得的每项好处都会被理所当然地视为君主赐予其封臣的恩典。因此，大约在本世纪^①之初，当两国正在就合并问题谈判时，这一争论就被两国臣民那自然生发的民族敌意煽动了起来。当时，引起广泛关注的议题以及两国的合并问题都引起了人们的关注。尽管使两国都为之震动的事件已经消逝，

---

① 指 18 世纪。——译者注

但一个在先辈们看来如此重要的问题不可能对现在的我们毫无价值。

英格兰北部的一些郡在古代处于苏格兰列王的掌控之下，他们早在封建制度确立之初就已经从英格兰诸王手中获得了这些领地，并因此而向英王效忠。这种君臣关系由于只对他们得自英格兰的土地有效，因而就丝毫不会削减他们作为苏格兰统治者的尊严。同一个人可能既是封君又是封臣，既独立又附属于他人，这是对"封建"这一概念最恰当不过的诠释。[①]尽管每一位戴上英格兰王冠的君王在许多年中都是法兰西国王的封臣，并要履行作为封臣的义务，这顶王冠却仍然是至高无上的，它所象征的王权也依然不容僭越。苏 10
格兰诸王的处境与英格兰列王相同：作为自己国家的君主，他们可以恣意行事；但作为英格兰领土的受封者，他们又是英格兰诸王的封臣。满足于拥有合法权利的英格兰列王在很长一段时间里既无能力也无意于夺取更多的土地。撒克逊人征服之初的英格兰被这些征服者分割成了许多小王国，因而无力将其统治拓展于那时已经处于统一王权之下的苏格兰。此后，虽然这些小国逐渐形成了一个统一的王国，但丹麦人持续不断的入侵以及它们对这些强大海盗的屈服都使得英格兰的霸主很少进攻苏格兰，更不用说在那里树立权威了。彼时，诺曼人的第一代国王们大多正致力于在征服地推广自己的法

[①]法国史上一个罕见的例子可以证明此点：1100 年，阿尔潘将布尔日子爵领卖给了法兰西国王腓力一世，这位国王为了那块土地而向桑塞尔伯爵宣誓效忠。不过，我认为国王向臣子效忠这种情况在英格兰和苏格兰史上都很少发生。1302 年，美男子腓力（Philip le Bel, 1268—1314, 即法国国王腓力四世）取缔了此种做法（参见赫诺特：《历史摘要》）。在苏格兰，与此相类似的情况是：1535 年，梅尔罗斯修道院院长（Andrew Durie, ？—1558, 于 1525—1541 年间担任梅尔罗斯修道院院长）颁布了一份宪章，任命国王詹姆士五世为修道院的院监，令其全权管理修道院事务，并要求他就上述职权对修道院院长负责（参见藏于爱丁堡大学的公共档案）。——原书注

7

律，有的则忙于巩固非法篡夺的王位，因此他们对苏格兰并没有多少兴趣。就在这时，一场突如其来的灾难降临到了一位苏格兰国王的头上，这使得英格兰人产生了奴役苏格兰的想法。绰号为"狮子"的威廉（William Ⅰ, the Lion, King of Scots, 1143—1214）在阿兰维克被英格兰国王亨利二世（Henry Ⅱ of England, 1154—1189 年在位）俘获，作为换取自由的代价，亨利二世不仅从"狮子"威廉处勒索了大笔赎金，割走了其领地中的战略要地，而且还迫使他以苏格兰王的名义向自己宣誓效忠。继亨利二世为王的理查德一世（Richard Ⅰ of England, 1157—1199）是一位仁主，他郑重宣布放弃其父与"狮子"威廉之间的封君封臣关系，并免除了亨利二世强加给威廉的各种负担。只是，好景不长，近一个世纪后，当亚历山大三世撒手人寰时，英王爱德华一世乘机为自己夺取了此前英格兰诸王都未曾获得过的利益，他效法亨利的贪婪而不是理查德的宽容，恢复了其前任所宣称的主权要求。

挪威的玛格丽特是亚历山大三世（Alexander Ⅲ of Scotland, 1241—1286）的外孙女，她虽因此而享有合法继承权，但却幼年早夭。[①]她死之后，大卫一世的第三子——亨廷顿伯爵大卫的后裔获得了继承权。[②]在他们当中，罗伯特·布鲁斯与约翰·巴利奥尔这两

---

① 挪威的玛格丽特（Margaret of Norway, 通常被译作"挪威少女玛格丽特"，即 Margaret, Maid of Norway, 1283—1290），是苏格兰国王亚历山大三世长女玛格丽特与挪威国王埃里克二世的女儿。1286 年，亚历山大三世死后无嗣，挪威的玛格丽特因其母而得以继承王位，但在渡海前往苏格兰的途中病逝，因此作者说她"并不比她的外祖父活得有多久"。她的死引发了苏格兰王位继承战争，并在以后间接引发了 1296 至 1357 年的苏格兰独立战争。——译者注

② 大卫一世是 1124 至 1153 年在位的苏格兰国王，大卫一世以后的四位国王（马尔科姆四世、狮子威廉、亚历山大二世、亚历山大三世）都是其次子诺森伯兰伯爵亨利的后代。挪威的玛格丽特死后，诺森伯兰伯爵亨利一系彻底断绝，因而王位只能由大卫一世的长子亨廷顿伯爵大卫一脉继承。——译者注

个著名的王位争夺者登上了历史舞台。根据现今确立的王位继承法，巴利奥尔具有王位的优先继承权。尽管布鲁斯一再宣称他在血缘上与大卫伯爵更为接近，但是巴利奥尔以其母乃至祖母之名提出的王位继承要求依然不容置疑。然而，那个年代的王位继承顺序并不像后来那样有严格的规定，因而继承问题具有的复杂性并不比它的重要性要少。虽然民意偏爱布鲁斯，王国的法律或许也支持他，但每一个王位争夺者背后都仍然站着一个强大的派系。此时，令人畏惧的军队应该终结这一太过沉重以至于无法由法律裁定的争吵。但为了避免酿成内战，他们选出了英王爱德华作为仲裁者，所有派系也都勉强同意接受他的裁决。这一决定对于苏格兰的独立而言几乎产生了致命的打击，这个本想避免内战的国家非但没有达到这样的目的，还险些陷入了外国的奴役。爱德华一世机敏、勇敢且富于进取，他领导着一个强大而又尚武的民族，并与整个世界和平共处。苏格兰普遍的混乱、随时准备牺牲祖国以换取哪怕并不自由的王冠的野心家使他第一次掌控了这个王国。苏格兰人草率地将仲裁权授予了爱德华，并自认为从此可以高枕无忧，这些都使得爱德华轻而易举地实现了他的野心。他将所有的苏格兰贵族都召到了诺勒姆，郑重其事地讨论这一问题。爱德华争取了一部分人的支持，对反对者则威逼利诱，最终说服了到场的所有人，即便是布鲁斯和巴利奥尔这两个王位争夺者也承认苏格兰是英格兰国王的附庸，并向他宣誓效忠。这一举措产生了另一更加重要的后果：既然宣判一个他并无权执行的判决变得毫无意义，爱德华一世便要求获得整个苏格兰王国的所有权，以便于他将之交给一个更有权承袭此王国的人。绝大多数怯懦的贵族，以及那些躁动且野心勃勃的王位争夺者竟然都认可了这一奇怪的要求，只有安格斯伯爵吉尔伯特·德·乌姆法维勒（Gilbert de Umfraville, Earl of Angus, 1246—1308）拒绝将其治下的

11

城堡交给祖国的敌人。爱德华发现巴利奥尔是两位王位争夺者中最顺从且最软弱的一个，因而他不久便做出了有利于自己的裁定。巴利奥尔再一次宣称自己是英格兰国王的封臣，并屈从于他的新主子开出的每一项条件。

英王爱德华一世得以将一个傀儡放在了苏格兰的王座之上。在迫使那些贵族放弃他们国家古老的自由与独立后，他的统治现在完全在苏格兰建立起来。不过，他操之过急，最终失去了对局势的掌控，他的那些狂躁且独立的封臣们不耐烦地容忍着他们并不适应的束缚。当他们被新领主的傲慢激怒时，即便是被动消极的巴利奥尔也开始举兵起事了。然而，不打算再使用傀儡国王的爱德华迫使他宣布退位，并公然致力于夺取因其封臣叛乱而失去的苏格兰王冠。就在这紧要关头，威廉·华莱士（William Wallace, ？—1305）登上了历史舞台。他是一位英雄，尽管他的勇猛与正直像智慧一样无须小说家的修饰，他的同胞们依然将许多不朽的战功归因于他的勇猛。他常独自率军拱卫王国，其勇敢也激起了苏格兰人潜藏在心中的斗志。最终，曾与巴利奥尔争夺王位的布鲁斯之孙罗伯特·布鲁斯挺身而出，前来争夺属于自己的权力，并维护了王国的尊严。苏格兰的贵族们耻于先前的卑鄙行为，同时也被这个国家遭受的种种屈辱激怒，因而纷纷揭竿而起，并齐聚在布鲁斯麾下。为了一劳永逸地摧毁这支力量，英格兰国王率大军入侵苏格兰。战争全面爆发，军营的号角声响彻这片大地。尽管苏格兰人时常战败，但却并未被征服。贵族们为了王国独立而战的赤诚、布鲁斯的慎重果敢乃至整个国家为实现独立这一崇高目标而奋斗的热忱，都挫败了爱德华持续不断的入侵，消解了他那源于庞大军队与丰厚财产的优势。尽管战争断断续续地打了七十多年，布鲁斯和其子孙们依然稳坐钓鱼台，牢牢地掌控着苏格兰的王座，而他们的统治也并不比其先辈们差。

然而，当作为国家间冲突的最高仲裁者的利剑被用于终止这场争吵时，爱德华与苏格兰人似乎都不相信这种仲裁的公正性。他们求助于历史和档案，从这些材料中选取有利于自己的部分，并宣称它们是不容置疑的。教皇在那时被尊为人间的上帝，经常作为基督教世界王公贵族们的共同法官而接受他们的申诉。他也收到了来自苏格兰和英格兰每一个派系寄来的信件与史料，这些材料至今尚存。关于早期不列颠那些虚构的故事、无知的编年史家所提供的偏颇的证言、虚假的条约和宪章，这些都成了爱德华一世要求苏格兰主权的依据。苏格兰诸王曾经为了保有国土而向英格兰国王效忠，这一行为此时却被荒谬地解释为应当将整个王国都拱手让与英格兰。尽管苏格兰人以极大的愤慨拒绝承认这个荒唐的推断，他们还是发现，当权力归属问题陷入两国随后而展开的所有争斗时，英格兰人早已成功地使这种观点深入到本国国民的人心之中了。关于这一点，我们必须将之归因于两国彼此之间深刻而难以调停的仇恨，它对两国都产生了深远的影响。这种民族敌意不仅仅是被频繁的战事以及双方互相造成的伤亡激起的，更是由于英格兰人将苏格兰人视为胆敢掀起叛乱的封臣，而苏格兰人则反过来将英格兰人看作旨在奴役其祖国的篡夺者。

［1306 年］当罗伯特·布鲁斯君临苏格兰时，相似的政体在欧洲的所有王国都建立了起来。它们之间在政体和法律上惊人的相似性证明了这些推翻罗马帝国并建立了自己王国的国家们尽管分裂为不同的部族，为不同的名字所区别，但它们却是同种同源，至少都曾身处相似的境况。当我们从法律和政治的角度审视封建体制这一由它们建立的惊人而又独一无二的构造时，首先令我们感到震撼的设计就是"王"。当我们被告知"王"乃其属地的唯一所有者，所有臣子对土地的占有权都得自于他并要将生命奉献给他的事业时，当

12

11

我们得知所有荣誉象征与贵族头衔都因他乃唯一的荣耀之源而来自他时，当我们叉手屈膝，注视着这位最有权势的君王，在他的脚下宣誓效忠并承认他是我们的君主时——我们便会轻而易举地宣称他是一位至高无上的王者。然而，再没有比这更草率的结论了。封建政体的特质是不折不扣的贵族政治。伴随着许多王权的象征与诸多看似专制的权力，一个封建时代的"王"事实上成了贵族中最受限制的人。

　　许多北方民族在从自己的领地出发去征服世界之前，似乎还没有认可这种"王政"体制。即便是在君主制已经得到确立的地方，国王的权力也十分有限。将军而非国王拥有广泛的军事指挥权，至于其民事裁判权则几乎为零。他帐下的士兵不是被迫服役的军人，就是那些志愿追随他南征北战的人。发动这些征服战争也是为了自己的利益而不是为了他们的领袖。并且，由于他们本身是自由人，因而当他们占领新的土地时便可以宣布独立。他们并没有将被征服的人们屠戮殆尽，而是将其视为领地上最重要的一部分置于自己的庇护之下。继续进行征服的困难以及被新一轮入侵者袭击的危险都使得他们必须时常处于战备状态之中。因此，他们所建立的政体是绝对的军事体制，这与他们在母国所适应了的体制几乎如出一辙。他们的统帅将继续担任殖民地的首领，征服地中的一部分会被直接分配给他，余者则会以"战利品"或"采邑"的形式分封给他的主要将领们。由于集体安全的要求，这些将领应当在任何情况下都能为了共同防御而披挂整齐、上马作战，且应继续服从他们的统帅。当受到统帅征召时，他们便会开赴战场，并会按照封地的大小召集数量不等的士兵一同为统帅服役。这些将领在其各自的领地中会继续分疆裂土、封授扈从，并在分封时附带上同等的封建义务。就这样，一个封建王国完全成了一个驻扎着一支庞大军队的军营，在这

个"军营"里，军事观念占据主导地位，军事主从制得以建立，被
分封的土地则成为士兵因其所服的军役而获得的酬劳。从上文所述，
我们可以看到：即便是国王也由选举产生。封君按照他个人的意愿
封授土地，换句话说，倘若一个统帅对他帐下的一名将领有所不满，
这名将军的封地就会被剥夺。而唯有最具备统御三军资格的人才会
被选为他们的军事统帅。这就是早期封建政治的情况。

　　早在14世纪之前，封建体制就发生了许多变化，其中最重要的
是：首先，国王的产生由选举变为了世袭；其次，起初由封君任意
封授的采邑现在变成了受封者终身享有，而且可以世代承袭。这种
变化使贵族颇为受益，因而它并没有改变贵族统治的实质。看似被
赋予了尊崇与权力的高高在上的"王"，实际上并没有从给予君主尊
严与权威的利益中获得任何好处：他的岁入寥寥无几，也没有常备
军，即便是司法权的使用也被限制在了极为狭小的空间中。

　　在一个即便身处国王的宫殿里也很难知悉恢宏与显赫为何物、
国王的封臣们除了贡赋与津贴外再无任何薪金、派驻在外国宫廷中
的使臣少而又少、服役的士兵得不到任何酬劳的时代里，国王不可
能有极为丰厚的岁入。这个年代的欧洲也不允许它的国王们拥有
万贯家私。在封建政体得到确立的地方，商业的发展往往不尽如人
意。这种只鼓励尚武精神的体制将人们训练为士兵，同时也使军人
成了唯一荣耀的职业，这样自然阻碍了商业贸易的进步。国王的岁
入基于一年的税收并影响着商业领域中的各行各业，也因而被忽视
了。君主们的国库只能从一处获得少许补充，尽管如此，与商人们
相比，它还是显得取之不尽用之不竭。即便是在封地上，定额税也
尚未被征收，因为这会令一些人无法容忍，他们因勇敢而获得封地
并将之视为自己服军役所得的酬劳。国王的"王室领地"——或者
说是仍旧掌握在其手中且尚未分封出去的那一部分土地，维持着其

宫廷的日常花销和政府的财政开支。封建法律迫使封臣们在下述三种情况发生时要向封君缴纳贡赋。首先，当封臣的长子被册封为骑士之时；其次，当其长女出嫁之时；最后，当封君被俘需要赎金之时。除此之外，国王还向他的封臣征收有关监护、婚姻的封建贡赋，在一些重大场合，他的封臣们还会向他缴纳一笔献金。与恩税不同，这笔献金并不是封君强制征收的，而是封臣们心甘情愿赠给领主的礼物。所有这些加起来也太过贫乏且极不稳定，它自然会刺激着一个封建领主，促使他致力于削减贵族那过于庞大的权力与财富——它们使他总是陷入贫困与焦虑，令他受制于人而不能全力完成自己的事业。

国王不能以建立恐怖统治的方式来弥补其收入上的不足。在封建政治的鼎盛时期，雇佣兵和常备军还不为人知。欧洲到处都是战士，国王的封臣以及贵族们的附庸都需要参军作战。当国王们的贫困令其难以在边镇设防时，当一场战役要持续几个星期时，当狂暴且鲁莽的"勇气"将争吵带到了为战争而做出的决定中时，一支既无薪水也无纪律的军队对于捍卫国家的安全与荣耀而言就已经绰绰有余了。然而，这支军队还远不足以成为国王手中驯服的工具。事实上，它常常比国王的敌人还难以对付。人们越尚武，就越具有独立性。他们既是战士，也是臣民，公民特权与豁免权既是他们的胜利果实，也是国王对其军功的嘉奖。在现代政府中，征服者和他们那唯利是图的军队往往成为其人民的暴君，同样也是灾祸的根源。在封建政体下，他们也是所有臣子中最不受拘束的，因为国王们需要他们的帮助。一个在战时没能成为军队领袖的国王很难在和平时期获得军事力量的支持。被遣散的士兵们加入到其他封臣的队伍中去，没有人继续为他效劳，也没有人被指派去负责他的人身安全。并且，由于缺乏那个有效的统治工具——常备军，王权日益衰微且屡遭轻视。

　　这些并不是王权削弱的唯一因素。在封建体系中，正如人们所看到的一样，国王的司法权也受到了极大的限制。首先，国王似乎对其臣民拥有最高司法权，他可以亲自听审并判决他们之间的纠纷。案件的复杂性很快使得国王必须任命一个法官，并以他的名义审判王室领地上的案件。然而，蹂躏欧洲的蛮族人摧毁了许多大城市，被其占领的土地也被几个强大的酋长瓜分殆尽。他们被一些扈从盲目地追随着，而作为回报，酋长们应当庇护他们，使之免遭任何伤害。法律的执行因而被严重扰乱，许多法律判决也因而无法生效。盗窃、抢劫、谋杀以及暴乱盛行于欧洲的每个王国，几乎到了令人无法相信，并且简直与社会的存在相对立的地步。每个罪犯都托庇于一些强力酋长，这些酋长使他们免遭正义的追捕。逮捕并惩罚一名罪犯常常需要半个王国的联合努力。① 为了荡涤罪恶，许多名人被委以司法重任。不过，我们首先可以做出如下推断：即便是一个临时性的授权，或是一项私人特权，也足以使贵族们那蚕食他人土地的风气逐渐转化为一种正当的权利，并可世代传袭。一些土地被确立为贵族领地（Baronies），其余的则成为自由王地（Regalities）。前者的领主享有广泛的司法权，至于后者，正如其名称所隐含的意义

15

---

① 一个明显的例子发生在下述故事中：大概在 1561 年，玛丽女王命令法院在边境开庭审案，多达十一个郡的居民被召集起来保护女王委派的法官，并确保其裁决得以执行。一张布告上的话有力地证明了封建政府的软弱无力，它值得我们予以关注："对于执行女王陛下的政令、履行臣子的义务而言，通过诸臣的精诚协作来确保女王的正义、强化陛下的权威是十分重要的。故而命令并警告上述诸郡的所有伯爵、男爵、自由地产持有人、土地所有者及其余乡绅们：汝等必须协同亲族、好友、仆役、家人，披挂整齐，携带二十日口粮，与法官会合并随他一同前往杰德堡，在那里以陛下之名颁行诏令，并为了确保王国的安宁而将那些罪人处以极刑，剥夺他们的土地与财产。"参见凯思：《苏格兰史》（keith, *History of Scotland*），第 198 页。——原书注

一样，属于王室所有且几乎不受辖制。①自由王地上的所有案件——不论是刑事案件还是民事案件，都需由领主任命的法官审理。倘若王室法庭先于自由王地法庭传唤其领地上的臣民，则领主可以终止这项诉讼程序，并可以按照转审权将此案件移交给自由王地法庭审理。他甚至可以惩处自己领地上那些属于其他法庭管辖的封臣。因而，只要领主感兴趣，他就可以任命法官，审理自己的臣民，而他的封臣们也就自然感受不到对王权的丝毫臣服。一个封建王国就这样被分割为许多几乎独立的小领地，它们被一个虚弱得几乎令人无法感知的纽带联系在了一起。国王不仅被夺去了属于最高法官的那部分权力；由于失去了作为掌管司法者所应获得的报酬，国王的收入也受到了不小的打击。

与王权衰微相对应的是贵族独立性的上升。贵族们并不满足于仅仅享有轻而易举得来的领地继承权，他们还狂妄地觊觎着另一样东西。通过提出限嗣继承权（entails），他们力图使其财产得以世代传承、永世不断，直到人类的聪明才智枯竭的那一天。正如他们不遗余力地增添来自祖先的财富，而没有什么能使之缩水一样，通过婚姻、遗产还有其他机遇，仅仅是时间就足以给他们的财富与荣耀带来持续不断的增长。一个庞大的家族就像一条长河，在它那漫漫长路中变得日渐宏大。伴随着它的奔流，崭新的荣誉与财富源源不断地汇入其中。无论权力是怎样源于爵位的，一个封建贵族获得的

---

① 自由王地（Regalities）是中世纪苏格兰只能由国王创设的一种封地及其上的管辖权。依此，领主在其封地内享有等同于郡长的民事管辖权和除叛逆罪以外的其他刑事管辖权。这种管辖权高于贵族领地（barony），实际上是一种属于国王且由王室法官行使的管辖权，由王地法庭（regality court，即自由王地法庭）行使。14世纪时，这些领地的领主不断侵犯王室权威，建立了半独立的领地，因而作者说它们虽然"属王室所有"，但却"几乎不受辖制"。这种自由王地直到1747年才被取缔。参见《元照英美法词典》。——译者注

也足够多了。这些荣誉的象征，无论是官方的还是私人的，都有着特殊的意义，或者说是由人们出于尊敬而赠予那些人中龙凤，因而他们值得领受之。然而，尽管并不相称，嗣子却无法容忍那个用以尊崇其父的头衔被剥夺。他的傲慢证明了其德行并不值得被授予这样的头衔。头衔开始具有世袭性，并给已经攫取了太多权力的贵族们又增添了新的荣光。更放肆和过分的事情仍然存在：对所有国务的最高指示——无论是内政还是军务，都取决于国王的重臣们。封君的名望及其子民的安全，都仰赖于这些重臣的忠诚与能力。贵族们如此荒唐的野心，即便是在增强自身实力这样狂热的努力方面也显得太过成功。以至于在所有封建体制盛行的国家中，许多政府要员都从属于世家大族，并通过世袭权占有着诸如封地之类的财富。一个因其失职而惹怒封君，或是因其无能而被人民鄙夷的人，常常能在对于权力和信任二者而言都至关重要的地方占据一席之地。在苏格兰，最高法院院长、财政大臣、王室总务官、宫廷长官、典礼大臣，以及海军大臣的职位都是世袭的，许多郡的郡守也是如此。

　　财物充盈、实力强大的贵族们会变得狂暴且可怖。他们并不缺乏执行冒险计划的工具。分封给下属的那部分土地为他们提供了一大群忠心耿耿、意志坚定的封臣，而仍掌控在自己手中的土地则可以使他们过着奢华的生活，一个野心家的宅邸常常比其君主的朝堂还要门庭若市。当他们面对不满与暴动时，坚固的城堡会为他们提供一处安全的避难所。他们会把大部分收入花在许多贫穷但却勇猛的扈从身上。一旦当封君需要他们离开城堡、出席法庭时，即便是在和平时期，也会有一大批武装侍从随行。第六代道格拉斯威廉伯爵（William Douglas, 6th Earl of Douglas, 1424—1440）的扈从，一般由两千余名骑兵组成。至于其他贵族的随从，也会与他们实力的强大程度相称。他们的扈从规模庞大，令人发指。他们对自己的职责

16

17

也毫不在乎。这样强大且傲慢的贵族，对于他们的君主而言，是可怕的敌人而非封臣。他们时常蔑视他的命令，伤害他的子民，甚至争抢他的王位。在数个时代里，欧洲的历史中除了由贵族们那过分的野心引发的战争和革命之外，几乎什么也没有。

然而，如果说欧洲其他国家的贵族们仅仅是拥有了超出其正当范围的权力的话，在苏格兰，我们就可以断言，国王与贵族们之间应当保持的平衡几乎已经被完全打破。苏格兰的贵族们与其他国家的显贵一样，在拓展权力方面无所不用其极，这得归因于封建体制中贵族政治的本质。此外，他们还获得了作为贵族所特有的好处：其权力所带来的额外收益十分可观，独特的政治环境也与他们增强自身实力的体制精神相契合。对于阐释这个王国的政治状况，论述我们审视之下的那个时代的许多重大问题而言，列举其中最显著的部分会很有帮助。

第一，国家的自然环境是苏格兰贵族实力强大且又具独立性的原因之一。地势平坦且开阔的国家塑造了奴役现象，治安长官的权威可以轻而易举地延伸至最远的角落，并且，当自然环境没能形成障碍，同时也没能提供避难所时，所谓的"罪人"很快就会被政府追捕并受到惩处。山岭、沼泽、河流成了独裁权威的禁区，同时也自然成了自由与独立的场所。在这些地方，苏格兰贵族常常加固他们的堡垒。只要躲进他们的城堡，一个叛变的贵族就足以抵御来自其君主的攻击。率领一旅之师穿越荒野，到达连一个人也难以通过的地方几乎是无法实现的。曾经遏止了罗马军团的推进，致使爱德华一世的所有努力都付诸东流的因素同样保护着苏格兰的贵族们，使之免遭其封君的报复。他们也的确将自己的独立地位归功于那些将其领地从被征服的厄运中拯救出来的山地与沼泽。

第二，在苏格兰，缺乏大城市大大增强了贵族的实力，同时也削弱了王权。无论人们聚集于何处，秩序都应得到确立，一个正式的政府也应被建立起来。地方治安官的权威必须被承认，他的裁决也应得到迅速且全面的遵守。法律与服从源于城市，在那些像波兰一样城市稀少或是像鞑靼一样没有城市的地方，良好的治安几乎不存在。然而，在封建政体下，贸易这一汇聚人民的主要方式却被忽略了。为了增强在封臣们之间的影响力，贵族定居在他们之间，并很少出席他们占据优势的法庭，也不住在他们之间平等相待的城市。苏格兰肥沃的南部诸郡暴露在英格兰人面前。坐落在那里的城镇无一发展起来，因为它们处于持续不断的入侵与恐慌之中。国王居无定所，这个国家的许多地方也贫瘠而荒凉，此种特殊的情况也加重了由封建体制的本质所引发的各种缺陷，因而使得苏格兰的城镇极为稀少且微不足道。贵族的封臣们占据着王国的大部分土地，形成了一个分裂而又几乎独立的社会。他们并没有减少对其叛乱首领的臣服，也没有令他的其他扈从们这样做，而是全副武装地追随着他，并且竭尽全力地阻遏法律的实施。国王不得不纵容他无力管辖的罪人，而意识到这一优势的贵族们则并不担心自己会受到法律的制裁，惩罚罪犯的困难也使得他们往往可以逍遥法外。

17

第三，国家被分割为许多氏族十分有利于贵族们坐大。蹂躏了欧洲的民族本来就是由众多小部落组成的，当他们开始分配征服得来的土地时，酋长们自然优先考虑自己的部落或家族。这样一来，所有的土地都处于酋长的控制之下。此外，当所有个体的安全都仰赖于集体的安危时，这些小社群就会团结起来，并以共同的名号为象征。在姓氏被采用之前的很长一段时间里，这些名号或得自父辈之名，或取自当地的地名，也有以家徽上的符号命名的。然而，在它们开始向一个共同体转化之时，每个酋长的子孙与亲族都采用与他本人相同的名字与装备。其他的封臣也以效仿他们的榜样为荣，并逐渐为上述的长官所熟知，氏族就此形成。在一代或是两代人以后，这种起初诞生于丰富的想象之中的血缘关系，其真实性不再被人怀疑，一个人为造就的联盟就此成了自然而然的存在。在这个联盟中，人们自愿追随着他们的领袖，这个领袖既被视为领主，也被看作族长。人们既以封臣的忠诚为他效力，也像对待朋友一般爱戴他。人们也许注意到了，我们所描述的这种联合并没有在其他封建王国完美地形成。不过，在苏格兰，无论它是偶然生成的，还是在政治的影响下形成的，抑或是由上文提到过的爱尔兰的移民建立并被谨慎保存下来的，它们的世系都是亦真亦幻的，并且这种氏族制度也都得到了普遍的确立。这样的联盟也许会被战胜，但不会被打破；在这个王国之中，建立在对于人性而言如此自然的观念之上的联盟，是不会因任何风俗或政体的改变而瓦解的。扈从们将首领的意志奉为金科玉律，只要领袖一声令下便可以奋不顾身地冲上战场并随时准备着牺牲自己的生命去捍卫他的生命与尊严，统领着这样一群扈从的贵族们是多么令人畏惧啊！与这样的对手竞争，国王必定会处于极端的劣势之中。并且，以金钱买来的或是以权力强求而来的服从是无法和贵族扈从们的激情与热忱同日而语的。

第四，我们在分析贵族的实力何以如此强大之时也许曾提到过他们的人数并不多。编年史中并没有记载王国首次分配财富时的情况，但是，就我们目前所能追溯的最古老的那次分配来看，贵族们所占有的财富就已经十分庞大了。古代的领主对其国王而言是平等的竞争对手。此后，许多继承了他们衣钵的伯爵与男爵也占据了富饶的领地。法兰西与英格兰的疆土辽阔、土地富饶，因而可以为它们那人数众多、实力强劲的贵族们提供封地。但苏格兰既不辽阔，又不富裕，因此无法容纳在数量上急剧膨胀的领主。不过，贵族们的权力往往会随着其数量的增长而减弱，这是因为倘若权力分散在众多贵族之中，它们作为一个整体就会变得虚弱，而如果将之聚拢为一，它们就会变得坚不可摧。此外，当贵族们人数众多时，他们抗争的动机几乎与人民相似。他们仅仅是因为感觉到了压迫才开始反抗，而不是因为意识到这是一种不合理的政治模式时，才为了实现自由而抗争。在他们拿起武器反抗君主之前，他们会屈从于许多专断且暴虐的命令。与此相反的是，一个规模更小的个体相较于他们而言会更敏感，也更急躁。它可以迅速察觉到危险并加以抵抗，而它的所有行动与那些慢半拍的家伙相比都显得更加迅速。因此，苏格兰贵族们在遵从君命的同时也心存戒备，而当他们在反抗君主对其正当权利的侵犯时也自然会显得十分激烈。即使国王是一个在道德上完美无瑕的圣君也不足以削减他们的警惕，自然也无法降低他们保护自己正当权利的欲望。尽管拥有辉煌的战果和显赫的名声，罗伯特·布鲁斯依然将面对贵族们强有力的反抗，这种反抗并不比其不受欢迎的继任者詹姆士三世所面临的要少。此外，大家族之间通过频繁的联姻而确立起的亲密联盟也是贵族在数量上较为稀少的自然原因。在那个年代里，由于血亲是维系联盟的强力纽带，贵族的每一个亲人都会将与这个贵族相关的斗争视为自己的事务而全力以赴地帮助他。因此，尽管国王只是向一个贵族发起挑战，但他还是发现，整个联盟很快就会组织大军向他发起进攻。

　　第五，这种血缘上的联系既存在于苏格兰平级的贵族之间，也存在于大贵族与小贵族之间。如果说这种用以增强其实力的手段不是苏格兰贵族所特有的，那么与其他国家相比，至少在他们之间也更为常见。即使是在和平时期，他们也同样会结成联盟：平级之间的被称为"共同防御同盟"（leagues of mutual defence），而上下级之间的则被称为"同盟条约"（bonds of manrent）。前者规定缔约双方在任何场合下、对抗任何人时都应互相提供支援，后者则规定其中的一方负责共同防御，另一方则向其宣誓效忠并为彼服役。自卫也许是贵族们加入这种联盟的首要动机：当混乱与不满遍布各地时，当征服软弱无力，并且法律的权威还鲜为人知或很少为人倚重之时，相邻的贵族们发现，为了安全而以上述方式联合在一起是十分必要的，弱者也不得不去寻求强者的庇护。这些联盟最终演变为针对王权的众多攻守同盟；当他们比在其他任何联盟中都更加神圣地遵守彼此之间的义务之后，我们的国王就从他们那里平添了许多烦恼，贵族的权力与独立性也因此得到了加强。在詹姆士二世统治时期，第八代道格拉斯威廉伯爵（William Douglas, 8th Earl of Douglas, 1425—1452）加入了克劳福德、罗斯、默里、奥蒙德几位伯爵与汉密尔顿、巴凡尼两位勋爵以及其他几位强大贵族们缔结的同盟。他们是如此可怕，以至于国王为了瓦解它而不惜采取任何卑鄙的手段。

第六，英格兰与苏格兰之间频繁的战争也为我们提供了贵族们权力得以增强的另一个原因。造物主没有在这两个王国之间安置屏障：一条几乎随处都可以蹚过的河流成了它们的东部边界，而在西部，则是一条想象中的国界。收入微薄的国王通过加固或建立边界的城镇来防御敌人。然而，他那戒备心极强的臣属们是不会允许这样的事情发生的。那些领地靠近边界的贵族无论是出于道义还是顾及自身的利益，都认为自己应当负责击退来犯之敌。不同边区的防卫权，有巨大权力和荣光的职务通常都会被授予他们。这使得他们成了时常处于战争威胁下的南部诸郡的首领，而他们那些常年住在战乱之地的，抑或是最多只能享受一丝和平的封臣们与其同胞相比，则变得更能适应战争，而且也更愿意追随他们的领袖投身于最大胆也最不安全的冒险之中。正是与他那追随者数量相当的勇气使得道格拉斯伯爵成了不列颠北部最强大的贵族，至于中部诸郡则常常对王权表现出忠顺与谄媚。但我们的国王常常发现，抑制边疆诸侯们

19

叛逆且放肆的脾性几乎是一件不可能的事情。在历史上的内战之中，那些能够争取到南部诸郡支持的人常常能获得决定性的胜利。掌控这些州郡的权贵们意识到了这一优势，因而他们很容易便会忘掉对其国王的义务，并力图僭越王权。

第七，降临在国王身上的灾难比其他任何因素都更能削弱王权。再没有任何一个国家的君王比苏格兰王的命运更为悲惨：自罗伯特三世到詹姆士六世的六位国王之中，没有一个是寿终正寝的；幼主登基的情况与其在位的时期也比其他任何一个王国要频繁和长久——从罗伯特·布鲁斯到詹姆士六世，苏格兰王国历经了十代君王的统治，其中有七位都是幼龄即位。即便是最稳定的政府也显然能感受到一个幼主所带来的致命危险：他会变得既懒散又无精打采，也可能会陷入突如其来的暴躁与反常的焦虑之中。在苏格兰那并不健全的政体下，这种影响会显得更加致命：不受王权约束的贵族凶猛且狂暴，他们不屑于服从摄政拥有的代表国王的司法权以及幼主那无力的命令。王权比之从前受到了更大的限制，本来可以肆意生杀予夺的帝王之权如今被削减得几乎一文不值，而伴随着君权衰微的是贵族权力的逐渐兴起。国王常常通过将摄政的权力分散给多人的方式而使这一职位变得无足轻重，以防止其个人权力太过于膨胀。或者，即便要任命一个人为摄政，也不会在世家大族中选择。它通常会被授予那些影响力较小且无法引起嫉妒的人。这些人考虑到自己的实力过于弱小，因而不得不忽略一些有违国法的事情，对贵族们的其他行为也大都采取默许的态度。此外，为了增强有名无实的权威，他们力图通过给予大贵族领地和豁免权的方式来获得支持，这种做法实际上使得大贵族的实力变得更加强大了。当国王开始亲政之后，他会发现自己的岁入要么被挥霍一空，要么被转给了他人，王室的地产则要么被悉数夺去，要么被分封殆尽。贵族们对独立的地位是如此之享受，以至于国王在经历了整个统治期的斗争之后，依然很少能将他们的势力削减到自己继位之初时的程度，也无力将他们在那时僭取的权力夺回。苏格兰的历代先王命途多舛，往往陷入此等窘境，倘若我们能够审视他们的往事，这一论断①的真实性与重要性便不言自明了。

罗伯特·布鲁斯之子大卫二世（David Ⅱ of Scotland, 1324—1371）在尚未亲政时饱受爱德华·巴利奥尔（Edward Balliol, 1283—1367）对王位要求的侵扰。巴利奥尔依靠英格兰的援助和苏格兰部分叛乱贵族的支持入侵了王国。叛军的胜利起初曾迫使幼王逃到了法兰西，巴利奥尔因而夺取了王位。然而，一小撮贵族仍然继续向已经出逃的君王效忠，最终将巴利奥尔赶出了苏格兰。因此，大卫在流亡异国九年之后得以重归故土，并把王国政府纳入到自己的掌控之中。那些拱卫王权的贵族因此而付出了鲜血与金钱的代价，他们也因而得以凭恃古老的特权而领有那些未受战乱波及的土地，甚至攫取了一些新的头衔。在那个年代，人们似乎奉行一条古老的准则，那就是："天下四境之土，凡夺自仇寇者，皆为我有。"大量土地被贵族们以这种方式占有：通过没收敌人的领地并将之分封给王权的拥护者，大卫表现了自己的感谢与慷慨。道格拉斯家族兴起于先王在位之时，他们就这样又在新王尚未亲政之时增强了自己的实力。

［1405 年］詹姆士一世在停战期间被英格兰人俘获，身陷囹圄将近十九年。在此期间，苏格兰王国先是被他的叔叔阿尔巴尼公爵罗伯特（Robert Stewart, Duke of Albany, 1340—1420）统治，随后又落入到罗伯特之子默多克（Murdoch Stewart, Duke of Albany, 1362—

---

① 指这一段开头提出的"降临在国王身上的灾难比其他任何因素都更能削弱王权"这个论断。——译者注

1425）的手中。所有这些贵族都致力于夺取王位，倘若诸多史学家的推断是确凿无疑的话，那么，这些人的野心不仅使国王的长兄大卫王子英年早逝，而且还延长了詹姆士一世的囚禁期。他们自以为是地认为：在这个几乎无人可以继承王位的时刻，自己必定能够在极少数人的反对之下荣登大宝，而国王的回归则必定会造成权力的丧失和希望的终结。因此，他们对国王的自由问题自然显得漠不关心。与此同时，他们也没有漏掉任何一个可以迎合或贿赂贵族们以使之赞成自己的阴谋的机会。他们放松对政府的掌控，默许贵族侵蚀国王的权威，即便是秽乱宫闱之事也会免遭惩处。此外，由于担心惹来权贵的嫉恨，同时也需要获得一些人的支持，他们将国王的财产分赏给了这些人，并且将王权削弱得一无是处，使得后来的继任者无力再振兴帝王的权威。

[1437年] 在詹姆士二世尚未亲政之时，政府事务以及国王的监护权都被置于威廉·克莱顿（William Crichton, ？—1454）与亚历山大·利文斯顿（Alexander Livingston, ？—1451）这两位大人的掌控之下。猜忌与不和是影响这一强强联盟的因素，他们都为了增强自身的实力而将新的权力与特权授予他们各自所寻求的能够给予其援助的强者。与此同时，年轻的道格拉斯伯爵受到封臣的怂恿，在王国中建立了独立的诸侯国，并禁止封臣们承认除他以外的任何权威。他册封骑士，组建枢密院，任命国务大臣与军事长官，僭越了除"国王"这一头衔之外的所有王家象征，并且以超出王室数倍的华美与威仪出现在公众面前。

[1460年] 当詹姆士三世以幼龄登基后，有八位大臣被选出管理这个王国。然而，通过控制国王的人身安全，凭恃着因此而获得的优势，博伊德勋爵（Robert Boyd, 1st Lord Boyd, ？—1482）很快便独揽大权。他酝酿了一个野心勃勃的计划以使得其家族能够获得

与世家大族同等的权力与荣耀，并最终实现了这个目标。当他全力以赴地执行这个计划之时，他放松了对政府的管控，贵族们也再一次适应了这种混乱而独立的状态。博伊德如此煞费苦心所僭取的权力是不会长久的，根据国王的亲信所言，其家族的崩毁突如其来。不过，随着博伊德家族的衰败，汉密尔顿家族得以崛起，并很快登上了权力的巅峰。

由于詹姆士五世登基时更年幼，所以比起前代君王们而言，他尚未亲政的这段时期也更为混乱。杀气腾腾的贵族们在法兰西或英格兰国王的怂恿与庇护之下形成了组织更加严密的党派，并且比从前更加蔑视命令或权威的约束。法兰西人在收买某位大人方面占据优势，并为了自己的利益而将他推上了摄政的宝座。这个人就是阿尔巴尼公爵（John Stewart, Duke of Albany, ？—1536），一位出生于法兰西的贵族，并且是詹姆士二世的王孙。[①] 然而，亚历山大·霍默领主（Alexander Home, 3rd Lord Home, ？—1516）妨碍了公爵在执政之初制订的所有计划；这位领主自弗罗顿的修罗场[②]生还，是苏格兰最负盛名的贵族。此外，寡后玛格丽特（Margaret Tudor, 1489—1541）——英格兰国王亨利八世之姊的阴谋也令阿尔巴尼公爵在后期的统治始终十分虚弱。尽管获得了法兰西援军的支持，但苏格兰贵族们无视公爵的权威，并且置其威胁、恳求于不顾，多次拒绝向

21

---

① 阿尔巴尼公爵约翰·斯图尔特是阿尔巴尼公爵亚历山大·斯图尔特之子（Alexander Stewart, Duke of Albany, 1454—1485），亚历山大则是苏格兰国王詹姆士二世与王后格德斯的玛丽所生的次子。1479 年，亚历山大从爱丁堡逃亡到了法国（详情见本书第 24 页），在那里与他的第二任妻子奥弗涅的安妮（法国奥弗涅伯爵之女）成婚，并生下了约翰·斯图尔特。因此，作者说约翰"出生在法兰西"。——译者注

② 1513 年，弗罗顿战役爆发，苏格兰方面损失惨重，许多贵族都在此役当中阵亡，国王詹姆士四世也不幸遇难，因而罗伯逊称之为"修罗场"。——译者注

英格兰——这个被阿尔巴尼公爵允诺赠给他们的王国进军。摄政大人最终被这种一而再，再而三的蔑视所激怒，他一气之下放弃了自己在苏格兰那麻烦不断的职位，躲进法兰西的一个没有实权的清水衙门中享受生活的宁静去了。由于阿尔巴尼公爵的离去，安格斯伯爵道格拉斯（Archibald Douglas, 6th Earl of Angus, 1489—1557）成了国王人身安全的新的掌控者，并以国王的名义统治着这个国家。许多人都力图夺回被他僭取的王权，但是，安格斯家族众多的封臣与亲友们却都效忠于他，因为他能够将自己获得的权力与财富和他们分享。人民敬畏并爱戴着道格拉斯，他虽然没有取得摄政的头衔，但拥有比任何荣膺过这一头衔的人都更为广泛的权力，道格拉斯家族那古老而又显赫的地位似乎又一次被恢复了。

　　虽然上述种种与其他被我们忽略的原因导致了苏格兰贵族拥有如此罕见的权力，这一现象在我们的历史上发生得也十分频繁，但是，只有保持权力的持久性才能充分证明他们力量的强大。在欧洲各国的封建政体衰落了许多年之后，在各国国王的权力或是政权都被撼动直至被摧毁后，这个古老结构的基础却依然在苏格兰被很好地保留着，它异常坚固，且不容侵犯。

　　封建体制赐予贵族们的权力很快就使得全欧洲的君主们无法容忍。他们渴望获得权力，而不是一个有名无实的空壳。在这种渴望的促使下，英格兰的亨利三世（Henry Ⅲ, King of England, 1216—1220年在位）、爱德华二世（Edward Ⅱ, King of England, 1307—1327年在位），以及其他一些权力弱小的君主，向贵族特权宣战，尽管这些斗争很不成熟。在这些斗争中，他们或者受尽挫败，或者被打入万劫不复之地。至于能力强大的君主，则满足于减缓他们无力消除的威胁：在频繁的战争中，他们为贵族们狂躁的秉性找到了一处发泄的场所，他们任由这些人激昂的战斗热忱在对敌国的远征中消耗殆尽。这样一来，即便不能获得其他好处，至少也能换来国内的安宁。然而，时间和巧合加速了封建政体的灭亡。在15世纪末、16世纪初，欧洲的所有国王都像事先商量好了一样向贵族势力吹响了冲锋的号角。天才们完成了他们的祖先即便是费尽心力也无法完成的事业。法兰西国王路易十一（Louis XI, King of France, 1423—1483）是那个时代最有城府也最勇敢的君王[①]，他首先在自己独立的统治下几乎铲除了整个贵族势力。英格兰国王亨利八世（Henry VIII, King of England, 1491—1547）所采取的稳固而又隐秘的政策也产生了同样的效果。诚然，这些君王们所采用的方法迥然相异：路易十一对贵族的打击迅速而又致命；亨利八世的阴谋则像是一剂慢性毒药在侵蚀着机体，短期之内并不致命。他们都没有引起过多的反对：路易十一大胆地将所有从贵族那里夺来的东西装点王权；亨利八世则以怂恿贵族们卖掉封地的方式削弱他们，这一举措使得平民们变得富有，并且在议会中为这些人增设了一道闻所未闻的枷锁。然而，当这两个与苏格兰有着密切联系的国家中发生了上述变革之时，苏格兰本身却依然没有发生改变：先王们既没有拓展他们自己的权势，也没能推动平民阶层对贵族势力的侵蚀。贵族们不仅仍保留着他们古老的特权与财富，而且还在不断攫取着新的东西。

这不能怪我们的国王碌碌无为，也不能怪他们胸无大志。他们早已深切地感受到贵族们炙手可热的权势，并迫切渴望着能够打压他们的嚣张气焰。但是，他们却并未采取有效的措施来实现这一目

---

① 路易十一（Louis XI, King of France, 1423—1483），法国瓦卢瓦王朝国王，在位期间致力于加强王权、打击贵族及地方割据势力，严厉打击意欲独立的勃艮第一派，最终将勃艮第公国收归王室所有。在统治末年时通过各种和平手段将法兰西境内的许多封建领地收回王室手中，几乎铲除了整个贵族的割据势力。——译者注

标。先王们所能利用的资源十分有限，他们所能取得的进展自然也 22
就微不足道。众多的追随者和广泛的司法权，这两者是贵族势力日
益庞大的主要原因。为了抵消其中之一并抑制另一特权，先王们所
能依赖的就只有下文将要述及的权宜之计。

首先，这些勇冠三军、生性鲁莽的贵族被他们那同样放肆、大
胆的封臣们拥戴着，他们都致力于维护自己的利益与名誉，因而互
相之间常常发生许多不可避免的摩擦。他们很少能够找到一个为斗
争双方所共同认可的封君或法官，也没有耐心等待缓慢的司法裁决。
因而他们常常为了解决争端而诉诸武力。怒不可遏的贵族们召集他
的封臣，亲率大军荡涤仇敌的领地，使他们付出血的代价。宽恕他
人对自己的侵犯常常意味着怯懦和耻辱。[①] 因此，斗争会从父辈持续
到下一代，而这种深切的仇恨也常常会以"致命世仇"（deadly feud）
之名在家族间世代传承。国王希望挑起这些争端而不是制止他们之
间的纷争，因为这对他而言最为有利。贵族间的联盟将会令他们无
往而不胜，也足以令王权瞬间土崩瓦解。因此，通过在贵族中间播
撒仇恨的种子，他有效地将这些联盟扼杀在了摇篮里。出于同样的
理由，贵族们有时对他们之中那个最强者的攻击也会令国王受益无
穷。他们利用私人恩怨削弱公共秩序，并且对抗那个引起众怒以至

---

① 复仇这一惯例不仅仅是由当地的习俗造成的，人们更应该关注的是那个时代的法
　律：倘若有人认为起诉凶手对于其家族而言太过烦琐或过于冒险的话，《萨利克法
　典》准许他公开放弃复仇。但是，作为对其懦弱和无情的惩罚，法典同时又规定剥
　夺这个人在家族中的继承权。参见埃诺的《编年简史》(Henault's *Abrege Chronol*)
　第 81 页。此外，在盎格鲁 – 撒克逊人中，我们发现了一个罕见的社群，它以"兄
　弟会"（Sodalitium）为名，是一个具有自愿性质的社团，旨在保护成员的人身安
　全。这对于那时身处一个软弱无力的政府统治之下的百姓们而言是一个十分必要的
　存在。在兄弟会现存的其余章程中，下述这一条值得我们关注："如果在本会之中，
　有人与残杀吾等兄弟者同餐共饮，除非当时有国王、主教、伯爵在场，抑或他可以
　证明自己并不认识那个凶手，否则皆以重罪论处。"——原书注

于世家大族也希望其失败的人。他们会因为服役而被允许分享那些从征服中掠夺而来的战利品。但是，尽管可以打压强势的个体，这些手段却无助于削弱整个贵族阶层。那些沦为国王复仇工具的人很快就成了他恐惧的对象。他们因效力于国王而获得了权力与财富，此后不久便可以确立自己的独立地位。尽管会出现权力与财产的变动，尽管旧家族崩解、新家族崛起，整个贵族阶层的权力仍被悉数保留着，并且他们的力量也依然十分强大。

其次，由于司法权是君臣之间最强力的纽带之一，我们的国王便尽其所能地去限制贵族的这种特权，同时努力拓展自己的权威。封建体制下自然衍生出的主从关系这一外在形式有利于国王的这些努力。然而，由于初审权属于贵族，并且他们很容易就能发现破坏上诉和打破其他封建约束的办法，皇家司法权因此几乎被完全限制在了王室领地上。在其他地区，尽管国王的仲裁在名义上拥有广泛的权威，但在现实中却几乎一无是处。先王们察觉到了这种限制，并毫无耐心地容忍着。但他们不可能立刻摧毁这些根基如此深厚的权力，也不可能瞬时剥夺贵族的特权——这些特权已经被他们掌控了许多个世代，并几乎已经融入封建体制的组织之中。完成这个大业是先王们一致且迫切需要达成的目标。詹姆士一世不仅在这方面开拓了道路，也在其他领域为国家带来了更加稳定也更加完美的秩序。他挑选了一定数量的议员，任命他们为"最高民事法院法官"(Lords of Session)，委派他们在一年之中三次开庭审理民事案件，每次需持续四十天之久。至于地点，则由国王指定。他们的司法权延伸到了此前属于御前会议审理的所有案件中，由于这一法院是附属于议会的委员会，因而他们拥有对案件的最终决定权。詹姆士二世获得了一项法律，规定将所有应当褫夺的封地都收归王室所有，并宣布从今以后，司法权不容侵犯。詹姆士三世对那些由贵族任命的法官

课以重税，因为他们可能会做出并不公正的判决。此外，他还通过
制定许多规章来拓展王室法庭的权威。詹姆士四世为了解决因民事
法庭开庭时间较短所带来的问题，又任命其他法官组成了"常务法
庭"（Lords of Daily Council）。民事法庭是一种流动式的法庭，且不
常开庭，而"常务法庭"则有固定的地点——坐落于爱丁堡。虽然
常务法庭并不是由议员组成的，但它却享有与民事法庭同等的权力。
最后，詹姆士五世又建立起了一种新的法庭，它留存至今，这就
是"最高民事法院司法联合会"①，列席于其中的法官和议员则被称为
"民事法院和常务法庭法官"（Lords of Council and Session）。这一机
构不仅处理此前由民事法院和常务法庭审理的案件，它还享有新的
职权。其成员拥有重要特权，它的组成有严格的规定，法官的任期
也被固定了下来，规则、权力与荣耀都为其所有。那些受命审案的
法官与在这些法庭中担任主席的贵族相比有许多优势：他们的专业
技术更为娴熟，他们对司法程序的意见更为统一，他们的判决也更
为一致。正因为如此，这样的法庭才会受到人们的广泛信任与尊重。
人们愿意遵从这些法官们对其财产归属的判决，他们对贵族司法权
的侵蚀也大受欢迎，并因此而颇有成效。通过类似的手段，贵族们
对刑事案件的司法权也受到了限制；与此同时，高等法院的权力也
有所增加。王权就在这种情况下不知不觉地压倒了贵族的特权，并
恢复了相当的权威。曾经只像一个贵族而非帝王那样享有司法权的

---

① 最高民事法院司法联合会即英文的 College of Justice，1532 年成立，由最高民事法
院（Court of Session）从事司法工作的人员组成。联合会主席由有教职身份的人担
任，其成员包括 14 位贵族法官。这个司法联合会实际上是旧的最高民事法院以一
种永久设立的形式存在的新法院，其设立使得中央民事司法得以制度化。联合会的
成员此前曾享有一些包括地方税收总免除的特权，但不久即遭废除。参见《元照英
美法词典》。——译者注

24　　国王也越来越多地被其臣民理所当然地视为这个社会的首脑以及正义的最高仲裁者。[①]虽然国王获得了足够多的权力，就现实的情况来看，王权依然十分弱小；尽管他们付出了许多努力，掌握在贵族手中的那部分司法权却依然十分强大，并且，这一特权一直被保留到了很遥远的时期。

除了这些通常被国王们用来拱卫王权、打压贵族的手段之外，在审视了他们的统治之后，我们也应当发现：从罗伯特·布鲁斯到詹姆士五世的几乎每一位先王都建立了一种特殊的体制，以压制令他们心存戒备并感到威胁的贵族势力。倘若国王史官笔下的那些故事能令我们满意的话，我们完全可以将君主们的这些行为看作他们对强权贵族那种仇恨心理作祟的结果。他们为了打压贵族势力而付

---

① 关于封建体制下政府模式的概念，我们也许可以通过德意志的情况和法兰西的历史来获得。在德意志，封建政体依然以极大的活力存在着。尽管法国的封建体系已经被完全根除，但他们的公共档案却被十分谨慎地保存了下来，这使得那里的律师和古董商得以比其他任何一个国家都能更确切也更精准地追溯其祖国的兴起、发展以及变革。在德意志，每一个诸侯国都会被视为封邑，他们的君主也会被视为皇帝的封臣。他们享有所有的封建特权：其封地世袭罔替，其司法权独立而又广泛。此外，帝国的所有高级官职也同样世袭，并被门阀所垄断。与此同时，皇帝只能维持着如一个封建国王一样的权力：同那些国王一样，他的主张和要求数不胜数，但其权力却很小；在他自己的领地上，他享有完全的司法权，然而一旦超出了这个范围，他便一无所有了。封建原则是如此稳固，以至于尽管封建政体在德意志的每一个邦国都被推翻了，尽管绝大多数王公都拥有绝对的权力，帝国原始的封建结构却依然被保留着，封建体制下所特有的政府观念也依然操纵着它的运行，并支配着帝国中所有王公的权力。我们关于封建政体下国王那有限司法权的考察会被发生在法国的故事充分证明：查理曼大帝后代的软弱与昏庸刺激着其臣属们僭取独立的司法权。国王手中已经不剩什么了，所有的一切都被他们夺走。当于格·卡佩（Hugh Capet，941—996）在公元987年登基时，他只保有着他的祖产——巴黎伯爵领，而他与其继承人所能行使的司法权也仅仅局限在这块领地上。在法兰西，于格·卡佩只能在四座城镇中任命大执行官（Grande Baillis）或是王家法官，其他所有的封地、城镇和邑土（Bailliages）都为贵族所占有。——原书注

出的所有努力也必定是为了发泄个人愤怒，而不是为了执行某种所谓的国家政策。虽然他们的一些行为也许是冲动的产物，虽然人类的个别传统、时代特征以及国家结构都会在他们的计划中发生翻天覆地的变化，但为了避免做出过分的解读，我们也许可以断定他们的目标是始终如一的。而他们打压贵族势力的计划，尽管时而公开，时而隐蔽，时而强硬，时而缓滞，却始终没有止步不前。

没有哪位国王比罗伯特·布鲁斯更加感激他的贵族。他们以其勇猛征服了这个王国，并将他扶上了王座。布鲁斯因而将征服的土地赠给他们，以表示自己的感激与慷慨。那个时代的苏格兰从未经历过如此重大又突然的财产变动。爱德华一世把大部分古代苏格兰贵族的地产剥夺，将其封赐给自己的封臣。这时，他们被苏格兰人赶走，而其土地则被新的主人所占有。在这突如其来的变动中，混乱自然无可避免。许多因爵位而获得封赐的贵族并没能完全占有这些土地。在两国的某次停战期间——这次议和并非是双方出于对和平的向往，而是因为他们都已暂时厌倦了无休止的争斗——罗伯特制订了一项计划，意欲检视贵族权势与资产的增长程度。他召集这些贵族，希望他们可以阐明自己究竟是凭借何种权利才获得手中的封土。贵族们因而聚集在一起，而当那个问题被提出时，他们竟立刻起身，齐刷刷地拔出佩剑，"凭恃此剑！"他们厉声说道，"吾等凭恃此剑而有此土，如有犯者，亦将以此剑而断彼之首！"国王被他们的勇武所震慑，因而慎重地终止了他的计划。但是，贵族们还是被激怒了，他们认为国王的这一行为是对贵族地位的冒犯。所以，尽管布鲁斯受人爱戴且品行高尚，在其统治期间还是发生了几起意欲置其于死地的阴谋。

布鲁斯之子大卫起初在法国流亡，最后又成了英格兰的囚徒。他参加了同爱德华三世（Edward Ⅲ, King of England, 1327—1377 年在位）之间持续不断的战争，这使其无暇顾及苏格兰的内政，自然也无暇思考该如何削减贵族的权威。

比起苏格兰的内政，我们的史官更爱记述罗伯特二世（Robert Ⅱ of Scotland, 1316—1390）统治时期的军事史。但他们往往记载一些意义不大的小规模边境冲突和骚扰，对于持续了几年之久的和平时期发生的事件，则几乎只字未提。

罗伯特三世（Robert Ⅲ of Scotland, 1337—1406）软弱的统治也一定被他们一笔带过了。这个才能平庸，同时又体弱多病的国王无力与那些如狼似虎的贵族们竞争，更不可能从他们手中夺取任何权力。

25　　自詹姆士一世起，苏格兰的内政开始逐渐为人所知。那时比较完整的法律体系也弥补了史家在记述上的不足。英格兰人在对待那位"囚徒国王"方面做出了一些改善，他们将更多的注意力放在了对他的教育上。在他滞留英格兰期间，他得以更全面地审视封建体制，并从中看出仍附着于自己母国之上的问题。他在那里看到了：贵族虽然强大，但并不独立；国王尽管还远没有达到建立专制统治的地步，但其王权却十分稳固；他看到了政府井然有序，法律公正严明；他还看到了英格兰国泰民安，因为人人都能安分守己、恪尽职守。而当他反观自己的苏格兰时，呈现在他面前的却是一幅完全不同的景象：由于权力被赋予了摄政，从未强大过的王权现在变得更加虚弱；王室古老的遗产与税收几乎被完全转让给了他人；国王的名号因为他自己常年不在国内而早已鲜为人知，更无人问津；摄政颁发的长期特许使得贵族们变得日渐独立；王国的土地上一片混乱，强者恣意欺凌弱者；在每一块偏僻的土地上都会有一些野蛮的酋长，他们依自己的喜好统治这些地区，既不畏惧君主，也不同情人民。

詹姆士一世（James Ⅰ of Scotland, 1394—1437）异常精明，他并没有公然使用武力铲除这些毒瘤，因为无论是其子民还是国王当时的处境都无法承受这样的重担。他只是对法律和条令做了一些温和且没有攻击性的修改。詹姆士回国后便迅速掌控了议会，他利用议会制定了许多明智的法律，因而获得了人民的信任。这显然有助于重建王国的秩序、安定与公正。但是，在他努力为臣民谋取这些福祉之时，他也暴露了想要恢复王室地产的意图，这些财产此前遭到了非法的占有。为了达成这个目标，他颁布了一项法案，要求那些在过去三位国王统治期间获得王室土地者交出他们获得的特权。就在这一法案已经威胁到贵族们的财产时，另一项旨在严厉打击贵族权势的法令也在随后召开的议会中通过了。我们在上文曾经提到诸多令国王心惊胆战的贵族联盟与集团，这项法案则将它们统统判定为非法的组织。詹姆士在其宏图伟业的开始就取得了如此巨大的胜利，这令他倍受鼓舞，因而其下一步的行动更加大胆，也更为果断：在议会开幕期间，他以迅雷不及掩耳之势逮捕了他的侄子——阿尔巴尼公爵默多克父子和道格拉斯伯爵（Archibald Douglas, 5th Earl of Douglas,1390—1439）、伦诺克斯伯爵（Donnchadh, Earl of Lennox, 1385—1425）、安格斯伯爵（James Douglas, 3rd Earl of Angus, 1426—1446）、马奇伯爵以及其他超过二十名的重要贵族。不过，他很快就与除了阿尔巴尼公爵父子及伦诺克斯伯爵之外的其他人和好如初。这三人被国王的封臣们审判并定罪，但究竟扣在他们头上的是何种罪名，我们至今仍不得而知。三人被处以极刑，这令整个贵族阶层都大为震恐，而他们的家产也为王室带来了一笔可观的收入。此外，詹姆士还以不同的借口霸占了巴肯伯爵领和斯特拉森伯爵领，至于马尔伯爵领，则是被他以继承的方式名正言顺地收入囊中。当国王致力于拓展王权时，他也对贵族的容忍与不作为感到惊奇。詹姆士所遇到的唯一抵抗来自阿尔巴尼公爵的幼子，他领导了一场叛乱，但很快就被轻而易举地镇压下去。苏格兰王长久以来所不具备的王者气度与皇家威仪现在引起了人们的崇敬。詹姆士一世卓尔不群，并审慎地统治着这个王国。他与英格兰保持着友好关系，同时又维系了与法兰西国王之间紧密的同盟关系。苏格兰人民在其治下享受着难得的安宁与幸福，因此都十分爱戴他。虽然詹姆士通过对他人的攻击所获得的权势对于贵族阶层而言是致命的，但这最终却得到了法律的肯定。虽然其所得建立在一些人的痛苦之上，可能会招致非议与恐慌，但不足以成为他们发动一场大叛乱的虚伪借口。不过，国王接下来的所作所为就没有这么温和了。迄今为止詹姆士的所有计划都进展得十分顺利，这刺激他发动了一场激怒了整个贵族阶层的冒险行动，由此而引发的事件表明他的这一行为既太过于草率，又显得十分暴力。马奇伯爵乔治二世·邓巴（George Ⅱ. Dunbar, Earl of March, 1370—1457）的父亲曾起兵反抗过詹姆士的父王罗伯特三世（Robert Ⅲ of Scotland, 1337—1406），但他的叛乱行径早已得到了赦免，其封土也早已被阿尔巴尼公爵罗伯特归还。① 如今，詹姆士却宣称摄政僭越了他的权力，因为只有国王才有权赦免叛国罪，只有国王才能将隶属于王室的土地封赐给他人。他以此为借口示意法庭通过了一项判决，宣布对马奇伯爵的

26

---

① 马奇伯爵乔治二世·邓巴的父亲亦名乔治·邓巴（George I. Dunbar, Earl of March, 1338—1420），他的女儿伊丽莎白原本已经被许配给了苏格兰国王罗伯特三世之子，亦即王位继承人罗斯赛公爵大卫，双方也订立了婚约。但是第三代道格拉斯伯爵阿奇伯德·道格拉斯却与阿尔巴尼公爵联手反对这桩政治联姻，在他们的操控下，罗伯特三世不得不毁约，并将阿奇伯德之女选为太子妃。这让乔治一世·邓巴大怒，因而废除了与罗伯特三世的同盟，后来一度与英格兰国王亨利四世联盟，最终在沃尔特爵士的调解下与道格拉斯家族握手言和，其领地也被阿尔巴尼公爵奉还。——译者注

赦免无效，并将邓巴伯爵领的土地予以剥夺。许多贵族都是凭借着两位阿尔巴尼公爵的授权才获得了如今的封土，尽管他们有理由认为国王如此处置邓巴伯爵的目的在于彰显他至高无上的君主地位，但这样一份判决对他们而言仍不啻为一个全面的警报。没错，邓巴是目前为止的唯一受害者，但谁又能保证接下来不会有第二个乃至百千万个新的"邓巴"呢？更何况，他们的头衔与财产——这些被视为对其勇武的奖励也很有可能会因为法庭的一纸判决而化为乌有。要知道，在那个尚武的年代里，司法程序既鲜为人知又令人厌憎。国王的这个意图使得恐惧与不满在贵族之间迅速蔓延开来，共同的危机促使整个阶层都团结起来，也促使他们在自己的一切被国王顺利夺走之前，在彻底陷入窘迫而无助的困境之前，加入到一个更为大胆的计划中。在这种情绪的驱使下，一些人铤而走险，密谋行刺国王。他们的好友或封君曾是詹姆士加强王权的牺牲品，而今他们要为这些鬼魂复仇。当第一份与刺杀计划有关的情报呈递御览之时，国王正在罗克斯堡城外的大营中。他不敢信任这些贵族，因为他们实在有太多的理由憎恨这位君主。因此，他迅速遣散贵族及其封臣们，随后撤离到珀斯附近的一所修道院中。然而，没过多久，他还是在这所修院中被刺客用极其残忍的手段杀害了。所有的史家在谈及这段历史之时都难以掩饰他们的诧异：詹姆士为何要在他最需要保护的时刻离开他的军队？他们认为，一个被贵族簇拥的国王不会受到刺客的伤害，他在军营之中也足以对抗公开的叛乱。然而，这些贵族们正是令他最为担心的人，而且，如果回顾一下詹姆士一世的统治历程，我们就会发现，他显然有充分的理由去担心来自这些重要贵族们的危险，而不是指望得到他们的护卫。詹姆士的不幸就在于他的准则与行为对其所生活的时代而言太过于高尚了。呜呼！他曾在一个更为文明的王国中统治。他对于和平、公正与典雅的向往本可以令他成功实现自己的宏图伟业，而一个懂得感恩的民族也本应赞扬与支持他对这个民族的改革与振兴，而不是由于他奢求的太多就将其打入万劫不复之地。

克莱顿在詹姆士二世尚未亲政时把持着朝政，他能力非凡，曾经是前朝的大臣，熟知詹姆士一世打压贵族的决心。他没有放弃那些计划，并且以先王的大业激励着年幼的詹姆士二世。然而，詹姆士一世努力用立法手段缓慢推进的方案，却被其子和克莱顿以苏格兰民族在那个时代所特有的狂暴与猛烈的天性贯彻了下去。第六代道格拉斯伯爵威廉（William Douglas, 6th Earl of Douglas, 1424—1440）是其野蛮政策的第一个牺牲者。这个年轻的贵族（正如我们已经在上文看到过的一样）蔑视幼王的权威，他几乎完全抛弃了对国王的效忠，且致力于自身的独立。克莱顿勇敢地接受了这一挑衅，但却无力制服一个太过强大的冒犯者。于是，他许下了很多诺言，诱骗威廉前来爱丁堡共商国是。尽管已经做出了承诺，他还是在席间暗杀了威廉兄弟。不过，克莱顿并没有从中获得太多的好处，他的这一背叛行为使自己四处遭人唾弃。此外，第八代道格拉斯伯爵威廉（William Douglas, 8th Earl of Douglas, 1425—1452）对于国王而言也依然十分强大。通过组建那个我们已经在上文叙述过的与克劳福德伯爵等贵族的联盟，他纠集了几乎半个王国的贵族来对抗他们的主君。但是，轻信人言的性格使得他在此后不久便落入了那个曾经害死前任伯爵的圈套之中：出于对已经成年的国王的信任，同时也由于获得了一份加盖御玺的安全通行证，威廉冒险前往斯特灵城堡与其会面。詹姆士二世力劝他解散那个危险的联盟，但却被伯爵固执地拒绝了。"如果你做不到，"恼羞成怒的国王说着拔出了腰间的匕首，"它能。"说完便将其捅进了威廉的心窝。对于一个帝王而言如此不堪的行为很快便令整个国家感到惊异，并继而感到恐惧。

27

伯爵的封臣们怒不可遏，旋即召集兵马，麾军直指斯特灵城堡。他们把国王此前授予伯爵的通行证绑在马尾上一路拖行，沿途烧毁城镇，并扬言要围攻国王所在的城堡。出人意料的是，双方不久便达成了和解，至于议和的条件，则无人知晓。不过，国王的猜忌与新伯爵的权势和怨气并没能让这次和解延续很久。两人各自统率大军，在阿伯康附近兵戎相见。[①]伯爵的军队主要由边民组成，骁勇善战，无论在数量上还是在质量上都比国王略胜一筹；而这场战役也很有可能决定苏格兰王座今后的归属。然而，当他的军队急不可耐地等待着冲锋的号角时，伯爵却命令他们返回各自的营地待命。卡迪奥的詹姆士·汉密尔顿爵士（Sir James Hamilton of Cadyow, 1415—1479）一直被寄予厚望，但他现在却认为伯爵缺乏抓住战机的天赋，或者说是缺乏夺取王位的勇气，因而在那个意义重大的夜晚背离了伯爵。这一举措在军中引起了连锁反应，人们纷纷效仿离伯爵而去。道格拉斯伯爵遭到了所有人的鄙视与背弃，他很快就被逐出了苏格兰王国，不得不托庇于曾与他交好的英格兰国王。道格拉斯家族长期以来与王权斗争并一度将其慑服，它的覆灭带给贵族们的恐惧使得国王在一段时期里没有了反对者，君主的威权由是变得一发不可收拾，几乎到了绝对专制的地步。詹姆士并没有任由这个有利的时机白白消逝，他取得了议会的同意，以法律的形式将王权的优势地位确定下来，并且对贵族的特权给予了颠覆性的打击。他取得的这

---

① "新伯爵"指的是第八代道格拉斯伯爵威廉的弟弟——第九代道格拉斯伯爵詹姆士·道格拉斯（James Douglas, 9th Earl of Douglas, 1426—1488），威廉遇害后，第九代伯爵起兵反抗詹姆士二世，但随后达成和解。1455 年，詹姆士·道格拉斯与他的三个弟弟再度掀起叛乱，意欲为兄长报仇，但在阿伯康战役中被彻底打败，两个弟弟被杀，他则与约翰·道格拉斯分别逃亡，最终客死异乡。从此，道格拉斯伯爵一系（亦即黑色道格拉斯家族）衰亡。——译者注

一成就前无古人，后无来者。

根据其中一项法案，不仅道格拉斯伯爵的巨额财产被收归王室所有，此前和今后一切对王室土地的转让行为也都被判定为非法。国王有权随意占有王室土地，不必经过任何法律程序或立法形式，而任何一个王室土地的持有人，不管是以何种方式取得的这些土地，都应该在法案颁布后将之归还给国王。现在，用来实行压迫的可怕工具已经彻底为吾王所有！

第二项法令禁止边疆守护一职的世代传袭，同时以数个条款限制此官职的司法特权，此外还拓展了国王在法庭的权力。

第三项法案则宣布，自由王地和其他任何一块私人领地上的司法权将来都不会得到议会的认同，这一条款几乎意味着对领主司法权的明确禁止。那些已经享有这些特权的贵族自然热衷于防止这一特权随着领地的封授而为更多人享有。至于那些尚未尝到甜头的贵族，虽然会对既得利益者心生嫉妒，但也会一致同意抵制那些新的特权觊觎者。

第四项法令禁止授予任何世袭职位，自先王崩逝以来授予的所有世袭职位一律作废。

所有这些条款都侵蚀着贵族权力赖以维系的重要支柱。詹姆士二世在其统治后期一如既往地以充沛的精力执行着自己的计划，直到那场突如其来的灾难降临：在围攻罗克斯堡时，一发炮弹在他身旁爆炸，一块微不足道的弹片夺去了他的生命。除此之外，没有什么能够阻挡他前进的步伐，他既不缺乏天赋，也不缺少勇气。苏格兰也本应成为欧洲历史上第一个看到封建体系倾颓的王国。

詹姆士三世（James Ⅲ，1451—1488）比他的父亲和祖父都更想要打压贵族的势力，但他的政治手腕却远逊于两位先王。他采取了一种极不明智的做法，这导致他的统治多灾多难，而他本人的结局也十分凄惨。在封建政体下，贵族是国王的臣僚。他们不仅身居要职，还是国王的密友与心腹。只有他们才能接近国王，只有他们才有资格获得国王的关心。然而，对于贵族既畏惧又憎恨的詹姆士彻底疏远了他们，反而垂青一些身份卑微的市井之徒。这些人的职业太过卑贱，无法与他们从国王那里获得的地位相称。詹姆士与这些人躲进了他在斯特灵的城堡里，极少在公众面前出现，并沉湎于建筑、音乐这类在当时并不为人欣赏的艺术中。贵族们愤怒地看着这群宵小之徒夺走了自己的权力与国王的青睐。即便是詹姆士二世的血腥也不如新王的无视更能激起他们的怨气，血腥只能伤害到个体，而詹姆士三世这样的做法却令整个贵族阶层都受到了侵犯，因为所有人都被他蔑视。他们的不满因国王收回了王室领地、世袭职务、自由王地以及其他一切可能会危及国王统治的特权而与日俱增，这些特权都是在詹姆士三世尚未亲政时被侵占的。贵族之间的联合，他们与英格兰的密谋以及所有为了内战而做的准备都源于这种怨恨。国王的兄弟阿尔巴尼公爵亚历山大（Alexander Stewart, Duke of Albany, 1454—1485）、马尔伯爵约翰（John Stewart, Earl of Mar, 1456—1479）——两个性情暴躁而又野心勃勃的年轻人，詹姆士三世对待他们像对待其他贵族一样冷漠，这种态度激怒了二人，他们将自己的仇恨深深地刻入了贵族们的阴谋之中。国王在他们发动叛乱之前有所察觉，他逮捕了自己的两个兄弟，并将阿尔巴尼公爵囚禁在爱丁堡。马尔伯爵莽撞地反对国王，因而遭到暗杀。据史官所载，刺杀伯爵的指令来自国王本人。阿尔巴尼忧心忡忡，他害怕会与马尔伯爵落得同样的下场，于是设法从城堡中脱逃，并流亡到了法国。阿尔巴尼公爵起初加入反抗者的行列也许是为了保护国王的荣誉，同时他的确对国王的行径义愤填膺。然而，詹姆士三世对宠臣的依赖使贵族对国王的厌恶与日俱增。贵族的普遍不满、马尔伯爵之死以及公爵本人受到的伤害，所有这些加在一起，很快便刺激阿尔巴尼公爵产生更富野心的罪恶想法。他以苏格兰国王亚历山大的名义与英格兰国王爱德华四世缔结了一项条约：英格兰将帮助亚历山大推翻其兄长在苏格兰的统治。作为回报，爱德华要求他在登上王位后必须立刻向英格兰宣誓效忠，断绝苏格兰与法兰西古老的同盟关系并转而与英格兰结盟。此外，苏格兰还需将领地上最坚固的城堡与最富饶的郡转交给英格兰。阿尔巴尼公爵以其个人尊严与国家独立为代价，如此卑贱地买来的援助如约而至：格洛斯特公爵（Richard Ⅲ, King of England, 1452—1485）率领的一支大军随同亚历山大向苏格兰杀奔而去。外敌入侵的危险迫使詹姆士向那些长期受到自己轻视的贵族们求援。他们当中的一些人是阿尔巴尼公爵的死党，同意公爵提出的任何要求，剩下的则在不耐烦地等待着一个时机，以恢复自己家族曾经的显赫。他们似乎满腔热血地加入到国王抗击侵略者的行动当中，并统率着他们的追随者奔赴战场。但与打击敌军相比，他们做的更多的是发泄自己的怨气，并决心惩罚那些早已令他们无法忍受的傲慢的弄臣。他们在劳德附近的御营里以战士特有的效率和严苛践行了这一决心。在一番仓促的商议之后，安格斯、亨特利与伦诺克斯几位伯爵率领着军中的重要贵族强行闯入国王的行营，逮捕了除拉姆齐之外的所有弄臣，因为拉姆齐拼命地抱住国王寻求庇护，而贵族们始终无法将他从国王身上拖开。他们没有经过任何审判便将这些弄臣吊死在了桥头，其中最受国王宠爱的有：泥瓦匠科克伦、裁缝霍米尔、铁匠莱昂纳多、艺人罗杰斯以及陶西凡——他是一位剑术教师。仆从摸清了国王詹姆士反复无常的性格，并因为获得了与自己身份极不相称的利益而激怒了贵族们，这种事情实在是令人鄙视。

詹姆士没有理由信任这样一支几乎不受其辖制的军队，他将其解散并躲进了爱丁堡。经过了一番斗智斗勇之后，阿尔巴尼的封地与勋荣又一次回到了他的手中。由于给詹姆士缴纳了一些贡赋，他甚至好像又一次获得了其兄长的欢心，然而他们之间的友谊却早已不再长存。此后詹姆士不止一次地被宠臣的谗言所迷惑，那些发生在劳德的惨剧也无法阻止其他人继续追逐这个危险的地位。阿尔巴尼谎称有人意欲毒杀自己，从宫廷中逃脱，他退守邓巴城堡，并在那里纠集了一帮在数量上远胜于国王一方的贵族。与此同时，他重申了此前与爱德华缔结的同盟条约。安格斯伯爵公开与英国人议定了那个臭名昭著的条约，其他贵族也已经做好了承认此条约的准备。倘若不是爱德华四世的突然死亡没能让阿尔巴尼获得英格兰的援助，苏格兰的王冠恐怕就会成为英王对阿尔巴尼此等叛国行径的奖赏。阿尔巴尼发现，在爱德华四世死后，他就再也无法安然无恙地待在苏格兰，更遑论成为这里的统治者了。此后，他先是逃到了英格兰，随后又流亡到了法国。从那时起，他再也无法参与苏格兰的内政了。阿尔巴尼的退败令国王一派更加有恃无恐。他们愈发不把贵族放在眼里，并对他们恣意折辱。为了保卫国王的人身安全，他们建立了一支常备御林军，这在此前的封建政府体系中是闻所未闻的。并且，它的设置也同"国王应与其贵族和睦相处"的理念自相矛盾。御林军的指挥权被国王赐给了拉姆齐，他在不久前刚被封为博斯威尔伯爵。而当他的同侪在劳德被处以极刑时，他拼尽全力才保住了自己的小命。詹姆士似乎觉得这样的防护还不够充分，于是便又颁布了一道敕令，严禁在宫廷的范围之内携带武器。在那个年代里，没有哪位贵族会离开自己的武装扈从，因而，詹姆士这样的做法实际上是断绝了贵族接近国王的任何一个机会。与此同时，国王变得比从前更加不愿出现在公众面前，他愈发疏懒，更加迷信，只对享乐感兴趣，并把自己的所有权力都转交给了他的心腹。这样的做法激怒

30

了绝大多数贵族，他们拿起武器，迫使国王十五岁的长子罗斯赛公爵担任他们的首领。他们废黜詹姆士的王位，因为其德行不配为君。遭逢此等变故的詹姆士猛然惊醒，他离开了隐居之地，走上战场，并在班诺克本与叛军遭遇。边民是叛军的主要组成部分，他们骁勇善战，很快便将王军打得落荒而逃，詹姆士本人也死于乱军之中。诚然，多疑、懒惰、宠信小人这样的弱点在国王詹姆士的行为中表现得都很明显，但史官将其描述为一个凶残冷酷的暴君却未免有失公允。他对贵族的无视虽然激起了他们的怒火，却从来没有削弱他们的实力。更何况，贵族的不满、国王两个兄弟过分膨胀的野心以及他们同英格兰之间不同寻常的联盟都足以扰乱王国健全的管理，当然也足以令一个天资聪颖的国王龙颜大怒。

叛乱发生后，众多达官显贵都对这一行径表达了愤怒，教皇也宣称将会对叛乱者施行绝罚。这些因素迫使他们谨慎并宽和地利用这次胜利。他们认识到自己的双手沾满了君主的鲜血，也意识到自己犯下的弑君之罪引起了国人的厌憎。为了重获同胞的好感，也为了赎免弑君的罪愆，他们向詹姆士三世之子宣誓效忠，发誓将恪守臣责，并立刻将其扶上了王座。整个苏格兰王国也很快团结起来，共戴新君。

詹姆士四世（James Ⅳ，1473—1513）生性慷慨、勇敢，他满怀充沛的激情，它们激励着他那年轻而又高尚的精神。他喜爱壮丽奢华，热衷于战争，并渴望能在其中彰显自己的威名。在他统治期间，国王与贵族之间古老且世代承袭的敌意几乎完全消弭了。詹姆士并不嫉恨他们的显赫，因为这些显赫的封臣会成为他宫廷上的点缀；他也并不担忧他们的权势，因为他将之视为王国的屏障而非对王权的威胁。他对封臣的信任相应地获得了他们的尊敬与爱戴，而在他与英格兰之间的战争中，詹姆士也深切地体会到了一个被贵族拥戴的君王究竟能完成多少宏图伟业。尽管驱使詹姆士四世对英格兰宣战的是其战斗热忱和骑士精神，而不是对国家利益的追求，但是他的封臣们为了君王荣耀而战的热忱依然使他得以率领一支虎狼之师踏上英格兰的土地，这样的军队是他的任何一位祖先都不曾统御过的。詹姆士本人并未制订过危及贵族阶层的计划，尽管如此，他的统治还是以一个对贵族而言极为致命的事件而闻名，比起历代先王苦心孤诣筹划的攻击，这个意外的打击更能削弱贵族的势力。在草率发动的不幸的弗罗顿战役中，一群勇敢的贵族没有临阵脱逃，而是誓死保卫詹姆士四世。十二位伯爵、十三位勋爵、五位贵族的长子以及众多男爵与国王一同战死沙场。整个贵族阶层对这场灾难始终十分敏感。倘若一个已经成年的王子荣登大宝，他们的惊惶与虚弱就会为他提供一个前任国王所不曾获得过的优势。

　　然而，继承詹姆士四世王位的詹姆士五世（James Ⅴ，1512—1542）仅仅是一个刚满周岁的婴孩。他的族叔阿尔巴尼公爵生于法国，天赋异禀，雄心勃勃。法国的生活使他适应了强大的王权。因此，他在幼王继位之后担任摄政，致力于拓展王权。他首先将矛头对准了霍默勋爵与安格斯伯爵，因为这两位贵族在王国中有很大的影响力。阿尔巴尼公爵处死了霍默勋爵，放逐了安格斯伯爵。尽管如此，他仍然未能撼动贵族政体的根基。对于受其统治的人民而言，阿尔巴尼就是一个对苏格兰的风俗、法律、语言一无所知的陌生人。在某些场合下，他更像是一个唯法兰西国王之命是从的总督，而不是苏格兰的统治者。不过，贵族们坚决维护自己的特权，大胆争夺属于其封土的利益，这些都令阿尔巴尼确信贵族仍然独立于中央之外，而自己的权威依旧十分虚弱。经过几次失败的斗争之后，他自愿归隐法兰西。随后，贵族们赞同十三岁的詹姆士五世接管政府，但他们任命了八位大臣轮班侍候国王，并辅佐他处理国政。位列八

31

大臣之中的安格斯伯爵（Archibald Douglas, 6th Earl of Angus, 1489—1557）并不满足于掌握这种分裂的权力，他获得了一些同僚的支持，排挤了其他一些人，并以淫威胁迫剩余者听命于他。当任期终止时，他仍然保有权力，其他大臣也不得不服从他，因为没有人能够阻止这个野心家。只有年轻国王的喜爱可以稳固安格斯的权力，但这位充满活力、斗志昂扬的国王现在正极不耐烦地屈从于安格斯的辖制之下。国王有如囚犯一般被限制在宫中，无权无势、不被尊敬，这与国王的年龄和脾性都极不相称，因而他无法在一些场合压抑自己的愤恨与怒火。安格斯预料到了国王的不满，既然已经无法锁住国王的心，他便决意控制住他的人身。詹姆士被伯爵的密探与心腹重重包围着，许多双眼睛注视着他的所有动态，并分析他下一步将会采取的行动。但是，国王对自由的渴望使他躲过了他们的所有监视。他从福克兰逃出，前往斯特灵堡，那是太后的居所，也是整个王国中唯一没有落入道格拉斯手中的武装力量。怨恨安格斯、尊崇国王的贵族齐聚在斯特灵，国王的宫廷很快便又门庭若市。尽管伯爵被这个出乎意料的变故所震惊，他还是马上决定以一个大胆的举措恢复他的权威，那就是派遣他的追随者们向斯特灵进军。然而，在执行这一决定时，他既缺乏胆识又没有能力。在随后召开的议会中，安格斯一党被判处死刑，不过他躲过了许多危险，并历经千难万险，最终逃到肯为他提供庇护的英格兰。

詹姆士虽然还很年轻，但现在已经是一位名副其实的君主了。他举止优雅、思维敏捷，不亚于同时代的任何一位国王。他拥有极敏锐的判断力，心地也很善良——前者可以善加利用，后者则会为他在臣民中赢得最好的口碑。然而，由于国王尚在冲龄便承嗣大统，他的教育被忽视了，他的私人教师更愿意奉承而不是教导他。此外，阻止国王学到更多的知识也符合掌权者的利益。为了转移他对政务的兴趣，安格斯伯爵很早便让他尝到了身为国王以外的乐趣。因此，我们发现，詹姆士身上的优秀品质虽然出众，但却有如野草般未经培养：一方面他有暴力倾向，常常会出现无法平息的愤怒，对权力有着无休止的渴望，总会因失望而大发雷霆；另一方面，他爱民如子，热衷于惩罚豪强恶霸，他对亲信推心置腹，言谈举止之中的率真与和蔼也非常迷人。

　　詹姆士五世曾因贵族权势过盛而吃过苦头，这使他很早便开始效仿历代先王，努力削弱贵族的势力。与苏格兰的历代先王相比，他为此制订的计划更加彻底，也更有条理。他在执行这些计划之时也更为果敢、坚定。在他统治期间发生的事件对后世影响深远，这使得我们有必要全面解释他的行为，并要关注其中的蛛丝马迹。詹姆士五世的犀利眼光，足以使他发现历代先王所制订的计划中的致命缺陷。詹姆士一世的案例告诉他：明智的法律并不能在愚昧的人民身上取得立竿见影的成效，封建贵族好勇斗狠的脾性也不会因此而被抑制。詹姆士二世的暴力措施所带来的后果使他确信：对一个大家族的镇压既容易激起其他贵族的猜疑和愤怒，又会令一个新崛起的家族取代其地位，很快采取与被镇压者相同的态度，成为令王权畏惧的力量。他从詹姆士三世的悲惨结局中看到：忽视比镇压更为贵族所无法容忍，而任用新人和心腹担任大臣对国王而言既不光彩又不安全。与此同时，他认识到：现有的王权不足以与贵族势力相抗衡，如果不能在自己的天平上增加一些新的砝码，他就无法取得比历代先王更大的胜利。在这样的绝境中，他开始向教士阶层靠拢，希望他们能够既赞同他的计划，又能在他将之付诸实践时助其一臂之力。在封建政府中，教会被视为第三等级，在议会中拥有自己的代表。他们占据了不少议席，在议会中的影响很大。苏格兰的历代先王对宗教盲目崇拜，其他人对此也表现出了愚昧的狂热，这

32

令教会得以占据很大一部分国家财产。人民的尊崇赋予他们的权力甚至超过了财富所能带来的力量。然而，这个强大的阶层却完全依赖于王权。虽然教皇们正致力于拓展自己的权威，但因为遥远与贫瘠而忽略了苏格兰，并听任苏格兰诸王行使诸多令他们与其他国王争论不休的权力。苏格兰君主对空缺的主教职位以及修道院院长享有绝对任命权。在这种情况下，詹姆士自然会认为，在教会中，任何想从他这里获得肥缺的人都应该以帮助他实现自己的计划作为回报。对于詹姆士而言，幸运的是，这些贵族尚未从弗罗顿战役的打击中恢复过来。从他们的举动以及英格兰大使拉尔夫·萨德勒的描述中，我们可以推断出：这群贵族资质平庸，他们在政治上毫无经验，在行动时既不团结也不努力。同时，许多教士都比他们更有能力，其志向与之相比也毫不逊色。教士与贵族相互仇视的原因是多方面的，贵族蔑视个性温和的教士，认为这些人嫉妒他们所拥有的权力和财富。教士与国王共进退，这不仅将满足国王的要求，而且还会为自己一雪前耻，因为他们希望通过削弱主要的竞争对手来增强自身的实力。詹姆士在获得如此强大的力量作为后盾之后，便开始更大胆、也更冒险地执行自己的计划。安格斯伯爵则成国王发泄怨愤的第一个对象：詹姆士将他逐出了王国，并且，由于安格斯的能力远在其他贵族之上，国王对其十分忌惮，想方设法延迟或完全制止他可能采取的一切阴谋诡计。詹姆士庄严地立下誓言，发誓永远也不会恩准安格斯伯爵重返故土。尽管英格兰国王再三为其求情，他还是毫不妥协地坚守自己的誓言，随后开始整修爱丁堡、斯特灵堡以及其他各地的防御工事，并填满其中的弹药库。当上述一切防卫工作都准备就绪之后，詹姆士便开始以极其冷酷无情的手段对付贵族，因常年把持在贵族手中而被他们视为己有的官职现在被赐给了教士——国王现在对他们言听计从。此外，詹姆士还提拔

33

了一些支持国王的下层士绅。他们被委以重任，协助国王处理国政。这些大臣都是经过审慎的判断之后才予以拔擢的，比顿主教卓有才干，他很快就成了其中的佼佼者。他们尽忠侍奉君王，以极大的精力参与到国王的事业中，为他增添荣誉，令他的计划得以成功执行。詹姆士不再掩饰他对贵族的不信任，也不再给他们逃跑的机会。任何对国王轻微的冒犯都会被判为重罪，并进行严厉的惩罚。对显贵们的每一条指控都伴随着人民的欢呼，每一个出庭的罪人都被仔细地勘问，而每一项判决都十分致命：博斯威尔伯爵（Patrick Hepburn, 3rd Earl of Bothwell, 1512—1556）因为一个极为琐碎的理由便被处以流刑[1]；福布斯勋爵（John Forbes, 6th lord of Forbes, 1475—1547）的长子在证据不充分的情况下就被斩首示众[2]；至于安格斯伯爵的妹妹格拉姆斯夫人则被以女巫的罪名推上了火刑柱。即便是在那个缺乏理性的年代里，格拉姆斯夫人的死也被许多人视为一场冤案，[3]而这一事件也象征着国王对贵族的愤恨，象征着政府的严苛以及詹姆士对绝对权力的滥用。通过这些展现权力的行为，詹姆士考验着贵族的意志，他想看看他们究竟还能承受多久。贵族的忍耐增加了国王对他们的蔑视，也让他在执行自己的计划时

---

[1] 1529 年，博斯威尔伯爵帕特里克·赫伯恩因为藏匿强盗的罪名被监禁了起来，藏匿强盗在当时的确是"极为琐碎"并且十分可笑的罪名，因为指控者并不能拿出充分的证据。——译者注

[2] 福布斯勋爵约翰·福布斯在 1536 年被指控犯有叛国罪，他的长子约翰·福布斯（John Forbes, Master of Forbes）与他一同被起诉。在经过长期的监禁后，约翰·福布斯勋爵被赦免，但他的儿子约翰·福布斯却因为长子的身份而被斩首示众。——译者注

[3] 格拉姆斯夫人（Janet Douglas, Lady Glaims, ? —1537）是第六代安格斯伯爵阿奇伯德·道格拉斯的妹妹，阿奇伯德·道格拉斯因叛国罪流亡之后，詹姆士五世以子虚乌有的女巫罪名于 1537 年将她推上了火刑柱，据说还强迫她的幼子观看了整个行刑过程，因而时人大多认为她是死于赤裸裸的政治迫害。——译者注

更加热血沸腾，也更加胆大妄为。与此同时，贵族们愤怒而又密切地关注着国王计划的走向。但詹姆士的睿智、大臣们的警戒以及缺乏合适的领袖，使得他们为了防御而采取的任何措施都变得十分危险。此外，除非他们变得强大起来，否则这些举措也不可能有什么成效。最终，詹姆士和他的大臣们一着不慎，给了他们可乘之机。

众所周知的理由促使亨利八世拒绝承认教皇的权威，并没收了修道院修士的收入。他的宗教改革令所有封臣都不满意：一些人被他的极端措施激怒，其他人则认为他的改革还不够彻底。他专横的脾气、对天主教徒和新教徒的轮番迫害使得新旧教徒都对他十分畏惧。亨利担心臣民的不满可能致使欧洲大陆上的敌人入侵他的王国。他也知道，教皇和皇帝正在设法促进与苏格兰国王之间的友好关系，并力图将他拉进对抗英格兰的同盟之中。亨利决定立刻与他的侄子结成更为紧密的同盟，以阻挠他们之间的谈判。因此，他向詹姆士递交了一份详尽的备忘录，列举了教廷对君权的数次侵犯。在抵御教权的侵蚀方面，他也许是想劝说詹姆士更坚定地采取在英格兰已经被证明行之有效的策略，因而他派遣了一位大使出访苏格兰，建议两位国王在约克召开一次私人会议。詹姆士乐于接受这样一份邀请的理由十分明显：来自强力联盟的援助，允诺给他的高规格款待，以及他可以获得的慷慨资助会为苏格兰政府增添无上的荣耀，也有利于他打压贵族的计划顺利执行。另一方面，如果拒绝了亨利的邀请，他就有理由担心一场与英格兰之间的战争，这将令他与自己的意图背道而驰：战争会让他依赖苏格兰的贵族，倘若没有他们的支持，国王就无法组建军队；而召集怨恨自己的封臣们奔赴战场则会令敌人团结起来，他们会意识到自己强大的力量并伺机报仇雪恨。詹姆士清醒地认识到与英格兰的决裂可能会带来的这些后果，因此

34

一开始便听从了亨利八世的建议，同意前往约克赴会。但苏格兰的教士阶层却为这个可能会摧毁教会的联盟而感到恐惧。亨利苦口婆心地给詹姆士灌输自己的宗教理念，并很快就通过他的大使请求詹姆士拒绝承认教皇篡取的权力，因为这既侵犯了国王的尊严，又令他的封臣们倍感痛苦。苏格兰的教士们正在努力转移国王对这一请求的注意力。亨利希望这一友好的协商可以令詹姆士接受他的恳请或者赞同他的观点，但这正是教士们所担心的。他们知道，教会的财富对于一个既缺钱又爱财的国王而言有着极大的诱惑；他们知道，教会的傲慢与野心已经激起了贵族的愤怒，国民也被他们糜烂的生活所触怒；他们也知道，新教的教义正在整个王国范围内传播，教会则将因为对它的冷漠而遭受普遍的失败。因此，他们利用国王的信任，不惜采取欺骗、奉承的手段，力求将国王从那条必定会给其利益带来致命打击的道路上拉回来。他们夸大了国王可能会遇到的危险，说他前往英格兰这么遥远的地方是在以身犯险，因为此行除了亨利八世的承诺之外几乎没有任何保护。至于亨利的诺言，则早已不足为信，因为他早就背离了庄严而又神圣的信仰。如果国王不与亨利会面的话，他们会为詹姆士提供一笔五万克朗的年贡，以弥补他可能会从亨利那里获得的资金援助。此外，他们所抄没的宗教异端的财产也会赠予国王。这些条件最终令詹姆士违背了与亨利八世的协定，而后者为了尽早与之会面，早已在约克等候多时。这位傲慢而又暴躁的君主被此等冒犯行径彻底激怒，他随即向苏格兰宣战，军队也很快就做好了入侵的准备。詹姆士现在不得不为了拱卫疆土而向他的贵族们求援。贵族响应了詹姆士的征召，然而伴随着贵族而来的还有他们的情感，这一情感与他们那些生活在詹姆士三世时代的祖先相同，促使他们下定决心惩罚那些构陷自己的小人。与詹姆士三世的弄臣们相比，如果詹姆士五世的大臣与他们一样碌碌无为而且对其敌人而言完全无利可图的话，法拉御营就会因贵族对王权大胆的冒犯而同劳德御营一样令人瞩目。虽然国王的大臣们因此而获救，但贵族们很快就有了另一个向詹姆士表达不满及蔑视的机会。由于给养匮乏、气候严酷，入侵苏格兰的英军不得不撤离此处。詹姆士认为在敌军撤离时发动攻击十分有利，但傲慢而又固执的大贵族却不服从他的命令，他们拒绝参加越出国境的军事行动，詹姆士五世被这种无礼行径激怒。此外，他也怀疑军中可能已经形成了一个针对他的宠臣的阴谋集团，詹姆士五世便抛下了几乎不受其指挥的军队，突然返回了首都。

35

　　这位雄心勃勃且精力旺盛的国王不会容忍如此大胆的冒犯。但他太过急于求成，而挫折又令他一蹶不振。詹姆士现在觉得自己与英格兰的战争毫无意义，这场战争非但没有给他带来名声与胜利，反而在一开始就激起了贵族的骄纵，导致自己受到了敌人的耻笑。此外，他看到了自己削弱贵族的计划是如此的徒劳无功，就算在和平时期他可以压制住贵族，然而，一旦爆发战争，贵族们就可以重获此前的地位与尊严。焦虑、怨怅与愤怒充斥着他的内心，这些负面情绪令他性情大变，可能也蚕食了他的理智。他开始变得忧郁、沮丧，变得越来越自闭。白天他似乎沉浸在深思之中，而到了晚上则被那些臆想出来的恐怖所困扰，这些臆想不断削弱着他的理智，并令他的幻想愈发混乱。为了重振国王的意志，大臣们策划了一场针对英格兰西部边界的入侵行动，他们说服了与那个地区相邻的贵族们尽可能多地募集部队，随后便率军进入了敌境。然而，任谁也不能消除詹姆士对贵族的厌恶，也无法减轻国王对他们手握大权的嫉妒。即便对在此次战役中为他征召了军队的贵族，他也不能放心地将指挥权交给他们。詹姆士任命其亲信奥利弗·辛克莱尔（Oliver Sinclair）为将军，负责指挥大军。此一任命甫一宣布，便引起了轩然大波。[1] 军中一片哗然，贵族们的愤怒激起了一场巨大的兵变。此时，与他们偶遇的五百名英军趁乱向苏格兰人发起了进攻。对国王的仇视以及对将军的轻鄙史无前例地左右了战局。苏格兰人的营地中四处弥漫着对死亡的恐惧以及对自由的向往，一万人就这样在数量上远逊于自己的敌人面前未放一枪一炮就作鸟兽散了。在他们之中，没有人想要获得一场会令詹姆士国王和其佞幸满意的胜利，因此几乎无人想要逃命，而英军则可以带走任何一位他们中意的俘虏。最终，几乎所有参加这次远征的贵族都落入了敌军之手。[2] 这个令人震惊的事件成了证明贵族对国王普遍不满的新证据，也是对国王缺乏权力的新发现。由于已经无力承受接二连三的侮辱，国王发现他已经没有办法再向贵族复仇了。极度的忧郁与绝望紧随着狂怒而来，这都是由苏格兰军队惨败而造成的。众所周知，所有这些负面情绪都会危及人的生命，它们损害着国王的理智，也侵蚀着他那年轻又有活力的身体。那时的一些作家将国王的早逝归咎于毒药，但他们却忽视了一点，沉重的心病常常更加致命。失望、抑郁以及愤怒的感情加上嗜血和冲动的脾气足以造成他最终的厄运。"詹姆士的死证明了他在精神上承受着远大于常人的压力。他可以去死，但却无法承受这场灾难。"（德拉蒙德语）如果詹姆士避免了这一厄运，下述两种情形中必有一种将会发生：其一，詹姆士的所有负面情绪会令

---

[1] 这次军事行动的指挥官原本是第五代麦克斯韦勋爵罗伯特·麦克斯韦（Robert Maxwell, 5th Lord Maxwell, 1493—1546），他曾任苏格兰的海军事务大臣，在苏格兰的政界拥有很高的威望，是一位声望显赫的贵族。詹姆士五世由于担心贵族的叛乱而改任辛克莱尔为指挥官，这被认为是对麦克斯韦勋爵的羞辱，同时也被其他贵族认为是对整个贵族阶层的羞辱，因而引起了军中的强烈不满。——译者注

[2] 根据汉密尔顿手稿中的有关记载，在此次战役中，苏格兰方面有 30 人阵亡，近千人被俘，其中有 150 名贵族。而由于英军人数过少，因此无力带走更多的俘虏。——原书注

他公然向贵族发起攻击，而这些贵族们会发现亨利八世将自愿成为他们强大的庇护者，反叛者们现在可以受到他的保护，以后则会从他的女儿伊丽莎白一世那里获得援助。在这种情况下，一场危险的内战就在所难免了。其二，形势将迫使詹姆士接受亨利的提议，并与他的贵族们和解。这样一来，苏格兰教会就会成为这个联盟的牺牲品，一场改革将会在亨利的策划下通过法律得以施行。教会的大部分财产都将会被剥夺，而国王与贵族之间的友好关系则会在这场瓜分行动中得到巩固。

以上就是先王们为了削弱贵族强权而做出的努力。即使他们没有成功，我们也不能因此认为他们在行动中不够谨慎。历代先王所面临的形势都对王权极为不利，意外事件同政治原因一起使得最好的计划付诸东流。一个国王被暗杀，另一个猝然而逝，第三个则死于致命的绝望，这些事件在阻止贵族阶层被摧毁方面所发挥出的作用不亚于本就衰弱的王权。

在斗争中，苏格兰列王拥有对议会的强大影响力，这个细节似乎令人十分费解，而且值得给予特别关注。按照常理，贵族一定对议会的决议有着决定性的影响力，因为他们占据了历届议会的绝大多数议席。然而，与此相反的是，每一代国王都可以令议员们对他唯命是从，也能使那些对于拓展王权而言至关重要的法案获得通过；王国的大小庶务也都在这里讨论并得出一致认可的方案。在史家的记载中，我们没有发现议员反对国王的案例。至于经过国王首肯的议案在执行中所遇到的任何阻挠，他们也没有提及。为了解释这个奇怪的现象，我们有必要探究议会的起源与它的建立。

封建政府的特征及其所有的活动，无论对于一个大的社会还是一个小的社群而言，其所产生的效果都是一样的。一个贵族的领地

36

就是一个封建王国的缩影：这位贵族在其领地上享有司法权，但那些因为依附于他而成为自由民的人却只能被他们的直属贵族审判。因此，他的封臣们有义务出席他的法庭，以宣布并执行他的判决。当这些人聚集在这种场合的时候，他们就确立了有利于这个小集团的规章制度，并常常向自己的长官提供他所需要的资金。把这个集团的名字更换一下，并把那个"贵族"替换为"国王"之后，我们就得到了议会最早的雏形，并可以看到它最早的权力运行状况。这些权力现在被称为司法权、立法权以及国税的分配权。而与此相对应的则是"国王法庭"（King's Court）与"大议事会"（King's Great Council），后者的成员在古代相当于议员。与此相对应的还有通过选举产生的成员。在所有的封建王国中，国王与其他大贵族出席法庭是他们的义务，而不是一种特权。主教、修道院院长以及那些攫取了部分王权的更高级的神职人员也被要求出席法庭，他们被认为与国王一同担负着这一重担。在这种情况下，议会很久都没有召开。城市日趋富有，政府向他们征收重税，市民则开始有自己的政治主张，并被其君王授予了选举权。在议会中拥有一席之地对于他们自身的权利以及地位而言拥有极大的意义。然而，由于将这种权利授予，或者说是将这副重担强加给整个社会是十分荒谬的，因此，每个自治市都获准选出一到两名市民以市政府的名义出席议会，"代议"（Representation）这个概念便以这种方式首次被提出。紧接着，一个更为重要的革新出现了。国王的封臣虽然人数不多，但权力十分强大。然而，由于他们无法使自己的财产世代传承、永不易手，这些财产便开始以各种方式被瓜分到了不同的贵族手中。从此，贵族被分为了大贵族（Greater Barons）和中小贵族（Lesser Barons）：前者是那些始终保有着自己的原始封地，其领邑并未被分割的贵族；后者则是国王手下较为弱小的新晋贵族。虽然实力不同，但两者都需

37

履行所有的封建义务，更重要的是，他们都要出席议会，这对于那些实力较弱的中小贵族而言是一个很大的痛苦。贵族们有时否认他们的这项义务，而自治市也会放弃他们的选举权，他们所获得的特许状上也包含了豁免这一义务的部分。我们的祖先竭力从议会中获得自由的渴望到头来还是被其子孙后代力求进入那里的请求所超越了。为了让国王的大议事会中有足够的成员，同时也为了将贵族从不必要的重担中拯救出来，他们因而提出了一个简单的解决办法：大贵族出席议会的义务仍然继续保留，中小贵族的义务则被免除，代之以每个郡选出固定数目的代表，并以他们的名义出席议会。这样一来，议会的成员就悉数备齐，他们包括：教俗两界领主、各郡骑士以及各自治市代表。由于许多因素都造成了英格兰的政体比苏格兰完善得要早，在英格兰，封建体制的力量很快被削弱，而它的缺陷也比其他王国得到更好的弥补。因此英格兰率先发生了上述所有的重要变革，而那里的自治市代表以及各郡骑士也比我们这里更早出现在议会之中。[1326 年]苏格兰的自治市代表最早在罗伯特·布鲁斯时期进入了议会，而在罗伯特三世时期通过的法律的序言中，他们的名字也被写在了那些由选举产生的议员中间。[1427 年]中小贵族对詹姆士一世心怀感念，因为国王使得他们免除了出席议会的义务，并准允他们选择自己的代表。他们很快就使用了国王赐予的豁免权，但向议会派出代表这一权利，除了极少数人之外并无人予以重视。它被忽略了一百六十多年，直到詹姆士六世时才首次迫使他们定期向议会派驻代表。

那时的苏格兰议会由古老的大贵族、教士以及少数自治市代表组成，它不像英格兰那样被一分为二，而是采用一院制，并且由御前大臣（Lord Chancellor）主持会议。[①] 在那个愚昧的年代里，尚武的人们还不明了有关政府的知识，他们并不熟知媾和之道，也全然不知该如何在辩论中拔得头筹并嘲讽对手。因此，议会在那时不可能获得如今日一样的尊重，也没有哪位爵爷乐意出席这种明显有失身份的会议。此外，国王时常匆忙召开议会，并通过发布针对性的令状竭力排挤那些反对其议案的人。在那个暴力横行、法制与宽容皆无人关注的时代，没有人会冒着生命危险在属于国王自己的议会中反对他。大贵族或议会中的贵族代表人数稀少，即便到了詹姆士六世统治时期，他们总共也只有五十三人。教士在人数上与之比肩，但他们暗中为国王效力，关于此点，我们已经在上文解释过了。这使得贵族对国王的任何斗争都无胜算。况且，也没有哪个贵族像我们推断的那样急于在议会中阻挠有利于国王的议案。考虑到自身的实力，以及国王无力在没有贵族的一致同意下去执行那些法案，他们相信，要么自己可以巧妙地避开它们，要么可以大胆地无视它们。此外，法令使得国王收回了王室的地产，此前转让出的司法权也一并收归国王所有，虽然每一代国王都反复强调这一点，但依然被贵族违反和轻视，这些都证明了当臣属反抗王权时，法律是何等无力。那时的许多因素都足以阐明苏格兰列王掌握议会优势的原因，然而，抛开其中的任何一个因素不谈，仅仅是苏格兰议会政体所特有的情

38

① 英格兰的贵族和平民起初似乎不在同一个议院中开会，因此，喜欢效仿英格兰的詹姆士一世可能想要在大贵族与中小贵族之间设置一些区分，他命令他们至少不得在同一位主席的主持下召开会议。在詹姆士于 1327 年颁布的法令中有这样的规定："诸郡需各自拣选一位睿智老成之人，此人不得为郡守，他将以平民议长（Common Speaker of the Parliament）之名在议会或大会议（General Council of Scotland）中提出有关平民的各种需要及其理由。"然而，法令中所谓的"平民议长"似乎从没有被选出过，而根据随后颁布的法令，只有御前大臣（Chancellor）才是议会的主席。——原书注

况就足以对那个问题做出详尽的解释。我们至今尚未提及这个情况，而它与我们所做出的"王权甚弱，贵族势强"的论断似乎自相矛盾。

早在有关苏格兰议会政体的资料出现时，我们便发现了一个名为"议会立法委员会"①的机构。它的职责是：在议会开幕前，起草并汇编所有准备提交给议会的条文。它本身极少向议会提交自己的议案，但它却是向议会送呈提案的必经之路，每一项关于制定新法的议案都要先在这里草拟，并应经过其成员的表决。只有表决通过的提案才会作为一项正式的法案提交给议会，遭到否决的则不再予以考虑。这个委员会将它所获得的巨大权力归功于古代贵族尚武的特点：贵族毫无耐心，以致无法忍受繁杂枯燥的政务；他们生性鲁莽，以致不能探察政务的管理程式及其重要细节。因此，他们乐意将这副重担放在一小撮人的肩头，自己除了屈从或反对那些旨在对抗他们的法案之外就没有其他工作了。那时的立法委员不仅主导议会的进程，而且还有权在议会辩论之前否决议案。正是为了将这些极为重要的权力完全纳入到国王的掌控之中，委员会才会被以此等方式组建起来。我们的国王很有可能曾掌握了立法委员的主要任

---

① 议会立法委员会（Lords of Articles）是 14 世纪出现的一个机构，起初是为了促进议会的工作，挑选一些人对国王提交的条文做出决定，然后再供全体议会通过。1535 年起，委员会被授命全权制定法规。1568—1639 年的每届议会都会指定一个立法委员会负责日常工作，其建议则交由议会全会于闭会前通过。1606 年，詹姆士六世指定了一个立法委员会，从此，国王在挑选人员上的影响与日俱增，因而这个机构被人们认为与"议会自由"的原则相抵触，1690 年被废止。参见《元照英美法词典》。——译者注

命权。① 后来，立法委员开始由议会选举，选举方式是在每个阶层中选出固定的人数组成委员会，最常见的情况是：八名世俗贵族、八名教会贵族、八名自治市代表以及八名国王的重臣。其中，八名教会贵族与大臣效忠于国王，而世俗贵族与自治市代表为了反对国王而联合起来几乎是不可能的。由于可以左右委员的选举，或者可以在选举时对其加以利诱，国王通常可以发现立法委员与自己的私人顾问一样顺从。通过凌驾于委员的权威，国王可以在议会辩论开始前就否决议案，当然也可以在辩论后加以否决。欧洲最受限制的国王居然获得了连最为专制的国王都不曾获得的权力，这看起来确实

39

---

① 从一份原始资料中可以看出：1566 年的一届议会于当年的 3 月 12 日召开，而立法委员会似乎在 3 月 7 日就已经被选好并召开了会议，这比议会召开的日期要早五天。如果委员会是在议会召开之前这么长的时间内就已经被选好，而且这种选举时间是固定不变的话，我们就可以推断出国王独占了选任权。这里有两份关于彼时委员选举方式的截然相反的记录，其中一份出自玛丽之手，是她写给格拉斯哥大主教的信："我们目前正在贵族的陪伴下前往爱丁堡市政厅，以便在议会召开之前的 3 月 7 日这个间隙选出立法委员。"如果我们严格按照语法来解释这些话语的话，我们一定会认为是玛丽女王本人选择委员。但更有可能的是，玛丽的这句话意指由陪同她的贵族，亦即她的私人顾问和其他人选出立法委员。参见凯思：《苏格兰史》，第331 页。第二份记录出自罗思文勋爵之手，他明白无误地指出是玛丽皇后自己选出了立法委员。参见凯思：《苏格兰史订补》，第 126 页。无论我们相信哪种观点都无所谓。因为，如果私人顾问和宫廷的其他贵族有权选举立法委员，对于国王而言依然是有利的，这就与国王本人拥有对委员的选任权是一样的。——原书注

59

令人难以置信。①

　　在记述苏格兰的内政之时，略述欧洲当时的政治情况亦无不妥。那时的欧洲在一个整体的体制之内，每个王国都构成其中的一部分。而关于这个体制的知识对于理解欧洲任何一个民族的历史以及它的政体和法制而言都是十分必要的。后者也许能使我们理解国家的突发事件与变革，但如果不了解历史，外交事务就会完全隐晦难懂。通过对历史的挖掘，苏格兰国史中许多仍陷于黑暗之中的细节将被

----

① 我们已经对立法委员会的历史做了一番追溯，尽管这与拙著的主题一样粗浅，但也许一些读者会欣然准允我介绍苏格兰这个罕见的机构在其后发生的变化，以及国王对它的政治利用。当议会人数渐多，议会的规模也因中小贵族派驻的代表而愈发庞大时，他们所拥有的那超越立法委员会的权力也开始成为国王重要的目标。詹姆士借口立法委员无暇顾及摆在他们面前的众多琐事，因而颁布了一道敕令，任命了不属于任何阶层的四名人员，他们应当在议会开幕之前二十天时召开会议，受理所有的提案，并剔除被认为是毫无价值的议案。此外，他们还应在书卷上誊录所有他们认为值得引起立法委员关注的提案。在法律中，没有关于选举这四人的规定，因而国王可以理所当然地把持着这项权力。1633年，当查理一世开始引入这项给他的王国带来了诸多伤害的创意时，他曾担心此举会遭到议会的反对。为了防止这种情况的发生，他想出了一个对策以保护国王的立法委员。他规定立法委员中的八名主教由世俗贵族选举，而八名世俗贵族则由主教选举。这十六位委员再共同选出八名骑士与八名自治市代表，至于大臣代表则一如既往。对于苏格兰的贵族而言如果只能设想八人之数，而那时他们依附于宫廷——这是显而易见的，因为他们将由主教选出，那么整个立法委员都将会成为国王的工具与奴隶。由于它违背了自由精神，因而在内战期间被撤销，詹姆士六世的法令也一同被废止。王室复辟之后，议会变得比此前更加奴颜婢膝，它在查理一世时期仅仅作为一个暂时性的工具，现在则转变成了一个固定不变的政治原则。"依我之愚见，"那位我曾多次在这部分有所借鉴的作者说道，"我原本以为，复辟时期的议会公然授予国王在辩论之前的否决权，比起现在用这样卑劣、虚伪的手段背叛他们的选民和国家而言，其罪孽要稍轻一些。"参见《英格兰古史随笔》（*Essays on British Antiquities*），第55页。然而，从附录中伦道夫在1560年8月10日写给塞西尔的一封信中可以看出，那时的议会曾援引了一些古代的先例来为他们那无耻的行径辩护。关于苏格兰议会的选举团成员，关于那个自治市代表首次出现在议会的年代，关于立法委员会的起源与职权，有许多问题依然存在，人们以极大的热情争论着。自从莱特先生的（转下页）

公之于众。大多数史家只看到了历史事件的后果，而我们将会探查其缘由。

法国封建政体的倾覆以及邻国封建体制的衰落引发了欧洲政治结构的巨大变革。当一个王国被贵族们瓜分得支离破碎时，它的确是微不足道的。而当它被统一于一个强大的王权之下时，它就会获得稳定与力量。国王们此时开始意识到自己的实力与地位。他们研究征服计划，并亲自参与到远征行动中。他们组建了许多军队，为了维持军费又开征重税。人数众多的步兵可以领取固定的薪金，这份职业开始变得重要起来。骑兵至今仍作为欧洲军队的一支力量，虽然它对于自费并时常发起短暂突袭的贵族而言足以适用，但在面对大规模的征服战争之时就显得力不从心了。

法国、西班牙和德意志的专制君主们在意大利对他们的新战力进行了首次试验。意大利的四分五裂、人民的奢侈以及他们对战争软弱的厌恶都使得那些尚武的邻国们前来大肆劫掠。意大利人只擅长对战争进行嘲讽，在解决内部争端时采用的都是不流血的方式。因此，当法国人侵入意大利时，意大利人一看到真正的战斗就战栗不止。此外，由于他们无法抵御侵略的洪流，便只能在其中挣扎，发泄怒火。不过，阴谋诡计弥补了力量的匮乏，困境和自保的需要教给了这些聪明人通过将一个君主的权力砝码加到天平的一边以制约另一个君主的权力，他们也由此而掌握了现代政治的奥秘。权力的天平就这样在一双灵巧的手中保持着平衡，没有哪位国王会被允许保留可能会带来危险的优势地位。

在意大利，成功的管理体制不会长期局限于政治改良。保持权

（接上页）《议会起源与发展考》第一版问世以来，所有这些极具争议的观点就在这本书中得到了冷静且细致的考察。——原书注

力平衡这一准则有着许多显而易见的理由，欧洲的形势也不容许这一平衡被打破，这也很快成了许多明智的政客重点关注的对象。任何一位国王所采取的每一个行动都会被邻国予以密切关注。驻外大使是一个体面的间谍，他们被相互猜忌的国王们委任，几乎不间断地在各个宫廷之间游走，负责监视他们的一举一动。因此，危险在尚未来临之时就可以被预见，预防起来也更加轻松自如。此外，各国组建同盟以削弱任何一个过于强大的政权。复仇或自卫不再是发动战争的唯一理由，非政治原因所引起的战争也开始变得很常见。战争无论是在开始之时，还是在进行之中，都是对人们判断力的考验，而不是受其激情的驱使。欧洲的每场战争几乎都会波及整个大陆，最不起眼的小国也能占有举足轻重的地位，因为它们对于天平的每一边而言，都有可能成为重要的砝码。

弗朗索瓦一世（Francis Ⅰ, King of France, 1494—1547）于1515 年登上了法国的王座，查理五世（Charles Ⅴ, Holy Roman Emperor, 1500—1558）则于 1519 年践位为君①。此时，整个欧洲都被他们的权势和影响力一分为二。他们之间永久的敌视更多的是建立在本能及合理的政策考量之上，而并不仅仅是出于私人嫉恨或是个人情感的冲动。因此，这种敌意在他们的子孙后代之间又存在了许多年。查理五世继承了哈布斯堡家族的所有领地，没有哪个家族曾经凭借这样明智且幸运的联姻获得了如此众多的封土。通过联姻，奥地利领主在短期内从一个名不见经传的哈布斯堡伯爵一跃而成了奥地利大公和波西米亚国王，最终通过所谓的继承权占据了神圣罗

---

① 查理五世于 1519 年接替他的祖父马克西米利安一世（Maximilian Ⅰ, Holy Roman Emperor, 1459—1519）成为神圣罗马帝国皇帝，此前已经于 1516 年成为西班牙国王，西班牙语中称之为卡洛斯一世（Carlos Ⅰ, King of Spain, 1500—1558）。——译者注

马帝国的皇位。除了那些在德意志的属土之外，查理还继承了西班牙王位和所有属于勃艮第家族的领地。勃艮第地区在那时独占了欧洲一半的富人与贸易，查理多次从中获取巨款，这些巨款是不可能从没有贸易与自由的人民那里获得的。西班牙为他提供了一支骁勇善战的步兵，他们的军纪应归功于查理多年来发起的所有征服战争。与此同时，由于发现了新大陆，又一笔巨额财富向他敞开了大门，任何宏大的野心也无法将其挥霍殆尽。这些优势使得查理五世成了第一位欧洲的王者，但他的欲望没有止境，他开始公然追求建立一个世界性帝国。他的才华属于那种缓慢成熟的类型，长期隐藏着，然而最终在不经意间发展到了出人意料的高度。查理具有一种非常独特的品质，这不同于任何与他结盟的君主。他展现出了其祖父费迪南德的狡猾与洞察力。他以哈布斯堡家族特有的顽强毅力贯彻着这些品质，而在运用它们时又能辅以源自勃艮第家族的勇气与宽容。他的能力与其权势相比肩，而两者又都不逊于他的野心。上帝没有垂怜于人类，为了保护他们免遭邪魔之灾以及世界帝国的侵袭，弗朗索瓦一世应时而生，并奋然而起以保卫欧洲的自由。与皇帝相比，他的领地较为狭小，却更加统一，而他的封臣人数众多、勤勉好战，既热爱荣誉，又热爱他们的君王。对于查理而言，权力是其唯一渴求的对象。他追逐着权力，虽不知疲倦，但并不快乐。弗朗索瓦却能将他的野心与快乐和优雅融会贯通，尽管他忽视了自己持有的许多优势，而这些优势本应被一个更加冷酷也更加节俭的君主所利用，然而，勇气弥补了他的所有缺陷。他充满活力，性格刚毅，阻止并挫败了皇帝的许多阴谋。

　　欧洲的其他国家极为警惕地关注着这两个强劲对手的所有动态。一方面，意大利看到了威胁着整个基督世界的危险，并为了避免它的发生而求助于他们经常能克敌制胜的计谋。他们努力保持着两

41

个竞争对手之间的平衡，此外，还想联合几个小国以制约其中一个权力过大的君主。但他们实在是心有余而力不足，更何况，计策与改良在军事力量的打击面前仅仅算是一道脆弱的藩篱。

同时，英格兰的亨利八世虽然不甚细致，但是凭借着强硬的手腕在欧洲占有重要的地位。他是那个时代第三个手握重权的君王，英格兰拥有独特的地缘优势，国内的稳定局势以及他所掌握的巨大财富和绝对王权都理所当然地使他成了欧洲自由的捍卫者。欧洲大陆上的每一个竞争者都争相奉承亨利八世，而他知道，为了英格兰的利益，他应当恰到好处地维持着大陆上的均势，并通过不加入其中任何一派的方式去遏制所有人。然而，他很少能减轻自己跃跃欲试的想法；他更多的时候是被自己的任性所驱使，而不是政治原则——我们都知道，一个凡人的激情往往是君主的劲敌。虚荣与愤怒是亨利所有事业的动机，邻国们通过触动他的这些情感，轻易便能迫使他做出草率而又前后矛盾的事情。他的统治就是一连串政治上的大错，尽管他自诩为全欧洲最圣明的君主，对于那些谄事他的人而言，他依然是一个始终不变的大傻瓜。

在欧洲的这种形势下，仍然在英法之争中耗费着精力的苏格兰从默默无闻的状态中走出，并开始对远邦的命运产生影响。它的援助对于竞争双方而言往往具有重要的意义，而它的力量可以使天平向任何一方倾斜，因此，欧洲的均势常常能够得到精准的调校。它在这时所扮演的角色使得亨利八世得以率军侵入大陆。这位国王在吉内加特击溃了法军，继而攻入图尔奈。弗朗索瓦一世意欲分散亨利的军势，因而使苏格兰的詹姆士四世卷入到了那场终结其生命的不幸的远征当中。出于相同的理由，弗朗索瓦一世唆使并援助阿尔巴尼公爵摧毁了站在英格兰一边的安格斯和霍默家族，这样做也能

42

欣然说服苏格兰人为他们的国王复仇，发动一场新的对英战争。[1] 在对抗完皇帝之后不久，亨利与法兰西的同盟就不复存在了。但是，苏格兰人继续按兵不动，在目前而言符合两个国王的利益，而他们的联盟也因此带来了较为长久的安定。[2] 查理想要打破这一僵局，为了达到这个目的，他积极向詹姆士五世示好，并允诺选举他为金羊毛骑士（Knight of Golden Fleece），为他物色一位出身于哈布斯堡皇族的配偶以迎合这位年轻国王的虚荣心。作为对这些虚有其表的荣誉的报答，查理要求詹姆士断绝与法兰西之间的同盟关系，并要对英格兰宣战。不过，詹姆士十分清楚，倘若接受了皇帝的提议，自己失去的将远比得到的要多。因此，他婉言谢绝了皇帝的要求，并坚定地保持着古老的同盟关系，以便亨利可以在大陆上全力行动。

亨利即位之初，在苏格兰事务上一直效仿着他的祖先们。那时他不屑于使用武力，因而不费吹灰之力便获得了与苏格兰人的友谊。然而，另一方面，由于他重新提出了英格兰君主对苏格兰国王古老的宗主要求，亨利便激怒了整个苏格兰王国。不过，他自己的经历与敌人的前车之鉴始终令他不敢小视苏格兰。在如此空旷又辽阔的国界上抵御一个尚武民族的入侵是不可能的，因此，在他前往大陆征战期间，他不得不将王国的兵力一分为二。在北部英格兰部署少

---

[1] 阿尔巴尼公爵（John Stewart, Duke of Albany, 1481—1536）是亲法派，他在詹姆士四世战死之后担任摄政，而安格斯伯爵与霍默勋爵（Alexander Home, 3rd Lord Home, 逝于 1516 年）反对他在苏格兰的统治，因而与英格兰联合，意欲推翻他。詹姆士四世被英军所杀，因而，如果将两个伯爵与英格兰勾结的罪名公之于众的话，阿尔巴尼就能利用苏格兰国内的舆论轻松发起对英格兰的战争。——译者注

[2] 亨利八世在即位伊始继续执行亨利七世的联西（西班牙）抗法政策，因而他在统治初年不断发动对法国的战争，但是后来因为婚姻问题与西班牙的关系破裂。其后，随着哈布斯堡家族势力的日益壮大，查理五世开始谋求建立一个统治全欧的哈布斯堡大帝国，这就迫使英法开始联合起来，因此，苏格兰按兵不动，不对英格兰发起攻击自然符合两国的共同利益。——译者注

许巡防部队是极为必要的。虽然有这样的警备，比任何人都擅长打游击战的苏格兰边民还是能够顺利侵入英格兰的国土。他们所过之处一片焦土，在许多郡中留下了恐怖。最终，亨利开始执行尊重苏格兰人这一真正有效的政策——他的先辈们要么没有足够的洞察力发现这一政策的有效性，要么则是不屑于用这种态度对待苏格兰人。国家所面临的局势与苏格兰人民的英勇使亨利无法征服这个王国，但贫困与派系倾轧所引起的暴乱却使得苏格兰可以被轻易分割并加以统治。因此，亨利放弃了此前制订的所有计划，并决定不遗余力地利用后者达到自己的目的。一个国王从另一位君主那里接受金钱并美其名曰"财政援助"，这在当时还不是一件体面的事。但是，无论在什么年代，财政问题都可以堂而皇之地在朝廷上讨论，这一问题也自然影响着朝中的大臣、各党派领袖以及国王的亲信们。我们通过现存的原始资料得知，在詹姆士五世尚未亲政期间，亨利通过给予苏格兰一大笔资金援助获得了许多政治利益，苏格兰的许多大人物在合理地瓜分了这些资金之后都加入到了支持亨利那一方的阵营当中，而一个秘密与英格兰保持联络并从那里收到指令的集团，从那时起也就自然参与进了我们关于苏格兰内政的讨论之中。我们在接下来的历史中将会看到，亨利八世竭力拓展他在苏格兰的影响力，他的继任者们也采用了这一既定方针，并不断加以完善。两个王国的事务开始相互交织，它们的利益也常常十分一致。伊丽莎白对两个王国的关注程度几乎是对等的，她从英格兰继承下来的权力也并不比她从苏格兰获取的要大多少。

第二章　玛丽太后的摄政统治

[1542 年] 苏格兰女王玛丽（Mary, Queen of Scotland, 1542—
1587）是詹姆士五世与吉斯的玛丽（Mary of Guise, 1515—1560）之
女，她在其父去世前几日出生 [12 月 8 日]。詹姆士五世故去之时的
形势令全国的贵族都惊惶不安。与英格兰的战争本就没有必要发动，
如今又遭新败。众多显贵在索尔威湾之战中惨败，并落入了英格兰
人之手，眼下正被囚于伦敦。至于国内剩下的贵族，他们在政治主
张上极不一致，由改革派引发的宗教争端变得日益血腥，同时也激
起了倾向于贵族政治的派系的愤怒。

女王治国此前在苏格兰闻所未闻，她也无法获得那些莽夫们的
尊崇，而一个尚在襁褓中的女王更是缺乏真正的权威。漫长而又脆
弱的幼主统治会令各个派系因抱持着不受惩罚的希望而肆无忌惮地
相互倾轧。詹姆士甚至没有针对幼主当政的情况做好提前准备，他
没能来得及将幼女的抚育托付给一个正直的人，以便他能够以女王
之名处理朝政。尽管詹姆士看到了乌云正在聚集，也预言了它们将

43

很快演变为一场风暴，但他无力将之驱散，也无力保护他的幼女与王国免遭即将降临的灾难。在彻底的绝望中，他将所有一切都抛给了命运的垂怜，抛给了每一个对摄政之职的觊觎者——这个职位是他始终不能按照自己的心愿任命的。

比顿枢机主教（Cardinal David Beatoun, 1494—1546）多年来一直被视为苏格兰的宰辅，他是第一个宣称自己应当成为摄政的人。为了证实自己的说辞，他伪造了一份遗嘱，假托已故国王詹姆士五世之名，命令自己立刻出任摄政。他希望得到苏格兰教士阶层的援助、法国的支持、太后的默许以及整个天主教派的赞成。但是，比顿享有权力的时间已经太长了，以至于他难以获得国人的青睐。那些希望进行宗教改革的贵族惧怕他的严苛。其他人则认为，倘若一个教士爬上了摄政的高位，对贵族阶层而言就意味着他们的失势。阿兰伯爵詹姆士·汉密尔顿（James Hamilton, 2nd Earl of Arran, 1516—1575）在王位继承顺序上仅次于玛丽女王。贵族们在他身旁煽风点火，将他从沉默中唤醒，并说服他去追求从血统上而言非他莫属的摄政宝座。为了达到这个目的，贵族们齐聚一堂，一致同意由詹姆士出任摄政，此举也令举国民众拍手称快。

在性格方面，没有哪两个人比阿兰伯爵和比顿枢机主教更迥然不同。枢机主教生来野心勃勃，在漫长的政治生涯中，他变得老成、文雅，傲慢也伴随着他持续不断的成功而与日俱增。他在教会中显赫的地位将他置于世俗中的崇高职位之上，他的能力可以与他们当中最出众的人相媲美。他认为，没有任何一个人可以凌驾于他的功绩之上。由于他自己的显赫建立于罗马天主教会的权威之上，因而他狂热地捍卫这种信仰，也公然反对宗教改革者所奉行的信条。政治目的决定了他会支持其中一派而反对另一派。早年专注于公共事务使他对那个时代的学问与争论都不熟悉，他会对所有的争端都做出裁决，但却是以鲁莽、暴力以及严苛的方式进行，这令同时代的史学家每当提及此点时都愤愤不平。

阿兰伯爵的性格几乎在每个方面都与比顿相反。他既不受野心的驱使，也没有暴力倾向。对安逸生活的向往压制着他的野心，温和的脾气则使他没有堕入暴戾的深渊。胆小如鼠与优柔寡断是他最主要的缺点，前者是因为他的体质生而柔弱，后者则是因为他自认为其能力与地位并不相称。由于这种性格，他也许会很享受私人生活，也可能会过得有滋有味，但在施政时却缺乏胆识、威严和坚定的决心。他始终屈从于自己内心的恐惧，这也导致他成了一些人手中永远的工具，这些人发现自己在利用阿兰伯爵的恐惧方面拥有极大的优势。然而，由于没有人可以站出来反对枢机主教——即便有人敢于站出来，他也几乎毫无胜算。因而，大家团结了起来，宣称阿兰伯爵的对手不可能用他的阴谋诡计战胜这个强大的联盟，这一点对伯爵而言是极为有利的。

当苏格兰与英格兰之间开始和谈时，阿兰伯爵几乎没有掌控住他的新职位，这一谈判导致了对他本人以及苏格兰王国最为致命的后果。詹姆士五世死后，在对法政策方面，亨利八世再也不必担心那些来自苏格兰的干扰。此外，他也很快便想到了使这种安全成为永恒的可能性，那就是让他的独子爱德华（Edward VI, King of England, 1537—1553）与玛丽女王联姻。他将这个意图告诉了那些从索尔威带回来的俘虏们，说服了他们支持这一计划，并许诺以自由奖赏他们的成功。与此同时，他准允他们返回苏格兰，由于摄政随后便将这些人宣召进了议会，因而他们也许会更加成功地说服同胞们支持亨利的联姻建议。交托给这些既有能力又足够热心的拥护者的事情最终将会发展为一件令人愉快的喜事，因为所有这些害怕枢机主教、渴望进行宗教改革的人都喜欢这样一个联盟，它能够捍卫他们的宗教信仰，保护其人身安全不受那位强大而又傲慢的主教的暴怒的冲击。

然而，亨利那鲁莽又暴躁的脾气无法促进这一对他有利的结合。他完全不懂得如何驾驭人类的恐惧、愚笨与利益之心。他针对苏格兰所构想的一系列计划显然都以他提出的这桩政治联姻为基础，但他在掩饰这些意图方面还不够机敏。他没有在苏格兰人的恐惧与猜忌面前退让，时间和意外早晚会弥补这一退让所带来的损失，而是要求苏格兰方面立刻将女王的监护权交托与他，并在女王尚不能亲政时由他接管苏格兰政府，这一要求令整个苏格兰大为震恐，也使他们大为光火。

亨利没能对这个能征惯战的民族开出更加无耻的条件，那些不屑于以自身的自由为代价，去换取与英格兰缔结联盟的贵族无疑以极大的愤怒拒绝了他。然而，苏格兰议会处于自英格兰返回的贵族的影响之下，他们渴望与英格兰的和平，因而将枢机主教从他可能招致的反对派手中拯救了出来，将其置于摄政的监管之下，让其形同囚徒。此外，他们同意与英格兰结成姻亲并缔结盟约，但是要建立在更加平等的条件之上。在他的大使为了将女王与枢机主教带回英格兰而使出了一些无耻而又失败的阴谋诡计之后，亨利不得不放弃了这一计划并接受了苏格兰方面提出的建议。他同意女王继续留在苏格兰，但他自己不会同意任何对英格兰王国事务的干涉。同时，苏格兰人同意在女王年满十岁时把她送往英格兰，现在则派送了六名显贵作为亨利的人质，直到女王抵达他的宫廷为止。

这项和约显然对英格兰更加有利，因而，摄政在批准了它之后丧失了大部分民众对他的信赖。现在重获自由的枢机主教一直在等待着这样一个恢复声望的时机，并为此而竭尽全力地努力着。他高声疾呼，声称摄政已经背叛了自己的祖国并投入到了苏格兰世仇的麾下，为了野心而抛弃了自己的荣誉。枢机主教还预言道，在一个被革除了教籍的异端暴君的统治下[①]，真正的天主教信仰将会消失。不过，他首先表示了自己的哀悼之情，因为他即将看到一个文明古国居然会准允别国对它的奴役，竟然会沦落到一个仰人鼻息的依附省这样卑贱的地位。仅仅在弹指一挥间，一个叛徒的软弱与变节就令苏格兰民族放弃了先辈们千百年来的奋斗成果。枢机主教的这些抗议颇有成效，苏格兰人被偏见和其他深深植根于人类内心的情感所控制，对国家世仇的憎恶、对民族尊严的维护以及拥有独立地位的自豪感在本世纪[②]之初险些阻止了他们在极为有利的条件下与英格兰合并，也诱使整个国家反对已经议定了的联盟。在一个时期里，两国之间持续了一百五十多年的和平，共戴一君，处于相同的法律体系之下，这些都缓和了他们之间古老的敌意，并使得两国民众为了联合而做准备。在另一个时期里，人民对于互相之间的伤害仍然记忆犹新，创口也仍然鲜血淋漓。他们在这熊熊燃烧的怒火中寻求复仇、反对和解就再自然不过了。在 1707 年的合并中，议会的睿智蔑视了由年深日久的仇恨所引发的无聊的牢骚。但在 1553 年之时，两国之间的积怨根深蒂固，并持续被民众复仇的狂热与团结所驱策。对此置之不理的做法既不正确也不安全。英格兰国王鲁莽的方式极大地加深了这种民族仇视的程度。对联姻和盟约抱持信任的苏格兰人为法国装配了几艘海船，因为那里的贸易有时会被截断。然而，

---

① "被革除了教籍的异端暴君"指的是英格兰国王亨利八世，1533 年，亨利八世无视教皇对其离婚申请的拒绝而与自己的第一任王后西班牙公主凯瑟琳离婚，同时与王后的侍女安妮·博林秘密结婚。由于凯瑟琳是时任神圣罗马帝国皇帝查理五世的姑母，在皇帝的施压下，教皇克莱芒七世宣布革除亨利八世的教籍。——译者注

② 指 18 世纪。——译者注

当这些船只迫于恶劣的天气而驶往英格兰的几个港口中避难时，亨利八世却说他们要给一个正在与他交战的王国运送给养，因而将其悉数扣押，并把这些船说成是他正当缴获的战利品。苏格兰人为他的举动感到震惊，他们认为，亨利在那时应当极尽所能地奉承苏格兰才符合他的利益，所以不仅将这次事件视为一次伤害，更将其看作对苏格兰人的侮辱，于是便展现出了一个战斗民族那与生俱来的愤怒。[①] 他们的怒火是如此强烈，以至于英格兰派驻在这里的大使几乎无法自保。这种情绪几乎将每个阶层的人都煽动了起来。教士们提供了一笔巨款以图避免教会成为国王的控制地，因为国王的改革方法会给他们的权势带来致命的打击。贵族们此前以残酷的方式抑制了枢机主教，现在却决定要欢迎并支持他作为王国的荣誉与自由的捍卫者而重返政坛。

46

---

① 在属于汉密尔顿公爵的一份手稿藏品中，拉尔夫·萨德勒爵士（Sir Ralph Sadler, 1507—1587，于 1540—1543 年担任亨利八世的国务秘书，在 1537、1540 和 1543 年三次担任苏格兰大使，其信件是研究 16 世纪英格兰与苏格兰关系的重要史料。——译者注）将苏格兰人的性格描述得十分残暴。在他于 1543 年 9 月 1 日从爱丁堡发出的一封信中，他这样写道："苏格兰船只被英方扣押这一事件激起了城镇上所有人，尤其是商人的狂怒，整个城市都针对我而骚动了起来，他们发下毒誓，倘若他们的船只不被归还，我和我的亲随们就将被他们肆意折辱，他们将烧毁我的房屋，我们之中的每一个人都不可能死里逃生。这里也有许多被怒火冲昏了头脑的人反对他们的摄政，指责他歪曲了与陛下（指亨利八世。——译者注）之间的和约竟然会危及人民这一事实。这就是不理智的苏格兰人，他们生活在一个如此野蛮的地方，既不敬畏上帝，也不尊重统治者。在他们当中，既没有正义，也不存在任何良好的政体。他们威胁殿下，除非将船只交回，否则他们无法保证我可以在他们的忍耐下安然无恙。"在他于 9 月 5 日发出的另一封信中，他写道，人们的愤怒仍旧十分狂暴："我和我的亲随们都不敢走出大门。爱丁堡市长煞费苦心地阻止他们在我的房间中袭击我，并因此每晚守候于此。他多方晓谕我，请我和我的亲随们务必不要超出他勉强能够控制住人民的愤怒的范围之外。他们说得很清楚明白，除非船只能被归还，否则我不可能活着离开。这就是这个民族的野蛮与残暴，上帝没有在他们中间造出任何一个正直的人。"——原书注

阿盖尔（Archibald Campbell, 4th Earl of Argyll, 1507—1558）、亨特利（George Gordon, 4th Earl of Huntly, 1514—1562）、博斯威尔（Patrick Hepburn, 3rd Earl of Bothwell, 1512—1556）以及其他大贵族都公开反对与英格兰结盟。凭借着他们的援助，枢机主教控制住了女王与太后，并以王室的名义为他的派系增添了荣誉和权力。[①] 与此同时，伦诺克斯伯爵马修·斯图尔特（Matthew Stewart, 4th Earl of Lennox, 1516—1571）收到了主教诚挚的邀请而从法国返回苏格兰，他的到来令枢机主教如虎添翼。他是汉密尔顿家族的世仇，因而对摄政提出了许多要求，并声称自己不仅有权废黜他对王位的继承权，还要剥夺他的一切私有财产。枢机主教希望迎娶寡居的太后以满足他的虚荣心，并假装对摄政十分恭敬，以让世人误认为由于自己是摄政在政治上的竞争对手而被他所嫉妒。

人们的这种猜疑被佩斯里修道院院长[②] 狡猾地加深了。他在伦诺克斯伯爵之前不久返回了苏格兰，并与枢机主教协同行动。他是摄政的亲兄弟，因而享有巨大的声望。此外，他还是忠实的亲法派，也是天主教狂热的卫道者。他恰到好处地控制着摄政，努力通过操控摄政的担忧而改变他的观点。贵族对摄政的放弃，教士对他的不满以及伦诺克斯对他的要求，都展现了形势的恶化以及他们最危险的一面。

此时，与英格兰之前约定好的签约及交付人质的最后期限已经接近了，但摄政还没有打定主意。他直到最后关头依然优柔寡断、反复无常——这样的作风只属于软弱之人，他们在处理令人棘手的事务上扮演着主角，因而十分不幸。8 月 25 日，他签署了同英格兰

---

① 参见凯思：《苏格兰史》，第 30 页。——原书注

② 佩斯里修道院院长，即约翰·汉密尔顿（John Hamilton, Archbishop of St. Andrews, 1512—1571），他是时任摄政阿兰伯爵詹姆士·汉密尔顿的亲兄弟，早年曾担任佩斯里修道院院长。——译者注

的和约，并宣布仍然反对此事的枢机主教为国家公敌。但在 9 月 3 日，他秘密离开了爱丁堡，前往卡伦德与枢机主教会晤，在那里，他向比顿秘密宣布断绝与英格兰的关系并声明支持法国的利益。

为了争取摄政的支持，亨利毫不吝惜自己最动人的许诺。他提议让伊丽莎白公主（Elizabeth Ⅰ, Queen of England, 1533—1603）与摄政的长子结亲，并在福斯河以南的苏格兰领地上建立一个新的王国，由他担任国王。但是，在发现他对那个新王国的兴趣比亨利所想的要小得多之后，英格兰国王开始对他稍稍有些失礼了。年幼的女王现在正处于摄政的敌人们的监护之下，这些人变得越来越多，在国内也越来越受欢迎。他们在斯特灵建立了另一个王廷，并威胁要选出一位新的摄政。法国国王也已经做好了为他们提供庇护的准备，苏格兰的国人出于对英格兰的憎恨，也将团结起来共御外侮。在这种形势下，如果摄政不对其策略做出迅速的调整，他就无法重获权威。尽管他努力以批准和约的方式维护他在英格兰的良好信誉，但他仍然不得不投身到亲法派的军队中去。

在他的政策发生了重大变更之后，摄政便改变了他的宗教观念。论辩之风在那时还很新鲜，也很激烈。对新颖之事的热爱，或是对真理的信仰，促使摄政对宗教改革派的作品表现出了极大的欣赏，他也因此而获得了那些信奉改革派观点者的强烈支持。为了满足他们的愿望，摄政在自己的宅邸款待了两名最负盛名的新教牧师，并在他召开的首届议会中批准了一项法令，准允世俗中人阅读用他们能够读懂的文字写就的《圣经》。[①] 事实上，仅仅是一场公正的审判就足以令真理打败谬误。"荒谬"长久以来利用人类的愚昧与轻信流传，如今它被人们发现并被置于公众的嘲讽之下。在摄政的支持下，宗教改革取得

47

---

① 参见凯思:《苏格兰史》，第 36、37 页。——原书注

了重大的进展。枢机主教密切地关注着改革进程，并用尽浑身解数想要阻止它。他向摄政指出了他的轻率，摄政所倡导的宗教改革观点将会极为有利于伦诺克斯的要求。他自身地位的合法性依赖于一份离婚判决的正当性，这份判决建立在教皇的权威之上。而他现在竟容忍有人对此加以质疑，这会令他削弱自己的王位继承权，并为他的对手提供一个足以动摇其正当性的最好的证据。[1] 这样的暗示深切地影响到了摄政怯懦的性格，他深陷于这一虚构的危险之中，即便是希望看到这种情况发生的枢机主教也对摄政的过激反应颇感震惊。摄政对新教的热忱没有经得住其长期怯懦的考验，他在斯特灵的圣方济各教堂中宣誓放弃改革派的教义，宣布支持其密友的政治和宗教主张。

新教教义并没有因摄政的变节而遭受太大的打击。它已经深深地扎根在这个王国的土地上，以至于没有什么失败和苦难能够将之连根拔起。摄政的确批准了在狂热的枢机主教眼中对捍卫天主教而言至关重要的所有提议。新教徒受到了所有像盲目的天主教徒在给异端灌输宗教信仰时那样残酷的迫害。许多人都被处以教会专门用来惩罚敌人的死刑，但他们在受刑时所表现出的精神宛若刚毅不屈的古

---

[1] 伦诺克斯伯爵对于王位继承权的要求是建立在这样的基础之上的，詹姆士二世之女玛丽嫁给了詹姆士·汉密尔顿勋爵（James Hamilton, 1st Lord of Hamilton,1415—1479），詹姆士三世因而创设了阿兰伯爵爵位（1503 年，詹姆士三世赐封玛丽公主之子、第二代汉密尔顿勋爵詹姆士·汉密尔顿为阿兰伯爵。——译者注）。玛丽公主与汉密尔顿勋爵所生的女儿伊丽莎白嫁给了伦诺克斯伯爵马修（Matthew Stewart, 2nd Earl of Lennox, 1488—1513），而现在的伦诺克斯伯爵（即正文中所述及的与摄政争夺王位继承权的第四代伦诺克斯伯爵马修·斯图尔特。——译者注）则是她的孙子。摄政阿兰伯爵是玛丽公主的孙子，但他的父亲在与前妻伊丽莎白·霍默（Elizabeth Home）离婚之后才娶了摄政的母亲珍妮·比顿（Janet Beatoun）。伦诺克斯因而宣称摄政之父与伊丽莎白的离婚判决并不公正，并且由于摄政出生之时，伊丽莎白·霍默依然健在，因而摄政应该被视为其父的私生子（亦即其母珍妮勋爵夫人的地位是不合法的。——译者注）。——原书注

代殉道者，因而使得更多的人不再惧怕他们的信仰而是虔心皈依。

枢机主教现在掌控了其野心所需要的一切，并在事实上行使着摄政的所有权力，因而他并不羡慕这个虚名。他对阿兰伯爵没什么好怕的，伯爵已经因为他自己的朝秦暮楚而丧失了民众的尊敬，他被半数国民蔑视，另一半则对他鲜有信任。伦诺克斯伯爵的要求是唯一能妨碍到他的事情。他曾经成功地利用这位爵爷激起了摄政的嫉恨和恐惧。但是，由于他已经不再需要这个工具，因而便想堂而皇之地摆脱他。伦诺克斯很快便对他的这个意图有所察觉：允诺、奉承和尊敬是他迄今为止收到的对其千辛万苦的唯一回报。最终，枢机主教无法再将他的诡计隐瞒下去了，伦诺克斯既没有攫取权力，也没有夺得尊号，他发现自己到头来只是在为别人争取这些荣誉。愤怒与失望的野心激使他去向那个狡猾的教士复仇，这个家伙竟然牺牲了自己的利益，如此廉价地便买来了阿兰伯爵的友谊。他从朝廷中退出，声明自己支持一个憎恨枢机主教的党派。这个派系有公开的武装力量，并接受了这个可以给他们的事业增添无上荣耀的皈依者。

分裂王国的两个派系在他们的主张和原则上并没有任何改变。但是，在那时频繁发生的一些奇怪的变革中，他们在短短数周之内就互换了自己的派系领袖。摄政成了亲法派以及天主教卫道者的首领，伦诺克斯伯爵则领导着亲英派以及支持宗教改革的人们。一方努力要摧毁另一方所赞同的作品，至今依然如此。

伦诺克斯对复仇的渴望令他先于枢机主教展开行动。他亲率大军奇袭爱丁堡，这一突然的军事行动将摄政与枢机主教杀了一个措手不及，他们极有可能在尚未做好防卫工作之时就会被伯爵击溃。但是，伦诺克斯太过优柔寡断，他听取了对方关于和解的建议。狡诈的枢机主教将他玩弄于股掌之间，并尽量拖延时间，以至于伯爵军中的极大一部分人都放弃了他，这是因为他们都是按照封建体制

48

下盛行的自己负责开销的方式前来为伯爵服役的。枢机主教最终并没有将伯爵的要求诉诸法律，仅仅是与他缔结了一项和约，伯爵则不得不接受了它。伦诺克斯第二次争夺权位的努力就这样以更加不幸的结局告终了。他的大部分军队都被肢解，剩下的则被遣散。由于仅仅剩下了一个残破不堪的党派，伯爵要么屈从于征服者，要么则只能逃出苏格兰——前提是即将到来的英军会给其大量的援助。

　　亨利无法容忍苏格兰摄政和议会对他的侮辱，他们一旦断绝了与他的同盟，就会立刻与法兰西缔结一个更加紧密的新联盟。恶劣的天气稍稍推迟了他的复仇大计。但是，在春天［1544年］，原本驶向法国的一支有相当规模的步兵团奉命向苏格兰进发。英格兰的骑兵也从陆路与他们协同进军。摄政和枢机主教此前并未料到英军的这一举动。他们相信，对法战争将会牵制住亨利的所有兵力，因而，出于一种莫名的自负，他们完全没有做好对王国的防御工作。赫特福德伯爵（Edward Seymour, 1st Earl of Hertford, 1500—1552）是当时对苏格兰而言最为致命的将领，他没有遭到任何抵抗，就率领大军在距离利斯（Leith）仅数英里之遥的地方登陆。他很快就控制了那里［5月3日］，随后挥军直指爱丁堡，并轻而易举地进入了这座城市。在大肆劫掠了周遭最富足也最畅通无阻的郡之后，他将那些城镇都付之一炬，并攻击了奉摄政之命集结起来的苏格兰军队，此后便将战利品摆在了舰队的甲板上，大摇大摆地同他的登陆部队一同撤回到了英格兰边境。这次的行动令苏格兰人接连数日都陷入对侵略的恐惧之中，他们一筹莫展，哀悼遇难的同胞，为巨大的损失而悲伤，并沉浸在这痛苦之中以至于无法有效地开展善后工作。如果亨利的目的在于征服苏格兰，那么在这次远征中，他什么也没有得到。倘若他仍然没有放弃他的联姻计划，那他这回可是着实栽了一个大跟头。如此粗暴的"求婚"——亨特利伯爵不无幽默地这样称呼他的这次远征，令整个苏格兰民族厌恶，他们对这桩婚姻的嫌恶也很快就发展成为了憎恨。由于被这样众多的侮辱所激怒，苏格兰人从来没有像现在这样如此依附于法国，也从未像现在这样如此疏远英格兰。①

49

伦诺克斯伯爵（Matthew Stewart, 4th Earl of Lennox, 1516—1571）

---

① 苏格兰在16世纪与英格兰之间强烈的敌意很难被他们的后裔所理解。关于苏格兰人那狂怒的证据已经包含在本书第45页的注释之中了（指拉尔夫·萨德勒的书信。——译者注）。英格兰枢密院（Privy Council）下达给那位于1544年率军入侵苏格兰的赫特福德伯爵的指令，被至今仍然过于强大的民族仇恨记录了下来。我在汉密尔顿公爵的古籍藏品中找到了它们，这些文件值得出版，它们展现出了那个时代关于人们品性的令人印象深刻的画面：

枢密院全体阁僚致苏格兰行军大总管赫特福德伯爵阁下

1544年4月10日

这份指令开头提到，国王起初打算在利斯建造防御工事并长期占有之，但在经过深思熟虑之后，他最终决定目前不在苏格兰建立任何一块殖民地，因而命令伯爵不得在利斯建造任何防御设施，其他地方也一并照此办理。

"让此行开始血与火的洗礼，焚尽爱丁堡，令其破残无遗，使之疮痍满目，以至于当你满载而归时，留给它的只有对上帝因其愚昧与不忠而点燃的复仇之火的永久记忆。尽管放手一搏，无须投鼠忌器，但是你要谨记，攻打坚城时切莫迁延日久。尽你所能地洗劫爱丁堡周遭之地，不得放过一屋、一乡、一城、一镇。血洗利斯，将它彻底抹去。倘若有人胆敢抵抗，纵使其为老弱妇孺，亦当格杀勿论。完成此事之后，你当率兵横穿法夫兰（Fifeland），要在那里穷极一切地掳掠，兵锋所及之处，当令其化为焦土。此外，要让枢机主教的圣安德鲁斯镇化为齑粉，要把它变成人间地狱，不可让火刑柱寂寞地等候囚徒。将那里的市民屠戮殆尽，尤其是枢机主教的亲朋故旧，一个也不能放过。如果你有任何攻下爱丁堡的把握，那就尽管大胆地去尝试吧。倘若你有幸攻占此城，就要将之血洗一空。此后你要在当地驻守一个月，并继续依上述之法烧杀抢掠。深谋远虑的陛下相信你不会被敌人抓住把柄，你没有什么危险，而你也能轻而易举地夺走目之所及的任何财货。陛下与我等臣僚都切实地相信，你会发现此行将以这种方式承载着陛下的荣光。"

这一野蛮的命令似乎被赫特福德伯爵严格且残忍地执行了，因为在上述藏品中，我们发现了一系列来自赫特福德大人的信件，它们讲述了他在苏格兰的所作所为。其中包含了一些奇怪的说明，它们既没有被当时的作家提及，后来也没有被爱丁堡的史学家们所了解，但它们的内容实在是太过庞杂了，以至于我们无法将之罗列于此。——原书注

不顾摄政与法国国王反对，单独与英格兰方面保持着联系，这既毁
了他的利益，也没有让亨利得到多少好处。他的许多封臣将国家大
义置于首位，因而拒绝参加任何有利于苏格兰之敌的密谋。在进行
了几次旨在扰乱摄政统治的脆弱且失败的尝试之后，伦诺克斯伯爵
为了自身的安全而不得不逃到了英格兰。亨利为了奖励他的工作，
将自己的侄女玛格丽特·道格拉斯小姐嫁给了他。然而，这次不幸
的流亡最终却令他命中注定地成了王族的祖先。他看到了自己的儿
子达恩利勋爵（Henry Stewart, Lord Darnley, 1545—1567）攀上了苏
格兰的王座，从而将那个目前战胜了自己的对手永久地排除在了王
位继承之外。从那时起，他的后代就攫取了两个王国的王位。在其
中一个王国里，他被当作钦犯而驱逐在外，另一个王国则接纳了他
这个流亡者。①

　　与此同时，战争仍在两国之间继续着，但都没有那么激烈了。
那时的史家们详细记述了发生在两国边界的几场冲突和侵入，由于
它们并没有产生重大的影响，因而在遥远的今天，就无须我们加以
回忆了。②最终，英格兰、法兰西、苏格兰三国达成和解，结束了　　50
这场疲软无力的战争。亨利八世致力于将苏格兰人排除在这一和约

---

① 1565 年，伦诺克斯伯爵之子亨利·斯图尔特（即达恩利勋爵）迎娶了苏格兰女王
　　玛丽，他们的儿子詹姆士在 1567 年继承她母亲的王位而成为苏格兰国王（称詹姆
　　士六世）。1603 年，英格兰的伊丽莎白女王无嗣而终，他又继承了英格兰王位（称
　　詹姆士一世），由此开创了英格兰的斯图亚特王朝。——译者注
② 尽管这些战役在历史上并不重要，但它们对于两国的边民却造成了巨大的创伤。
　　这里有两份档案，令我们对王国中最富庶的郡所遭受的灾难有了一些了解，这些灾
　　难来自于敌对国边军的毁灭性突袭。第一份似乎是英格兰边防长官于 1544 年呈递
　　给亨利八世的报告，其中包括了从当年 7 月 2 日至 11 月 17 日边军的所作所为。关
　　于历次入侵——他们称之为"远足"（forrays）所得的清单十分详细。最后，他们
　　对其战利品总数清点如下：毁坏城镇、塔楼、居民区、城墙、教区教堂以及碉堡共
　　计 192 处；杀死苏格兰边民 403 人，俘获 816 人，掠得角牛 10386 头、（转下页）

的利益之外，并仍想要为他那至今仍被拖延着的大陆事务进行报仇。虽然在皇帝以举国之力发起的即将到来的攻击面前，与英格兰的和平是弗朗索瓦一世的第一要务，但他还是太过慷慨以至于无法抛弃这样一个待他忠心耿耿的盟友。最终，他选择了以损害自己的利益为代价去换取亨利的友谊，而不是将苏格兰人推入险境。在让出了自己的一些利益——更多的是满足那位傲慢之君的虚荣心之后，在一番屈尊迁就、曲意逢迎和苦心劝说之后，他最终说服了亨利八世同意将苏格兰人纳入到联盟之内。

发生在这项和约敲定前不久的一件事使之更容易被整个国家所接受。比顿枢机主教没有审慎、适度地行使他的权力。虽然他的能力很强，但他还是有着太多来自一个愤怒派系领袖的情感和嫉恨，这让他任性地统治着一个分裂的民族。对一个贵族派系的仇视、对其他人的傲慢、对宗教改革者的严酷——尤其是他残忍且非法地处死了乔治·维沙特（George Wishart, 1513—1546）这位拥有高贵血统和原初圣洁的名人，最终耗尽了那个暴躁年代的耐心；此外，只有这种鲁莽的手段不足以令人民屈服，但枢机主教的个人私怨被他那错误的宗教

（接上页）绵羊 12492 只、马驹和骟马 1296 匹、山羊 200 只、玉米 800 博耳（1 博耳约为 6 英式蒲式耳，1 英式蒲式耳约为 36.368 升。——译者注）以及家具无数。参见海恩斯：《国家档案》（Haynes, *State Papers*），第 43 页。

另一份资料记述了赫特福德伯爵在 1545 年 11 月 8 日至 23 日之间的数次入侵。这份记录更加全面，我们从中得知，赫特福德伯爵仅仅在贝里克和罗克斯堡这两个郡中就摧毁了 7 所修道院和隐修所、16 座城堡、塔楼以及小碉楼、5 处市场、243 处村庄、13 座磨坊以及 3 所医院。参见海恩斯：《国家档案》，第 52 页。由于苏格兰人也很擅长游击战，因而我们也许可以推断出他们给英格兰人也造成了巨大的损失，而他们的"清扫"（即英文 raid, 是苏格兰边军给军事行动所起的类似于代号的称呼。这个词在现代英语中意指"突袭"，但在苏格兰语中有"清扫""扫除"之意，因而为了对应英军口中对军事行动的称呼而将之翻译为"清扫"。——译者注）所造成的破坏也并不亚于英格兰人的"远足"。——原书注

狂热激起并被冠上了"神圣"之名，这迅速弥补了其中的不足。洛西斯伯爵（George Leslie, 4th Earl of Rothes, 1484—1558）的长子诺曼·莱斯利（Norman Leslie, ？—1554）受到了枢机主教的侵犯与蔑视。默默忍受耻辱在当时可不符合一个男子汉应有的气概——或者说不符合那个时代的精神。由于诺曼·莱斯利对枢机主教的宣誓掩盖了他那被称之为"高贵的愤怒"所产生的影响①，因此他决定获得那个他无法要求的补偿。② 这一决心与他个人的匹夫之勇以及那个令世人震惊的行为一样值得批评。枢机主教当时住在圣安德鲁斯城堡中，他在加固堡垒一事上耗费了巨万资金，在时人看来，此城固若金汤，可谓"一夫当关，万夫莫开"。他的扈从数以千计，城镇任其掌握，邻郡也布满了他的爪牙。在这种情况下，16 名刺客奇袭圣安德鲁斯城堡，并刺杀了他，而他们的成功与其行为本身一样令世人瞩目。1546 年 5 月 20日拂晓，他们占领了为方便修筑防御工事的工人通行时才被打开的城门，随后在枢机主教的寓所前布置了哨兵，继而将其仆役挨个唤醒并将之赶出了城堡。他们没有骚扰或伤害到任何旁人，虽然是以一种不正当的方式，但是将他们的祖国从一个野心家的手中拯救了出来，这个野心家的傲慢令贵族无法容忍，因为他的残忍与狡猾是开展宗教改

---

① 早在 1544 年时，诺曼就曾策划过对枢机主教的刺杀行动，当时他致信亨利八世，希望能在刺杀主教之后得到庇护，但没有得到令他满意的答复，因此他不得不暂时放弃了这一行动，并随后与其父假意向主教宣誓效忠。——译者注

② 促使诺曼·莱斯利刺杀枢机主教的事件有两个：其一是索尔威湾战役的失败，诺曼在此役中被俘，但最后被亨利八世释放（理由见上文），这种没有被赎金赎买的自由令他深感耻辱，而枢机主教是亲法派，促使詹姆士五世与亨利八世开战的也是他，因而他自然将怨恨的矛头转向了主教。其二，1543 年，枢机主教自作主张地将詹姆士五世授予莱斯利家族的威姆斯城堡归还给了它的原主詹姆士·科尔维尔（James Colville, ？—1540），这又冒犯了莱斯利家族。因而，文中所言及的"获得那个他无法要求的补偿"就是对他本人以及莱斯利家族的尊严与荣誉的补偿。——译者注

革最大的障碍。

枢机主教的死对于天主教而言是致命的，对法国在苏格兰的利益而言也同样如此。对于上述两者的热忱依然在这个国家最大的党派之中延续着，但是，当这位老奸巨猾的首领被剥夺了天赋与权威之后，它就没有多少影响力了。当摄政正在密谋除去枢机主教这个不仅遮盖了其伟大，而且几乎压制了其权力的竞争对手时，没有什么比这个意外的暗杀更能让他感到震惊的了。然而，朝廷的仪礼、教会的声誉、寡后及其追随者的强烈抗诉、他与法国之间的约定，尤其是拯救其长子的需要——他此前已经被枢机主教为了迫使其父就范而囚禁于圣安德鲁斯镇之中，现在则随着城堡一同落入了叛贼之手，促使摄政为了给枢机主教这个令他咬牙切齿的人复仇而不得不与反叛者兵戎相见。

他叫嚣着要为枢机主教复仇，但却有心无力。作为战术一部分的攻城技术在当时的苏格兰还不太成熟。苏格兰人的武器、学问和冲动都使得他们不习惯于进行攻城战。仅仅一百五十人——这是叛军所能召集的最大兵力，在一个如今只需要一个营和一些重炮就可以攻下的地方抵挡住了摄政发动的长达五个月的围攻。这场漫长的围城战最终被一纸停战协约所终止。摄政同意为叛军求得教皇的宽宥和议会的赦免，而他们则需交出城堡和摄政的长子。

双方可能都不是真心想要缔结这项和约，他们都只想分散对方的注意力并为自己争取时间。摄政已经向法国求援，并期待着能够尽快恣意摆布这些反叛者。另一方面，倘若莱斯利与其同伴起初没有在亨利的煽动下刺杀枢机主教的话，他们就会在今后获得亨利的全力支援。虽然同时期的史学家们对此都保持沉默，但对前者留下了许多猜测，而对后者我们则可以确信无疑。在攻城战期间，反叛者一直受到英格兰方面的资金与军需援助。由于亨利正在准备重申他此前关于联姻与结盟的建议，并以一支庞大的军队作为此项建议的保障，他们希望通过赞成亨利的建议，不仅可以摆脱目前需要特赦的困境，而且还能获得丰厚的酬劳。①

[1547 年 1 月 28 日] 亨利的故去令他们的这些希望都破灭了，　52

---

① 在本书的第一版中，关于行刺枢机主教的刺客们在行动之前同亨利八世之间的往来通信，我曾表示过质疑。对于此，汉密尔顿公爵收藏的文献中包含了确凿无疑的证据。我将这份证据摆在这里的目的不仅在于证明这一事实，而且用来证明我对那时频繁发生的暗杀行为的评论，以及为对此颇感兴趣的读者提供一个小小的参考：

赫特福德伯爵致国王陛下

纽卡斯尔，1544 年 4 月 17 日

"敬告国王陛下圣听：一个名为维沙特的苏格兰人于今日拜会我处并带来了一封布林斯顿勋爵（也就是布兰斯坦勋爵克莱顿）的亲笔信，这也是我向陛下呈递此信的缘由。此人请我尽快将布林斯顿勋爵的信以及他本人的承诺上呈御览。据其所言，这份承诺包含两点：其一，苏格兰财政大臣格兰奇勋爵（James Kirkcaldy, Treasurer of Scotland, ？—1556）、洛西斯嗣君（Master of Rothes, 即洛西斯伯爵的长子诺曼·莱斯利。——译者注）以及约翰·查特里斯人愿意在枢机主教返回圣安德鲁斯、途经法夫兰之时将其逮捕抑或刺杀。一旦他们顺利抓获枢机主教，便可及时将之交与陛下。但在完成此事之后，倘若他们面临追捕，则希冀陛下可以赐予兵马钱粮，助其脱困。其二，倘若陛下圣恩浩荡，能够赐予他们财货金珠，使之得以维持一支 1000 至 1500 人左右的军队奋战一到两个月的话，他们将随后混入苏格兰马奇伯爵的军队，当陛下的天兵荡涤苏格兰，摧毁枢机主教在阿布罗斯的宅院寺舍，荡平附近所有主教的房屋市镇并逮捕那些有损英苏友好的罪魁祸首之时，上述洛西斯公子、考尔德勋爵以及其他贵族就可以随时开门迎降，因为当那些主教和修院院长率兵前往爱丁堡抵御陛下的王师之时，他们就能掌控住这个极好的机会。此外，这个维沙特说到，倘若上述诸事办妥之后，马奇伯爵和其他人将会在他们急需的、由陛下赐予的财政支援面前俯首帖耳。这就是他呈递给陛下的承诺的要点以及苏格兰王国中的其他诸多分歧。微臣以为，我等无须怀疑此人对陛下的忠心。"参见汉密尔顿手稿第 3 卷第 38 页。

需要注意的是，这封信在麦肯齐博士著作的第三卷第 18 页以及凯思主教《苏格兰史》的第 44 页中只刊载了一些片段。仅凭此信不能判断以"殉道者"闻名的乔治·维沙特就是那个向赫特福德伯爵求援的人。信中所言的维沙特更有可能是皮特阿罗的约翰·维沙特，此人能力非凡，狂热地信奉新教教义，并参与了那个动荡年代中的所有阴谋。参见凯思：《苏格兰史》，第 96、117、119、315 页。——原书注

此事发生在这年年初。伴随着其统治的更多的是显赫的名声而非真正的荣誉，更多的是纷乱嘈杂而非勤勉实干。其内政暴虐残苛，其外务则杂乱野蛮。不过，这位君王的缺点比他人的美德更能让人类获益。他的贪婪、奢侈，以至他的专制最终剥夺了古代贵族的权威，增加了人民的权力与财产，并由此奠定和强化了英国人民自由的基石。他的其他情绪竟然促进了天主教的衰败，并建立了英国的宗教自由：其愤怒激使他剥夺了教权，其贪婪则令他掠取了教会的财产，而他的这些举措使得后继之君最终得以推翻了整个宗教迷信的大厦。

弗朗索瓦一世没有比亨利这个既是竞争对手，又是合作伙伴的国王活得长多久。但他的继承人亨利二世（Henry Ⅱ, King of France, 1519—1559）并没有忽视法国在苏格兰的利益。他派遣了一支大军，在利昂·斯特罗奇的指挥下前往苏格兰支援摄政。由于在意大利和德意志战争中积累了长期的战斗经验，因而法军十分擅长苏格兰人毫无经验的围城战，叛军的冒失与绝望也令他们无法抵御来自新围城者的攻击。在一番垂死挣扎之后，他们向法军投降。斯特罗奇则以法兰西国王的名义允诺保全他们的生命，并将其作为俘虏带回了法国。城堡本身则作为比顿主教权力与傲慢的象征予以摧毁。此外，还遵照教会法对其施以绝罚，虽然这个家族流出了枢机主教这样神圣的血液，但也终究难逃毁灭的命运。

至于圣安德鲁斯大主教的职位，则被摄政授予了他的亲兄弟——佩斯里修道院院长约翰·汉密尔顿。

实际上，延迟数周的时间本可以挽救叛乱者。亨利八世的那些大臣们在其子爱德华六世尚未亲政时把持着朝政，他们仍然奉行着已故君主对于苏格兰的策略，并决定以一个他们无力签订的条约恐吓苏格兰人。

但是，在开始讲述他们入侵苏格兰期间发生的故事之前，我们应当花时间关注一下那些同时代的史学家没能注意到的发现，这些发现对于理解那个时代苏格兰人的性格与精神有着极大的意义。对抗比顿枢机主教的叛乱者在圣安德鲁斯城堡中找到了摄政的长子，由于他们需要英格兰的庇护，因此可能会用摄政的长子作为交换。这位假定的王位继承人倘若落到苏格兰公开的敌人手中，后果将不堪设想。为了避免发生这样的事情，议会采取了一项重大的应急措施。他们通过了一项法案，宣布："只要摄政的长子仍被拘禁为囚徒，他的所有继承权，无论公私，一律予以剥夺，并以其兄弟代替他的位置，根据他们的长幼和能力决定摄政的继承人。"通过世袭权继承父业是当时极为盛行也十分明白无误的原则，如果不是万不得已，国家并不会冒险违背它。议会如今已经意识到了他们所面临的这个"万不得已"的境况。对英格兰的仇恨就是苏格兰的民族情感，它基于此前的战争记忆，又因新近受到的重创而加深。这些情感影响了那个不同寻常的法令，使得直系继承就此被打破。现代原则将这项权利视为神圣不可侵犯，无论出于何种理由也不可违背，而那时的人们似乎对此完全不了解。

53

　是年9月初，赫特福德伯爵，即现在的萨默塞特公爵以及英格兰护国主，率领八千人马侵入苏格兰。与此同时，一支由六十艘战船组成的舰队游弋在海岸边与其陆军遥相呼应。苏格兰人看到了正在聚集中的这场"风暴"，并迅速准备防御。他们的军队几乎是敌军的两倍，并迅疾行进到穆塞尔堡附近的最占据地利的高地上，那里距离艾斯克河大堤不远。苏格兰人的行动令萨默塞特公爵警惕了起来，他察觉到了自己危险的处境，于是提出了一项平等的议和草案，以期能从中脱身。但这一和解被苏格兰人归因于他的恐惧，他们现在受到了胜利的鼓舞，自信满满，因而轻蔑地拒绝了公爵的提议。倘若统率着苏格兰军队的摄政能够具有一点与其自信相称的指挥才能的话，英军的毁灭就是不可避免的了。英格兰军队与下个世纪处于奥利弗·克伦威尔（Oliver Cromwell, 1599—1658）指挥下的同胞们所面临的处境几乎如出一辙：苏格兰人已经占据地利，令他们无法开战；短短数日的时间就耗尽了这个小国的粮秣，舰队也只能提供少量不稳定的补给。因此，他们必需撤退，但如此一来便会令其颜面扫地，并且会面临全军覆没的危险。

就在此时，苏格兰全国的狂热与冲动挽救了英军，并将自己的祖国推进了火坑。只知徒逞匹夫之勇的苏格兰军人一看到他们的仇敌就躁动不安，将军除了担心英军会在他面前插翅而飞之外什么也不怕。他擅自离开了阵地［9月10日］，率军在皮恩基附近向萨默塞特公爵发起了进攻，而他获得的成功与其鲁莽一样一文不值。英格兰护国主撤到了一处平缓的高地上，形势迅速逆转，地利现在已尽归其掌握。苏格兰军队几乎全由步兵组成，其主要兵器是长矛，因此队列十分密集，且纵深极长。他们组成三个方阵向敌军进击。当他们渡河之时，就暴露在了停泊在穆塞尔堡港湾并已经驶近海岸的英格兰舰队的火力范围之内。英格兰骑兵在几天前的小规模冲突中已经尝过了些甜头，他们在狂躁中而不是在良好的指挥下就向敌人发起了冲锋。一个坚固且密集的苏格兰方阵轻而易举地抵挡住了英格兰骑兵的冲击，并在随后击败了他们，最终将之逐出了战场。然而，英军的步兵却稳步前进，并使得苏格兰人立刻暴露在了枪林箭雨之中：弓箭手向他们射出密集的箭阵，受雇于英军的外国火枪手从侧翼向他们展开攻击，部署在步兵之后的高地上的火炮也一齐向他们开火。苏格兰方阵的特点使其在这种情况下坚持不了多久。前军指挥官安格斯伯爵想要转换战场，便迅速向主阵撤去。但不幸的是，伯爵的战友们误认为他要逃命，因而陷入了困惑。在这千钧一发之际，此前被打散了的英格兰骑兵重整旗鼓，再度回归战场；步兵也继续保持着他们刚刚获得的优势。对于胜利的渴望增强了双方的战斗热忱。然而，没过多久，苏格兰军队就以山崩之势全面溃败。战场上的战斗持续的时间不长，过程也并不血腥；但在追击过程中，英格兰人发现，由长期争斗和互相伤害激起的民族仇恨往往会激发愤怒与凶暴。追杀持续了五个小时，苏格兰人逃亡的三条大道上布满了长矛、佩剑、盾牌以及亡者的残尸。约有一万条生命在那一天死亡，这对苏格兰而言是前所未有的致命打击。少数人成了俘虏，在这之中有一些显贵。护国主大人现在凭恃其功勋足以成为一个王国的主宰了，而在不久之前，他差点不得不狼狈地撤回国内。①

这次胜利虽然重大，但却没有产生实际效用。因为英格兰人缺乏利用这一胜利的技巧或空暇。每一处新的创伤都使得苏格兰人更加反对与英格兰的联合；护国主也忽略了那个唯一能令他们同意

54

① 下面这个片段出自一部关于护国主远征苏格兰的日记，作者是派腾，他与塞西尔一同被任命为军法会议审判官。这部日记出版于 1548 年，值得我们予以关注，因为它对当时的苏格兰军纪提供了一个公正客观的描述："在了解过，尤其是接触了他们的军阵、装备以及进攻、防御的方式之后，我认为有必要在这里发表我的见解：他们只有少量的，或者说根本没有火绳枪，常常以步兵作战。在奔赴战场时，他们身着皮甲、头盔，装备着短剑、盾牌，佩剑则是宽刃剑或细剑——这种剑韧度极佳、锋利异常，我从未见过如此优秀的武器，因此我认为很难再打制出这样的利剑。此外，他们还有一柄长矛，以及脖子上缠裹了两三层的方巾——这并不是为了御寒，而是为了防御敌人对脖子的砍劈。在杀向敌军的方阵中，前排的士兵们紧紧地贴在一起，摩肩接踵，长矛向前；后面的士兵则将长矛置于前排士兵的肩头。他们是如此坚固，以至于倘若其攻击没有被发现的话，任何人也不能很好地抵挡得住他们。在防御之时，他们也同样紧靠在一起。前排的士兵半跪在地，上体前倾，而其后的士兵紧握长矛，盾牌置于左侧，长矛的末端对着右脚，矛尖则对准敌人的胸口。再往后的士兵将矛尖交叉，随之前进。每一个人在穿过整个战场时都最大限度地贴紧同伴，他们太过于密集，以至于在其长矛面前的任何一个敌人都像是一根手指在刺入一只愤怒的刺猬的皮肤一样。"在这部日记中，还发现了其他奇妙的叙述，它们转录于约翰·海沃德爵士关于这次远征的记述。参见约翰·海沃德：《爱德华六世本纪》（John Hayward, *Life of Edward VI*），第 279 页。

根据第 44 号法案的记载，苏格兰长矛的长度被规定为 6 厄尔，亦即 18 英尺 6 英寸。　——原书注

联合的方法。他将自己的时间浪费在了辽阔的郡上，浪费在了修筑几座小城堡上。与之相反，通过加固几个可从海上到达的地方，他原本可以令苏格兰向英格兰人开放，这样一来，苏格兰人在短期内要么接受他的条件，要么将屈从于他的军力。凭借着上述做法，邓巴之战的胜利使克伦威尔（Oliver Cromwell, 1599—1658）成了苏格兰的主宰；而皮恩基战役除了将苏格兰人推到与法国的新盟约之外，没有产生其他任何效果。其实，英格兰朝中的情况也许可以成为解释萨默塞特公爵所作所为的理由。那个导致他后来悲惨结局的阴谋集团业已形成，他们在国内秘密地削弱着他的力量与名望。因此，自保的需要迫使他将安全置于名誉之前，并在尚未收获他的胜利成果之时就匆匆返回了英格兰。然而，就在此时，阴云忽然消散，针对他的阴谋尚未成熟，他的出现也在一定程度上延缓了它的演化。最高权力依旧被他攥在手里，他利用这些权力去弥补那些被他在英格兰错失了的良机。[1548 年 4 月] 他率兵占领并加固了哈丁顿，此地由于距离海洋以及英军驻地都很近，因而防守起来极其不易。

与此同时，法国人从其盟友的失败中所得到的比获胜了的英格兰人还要多。比顿枢机主教死后，寡后吉斯的玛丽几乎独揽大权。无论从血缘上，还是从喜好上，她都热切地依附于法国的利益。为了增加这一利益，她极为狡黠地利用与之相关的每一个事件。苏格兰人的勇气与力量已经在皮恩基被击垮；因而当贵族们齐聚在斯特灵堡讨论王国的处境之时，所有人都将目光投向了法国，倘若没有这个国家的支援，王国就不会获得安宁。但亨利二世那时正处于同英格兰的休战期，玛丽太后表示，出于对个人利益的考虑，他们不得不期望他能参与到英苏之间的战争中来。此外，如果不能做出符合亨利二世的利益的巨大让步，他们是无法在如今的紧急情况下获得相应的援助的。整个国家的偏见都强烈支持太后的这一表态。在这次大会上，常常发生在平民身上的事情也出现在了贵族之中：他们完全被内心激愤的情绪所支配，为了宣泄这些情感，他们放弃了此前的原则，并忽视了自己真正的利益。在强烈的愤怒下，他们忘掉了自己为苏格兰之独立而战的热忱——这曾经激使他们拒绝亨利八世的提议。他们自愿将年幼的女王嫁给法国太子，并立刻将女王送往法国国王的宫廷接受教导。他们就这样为了复仇而将国家安全拱手让人。立刻掌控一个像苏格兰这样的王国对法兰西而言意义重大。亨利毫不迟疑，立刻接受了苏格兰大使的提议，并积极准备对这一囊中之物的防御。德塞爵士统率六千名老兵，随同组建于弗朗索瓦一世时期的最强军官团一道奔赴利斯。他们在苏格兰参加了两场战役，由此表现出来的英勇与其此前的名声相称，不过，他们的战绩并没有那么显赫。苏格兰人很快就开始猜忌他们的动机，因而便不再那么积极地援助他们。谨慎的英格兰人全力防守，阻止法国人取得任何重大的进展，使得法国人在漫长的围攻战中，在许多不利的条件下耗尽了精力。然而，法国人的努力使得苏格兰人获得了一些好处——他们迫使英军撤出了哈丁顿，并交出了在王国不同地区侵占的几座小堡垒。

尽管如此，法军在苏格兰的这些行动所产生的效果对于法兰西国王而言仍然意义重大。他们对英格兰的牵制使得亨利二世从英军手中夺回了布洛涅；法军在苏格兰的影响与日俱增，议会因此同意了此前由贵族敲定的联姻提案。少数爱国者反对这样过分的让步，因为它将会使苏格兰降级为法国的一个行省，亨利也会从这个联盟中一跃而成为一个王国的主人；它也会令苏格兰与法兰西的友谊变得比同英格兰之间的仇恨更加致命，而苏格兰人曾经勇敢地从后者的虎口中守卫住的一切将会被愚蠢地让给前者。

但是他们的抗议徒劳无功，这个举足轻重的问题被轻率地敲定了。太后的阴谋、教士的狂热以及对英格兰的仇视都使得王国中已经因上述行动而形成了一个强大的派系，法国的将军与大使也从他们的慷慨与许诺中收获颇丰。摄政本人的意志十分薄弱，他自降身份接受了法国提供的一笔赏钱，以及沙泰勒罗公爵的头衔。绝大多数显贵都支持这一协议，一个派系的利益就这样被优先放在了国家的荣誉之前。

当苏格兰人急匆匆地开始执行这一鲁莽而又致命的决议——同时也是他们及其君主许多灾难的根源之后，法国人就不再给他们思考与悔改的余地了。运载法军的舰队依然停留在苏格兰，它们毫不迟疑地将女王送回了法国。那时玛丽女王年方六岁，通过在那个全欧洲最优雅但也最奢靡的宫廷中所受到的教育，她学到了能够增添其女人味的所有技巧，也沾染了许多此后引发其不幸的偏见。

自玛丽被交到他们手中的那一刻起，为发生在苏格兰的战争殚精竭虑就成了符合法国利益的事情。收复布洛涅是法国国王心中的头等要事。不过，不列颠的些微分裂就足以分散英格兰人的注意与军力，他们国内的派系倾轧也夺去了英格兰军队与议会所惯有的精力。那里的政府正在经历一场巨大的变革：萨默塞特公爵在夺取权力的道路上犯下了太多的暴行，他在行使这些权力时也并没有温和多少，因而其统治不会长久。他虽然具备诸多优良品质，对国家拥有一颗赤子之心，但他在野心的驱使下篡夺了政权也是不争的事实。一些地位显赫的朝臣联合起来反抗他，他们的领袖沃里克伯爵（John Dudley, 1st Earl of Warwick, 1504—1553）虽然有着不亚于萨默塞特公爵的野心，但比他更加狡猾。他如此老辣地实施着计划，甚至将自己的崛起建立在对手的覆亡之上。除了容易惹人嫉恨的"摄政"这个名号之外，他继承了萨默塞特手中的所有权力和影响力。并且，他很快就发现，和平对于树立其新权威以及实现其巨大的野心而言是必不可少的。

亨利二世对于沃里克的处境心知肚明，并利用他所掌握的这些消息去实现一个友好的目的，即为了全面和平而展开谈判。他向英方的谈判大臣指示了自己乐于接受的谈判条件，这位大臣虽然胸无城府，但这对法国国王和他的盟友极为有利。[1550年3月24日]英格兰方面同意向法国归还布洛涅及其属地，并放弃与苏格兰女王缔结婚约或者是征服其王国的一切要求。英军迄今为止所占据的几个小堡垒被一并拆毁，两个王国之间的和平也在其古老的基础上建立了起来。

不列颠岛上的两个国家都因为他们之间不愉快的争斗而丧失了权力，也丢掉了名声。对于双方中的任何一方而言，这都是一场由妒忌与仇恨，而不是利益引发的战争；他们都在民族仇恨的驱使下参战，并对国家利益熟视无睹。法国则更加冷静地参与了进来，在其中纵横捭阖，并巧妙地利用其间发生的每一桩事件，不仅重新夺回了曾经失去的一块领土，还为他们的国家增添了一个新的王国。英格兰朝臣的野心将前者出卖给了他们，苏格兰人对其世仇鲁莽的愤怒则将后者赠予了他们，而法兰西人自身的老到以及优良的政策则使其值得坐享其成。

和约甫一缔结，法军带着同祖国一样的满意离开了苏格兰。苏格兰人很快就发现，向一个比自己强大得多的民族求援是一个危险的权宜之计。他们曾极力热望着那些前来保卫并支配着这个王国的人，但后来又多次后悔他们所发出的鲁莽的邀请。法兰西民族所特有的才能强化了这种厌恶，并使苏格兰人在完全体会到这种束缚之前就已准备好了要摆脱它。那个时代的法兰西同现在一样是欧洲最为优雅的民族。不过，值得一提的是，在他们所有派往外国的远征军中，无论是在南方还是在北方，他们的习性与其他所有民族都有着极大的差异。野蛮人往往固守自己的风俗，因为他们缺乏知识与品味，无法发现不同风俗的合理之处。最具文明的民族除了高傲之外也常常十分固执。希腊人在古代世界中如此，法兰西人在现代也一样。他们都因邻人的模仿而感到骄傲，并惯于将自己的文明范式看作"高雅"的标杆。他们不屑于掩饰或者丢弃自己本民族优秀的风俗，也不在乎那些会令他们与其他民族产生嫌隙的习惯。因此，法兰西军队的行为每次都会令外国人无法容忍，并总是会让他们处于仇恨的影响之下，甚至会遭到致命性的打击。他们曾四次凭恃着自己的勇猛侵占了意大利，然而却总是由于自己的傲慢而丢掉它。苏格兰人生性易怒且好勇斗狠，在所有民族中最不能容忍极不友好的讽刺所带给他们的耻辱。因此，他们的性格使其不可能接受一个如此倨傲的客人提出的所有要求。疏远的征兆很快就显现出来了，他们极其冷淡地支持着法军的军事行动，对法国人的嫌恶也逐渐演变成了难以抑制的愤怒。此时，偶然发生的一个微不足道的意外却伴随着致命的暴行而爆发了：一个法军士兵参与到了同爱丁堡市民之间的一场无聊的冲突中，双方都愤怒地拿起武器保护自己的同胞。爱丁堡市长父子和几名显贵都在这场打斗中死于非命，法军也不得不为了躲避当地居民的怒火而撤出了爱丁堡。尽管苏格兰与法兰西之间有着古老的同盟关系，尽管两国之间互派的调停人进行了长期的沟通，但这次事件还是令苏格兰人对法国的反感与日俱增，其造成的后果也影响深远。

自从比顿枢机主教死后，宗教的情况就再也无人提及。当苏格兰与英格兰的战争还在继续的时候，教士们无暇顾及新教徒，他们也还没有强大到足以对新教徒施加惩罚的地步。新教教义仍在草创时期，但在这短暂的宁静期间，新教徒获得了力量，并且向着在王国中全面确立其地位的方向坚定地前进了一大步。苏格兰王国中反抗天主教的第一批教士在詹姆士五世统治时期大量出现,只是,使他们闻名于世的是其热忱与虔诚,而不是学识。他们对于改革派教义的理解是片面且间接的。其中一些人在英格兰接受教育,他们的观点都是从那里出版的图书当中拿来的。因而,在新教最初的萌发时期,他们并没有比其领袖们走得更远。不过,外国宗教改革者的主张与著作很快就变得广为人知。那个时代的钻研精神是人们努力探寻真理,每一个错误的发现都会为其他舛误的发现铺平道路,每一个骗子的垮台也都会牵扯出其他的欺世盗名之徒;无知与迷信在黑暗时代中构建的大厦开始摇摇欲坠。但是除了一个勇敢而又睿智的领袖来指挥进攻之外,还没有什么能够使之完全崩塌。这个人就是约翰·诺克斯(John Knox,约1514—1572),他学识渊博,见识比起他的苏格兰前辈也更加宽广。他生而具有勇敢的精神,这使得他无所畏惧。1547年,他开始在圣安德鲁斯向公众布道,与其成功相伴的往往是其大胆而又通俗的言辞。他直击天主教的根基而不是砍掉它的枝蔓,他以特有的激情抨击国教的教义与教规,这种激情极好地与那个时代的特征与愿景相契合。

　　一个像诺克斯这样强大的对手不可能轻易就能躲过教士的愤怒。他们密切地关注着其观点的走向和发展。但是,诺克斯起初为了安全而退到了圣安德鲁斯的城堡中,那里有他的同伴们在守卫,他在他们的保护之下得以继续公开布道。紧随亨利八世之死而发生在英格兰的巨大变革,为摧毁苏格兰天主教会所做出的贡献并不比诺克斯的热忱要少。亨利解开了绑缚在天主教身上的枷锁,也减轻了对它的束缚。但其子爱德华六世的大臣们却完全摒弃了他的政策,并在与如今这个国家几乎完全相同的基础之上建立了新教的信仰。这一举措影响到了苏格兰,一个国家里宗教自由的圆满生效也鼓舞着

58

另一个国家以同等的需求去恢复它。改革的领导者们至今都不得不小心为人、谨慎处事，他们很少冒险去布道；但在私人宅邸中，在远离王廷的地方，他们取得了世人的信任，因为每一部新教著作的发表，都主要集中在中下阶层。大约就在此时，几位大贵族公开宣布信奉新教教义，因此，他们再也无须被迫像上文所述的那样拘谨地为人处事了。由于他们变得更加安全，也获得了更多鼓励，因而取得了极大的成功。人们获得和传播知识的方法变得越来越通俗，那个时代所独有的改革精神也变得日渐大胆和普遍起来。

同宗教改革相适应的这种精神依然处于一些限制之下。它还没有获得力量，也不太稳固，因而还无力推翻一个建立在根基深厚的政府之上、受到最强大的力量支持的体系。在当今形势下，任何攻击行动对新教教义一定是致命的，这对于一个派系领袖的权威与洞察力而言都是一个不小的考验，他们所采取的每一步都必须是坚定而成功的，在此基础上，当那个关键并成熟的时机到来之前，他们要能够控制住暴躁且冲动的人民。

与此同时，他们的事业由于来自两方面的谅解而得到了强化，这是他们从未期冀过的事。吉斯家族的野心与英格兰的玛丽的固执加速了天主教在苏格兰统治的倾覆。由于上帝独特的安排，那些在欧洲其他每一个角落里狂热地反对宗教改革的人却成了推动苏格兰宗教改革的工具。

吉斯的玛丽具有上述那种使其家族闻名于世的大胆而又有野心的性格。不过，吉斯家族的这一性格却因为玛丽的女性特质而在她身上有所减弱，并使其兼有温和的脾性与优雅的风度。她的兄弟们为了达到他们追求的目标，便冒险尝试这种与其勇气相符的大胆举措。玛丽对于最高权力的觊觎被她谨小慎微地掩饰着，并被她那女性天生的谈吐与优雅不断推进。通过对这些天赋的巧妙运用，她在一个对女主治国毫不了解的议会中获得了极大的影响力。此外，她不会与他人共享哪怕是最小的那一部分行政权，因而得以将朝政掌握在了自己的手中。但是，她没有长久地满足于享受这一并不稳固的权力——摄政的朝秦暮楚以及支配着他的那些政客的野心都可以轻而易举地使她陷入麻烦。她开始谋划新的阴谋，企图削弱阿兰伯爵的力量，并为自己继承"摄政"这一职位而开拓道路。她的兄弟们积极参与到这个计划中来，并运用自己在法兰西宫廷中的所有资源支持她。法国国王也欣然赞同这一方案，他希望能够以此将苏格兰完全置于自己的掌控之下，一旦将来与英格兰发生战争，他就可以凭借苏格兰的所有力量去对抗那个王国。

为了实现自己渴求的晋升，玛丽只有两个方法可以选择：要么以蛮力从摄政手中夺取权力，要么经过他的同意而获取之。国王尚且年幼，周围又是一群好战且派系意识极强的人，在这种情况下，前者是一个既不稳定又很危险的尝试，但是后者似乎也不可行。劝说一个人甘愿放弃自己手中的最高权力，自贬身份到与那些曾经被他超越了的人为伍，让一个曾经是万人之上的人满足于这种次要的地位，这种做法很可能会被认为是荒诞不经的。然而，吉斯的玛丽就这样去尝试了，而她审慎的判断也被其成功充分证明了。

摄政的朝三暮四、优柔寡断以及在他统治之下降临到这个王国中的灾难一道使得贵族与人民对他的不满达到了极点。吉斯的玛丽十分机敏地暗中煽动着国民的这些情绪。那些期待着变革的人在她的宫中受到了亲切的接见，诸如期望、承诺这类在每个时代都能使派系双方轻易信服的东西也激起了他们的不满。在摄政的敌人中，支持宗教改革的人正在成为人数最多且实力不断扩大的一支力量，玛丽对他们抱以极大的关心。她平易近人的性格，似乎对处于争论中的宗教观点也漠不关心，这使得她做出的关于庇护与宽容的所有承诺都令他们感受到了诚意。看到国内如此众多的人都乐于支持她的计划，太后便以探视女儿为名，与那些在他们的同胞中实力最强也最有威望的贵族一起动身前往法国。这些贵族被法兰西优雅宫廷中的声色犬马腐化，他们因法兰西国王的谦恭和吉斯家族的亲切而志得意满，同时又被太后适时地安排在他们之间的少数同谋者影响，因而很快也就赞同了太后的主张。

当太后通过这种缓慢却务实的方法取得了进展之时，摄政要么没有预见到威胁着他的安全的风险，要么就是疏于防范。背叛的首次暴露来自于摄政的两个密友：金奈德的卡耐基与罗思主教潘特（David Panter, Bishop of Ross, ？—1558）。太后出于自身利益的需要而将二人拉拢过来，之后又将他们作为获得摄政支持的最好的工具而加以利用。太后的建议是以法兰西国王的名义向摄政提出的，为了激起他那与生俱来的怯懦，玛丽又以恰到好处的威胁对这份建议进行了强调。此外，她还用任何能使摄政甘愿听从这个如此令人厌恶的建议的许诺来软化他。一方面，法兰西授予摄政的头衔及批准一笔数量可观的年金，苏格兰议会承认了他对王位的继承权，公众也认可了他在担任摄政期间的表现。另一方面，法兰西国王的不悦、太后的强大与深得人心、贵族的背叛以及今后可能会对他进行清算的危险都强有力地控制住了他的内心。

照常理而言，摄政在进行一番挣扎之前不可能接受这样一个如此非同小可且令人惊愕的建议，更何况圣安德鲁斯大主教的出现也会增强他那优柔寡断以及消极被动的性格。在这种情况下，摄政多半会傲慢地拒绝它。但对于太后而言，幸运的是，那位高级教士的机敏与野心这次不会成为她的阻碍。此刻，他正躺在病床上走向死亡。在他缺席之时，太后的柔和所具有的影响力抵消了人类心中的几种最为坚强的热情，并令摄政同意交出最高权力。

[1551 年 11 月] 太后在如此轻松地达到这样困难的目的之后便返回了苏格兰，她的心中满是立刻占有新头衔的期望。然而就在此时，圣安德鲁斯大主教却从那场被愚昧的苏格兰医生判定为无药可救的疾病中恢复了过来。他将此归功于名闻当世的卡尔达诺（Gerolamo Cardano, 1501—1576）的救助。卡尔达诺是那个时代中意大利出产的众多"非法"探索自然科学的人之一。无畏的精神使他取得了一些有价值的发现，这些发现值得受到一个更具洞察力的时代的认可。天马行空般的想象力使他能够钻研这令其同辈钦慕的"荒诞"的科学。作为一个占星家与巫师的仿冒者，他得到了所有欧洲人的敬重，也常常被他们求教，但他作为一个自然科学方面的专家却鲜为人知。在大主教向其求救时，他很有可能将之视为一个法力超群的巫师，然而拯救他的却是卡尔达诺作为一个科学家所掌握的知识。①

伴随着身体的痊愈，大主教恢复了对摄政的完全掌控，并迅速劝说他收回那份因受到太后诡计的引诱而做出的有失尊严的承诺。尽管这项由于摄政的反复无常而提出的新建议令太后感到十分震惊，也令她异常愤怒，但她却不得不掩饰自己的这些情绪，她会有足够的时间同所有派别一起复兴自己的计划。她比以前更加偏爱，也更多地讨好新教；她以各种手段令自己受到贵族们的喜爱；而对于摄政，为了最终赢得他的支持，她会利用依据双方的条件而进行的每一场争辩。但是，无论她的特使对摄政能产生什么样的影响，要想欺骗或是恐吓大主教都不是一件容易的事。在他的控制下，谈判被拖延了很久，而他则以自己的老到与坚定坚守着立场，这些品质因

60

---

① 卡尔达诺本人更希望被人视为一个占星家而非科学家。在他的著作 *De Gemturis* 中，我们发现了一份计算大主教天宫图的数据，据此他假装既预言了大主教的疾病，又实现了对他的治疗。他从大主教那里获得了 1800 克朗作为奖赏，这在当时是一笔数目不小的赏金。——原书注

其所具有的重要性而值得褒扬。贵族的普遍背叛、忠于太后的新教徒那普遍增长的力量、法兰西国王的再三引诱，最重要的是，年轻的女王介入了其中——她现在已经十二岁了，她要求任命一个得自己欢心的摄政，凡此种种，都迫使摄政最终放弃了那个被他把持了多年的要职。不过，他还是获得了上述那些早已谈好了的好处。

在1554年4月10日召开的议会上，阿兰伯爵宣布了这一惊人的辞职决定；与此同时，吉斯的玛丽被任命为摄政——这曾是她长久以来的心愿。因此，在他们的同意下，一个来自异域的女人获得了能够凌驾于这群凶暴且狂躁的人民之上的最高权力，而他们此前很少甘愿屈从于国君的合法和古老的统治。

[1553年] 当苏格兰太后正要通过她赐给新教徒的庇护来推动宗教改革之时，英格兰女王在野心的驱使下，以她那轻率的热忱而使王国中充满了积极推动这一事业的人。① 玛丽在她的弟弟爱德华六世死后 [7月6日] 继承了英格兰王位，并在此后不久嫁给了西班牙的菲利普二世（Philip II, King of Spain, 1527—1598）。除了天主教的精神迫害和那个时代的残暴之外，她还具有因为自己和母亲受到迫害而产生的私怨——这使她对于新教信仰抱有偏见。她天生的暴怒与严厉的性格也使得所有这些尖刻的感情达到了顶峰。她施加迫害时的残忍与那些成为人类中最耻辱的暴君的行为别无二致，她的教士的固执也几乎与她的狂暴相同步，即便是冷酷的菲利普有时也被迫缓和她行事的严苛。许多著名的宗教改革者因他们所传播的教义而受到折磨，其他人则逃离了这场风暴。为了拯救这些人中的绝大多数，瑞士与德意志开放了安全的救济院，大多数人或者出于自由选择，或者因为别无选择

① 苏格兰太后吉斯的玛丽与英格兰女王"血腥的玛丽"都要在国内推动宗教改革，不过，前者是要改宗新教，后者则要将经过亨利八世改革过的宗教重新改为天主教。——译者注

而逃到了苏格兰。他们在英格兰的所见所感没有减轻他们对于天主教的愤怒，新教教义的传播也在所有阶层中取得了飞速的进展。

新教教义意欲矫正社会舆论并改革人类的生活方式，它至今也没有产生过什么别的效果，但新教徒很快就开始狂热地贯彻这些教义，他们颠覆天主教、撼动王权甚至使王国处于危险之中，以此来展现他们的宗教仪式。促进这种新教义在苏格兰传播以及使之迅速在整个国王中散布的缘由值得我们进行详细而认真的探究。宗教改革是人类历史上最为重大的事件之一，无论我们从何种角度去审视它，它都既有教育意义，又有趣味性。

知识在15、16世纪的复兴唤醒了这个昏睡多年的世界。人类的心智认识到了自己的力量，它打破了长久以来被权威束缚的枷锁，并勇于进入到一个更为广阔的领域中去，以最大的勇气推动对每一个事物的探索，并取得了令人叹为观止的成功。

一旦人类恢复了使用理性的能力，宗教就成为吸引他们注意力的首要目标。在路德发表他的那篇撼动了天主教统治的檄文很久之前，科学与哲学就已经向许多意大利人揭露了天主教迷信的欺骗与荒谬。那些睿智而高雅的意大利人满足于秘密享受这些发现，他们很少乐于承担像宗教改革者那样危险的角色，并认为真理应当成为智者所掌握的特权，而普通人的思想必须被普遍的谬见慑服和统治。但是，在一种更为高尚也更加无私的热忱的感染下，德意志的神学家们无畏地树起了真理的大旗，并以不可战胜的勇气将之高高举起，这种勇气值得其后的任何一个时代钦佩和感激。

路德为何最先对天主教发难？双方的争端怎样从一个小裂口演变为不可弥合的破裂？即便最不了解历史的人对这些问题的答案也了如指掌。他的观点以惊人的速度从德意志的心脏向外扩展，散布到了整个欧洲。无论他去往何处，都会使那里古老却并不健全的体制受到危害，甚或是被颠覆。罗马教廷充满警惕，办事老辣，哈布斯堡家族对天主教盲目崇信，他们的权力也来源于此。因此，新教教义刚在南欧出现就遭到了镇压。但是，凶暴的北方人被无数的欺骗激怒了，他们既不会被上述诡计平息，也不会向上述权力屈服；此外，还有那些虔诚与不贪财的诸侯在支持着他们。因此，那些无知而又邪恶的教士的反对很容易就会被打倒。

在欧洲一些极端的国家中，人们对天主教的迷信似乎已经达到了极点。丰富的想象力与敏感的内心——这些南方人的特质使他们极易受到迷信的恐惧与轻信的深刻影响。无知与野蛮仍然有利于上述北方民族的那种精神的发展。他们所知甚少，因而愿意相信任何事情。最花哨的谬见没有使他们粗野的认知受到震动，但最令人无法置信的故事却得到了他们的赞同与欣赏。

因此，盛行于苏格兰的天主教是一种最为偏颇也最为狭隘的宗教。那些最易震动到人类理智的教义、那些在最大程度上凌驾于宗教之上的传说被人们毫不掩饰地讨论着。他们从未质疑过前者的合理性或是后者的真实性。

教会的权力和财富同迷信的发展并驾齐驱，因为迷信的本质就是：对于神圣的角色而言，人们是不会吝惜他们的敬意与金钱的。苏格兰列王此前通过向教士赠送巨额财富以及赐予其豁免权而显示了他们究竟在多大程度上受到了这种迷信的影响。大卫一世那奢侈的虔诚虽然为他带来了"圣徒"之名，但是几乎将所有的王室土地都转让给了教士。这在当时可是一笔巨额财富。这位"高尚者"的例子被他的后继者们效仿。这种风气拓展到了所有阶层，他们每天都会用新的财物装满神父的钱袋。整个欧洲的教会都占据着过多的财富，但苏格兰教会所占据的却远远超出了正常部分，苏格兰教士对王国中征收的任何税种都只需缴纳一半的钱。由于没有理由认为他们会在那个年代里背负着不公平的重担，我们便可以断定，到了宗教改革之时，几乎有半数的国家财产都落入到了这样一个总在索取却从未损失过的阶层手中。

教士所占据的财产也拓展了他们的影响力。王国中的许多地产被把持在教会中，教会的土地则被教士们以较低的利率出租给他人，并被世家大族中的幼子或晚辈所持有。"上级"与"封臣"的关系、"地主"与"佃户"的关系产生了附庸，也产生了一个对教士而言极为有利的联盟。此外，为了评估天主教士在国家中的影响力，我们一定要考虑到这些收益的真正数额。

这种对国家财产惊人的瓜分与教士们在最高议会中占据的权势相对应。在一个俗界的上院议员人数极少的年代里，在一个小贵族与自治市代表很少出席议会的时代中，神职人员构成了议会的主体。从早期的议会议事录[①]以及选举立法委员的方式中，我们可以看到，最高法庭的活动在很大程度上都处于他们的掌控之下。

人们对教士这种圣职的崇敬之情往往会散播得十分之远，这对于增加教士的权力而言有很大的帮助。天主教士的威严、头衔与特权都是十分显著的，这些都要归功于他们从别人那里获得的领地。他们被那些愚蠢的门外汉视为优等人群，他们既不屈从于法律，也不受其

---

① "议会议事录"（Rolls of Parliament）指的是关于早期议会所议事项的手写记录，这其中包括了对许多疑难法律问题的决定，因为议会是当时的最高法庭。此外，所有的诉状（Bill）均以申诉状（Petition）的形式起草，登入议事录，并附有国王的意旨，但它并不套用固定格式，而是依照案件的情形予以定夺。在每一届议会结束时，法官均将这些诉状编为成文法的形式，然后录入制定法总卷。参见《元照英美法词典》。——译者注

审判。[1]宗教所能提供的每一处护卫都被用于保护他们的权力、财产

以及人身安全，所有的活动都被用来将他们描绘成为同样的"圣者"。

尽管"博学"这一美名无足轻重，教士们依然占据着它，并且增加了由宗教而获得的人民对他们的敬意。理性的科学与合理的品味究竟起源于何时已经完全无从考察了。取而代之的是那种野蛮而毫无教益的知识。然而，由于神职人员是唯一通晓这些学问的人群，他们便因此获得了人民的尊重。在那个尚未开化、人们所知甚少的年代里，些许知识便能激起他们的敬意。战斗是贵族们仅有的技艺，而打猎则是他们主要的娱乐方式。他们将自己的时间与不熟知的艺术和未改进的科学划分开来。他们鄙视任何与战斗无关或是需要谋略而非体能的职业。无论贵族们有多么重要，教士都会得到信任，因为他们自己完全有资格值得信任。由于这个缘故，政府中的所有高官几乎都落入了教士之手。御前大臣无论在品级上还是权力上而言，都是国中的第一重臣。从王政早期直到比顿枢机主教遇刺期间，共有 54 人曾荣膺此职，其中有 43 人都是教士。民事法官（Lords of Session）是有关民事权利的所有案件的最高审判者，从他们的早期构成来看，庭长（President）与半数的法官也都是教士。

我对此要稍作补充：教士因禁欲的律法而离群索居，他们不会因为世俗的关注而心神不定，也不会被那些烦扰、折磨世人的负担

---

[1] 教士要求免除司法权的管辖究竟可以延伸到多么久远的年代？这个问题似乎起源于 1546 年这届议会上的一次显著的转变。那时，这届议会正在着手剥夺谋杀比顿枢机主教者的财产，将要把一个神父也列入其中。他是刺客中的一员，在剥夺财产的总判决中，因其神职人员的身份而遭到鄙夷。此时，宗教法庭的一员代表出现在了议会上，并要求将其在议会的审判中作为一个"神圣者"而予以豁免。这一要求被保留了下来，他的名字也没有被记入剥夺法案中。——原书注

所阻碍，教士阶层的利益就是他们唯一的目标，他们因而也会全力以赴地追逐这些利益。

神职人员的工作性质使他们可以在任何时候接触到任何人。他们可以利用敬畏、期望、恐惧和慰藉这些能够深刻影响到人心的事物。他们纠缠着弱者与愚人，他们围绕在病人与行将就木者的床边，他们无法忍受世人在尚未留给教会以丰厚的财产之时就离开这个世界，并告诫人们，倘若将财产赠予这些自诩为"上帝之仆"的神父们，上帝就会宽恕他们犯下的罪孽。

当教士的诡计或是人们的迷信无法产生这样的效果时，他们仍然有足够的影响力去召唤法律的援助。倘若一个人尚未留下遗嘱便已驾鹤西去，那么在支付过丧葬费、偿还过债务以及在亲属之间分配完他们所应当享有的那一部分之后，该教区的主教便会获得对死者剩余财物的处置权。我们可以推测，没有哪个基督徒会在尚未划出用于宗教方面的财产时就撒手人寰。然而，由于人们很容易就会盲目相信生命具有延续性的观点，并且天真地对任何会令他们联想到死亡的事情都绝口不提，因此，很多人还没有按照自己的意愿安排好身后之事时便已经去世了。在这种情况下，教士便获得了对其遗产的管理权，这也显示了教会财产与权力的一个重要来源。

与此同时，没有哪一桩与婚姻或是遗嘱有关的案件可以在除了宗教法庭以外的地方审理。涉及此类案件的法律由教士们制定，关于罚金的决定也是由这些法庭执行，这就增加了教士们的权力。"绝罚"（Excommunication）的可怕性不亚于剥夺公民权的判决。它在多种情况下针对许多罪名都可以宣判。被判处绝罚者除了被排斥在基督徒所享有的权利之外，作为一个人类或是公民的所有权利也都会被剥夺。来自世俗政权的援助同人类的迷信一起使得教会的恐吓既具有破坏性又十分令人可怖。

64

所有这些都促进了天主教会权力与财富的巨大增殖。此外，没有探究的更多细节，将有助于揭露教会这个如此惊人的建筑物所赖以建立的基础。

尽管俗世中人以他们的迷信与慷慨使教士从贫微走向了富贵，他们也逐渐开始感到并抱怨教士对他们的侵蚀。难怪那些傲慢与尚武的贵族会嫉妒教会的权力与财产，并且极为鄙视慵懒的教士。正当此时，教士们放荡而又无耻的生活触怒了人民，也极大地降低了他们对这些曾令自己言听计从的教士的敬重。

教士雄厚的资财、极度的懒惰与十足的无知，首先是从他们关于禁欲的严厉禁令开始，这使得人们共同认识到了许多教士中存在的道德沦丧。他们过分地期待人民的顺从，却并不掩饰自己的缺点。根据改革者的记载以及几位天主教作者的证实，最荒淫无耻的生活习气公然盛行于苏格兰的教士之间。比顿枢机主教也以浮华的方式庆祝他的私生女与克劳福德伯爵之子的婚礼。^①这位私生女的母亲是位贵妇。据诺克斯所言，比顿枢机主教直到遇刺身亡之前还公然继续着与她的罪恶通信。其他的高级教士似乎比他们的大主教更守规矩，也更加值得学习。^②

在新教牧师最初指责天主教士的道德与教会的教义时，他们就理应受到警告。但是，天主教士要么出于傲慢，要么由于无知而忽

---

① 由比顿亲笔签署的婚约至今仍然存在，他在其中称自己的私生女为"我的女儿"。——原书注

② 关于教士堕落的生活方式，人们在档案中发现了一份显著的证据。在宗教改革结束后的第一个三十年中，教会授予了大量的婚生子证明，其数目远比自从宗教改革开始直到那时的还要多。天主教士的儿子们获得了这些证明。教士们被允许将自己的领地让与自己的孩子，当这些人获得财富时，他们渴望私生子的污名不再保留在自己的家族中。在凯斯的《苏格兰主教名录》(*Catalogue of Scottish Bishops*)中，我们发现了几个关于教会土地转让的案例，它们都是被天主教教士转让给了自己的私生子。——原书注

略了平息新教徒愤怒的正确方式。比起改变自己的生活或是掩饰自己的缺点而言，他们更趋向于轻视人民的问责。改革者出于他们的克制与稳重，竭力效仿着基督教的早期布道者，他们将天主教士比为历史上那些因其暴行和丑事而臭名昭著的恶人。

同时，他们没有减轻自己的苛刻或是粉饰天主教义中的荒谬，也没有努力从《圣经》中发现这些错误，以便将之修改得符合常理。他们除了教会的权威与宗教会议的教令之外，没有寻求任何其他形式的支持与建议。关于炼狱的传说、朝圣的好处以及圣徒的功绩是他们向人民布道时所坚持的主题，而布道的责任又被完全交托给了低级僧侣和那些目不识丁的教会成员，他们的文章比其中强调的主题还要差劲。拥挤而又崇敬的观众倾听着改革者的演讲，而天主教的布道者们则要么被人们抛弃，要么被听众嘲弄。

为了重振名声并恢复人民对他们的信仰，天主教士只采取了一　65
种措施。然而，这种措施既不明智，也不成功。由于天主教会的许多教义起初是从伪造奇迹的权威性而得到了人民的信任，他们现在又努力把这些奇闻逸事搬出来作为他们的帮手。这些在黑暗而又无知的年代里被人们以坚定的崇敬注视着的、以盲目的信任倾听着的虚假的奇迹，在这个更为文明的时代中却又被人们罕见地接受了。谨慎的改革者们发现了这些骗术，因此不仅揭露了骗局本身，还嘲弄了需要欺诈来帮忙的天主教。

由于天主教士越来越为人们厌弃与鄙视，改革者的演说被人们视为对自由的呼吁。此外，他们激起了人民对于那些歪曲基督教本质的谬误的愤怒，唤起了人民对于真知与纯净宗教的热忱。因此，他们也使苏格兰贵族中产生了其他的观点与情感。这些贵族们希望摆脱教会的束缚，他们早已感到这是一个沉重的负担，而现在又发现了它有悖于基督教的教义。他们希望恢复对教会财产的占有，这些财产现在被他们视为其祖先以极不明智又毫无限制的慷慨做出的赠予。他们自以为是地认为，这些傲慢而又奢侈的教士将会遭到挫败，从此将不得不被限制在那个"神圣角色"的领域之中。这种由同期的许多因素所引起、为宗教原因所激发的对天主教的不满，如今又被政治动机所增强，被个人的利欲之心所煽动，因而很快就拓展到了整个国家之中，并最终激起了伴随着无法压制的暴力而爆发的情绪。

宗教原因就足以激起这种情绪。同天主教会争论的要点对于人类的幸福与基督教而言都是至关重要的，因此值得改革者为此而努力奋斗。然而，宗教改革却被视为人类头脑中某种野蛮而又激烈的狂暴所带来的后果。这一观点力图阐释我们的祖先在信奉及传播新教教义时的热忱，它仅仅审视了政治动机对新教徒的影响，并试图从这个角度入手，以揭示这些动机是怎样刺激着他们以极大的热忱发起行动的。这些阐释也许不会被视为毫无必要的闲谈。好了，我们现在言归正传，回到历史上来。

[1554年] 晋升为摄政似乎令太后欣喜若狂，这种情绪最初超过了她那著名的审慎与温和。她将数个显要的职务授予了外邦人，以此开始了她的统治。这些外国人无力胜任太后授予他们的官职，而这些任命也激起了苏格兰贵族的嫉恨，因而太后的这一措施从未取得过良好的效果。韦尔默特（Vilmort）被任命为审计大臣，并受命掌管国税；博诺特（Bonot）被任命为奥克尼郡守；罗比（Rubay）则被任命为掌玺大臣，并被授予了御前副相的勋衔。苏格兰人以极大的愤慨看着这些最为显赫也最具威权的官职在外国人的手中被瓜分。① 他们将这些晋升视为太后对其智慧与勇气的侮辱。就前者

---

① 整个民族对法国人的愤恨已经达到了一个如此高的程度，以至于议会一致同意对其加以限制或调和。——原书注

而言，他们认为这些人并不适合祖先曾以无上的荣耀担任过的职 务；对于后者而言，他们则认为这些人太过驯服以至于无法抵抗冒犯——这种冒犯在此前的任何一个时代里都不会以安然无事而告终。

当这些情感已经达到了此种程度之时，一个事件的发生使得人们对于"亲法派"的厌恶最终发展到了极点。自从瓦卢瓦王朝与金雀花王朝之间的那场著名的争斗开始之时，法国人就已经习惯于阻遏英格兰人，并通过苏格兰盟友发动的既迅速又可怖的入侵分散英军的兵力。但是，由于这些入侵很少能给苏格兰带来实际利益，而且还让他们处于强邻危险的怨愤之中，苏格兰人就开始变得不那么容易驾驭了，并开始考虑不再以自己的和平与安全为代价去为这个多事的同盟效劳。战术领域发生的日新月异的变革也使得苏格兰军队的援助对于法兰西国王而言并不是那么重要。由于这些因素，当亨利发起了同菲利普二世的战争，并预料到了英格兰女王将会参加其夫的战争之时，他虽然渴望能够获得一些苏格兰军队的援助以作为保障，但这些军队将会由他亲自指挥，以防成为一群在一个几乎不受辖制的首领统帅之下的乌合之众。为了贯彻亨利二世的计划，苏格兰摄政太后以减轻贵族开支以及降低他们守卫边疆的危险为借口，向议会提交了登记全国土地价格的议案〔1555年〕。她谎称仅需一小笔税款，用这笔钱来组建一支常备军并按期发放薪饷。由于政府持续增长的开支而被推行到全欧洲的固定税在那时还鲜为人知，这一税款与封建政治的本质看似也并不契合。把那些由先辈们通过流血牺牲而换来的土地交托给那些雇佣兵，没有什么比这更会令高贵而又勇敢的贵族们感到不齿。他们极为不满地接受了这项议案，大约有300名小贵族面见太后，向她阐述了他们对于此项议案的理解。他们的勇敢与坚定正是那个尚武的年代中一个自由人与生俱来的品质。这样强硬的抗议刺激到了太后，使其感到恐慌，此外，她也看到了众多的反对者，因而太后最终审慎地放弃了这个令她遭到普遍厌弃的计划。由于太后以理解苏格兰民族的境况与情感而著称，这项议案因而被人们归咎于那些外籍大臣们的建议，苏格兰人已经准备好对他们采取最为暴力的极端手段。

　　法兰西人此时并没能熄灭苏格兰人的怒火，反而为之增添了油料。他们现在开始着手同西班牙人的战争，菲利普则说服了英格兰女王派出一支大军以支援他的部队。为了阻截这支援军，亨利按照原定计划向苏格兰人求援，并试图激使他们入侵英格兰。然而，由于苏格兰人已经对英格兰的玛丽女王无所畏惧了——她现在正忙于"挽救"她的异教臣民，因而并没有任何搅乱其邻国的雄心壮志。因此，被摄政太后召集于新战城的贵族们极为冷淡地听取着法国国王的教唆，并慎重地拒绝参与这场危险而又多余的战争。摄政太后在劝说中得不到的事情就要用诡计来获得。尽管两国仍然处于休战期，她还是命令她的法籍士兵在贝里克附近重建了一个小堡垒——原来的那座城堡因最后一份和约而被夷为平地。贝里克守军立刻向苏格兰边境开拔，他们阻止了施工，并蹂躏了邻近的郡。这一侮辱激起了苏格兰人的暴怒，他们迅速决定为了国家受到的无足轻重的皮外伤而复仇，此前明智的和平决定在一瞬间就化为了乌有。他们决心发动战争，组织军队的命令也被下达。不过，在军队集结之前，他们仍然有足够的时间平息自己的愤怒。他们发现英格兰人并没有竭力推进战争的意图，因此，贵族们重新采取了和平方式，并决意完全采取守势。[1556年]他们向特威德河岸进军，阻止了敌军的进犯，并完成了他们心中足以确保国家安全与荣誉的事情。在此之后，无论太后怎样乞求，无论她采取怎样的阴谋诡计都无法再引诱他们向前迈出一步。

　　当苏格兰人坚持他们的防守战略时，深受摄政太后信任的法军统帅亨利·克鲁汀（Henri Cleutin）在她的默许下使两国之间爆发了战争。他违反了苏格兰将军的命令，率领自己的部队渡过了特威德河，并包围了沃克城堡（Werk Castle）——这是英格兰人的一个要塞。苏格兰人没有支援他的行动，而是被他的傲慢所激怒了。太后对法国的偏向一直受到人们的猜疑，但是现在已经显而易见了，她竟然如此蛮横地牺牲苏格兰的和平与安全而去迎合法兰西这个野心勃勃而又傲慢不逊的同盟的利益。在封建政体下，臣民们惯于在军营中向他们的君主表达抗议，当武器在手时，他们能够感受到自己的力量；在那个时代里，他们所有的抗议都含有命令的意味。在这种情况下，贵族们的愤怒以如此暴力的方式爆发，以至于太后认为任何令他们参战的企图都已然徒劳无功。因此，她突然遣散了军队，羞愤难当地做出了让步，她发现自己的权力已经衰落，并已经无法再对有利于法国的事情产生任何影响。

我们可以看到，早期发生的这些对摄政权威的轻视绝不应该归咎于新教教义的影响。由于太后对摄政权的要求获得了宗教改革派的支持，由于她仍然需要他们制衡圣安德鲁斯大主教与汉密尔顿家族，她因而继续以极大的敬意对待他们，并让其参与到她所信任的要事中去。太后将格兰奇的柯卡尔迪（William Kirkaldy of Grange, 1520—1573）以及其余谋杀比顿枢机主教的幸存者从流亡中召回。此外，在她的纵容下，新教牧师们也享受了一个宁静的间歇，这对于他们的事业而言是极为有利的。新教徒给他人留下了抗争的暗示，反对派的领袖们也将他们树立为反抗君主意志的第一批榜样。

由于摄政太后认为她的权威极为有限并毫不稳固，而其权力又取决于对立派别之间的平衡，因而她催促其女与法国太子完婚，以使得自己的统治建立在一个更加广泛也更加牢靠的基础之上。那时的苏格兰女王风华正茂、亲和可人，她所能带给法兰西国王的土地也十分可观，因而并没有什么理由能够阻拦亨利二世完成他早期制订的为太子迎娶苏格兰女王的计划。蒙莫朗西大将军[①]（Anne de Montmorency, Constable of France, 1493—1567）利用他所有的势力去阻遏那个可能给洛林诸侯带去荣光的联盟。他指出，当国王不在国内之时，要想在一群暴民中间维持秩序与太平是不可能的。因此，他向亨利建议在血亲中挑选一位王子与苏格兰女王结亲，这位王子将在苏格兰定居，这样可以为法国维持一个有用的盟友。由于王室之间结成的紧密的联盟，这个盟友将会成为法国的一个不太容易掌控的行省。但是，大将军此时还是西班牙人的阶下囚，洛林的诸侯们那时正处于权力的巅峰，他们的影响力伴随着年轻女王的魅力一同战胜了政敌提出的名为谨慎、实则恶毒的抗议。

[1557 年 12 月 14 日] 法兰西国王因此要求苏格兰议会委派八名成员代表整个王国参加女王的婚礼。[②] 在这些由人民选出去履行这一高贵职责的人中，有一些是公开而又热忱的宗教改革派，人们会以此评估改革派在苏格兰受到的尊敬与欢迎的程度。议会给他们下达的指令至今仍然存在，我们要向这个明智而又正直的集团表示敬意。在他们向法方表示关于联姻的条件时，他们在关心君主的尊严与利益方面的行为值得赞赏。他们以谨慎的警惕来保护祖国的自由与独

---

① 法兰西大将军（Constable of France）是法国宫廷五大臣之首，位高权重。他是仅次于国王的三军总司令，此外负责处理涉及军事司法的案件，管理军费的预算开支。他在理论上是国王的"执政"（Lieutenant General），国王无法处理朝政之时，他可以代行国事。传统上将这一职务翻译为"法兰西元帅"，这固然能突出他在军事上的重要性，但却无法准确地概括其他职能，而且容易与军衔上的"元帅"相混淆，因此改译为"法兰西大将军"，取"大将军内秉国政外则仗钺专征"之意。——译者注

② 此八人为：格拉斯哥大主教、罗斯主教、奥克尼主教、洛西斯与卡西利斯伯爵、弗莱明勋爵、西顿勋爵、圣安德鲁斯副院长、邓恩的约翰·厄金斯。——原书注

立，并确保了汉密尔顿家族对王位的继承权。

苏格兰人因此获得了其恐惧或是警惕所需要的一切。年轻的女王、太子与法国国王以最为庄重的誓言批准了每一项条款，并在协议上签字盖印，以此在形式上承认上述条款。然而，对法兰西而言，所有这些都只不过是他们精心策划的谎言的再现。在与这些苏格兰代表达成公开协议之前，玛丽女王就已经被劝服，她与法国人秘密签署了三个条约，每一个都既不平等也无法律效力。在这些条约中，她抛弃了自己的血脉，将苏格兰王国无偿赠给了法兰西国王，无论其中会发生怎样的继承。这些有悖于誓言的条约，可能会剥夺玛丽女王对国务的处置权及臣子对她的效忠。这件事令亨利二世统治之下的宫廷形象跃然纸上，我们从中可以看到：亨利二世、掌玺大臣[1]、吉斯公爵与洛林枢机主教是策划这场背信弃义的可耻计划的罪魁，苏格兰女王则是这场罪恶之剧中唯一无辜的演员。她年幼无知、缺乏经验，自幼在法国宫廷中接受教育，对她的舅舅又言听计从，这些都可以在任何将此事归咎于她的指控中向每一个公正的人证明她的清白。

玛丽女王的臣民们还被蒙在鼓里，然而他们似乎察觉到了法国人意欲推翻关于支持沙泰勒罗公爵继承苏格兰王位的决定。圣安德鲁斯大主教反对摄政太后的所有举措，他的这一热忱很显然来自于脑海中的恐惧与猜疑。[2]

[1558 年 4 月 14 日]他们仍然举办了盛大的婚礼。至今仍在隐瞒他们对苏格兰阴谋的法国人现在开始毫不掩饰地显露出自己的

---

[1] 掌玺大臣（Lord Keeper）有两位，其一是 Keeper of the Great Seal，掌管的是"国玺"。还有一位是 Keeper of the Privy Seal，掌管的是君主的私人印玺。此处显然是指掌管国玺的掌玺大臣。——译者注

[2] 大约在同一时期，法国似乎有一些关于恢复支持伦诺克斯伯爵继承苏格兰王位的计划，他们这样做的目的是恐吓与警告沙泰勒罗公爵。——原书注

69 意图了。在婚约中，苏格兰的代表们同意给法兰西太子冠以"苏格兰国王"的名号。他们只不过将之视为一个荣誉头衔，但法国人却在争取为这个头衔附上一些实实在在的特权。法兰西人坚称，太子的头衔应当受到公开承认，并且他应当被授予"共治者"（Crown Matrimonial）之名，任何一项属于女王夫婿应当享有的权利也应当被授予太子。根据苏格兰的法律，如果一个人娶了一位女继承人，并且他的寿命比自己的妻子要长，孩子的出生也源于这场婚姻的话，他就要用余生守护这位女继承人的财产，这被称为"苏格兰的亡妻遗产继承权"（Courtesy of Scotland）。法国人力图将这一规定私人遗产继承原则的法律应用于对王国的继承中，而这似乎也在暗指他们所要求的"共治者"称号——这一词语独属于苏格兰的历史，但苏格兰人却忽略了对它的解释。① 由于法国人有理由预料到执行这些措施的困难，他们便以试探那些还在巴黎的代表们为开端。英格兰人在他们的女王同西班牙国王菲利普的婚约中为那个时代树立了一个榜样，那就是：对于外国人如此之近地接近王位这个问题，应该予以审慎的警惕与保留。苏格兰代表的脑海中也满是这样的观念，因而他们在对太子的效忠誓言中表现了自己非凡的谨慎。他们的回应也是出于上述精神，虽充满了敬意，但又十分果断。他们还显示了自己的决心，对于任何倾向于更改王位继承顺序的建议都不予同意。

---

① 据我判断，女王的丈夫将会通过"共治者"的名号而获得国王的头衔，使他的名字被刻在硬币上，并得以与女王一起签署所有的公文。出于这个缘故，臣民们都要向他宣誓效忠。他的权力开始在一定程度上与女王相抗衡。倘若没有他的同意，不经他的签署，没有哪份文件会被认为是有效的。通过苏格兰代表向太子效忠的誓言，显而易见的是，在他们看来，权力属于"共治者"这一条件只存在于婚姻期间。但是，阴谋者们却使他们将"共治者"之名授予了达恩利，并使他终生享有此名。——原书注

四位苏格兰代表在返国之前死在了法国，人们普遍认为他们遭到了毒杀，毒药则是吉斯家族的间谍施放的。每个国家的史学家都发现了人们对于此类谣言惊人的信任，这些谣言很适合取悦那些心怀恶意者，取悦那些猎奇者。这是他们的天性，这些人在每个时代中都会毫无理性地轻信此等谣诼。难怪苏格兰人会轻信一个很难站得住脚的嫌疑，他们的这种怀疑既源于自身的愤恨，也源于洛林诸侯那著名的性格——诸侯们在追求的目标与因此而采取的措施方面实在是太不严谨了。然而，为了人的名誉，我们必须意识到，正如我们所发现的一样，没有什么动机能够引诱人犯下如此罪行。因此，显而易见的是，没有证据可以证明这是一场谋杀。但那个时代的苏格兰人深受民族仇恨与偏见的影响，因而无法冷静地探查事件的细节，也无法做出公正的判断。所有的派系都相信法国人是这一可恶行为的罪魁祸首。很明显，这将会使各个阶层的人民中本就存在着的对法国人的憎恶继续增长。

尽管法国人关于"共治者"的提议受到了苏格兰代表们的冷遇，他们还是在苏格兰议会中提出了这项议案。汉密尔顿家族的支持者们由于怀疑他们对于王位继承权的阴谋而强烈反对这项议案。但这个政党的领袖软弱无能、反复无常，他失信于人，因而几乎不能对抗法国的影响力以及摄政太后的老辣——她此时正处于数不胜数的宗教改革拥护者的支持下。此外，这个狡猾的女强人为法兰西的要求披上了不具攻击性的外衣，并将他们扔进了许多限制之中，使其看似并没有多大的重要性。这也欺骗了苏格兰人民，或是打消了他们的疑虑。他们遵从太后的意愿，通过了一项法案，将"共治者"之名授予了法兰西太子，并极其盲目地依靠脆弱的言语与法令保障

70

113

去抗衡法国人对权力的侵蚀。^①

　　新教徒与太后合作促成了一个令法国人满意的法案，而天主教教士在圣安德鲁斯大主教的影响下十分狂热地反对它。这些都是党派行为中独特的细节之一，对于那个时代而言值得人们注意。在某种程度上，这也许应归因于太后巧妙的操纵，但主要还是应当归结于宗教改革拥趸的制衡。此时的新教徒，无论是在权力还是人数上都几乎可以与天主教相抗衡。在认识到自己的力量之后，他们不耐烦地忍受着那个以古老的律法防范他们的专横权威。他们渴望挣脱这个沉重的枷锁，并且能够享受公开布道和进行新教崇拜的自由。大部分国民都认为新教教义建立在真实的基础之上，并已经被上帝认可。只有两个途径可以获得这种被整个天主教势力反对的特赦：要么以暴力从不情愿的君主手中夺取，要么谨慎地顺从太后，以期能够从她的支持或是感激中取得。前者是弥补其伤害的权宜之计，没有哪个国家会突然诉诸暴力，臣民们也很少敢于起而反抗，这是他们在极端需要的情况下才会采取的最终手段。在这种情况下，改革者们采取了另一种方法，由于他们曾积极帮助太后推进她的计划，因此他们希望能够获得她的庇护。这个决定受到了太后最大的鼓励，她狡猾地以诸多承诺与一些特权欺骗他们，并通过他们的帮助，在议会中战胜了利于国家、值得称赞的议员们的戒备。倘若没有新教徒的帮助，太后的议案就会受到大多数人的撼动。

　　另外一件事也多多少少地有助于摄政在议会中获得如此巨大的影响力。在苏格兰，所有的主教辖区与修道院拥有议席的权力都

---

① 议会法案的语言极其谨慎，它对任何违反继承顺序的行为都做了提防。但沙泰勒罗公爵并没有仅仅依靠这部法案，他郑重地提出了确保自己继承权的声明。很显然，他怀疑法国人有一些推翻其王位继承权的企图。诚然，如果他们没有这个意图的话，他们所想要的东西看起来就太幼稚了。——原书注

来自于国王。自从太后接掌摄政之职以后，她就把几乎所有空缺的议席掌握在了自己的手中。在这之中，她的弟弟洛林枢机主教（Charles, Cardinal of Lorraine, 1524—1574）得到了凯尔索与梅尔罗斯修道院，这是王国中最富有的两个修院。通过这些举措，她削减了神职人员的议席——这些议员完全处于圣安德鲁斯大主教的控制之下，由于他们人数众多、权威较高，因而在议会中占据十分重要的地位，这就使得那时议会中的任何反对意见都变得微不足道。

阿盖尔伯爵是新教徒中最具权势者，圣安德鲁斯修道院副院长则是最受欢迎的新教领袖，此二人受到委派，负责将王冠和其他王家徽记进呈给太子。但他们却被自己要扮演的角色分散了注意力，这出好戏现在即将上演。

71

在我们转向此事之前，有必要注意到，在1558年11月17日，英格兰的玛丽女王结束了她那短暂而又不光彩的统治。她的妹妹伊丽莎白在无人反对的情况下继承了王位，新教也再一次地被英格兰的法律所确认。这位在如此艰难的形势下即位的女王表露出了杰出的才干，她的这些才干后来使她的统治十分卓越，吸引了整个欧洲的目光。在苏格兰人之中，所有的派系都极为焦虑地关注着她最初的动向，因为他们可以轻易预料到，她不会长久地成为一个对他们的交易无用的旁观者。

在经历了许多挫败、遭到了数次镇压之后，改革在苏格兰得到了全面的确立。所有的低地人民在那时是人数最多、同时也是王国中最为好战的部分，他们被新教教义深深吸引。如果在更远一些的郡中没有产生同等效果的话，不是因为那里的人民缺乏同样的性情，而是因为布道者有所欠缺——他们丝毫不知疲倦的热忱并没有满足那些需要他们进行教导的人民的热望。苏格兰人是一个孕育战士的民族。在一个宗教情感占据人类头脑的年代里，他们会以最大的暴力撼动这份情感，在这之中，政党却表现出了柔和而又循规蹈矩的行为，这是令人震惊的。帕特里克·汉密尔顿神父（Mr. Patrick Hamilton, 1504—1528）是苏格兰第一个因新教信仰而遭受折磨的人。在他死后的三十年这样一个漫长的时间中，没有人违反公共秩序，那个宗派也继续保持着平静。尽管他们被天主教专制的残酷暴行激怒，他们也没有违反法律规定的臣民们应尽的责任。除了新教领袖的谨慎与太后出于政治考虑而给予他们的庇护之外，圣安德鲁斯大主教的克制也有助于这种和平的形成。这位被同时代的作家指责其违法乱纪的高级教士管理了教会数年之久，他的中庸与谨慎在当时几乎无人可出其右。然而，在最近这一届议会召开前不久，大主教背离了至今为止始终指导着其行为的仁慈准则。无论太后与新教徒结成多么紧密的同盟——尽管她也满足了天主教士那无理的要求，大主教还是将他所有的愤怒都化为了对新教徒的迫害。他将一位年老的神父处以火刑，理由仅仅是他皈依了新教。此外，他还传唤了其他几名被指犯有相同罪名的人，使之在即将于爱丁堡召开的宗教大会上受审。

没有什么比这次突然而又野蛮的处刑更能令人战栗，被告人为了这一判决而积极辩护的热忱现在似乎也注定要被摧毁。他们立即向摄政太后求救，由于太后在即将开幕的议会中能否获得胜利要取决于新教徒的支持，她因此不仅在将要降临的暴风雨中庇护了他们，而且许诺要令他们享受到比如今更加宽容的宗教自由。由于新教徒们并不满足于这种不确定的宗教自由，他们四处奔走，以使得这种权利更加稳固，也更具有独立性。带着这种想法，他们决定向议会申请保护以对抗宗教法庭那过分而又暴虐的司法特权。宗教法庭通过他们在教会法中发现的专断的诉讼方式而导致人性受到了极大的摧残，他们的准则也违背了公正。但是，太后担心针对这一难题的辩论将会激起天主教徒高涨与危险的激情，因此她对给予新教徒庇护做出了更郑重的承诺，以劝说这一派系的领袖停止向议会提出任何申请。凭借新教徒的人数与影响力，他们多半会获得议会的补偿，至少也会减轻他们的痛苦。

新教徒们向天主教大会提出了申请，但与那些有关宗教改革的提议一样失败了。向强权屈服、放弃有利的"谬见"，这是个人美德的牺牲品，它在有些时候能为真理做出贡献，但在任何一个人类社会中，这样的努力都不会被人们期待。社会的堕落受到了大众功利心的称赞，也受到人们普遍的诡计辩护，它被社会中不知廉耻的人审视着。宗教改革从未在其中获益，但总是被一些外国人强加给他们。与这种冷酷而又顽固的精神相对应的是宗教会议在如今这个紧急关头的举动。新教徒的所有要求都被轻蔑地拒绝，天主教士完全不以谨慎的让步去安抚这个人数众多的集团，他们以一种不合时宜的严苛维护那些最令人无法容忍的教义，这只会让他们又犯下新的过错。

[1559年] 在宗教会议召开期间，新教徒们第一次开始怀疑太后对他们的态度有所改变。尽管她因利益而加入他们的阵营中已有多年，尽管像新教徒所设想的那样，她凭借着喜好与感激这种强大的纽带与他们联系在一起，他们在这种情况下还是发现了她表露出的冷淡与厌恶的征兆。为了解释这些现象，我们的历史学家们只是做出了诸如"成功改变了她的性格、腐蚀了她的内心"这类老掉牙的评论。他们说，太后实现了其野心所渴求的最大目标，她不再保有惯常的温和，而是傲慢地鄙视那些曾经助她登上了权力之巅的人。然而，这既不是由于人心的堕落，也不是由她的忘恩负义造成的，我们必须从她现在的行为中寻找答案——这个答案有一个更加遥远的来源。为了探明后面的事情，我们应该仔细地揭开这个谜底。

洛林诸侯们的愿望既成功又大胆，他们所有计划的特征就是庞大和自由。虽然作为法兰西宫廷中的外国人，他们著名的才能还是让其在短期内先于其他所有的大臣爬上了权力的巅峰，并使他们达到了与王子们比肩的地位。教会、军队、税收都处于他们的掌控之下。只有王位是他们所无法企及的，但通过苏格兰女王与太子的联姻，他们也与国王结成了紧密的同盟。为了满足他们的虚荣心，也为了使自己的外甥女对法国的继承人更有价值，他们怂恿她对英格兰王位提出要求，这一要求建立在令人难以置信的基础之上。

73 　　亨利八世悲惨的恋人与婚姻为世人所共知。这位急躁而又专制的君主由于他的喜怒无常或是与他所迎娶过的六位王后中的四人离婚，或是将之斩首。议会为了满足他的婚姻需求而颁布了一项法案，将其所有的女儿都宣布为私生女。然而，也正是由于他的喜怒无常，他在最后的遗嘱中凭借议会授予其可以确认王位继承顺序的权力，让自己的女儿们得以在她们的兄长爱德华死后继承王位。与此同时，他忽略了他的大姐——苏格兰王后玛格丽特的后代，指定在他的女儿身故之后，王位将由他的小妹——萨福克女公爵一系继承。

由于这份遗嘱，王位继承顺序的有效性被英格兰人所承认，但它从未被外国人认可，玛丽女王对英格兰的统治就遭到了邻国君主们的非议。但是，有利于玛丽继承王位的上述因素却成了她的妹妹伊丽莎白的障碍，并使她对王位的保有变得危险而又不稳定。罗马教廷为这个极富才干的新教女王统治下的天主教信仰感到担心，同样的宗教恐惧也令西班牙宫廷心生戒备。法兰西密切地看着这个王位——这个可以使苏格兰女王制造无数借口要求获得的王位，如今被一个对手占据着，而在所有虔诚的天主教徒看来，这个对手的出身会将其排除在任何合法的继承权之外。罗马教皇的软弱与菲利普二世迟钝的议会不会产生任何突然而又可怕的影响。洛林的诸侯们在当时统御着法国的宫廷，他们那勃勃燃烧着的雄心更加果断，也更加令人可怖。在他们的唆使下，亨利二世在英格兰的玛丽女王死后不久便劝说他的儿子与儿媳一同去接受英格兰国王与女王的头衔。他们倾向于对整个欧洲公布此事。他们在公文中使用王号，这些文件中有的至今尚存。他们将英格兰的纹章刻在了自己发行的硬币上，并在各种场合中使用它们。但是，他们却没有做好支撑这个失策而又草率的要求的准备。伊丽莎白已经做好了登基的准备，她具备所有无畏的精神，拥有一切政治技巧，这对于保有王位而言是不可或缺的。英格兰正成长为一个以海军力量闻名于世的国家。法国完全忽略了海军，苏格兰则只保留了一条可以进入英格兰的通道。因此，在那一边，洛林的诸侯们决定发起攻击。他们希望利用英格兰的天主教徒，这些信徒的数量与狂热足以令世人畏惧。洛林的诸侯们希望激起他们对伊丽莎白极大的愤怒，因为正是这位女王导致了这个国家的宗教发生了翻天覆地的变化。

洛林的诸侯们希望苏格兰的新教徒帮助他们废黜伊丽莎白，这位已经被全欧洲视为宗教改革强大护卫者的女王，但这是徒劳无功的。因此，摧毁新教在苏格兰的权势就开始成为应对英格兰入侵的必要一步。在这种情况下，洛林的诸侯们决定公开他们的计划。由于迫害是那个时代里众所周知的镇压宗教异端的唯一方法，也由于暴虐的天主教会下达了指令，他们遂决定使用这一暴力。阿盖尔伯爵、圣安德鲁斯副院长以及其他新教领袖被他们选定，立即处以死刑。他们希望这一暴行能够吓倒新教领袖的追随者们。他们把出于这个目的而做出的指示从法国送到了摄政太后的手中。那个仁慈而又睿智的女中豪杰以同样残暴的方式非难他们。由于在苏格兰长期定居，太后已经开始习惯于这个民族凶猛而又暴躁的性情。她很了解新教领袖的权力、策略以及他们的名望，且曾经目睹过宗教热忱

74

能够激发出的无畏与坚定的决心。在激起这种迄今为止所有的政治技艺都难以抑制住的性情之后，究竟能得到什么呢？如果它曾经爆发过，那么仅靠一个摄政是不足以平息它的愤怒的，甚至连减轻这种愤怒也无法做到。如果为了镇压它而招来外国的军队，那将会令整个国家都警觉起来，苏格兰人民已经被法国人在王国中攫取的大量权力所激怒，并对他们的意图起了疑心。这些情况可能引发的动荡远不如他们消灭新教教义的愿望。教会的整体构造并未受到动摇，更不用说将其连根拔起了。这些谨慎的抗议没有对太后的兄弟们产生任何影响，而是坚定了他们所有的决心，他们坚持全面而又严格地执行自己的计划。太后热情地为法国的利益而努力着，她准备在所有场合中为她的兄长们奉上自己的计谋，并完全无条件地服从他们的指示。她违背了自己的评判与所有明智的政治规则，开始成为令苏格兰陷入内部动荡的工具——这种动乱曾经是她预料过，也是她曾经惧怕过的致命结局。

自从太后与沙泰勒罗公爵争夺摄政权开始，天主教士们就在圣安德鲁斯大主教的指示下反对她的一切主张。太后对于执行自己的计划所迈出的第一步就是重新获得他们的支持。这种和解倒也不是一件难事。禁欲令这个人类政策史上最大胆也最成功的努力将天主教士们从人民中分开，并将他们组成了一个最紧密也最神圣的同盟。他们无论在哪个年代里都已经习惯了将所有特殊的私人情感献给这个组织的荣誉与利益。他们为了这个可以击败新教的前景，为了这个向其恐惧的派系所发动的进攻，在一个更加牢固的基础上重建那正在衰退中的权威而感到欢欣鼓舞。他们立刻将过去曾受到过的伤害一笔勾销，并全力支持太后所有能够遏止宗教改革的努力。因天主教士的支持而变得安全的太后公开支持宗教会议的判决，这一判决宣布大部分宗教改革者为有罪。与此同时，她颁布懿旨，命令所有人都应遵守依据天主教惯例而定下的复活节仪式。

　　新教徒不可能误解太后的意图，他们为了规避迫近的危险而请出了格伦凯恩伯爵（Alexander Cunningham, 5th Earl of Glencairn,？—1574）与伦敦的休·坎贝尔爵士去向太后就这一剧烈的转变表示抗议，因为他们此前的努力不应受到这样的待遇，她屡次做出的承诺也让他们没有理由认为这种事情会突然发生。太后毫不掩饰、也毫无歉意地坦言她会将新教信仰从王国中根除。此外，由于他们此前曾以粗鲁却可靠的勇气鼓励着她的行为，她因而早已忘却了自己曾有的温和，甚至发展出了另外一种情绪。虽然太后因其皇族身份容易具备这种脾性，但审慎还是教会了她要尽量掩饰之。"君主们的承诺，"她说，"不应被谨记于心，也不会被严格地执行，除非这符合他们的利益。"

　　诱使太后做出如此草率之表述的愤怒与当她得知新教教义已经被引入珀思时的震惊相比根本不值得一提。她立刻撕掉了伪装，发布命令，传召国中所有的新教牧师于 5 月 10 日在斯特灵开设的法庭上受审。大概在此时，因其团结而以"圣会"（Congregation）①著称的新教徒们虽然受到了警告，但并没有被这一危险吓倒，并立刻决定不会抛弃那些因最有价值的祝福与真理而感谢他们的人。关于刑事审讯，在那时的苏格兰盛行着这样一种惯例——这一做法最初是由封臣和宗派引入的，后来在一个软弱的政府治下得到了默许：任何被指控犯有罪行的人都要在其朋友或追随者中派出扈从随他前往审讯之地，这些人出于这个原因会从王国的各处赶往那里。在这一古老惯例的驱使下，宗教改革者们聚集了成千上万的人陪伴他们的

75

————————

① 圣会是苏格兰宗教改革期间新教派诸侯缔结的同盟，他们签署了 1557 年的圣约（Covenant of 1557），故名"圣会诸侯"（Lords of Congregation）。——译者注

牧师前往斯特灵。尽管他们手无寸铁，太后还是惧怕这支庞大队伍的接近。为了阻挡他们，她委派达恩的约翰·厄斯金（John Erskine of Dun, 1509—1591）以她名义向新教徒们许诺，只要牧师及他们的随员不再向斯特灵前进，她就会制止筹划当中的审判。这位厄斯金在新教徒中颇有威望，他对太后的真诚深信不疑，因而以极大的热情为她效力，而新教徒们也因为对暴力行动的厌恶而愉快地听取了这个温和的提议。牧师们与少数派系领袖留在了珀思，从全国各地赶来的人们也四散而去，回到了各自的故乡。

尽管做出了庄严的承诺，太后还是在 5 月 10 日继续对传召而来的人进行审讯，由于他们并未出庭，严格的法律宣判他们有罪。太后卑鄙的诡计与王室的尊严背道而驰，也悖逆了君臣之间应当坦诚相待的准则，这使得她丧失了国人的尊重与信任。新教徒们既为太后背弃公信的无耻而感到震惊，也对威胁着他们的危险而愤怒，他们开始无畏地准备自身的防卫。厄斯金怒发冲冠，因为太后竟然利用他去欺骗自己的派系，他迅速离开了斯特灵，前往珀思。他的到来更增添了其同僚们的愤怒，因为他向他们陈述了太后镇压新教的顽固决心。

诺克斯备受欢迎的雄辩强有力地支持了他的叙述；他曾经与那些被囚系在圣安德鲁斯城堡中的人们一同被押赴法国，但他随后从那里逃出，在英格兰和苏格兰两地旅居。他最终被愤怒的天主教会逐出了这两个王国，不得不前往日内瓦。从那时起，他受到了新教领袖们的拜访，依从了他们的意愿，动身返回祖国，并在审判开始前到达斯特灵。他迅速赶往珀思，与他的同胞们同呼吸、共命运，并以同样的理由支持他们。当他们的思想盛行于那场因太后的背信弃义与他们自身的危险所引发的骚乱中时，他登上了布道坛，并通过一番针对盲目崇拜的慷慨激昂的演说而激起了群众的愤怒。一位冒失的神父在诺克斯演讲过后立刻准备为群众祷告，因此装饰了圣坛，这激使大众展开了行动。在狂暴而又不可避免的暴力驱使之下，他们攻击了这座城市中的教堂、涂抹肖像、打碎圣像、捣毁圣坛，并在修道院中也如法炮制。在短短的几个钟头之内，他们几乎将这些华美的建筑夷为平地。这场暴动此前并没有经过一致协商，这些暴行遭到了新教牧师们的谴责，新教中最有威望的人们也对此案进行了公开的审判，因此这仅仅被认为是公愤的一次偶然爆发。

　　然而对于太后而言，这一审判似乎具有不同寻常的意义。除了他们宣布蔑视她的权威之外，新教徒们也违反了宗教中所有被她视为神圣与庄严的那部分。出于上述考虑，她决定对新教教派展开严厉的报复。她已经命令法方雇佣的军队开拔到斯特灵附近，她随同这些人以及她在紧急状态下可以征召到的所有苏格兰部队向珀思进军，意图在新教领袖们召集其随员之前打他们一个措手不及，这些随员此前由于她虚伪的承诺而被新教领袖们迅速遣散了。上述情报很快就传到了珀思。新教徒们本想通过劝说太后与其宠臣们的方式而使她冷静下来，但当他们发现她根本不为所动之后，他们便以极大的热情投入到了防御工作中去。他们的信徒受到宗教热忱的鼓舞，同时也渴望能够投身于这一伟大的事业中去，因此在珀思聚集了成千上万的信众，这一庞大的队伍不仅足以确保城市的安全，而且在几天之内就奔赴沙场，迎战率领着比他们多出七千人的队伍的太后。

　　然而，双方都没有急于开战。太后担心同那些充满宗教热情的信徒的战斗会激起国内的恐惧，引发新的威胁。新教一方令人遗憾地将阿盖尔伯爵、圣安德鲁斯副院长以及其他一些优秀人才视为太后的支持者。没有他们的支持与忠告，这次行动会有夭折的危险，任何一个坏结果都能导致整个行动的失败。有鉴于此，双方接受了

76

123

一项关于和解的提议：受太后委派负责谈判事宜的阿盖尔与圣安德鲁斯副院长似乎真心渴望能够调解斗争中的两派；格伦凯恩伯爵此时也率领了一支强大的援军赶来支援新教徒，这更增强了太后求和的意愿。双方因此缔结了一纸和约。其中规定：双方都要遣散军队，珀思的大门必须向太后敞开；珀思的居民要得到补偿，那些在随后的暴乱中受到殃及的人们也应一并获得赔偿；法籍戍卫部队一律不得进入珀思，任何一个法籍士兵都不得靠近珀思城外三英里处；太后马上召开议会，以讨论双方仍然存在的分歧。

[5月29日] 新教的领导人并不信任太后的诚意。他们意识到，这一让步并非出自太后的本意，而是出于她的政治需要，在这种情况下和平不会持续太久。因此，他们缔结了一个新的同盟，同盟规定，倘若有人违反和约，或是出现了其他危及新教信仰的威胁，缔约者就要重新召集信徒，拿起武器捍卫上帝与国家的福祉。

新教领袖们的这种谨慎来自于恐惧，而太后的行为也证实了这种恐惧是理由充分且极有必要的。新教军队甫一解散，她就破坏了和约中的每一项条款。她率领法军进驻珀思，处罚了当地的一些居民，驱逐了其他人，罢免了地方官。当她返回斯特灵以后，她留下了一支六百人的驻军，以确保当地只能举行天主教的教仪。珀思在那时非常坚固，在王国中也是最适合成为部队驻地的城市，这里的情况似乎诱使太后鲁莽地违背了和约。她企图对此做出掩饰，宣称这支驻军中的士兵都是土生土长的苏格兰人——尽管他们的薪饷是由法国国王支付的。

太后的计划开始逐渐明朗起来。现在看来十分明显的是，不仅仅是宗教信仰，就连苏格兰王国的自由也受到了威胁。法军成了征服苏格兰人的工具，绞索已经套在了人民的脖颈之上。彼时的苏格兰已经缺乏尚武精神，因此长期保持一支军队是不可能的；即便是一小股正规军对于这个国家而言也太过强大了——尽管它是由一帮懒汉组成的。但是，在这支法籍军队于 1550 年撤离苏格兰之前，我们始终都无法确定他们的人数以及他们是以何种借口、在何时抵达苏格兰的。同时期的历史学家们在选择他们要传诸后世的事件时很少进行评判，至于最奇特也最重要的事件，却常常在随后的历史长河中湮没于黑暗之中。然而，从布坎南的一些作品中，我们可以推测出，法军雇佣的苏格兰人的总数至少在三千左右，他们处于瓦瑟尔勋爵①这位出身于吉斯家族的贵族的统领之下，并且很快就扩大到了更加令人恐惧的人数。

这支处于太后统领下的纪律严明的大军鼓舞了她，在这种鼓舞与瓦瑟尔勋爵这个暴力顾问的怂恿下，正如我们所看到的那样，她冒险撕毁了《珀思和约》，这一轻率的举动又一次使国家陷入了危险的动荡。阿盖尔伯爵与圣安德鲁斯副院长马上逃离了这个似乎不再关心信义与荣誉的宫廷，并加入已经撤到法夫东部的新教领袖们当中。邻郡的贵族们如潮水般加入他们的阵营，牧师们怂恿民众武装起来，他们每到一处，曾经爆发于珀思的暴行就会得到公然的鼓励。愤怒的群众彻底爆发了，教堂与修道院这些象征教会的骄傲与荣光的地方完全成了民愤的牺牲品。

为了遏止他们的暴动，太后毫不迟疑地命令她的军队展开行动，但是新教徒的热忱再一次领先于她的警惕与敏捷。在那个战争年代里，当所有人都习惯于备战，同时当任何一丝危险向他们迫近之时，新教的领袖们可以不费吹灰之力就召集一支军队。他们与仅仅一百名稍加训练的骑兵从圣安德鲁斯出发，所到之处，群众都蜂拥至他

---

① D'Oysel 一词是法文的英文转写，其法文是 d'Oisel, 指的是法国的瓦瑟尔与帕里西勋爵亨利·克鲁汀（Henri Cleutin, Seigneur d'Oisel et de Villeparisis）。——译者注

们的战旗之下。当他们行进到距离福克兰仅十英里之遥时，他们已经可以率领着一支大军同太后相见了。

太后为这支大军的接近而感到震惊，这支军队因他们的领袖正忙于扩充其规模而暂时停止了前进，太后因而再一次求助于谈判。然而，她发现，保护新教信仰这个最初激使圣会领袖们拿起武器的问题，如今已不是他们想要达成的唯一目标。对公民自由深沉的热爱鼓舞了他们，他们认为，法军的攻击会给这一自由带来巨大的危险，这两种情感交互融合，互相为对方提供着力量。更加宏大的宗教观念为人们的头脑中注入了更多关于公民政府自由的浓厚情感。天主教的特质对于王权极为有利，人们盲目地屈从于天主教会强制性的判决，这驯服了人们的理智，为它装上了政治奴役的枷锁。新教教义通过推翻天主教迷信的系统削弱了专制政体坚实的基础。"探究"这种无畏的精神使人们拒绝理论错误，陪伴他们进入到其他学科之中，使得上述寻求真理的勇敢热情在各处觉醒。与此同时，一门新学问的引入极大地增添了自由精神的力量。人们愈发熟习于古代希腊罗马的作家，他们描述了一个近乎完美的自由政体的典范，这比封建律法建立起的错误而又沉重的系统要先进得多。他们也创作了一些合乎公共道德的典范，这些典范与他们那个时代的礼仪与精神都能极好地适应。改革者中有许多人本身就是古典学方面的专家，所有人都接受了古代关于政府的准则与精神。① 对于自由最

---

① 对古代政治过分的崇拜是诺克斯写作他那本著名的《论妇女政治》(*Government of women*) 的缘由。这部书遵从那些已经被现代人证明是错误发现的古代立法者制定的准则。他在书中断言，女性对最高权力的选举权诉求对于一个良好的政府而言具有彻底的毁灭性。他的原理、引文以及例证全部来源于古代作家。与此观点相同的还有布坎南的对话录《论苏格兰人的律法》(*De Jure Regni apud Scots*)，这部书的论点不是建立在封建准则之上，而是建立在古代共和政体之上。——原书注

炽烈的热爱伴随着新教发展的始终，它流传到哪里，哪里就会激起独立的精神，这种精神使得人们关注他们作为国民的权利，提防来自君权的侵蚀。诺克斯与改革派的其他牧师们将自由的情感灌输到听众的脑海中。生而自由的苏格兰贵族们受到了鼓舞，他们以更加自由与大胆的精神去维护自己的权力。摄政太后要求他们放下武器，他们并没有服从这道命令。他们不仅需要宗教迫害的补偿，作为安定国家与拯救自由的第一步，他们还需要法军迅速撤离苏格兰。没有法兰西国王的同意，太后不能做出如此重要的让步。并且，由于她需要一些时间以满足他们的要求，她便希望利用这个间隔来获得法军进一步的支援，以确保她曾两次以不平等的力量都没能完成的计划。［6月13日］与此同时，她同意休战八日，在休战期结束之前，她将致力于把法军运往福斯南部，并会委派代表前往圣安德鲁斯，全权负责调解双方的分歧。她设想依靠法军震慑住南部诸郡的新教徒，条约中的前半部分被如期地执行了，至于后半部分则仅仅被用来蒙骗圣会，因而很快就被太后忘记了。

这些反复且荒唐的背信弃义使太后丧失其敌手对她的所有信任；他们看不到任何安全，因此便再一次以更大的愤怒拿起了武器，以期达成更大胆也更广阔的目标。法军的调动使他们遭到了福斯与泰河之间所有郡的反抗。珀思的居民们依然屈从于傲慢守军的淫威之下，他们恳求圣会前来解救自己，圣会的军队因而向珀思开拔。由于他们要求太后遵照和约的规定从珀思撤军之后没有得到有效的回应，他们因此打算正式向此城发起围攻。太后利用亨特利伯爵与厄斯金勋爵以转移他们的注意力。但是她那惯用的伎俩此时已经毫无用处，他们已不会被这种反复无常欺骗。新教徒们无视太后开出的条件，很快就迫使城中的守军投降了。

太后在失去珀思之后，努力想要抓牢斯特灵。这座城堡异常坚固，由于通过它可以掌控渡过福斯河的唯一桥梁，因而它的地位十分重要。不过，圣会的领袖们知悉了她的计划，因此派出部分军队向斯特灵急行军，以期阻止太后执行其计划。斯特灵的居民们衷心支持新教事业，并为他们打开了城市的大门，他们得以继续奔袭爱丁堡，而太后在他们尚在路上之时就已经弃城逃往了邓巴。

新教大军每到一处就点燃或拓展宗教改革的激情，人们将最无节制的暴力施予了教堂和修道院。教堂中的装饰被付之一炬——这些东西在当时被视为神圣之物，而修道院则被夷为了平地。在遥远的时间的这一端，我们倾向于谴责改革者们的狂暴，并为那些宏伟建筑的倾覆而扼腕叹息，它们是我们高贵祖先的纪念品，并且是王国中最为华美的圣物。但是，在一场针对既定权威的激烈改革中，一些违法行为的发生是不可避免的。也许没人可以用正当的方式吸引群众的兴趣，或是对显赫的天主教会带来致命的打击。无论对于天主教的理论错误有着怎样荒谬和笨拙的发现，一些探究与关注仍是必不可少的。天主教会公共礼拜中的陋习与堕落为人们的批评打开了大门，而它打压人们理性的做法也激起了普遍的厌恶。在异教信仰长期的统治下，迷信似乎耗尽了它具有创造性的天赋，以至于当一种盲目崇信的精神抓住了天主教的时候，他们不得不模仿异教徒那浮华与宏大的庆典仪式，并借用异教徒的圣饰装点他们自己的教堂。从原始基督教纯粹且简单的崇拜仪式中，他们继承了一种华丽的偶像崇拜，与那些从异教徒那里复制来的原型几乎如出一辙。天主教系统中这种与基督精神相矛盾的仪式是激起改革者愤怒的第一件事。宗教改革者们运用《旧约》谴责偶像崇拜，他们认为，天主教会不会热衷于禁止这些陈规旧仪。没有什么事情比推翻盲目崇拜的宝座更能被人民所接受的了。他们争相完成这一任务，而一个无畏且成功完成这一神圣工作的人则会感到十分幸福。没有一个改革派的领袖致力于限制这种激进的改革精神。突然爆发的违法事件与暴力行为有助于实现他们曾经考虑过的目标。通过破坏遍及王国的修道院，使可怜的人民得以自由定居，他们希望这些东西再也不会重建起来。

但是，在这些暴行之中，有一件为圣会领袖们增光添彩的事情值得我们予以关注。他们迄今为止始终在抑制部属们的怒火，并能够调和他们的压力与激情，以至于很少有天主教徒遭到公然侮辱，也没有一个人被折磨致死。

与此同时，我们发现，在这场伟大革命的影响之下，国民的偏爱向宗教改革施加猛烈的反作用力。阿盖尔伯爵与圣安德鲁斯副院长从珀思离开时仅仅率领着三百人。但是，他们每到一处，那里的人民就一起加入到他们的队伍当中，新教军队的人数因此很少有低于五千人的时候。每座城镇的大门都向他们敞开，［6月29日］他们兵不血刃地占领了苏格兰王国的首都。

这一迅速而惊人的成功似乎鼓舞了改革者们扩大他们的目标，并按照他们的需要提高了要求。他们并不满足于此前宣称过的宗教宽容，现在他们公开致力于在天主教的废墟之上建立新教的准则。出于这个缘故，他们决定在爱丁堡定居。在他们的命令下，诺克斯与其他新教牧师们占领了被吓坏的天主教士所抛弃的布道坛，并声讨天主教的错谬。他们的演说如此炽烈，以至于成功地令许多天主教徒改信新教。

此时，曾经谨慎地为这一无法避免的洪流让路的太后现在欣然看到它已经开始平息。圣会的领袖们武装起来的时间已经有两个月了，战斗的代价以及在那时远远超出正常服役期限的时间，耗尽了一个并不富裕的国家所能负担得起的财富。群众被他们的胜利冲昏了头脑，认为自己的任务已经完成，因此撤回了各自的家乡。只有

80

少数更加狂热也更加富有的贵族们仍然和他们的牧师留在了爱丁堡。由于在内战中获取情报并不是十分困难，无论爱丁堡中在进行着怎样的商讨，邓巴城中的人都能很快知晓。太后根据其对手的境况调整自己的行动，她巧妙地以一个和解的前景蒙骗了他们的双眼。她为此努力拖延谈判的时间，最终使圣会中的人数缩减到了无足轻重的地步，由于他们认为和平似乎已经得到了重建，军中的纪律也开始涣散起来。一直在等候良机的太后命令她所有的部队在夜间急行军，很快就兵临爱丁堡城下，这让城中充满了惊恐之情。新教徒们由于其追随者的散去而受到了削弱，他们不敢在开阔的战场上迎战法军，甚至不能在一座圮坏的城镇中抵抗他们的进攻。然而，由于不愿看到市民们任由太后摆布，他们还是通过迎战敌军来为集结同伴争取时间。不过，如果太后在发生流血冲突之前没有及时认可一份停战协定的话，她还是可以无视他们所有的抵抗，轻而易举占领这座城市。

危险的处境很容易就迫使圣会的领袖们接受任何关于和平的提案。此外，由于太后日复一日地期待着法国强大的援军，并希望能从停战中获得巨大的收益，她也同意在双方平等的条件下缔结和约。加上从 7 月 24 日到次年 1 月 10 日的停战期，这份和约总共做出了如下规定：一方面，新教徒应当在次日早晨向太后打开爱丁堡的城门，并忠实地服从她的政府；新教徒在未来放弃针对教堂与修道院的暴力行为，无论天主教士在履行职责还是在享受他们的利益时都不得干扰他们。另一方面，太后同意不妨害新教牧师与教授；准许爱丁堡的市民们在停战期间得以依从自己的内心进行宗教礼拜活动；准允王国中的每一个部分都可以进行自由且公开的新教入教宣誓活动。太后希望通过这些代表新教利益的宽容的退让可以安抚新教徒，她期望放任他们最在意的情感使其更顺从地接受其他条款，尤其是

81

130

在把法军逐出苏格兰这一问题上能够有所退让。太后表达出的希望法军能够留在苏格兰的焦虑，使得法军愈发成为国民猜忌与厌恶的对象，立刻驱逐法军因而再一次成为当务之急。但是，太后利用敌对派别的不幸规避了这一要求，并仅仅同意了法籍守军不得进驻爱丁堡这一条件。

新教事业目前的困境使圣会不得不同意这些条款，虽然这些条文远远不能令他们满意。无论苏格兰人有着怎样的想法，在王国中保留法兰西军队在最近的暴动中被充分证明是正当的行为。太后以固定的薪饷保留着其中的一支人马，他们因严明的军纪而变得强大，并遏止了一个尚武民族前进的步伐，尽管这个民族受到了宗教与自由热忱的鼓舞。法军的人数得到了小规模的补充，而更大规模的部队仍然在太后的日夜期盼之中，这些对于公共自由而言都是致命的威胁，而苏格兰会面临着这样的危险：从一个独立的王国降级至附属于其强大盟邦的地位卑微的行省。

为了避免这个迫近的灾难，沙泰勒罗公爵与亨特利伯爵在休战期结束之后便立刻要求与圣会的首领们举行会谈。这两位当时在苏格兰最有权势的贵族是拥护天主教会那一派的领袖。他们在近期的暴动中支持太后，因而可以更加严密地关注其决策的危险倾向。他们对于即将套在祖国脖颈之上的枷锁的厌恶克服了其他顾虑，并使他们下定决心，宁可危及他们信奉的宗教，也决不愿为虎作伥。他们展开了进一步的行动，并向奉命与他们展开会谈的阿盖尔伯爵、格伦凯恩伯爵和圣安德鲁斯副院长保证，如果太后以她一贯的伪善违反停战协议中的任何一项条款，或是拒绝满足整个国家的心愿——遣返法军，他们就将立刻与同胞们一道迫使她采取对国家安全与民族自由都至关重要的举措。

［7月8日］大约在此时，法兰西国王亨利二世去世了，就在他

死前不久，他刚刚决定针对苏格兰事务而采取一项措施，这项举措很有可能修复同苏格兰王国之间的联盟并使之稳定。在他统治即将结束之时，洛林的诸侯们明显开始失宠。蒙莫朗西大将军在瓦伦蒂诺女公爵（Diane de Poitiers, Duchess of Valentinois, 1499—1566）的帮助下重新获得了他在君主心中的优势地位，他那传奇的经历以及他的忠诚——尽管常常伴随着不幸的服役，似乎看起来恰到好处。这位精明的大臣将苏格兰的暴动悉数归咎于吉斯公爵与洛林枢机主教，指责他们狂暴与急躁的建议成功地激使人们越过了节制的底线，这些人民的脑海中充满了戒备，这种戒备既与他们对公民自由的热爱密不可分，也受到了宗教热忱的影响。蒙莫朗西为了使亨利二世相信他并没有无端指责他的对手们，成功地说服国王委派他的侍从梅尔维尔——这位苏格兰绅士前往他自己的祖国检视摄政太后与其对手们，国王也同意未来将根据梅尔维尔的报告制定他对苏格兰的政策。

　　如果历史沉浸于这些猜测之中，下面的事情将会变得十分有趣：首先是探寻这一决定会给国民的情绪带来怎样不同的导向；其次是思索既可能会为反抗者的行为点燃明灯，又可能会导致公众骚乱的梅尔维尔报告究竟会带来怎样的后果。也许，通过温和的对待以及巧妙的政策，宗教改革的进程可能会被遏止，而苏格兰也可能会依附于法兰西。也许，在打通苏格兰这条大道之后，法国人最终会进入英格兰，并且在支持玛丽女王的幌子之下，他们也许不仅会挫败伊丽莎白所有支持宗教改革的举措，而且还可能会重建天主教信仰，并摧毁英格兰的自由。但是，在这些无尽的猜想中，历史学家决不能偏离主题，叙述真实的事件并解释它们的起因与影响，这是他们独特与唯一的职责。

　　法兰西国王不幸与过早的驾崩结束了苏格兰事务所有温和

的解决办法。吉斯公爵与他的兄弟洛林枢机主教在弗朗索瓦二世
（Francis Ⅱ, 1544—1560, King of France）继位之后篡夺了法国的
政权。他们的侄女苏格兰女王与幼王的结合令其十分接近王座，他
们现在并不缺乏皇家的威权，所缺少的仅仅是一个至尊的名号，但
这些权力并不会长久地保留在他们的手中。他们在亨利二世时代策
划过的野心勃勃的阴谋如今死灰复燃，由于如今已经掌控大权，因
而他们能够以更大的力量去执行它们，成功的可能性也更大。他们
遗憾地注视着苏格兰新教的发展，并意识到这将成为他们计划中的
阻碍。因此，他们全力以赴地在它变得更具威胁之前阻遏它的成
长。出于这个目的，他们继续准备着所有可行的远征，并鼓励他们
的妹妹——苏格兰摄政太后，告诉她一支强大的军队在短期内便可
登陆苏格兰，她的对手那狂热的宗教热忱虽然危险，但却并不敢反
抗这支大军。

　　圣会委员们要么没有忽视法国宫廷中自亨利二世死后便甚嚣尘
上的那些暴力建议，要么就是在准备抵抗来自那个王国中威胁着他
们的危险。新教事业的成功与他们的生命安危都取决于他们一致的
决心与气势。他们努力避免分歧，并通过缔结一个更为严密的防御
同盟而紧密团结在一起。两个人的加入为这个新同盟增添了名望与
力量，他们就是沙泰勒罗公爵与他的长子阿兰伯爵（James Hamilton,
3rd Earl of Arran, 1532—1609）——这位年轻的贵族曾在法国定居数
年，负责指挥在法国的苏格兰卫队，他在宗教方面吸收了一些新教
的观点。在年轻人的活力与改宗的热情的驱使下，他以并不适合于
宫廷中的顽固性情表达了关于宗教论战的观点，在新教信仰处于生
死存亡之时，他坚决地站了出来，努力改善最毫无节制的暴力所犯
下的罪行。教会放纵地将他们的狂暴施加给了任何被怀疑为异端的
人，法国各处建起了裁判所以审判此类罪行。在他们的审判下，一

83

些权贵也被施以了火刑。

但是为了激起更加普遍的恐怖，洛林的诸侯们决定选一些人作为牺牲品，他们的死也许会令所有的贵族都确信一点，那就是无论是高贵的出身还是显赫的地位都不能使他们从这些不可饶恕的罪行中免受惩处。阿兰伯爵是那个注定不幸被选为牺牲品的人。由于他与一个王族有着紧密的联系，同时又是另一个王位的假定继承人；由于他在自己的祖国中地位显赫，在法国也享有尊贵的地位，对他的定罪会成功地在所有国民心中烙下他们所希望的印象。但是，洛林枢机主教透出了一些口风，这激起了阿兰伯爵对其计划的怀疑，因而他立刻出逃，并躲过了打击。愤怒、热心与怨恨，所有这些情感都促使他向这些针对他个人与他所信奉的宗教的迫害者们复仇。他在返国途中路经英格兰，伊丽莎白女王通过给予其信赖与承诺，激起他的上述情感以及将他送回苏格兰，这成功地刺激了他的大部分同胞，令他们对法国那不可缓和的厌恶更加深刻。他迅速将这些情绪传染给了他的父亲沙泰勒罗公爵，公爵已经对太后在苏格兰国中实行的政策深恶痛绝。由于他无论在什么场合都会受到周围人的支配，因此他现在暂时屈居于摄政太后的统领之下，而加入圣会在那时则会被尊为这个派系的领袖。

然而对于他而言，这个名号仅仅是有名无实的。圣安德鲁斯修道院院长詹姆士·斯图尔特（James Stewart, Prior of St. Andrew's, 1st Earl of Moray, 1531—1570）是一个能够调动起整个新教集团的人，他受到了他们绝对的信任，因为他对新教徒利益的狂热忠诚以及他强大的能力都值得这种信任。他是詹姆士五世与厄斯金勋爵之女的私生子，由于这位多情的君主还给王位带来了另外几个"负担"，因而他们全都被送往了教会。在那里，他们将会得到尊贵与财富。由于这个决定，詹姆士·斯图尔特得到了圣安德鲁斯修道院。但是，经过一段繁忙的岁月之后，他很快就开始厌倦慵懒的修院生活了。他身体里渴望冒险的基因召唤他去往一个更加公开也更引人注目的舞台上扮演要角。这个舞台需要几种不同的天分：为了使他名垂青史，军事才能与政治眼光都是必不可少的。他在这两个方面做得十分优秀。他那无可挑剔的勇气为他的战斗技巧增光添彩，在每一次冒险中，他的家徽都能得到胜利的装点。他对于国内政务的睿智与洞察力使他在错综复杂的派系斗争中顺利前行，而他在拱卫宗教改革时的大胆与他那庄重甚至是严格的举止，为他树立了真诚地热爱宗教的名声。在那个时代里，如果没有这种名望，他就不可能获得人们的支持。

太后惧怕这样一个能力超群的人去妨碍她的计划并不是没有理由的。由于她无法以她所有的技巧动摇他对同伴的忠诚，她便致力于削减他的影响力，开始含沙射影地抨击院长妄求不合臣子身份的地位，进而希图篡取王位，以此在他的同伴中散播猜忌的种子。

这个如此不可信的指控只获得了少数支持。无论关于这个意想不到的胜利有着何种猜想，无论他登上权力巅峰的故事会在后世如何传颂，[①] 可以肯定的是，在目前的这个节点上，他没有如此宏大的计划。太后是一个古老王族的直系后裔，她因自己没有行动而后悔——即使这样可能会使其丧失臣民们的尊敬与喜爱；她为了保护自己的权力可以使用一个比苏格兰强大得多的国家的军队，并让一个私生子代替她的位置——通过所有文明国家的惯例使任何一个公共或私人的继承权利都无法生效。要想推翻这样一个女人的计划实在是不切实际，以至于最无节制的野心家也很难执行下去，而且这

84

———————

① 詹姆士·斯图尔特后来担任了苏格兰摄政，所以文中说他后来登上了权力的巅峰。——译者注

一计划也从不会被认为是行之有效的。院长向梅尔维尔做出的承诺也是如此。他向梅尔维尔承诺说，只要公众的愤怒平息之后，他就可以时常待在法国。沙泰勒罗公爵父子对他的信赖，他们假定的王位继承者身份，几乎所有苏格兰贵族都通过的令法兰西宫廷大为光火的举措，以及太后致力于加诸其身的罪名都让梅尔维尔最终相信了院长的承诺。

　　一支千人左右的法军弥补了太后由于沙泰勒罗公爵的背叛所产生的损失。这支军队被迅速派往巩固利斯的城防。由于这里临近爱丁堡，有着宽阔的海港，又位于一个富饶的郡上，因此太后将此地选为法军的总部。这一不受欢迎的举措由于它的执行方式而更加不受欢迎。为了使城镇全部处于其掌控之下，法军逐出了大批老人，并占领了他们被迫放弃的住房。这两件事令苏格兰人感到愤怒与冒犯。一方面，他们的许多同胞被用暴力逐出了世代定居的故土，流离失所，无依无靠。另一方面，殖民者们与他们的妻子儿女定居在苏格兰的中心，他们伴随着每天到来的援军而日益壮大，并公然准备着"绞索"，倘若民族精神没有及时发挥作用的话，整个苏格兰王国都一定会最终屈服。

　　圣会的领袖们深切地关注着摄政太后这些大胆而又果断的举措。他们是否应该将其所有的力量都用于拯救即将毁灭的宗教与自由？在这个问题上，他们没有片刻的迟疑。但是，为了证明其行为的正当性，同时将责任完全归于他们的对手，圣会的领袖们决定保持对其上司的礼貌与尊敬，并且决定不到万不得已之时决不诉诸武力。［9 月 29 日］出于这样的考虑，他们参加了太后的议会辩论，用强烈的措辞表达了他们对其举措的不满，恳请她放弃增强利斯的守备力量的想法，以平息国民的恐惧与猜疑。太后意识到了自己目前所处的优势地位，并为即将到来的援助而洋洋自得，因而她没有倾听与其意见相反的需要，并继续支持只有少数贵族可以接受的法军的强硬要求。

　　法籍顾问的建议无疑让太后更加偏离了任何和解的计划。由于太后准备在任何场合下都要展现出她对于民意的绝对顺从，她的兄弟们——知道她对于他们所推动的暴力举措有着暗中的非难，因而小心翼翼地在她身边安插了一些背叛了她的人，这些人的曲意逢迎使他们得以参与诸多将会被她公正的审判定罪的行动。当所有的事情都在向一场危机转变之时，由于他们的成功在此时全部依赖于太后的坚定，洛林的诸侯们对他们普通的代理人并不是完全信任。为了向他们的代理人施加更大的压力，他们开始向神父求援。牧师这一角色具有神圣的权威，他们因之渴望向太后推荐天主教这个严格的体系。虽然有这样的考虑，但他们却假称用这些才能卓越的牧师可以挫败新教徒的阴谋，因此向苏格兰派遣了几名神父，并使其在那里定居。他们的首领——同时也兼任教皇特使的是亚眠主教皮利维（Nicolas de Pellevé，Bishop of Amiens, 1518—1594），他在不久之后又升任桑斯枢机大主教（Archbishop and Cardinal of Sens, 1562—1592）。他是一个狂热的天主教徒，奴颜婢膝地向吉斯家族效力，因此是一个值得交托任务，或是最适于执行粗暴计划的工具。

　　在民兵的怒号与威胁下，这些牧师们很少有机会在演说中展示他们的理论武器。而且，他们也因为一个举动而触怒了整个国家。他们劝说太后查封了位于爱丁堡的圣吉尔斯大教堂（St.Giles'Cathedral），这座教堂从停战之时起就一直处于新教徒的掌控之下。此外，他们还举行了一场新的圣职授予仪式，以净化他们认为的被新教教仪玷污了的建筑。这样一来，他们就直接违反了和约中的一项条款，重建了天主教的教会仪式。太后的这些行为使圣会的大人们认为她根本是在无视或轻视他们的抗议，这也使他们确信不仅补偿损失的期待是徒劳的，现在拿起武器保卫自己也成了必须做的事情。

在凶猛冲动的民族性格与他们对良好政治的渴望之下，他们决定立刻迈出这大胆的一步。不过，还有一支法籍援军至今尚未到达，利斯的防御工事虽然进展迅速，但还远远不能完工。在这些对太后不利的情况下，他们认为，发动一场具有决定性的突袭既可以避免未来的流血牺牲，也可以起到敲山震虎的效果。[10月6日]因此，他们带着所有这些期望向爱丁堡迅速进军。但是，要想欺骗一个像太后这样警惕心强的对手并不是一件易事。她以其惯有的睿智既预见到了危险，又采取了唯一正确的措施。新教大军在人数上占据优势，他们也由于勇敢这件武器在战争之日变得异常强大。面对这样的敌人，太后没有选择坚守阵地，而是撤往利斯，并决定在那里冷静地等候援军的到来。利斯在那时只有薄弱与尚未完成的城防，太后并不惧怕这支大军的任何攻打，因为他们既没有重炮，也没有军需储备和太多的攻城技巧，而利斯城却比古代的那些塔楼更加坚固——这些塔楼是为了从匪徒的入侵中保护私人财产而建的，它们遍及王国各处。

与此同时，太后没有忘记利用她惯常使用的分化、削弱敌人的手段。通过私下的教唆与承诺，她动摇了一些人的忠诚，减弱了他们的热情；通过公开的指责与控诉，她损害了其余人的名声，削弱了他们的权威。她的间谍在四处工作，尽管宗教与自由的狂热在那时还在鼓舞着整个国家，这些间谍们还是颇有斩获。我们发现，诺克斯在这时经常抱怨党派中开始蔓延的冷淡与软弱。不过，在他们的热情消散了一些，经历了短暂的中断之后，它很快就燃起了新的火焰，并达到了一个前所未有的高度。

这是由太后自己所引发的，她针对圣会领导者们的抗议进行了回击。他们在到达爱丁堡之后立刻向她陈述了法军增加的情况、利斯的城防以及他们认为会破坏和平与自由的其他举措所带来的危险。在这些演说中，他们使用了坚定的语调，比此前更加公开地承认他们为了制止这种危险的进犯将会采取极端措施。针对这种抗议，太后以不逊于他们的有力且直率的言辞做出了回复。她宣称没有义务向圣会解释自己的行为。此外，她声称圣会无权令她解散她认为有用的军队，或是拆除证明对她有利的城防。与此同时，她要求他们遣散召集来的军队，否则就将其以叛国罪论处。

这种傲慢与激进的语调让苏格兰贵族们听起来格外刺耳。他们因轻微的伤害而焦躁起来——这种焦躁源于他们的民族性格。他们习惯于接受君主最尊敬的对待，在贵族政体下，他们也能分享到与君主等同的权力，甚至经常能够将属于君主的那一部分权力也据为己有。他们现在立刻感受到了侮辱，太后的简单声明也令他们有所警觉。由于现在只有一种解决办法，而他们既不缺乏执行此方案的公共精神，也不缺少采取措施的决心。

他们似乎并不打算违背当时的政治惯例——即使是在最暴力的行动中，人们也总是保持着对敌人最大的尊重。[10 月 21 日] 因此，他们召集所有的同僚、贵族以及那些支持他们的自治市镇代表。这导致了一次议会的召开，它无论是在人数上，还是在议员的尊贵程度上都超出了以往的任何一届议会。圣会的领袖们拿出了太后用于答复其抗议的宣言，陈述了她在这份宣言中所承认并证明为正当的举措将会给王国带来不可避免的毁灭，强调了要求他们屈从于这样一种管理的命令是如此的不公与沉重。他们提交了考虑已久的一个问题，这个问题十分棘手，也广受关注，也许应归于他们身为"臣子"的思虑。

议会高效而又一致地处理了此事。那些对拖延议程的机制一无所知的人不懂得使用在辩论中崭露头角的技巧，他们更适于做事而非演说。尚武的民族总是急于做出决定，且毫无远虑。我们总有一天要调查并解决这个关于臣民在君主滥用权力时会如何针对他的敏感问题，然而，中断他们的进程也许会显示出他们并不缺乏严肃的态度。由于关乎此事的决定毫无疑问地被认为是教俗两界的事务，教士们因此被传召而来以宗教理论支援他们。诺克斯与韦洛克斯为了整个阶层出席了议会，他们援引《圣经》中的箴言与例证，宣称臣民们不仅有权反抗暴君，而且还可以剥夺其权力，因为上帝给予君主权力的本意是令其守护人民，而他们却在迫害自己的臣子。教士们因其神职身份而备受尊敬，更因为他们的热情与虔诚而受到人民的爱戴，因此，他们的决定在整个议会中有着举足轻重的地位。由于不满足于一致通过的表决方式，每个在场的议员都被要求轮流阐述他们的观点，并依次起立投票。最终没有一个人反对剥夺太后的摄政之职——她已经利用这个职位给国家带来了太多的损害。

这一伟大的判决既应归功于人民对自由的热爱，也应归于他们的宗教热忱。在剥夺法案中，宗教不满被稍稍提及，而太后对于公民宪政的危险侵犯却被圣会的领袖们拿出，以证明他们的行为不仅是正当的，而且是必要的。外籍部队入驻到王国各处，国中各地的市镇被占领，外国人晋升到重要与尊贵的职位，货币贬值①，破坏古代律法，征收新的繁重税款，试图用公开和不断的暴力行动控制王

---

① 苏格兰的货币标准是在不断变化的。在詹姆士五世统治的16世纪中，1529年时，一磅重的黄金可以制造出相当于今天108英镑的金币。但是，在摄政太后统治时期，1556年时，尽管合金的重量大幅增加了，一磅重的黄金还是可以制造出相当于今天144英镑的金币。1529年时，一磅重的银子可以制造9.2英镑银币，但在1556年，它可以制造出13英镑的银币。由此可以看出，人们关于通货膨胀反复不断的抱怨并不是完全没有基础的。——原书注

国并压制自由，议员们将太后的这些行为在法案中罗列了一长串，并将其写在最引人注目的地方。圣会在这些解释中提到，贵族作为君主与生俱来的顾问以及宪法的捍卫者有权干涉朝政。因此，依据这一权力，他们以国王与王后之名用诸多恭敬而谦逊的措辞废黜了太后的摄政职位，并规定从今以后无须服从她的命令。

　　如此激进的行为也许可以显示出，宪法中的准则与苏格兰历史上的先例都足以证明议员们行为的正当性并赋予其权威。在苏格兰的贵族政体中，君主的权力会得到极大的限制。更大的贵族本身就是一个小国王，他们掌控着广泛的司法权，几乎不受王权的辖制。他们麾下有着数不胜数的封臣，每当他们与国王发生争斗时，这些部下都会支持其首领参与对抗国王的战斗。因此，在苏格兰的历史上可以发现许多王权虚弱的实例。在每一个时代里，贵族们不仅要求，而且实际上也控制着王权。他们唯恐失去自己的特权，甚至时刻准备着踏上战场以拱卫这些权力。因此，他们关注着政府管理中的每一个错误，而王权对于贵族特权的每一次侵犯也都会激起他们的愤怒。没有哪位国王敢于越过法律规定的特权界限，他们会避免能够动摇甚至倾覆王权的集体抗议。圣会的领袖们受到宪政精神与其祖辈的先例的鼓舞，他们认为，在这个节点上，自己有责任调查摄政太后的弊政，保护自己的国家不受奴役与征服，因而以剥夺其权力的方式去达到这一目的。

　　剥夺法案与圣会领袖关于太后的一封信至今依然存在。[1] 这份大胆的决议不仅展示了他们身为男人那与生俱来的勇敢与无畏，而且也以其严谨与有力的措辞而闻名——这让我们在那个粗鲁的时代

[1] 卡斯泰尔诺先生在谴责了洛林诸侯们关于苏格兰事务的危险建议之后，以其素有的正直承认了苏格兰人向摄政太后宣战是出于人民自由的需要，而不是任何的宗教动机。——原书注

能够发现这样的决议而啧啧称奇。上述评论也可用于同时代的其他文件，一个时代的愚昧或是糟糕的审美也许会令作者的作品蒙上晦涩、虚假或是荒谬的阴影。但是，工作时所使用的语言几乎在任何时候都是一样的。无论人们在哪里清楚地思考，他们之间总是有着完全的利害关系，而他们也会用简明有力的措辞表达自己的主张。

第三章　戈登阴谋与玛丽女王的婚礼

[1559年] 圣会委员们很快就发现他们的激情已经使自己卷入了力所不及的事业之中。法籍卫戍部队鄙视这群数量众多的"乌合之众",因而拒绝在交出利斯之后撤离苏格兰。圣会方面既没有足够娴熟的攻城技巧,也缺乏攻城所必需的火炮和弹药。此外,他们的追随者尽管英勇无畏,但是惯于用搏斗来解决争端,因此一点也不适应这种长期的战争服役状态,很快就厌倦了在一场围城战中所需要的严格与漫长的士兵义务。太后的间谍们发现他们很容易就能混入自己的同乡中去,于是便尽最大的努力增加士兵对这种兵役的厌恶。这些厌恶最初表现为他们的低声抱怨,但是,当圣会已无力支付他们的薪饷时,这些牢骚就演变成了公开的暴动。即便是最杰出的领袖本来也很难从士兵们激烈的暴行中幸免,然而,一些为了平息暴动而鲁莽地干预此事的下级军官却成了士兵愤怒的牺牲品。争论、惊惶与混乱充满新教徒的军营,他们的统帅沙泰勒罗公爵因其平素的胆怯而在危险的恐惧下萎靡不振,并为自己支持这场令人绝

望的行动而后悔不已。

在这样的形势下，圣会向伊丽莎白女王祈求援助，她的庇护是他们成功的唯一希望。一些睿智的领导人此前预料到了新教派系可能会卷入到极大的麻烦中，因此早已通过与英格兰宫廷的秘密通信而确立了一条万全之策。伊丽莎白女王很清楚洛林诸侯针对其王位的危险计划，因此早已察觉到了以下行动有多大的重要性——不仅要阻遏法国在苏格兰的进展，而且要拓展她自己在那里的影响力。她也意识到了，苏格兰新教徒现在的反抗对于阻止或挫败法国针对英格兰的阴谋而言是多么的有效。她欣然听取了反抗者的请求，并以私人的名义承诺给予他们强有力的支援。女王派遣伦道夫这个最适于执行阴谋诡计的代表前往苏格兰，将其安插在圣会委员们中间，观察并鼓动他们的行动。金钱似乎是他们那时唯一缺少的东西，因此他们要感谢来自英格兰适时的汇款。在这些钱的援助下，苏格兰贵族们得以发起战斗，并可以向利斯进军。但是，由于伊丽莎白对苏格兰人并不信任，此外她也努力防止与法国人撕破脸皮，因而英格兰给予圣会的前期资金并不充裕。维持军队与围城期间的花费很快就耗尽了这些吝啬的补给，圣会的委员们只能用自己的财产对此做出少许补贴，而这个派系的崩毁也一定会紧随其后。

为了防止这一可怕后果的发生，圣会指派奥米斯顿的科伯恩（John Cockburn of Ormiston，？—1583）率领一支当时所能派出的最大规模的远征军前去担任贝里克郡守。由于贝里克在那时是苏格兰边境最重要的城镇，拉尔夫·塞德勒爵士与詹姆士·克罗夫茨爵士（Sir James Crofts, 1518—1590）这两位极富威望的名流也受雇前往管理贝里克的事务。圣会鉴于目前的严峻形势而将全权处置支援苏格兰反抗者的事务也交托给了他们。科伯恩从他们那里接受了四千克朗，这对于其同伴们而言是一笔不小的资金。然而，博斯威尔伯爵在太后的教唆下埋伏在他回城的路上，赶走了他的扈从，打伤了科伯恩并抢走了这笔钱。

这一出人意料的打击对于圣会而言是致命性的。在彻底的绝望之下，一些更加狂热的人打算攻打利斯，但法军却令他们大败而回，此外还夺走了他们的重炮并一路追击到爱丁堡城下，甚至几乎与他们一同进城。强攻一座城市所能激起的一切关于劫掠和屠杀的恐怖和混乱现如今弥漫在这座城堡之中。爱丁堡的居民从敌军没有包围的城门逃走，圣会的军队犹疑不决、军心惶惑，太后一党在城中的残余势力也开始公然攻击他们。最终，一些贵族冒险前往迎战敌军，他们在郊区抢掠了一些马匹之后便带着自己的战利品撤回了城内，这样的行动将爱丁堡从惊惶之中解救了出来。

发生在几天之后的一场战斗也同样以失败而告终。法军派出了一支别动队前往阻截向爱丁堡运送物资的护卫队。圣会的委员们得到了法军关于此次行动的情报，因而派遣大军全速向战场进发，并在莱塔瑞格与利斯两地之间向敌军发起了进攻。他们的勇气多于良好的指挥，因此几乎被前来支援同伴的第二批法军包围。在这种情况下，撤兵是唯一能够拯救苏格兰的选择。然而，他们不可能在人数远占优势的敌军面前从一片湿地上秩序井然地撤退。一支法军包抄其后，使得步骑二军都陷入了极大的混乱。此外，由于法军的谨小慎微，任何逃跑的苏格兰部队都被分割成块。

经过这次打击之后，圣会的希望与意志完全消沉了下去。他们甚至从未想过在爱丁堡的城垣之内战斗自保，而是立刻决定撤往远离敌军的地方。圣安德鲁斯修道院院长与少数其他人一起反对这一懦弱而又可耻的逃跑，但是对危险的恐惧胜过了他们的荣誉感与对事业的热忱。［11月6日］他们于午夜时分混乱地离开了爱丁堡，并毫不迟疑地一路狂奔，直到抵达斯特灵为止。

在近期发生的这场暴动中，大部分苏格兰贵族都加入了圣会一方。西顿勋爵与博斯威克勋爵是仅有的为太后而战，并在利斯防卫战中援助她的贵族。博斯威尔公开支持她的行动，但他留在了自己的领地上。亨特利伯爵遵从太后的阴险计策，尽管这有悖于他一贯的光明磊落。他欺骗了圣会——他曾多次以花言巧语答应他们他会加入圣会一方作战，但他却从未派出过一兵一卒。莫顿伯爵（James Douglas, 4th Earl of Morton, 1516—1581）是圣会的一员，他举棋不定、优柔寡断，没有为了圣会的事业而忠心奋斗。爱丁堡市长厄斯金勋爵尽管是一名新教徒，却保持着中立，他将此视为其职务的尊严，议会也将王国中的重要堡垒交托给他，他因此下定决心不能令这些城堡落入任何派系的手中。

在圣会撤离的前几天，太后的重臣——莱辛顿的威廉·梅特兰（William Maitland of Lethington, 1528—1573）背叛了她，这令其遭受了不可挽回的损失。梅特兰对于宗教改革的热情与他对太后暴政的温和抗议使他受到了太后与法籍顾问的攻讦，以至于他认为自己将会有灭顶之灾。因此，他秘密逃离了利斯，并加入了圣会委员。他们张开双臂接纳了这位皈依者，他的能力将会增添他们的力量与名望。梅特兰很早就将自己与生俱来的卓越才干运用到公共事务上，而他对于人文知识的熟知也提高了自己的这些才能。当与他同龄的苏格兰人都在享受田猎之乐，或是作为一名雇佣兵在法军中服役时，他已经获准阅看内阁的所有机密文件，并受到提拔，得以与那些施政经验丰富的大臣们同朝为官。他具有无畏的品质，颇爱构想大胆的计划；他长于权谋，这对于成功执行计划而言是必不可少的。但是，这些才能也受到了其负面缺点的深刻影响。他的"机智"有时会堕落为"狡猾"，他的"锐利"常常显得过于尖刻；他的创造力与丰富的想象力有时会启发他设想出不切实际的政治体制，这种体制对于他的时代与国家而言太过于精密了。他的进取心常常使他的构想宏大而又杰出，但他却总是无力执行。与他同期的作家们无论属于哪个派系，在提到他时无不抱以崇敬之情——只有他那敏锐的洞察力与卓越的才干可以唤起人们的这种情感。

圣会的突然撤离增加了尚在爱丁堡中的人们的恐惧与惊惶，以至于在军队抵达斯特灵之前，他们的人数就已经缩减了大半。然而，诺克斯依然保留着高涨与无畏的勇气，他登上布道坛，向那些沮丧的听众发表了一篇完美的布道词，这鼓舞并振奋了他们的精神。这篇演说词的主要部分收录在他的《历史》之中，并作为一个显著的例证以表现最初的改革者对当局限制自由的大胆谴责，同样也证明了他在选取最适于影响与激发听众热情的主题方面所具备的技巧。

圣会召开了一次高层会议以讨论他们接下来应当何去何从。由于他们已经山穷水尽，如果没有外援，毁灭将是不可避免的。因此，委员们再次把目光投向了英格兰，并决定恳请伊丽莎白女王支援他们以完成他们的事业——在这场冒险中，他们已经切身体会到了自己的虚弱与敌人的强大。圣会派遣梅特兰担任此次行动的特使，他是这个派系之中最为当之无愧的人选。此外，他们还决定在梅特兰缺席以及没有征召兵役期间解散他们的随员，因为这些人已经被这场远超惯例的服役期搞得精疲力竭了。但是，为了确保各郡能够为圣会的利益而效劳，圣安德鲁斯修道院院长与一些委员退到了法夫郡。沙泰勒罗公爵与其余委员则留在了汉密尔顿。事实上，梅特兰劝诱伊丽莎白保护苏格兰的演说与辩术都是多余的。伊丽莎白女王密切地关注着法籍顾问在太后宫廷中的权势及其军队在苏格兰的进展。由于她准确地预见了他们的阴谋在苏格兰的危险趋势，虽然法国人在苏格兰的权力依然在可怕地增长，她还是早已确定了自己应

91

当扮演的角色。

　　为了全面且清晰地概括女王及其御前会议讨论的所有要务，伊丽莎白的大臣们似乎拟定了一份备忘录，他们在其中明确地陈述了圣虑所及的要点，阐述了他们以极大的理性采取措施的理由，并提出了将这些方案付诸实践的举措。这份备忘录共计两页，由威廉·塞西尔爵士（Sir William Cecil, 1520—1598）亲笔写就，并由女王提交给她的御前会议讨论。这份文件至今仍存，他们将之命名为《简论苏格兰的重大问题》（"A Short Discussion of the Weighty Matter of Scotland"），并对塞西尔这位杰出大臣的勤奋与洞察力表示了敬意。备忘录中简洁有力地叙述了女王热烈支持圣会的目的，同时精准地预测了放任法国在苏格兰确立统治地位的诸多后果。

　　他依照基督律法与自然法提出了一个原则，即：每个社会都有权保护自己，免遭眼前或可能到来的危险。他补充道，人类的本能与理性使得每个君主都会使用那些被其政敌用来折磨他的手段以保护自己。在这些理论的基础上，他承认了英格兰有权干涉苏格兰的内政，并有权将其从法国的征服之下拯救出来。他说，法国是英格兰不共戴天的旧敌。仇恨在两个国家之间持续了数个世纪之久。两国缔结的和约中，没有一个是出自真心的。因此，他们也并不期望此前达成的和平协议能够取得什么良好的效果。现在，由于形势的需要，这份和约又被推到台前，它会被他们马马虎虎地遵守，也将会被最微不足道的借口破坏。法国想在短期内弥补损失的财产，虽然一场冗长的战争耗掉了许多人力、财力，但法国还是会很快就有所行动，而躁动与尚武的民族性格也使得这场行动十分必要。洛林的诸侯们在那时完全掌控着法国的政权，他们受到了针对英格兰的仇恨的刺激。他们公开对伊丽莎白女王出身的合法性提出质疑，并以苏格兰女王，即他们的外甥女对英格兰王位的继承权为借口，致力于废黜伊丽莎白的王位。因此，他们力争将英格兰排除在《卡托－康布雷齐和约》（Peace of Cateau-Cambresis, 1559）之外，并决定单独与西班牙媾和。他们劝说亨利二世准允他的儿媳去夺取英格兰女王的尊号与徽记。此外，自从和约缔结之后，他们就请求罗马教廷的帮助并获得了教皇颁布的敕令，这份教谕宣布伊丽莎白女王为私生女，因而无权继承英格兰的王位。虽然蒙莫朗西大将军的睿智与谨慎在一段时间内阻止了他们的计划，但这些限制最终还是随着亨利二世的死亡而消解了。这位大臣的失宠以及最无节制的暴行将会刺激他们狂热的雄心，并加强君主的权威。苏格兰是一个很有利于进攻英格兰的地区，英苏边界的一场战斗不会给法兰西带来危险，但是在那里发动的哪怕是看起来最徒劳的行动也可能会推翻英格兰的国王与政府。对于政客们而言，等到一个敌人的计划成熟到足以施行的地步时才做出反应，这样的行为无疑是极不成熟的。苏格兰贵族在尽到了他们最大的努力之后不得不撤出了战场，由于他们未 92 能赶走侵犯其自由的敌人，他们只能眼睁睁地看着法国人的权力日渐增强，并不得不最终停止了这场实力悬殊的抗争。随着苏格兰反抗者人数的下降，同时由于他们已经听任法国人的摆布，对英格兰的入侵将会立刻展开，伊丽莎白也会为她的敌人打开一条通往英格兰心脏的道路，并使她自己的王国暴露在战争的灾难与被征服的危险之中。伊丽莎白别无选择，她可以派出一支大军支援圣会，这样便能使苏格兰成为主战场，也能将洛林诸侯的阴谋扼杀在摇篮里。此外，通过这一先发制人的决定，她也可以将法国人逐出不列颠，以使他们在苏格兰的势力无法生根发芽并成长为一棵令人畏惧的大树。但是，由于此事的重要性足以使其被纳入一个英格兰君主的圣虑之中，她首先需要明智且成熟的建议，其次要果断并有力地予以执行。危险已经迫近，错失一些时机也许是不可避免的了。

这些判断全都影响到了伊丽莎白女王,她对于每一个英格兰王位的觊觎者都警惕到了极点,并且也十分迫切地想要保护其臣民的安康与幸福。在这种动机的驱使下,她很早以前就给予了圣会金钱上的援助。也正是出于此种考虑,她在近期的紧急事件中也给予了圣会更为有效的支援。梅特兰的一名随员被立即派往了苏格兰,伊丽莎白坚定地向他保证了自己将会为圣会提供庇护,同时她也要求圣会委派专员前来英格兰缔结一项条约,并同诺福克公爵(Thomas Howard, 4th Duke of Norfolk, 1536—1572)商讨具体的作战细节。

与此同时,由于圣会无法隐瞒自己的动向,摄政太后很快便得知此事。她担心圣会与英格兰宫廷的谈判获得成功,也知道她无力抵抗双方的联合行动。因此,她决定先发制人。虽然苏格兰的冬季气候严寒,但她依然要冒险攻打那些现在兵力分散并处于绝望之中的反抗者们,她希望能够在英格兰的援军到达之前结束这场战争。

此时,马提格斯伯爵(Count de Martigues)率领着一千名老兵与一些骑兵抵达了苏格兰,壮大了法军的声势。获得增援的这支法兰西大军奉摄政太后之命向斯特灵进军。由于部队要越过福斯河,他们便沿着法夫边境一路前进,沿途残暴地将那些被他们视为敌人的人的房屋田地烧毁、抢尽。法夫是苏格兰王国中人口最稠密、经济最发达的郡,同时也是对圣会贡献最多的地区。迄今为止,圣会从那里获得了相当可观的兵员与军需。因此,法军除了通过抢掠的方式惩罚了当地居民的背叛之外,还建议夺取圣安德鲁斯,加强那里的防守并留下一支足以控制住桀骜不驯的人民的守军,此外还应占领重要的海港。

在这种情况下,圣安德鲁斯修道院院长、路斯文勋爵、格兰奇的柯卡尔迪以及少数圣会中最为活跃的领导者们以他们的勇气与良好的指挥履行了对其派系而言最为重要的一次军役。他们集结了六千名骑兵，不间断地袭扰法军，突袭他们的驻地，阻截他们的军需物资，并杀死掉队的法军士兵。他们因此使得法军陷入了持续不断的恐慌之中，并阻挡了他们的行军达三周之久。

93

[1560 年] 最终，修道院院长与他那虚弱的派系不得不撤退，法军则从柯卡尔迪出发，并沿着圣安德鲁斯的边境行进。他们刚刚行进了数英里就从一处高地上发现了一支庞大的舰队正在驶进福斯湾。他们此前曾获知了埃尔伯夫侯爵（Marquis D'Elbeuf）那时正准备率领大军开往苏格兰，因此他们迅速断定这是法军自己的舰队，并因长期盼望的援军的到来而狂喜不已。他们已经准备鸣放大炮来欢迎自己的友军，同时也准备将这一消息以及随之而来的恐怖散播到敌军的阵营之中。但是，当一艘小艇从对岸登陆并告知他们这些迫近的战船乃是英格兰派来援助圣会的舰队，而且紧随其后的还有一支庞大的陆军之时，他们那草率与短暂的喜悦便被摧折殆尽了。

伊丽莎白女王在她的整个统治时期里都行事谨慎，但也十分果断。而且，由于她在执行其决定时异常机敏，同时也很审慎，她的统治因此既以强势而著称，也因睿智而不凡。一旦她决定向圣会委员们提供庇护，他们就能立刻看到她的行动，同时也能感受到女王的权力所及之广。此时的气候不允许她的陆军投入到战斗之中；但是，由于担心法军此时会获得新的援军，她便立即命令一支庞大的舰队在福斯湾中巡游。通过她发布的维护舰只的指令，我们可以推测出伊丽莎白女王似乎想在表面上保持与法国的友好关系。但这仅仅局限于所谓的"表面上"，一旦法军舰队想要登陆，她便会不惜用一切敌对与暴力的手段去阻止他们。这就是这支舰队的目的，它起初令法军振奋不已，但很快就激起了他们的恐惧，因为他们认为英军将去解放因他们的复仇而惨遭蹂躏的法夫地区。由于担心和对岸的友军被英军截断，他们便仓皇地向斯特灵撤退，一路上走过了在这个糟糕的季节里几乎无法通行的道路。当他们到达利斯时已经是筋疲力尽了。

英格兰的舰队在利斯近岸处停锚，并在那里一直等到了双方缔结和约。这支舰队既防止了利斯的守军获得任何形式的援助，也极大地策应了英格兰陆军的行动。

在英军舰队驶抵苏格兰之后不久，圣会委派的代表们也到达了贝里克，并与诺福克公爵缔结了一项条约。与伊丽莎白女王结成联盟对他们而言极为有利。阻止法军在苏格兰那危险与快速的进程是缔约双方的共同目标。为了实现这个目的，苏格兰人将永远不会容忍任何想要与法国结盟的行为，并且会竭尽全力从法军的所有征服行动中保卫自己。伊丽莎白女王则承诺会派遣一支大军开赴苏格兰支援他们，苏格兰人也同意自己的所有军队都将加入这支大军当中。英军不会占领苏格兰的任何一块属土，从法军手中夺取的任何战利品也都会遵从苏格兰人的意愿，要么将之摧毁，要么归属于苏格兰人。如果英格兰遭到入侵，苏格兰人将以他们的部分军队援助英军。为了确认他们对条约能够忠实地予以遵守，他们在伊丽莎白女王的军队进入苏格兰以前向她宣誓效忠。总之，苏格兰人做出了许多拒绝向他们自己的女王效忠的宣言，不过这与他们的信仰和国家的自由都不矛盾。

威尔顿的格雷勋爵（Patrick Gray, 4th Lord Gray, 1518—1584）率领着六千名步兵与两千名骑兵在初春时分进入了苏格兰。圣会的成员从王国各地集结起来前往迎接他们的盟友，并加入到了他们的队伍中。在成千上万名扈从的跟随下，他们一同向利斯进军［4月2日］。法军无力在战场上与人多势众的敌军相抗衡。一支为了解救他们的友军被一场暴雨所打散，他们不是被摧毁在了法兰西的海岸边，就是难以在利斯港登陆。但是，他们仍然希望能够守住利斯，直到洛林的

94

诸侯们兑现给予援助的美丽诺言——这是每天鼓舞着他们的动力，或者坚持到英军的军需出现短缺之后被迫撤回国内。为了促进后者的发生，他们血洗了邻近诸郡——这是防守一方常用的并使来犯之敌陷入困境的野蛮手段。然而，苏格兰人民的爱国热忱挫败了他们的阴谋：人民急于赶走压迫者，因而拿出了此前藏起来的粮食支援他们的战士，没有遭到侵袭的郡为正在饱受折磨的邻郡提供所有必需品。此外，由于英军根本不缺乏粮食，他们便将军营中各种各样的补给以很低的价格卖给了苏格兰人，甚至要比那个地区有史以来的最低价还要低。

英军的迫近使得摄政太后撤到了爱丁堡的城堡之中。她的身体已经每况愈下，其精神也因为这段时间发生的各种不幸而颓丧不已。为了避免围城时可能发生的危险与身心上的折磨，她将自己托庇给厄斯金勋爵保护。这位贵族仍然保持着他的中立，其正直与对祖国的热爱值得每一个党派的尊敬，他以最高的殊荣与礼遇接纳了太后，但却谨慎地使其只保留适当数量的扈从，以免这些人威胁到他对城堡的控制。

起初，法军想要占领霍克岭，这是一处距城市不远的高地。但他们却在苏格兰骑兵的猛烈进攻下惨遭失败［4月15日］。在接下来的几天中，法军展开了全面的报复：他们派出一支大军开进了英军的战壕，击败了他们的守军，缴获了一部分大炮，并至少干掉了两倍于此前损失的法军的英格兰士兵。英格兰人在一场由他们发动的突围战中不再那么幸运了，他们遭遇了同样勇猛的敌军，并在损失惨重的情况下被法军击退。从那时的史家们记录下来的战斗细节中，我们很容易就能看出法军与英军所扮演的不同角色：法军在弗朗索瓦一世与亨利二世好战的统治期间历经战争的洗礼，他们在保护自己时不仅勇猛异常，而且展现出了老兵所具备的战斗技巧；英军则更习惯于和平的岁月，他们虽然仍保持着独属于这个民族的强悍，但却很少能表现出军事天赋或战斗经验。围攻利斯期间的每一场灾难或挫败都应归咎于明显的指挥失误，法军的成功突围也应完全归功于英军的自负与疏忽：许多军官擅离职守，他们的士兵也脱离了自己的岗位，这造成了他们的战壕里几乎空无一人。为了攻城而准备的云梯缺乏足够的长度，这令使用它们的士兵几乎没有获得多少帮助。他们最初在错误的地方开了战壕，等到他们匆忙地更换地点时，时间与劳力已经白白耗尽。英格兰将军的能力与法军的人数一样少得可怜，这使得他们的进展如蜗行一般缓慢。然而，漫长的围城战与一场火灾造成的弹药损失使得法军陷入了物资缺乏的困境，对救援的期待却使他们以令人钦佩的勇气忍受了下来。

当法军的希望与勇气将这场围攻战延长得超出了预期之时，圣会的领袖们也没有闲着。他们通过一个新的联盟而努力将自己的党派联合得更加紧密。他们公开签署了贝里克条约，令其与英格兰的同盟更加坚固也更加密不可分。在这些签名者中，我们发现了亨特利伯爵以及其他一些至今都尚未支持过圣会的任何行动的贵族。许多人——尤其是亨特利伯爵仍然虔诚地信仰着天主教，但是在这种情况下，他们不再关心各自的宗教理念与此前奉行的准则，反抗法兰西的民族义愤推动着他们并肩前行。①

［6月10日］摄政太后是令苏格兰陷入那时的一系列灾难之中

---

① 对法兰西权力的畏惧在许多场合中都战胜了天主教贵族心中的宗教热忱。此外，有关这个论断的显著证据在博内特的《宗教改革史》（Burnet, *History of Reformation*）中有所提及。伊丽莎白女王发给其代表伦道夫的手令中也这样写道："毫无疑问，许多狂热的天主教徒认为与英格兰结盟对于保护苏格兰王国的自由与独立而言是十分必要的。"亨特利本人在英军进入苏格兰之前也开始与伊丽莎白女王的大臣通信。——原书注

的重要因素，但她并非灾难的根源，她在敌军的围城中去世了。没有哪位女主能够像她一样有能力使自己的统治彪炳史册，或是令王国安乐祥和。她有着锐利的眼光，她机智老到、无所畏惧，同时又审慎谨严；她温婉仁慈，又不失于怯懦；她对自己所信仰的宗教既保持着热忱，又不会过分偏执；她既热爱公正，又不过于严苛。然而，她的一种美德过了火候，因而妨害了她的才华，并使她的统治以失败而告终，而她的名字也变得令人厌恶。①她为母国法兰西的利益服务，并以最热情的态度依附于自己洛林诸侯的兄弟。为了满足他们，她违背了自己的智慧与良知所赞同的准则。她在很大程度上耗尽了那些助其顺利登上王国权力之巅的声誉和名望，在她统治的后期，她的虚伪与严苛使她与那些曾经给予她诸多信任的人民渐行渐远。然而，即使是她的政敌，也认为这些不正当的举止应归咎于她的温顺，而非狠毒。尽管他们猛烈抨击她的兄弟与那些法国顾问，他们仍然称许了她的审慎与宽容。在她去世的几天前，她要求同圣安德鲁斯修道院院长、阿盖尔伯爵以及其他的圣会首脑进行会谈。她向他们表达了自己的悔意，后悔听从了那些残暴的顾问们的建议。此外，她以一种高贵精神所特有的坦率承认了自己任内的错误并祈求那些她所伤害过的人们的原谅。但是，与此同时，她也警告他们，在为了自由的反抗中，不要忘记他们作为臣子所应有的忠诚与服从。她将剩下的时间留给了宗教沉思与礼拜。她甚至邀请了韦洛克斯这位最负盛名的新教牧师参加了她的礼拜，聆听了他关于崇敬与专注的教谕，并以一种崇高的勇气准备迎接死神的降临。

　　现今，除了一份和约或是从大陆赶来的强大援军之外，没有什么可以拯救被围困在利斯城中的法军了。洛林的诸侯们仍然以提

──────────

① 指摄政太后太过于热爱法兰西以至于损害了苏格兰的利益。——译者注

供一支大军这样的谎话蒙骗他们在苏格兰的同伙，并因此使他们的希望与勇气仍然富有生命力。然而，最终是法兰西的处境而非英军的失误或苏格兰人的抗争迫使他们极不情愿地开始考虑和谈。当时，法兰西的胡格诺教徒人多势众，其领袖们的英勇与胆识也更加令人畏惧。弗朗索瓦二世严苛地对待他们，他所采取的每一个举措都显示出他要将其殄灭的坚定决心。在这种危险中，胡格诺教徒虽然警觉起来，但并未被吓倒。在宗教热忱的鼓舞与义愤的激使之下，他们不仅准备保护自己，并且决定先发制人。由于洛林的诸侯们被视为国王一系列粗暴政策的始作俑者，他们决定先拿这些人开刀。[3月15日] 因此，著名的安布瓦斯阴谋（Conspiracy of Amboise）① 就此展开。尽管洛林诸侯们的警觉与好运挫败了这场阴谋，但我们还是可以轻而易举地看到，新的风暴正聚集在这个王国的每一寸土地上，并准备伴随着狂暴的内战而爆发。在这种形势下，野心勃勃的洛林家族取消了对外征服的计划，转而将注意力放在了维护法兰西王室的尊严与荣誉之上。并且，现在最重要的事情不是向苏格兰调派援军，而是将此前驻扎在那里的老兵抽调回国。

为了执行这一重要且棘手的任务，洛林的诸侯们选择了瓦朗克主教蒙吕克与德·朗当。由于时人认为此二人——尤其是前者的讲演才能与政治手腕在那时无人能及，因此，伊丽莎白女王便也针锋相对地派出了两位使节：塞西尔是她的国务大臣，也许没有哪位前任能拥有与之相比肩的才干；坎特伯雷教长沃顿是三朝老臣，他在三位先君的统治期间练就了卓越的谈判技巧。法国与英格兰宫廷的利益很快就被这些对谈判驾轻就熟的大使们调和在了一起，由于法

---

① 安布瓦斯阴谋（英文作 Amboise Conspiracy 或 Conspiracy of Amboise）是胡格诺教徒在 1560 年发动的一场政变，目的在于诱拐法兰西国王弗朗索瓦二世并逮捕吉斯公爵与洛林枢机主教，以便夺取政权。最后以失败而告终。——译者注

兰西从容地应允了从苏格兰这个主战场上撤兵，其他的争论在冗长而又令人厌烦的讨论中也就不足为道了。

　　圣会的不满与他们索取君主补偿的要求耗费了很长时间，并且需要谨慎应对。国王和女王做了许多公开的尝试，目的在于摧毁古代的体制，遏制贵族们所信仰的宗教。苏格兰的贵族们认为，如果不在王权的入侵面前设置一道屏障，他们就会永无宁日。但是，有关实现这一目标的立法举措却没有取得显著的进展。尽管退让的做法并不适于高贵的君主，但法国大使还是考虑与苏格兰国民和反抗者们缔结这项条约。这一权宜之计似乎在没有贬损君主权威的基础上确保了国民的安全，但倘若苏格兰国中急需和平的各派反对它的话，他们所草拟的条约就会毁了这次和谈。在这种情况下，苏格兰贵族同意让渡他们曾经享有的特权，并接受了旨在平息其不满的补偿。无论他们对于个人安危的焦虑和对于公众自由的热爱促使其要求怎样的额外安全保障，这都会以弗朗索瓦与玛丽之名，作为皇家的偏爱与宽容而赐予他们。此外，由于担心这样的补偿会被他们轻易收回，法国大使也同意他们与伊丽莎白女王缔结一项条约，并因此迫使国王与女王严格遵守他们的承诺。

　　在叙述这次谈判时，那个时代的史家混淆了苏格兰君主向其臣民所做的妥协与英法之间缔结的条款。后者除了承认此前两国缔结的条约以及规定了关于从苏格兰撤兵的时间和方式之外，还包含了一则关于那个我们曾多次参考过并作为许多大事之源头的条款。伊丽莎白对英格兰王位的继承权得到了稳固的确立，弗朗索瓦与玛丽庄严地承诺，从今往后，他们将不再使用英格兰国王与女王的头衔，也不再佩戴象征此殊荣的徽记。

　　［7月6日］由于这份条款增添了伊丽莎白女王的荣耀，她施予苏格兰盟友的条款对他们而言就仍然十分有利。蒙吕克与朗当以

弗朗索瓦和玛丽之名同意法军立即从苏格兰撤回本国，他们还应允：从今以后，未经苏格兰议会的同意，任何外邦军队都不得进驻此国；利斯与邓巴的防御工事应立即拆除，未经议会批准，不得修建任何堡垒；议会应在8月1日召开，且此届议会应当有如女王亲临，各项程式皆与女王亲自召集之议会一样有效；依照古代的律法与本国的惯例，国王与女王在未经议会准允的情况下，不得宣战或媾和；在女王尚未归国期间，行政权应交给由十二人组成的委员会处置，此十二人应在议会提名的二十四人当中遴选，女王可委任七名，议会则得拣选五人；从今以后，国王与女王不得拔擢任何一个外国人至王国的权力核心，也不得令司库或审计长向任何教士征税；赦免法令以及任何对1558年3月6日以后的犯罪者进行的豁免都应经过议会的核准，并由国王与女王签章确认；国王与女王不得以冒犯其权威为由剥夺其臣民的官职、圣俸以及他们所持有的地产；教士在近期的暴动中所受到的损失，其补偿一律由议会审核。至于宗教争端，大使们宣称他们不会擅自决定，但允许议会在他们开会时公正地检视其中的要点，并向国王和女王进行阐释。

　　圣会在这样一个令人难忘的时期里，以他们的勇气与毅力领导了一场一开始就预示着非凡绝伦的事业。起初，他们微不足道，但逐渐成长为一棵参天大树，并且被幸运之神眷顾，进而挫败了太后的所有图谋，尽管她获得了一个更加强大的盟国的援助。王权因这些条约的签订而彻底转到了圣会的手中，王权至今所占据的那一丝特权几乎被完全废止，而经常左右着王国政府的贵族权力却变得至高无上且难以控制。法国长期以来对苏格兰事务有着举足轻重的影响，这些条款的订立极大地削减了这个强国的势力。条约不仅遏制了法国对苏格兰的侵蚀，由于英格兰与苏格兰缔结了同盟，两国也足以在未来对抗法国的入侵。与此同时，宗教争端交给了议会处理，新教徒也许能够获得有利于他们的决议了。

在条约缔结后不久，英军与法军都撤出了苏格兰。

苏格兰王国中的每一个人现在都将目光投向了近期将要召开的议会之上。它以如此不同寻常的方式，在这样关键的节点上召开，并将讨论许多影响重大的事件，这些都使人们在焦急地期待着。

苏格兰议会与贵族政体的本质相契合，因而完全是一个贵族的会议。它由主教、修道院院长、贵族以及少数自治市镇代表组成，这些代表常常在一个议院中开会。小贵族虽然有权出席议会，但无论是本人还是其代表都很少行使这项权利，原因在与：旅途过长、随从众多而使其耗资巨大；此外，在一个尚武的年代里，他们对于政治的程式与细节也漠不关心；但更为重要的是，位高权重的大贵族将所有权力都牢牢地攥在自己的手中，使得小贵族的这一特权变得毫无价值，甚至可以完全忽略。从古时留下的案卷来看，在和平时期，只有少数自治市镇代表出席了议会，至于小贵族，则几乎无人与会。他们毫不犹疑地将朝政丢给了国王与大贵族们。然而，在非常时期，当人们为了自由而进行的斗争日益勃兴，当反抗王权的精神愈发炽盛之时，自治市镇代表与小贵族便不再袖手旁观，他们为了同胞们的利益而奋起抗争。詹姆士三世动荡的统治就为这一论断提供了一个明证。公众对于那个软弱而鲁莽的君主的所作所为无不义愤填膺，这种感情感染了议会，在那里，除了大贵族与高级教士之外，还有一个庞大的小贵族集团。

上述原因引发了8月1日议会中所有阶层代表的会面。对自由、文明与宗教的热爱在整个王国中蔓延，但少数人仍作为漠不关心的看客而留在议会中，他们的表决可能对每一方来说都是具有决定性的。人们从王国的四面八方齐聚首都，他们自愿决定以其在议会中的声音去声援他们曾在战场上以利剑浴血保卫过的精神。除了贵族、

99　俗界与神职人员的大聚会之外，议会中还出现了几乎所有的自治市镇代表以及大约一百名贵族——他们虽属小贵族之列，但却是第一等级中的绅士与国家的宝贵财富。

正当议会准备以饱满的热情开始着手处理国务时，一个难题摆在了他们的面前，那就是这届议会的合法性问题。议会中没有国王与女王委派的代表，也没有收到任何有关同意议会召开的通知和批文，而这两件是一个正规议会所必备的要素。但是，与之持相反观点的议员们强调了《爱丁堡条约》中的明文规定，即："本届议会之召开应有如君王之亲临，各项程式皆与君主亲自召集之议会同等有效。"由于圣会的拥护者在人数上远远超过他们的对手，因而这种观点得到了议会的广泛认可。他们之中最无畏的领袖和那些激情洋溢的追随者们被选举担任立法委员会委员（Lords of Articles），这虽然是一个古老的委员会，但是在苏格兰的议会之中却具有重要的地位。立法委员会的委员们审慎持重又团结积极，赦免法案得到了通过，二十四人的提名以及从中产生的负责执掌行政大权的委员会也被选出；条约中的其他规定以及各项被视为有必要生效的决定也都一并及时地获得了通过。关于宗教的法案拖延了许久，在处理时也面临着极大的困难。将此问题提交议会的那份诉状出自一个新教徒之手。天主教的许多教义有违理性，对于信仰而言也是一种耻辱，它的教条开始变得腐化、暴虐，它征缴的税收虽高得惊人，但却没有得到有效的使用。新教徒们以粗暴的方式对所有这些乱象予以抵制，这既是出于对天主教荒谬言行的义愤，也是由他们曾遭受过天主教士那歹毒的癖好所激起的。此外，战友们的人数与激情鼓舞着他们抓住这一有利时机，并将矛头对准了整个天主教会。他们提请议会行使其职权，以校正这种弥漫在天主教士之间的恶习。

几名疯狂迷恋古代天主教神话的高级教士也出席了这次议会。

但是，在新教徒发起这些强有力的诉讼期间，他们却惊惶难安、束手无策，并且在对天主教至关重要的辩论中缄默无言。他们自认为无法抵抗，也无力转移那股仍旧十分强大的宗教热潮的奔流；他们担心自己的反抗会激怒这些敌人，并促使他们采取进一步的暴力行动。他们希望国王与女王能够很快地抽出时间去阻止这些无礼的臣民，也希望在暴风的狂怒与蹂躏之后，此前的和平与秩序将会重新在教会与王国中恢复。也许，他们想要牺牲教义甚至是教会的权力以确保自己的人身安全，保住仍旧掌握在自己手中的财产。无论他们是以何种动机去行动的，他们的沉默都应归咎于其脑海中罪恶的观念，而这种消极的抵抗给新教徒带来了巨大的胜利，并鼓舞着他们更加无畏地向前方大踏步地迈进。

　　议会并不认为这足以给新教徒提交的诉状中涉及的天主教教义定罪。他们认可了由新教牧师呈递给议会的信仰声明，并平息了当时新教徒发起的一系列行动，这些行为旨在揭露天主教会荒谬的教义与仪式。此外，议会还通过了另外一项法令，废止了宗教法庭的司法权，此前由其审理的讼事也转交给了民事法官；他们通过的第三项法令则禁止了依据天主教会惯例制定的礼拜仪式。议会强迫各方对这些法令的遵守彰显了他们的狂热：凡初次违反禁令者，议会将剥夺其地产，并由法官决定是否处以肉刑；再犯者处以流刑；三度违犯则可施行死刑。这些人对宽容与人道一无所知，他们刚刚从宗教的独裁中逃脱就开始无耻地模仿自己此前还在抱怨的苛刑。

　　精力旺盛的议会在短短几天之内就推翻了经过许多世代才确立起来的古代宗教体制。在对教义的改革方面，贵族们的激情与期待甚至可以比肩诺克斯本人，但这些人的行动却与他们在考虑如何处置教会的财产时一样迟缓。在他们当中，有的已经通过掠夺教会而自肥，其他人则虎视眈眈地想要吞吃仍未处理的教会财产。宗教的

100

变动给许多高级教士提供了一个满足自己贪欲和野心的机会；修道院的颓圮将许多僧侣从限制中解放了出来，他们立刻四散到王国各处，并常常做起了世俗的职业。对于修道院院长而言，如果他很幸运地坚守着新教信仰，或是很狡猾地出于政治目的而改宗，那么他就能获得同行的所有税收。这些财富，即便是扣除其用以养活老迈僧侣的花费也足够他一人所用了。新教牧师建议将这些税收用于牧师的生活、青少年的教育以及对贫民的救济，这些都令那些贵族感到厌恶。他们强烈反对这些提议，并凭恃着他们的人数与权力轻而易举地说服了议会忽视这一令人生厌的要求。新教牧师们具有和初代改革者们一样的博爱与热忱，他们被一种无私的精神鞭策着，一路前进至此，但现在却只能眼睁睁地看着他们的追随者之间充斥着贪婪与自私的预兆，惊愕而又痛心疾首。我们看到，诺克斯对此表达了极强的愤慨与蔑视，他曾经从这些人的身上期待着他们对宗教胜利与荣誉的更为广阔的关心。

在这届议会通过的宗教法令面前出现了一个困难，这个难题在历经了久远岁月之后的今天看来并不十分重要，它建立在《爱丁堡条约》的措辞之上。根据此约的规定，议会获准研究宗教领域的形势，且需要向国王与女王做出必要的说明。然而，议会并没有以谦谨的呈文向君主介绍他们的要求，而是将其直接转换为许多法令。尽管他们并未获取君主的准允，但是得到了全国的立法大权。按照他们的命令，全国各处的天主教体制都被推翻了，新教信仰则取而代之。民众的偏爱与狂热纵容和助长了以议会法令的形式出现的此种弊病，并使其比以往按照正规程式召开的议会更具法律效力。这些行为表明，议会或者毋宁说是整个国家都违反了近期签署的《爱丁堡条约》，甚至超出了臣子们应有的权限。但是，一旦人们适应了打破臣属的束缚，一旦他们的思想受到内战激起的情绪影响，再

101

想以和平与安定时期的惯习去评估他们的行为未免就显得太过迂腐，也太过愚笨。当一个民族不得不采取这样的非常手段以拱卫自己的自由之时，她就会利用能够实现这一目标的每一件事；当形势所需，或是对于达成目标至关重要之时，她就会为任何违背法制的事情狡辩。

由于《爱丁堡条约》，同时也是出于行事的惯例，议员们有必要将议会的动态呈报国王与女王。因此，议会委派圣约翰勋爵詹姆士·桑迪兰（Sir James Sandilands of Calder, Lord St. John, 1st Lord Torphichen, 1511—1579/1596）前往法兰西宫廷。在采取了不合法的行动之后，圣会的领袖们没有理由自信地认为弗朗索瓦与玛丽会支持他们的行为，或是以王室特许的形式将之予以认可。他们也料定两位君主对他们派去的使节不会以礼相待。果然，弗朗索瓦与玛丽女王冷淡地接待了詹姆士·桑迪兰，并在没有认可议会立法的情况下将其遣返回国。他忍受了洛林诸侯与其党羽的嘲弄与谩骂——这对于他们所痛恨的圣会而言是再正常不过的事情。

议会同时也向伊丽莎白女王这位庇护者派出了三位大使：莫顿伯爵（William Douglas, 6th Earl of Morton, 1540—1606）、格伦凯恩伯爵（Alexander Cunningham, 5th Earl of Glencairn, ？—1574）与莱辛顿的梅特兰。尽管他们受到了隆重的礼遇，但仍然没能在议会交托的一些事情上取得显著的进展。苏格兰人意识到他们的安全源于同英格兰结成的同盟，因此想要使之变得坚不可摧。有鉴于此，他们允许圣会中最杰出的领袖向伊丽莎白给予他们及时而又有效的援助表示感谢。与此同时，为了使两国之间的友谊万古长存，他们恳请伊丽莎白女王屈尊下嫁阿兰伯爵——他虽然本为臣属，但却拥有苏格兰的王家血脉，而且，他也是玛丽女王之后毫无疑问的王位继承人。

伊丽莎白女王十分满意地聆听了大使们对她表示的感激之情，并向苏格兰人承诺会在未来的任何危难之中都给予他们持续不断的援助。对于联姻事宜，她则表达了终其一生都秉持的原则。她反对婚姻的缘由在于坚持一些慎重的观念，但更可能是出于政治上的考虑，即：一位胸怀大志的女王永远不会准允任何人染指王位。此外，由于女王钟情于完整且不受约束的权力，她便失去了将王位传给自己后人的希望。与阿兰伯爵的婚姻对她而言并没有多大的利益以至于能使她动摇这一决定，因此她拒绝了这一请求，但同时也表达了对苏格兰民族美好的祝愿以及对阿兰伯爵本人的尊重。

在这个纷繁喧嚷的一年的最后，又发生了一件大事：11月4日，弗朗索瓦二世离开了人世，他素来体弱多病、精神不佳。由于他没能留下子嗣，因而没有什么意外比这件事对那些在近期的暴动中支持圣会的人们更加有利的了。玛丽因其美貌而掌控了她的丈夫，由于她将自己的影响力也完全施加给了洛林的诸侯们，因而弗朗索瓦毫无戒心地受着他们的摆布。在这种控制之下，法兰西政权使苏格兰的反抗者们意识到了可怕的危险。法国国内的暴动与站在圣会一方的英格兰的干涉使得洛林诸侯们至今也没能将他们的计划付诸实践。但是，在他们的铁腕统治之下，法国的暴动不会持续得太久，而今后发生的许多事情也会使得伊丽莎白女王将自己的注意力从苏格兰事务上转移开。这样一来，苏格兰人就将遭受愤怒的法兰西宫廷的所有报复与打击。虽然这场风暴尚未降临，但它却难以抵挡。因此，苏格兰人为弗朗索瓦的死而欢欣鼓舞。两国之间古老的同盟关系业已破裂，他的死也使得法兰西与苏格兰之间最重要的纽带顷刻间土崩瓦解。美第奇的凯瑟琳（Catherine of Medici, 1519—1589）在她的次子查理九世尚未亲政期间大权独揽，她完全无意维护苏格兰女王的权威。凯瑟琳与玛丽在弗朗索瓦二世统治期间是权力上的竞争对手，并在那个软弱且幼稚的国王政府中争斗不休。但是，由于妻子的魅力轻松战胜了母亲的权威，凯瑟琳永远都不会原谅她，并因其现在所面临的困境而窃喜不已。无常之命运所带来的伤害击倒了玛丽，她遭到了婆婆的冷落与朝中亲族的背弃——这些人只会出现在得势者的光辉之中。玛丽别无选择，她因而避居于兰斯（Rheims），那里的幽静可以放纵她的孤独，遮掩她的愤怒。现在，即便是洛林的诸侯们也不得不履行他们与苏格兰人订立的契约，不得不将精力从国外转移到本国的事务之上。他们发现，比起推进在不列颠的大业而言，眼下在新政府中建立自己的势力更加重要。

我们无法描述法兰西国王之死在苏格兰人之中激起的狂喜之情，他们将此视为能够给苏格兰新近确立起来的宗教与政制带来稳定的唯一大事。也难怪当时的历史学家们将之归因于上帝的眷顾：上帝用这一出人意料的方式保护了王国的和平与人民的安乐，否则任何人的审慎与才能都将在那种形势下遭到挫败。

大约此时，苏格兰的新教教会开始定期举行仪式。他们的教义获得了公众的认可，而由此确立的一些仪式对于政府与这个新生的团体而言都是极为必要的。宗教改革者们建立起的这一套体制与过去相比有着天壤之别，因而，我们应该解释一下激使他们做出此等大事的意图。

教士阶层放荡的生活——正如我们曾经说过的那样，也许是激起人民对天主教义表示怀疑的首要因素，它也激发了人们的探索精神，这对于天主教体系而言无疑是致命的。由于世人对这种放荡的厌恶很快就转化为对教士本身的鄙夷，并最终演变为对天主教教规、仪式的痛恨，宗教改革就不仅在教义方面影响深远，它的影响进而深入到了天主教会所掌控的政府之中，而上述探索精神也将有助于推翻这样的政府。但是，在那些由宗教改革所引起的欧洲各国的变

103

动中，我们可以看到一些与基督教在罗马帝国中初次建立时相类似的事情。无论在哪个时代，教会的体制都在一定程度上模仿了世俗政府的形式。当基督教会在国家的支持与庇护之下建立起来之后，教会中各个等级的成员所享有的权利就几乎与帝国中类似的等级划分完全一致——他们按名号划分为"教皇""大主教""主教"。而教会中分掌各省的神职人员在人数上也与世俗政府中的地方官员相称。当宗教改革发生时，主教辖区的组织形式与从属于此的各个阶层似乎都符合君主政体的特征，它在德意志的许多省份，在英格兰以及北欧诸国中也几乎毫不受限地存在着。但是，在瑞士以及一些低地国家中，由于政府具有一定的民主成分，也允许革新精神的发展，因而所有教会上层的精英都被摧毁了，而平等的教会也更符合民主政体的精神。由于复制而来的主教制与基督教会在罗马帝国初建时相同，原始教会的处境似乎启发了后来的教会组织，并促进了长老会（Presbyterian）的产生。最初的基督教徒遭到持续不断的折磨与镇压，他们被迫秘密地举办宗教仪式，因此满足于极为简易的组织形式。宗教影响与权力意识一样致力于摧毁教徒们的野心，并保持着与世俗社会相类似的等级阶层——这既是他们饱经苦难的结果，也是他们具备许多优点的原因。① 加尔文就是这种宗教体制的支持者与修复者，那个时代中的许多新教徒都接受了他的论断，这种服从令人震惊。在他的控制下产生的日内瓦教会被视为此种体制的最佳典范，曾定居于日内瓦多年的诺克斯学习了这种模式并对此钦佩不已，同时热情洋溢地向自己的同胞们引介了这种体系，劝说苏格兰人如法炮制。

---

① 早期基督徒艰难的生存环境使得他们拥有很强的纪律性和组织性，也使得他们具备坚忍不拔的毅力与百折不挠的勇气。因此，威廉·罗伯逊说这些磨难是"他们具备很多优点的原因"。——译者注

在苏格兰贵族中，一些人憎恶教士，另一些则垂涎着他们的财产。当天主教士阶层遭到肃清之后，前者发泄了他们的愤怒，后者则希望能够满足自己的贪欲。人民对天主教怀着满腔的怒火，他们赞同任何违背天主教义的行为，因而对这个符合人民感情的体制兴高采烈。那些支持民主自由的人则乐于看着新教教士亲手推翻宗教权力赖以寄生的组织——这正是以前的教士们曾呕心沥血建立起来的。此外，他们还在剥夺天主教士的圣职与财产之时提供帮助，以此去讨好那些新教徒，而经此变动之后，他们就能将国家从过分严苛的管理中完全解放出来。政府的一系列新做法使得人们轻易就能获得利益，因此他们都做好了准备以接受这些财产与权利。

但是，诺克斯在最初引进这种体制时，并不认为彻底背离古代教会的组织形式是有利的。他曾提议在全国各地建立由 10 至 12 人组成的教长委员会（Superintendent）以取代主教制。这一委员会正如其名称所示的那样，有权监督其他教士的生活与对教义的遵守情况。[①]他们负责统领教会的基层管理者，并执行主教的其他几项职能。不过，他们的职权仅限于宗教领域，在议会中并无议席，也不享受此前主教所拥有的圣职权与征税权。

下级教士负责地方的礼拜仪式，这些人极其稀少，他们在不同的时期皈依了新教，尽管是出于各种不同的动机。在公众发动暴乱之时，他们四散到王国的各郡，只有少数几地形成了教会组织。这年召开的第一次宗教大会 [12 月 20 日] 具备一个新生且尚未成形的组织所应有的一切特征：与会的成员少得可怜，既不是达官显贵，选举规则也并不明确。王国中的大部分地区都没有代表参加，一些

104

---

① Intendent 与 Intendant 相同，都有"监管人""总管"之意，因而 Superintendent 从字面来看，就是"大督察"之意。——译者注

郡只派出了一名代表，而在另一些郡中，仅仅是一座城镇或教区就选派了数名代表参会。一个如此薄弱、如此不具备代表性的大会不可能获得广泛的权力。由于大会的代表意识到了自己的虚弱，因而他们在尚未冒险通过任何重大决定的情况下就结束了他们的讨论。

[1561年] 为了使长老会方案获得有力且一致的支持，诺克斯在兄弟们的帮助下写出了第一部阐发教义的专著，其中包含了他就上述方案拟定的详细模式。[1月15日] 在这年年初召开的等级大会①上，他们向代表们提交了这部著作。其实，无论他们制定了何种关于宗教教义与管理的规则，大会都将予以批准，但议案中暗示的对教会遗产的恢复却会遭到否决。

教士们向民众宣说把教会的税收进行合理利用将会使民获利，但人民无动于衷。他们提议将这笔钱的一部分用于促进宗教发展、教育发展、救济贫者，但人民也无动于衷。他们甚至威胁众人，若将本应该用于宗教事业的钱财非法扣留，国家就会受到上帝的神罚，但人民依然无动于衷。贵族们将那些掠夺物牢牢地攥在自己的手里，并把新教徒的提案称之为"虔诚的幻想"，他们将这份提案视为虚幻的计划，并对此不屑一顾。

这次大会指派圣安德鲁斯修道院院长前去面见女王，邀请她返回祖国接掌政权，这份差事长期以来一直交托在他人手中。虽然一些大臣们惧怕她的回归，一些人也预见了伴随着她的归来将会发生的危险，但绝大多数臣子仍热切期盼着女王的归来。因此，邀请女王回国执政的议案获得了一致的赞同。然而，天主教会比院长先行向玛丽女王献了殷勤，他们先后派出莱斯利与罗斯主教（Henry

---

① 等级大会（Convention of Estates）是苏格兰议会的姊妹机构，诞生于15世纪初，一般而言只有教士与贵族才会参加，但后来自治市镇代表也参加了进来。它在立法与行政事务中扮演着重要的角色。——译者注

Sinclair, Bishop of Ross, 1508—1565）拜访女王。莱斯利努力向女王
灌输对其新教臣子的猜疑，并劝说她托庇于仍然信奉天主教的大臣。
为此，他坚称玛丽应当在阿伯丁（Aberdeen）登陆。由于新教尚未
在那里取得太大的进展，莱斯利因而向女王保证他可以在几天之内 105
集结起一支两千人的部队，并讨好她说，在其魅力与权势的鼓舞之
下，这支军队一定可以帮助她在改革派的教会尚未打好根基之时将
其全数摧毁。

　　但是，在这个节点上，洛林的诸侯们没有听信这一荒唐且危险
的提议。他们已经下定决心要对抗美第奇的凯瑟琳——她用阴险的
毒计不断削弱着他们的权力，无暇顾及苏格兰事务。此外，他们希
望自己的侄女能够掌控苏格兰，那里的骚乱越少越好。曾经在苏格
兰为吉斯的玛丽效劳的法国顾问也劝说玛丽不要采取暴力手段，他
向女王描述了新教徒不可抵抗的力量与人数，因而使她决定要竭尽
全力讨好他们，并任用改革派的领袖担当大臣，而不是以徒劳的反
抗激怒他们使之成为敌人。此后，圣安德鲁斯修道院院长得到了女
王的信任与喜爱，他所代表的那一派也受到了女王的极大信任，而
莱斯利则遗憾地看着这一切的发生，却无能为力。

　　另一次等级大会在 5 月份召开，法国大使的到来似乎是苏格兰
召开这次会议的原因。他奉命恳请苏格兰人打破与英格兰的联结，
并恢复与法国的传统邦交。此外，他还希望苏格兰人归还天主教会
遭到褫夺的财产，并恢复教会的地位与职权。法国宫廷提出的这一
奇怪的建议显得十分不合时宜，揣度其用意也不是一件易事，他们
于是轻蔑地拒绝了这些提议。若是对苏格兰的民族性格有所了解的
话，就会发现这其实是意料之中的事情。

　　在这次大会上，新教教士依然没有获得令人满意的答复，他们
提出的那些关于恢复教会旧制的建议也仍然像往常一样遭到了冷落。

在另一点上，他们发现贵族的狂热依旧没有减少分毫。诺克斯阐述教义的那部书似乎要求将王国中仍然残留的天主教遗迹拆除，尽管前述出于政治目的和愤怒的人民都证明了这种行为是惨无人道的，但大会还是将每一处宗教建筑都视为盲目迷信的象征，因此宣布将其悉数拆除，并委派最狂热的教徒前去执行。大修道院、大教堂、一般教堂、图书馆与档案馆，甚至是亡者的坟茔都在这场浩劫中无一幸免。此前的人民暴动虽势不可当，但仅仅在为数不多的几个郡中蔓延，并很快就得到了平息。如今的这场蓄意为之的劫掠却波及全国，并完全摧毁了在此前那场风暴中躲过一劫的精美杰作。

此时的玛丽并不急于赶回苏格兰，她已经适应了一个优雅宫廷的华贵、典雅与惬意，因而仍深情地在法国徘徊，在人间天堂中踯躅不前。此外，她也心怀恐惧地设想到了母邦的野蛮与臣子的暴虐，这些都在她面前呈现出了一个截然不同的画面。然而，苏格兰人民的焦虑以及洛林诸侯的劝说，更重要的是凯瑟琳太后有意为之的冷落使其倍感羞辱，这些促使她不得不考虑开始这趟不愉快的旅程。然而，当她准备起行时，她发现自己与伊丽莎白女王之间早已播下了猜忌与不和的种子，这将使她的生活充满磨难，也将缩短她的生命。

最近签署的《爱丁堡条约》是这种不和的导火线，但其中还蕴含着更深层次的原因。订约双方都一丝不苟地履行了条约中的每一项条款。利斯的城防被拆除了，法国与英格兰的军队也在规定的时间里撤回了本国。苏格兰反抗者所受到的冤屈得到了昭雪，他们也得到了对未来安全的所有保障。所有这些，玛丽都没有理由拒绝，更何况伊丽莎白也在催促着对条约的批准。

其中的六项条款是引起争议与分歧的根源。没有哪位大臣能够像塞西尔那样深入女王的权力核心，并巧妙而又成功地执行女王制订的计划。在爱丁堡的谈判中，他有力地证明了：一个政客具有的深刻洞察力要比蒙吕克肚子里的那些精心准备的计谋更胜一筹。此外，他巧妙地劝诱法国大使不仅承认了英格兰与爱尔兰的王位继承权属于伊丽莎白女王一人，而且还使之做出承诺，即：玛丽女王在任何时候都不得使用独属于英格兰王国的至尊头衔与徽章。

这一项条款的批准对于玛丽而言无疑是致命的。获得英格兰王位对她而言是一个非常有价值的目标。她对此的要求会使她在全欧洲的君主心中都占据着重要的地位。在大部分人看来，她比伊丽莎白更适合那个名号。而在英格兰人中间，天主教会是那时人数最多、最为活跃的派别，他们公然支持这种观点；即便是支持伊丽莎白的新教徒也不会否认苏格兰女王将会是她的直接继承人。一个能令玛丽女王利用所有这些优势的时机不会太遥远，许多事件也都会使这一机会的到来比预期中更为接近。在这种情况下，如果她批准了那些仍处于争议当中的条款的话，玛丽就会失去迄今为止在各个邻国所获得的显赫地位。而那些狂热支持她的拥护者也会很快变得心灰意冷，若是到了那时，她就只能别无选择地放弃所有能够使之戴上英格兰王冠的希望了。

这些有利的结果没能逃脱伊丽莎白的法眼，她使出浑身解数，打算讨好或者恐吓玛丽以使之做出符合自己需要的行为。如果这位苏格兰女王太过轻率以至于批准了大使鲁莽的提议，伊丽莎白就会在自己的控制之下获得极大的利益。这样一份放弃王位的声明将使英格兰的王位继承问题完全公开并悬而不决。伊丽莎白女王则可以利用这一点使她的对手处于持续不断的期待与对她的信任之中，她或者可以凭借议会的权威打破世袭的继承顺序，并将王位传给王室的其他血脉。她将前者运用在了詹姆士六世（James VI of Scotland，James I of England，1566—1625）身上，此人在他的整个统治期间都对她保持着敬畏与臣服。至于后者，她则更有可能将这个严厉的举措用来对付玛丽女王，因为伊丽莎白有太多的理由去妒忌与憎恨她了。

　　这些举措没有超过伊丽莎白女王的权力范围，也没有违背英格兰的法律，但却是史无前例的。虽然王位的世代传袭是一个十分自然也很受欢迎的观念，它也几乎在所有的文明国家中得到了确认，但英格兰却能拿出许多违背了这一原则的实例。英格兰的王位曾落入到一个征服者的手中，这招致了后世对此进行效仿。从征服者威廉（William the Conqueror, 1028—1087）开始，正常的王位传袭在三代君王的统治期间几乎没有延续下来。[①]这些依靠诡计与勇猛登上王位的国王要求大会议（the Great Council）确认他们手中尚不稳定的国王尊号。从此，英格兰的议会权力与王位继承权就具有了同等的重要性。大会议宣称并的确拥有了对王位继承顺序的变更权，即便在亨利八世时代，国王也是在经过议会通过的一项法案予以授权之后，才得以凭借自己的喜好确定王位继承顺序。唯恐失去宗教自由的英格兰人反对外邦的支配，因而都迫切地接受了君主的喜好，并很有可能受到君主的诱导，同意将苏格兰一系排除在王位继承之外。上述这些也许就是两位女王的意图，同时也是《爱丁堡条约》迟迟得不到批准的原因所在。

　　假如这些不和的原因没有涉及这份条约，那么只要对条文的措辞稍加修改，就能化干戈为玉帛。塞西尔加入的一些模棱两可的词句可以修改得更加简短却更加精准。玛丽也可以不要承诺在任何时候都不会采用英格兰女王的称号，而是改为终伊丽莎白一生或是终

---

① 这里指的是王位的父子相继或父女相承，威廉一世的继承人威廉二世神秘死亡之后，王位由其弟亨利一世继承，而亨利一世的王位则由他的外孙亨利二世继承。作者所说的三代之内没有正常的王位传袭指的就是自威廉二世至亨利二世之间的王位继承状况。——译者注

其子女的一生都不会染指英格兰的王位。①

　　然而，这样的修改不会符合两位女王的意图。尽管玛丽不得不推迟了她对英格兰王位的要求，但却始终没有宣布要放弃它。她决定恢复自己对成功的最初要求，并极不情愿地保证自己不会利用任何机会重新问鼎英格兰王位。没有什么比这样的修改更能令伊丽莎白满意，她同意了这些条款，并默认玛丽在她去世之后将接掌英格兰的王位。但是，苏格兰与英格兰的两位女王都不敢公开承认她们心中达成的默契。任何一个旨在打破英格兰的宁静，或是从伊丽莎白手中夺取王权的征兆都将对玛丽的王位继承要求构成致命的威胁。任何对于变更王位继承顺序的猜疑、对苏格兰女王的要求予以的驳回都将令伊丽莎白遭到理所当然的责备，并会为她重新树立起许多危险的敌人。虽然这些都得到了很好的掩饰，但很有可能是导致一个女王要求、另一个女王拒绝批准原始的《爱丁堡条约》的动机。然而，两位女王都没有完全依赖这个修改过的条文，这一点对于由政治利益与政治和解所打开的心扉而言是显而易见的，也是人　　108

---

① 这个权宜之计旨在调解伊丽莎白与玛丽之间的分歧，它的用意是显而易见的，因而在英格兰大臣的眼中，它是不会失败的。

　　塞西尔于 1561 年 7 月 14 日写给斯洛克莫顿（Nicolas Throckmorton, 1515—1571）的信中这样说道："我冒险将我秘密想出的办法告知于你，尽管我不愿成为始作俑者。如果我们的女王陛下与苏格兰女王之间达成妥协的话，苏格兰议会应当臣服于陛下和她的后世子孙，并满足他们提出的所有要求。考虑到继承人的问题，苏格兰女王的继承权应予以认可，前提是我们的女王陛下没有子嗣可以继承王位。但愿上帝赐予陛下一位丈夫以及在今后能令二人诞下王子，这样的话，我们就可以企盼子孙后代拥有一位国王而不是女王。这个问题对于我们的民族至关重要，对于人民而言也是意义重大的，女王陛下对这一点十分清楚。"然而，任何有关王位继承的建议都会令敏感的伊丽莎白女王龙颜大怒，因此，即便是她最信任的大臣也不敢劝说她采取她所不想要的行动。塞西尔提到许多在女王不肯结婚、没有子嗣时应采取的计划，他以其一贯的谨慎补充道："这首赞歌有许多声部，但在名为'塞西尔'的这一章节中，他一筹莫展，唯有悲鸣。"——原书注之常情。

虽然对利益的考虑首先造成了不列颠岛上两位女王的决裂，但其他方面的对抗也进一步拉大了裂痕，女性之间的妒忌更是增加了她们的政治憎恨。伊丽莎白所具有的那些品质已经超过了女性所应具备的能力。她所表现出的自我欣赏也已经达到了一个拥有正常理智的女人所难以企及的程度，或者说是难以谨慎地加以掩饰的地步。她对衣着的关注、对展现自身魅力的热衷以及对花言巧语的喜爱都已经达到了极致。这些嗜好没有局限于日常生活之中。事实上，即便到了迟暮之年，无论是哪个时代的老妇都会盛装打扮并模仿出少女的矜持与风度。伊丽莎白在个人的美貌与优雅上远不及玛丽女王，但她在政治与治理的能力方面更胜一筹。尽管如此，她还是觉得自己难以与苏格兰女王相匹敌。由于她不可能不知道玛丽在两人的对比中优势甚多，因而她十分妒忌玛丽，也异常憎恶这个令她黯然失色的对手。人们在评判君主的行为时，总是选择将之归因于他的政治动机，却忽略了他们也具有与常人一样的七情六欲。为了解释伊丽莎白现在与以后对待玛丽时的做法，我们不能总是将其看作一位女王，还要时常将之仅仅视为一个普通的女人。

虽然伊丽莎白知道玛丽在条约事件中的困难，她还是反复催促其尽快批准条约。玛丽以各种各样的理由拖延时间，并逃避伊丽莎白提出的要求。当一方持续不断地强烈要求，而另一方却以巧妙的拖延予以逃避时，她们都表现出了温文尔雅的风度，并给予对方以姐妹般的关爱，互相表达了欣赏与友善。

直到玛丽被伊丽莎白说服为止，这种和睦不会持续多久。君主之间对友谊的表达常常是完全言不由衷的。当玛丽从法兰西前往苏格兰时，由于海风，航船将会偏向英格兰海岸一侧。为了确保在旅途中不受英格兰战船的攻击，或是能在风暴肆虐时前往英格兰的港湾中避难，玛丽在启程前派遣瓦瑟尔勋爵前去要求伊丽莎白保证她在旅途中不做出威胁其安全的行为。这一要求合乎情理，它将使一位君主不得不向另一位君主做出承诺。但伊丽莎白拒绝了，这一做法引起了玛丽的些许猜疑，她担心伊丽莎白想截断她的旅途，或是将自己生擒活捉。

玛丽与英格兰驻法大使斯洛克莫顿进行了长时间的会谈，她以端庄的语气向其解释了关于伊丽莎白女王这一狭隘行为的看法，在这个过程中，她表现出了自己的才能、老到以及勇敢，整场会谈都像她统治期间的其他商谈一样对她有利。玛丽在那时只有 18 岁，正如斯洛克莫顿直接呈报给伊丽莎白女王的会谈报告所描述的一样。我们可以肯定，这个狡猾的朝臣并没有以任何有利于玛丽的辞藻润色她的讲话。

无论玛丽感到怎样的愤怒，都没能阻止她从法国离开。她在送行队伍的陪同下到达了加莱，在这里，她以符合其高贵身份的方式登船启程。她的叔叔们——六位洛林的诸侯，以及其他优秀的法国贵族一路上担任她的扈从。凯瑟琳为她的离开而窃喜不已，她以优雅华美的方式为玛丽的送别仪式增辉。在满含热泪、心痛不已地向自己的侍者们表达了离别的哀伤之后，玛丽离开了这个王国。虽然她在此居住的时间不久，但是将其视为命运对她唯一的一次垂青。当法兰西的海岸依旧为目力所及之时，她聚精会神地凝望着那里，一动不动，回想着自己曾身处的命运顶峰，而今却跌入了谷底，她也许预感到了灾难与苦痛将会折磨着自己的余生，因而常太息不已，并时而哭喊道："别了，法兰西！别了，我心爱的法兰西，此生只恐再难相见了！"即使当暗夜遮蔽了她所留恋的那片土地之时，她也不想回到船舱之中。她不进饮食，只是在甲板上放上一张躺椅，就在那里辗转反侧，守候着白日的来临。命运在这时稍稍抚慰了她的

109

伤痛：海船在夜里难以前行，及至侵晨，法兰西的海岸便再度走进了她的视界，而她也得以借旖旎的风光稍解自己的愁思。只要她还能辨别出法兰西的海岸，她就会发出脆弱的哀叹。最后，一场大风暴袭来，这令航船耽延了几日。后来，玛丽在一场浓雾的掩护下又摆脱了一支英格兰战舰，她认为这是为了捉捕自己而在此埋伏已久的伏兵。终于，玛丽在离开了祖国将近十三年之后，于利斯港登陆，这一天是 8 月 19 日。

迎接玛丽的是臣民们热烈的欢呼、喝彩以及隆重的欢迎游行。但是，由于她抵达的日期出人意料，因此臣子们没能为此做好充分的准备，尽管他们做出了最大的努力，也没能掩盖住国家的贫困，不得不引导玛丽女王前往简陋的圣十字宫。女王自幼便适应了富丽堂皇的华美居所，并喜爱那风格——这对于她那个年纪的少女而言是很正常的，女王忍不住评论其处境的变化，而且似乎被这一变化深深影响了。

没有哪位君主是在这样一个需要谈判智慧，或是需要更多的勇气与稳健的时刻登上王位。激烈的宗教争论仍在继续，曾经的伤害令新教徒怒发冲冠，往昔的伤痛也让天主教徒们决定破釜沉舟、拼死相搏。双方势同水火，难以调解。此外，君主长年不在国中，这种情况使贵族习惯了他们的独立。在近期的暴乱中，他们获得了教会的许多财富，并因此给贵族政治的天平增加了极大的砝码，他们也不会停止对权力的扩张。王国长期处于摄政的统治之下，他们事实上没有多大的权力，也并无人望。国家的混乱状态持续了整整两年之久，其间没有摄政，没有御前会议，也没有一个正规政府所应有的权力甚至是组织。一种不知服从为何物、蔑视法律与公正的风气在每个阶层的人们中间蔓延。法国这个传统盟邦的影响力几乎荡然无存，也遭到了人们的蔑视。化敌为友的英格兰人民增强了他们的民族自信，并在国家的所有代议机构中获得了优势地位。苏格兰君主从法国的友谊中没有得到荣耀与权力，他们也惧怕由英格兰的干涉所造成的对国家伤害与削弱。无论是出于利益还是自保的考虑，都促使伊丽莎白压制苏格兰的王权，并通过煽动人民不满的方式给苏格兰女王制造麻烦。

当玛丽这位年轻的女王接掌政权的时候，苏格兰事务的情况就是这样的。她的年龄尚不满十九岁，对本国的习俗与法律都不了解，对其臣民而言她也是一个陌生人。她没有经验，没有同盟，甚至几乎连朋友都没有一个。

另一方面，在玛丽的处境中，我们也发现了一些细节，尽管无法抵消这些不利因素，但也还是在一定程度上减轻了它们的影响。并且，若是对其加以巧妙的利用，也许还可以出奇制胜。她的臣子们很久都不曾见过定居于国中的君王了，因而不仅被皇家的雍容华贵所炫目，而且生出了畏惧与崇敬之情。除了身处权门之侧，能够获得君主的赐物之外，她的庇护、她的亲近甚至是她的微笑都能给予臣子们荣耀，并进一步赢得他们的忠心。贵族们从王国的四面八方蜂拥而至，以证明自己对女王的忠诚与热爱。他们还使出了浑身解数以抹去此前所有体现不臣之心的印迹。她的宫廷中满是随她而来的法国贵族，他们才华横溢、温文尔雅，因而使宫中充斥着轻松明快的气氛，很快就开始令这个粗野的民族变得温和、优雅。玛丽本人就具备这种令人喜爱与倍受欣赏的风度，她的美貌与优雅获得了众人的钦慕，她的高贵与端庄则赢得了普遍的崇敬。她具备许多超越了一位女性所能拥有的才华。文艺与科学在那时被人们视为一种点缀性的才能，她在这方面的造诣远远超过了一般君主所能达到的最高水准。玛丽的平易近人也使她的其他品质更加令人钦慕，如果不是贵为人君、高不可及的话，她早就偷走了无数臣子的

"芳心"。

虽然玛丽在回国之后仍面临着国内的威胁，虽然乌云从四面八方云集而来，若是这里有一个政论家，他依然会预言这位女王的统治将会是与众不同的。虽然他可以预测到一场突然爆发的派系斗争，但他却不会担心这场风暴会带来毁灭性的暴力之举。

正当所有的党派在争论谁对女王最为忠心之时，苏格兰民族狂热与暴躁的脾性在一起事件当中爆发了。玛丽在抵达苏格兰之后的周日召集群臣前往圣十字宫的礼拜堂中庆贺。起初的喧嚣引起了宫中新教徒的不满，抱怨与威胁紧随其后。礼拜堂的侍者遭到了他们的侮辱与谩骂，倘若不是圣安德鲁斯修道院院长及时出面喝止的话，骚乱可能就会迅速蔓延开来。

这种特殊场合在短期内无法引发针对天主教徒的全国性暴动。任何对天主教徒屈尊行礼的行为都会被视为叛教之举。一个平民的信仰此时对于这个国家而言，比十万大军的入侵还要可怕。在这种观念的影响下，许多新教徒都会冒险采取更加危险的举措。他们没有努力劝说君主，也没有尝试着用宽容去感化她，而是突然否认她以自己的方式去崇拜上帝的自由——她本以为上帝能够接受自己的方式。不过，圣安德鲁斯修道院院长与其他新教领袖不仅压制了这股猛烈的情绪，而且并不理会人民的抱怨与牧师们的震惊，仍然为女王及其侍从举行天主教的弥撒。大约一百年之后，当宗教憎恨的暴怒逐渐平息下来，当时间与学术的发展扩充了人们的思维之后，英格兰下议院仍然拒绝满足王后个人的弥撒要求。因此，新教领袖此时的智慧与克制应当受到后世的称许。与此同时，在那个时代中，许多人对天主教曾经的侵掠与嗜血都心存疑虑，他们不会将更加狂热的宗教改革者的担心与警告看作完全的幻想，尽管这的确是缺乏真实依据的。

不过，新教领袖通过他们对女王的谨慎服从，获得了一份对新教极为有利的声明，这份谕告颁布于女王抵达苏格兰的六天之后［8 月 25 日］。虽然由于和约签订，新教义理在全国各处都得到了议会的确认，但是从未获得过王权的支持或认可。为了平息新教徒的不满，消除抵抗者心中的恐惧，她宣布："在我根据议会的建议采取关于宗教的最终解决办法之前，任何企图变更或破坏王国宗教现状的行为都将被视为重罪。"次年，她又颁布了具有同等效力的谕告。

女王遵从了还在法国就已经商定了的方案，将政务完全交给了新教徒处理。她的心腹是清一色的新教徒，没有哪个天主教徒能够得到她的信任。圣安德鲁斯修道院院长与莱辛顿的梅特兰似乎最受女王的宠信，他们攫取了作为宠臣所应有的一切权力与名望，她不会选择人民无法接受的人作为大臣。在他们审慎的建议下，玛丽的举动十分克制，也顺应了国民的意愿，因为她不能失去臣民的热爱，这是王权最为坚实的基础，也是其幸福与荣耀的唯一源泉。

与伊丽莎白诚恳地握手言和是玛丽女王另一个意义重大的目标。虽然她似乎打从心底里想要这么做，想要在她统治之初就完成这样出色的和解，但其后发生的许多事情非但没能弥合两人之间的裂痕，反而又将之拓宽了。不过，君主之间很少忽略形式上的友好。伊丽莎白虽然如此露骨地想要阻止玛丽返回苏格兰，她还是成功地在玛丽抵达苏格兰的几天之后，及时地派遣兰道夫祝贺她的平安抵达。玛丽也派遣梅特兰前往英格兰宫廷，向伊丽莎白的关心表示由衷的感谢。双方的大使都受到了隆重的礼遇，他们虚情假意地表达了友好的问候，两位女王也是对之敷衍了事。

然而，两位君主都向她们各自的大使下达了比相互庆贺更加重要的指令。兰道夫鲁莽地强烈要求玛丽尽快批准《爱丁堡条约》；梅特兰则企图糊弄伊丽莎白，他为玛丽在批准条约上的迟缓而向她致以诚挚的歉意。他说，玛丽女王在抵达苏格兰之后为繁重的国务缠身，况且，还有许多重要的问题存在着争议，出于礼节，她需要同国中的贵族商榷，但他们常常不在朝中，这是女王进展缓慢的原因。其实，这些都是他的借口，真正的原因我们已经在此前的论述中提过了。不过，为了能从《爱丁堡条约》引起的诸多麻烦中脱身，玛丽不得不妥协了其中的一项条款，而在此前她似乎并不打算屈从。她命令梅特兰传达自己在伊丽莎白及其子女在世时不会染指英格兰王位的意愿，如果这项任务失败，她就会立刻敦促议会通过法案，宣布自己是英格兰王位的继承人。

玛丽的这个理智的提议似乎排除了她对英格兰王权构成的威胁，现在没有什么能够违背伊丽莎白的意志，或者说，没有什么能够对抗其性格中的那种情感了。虽然伊丽莎白拥有许多能为其统治增添荣光的优秀品质，但我们也应当看到，她也受到了猜疑他人夺取其王位这种情绪的影响，这一点在她的许多卑劣而又狭隘的行为中能够体现出来。毫无疑问的是，她的特殊处境增强了这种情感，但并没有起决定作用。她的这一性格实际上遗传自她的祖父——亨利七世（Henry Ⅶ of England, 1457—1509），她的身上具备许多类似亨利七世的性格特征。像亨利七世一样，她甘愿忍受自己的王位继承权存在着争议，而不是将其交给议会讨论，或是从议会中得到任何附加的权力；像亨利七世一样，她关注着每一个要求继承王位的觊觎者，不仅小心谨慎，也心怀厌恶，而这种厌恶正是由她心中的猜忌所激起的。现在，王位继承的不确定性给伊丽莎白带来了许多优势，使她可以驾驭群臣与她的对手们。在她的大臣之中，每一个爱国者都将她的生命安全视为王国安定的保障，他们选择承认这个在继承权上仍富争议的女王，而不是去寻找另一个默默无闻的替代者。至于她的对手们，虽然形势仍不明朗，但他们依然对她无比信任，也不得不讨好她。苏格兰女王向她提出这种不合时宜的建议正是她所期待的，她断然拒绝了这一提议，并果断地表示自己不会接受这样一个令人棘手的条件。

[9月1日] 大约这时女王公开进入了爱丁堡，并且举行了盛大的入城仪式。市民们没有忘记向他们的君主表达忠心与热爱。但是，这个民族的情感却在欢迎的游行队伍中表现了出来，尽管无足轻重，却不容忽视。虽然在所有的公开仪式中表演神秘剧是那个时代的风俗，但这次的神秘剧却经过了精心的设计，内容在于展现上帝对偶像崇拜者的惩罚。即便他们在演出的同时努力逗乐女王，她的臣子们仍不可避免地表现出了对其信奉的天主教的厌恶。

恢复正常的司法秩序，改革国家的内政成了女王关注的下一个目标。制定法律的目的在于维护公共秩序、保护私人财产，在这一点上，苏格兰与其他文明国家并无二致。然而，苏格兰政体的本质、王权的虚弱、贵族权势的强大、派系斗争的激烈以及人民的桀骜不驯，都令法律的执行变得软弱、无常并且有失公允。这一缺陷在邻近英格兰边疆各郡中尤为显著，人们也感同身受地体会到了他们的嚣张。那里的居民不知勤勉为何物，厌恶劳作，也不熟知法律。他们以劫掠为生，互相之间结为亲族，对这些罪行不以为耻，反以为荣。自从詹姆士五世死后，王国动荡不安，他们的违法之举变得越发肆无忌惮。这些强盗的劫掠开始令他们的同胞无法容忍，甚至英格兰人也已经忍无可忍了。惩治这些暴行在王国中开始受到人们的欢迎。因此，女王委派圣安德鲁斯修道院院长前去执行这一重要的任务，女王任命他为特命全权大臣，所到之处，如王亲临，此外还享有节制地方的大权。

女王的这些举措令向往安定的人们欢欣雀跃，在此前动荡的社会中，他们早就期待着能有这样的一天。圣安德鲁斯修道院院长征

113

召了十几个郡的自有土地持有人，他们与扈从全副武装，前来帮助
钦差大臣执行王令。所有的准备看起来都不像是要进行司法审判，
而是要发动一场远征。修道院院长在执行任务时魄力十足，又不失
谨慎，这为他赢得了极大的声望，也使之获得了国民的爱戴。许多
歹徒受到了惩罚，圣安德鲁斯修道院院长通过公正与严厉的审判将
秩序与和平带给了这片边鄙之地。

　　当圣安德鲁斯修道院院长不在朝中之时，天主教一派似乎采
取了一些措施，目的在于逐步赢得女王的支持与信任。尽管圣安
德鲁斯大主教在天主教派系中能力显著、行事老到，但是他（John
Hamilton, Archbishop of St. Andrews ，1547—1571 年在位，1512—
1571）在朝中并没有获得太多的支持。此外，无论女王在心中有多
么偏爱那些与她信奉同一宗教的大臣，她也没有表露出要将朝政从
新教徒的手中收回的意愿。

　　圣安德鲁斯大主教之所以受到冷遇。是因为他与汉密尔顿家族
的紧密联系，女王并不喜欢这个家族。吉斯公爵与红衣主教永远都
不会原谅沙泰勒罗公爵与其子阿兰伯爵（James Hamilton, 3rd Earl of
Arran, 1532—1609）对圣会的支持。君主很少对其继任者们抱以信
任，而圣安德鲁斯修道院院长也许担心公爵成为他在权力上的竞争
对手①，所有这些都共同为女王的脑海中灌注了对汉密尔顿家族的厌
恶。沙泰勒罗公爵钟情于他的赋闲生活，远离朝政，也不热衷于在
女王面前争宠。尽管阿兰伯爵公开追求玛丽女王，他还是因为一个
最不能容忍的鲁莽行为而成了唯一一反对玛丽举行天主教弥撒的显贵，
此外，由于他还参加了一场公众抗议天主教弥撒的活动，因而彻底

――――――――――

① 沙泰勒罗公爵一系有王族血脉，因而是最具资格的王位继承人，这会引起在任君
　主的反感。此外，圣安德鲁斯修道院院长也担心他们会夺取新教徒已经攫取的权
　力，因此也提防着他。——译者注

失去了女王的喜爱。与此同时，他那谨小慎微的父亲命令他要么归隐田园，要么低调一些，不准以王族身份的装束出现在公众面前，也不能将其作为向女王求婚的借口。他的爱情因失望而愈发炽热，对女王的渴望也因冷落而愈演愈烈，这些感情都在逐渐侵蚀着他的理智，在许多疯狂的举止之后，终于以不可控制的狂怒爆发了。

　　[12 月 20 日] 苏格兰在这一年的年末召开了一次等级大会，主要是为了商讨宗教事宜。宗教大会也在此时召开，代表们向大会提交了一份请愿书，主要内容是打压天主教、鼓励新教发展，并向新教教士支付薪俸。最后一项提议具有重大的意义，我们理应探寻它的发展历程。

　　虽然新教牧师的人数现在有所增加，但国中的许多地方依然缺少牧师。他们没有法定的收入，至今都在依靠稀少且不稳定的捐助度日。作为国教教会的牧师，竟然持续受到贫困的折磨，不得不仰人鼻息。这既是对宗教教义的亵渎，也是对国家政策的违背。同时，这也会被别有用心的人拿来攻讦身处朝廷之中的宗教改革者的贪婪。天主教会的税收是唯一可以用来救济他们的补助，但在最近三年中，情况发生了彻底的变化。大部分修道院院长和其他宗教机构的领袖，或出于责任感，或出于利欲心，都宣布放弃错误的天主教。虽然他们信奉的教义发生了变化，但却保住了传统的财产。几乎所有的主教与其他几个阶层的神职人员依然信奉着天主教，尽管他们的宗教职能遭到了禁止，但他们依然可以享受教会的收益。普通的信徒——尤其是那些积极推动宗教改革的人们在内战期间将他们的脏手伸向了教会的财产。因此，传统的天主教财产在被用于对新教牧师的救济之前，许多已经被瓜分殆尽，还有一大部分需要核查，而对于两个正处于竞争之中的派系而言，他们的利益也需要进行巧妙的调和。经过一番争论之后，一份后续方案得到了大部分代表的同

114

意，即便是天主教徒本身也默认了这份议案。大会命令有关人员对全国的天主教财产进行如实的估价，现在依然领取圣俸的人员无论属于哪个阵营都一如其旧，其收入的三分之二仍归其所有，其余的则需上缴王室，女王也承诺会从中拨给新教牧师足够的款项以确保他们的生活所需。

由于绝大多数主教与其他几个阶层的神职人员仍然坚持信奉天主教，狂热的新教牧师与受到这种情绪感染的国民都在期待着摧毁这些顽固派，而不是对他们放任自流。但是，其他的原则阻碍了他们发起这一纯属宗教领域的行动。对自由与幸福的热爱，这两种感情促使新教的领导者们强烈反对这一方案，因为这种行为极端违背了至今为止指引着他们前行的准则。

如果宗教改革者允许新教徒肆无忌惮地行动，并摧毁教会的所有神职人员，那么他们就不可能公正地保有教会的巨额财富。这些财富要么在占据神职的新教牧师中分配，要么就将落入女王之手，而它们之中的绝大部分正是从这位君主的祖先手中流出的。这个计划虽然符合许多人狂热的宗教信仰，但在执行时却伴随着各种各样的危险。教会曾经攫取了许多国家财富，他们所占据的远远超出了能够满足人民幸福的那一部分。贵族们因而决定起身与这种邪恶的行为斗争，他们要防止这些财富再度回到教会的手中。他们的这种行为将会给苏格兰的政体带来巨大的危险，但没有人关注如何尽早避免它。即便是苏格兰君主手中已经受到了极大限制的王权也成了贵族们嫉恨的目标。如果他们允许君主夺取教会的财产，王权就会随之增强，并且变得不受控制。曾经在欧洲最人微言轻的苏格兰王顷刻间就会成为一个完全不受约束的大独裁者，亨利八世的统治就是最近的一个明证。亨利八世通过对修道院的镇压获取了源源不断的财富，这些钱不仅改变了他统治国家的原则，也改变了他本人的性情。他在此前曾服从于他的议会，努力讨好他的人民，而今却蛮横地对议会颐指气使，并以前所未有的残暴统治英格兰人民。如果他没有制定目光短浅的政策，如果他没有对财富"取之尽锱铢，用之如泥沙"的话，他就将在英格兰建立起绝对专制的王权，其根基也会坚如磐石，任何臣子都将难以撼动。在苏格兰，教士富可敌国，而攫取教会的土地对于王权而言至关重要，对于贵族来说也十分致命。因此，贵族们起而反对王权的增强，并希冀因此确保自身的独立。

贵族们的贪婪中掺杂了对自身利益的关注。女王对教会财产的重新占有，或是将之赐予新教牧师，这两者对于贵族与修道院院长们而言都是致命的打击。前者曾以暴力手段掠夺了教会的部分财富，后者则彻底使他们放弃了神职。但是，由于议案对他们的掠夺物予以认可，他们便开始竭力推动其在大会中通过。对于天主教的神职人员而言，虽然其收入中有三分之一都被削减，这使得他们心怀不满，但是在目前的形势下，他们也愿意弃车保帅。而且，他们本以为会一无所有，这样的结果对他们而言已经是意外之喜了。许多传统的高级教士都出身于贵族世家，他们对于恢复天主教信仰早已失去了信心，因此希望教会的资财能够由自己的亲族而不是女王继承。在这种动机的驱使下，他们纵容贵族的掠夺，甚至为虎作伥，将教会的财产在亲族中分配，并且还将教会土地的永佃权与征缴什一税的特权授予他们，由此使得贵族的侵掠披上了合法的外衣。至今还存有许多当年转让土地的凭据，尽管它们已经是断简残篇了。贵族们在神职人员的帮助下日益扩大他们的侵掠，并逐渐将最具价值的财产从教会手中剥离。甚至是那占三分之一的、为了平息新教牧师的喧嚷以及满足王室所需的财产也已经所剩无几。在这三分之一应当上缴的款项中，大贵族——尤其是改宗新教的大贵族几乎全部得到了豁免，至于其他人，要么上交了成色不纯的铸币，要么折合为谷子等价值很低的实物税，这些行为加上征缴者的放纵都使得最终收缴的款项在数量上大打折扣。贵族们对这一策略非常满意，因为这使他们能够用最少的花费保住最大的收益。

新教牧师没有从这一政策中获取多少实利。他们发现这一方案更多的是激起了人们的贪欲，而不是将之消灭。那些在此前一手遮天的大人物现在对他们的抗议充耳不闻。圣安德鲁斯修道院院长、阿盖尔伯爵、莫顿伯爵和梅特兰，所有这些最为热忱的新教领袖都被委派去分配众人的薪俸，不过，人们却把"分配"称之为"削夺"。他们将一百苏格兰马克慷慨地用于支付绝大多数大臣的薪金，而那些显贵们则获得了三百马克。至于新教教会这个由法律确立起来的国教组织，这个在国中被人们视为真正属于上帝的组织，则仅仅获得了两万四千苏格兰镑用以维持牧师们的生计。即便是这笔钱也很少得到有力的执行，大臣们也一如往常地贫困不堪。

[1562年] 女王温和的治理与宫廷的优雅在一定程度上缓和了贵族的凶猛，并使他们逐渐适应了温柔与仁慈。与此同时，她的风度与权威也在一定程度上阻遏了他们那好勇斗狠、结党相争的风气。然而，由于国家的安定有序并不是封建贵族政体的本质，所以这种平静不可能长期维持下去，而这一年也将因为国内各种矛盾的大爆发而被载入史册。

一位君王在苏格兰强大且独立的贵族中不会拥有多大的权力，也无力享有广泛而有效的司法权。利益的冲突、财产归属的不确定、人民暴动的频发以及他们暴力的行事方式都在世家大族之间播下了仇恨与争斗的种子。这些争斗，正如我们所评说过的一样，常常依靠暴力而不是法律来解决。愤怒的贵族不会向君主求助，也不会承认他的权威，而是率领着自己的扈从肆意践踏对手的领地。每一个贵族都将仇恨连同自己的财富与荣耀一道传给了后世的子孙，他们也必须义不容辞地贯彻祖先的意志，完成对世仇的报复。

汉密尔顿家族与博斯威尔伯爵之间就存在着这样的纠纷。在近期的暴动中，双方互有伤害，彼此之间的仇视就更加深刻。阿兰伯爵与博斯威尔伯爵同朝为官，他们的侍从常常在爱丁堡的大街上发生争斗，在2月激起了危险的骚动。最终，在他们的同僚，尤其是诺克斯的调解下，双方达成了和解，尽管这是一场不幸的开端。

几天之后，阿兰伯爵拜访了诺克斯，他以极大的恐惧与惶惑先是向诺克斯，随后又向圣安德鲁斯修道院院长坦白了一件事，即：为了夺取行政大权，博斯威尔伯爵与汉密尔顿家族成员密谋刺杀修道院院长、梅特兰以及女王的其他心腹。沙泰勒罗公爵将修道院院长视为竞争对手，他认为圣安德鲁斯修道院院长夺取了女王对他的喜爱，并把持了朝廷的大政，而这本应属于流淌着王族血液的自己。在两党相争期间，博斯威尔伯爵受到了修道院院长的许多伤害，因此仍然对他恨之入骨。但是，他与汉密尔顿家族是否因为共同的目标而结成了同盟？这场阴谋又是否仅仅存在于阿兰伯爵那疯狂的想象之中？关于这两个问题，史学家的争论与史料的缺乏都使之难以有所定论。那些受到愤怒与报复心影响的人也许会表达自己极端的情感，也可能会提出罪恶的建议。因此，很有可能是阿兰伯爵紊乱的想象构建了整个阴谋的框架。所有受到指控的嫌犯都会自信满满地否认自己的罪行，但是，人性与那个时代暴力的风气给这次指控的成立增加了极大的可能性，也为大臣们的行为给予了辩护——他们已经将博斯威尔伯爵、阿兰伯爵以及其他几名元凶分别监禁了起来，并迫使沙泰勒罗公爵交出了坚固的丹巴顿城堡（Castle of Dumbarton），这座城堡是他在1554年辞去摄政之时才获得的。

亨特利伯爵（George Gordon, 4th Earl of Huntly, 1514—1562）针

117

对圣安德鲁斯修道院院长的阴谋隐藏得更深，并引发了更加惹人注目也更具悲剧性的事件。亨特利伯爵乔治·戈登（George Gordon, 2nd Earl of Huntly, 1441—1501）曾经是起兵反抗詹姆士三世，并将王子詹姆士四世扶上王位的众多贵族之一。他获得了詹姆士四世的信任，这位慷慨的国王赏赐给他许多珍宝，从而使得本就资财丰饶、权力庞大的戈登家族更加炙手可热。在詹姆士四世崩逝之后，第三代亨特利伯爵亚历山大（Alexander Gordon, 3th Earl of Huntly,？—1524）被任命为北境总督①。他抛下了那群在朝中争夺官位的大臣，独自前往苏格兰王国的北境，在那里，他宛若一个独立的君主，富可敌国、权重望崇。北境的豪强都担心其领地的扩张，但却无力抵御他的侵蚀。一些对手被他暗中消灭，另一些则因公然的武力威胁而屈服。他的财产远超任何一位贵族，而他的领地与司法权也拓展到了北方各郡之中。在漫长而又脆弱的两位幼主当政时期，在国民暴动的冲击中，权倾朝野、甲第连天的亨特利伯爵原本可以满足自己的任何非分之想。不过，对于王权而言幸运的是，活跃与冒险并不是这个家族的风格。并且，无论亨特利伯爵心里在打什么算盘，他都更加愿意使用政治手段去实现自己的目标，而不是公然使用武力。

如今的这位亨特利伯爵在暴动中的行为可以说十分符合这个家族在当下的性格：诡谲多变。当圣会的成功尚不明确时，他就帮助摄政太后努力剿灭他们；当他们的前途开始出现光明之时，他又假

① 这并不是一个固定的官职，原文为："Lord-lieutenant of all the counties beyond Forth"，"Lord-lieutenant"是英格兰与苏格兰掌管各郡军事、治安的长官，每个郡各有一名，而詹姆士五世给予亚历山大极大的信任，将福斯河（River Forth）以北各郡的军事与治安都交托给他掌管，其职权相当于总督，因此将其译为"北境总督"。——译者注

意决定加入圣会，但从未真心地支持圣会的事业。相互斗争的两党都讨好他，也畏惧他，双方都默许他在北境的侵掠之举。由于亨特利伯爵知道如何将诡计与武力用在合适的地方，因此他的权力与财富与日俱增。

他警惕地注视着圣安德鲁斯修道院院长日渐增长的名望与权势，并将其视为独占了女王宠信的竞争对手。在他看来，狂热信奉天主教的自己更加适合这份宠信。人身攻击很快就增加了由权力竞争引发的矛盾。女王决定嘉奖圣安德鲁斯修道院院长，她敕封其为伯爵，并选择马尔作为他的封号，因为他的功绩正是源于这片土地。为了使其更好地守护自己的荣誉，女王将马尔地区也封赐给了他。这里原本是王室土地的一部分，亨特利伯爵已经占据了多年。[2月1日]在这种情况下，伯爵不仅抱怨自己遭受的损失，而且还因领地中心出现了一个如此强大的竞争对手而担心不已，这个对手不仅有能力与之相抗衡，而且还能激使他手下那些饱受奴役的封臣起而摆脱他的束缚。

[6月27日] 一场意外更加坚定甚至是增强了亨特利伯爵的疑虑。他的三子约翰·戈登爵士与奥格尔维勋爵（James Ogilvy, 5th Lord of Ogilvy of Airlie, ？—1606）因地产归属问题发生了争执，这一争端最后成了一场致命的争吵。他们很不幸地在爱丁堡的大街上偶遇，双方都带着武装扈从，随后便扭打在了一起。在打斗中，奥格尔维受到了来自约翰爵士的严重伤害。治安官抓捕了违法者，女王则下令将其严加看管。在任何政体下，这样扰乱公共治安与和平的行为都会受到一定程度上的处罚。此时，为了维护女王的权威，实施严厉的惩处是十分必要的，因为这是女王自归国以来受到的最严重的侮辱。但是，在那个适应了特许与混乱的年代里，即便是女王下令拘押犯人——这种对权力的谨慎行使，在贵族们看来也是一件令人

118

难以容忍的严苛行为。贵族们开始召集他们的封臣与附庸，准备威慑或阻挠司法的执行。就在此时，戈登爵士越狱出逃，一路奔逃至阿伯丁郡，并在沿途大声哭诉自己所受到的侮辱。由于许多人将女王在此时的行为都归咎于马尔伯爵的教唆，这件事也极大地增加了亨特利伯爵对他的愤怒。

[8 月] 正当这些情绪在亨特利伯爵及其家人的脑海中持续发酵之时，女王开始了她在北境诸郡的巡行，马尔伯爵、莫顿伯爵、梅特兰以及其他圣会领袖随侍左右。一国之君的尊号比亨特利的威名还要响亮，一国之主的权力也比他的要大，这在许多年里一直约束着这位傲慢的贵族。但是，一旦女王完全处于马尔伯爵的控制之下，她的所有行为都易于受到歪曲，并会被理解为对亨特利伯爵的伤害。许许多多的事件都会激起伯爵的警惕，并迫使他不得不保护自己的尊严，同时也会激起他的愤怒。在如此众多的激烈情绪的煽动之下，爆发就在所难免了。

亨特利伯爵的妻子是一个足够机敏地完成任务的女人，在玛丽抵达北境之后，伯爵派她前去讨好女王，并伺机为他们的儿子求情。但是，女王强硬地要求他必须自己前去受审，并且信任她的仁慈。在母亲的劝说下，戈登爵士同意了女王的要求。玛丽下令将其押赴斯特灵城堡中监禁，他也服从了这个命令。厄斯金勋爵在那时负责掌管斯特灵堡，他是马尔伯爵的叔叔。女王的严厉以及她监禁戈登的地点被解释为马尔伯爵愤怒的象征，并再度增加了戈登对他的憎恨。

[9 月 1 日] 约翰·戈登爵士开始向斯特灵出发，但是，他并没有兑现向女王做出的承诺，而是再度出逃，并回到他的家乡担任侍从们的指挥官，他们已经全副武装，并遍布北境。此事注定会引发战争，他的父亲也暗中打算立刻杀掉马尔伯爵、莫顿伯爵与梅特兰

这三个最主要的政敌。对于暗杀这种阴谋而言，虽然谋划者早已确定好了时间与地点，但在执行时却往往会发生一些插曲，这些意外总是能扰乱计划的施行并震慑住刺客的内心，从而使整个行动功亏一篑。亨特利的城堡位于斯特拉斯伯吉（Strathbogie），那里的房屋宽敞，十分适于施展暗杀行动。但是，玛丽在前往斯特拉斯伯吉的途中听闻了戈登爵士的逃亡与背叛，因此大发雷霆，并拒绝进入其父的宅邸。这场幸运的怒火因而挽救了大臣们的生命。

　　这次个人报复的失败激使亨特利伯爵公然举兵反叛。由于女王完全处于其政敌的控制之下，因此伯爵不可能在不违背效忠誓言的情况下杀死他们。玛丽甫一抵达因弗内斯（Inverness），早已接获伯爵命令的城堡指挥官就下令关闭了城门，并拒绝女王一行入内，玛丽女王因而不得不寄居于城镇之中。那里是四战之地，无险可守，很快就被伯爵的扈从团团围住。身边只有少数侍卫的女王惊惶不已，她每时每刻都在期盼着反抗者的来临，一些战舰也确实已经在河中待命，准备带她逃离。芒罗、弗雷泽、麦金托什以及其他忠心耿耿的氏族起兵前来勤王，并将女王从危险中拯救了出来。在他们的援助下，玛丽甚至攻克了因弗内斯城堡，惩罚了无礼的指挥官。

　　这一公开的叛乱促使女王决定采取迄今为止对待亨特利伯爵的最为严厉的举措。斯图亚特此前出于利益上的考虑放弃了自己的马尔伯爵领地，女王如今则将其赏赐给了厄斯金勋爵。与此同时，她又将斯图亚特封为默里伯爵，这片领地早在 1548 年就已经被亨特利伯爵所占领。伯爵从这次对其领地的侵占中推断出自己的家族迟早要遭受灭顶之灾。戈登家族所获得的领地都是历代先王赏赐给他们的，目的在于褒奖他们的功绩，以示君主对他们的感谢。如今，亨特利伯爵担心这些封土会遭到逐步的剥夺，因此他不再掩饰自己的意图。为了表达对王命的蔑视，他公然举兵，树起了反旗。伯爵的部下没有遵从女王的命令，他们并没有将那些险要之处交给王室，而是将女王派来占领这些土地的部队分割开来。伯爵本人则亲率大军杀奔阿伯丁，女王与她的朝臣们如今正退守在此处，他们全都惶恐难安。默里伯爵的部队中只有少数人能够信任，为了组建一支大军，他不得不向邻近的贵族们求助，但是大部分贵族要么支持亨特利伯爵，要么慑于他的淫威而不敢发兵，因此默里从他们那儿难以觅得有效的援军。

[10月28日] 然而默里伯爵还是率领着这支"乌合之众"迅速向敌军杀去，因为他从拖延中得不到任何好处。伯爵在克里奇（Corichie）与敌军相遇，并占据了要地。他命令手下的北方士兵立刻发起进攻，但敌军刚刚开始行动，他们就作鸟兽散了。亨特利伯爵的士兵见状，立刻扔下手中的长矛，拔出佩剑就去追杀逃敌，就连队列也无暇相顾。默里伯爵在那时经受住了考验，他沉着冷静、指挥若定，与手下一群忠诚的士兵屹立在高地上。他们将长矛对准了敌军，凭恃超乎强敌想象的果敢承受住了他们的攻击。高地宽刃剑并不适于同苏格兰长矛作战，长矛的优越性已经在历次内战中得到了证明，它也总能决定战斗的胜负。因此，亨特利部队混乱的攻击很快就被默里坚固的军阵挫败。这一出乎意料的抵抗引发了亨特利一方的混乱，他们尚未从中恢复，原本临阵脱逃的北方士兵由于想重新赢回胜利者的信任而再度向他们杀来，并将其彻底击溃。肥硕的亨特利伯爵在溃逃中被乱军踩踏而死，他的儿子约翰与亚当这两位爵士也被生擒活捉。至于默里伯爵，则是"鞭敲金蹬响，人奏凯歌还"。

朝廷对俘虏的审讯十分简短，在战役结束后的第三天，约翰·戈登爵士便在阿伯丁惨遭斩首。他的弟弟亚当则由于年幼而获得了女王的宽赦。戈登勋爵（Alexander Gordon）没有公开参与其父的反叛，他在南方被捉。法官在审讯中发现了他的罪行，但仁慈的女王赦免了对他的惩罚。议会以严苛的法律对这个庞大的家族提起诉讼，并将其权力与财富削夺到了所剩无几的地步。①

由于亨特利伯爵的覆灭是这年最为重要的事件，因此，我在这里打断对这一事件的叙述，并将注意力转向另外的小事上是不妥的，

---

① 亨特利伯爵的阴谋是苏格兰史上最神秘，也最复杂的案件之一。虽然这纯粹是苏格兰的内政，也鲜有英格兰人对此事感兴趣，我们还是在塞西尔的收藏中发现了一些关于此案的原始档案，其中也包含了关于这一事件的大量佐证与信息。

布坎南猜测玛丽女王阴谋消灭默里伯爵，因此利用了亨特利伯爵。但是，他对整个事件的解释似乎显得太有违事实了，即使其推论是可能发生的，但他的解释也依然缺乏系统的论证。在那时，玛丽缺乏权力，似乎也没有用暴力反对其兄弟的意愿。

关于这件事还有两种解释，但它们似乎也同样与事实不符：

一、女王到北境巡行并不太可能是默里伯爵用于毁灭戈登家族的阴谋，理由在于：

1. 直到女王起驾返回之前，亨特利伯爵都一直随侍左右，这是个抓捕他的好时机。阿伯丁郡是他的大本营，且封臣遍布其中，在那里对他发起攻击实在是一个既荒谬又冒险的计划。

2. 女王身边的部队并不足以发动任何一场针对亨特利伯爵的攻击，她的侍从也不比和平时期的要多。

3. 目前还存在两封谈及这场阴谋的书信。一封出自英格兰大使兰道夫之手，另一封则出自梅特兰之手，两封信都是写给塞西尔的。他们都将亨特利的行为描述为大逆不道的叛乱。兰道夫提及了他对默里伯爵的反复刺杀行动，他也没有提到任何有关玛丽的大臣打算消灭亨特利及其家族的暗示。兰道夫有责任发现这类阴谋，梅特兰也不应该对英格兰大臣有所隐瞒。

二、猜测亨特利伯爵制订了一个捉拿女王及其大臣的计划似乎也是不可能的，理由如下：

1. 在女王抵达北境之后，他诚挚地努力争取她的喜爱，并力求女王赦免他的儿子。（转下页）

但我们还是要开始讲述这件事情了。

在这年夏初，急于同伊丽莎白女王结成友好同盟的玛丽令梅特兰向她发出了私人会面的邀请，地点定于英格兰北部。由于这一建议无法遭到正式拒绝，因此双方很快就对会谈的时间、地点等事项达成了共识。不过，伊丽莎白足够谨慎，她不会准允一个在美貌与风度上都比她闪耀、在奉承与演讲的技巧上都远胜于她的对手进入自己的王国。她假借自己必须留在伦敦以随时关注法兰西的内战，推迟了这次会面，并成功地防止了她的臣民一睹苏格兰女王的风采。她嫉妒玛丽的美丽与优雅，也有理由对她产生畏惧。

这年的宗教会议一共召开了两次[6月2日与12月25日]。在这两次会议上，代表们都抱怨了教会的贫穷与受到的束缚，许多人也数落了那些征款的官员，他们责备这些人的粗心或者说是贪婪，它们使得牧师们赖以生存的资金变得少之又少。宗教大会向女王提交了一份请愿书，请求女王平息代表们的不满，但毫无用处。玛丽女王没有理由会批准这样的申请，她的大臣虽然都是忠诚的新教徒，但由于这些人已经因继承教会的财产而变得富有，他们便不再关心同胞们的贫困与要求。

（接上页）2. 亨特利伯爵在此期间总共两次面见女王，一次是在阿伯丁，另一次是在罗塞美，如果他此前曾有意隐匿了自己的阴谋的话，为何他没有在这两次面见时采取行动？

3. 他的行动优柔寡断、摇摆不定，就像是一个由于难以预知的危险而惊慌失措的人，不像是一个即将准备执行既定方案的叛乱者。

4. 亨特利计划中最为重要的人在此期间臣服于女王，并找了担保人以向她宣誓效忠。如果伯爵此前就准备起兵对抗女王并抓捕其心腹大臣的话，他应当事先就知会了主要的仆从，而他们也不会以效忠女王这种方式背弃伯爵。

对于上述推断，我的观点是：一方面，默里伯爵没有策划任何意图摧毁戈登家族的阴谋；另一方面，我认为，亨特利的反叛应归咎于他突然产生的愤怒，他没有任何预谋过的反叛行为。——原书注

[1563 年] 玛丽女王已经寡居了将近两年。她的温和统治赢得了臣民的心，他们都开始为她的婚姻而焦虑不已，并希望王位能够在古老的正统王族中继续传承下去。玛丽女王是那个时代最为和蔼的女人，她风度翩翩、名望颇高，已经是一个王国的统治者。此外，坊间还传言她即将登上另一个王国的王座，这些都促使许多国王、王子迫切地请求与她联姻。苏格兰的地理位置极其重要，无论谁得到了这个王国，都会增加自己的权力砝码。因此，整个欧洲都在焦急地等待着她的决定。与玛丽女王的婚姻相比，没有哪件事能够激起强烈的政治恐慌与猜忌，也没有哪件事能够深刻地刺激到数位国王的神经，或是引发他们之间的明争暗斗。

哈布斯堡家族的皇子们仍然记得法国的宏图是建立在他们同玛丽女王的联姻基础之上，虽然亨利与弗朗索瓦的突然死亡令这些计划最终化为了泡影，但只要玛丽仍然在法兰西的王子中择偶，他们的宏图伟业就会立即复活并得到更加成功的贯彻。

为了防止这件事发生，神圣罗马帝国皇帝与洛林枢机主教（Charles, Cardinal of Lorraine, 1524—1574）举行了会谈，这位枢机主教建议将玛丽嫁给斐迪南德的三子查理大公，并且将此事告知了玛丽。此时正在帕拉丁选侯身边当差的梅尔维尔接到了女王的命令，要求他打探大公的性格与境况。

腓力二世虽然担心玛丽再度落入法兰西的手中，但他也嫉妒叔叔费迪南德获得如此重要的砝码。此外，由于他想要掌控欧洲的所有王国，因此委派自己在法国宫廷中的大使劝说洛林诸侯将玛丽嫁给唐·卡洛斯，他在当时是西班牙的所有广袤领地的继承人。

同时，美第奇的凯瑟琳担心苏格兰女王会嫁给任何一位哈布斯堡家族的皇子，这既会令他们的权势大增，也会同样增添他们的傲慢。她对洛林诸侯的猜忌使她反对他们同哈布斯堡家族的联姻，因为这既会使他们获得皇帝或西班牙国王的庇护，并助长他们那胆大狂妄的性格，也会令他们建立起能与王权相匹敌的权势，虽然他们已经在公开挑战王权了。由于凯瑟琳惧怕哈布斯堡家族的这个耀眼的提议会令年轻的女王目眩，她便立刻派遣卡斯泰尔诺（Michel de Castelnau, 1520—1592）前往苏格兰，建议玛丽女王嫁给安茹公爵，他是玛丽前夫的兄长，很快就将登上法兰西的王位。

玛丽认真地权衡着众多追求者的请求。查理大公除了高贵的出身之外几乎一无是处；对于与其前夫的兄长结婚这件事，亨利八世的例子已经给了她警告；她也不会接受再度以王后的身份前往法兰西。因此，玛丽偏爱于西班牙的建议，能够获得如此巨大的权力与如此广袤的领地也刺激着年轻而又胸怀大志的女王的野心。

然而，此时发生的三件大事令玛丽不再考虑与外国人的联姻。

首先是其叔父吉斯公爵（Francis, Duke of Guise 1519—1563）遇刺身亡。公爵的暴虐与野心令自己的祖国陷入了内战，他本人则在其中翻卷风云、所向披靡。最终，公爵围困了奥尔良这座胡格诺教徒的堡垒，并将这座城市逼上了绝境。正当此时，吉斯公爵却被狂热的波尔霍特（Jean de Poltrot, 1537—1563）刺杀。这个打击对于苏格兰女王而言是致命的。年轻的公爵尚未成年，洛林枢机主教虽然狡猾并且诡计多端，但缺乏勇敢与冒险的精神，而这正是他的兄长如此强大的关键所在。凯瑟琳没有支持玛丽的野心，也没有满足她的要求，恰恰相反，她很乐于抑制前者，挫败后者。在这种情况下，加之少了一位庇护者，玛丽有必要收回她的视线，而且要小心行事。无论前方有着怎样的利益，她都不能冒险采取行动。

第二个对玛丽女王产生影响的是英格兰女王的态度。没有哪个国王会像伊丽莎白那样对苏格兰女王的婚姻极感兴趣，她也焦急地关注着玛丽的选择。伊丽莎白本人似乎早已下定决心终身不嫁，但她并没有表现出要将这个观点强加给苏格兰女王的想法。她已经体验过玛丽利用权力与谎言侵犯她的领域，并干扰她对英格兰王位的保有。弗朗索瓦二世之死令伊丽莎白幸运地从这一危险中摆脱出来，而当她正决定全力以赴地谨慎应对未来的威胁时，哈布斯堡家族的贪欲永无餍足，他们是天主教信仰的公开且坚定的庇护者，这使她十分畏惧。因此，她给兰道夫下达了指令，只要苏格兰方面表现出一丝想要同哈布斯堡家族联姻的意愿，他就要竭尽全力地表示抗议。此外，她还令兰道夫告诉玛丽，伊丽莎白本人将会把这样的联姻视为玛丽违背了她们曾经结成的美好的友谊，英格兰方面也将会认为她主动解散了两国缔结的同盟关系。为了保护英格兰的信仰与自由，他们也很可能会采取行动侵犯玛丽对英格兰王位的继承权。正如玛丽所明白的那样，他们有足够的权力与理由剥夺她的这一权利。伊丽莎白在威胁玛丽的同时，也向她做出了承诺，但使用的却是含糊不清的言辞。她保证，如果玛丽选择的丈夫符合英格兰人民的意愿，她就会指派专人去研究玛丽对英格兰王位的继承问题，如果这一继承有合法的依据，她就会进行公开的认可。然而，关于什么样的人选才是她想要的答案，伊丽莎白却保持了神秘的沉默，并且表示希望苏格兰女王自己做出选择。对这一秘密的透露将留给日后的谈判。与此同时，她否认了一些模糊的暗示，这些传言指出，一个本土的英格兰人，或是一个并非王族出身的人对于伊丽莎白而言是最为安全的选择。这个命令式的建议毫无疑问地令苏格兰女王倍感屈辱，但是在目前的形势下，她不得不承受这份耻辱。虽然有许多外国势力都会帮助她夺取英格兰的王位继承权，但她还是要讨好这个对手，倘若没有受到明显的差辱，她是不会冒险与之对抗的。

　　苏格兰臣民的意见是第三件影响到玛丽的事，而且还是一个不小的因素，这令玛丽必须予以关注。苏格兰的大臣们仍然对玛丽的

123

第一段婚姻心有余悸，并吸取了教训。他们担心与任何一个强大的君主联姻是因为：他的权力也许会被用来镇压他们的宗教与自由。他们惧怕女王与外国王公的婚姻，并且，如果王权因为获得了新的领地与联盟而得到增强的话，他们就能预料到王室的特权将会很快打破传统与法律的限制。他们阻止这一联姻的意愿由于英格兰的再次援助而实现了。伊丽莎白做好了一切准备以帮助他们阻止这个违背其意愿的做法，而且他们也可以轻易控制玛丽女王。在英格兰舰队的支援下，他们不会令任何一个王公显贵轻松踏上苏格兰的领土。天主教徒在苏格兰已经无足轻重，他们也因亨特利伯爵的覆灭而心灰意冷，因此不会对他们的计划构成威胁。人民对于外国奴役的痛恨会激起怎样的极端暴行，玛丽也已经亲身感受过了。

上述原因促使玛丽放弃了同外国王公联姻的想法，并且似乎想要牺牲自己的野心以打消伊丽莎白的疑虑，进而平息其臣民们的恐惧。

当年，议会召开了自玛丽女王归国以来的首次会议 [5 月 26 日]。玛丽的统治到这时为止都很受欢迎。她的大臣赢得了国民的信任，议案获得了全体一致的通过。议会确认了授予默里伯爵圣安德鲁斯修道院院长的敕令；亨特利伯爵及其封臣、附庸的财产一律予以褫夺；对格兰奇的柯卡尔迪及其在谋杀比顿枢机主教一案中的共犯，则撤销先前的控诉；《爱丁堡条约》中提到的赦免法案也获得了王室的批准。但是玛丽从未决定批准整个条约，因此她提醒众臣，这一批准不应视为整个条约的生效。她仅仅是因为臣子们的谨慎才同意了这一赦免，因为他们跪在玛丽的面前恳求她为了平息人民的猜疑与恐惧而批准这项法案。

议会没有做出努力，以促使女王批准在全国确立新教信仰的法案。她的大臣们虽然是热忱的新教徒，但他们知道这一法案不可能在没有流血的前提下获得通过。在他们的影响下，玛丽同意容忍并保护新教教义；他们还劝说她监禁并指控圣安德鲁斯大主教与威索恩修道院院长，因为他们公然举行违背女王敕令的弥撒。不过，玛丽仍旧虔诚地信奉着天主教。虽然她出于政治目的而暂时给予自己厌恶的新教以庇护，但她是不会同意将之作为国教而永久地确立下来的。天主教徒的克制是能够令玛丽暂时接受新教信仰的最佳原因，时间也许会减轻她的固执，其偏好也许会逐渐消磨，并最终屈从于人民的意愿，而他们也无法用暴力强迫女王就范。许多重要的法案在议会中提出，这些徒劳与不合时宜的请求若是遭到女王的驳回，那么对于议员个人与人民而言都会是一种伤害。

　　狂热的新教牧师对那些慎重且明智的考虑置若罔闻。迫切与焦急使他们无法容忍拖延，严厉与顽固使他们不会做出任何让步。他们的首脑着重指出，这次以立法的形式将新教确立为国教的机会不容忽视。他们断言，那些克制的朝臣已经背叛了自己的宗教，也认为这些人争取女王的努力是屈辱而且卑贱的。诺克斯正式宣布与默里伯爵断交，因为他盲目地为玛丽女王效劳，忽视了他至今为止都视为神圣的目标。这一关系破裂有力地佐证了默里伯爵在那时对女王的忠诚，它持续了大约一年半的时间。

　　牧师们现在对那些曾经给予了极大信任的人感到失望，他们于是在布道坛上宣泄自己的不满。这些指控比此前针对愚信的宣讲还要响亮，伴随着对女王同外国王公联姻的阴沉预感，伴随着对那些因私利而背弃新教事业的教徒们的沉痛控诉，他们曾以为这些人会用荣誉贯彻自己的信念。这些激烈的宣言为鲁莽的狂热所支配，并影响到了人民，最终使他们投入了轻率与无理的暴力行动中。[8月]女王因前往西部巡行而不在朝中，圣十字宫的礼拜堂在此期间依然举行天主教的弥撒，这里的集会激怒了爱丁堡的市民，他们现在暂时不受女王的约束，群集起来以暴力的方式打断了天主教徒在那里的弥撒，这使他们惊慌失措。爱丁堡市政当局逮捕了两名元凶，并确定了审判他们的日期。

[10月8日]诺克斯认为他们的狂热是值得赞赏的，其行为也值得称赞，因而认为他们是伟大事业的牺牲者。为了保护他们免于危险，他发布了一封公开信，要求那些真正信奉新教，或者是关心护教者的教徒在审判日当天前往爱丁堡集会，因为他们的出现也许可以拯救不幸的兄弟们。其中一封信落入到了女王的手中。未经君主许可就召集民众的行为在当时是叛国之举，女王因而下令御前会议对诺克斯进行审讯。[12月15日]幸运的是，审讯诺克斯的法官不仅是狂热的新教徒，而且在近期的暴动中公开抵制并抨击女王的权威，当时诺克斯还庇护了他。这些御前大臣们很难找出他的罪行，倘若诺克斯有罪，那么他们似乎也应一并受罚。经过漫长的审讯之后，出乎莱辛顿与其他朝臣的意料，诺克斯竟然被无罪释放。罗斯主教辛克莱尔（Henry Sinclair, Bishop of Ross，1558—1565年在位，1508—1565）是民事法院的主席，他虽然是虔诚的天主教徒，但是衷心地赞同其他大臣们的判决。这个清楚的事实体现了那个时代政府中的不稳定因素，君主的权力在逐步下降，而臣子对王权的侵犯不仅无罪，而且开始被视为神圣。

[1564年]苏格兰女王的婚姻仍旧是被关注与被陷害的目标。伊丽莎白想要指挥她，而且对其没有以礼相待；虽然她令玛丽充满了疑虑，并常常暗示玛丽已经指定了她的丈夫，但是从未直接提起过这个人的名字。不过，玛丽在她的所有行动中都对英格兰女王表现出了恭谨的姿态，以至于各国王公都开始猜测她在心里已经接受了伊丽莎白对她的控制。这一联盟的表象警示着美第奇的凯瑟琳。她在此前很乐于给玛丽女王制造麻烦，并在吉斯公爵死后不久便做出

125

第三章 戈登阴谋与玛丽女王的婚礼

了令玛丽深感耻辱的事情：她停止支付玛丽身为法兰西寡后应当享有的国王遗产，并剥夺了沙泰勒罗公爵的津贴，此外还给自己的苏格兰护卫任命了一个法籍指挥官。尽管如此，她还是决定阻止玛丽与英格兰女王的联盟。出于这个目的，凯瑟琳使出了浑身解数以讨好这位她曾经多次攻击过的女人：她立即开始将弗朗索瓦的遗产定期付给玛丽，更多汇款也将在未来付清。此外，她不仅恢复了苏格兰在法国的特权，而且还扩大了他们的权利。玛丽轻而易举地就猜出了这种突然变动的动机所在，她太了解婆婆的性格了，因此并不急于宣布接受这份友谊——它来自一个既虚伪又冷酷的内心。

与英格兰的谈判并未受到法兰西太后的干扰。由于玛丽遵照臣民们的意愿，并受到了利益的驱使而果断地决定出嫁，伊丽莎白不得不打破了她迄今为止保持的沉默。秘密就此揭晓，伊丽莎白宣布，罗伯特·达恩利勋爵和莱斯特伯爵（Robert Dudley, 1st Earl of Leicester from 1564, 1532—1588）是她为玛丽这位备受诸国王室追求的女王所选择的合适人选。伊丽莎白在用人方面的智慧与洞察力是十分杰出的，她慧眼识英，能够分辨出朝臣中的人才。不过，她也受到两种截然相反的因素的影响，其中体现了朝臣们各自不同的价值：她在选择大臣之时只参考他们的办事能力、知识以及是否足够稳重；而在选择亲随之时却只看重他们的俊美与优雅、精明与诣媚。她一方面以女王的风范行事；另一方面却又暴露了一个女人的弱点，莱斯特伯爵就是因此而登上高位的。虽然他既无才华又无品行，但女王还是在任何场合中都偏爱于他。伊丽莎白赐予他最高的荣誉，并将之拔擢至显赫的官位上，且对他表现出了与其价值极不相称的宠爱。那个时代的人们只能将莱斯特的好运归因于命运的力量。

高傲的苏格兰女王不可能接受一个令她嫁给臣子的提议。她身

201

世显赫、地位崇高，曾经享受过一段辉煌的婚姻，目前也有众多强大的王公追求。这些纷纷涌入她的脑海中，使她认为伊丽莎白的建议是如此的无礼。然而，她在英格兰大使面前掩饰了自己的愤怒。她以强有力的言辞宣称两国之间的联盟业已濒于瓦解，因为它并没有给自己带来任何利益，而是受到了令自己如此不堪的屈辱。尽管如此，她还是用极为尊重的口吻谈及了莱斯特伯爵。

126

我们可以推断，伊丽莎白没有想到她的建议会以这样的方式得到玛丽的接受。她在给予莱斯特伯爵显赫的官位之后，还将自己的爱慕之心赐予了他。那时的伯爵仍然深蒙圣宠，因而伊丽莎白不太可能将他让与别人。她的目的不是劝说玛丽，而是糊弄她。玛丽女王返回苏格兰之后已经过去了三年，尽管苏格兰的臣子们苦苦地哀求，在欧洲也有许多王公不断追求她，但玛丽至今仍然未能结婚，这主要是伊丽莎白从中作梗。当时，倘若英格兰女王能够说服玛丽听从她的建议并接受莱斯特伯爵的话，伊丽莎白的权力就能使她任意延长谈判的时间。并且，通过使自己的对手保持不婚的状态，她也能够令英格兰人更难接受玛丽的继位。

莱斯特伯爵自己的处境也十分的微妙与尴尬。能够获得那个时代最为可爱的女人，能够在众多角逐的王公中胜出并最终爬上一个古老的王座，这些都刺激着他作为臣子的雄心。伯爵毫无疑问地看到了这些好处，并在心中留下了深刻的印象。但是，由于担心自己会触怒伊丽莎白，因此他并不敢暴露内心的想法，也不敢追求这个如此有价值的对象。

另一方面，伊丽莎白对他表现出了毫不掩饰的偏爱，这使他希望在这个比苏格兰更加辉煌的国度中达到显赫的顶峰。伊丽莎白女王时常宣称，自己要孤独终老的决定以及莱斯特伯爵生而即为其臣子的事实，阻挡了她选择伯爵成为自己的丈夫。然而，这种慎重的考虑却常常被爱情所超越，莱斯特也渴望着爱情的力量终有一天会战胜政治准则与自尊的考虑。无论是现在还是将来，这些希望都使他认为，撮合他与苏格兰女王联姻的提议是一个旨在摧毁他的诡计。他将此归罪于塞西尔的阴谋，并认为正是此人打算以冠冕堂皇的借口颠覆他在两位女王心中的良好形象。

一位女王提出了联姻的计划，却惧怕它的成功；另一位女王听取了这样的建议，并在心中决定拒绝它。而作为当事人的男方却秘密地渴望着这项提议能够顺利进行下去，因为他可以借此获得利益与名望。这样的一份联姻条约在如此不利的条件下是不可能顺利实现的。然而，伊丽莎白与玛丽都在继续虚伪地进行着表演，前者虽然害怕失去莱斯特伯爵，却仍然代表他向玛丽提亲；后者虽然在这时将自己的目光投向了另一个英格兰贵族，但是不敢贸然拒绝伊丽莎白所钟爱的大臣。

玛丽开始考虑的另一个人是伦诺克斯伯爵的长子达恩利勋爵亨利·斯图亚特（Henry Stewart, Lord Darnly, 1545—1567）。伦诺克斯伯爵在沙泰勒罗公爵担任摄政期间遭到了放逐，过了将近二十年的流放生活。他的妻子玛格丽特·道格拉斯夫人（Margaret Douglas, Countess of Lennox, 1515—1578）是玛丽在英格兰王位继承权上最危险的竞争对手。她是亨利八世的大姐玛格丽特（Margaret Tudor, Queen consort of Scots from 1503 to 1513, 1489—1541）同安格斯伯爵（Archibald Douglas, 6th Earl of Angus, 1489—1557）所生，其母在前夫詹姆士四世崩逝之后嫁给了她的父亲安格斯伯爵。那时的继承权与继承顺序与现在的并不相同。时间与几乎随时都可能发生的事件最终形成一个涉及继承的案件，而这个案件裁决的结果往往取决于法官的任意曲解，或是他们丰富的想象力。伦诺克斯伯爵夫人虽然由于其母的第二段婚姻而出生，但与英格兰王室的血缘关系却比玛

127

丽更近。她是玛格丽特·都铎的女儿，玛丽却只是她的孙女。[①] 这不仅仅是她相比玛丽所具有的唯一优势。她生于英格兰，根据这个王国的继承法，"未在英格兰出生者不得继承英格兰的任何财产，即使当他出生时，其父母正在为英王效劳"。[②] 英格兰的一位律师黑尔斯在那时写了一篇论文，并竭力论证这一原则在王位继承问题上的适用性。在个人案件中，这些借口也许会引起漫长的诉讼与争论，但在王位继承处于关键时刻，这种敏感的争论与标题却会被谨慎地避免。如果达恩利与任何一个强大的英格兰家族联姻，或者公开皈依新教的话，那些流行的花言巧语对于一个外国人或是一个天主教徒的继承要求来说就是致命的。[③]

玛丽心中很清楚。因此，为了阻止来自那里的危险，她努力与伦诺克斯家族保持友好的通信。1562 年，伦诺克斯伯爵与玛格丽特夫人都被伊丽莎白女王下令关押了起来，罪名就是他们与苏格兰女王秘密通信。

自从玛丽看到自己与外国王公联姻的困难之后，她就开始与伦诺克斯伯爵保持密切的联系，并邀请他返回苏格兰。对此，她有意隐瞒了伊丽莎白。然而，这种要事不可能逃过伊丽莎白的眼睛，她关注着两人之间的信件往来，但从未干扰过。比起苏格兰事务，没有什么能够入得了她的法眼，她也很乐于看到傲慢的苏格兰女王最终想要把一个臣子带到自己的闺阁之中。达恩利所具有的条件不会

---

① 玛格丽特·都铎与詹姆士四世生下了詹姆士五世，而玛丽正是詹姆士五世的女儿。——译者注

② 后半句指的是，即便这个人是英格兰人，但他的父母由于正在国外执行任务而将他生在了外国的土地上，他以后也不能继承父母在英格兰的财产。——译者注

③ 达恩利勋爵因为他的母亲而享有比玛丽更具优势的英格兰王位继承权，因此，如果他与一个英格兰家族或者一个新教徒联姻的话，黑尔斯律师的观点就会对玛丽的王位继承诉求产生致命威胁。——译者注

激起伊丽莎白的嫉妒与恐惧，他父亲的财产在英格兰，倘若玛丽更倾向于莱斯特伯爵的话，她便希望以此来完全掌控谈判，以此来玩一场正在筹划中的欺骗与拖延的把戏。

在两个王国合并之前，一国的臣子在没有得到两国君主的许可下是不可能自由前往另一个王国的。伦诺克斯伯爵以帮助妻子索回安格斯伯爵领为由，向伊丽莎白提出前往苏格兰的请求。申请甫一提出便获得了批准。伊丽莎白还赐给了他一些信件，为他请求苏格兰女王的友谊与庇护。不过，与此同时，由于令苏格兰事务陷入混乱与矛盾是伊丽莎白惯用的伎俩，她还警告玛丽，赦免伦诺克斯伯爵对玛丽女王而言是致命的，因为他的归来会成功复活他与汉密尔顿家族的古老仇恨。

这个警告令玛丽感到十分不快，并使得玛丽愤怒地答复了伊丽莎白，这暂时令两位女王之间的通信完全中断。玛丽在此事中受到了不小的惊吓，她担心惹怒伊丽莎白可能会招来的恶果，又感到了与英格兰失去联系后的不利局面，因为她的大使已经在那里通过秘密谈判为其争取到了一些支持者，也为她登上英格兰王位铺设了道路。为了扫除如今的困难，她委派梅尔维尔出访英格兰。梅尔维尔发觉实现和解并不是一件难事，并很快就恢复两位女王表面上的关系，尽管这不是信任，也不是友谊。

在这一谈判中，伊丽莎白对玛丽表示了她的关心，梅尔维尔也代表君主向伊丽莎白致以问候，双方的措辞都十分亲切与诚挚。但是，梅尔维尔对伊丽莎白的观察却十分客观："其行为浮夸、辞藻虚伪，言谈之中满是嫉妒与恐惧。"

由于已经获得了许可，伦诺克斯伯爵便整装出发。玛丽女王给予了他等同于君主的礼遇，而且待他像自己的亲人一样，这激起了他心中极大的希望。关于伯爵之子将迎娶女王的传言在苏格兰不胫

128

而走，所有的苏格兰人都将伯爵视为他们未来的君主。沙泰勒罗公爵是最先警觉起来的人，他将伦诺克斯伯爵视为汉密尔顿家族古老的世仇，并因其将来的显赫而预料到了自己与朋党的覆灭。但是，玛丽女王防止了任何带有暴力的破裂，并利用自己的影响力使双方达成了和解。

强大的道格拉斯家族仍然惧怕伦诺克斯伯爵的回归，担心他从他们的手中夺走安格斯伯爵领。但是，女王很清楚惹怒莫顿伯爵（Archibald Douglas, 8th Earl of Angus and 5th Earl of Morton, 1555—1588）以及其余道格拉斯家族的权贵们有多么危险，因此她劝说伦诺克斯伯爵放弃他的妻子对安格斯伯爵领的要求，以此换取了道格拉斯家族的友谊。

在这些准备工作完成之后，玛丽女王冒险召开了议会 [12 月]。1545 年通过的针对伦诺克斯伯爵的剥夺法案在这次议会上正式予以废止，伯爵也因此光明正大地恢复了其祖先的荣誉和财产。

[6 月 25 日和 12 月 25 日] 这年的宗教会议并没有重要的事件发生。宗教会议的代表们依然抱怨盲目崇拜的增强，同时表达了对新教牧师贫困状况的关心。女王对此的答复是迄今为止最为令新教徒满意的。尽管玛丽颁布了有利于新教徒的谕旨，但仍然无法消除他们的疑虑，他们依然怀疑玛丽正在策划针对新教信仰的阴谋。她从未同意接受新教牧师的布道，也没有减少她对天主教信仰那顽固的崇信。天主教在任何年代里都不知宽容为何物，即便在当时也仍然保留着暴虐与无情的特性。玛丽向她在欧陆上的朋友们不止一次地保证，她要在苏格兰重建天主教信仰。她尽其所能以躲避批准 1560 年法案，这一法案对于宗教改革十分有利。即便是她在回国之后给予新教的庇护也是暂时性的，她也曾公开宣称，保护新教的时限为："根据议会的建议采取关于宗教的最终解决办法之前。"警惕的新教

牧师们不敢对任何风吹草动有所懈怠，圣会的主要领导人此时已经
完全置身于宫廷之中，他们的冷酷加剧了新教牧师的猜忌与担心。
牧师们将这些情感向人民痛陈，他们认为自己的措辞完全符合这个
紧要关头的气氛，但女王却将其视为侮辱与傲慢的恶语。在最高宗
教会议（General Assembly）上，梅特兰公开指责诺克斯传播颇具煽
动性的教义，其中包括承认臣民有权抵抗违反了其职责的君主。诺
克斯并没有为自己说过的话进行辩驳，而他关于人民有权反抗君主
的教义，虽然对于人性而言是正当的，但在用于特殊事件时却是敏
感的，因此引发了一场辩论，在这场争论中完美地展现了论辩双方
的才华与性格。前者的犀利虽然饰以学识，但略显狡诈；理智的后
者乐于陈说大胆的观点，并克服了所有的恐惧。

　　[1565 年] 苏格兰女王关于婚姻的失败谈判已经耗费了两年的
时光，玛丽有足够的时间与机会去看透伊丽莎白的所有谎言。但是，
为了令英格兰女王的真实意图暴露，并使她对此做出明确的承认，
玛丽最终暗示兰道夫［2 月 5 日］，只要伊丽莎白公开认可了自己对
于英格兰王位的继承权，她就准备接受莱斯特伯爵作为王夫。伊丽
莎白没有想到苏格兰女王的这一举措，继位问题是一个秘密，在伊
丽莎白的整个统治期间，她的猜忌都使之成了一个不得触碰，也不
容解释的问题。然而，当她最初插手苏格兰女王的婚姻问题时，她
曾许下过诺言，承诺所有的问题都将在如今这个时刻予以解决。如
何堂而皇之地予以回避，如何巧妙地无视她先前的承诺，这些问题
在如今的时局下都变得十分复杂。

　　达恩利勋爵轻而易举地就获得了造访苏格兰宫廷的准允，原因
很可能在于上述的尴尬事件。自从梅尔维尔来使之后，伦诺克斯伯
爵夫人就勇敢地为其子请求这次出访。伊丽莎白很清楚这个年轻人
心中的雄心壮志，她收到了许多朝臣们的建议，说玛丽已经倾向于

选择达恩利。防止他在伦敦之外引起骚动完全是伊丽莎白力所能及的，但是在眼下这个紧急关头，没有什么比起达恩利出访苏格兰更能对她有利。伊丽莎白已经将这个演员带上了舞台，长久以来，她也正是用这个人在欺骗苏格兰女王。她仍然希望控制达恩利的行动，企图以此再度令玛丽陷入冗长而又复杂的谈判。这些想法使伊丽莎白与她的朝臣同意了伦诺克斯伯爵夫人的请求。

但是，这一十分鄙俗的计划却引起一位少女的怦然心动。这种难以预料的事情，正如诗人在幻梦中对爱情的描绘一样，有时竟真的因为此种感情而发生了。这桩婚事曾经为无数政治阴谋所觊觎，激起了众多王公的兴趣，如今竟然最终由两个年轻人突然生发的爱情决定了。达恩利勋爵那时正值青春年少，阳光又有活力。他英俊潇洒、风度翩翩，胜过了所有同龄少年。他才华横溢，能够使人感到轻松与惬意，这也使其不仅光彩照人，而且令人赏心悦目。这个年纪的玛丽全身心地感受到了达恩利的这些优点。自两人初次相见时〔2月13日〕，达恩利就给她留下了深刻的印象。整个宫廷现在都为了招待这位贵客而忙碌不已。在欢迎庆典上，本就光彩夺目的达恩利似乎获得了更大的优势，他完全征服了女王的芳心。爱情使得玛丽女王决定迅速完婚，而这桩婚事的提出原本完全出于政治上的考虑。

伊丽莎白也许在无意中对这种情感起到了推波助澜的作用。玛丽此前曾向她去信表示接受莱斯特伯爵，而达恩利抵达苏格兰之后不久，她就在回信中以直白的语言解释了这场阴谋的本意。她承诺，如果苏格兰女王与莱斯特伯爵联姻，自己将会给予伯爵最高的荣誉。但是，关于玛丽继承英格兰王位的问题，她既不会进行任何合法性的探究，也不会公开给予认可，直到她宣布自己将永不结婚为止。尽管伊丽莎白此前曾多次做出承诺，玛丽还是料到她会给出这样的答复。然而，她高傲的性格却使之无法承受这样无情的蔑视，亦无法容忍如此不堪的嘲弄与欺骗，伊丽莎白这个可恶的女人竟然在友谊的幌子下欺骗了自己这么久。她由于愤怒而失声痛哭，并对伊丽莎白使用如此虚伪的手段欺瞒自己的做法咒骂不已。

愤怒的结果自然是令玛丽更为焦急地追求自己的目标。她被怒火冲昏了头脑，也被爱情蒙蔽了双眼，她认为自己选择的男人是完美无瑕的，因此开始急不可耐地采取必要的手段以完成自己的计划。

由于达恩利在血缘上与玛丽女王的关系很近，教会法规定，他们两人在举行婚礼之前必须获得教皇的特许。为了达成这一目标，玛丽早已着手准备与罗马教廷的谈判。

与此同时，她还忙于获取法兰西国王与太后的同意。玛丽将自己的计划与她做出这种选择的动机告知了法国大使卡斯泰尔诺，她认为此人是能够令法国宫廷支持其做法的合适人选。在对这一行动的其他讨论中，卡斯泰尔诺提到了玛丽对达恩利的依恋，他描述到，玛丽对达恩利的爱情十分炽烈、坚如磐石，以至于凭借她自己的力量是无法破坏这场姻缘的。没有哪位法兰西的大臣不支持玛丽的爱情。一方面，她的高傲使其永远不可能屈尊嫁给一个法国的朝臣；另一方面，这样的选择也将他们从一场同哈布斯堡家族联姻的担心中解放了出来，更使得他们无须担心苏格兰与英格兰联盟的危险。由于达恩利皈依了天主教，这就更符合他们的利益。

正当苏格兰女王在努力使外国宫廷接受一个她真心相爱的丈夫之时，达恩利与其父却因为他们的行为在国内树立了一批敌人，并受到了他们的一致攻讦。伦诺克斯伯爵在他的前半生里没有表现出他过人的理解力与政治智慧，并且似乎是一个智商较低、脾气暴躁的人。达恩利在智商方面不比他的父亲强多少，而他的性格似乎也更加冲动。他除了光鲜的外表之外并不具备更富价值的品行，而这又激起了他的傲慢。由于达恩利陶醉于女王的宠爱之中，他甚至已经开始拿出了国王一般的高傲，并摆出一副不可一世的姿态，即便是一位君主也不会像他这样倨傲无礼。

伦诺克斯伯爵受邀前往苏格兰是默里伯爵及其党羽的建议，或者说，至少得到了他们的同意。然而，伦诺克斯刚刚在苏格兰站稳脚跟，就开始参与公开敌视默里伯爵的贵族们反对伯爵的阴谋。至于在宗教方面，他要么中立，要么偏向于天主教。达恩利更加跋扈，玛丽女王曾赐给默里伯爵一些仆人以使他们得以躲避达恩利，但他仍然粗鲁地对待他们。

所有这些当中，达恩利与大卫·里吉欧（David Rizzio, 1533—1566）之间的亲密关系最令贵族们感到厌恶，也让他们心生疑虑。

微贱的出身与贫穷的家境使大卫·里吉欧本应在后世的史书中默默无名。但是，命运将他带到了苏格兰，并迫令历史赐予了他尊贵，记录了他的传奇。他是都灵一个音乐人的儿子，陪同皮埃蒙特大使来到了苏格兰，因其乐技精湛而获准进入女王的宫中。由于他常常依附于人，颇善曲意逢迎，因而很快便获得了玛丽的青睐，并被提拔为女王的秘书（她的法籍秘书在那时回到了自己的祖国）。他开始崭露头角，并像一个大人物一样出现在公众面前。在女王的扈从与候补者当中，任何一个聪明得能够发现通往成功捷径的人都会来接近并讨好他。据说他的建议对女王的影响很大，他不仅逐渐被女王视为心腹，而且也被当作一位朝臣对待。里吉欧没有小心避免他人的嫉妒，而这往往能使人的好运发生翻天覆地的变化。恰恰相反，他无时无刻不在炫耀自己受到的宠爱，他喜欢公开而又亲切地讨论女王，无论是在衣着上还是在随员的数量上他都能够与最富有的大臣相比肩。他的所有行为都表现出了趾高气扬的傲慢，这正是由于他那贫贱的思想受到了无功之禄的刺激。贵族们愤怒地注视着里吉欧的一举一动，他们无法容忍这个奴才的恃宠而骄。即便是当着女王的面，他们也无法克制对他极尽鄙夷的态度。事实上，并不是他的隆宠日盛激怒了苏格兰人，而是他们不无理由地将其视为新教信仰的危险敌人，并因此认为他与罗马教廷结为了同盟。

落入此人的掌控之中是达恩利的不幸，他的殷勤奉承轻易地侵蚀了达恩利的虚荣心。里吉欧对女王的所有影响力都在为达恩利效劳，因此毫无疑问地使女王对勋爵的爱情更加坚固。但是，无论达恩利从里吉欧的帮助中获得了多少好处，都无法抵消贵族们对他的蔑视，因为他竟与这样的一个暴发户如此亲近。

虽然达恩利愈发受到女王的喜爱，玛丽还是在行动上小心谨慎，以至于欺骗了英格兰大使兰道夫的双眼。此人机警狡猾、目光犀利。在他现存的书信中，他十分怀疑玛丽正在策划一场阴谋，他也向英格兰宫廷不止一次地保证，苏格兰女王并没有嫁给达恩利的意愿。在此期间，玛丽派遣梅特兰向伊丽莎白表明她的意图，并恳请她同意自己与达恩利的婚事。而这一出访是第一件令兰道夫目瞪口呆的事情。

[4月18日] 伊丽莎白对苏格兰女王的这一突然决定表现出了 132 极大的惊讶，但没有说明缘由。这段婚姻是她一手促成的，她没有理由对此表示惊奇。与此同时，她还对此表达了强烈的反对，并装出一副已经预见了此事将会对两国造成许多危险与不便的样子，但这样的表态使她显得愈发矫揉造作。玛丽经常直白地对外人谈起自己要结婚的决定，她不可能做出令人厌恶的选择。伊丽莎白完全不必担心外部势力会被引入不列颠。达恩利虽然与两位君主都有联系，在两国之中也都有领地，但这对于她们而言都不足为惧。所有这些都表明了，伊丽莎白对于危险的担心并没有经过深思熟虑，她对达恩利放出的所有狠话也只不过是装装样子而已。

事实上，政治上的考虑促使伊丽莎白女王假意对这段婚姻表现出极大的不悦。她的恐吓一定会令玛丽推迟自己的婚事，这正是伊丽莎白所想要的，而这一爱好与她的高贵身份并不契合。此外，英格兰王国的安定是伊丽莎白在制定政策时需要考虑的最大目标，通过对玛丽的行为表示不满，她希望能够敲打苏格兰国中企图对英格兰不利的人，并鼓励那些私下里对此婚姻不满的贵族公开表达他们的抗议。混乱的种子因此在苏格兰王国中播下，骚动随时都可能爆发。在这样的形势下，玛丽不可能制订那些危险的计划——倘若其臣民万众一心的话，她就可以成功。伊丽莎白将会成为玛丽女王与苏格兰国中互相争斗的大臣们之间的仲裁者，英格兰也可以置身事外，优哉游哉地看着玛丽女王激起的风暴在那个唯一能够搅扰其和平的王国中肆虐不止。

[5月1日] 在实行这项计划期间，伊丽莎白把苏格兰女王的来信提交给了枢密院，责令他们商讨如何回复。他们轻而易举地做出了决定，也完美地契合了她的想法。大臣们草拟了一份针对这场婚事的抗议书，这还不足以表达她的反对。为了堂而皇之地表演这场闹剧，她派出了手下杰出的外交人才尼古拉斯·斯洛克莫顿（Sir Nicolas Throkmorton, 1515—1571）。她命令斯洛克莫顿爵士用最强硬的言辞宣布她对这一行动的不满，还要同时拿出枢密院拟定的决议，以体现自己的不满是完全无法与国民的愤怒相提并论的。在此后不久，她就将伦诺克斯伯爵夫人关押了起来，先是软禁在宅邸之中，随后又将其送进了伦敦塔。

这些情报在英格兰大使来访之前就已经抵达了苏格兰。伊丽莎白的愤怒到达之后不久，玛丽就决定不再与伊丽莎白为伍。她给正在同斯洛克莫顿爵士一并返回的梅特兰去信，命令他立即折回英格兰宫廷，以女王的名义向伊丽莎白宣布，自己已经遭到了如此之久

的欺瞒，而且被她玩弄于股掌之间，肆意利用。她已经无法忍受，
因而决定从现在开始只考虑自己的意愿，除了苏格兰大臣们的意见
之外不会听从任何人的指示。一向具有远见卓识的梅特兰预见了这
个鲁莽而满含怨恨的讯息会招致何等的恶果，因此他没有服从命令，
宁愿冒险触怒他的女主人，也不愿用这个命令撕毁两位女王之间仅
存的纽带。

　　玛丽很快就开始意识到自己的错误。她对英格兰大使以礼相待，
心平气和地为自己的行为辩护。虽然她无意改变自己的决定，但她
还是完美地装出了一副渴望与伊丽莎白和解的样子，甚至彬彬有礼
地表示要把婚礼延期数月举行。然而，玛丽女王推迟婚期的目的很
有可能只是为了争取大臣们的支持。此外，尚未得到教皇的特许也
是其中的一个原因。

　　玛丽竭尽所能地去争取这些大臣们的支持。默里伯爵的认可在
这个王国中是最为重要的，但她有理由担心获取他的支持没有那么
容易。自从伦诺克斯伯爵返回苏格兰之后，默里伯爵就察觉到了女
王在日益疏远他。达恩利、阿索尔（John Stewart, 4th Earl of Athol,
1579 年去逝）、里吉欧这些幸臣都在反对他。他胸怀大志，因而无
法容忍自己的权力受到削减，更何况这与他先前的功绩并不相符。
他于是归隐乡里，给那些无法抗衡的对手们让出了晋升的道路。博
斯 威 尔 伯 爵（James Hepburn, 4th Earl of Bothwell and 1st Duke of
Orkney, 1535—1578）的回归迫使他开始关注自己的人身安全。博斯
威尔是他公开的敌人，曾被控密谋暗杀默里伯爵，并因此而流亡国
外。女王的任何请求都无法使他与此人达成和解。他坚决要求对博
斯威尔伯爵进行公开审判，并指定了审判日。博斯威尔伯爵不敢公
然反抗这个带着五千骑兵前往审判庭的贵族，他再度逃离了苏格兰
王国，但是在女王的命令下，法官没有判他非法缺席。

与此同时，玛丽更加意识到，争取默里伯爵这个强大而又受欢迎的贵族是多么重要。[5月8日] 她邀请伯爵重返宫廷，并对他宠爱有加、信任无比。最后，女王要求他为朝中的大臣们做出表率，签署一份同意她与达恩利完婚的文件。默里伯爵有许多理由拖延下去，甚至是不予认可。达恩利不仅削减了女王对他的信任，而且女王还在许多场合表现出了对他的厌恶。如果他同意此人登上王座，他就给了达恩利任何一个正常人都不愿意给予敌人的荣耀与权力。这个不愉快的结果也会违背英格兰的意愿，这也是默里不得不慎重考虑的因素。他总是公开提议与英格兰结盟，而不是考虑法兰西这个传统的同盟。如果他同意了女王的婚事，就意味着国家的大政方针会发生变化。目前，与英格兰的联盟已经建立，他不会为了少年爱情这种冲动的情感而牺牲这个对国家十分有利的同盟，他与其他贵族有责任也有义务去维持它。宗教方面的考虑也不应忘记。玛丽女王的身边虽然簇拥着一批信仰新教的大臣，但她仍然信奉着危险的天主教。她甚至寻求教皇的庇护，并获得了八千克朗的资助。虽然玛丽至今都在努力抑制新教牧师的热忱，并着力渲染其行为的神圣，但她那些狂热的追随者还是令默里伯爵有所警觉。此外，由于她决定嫁给一个天主教徒，伯爵也永远无法以一段与新教徒的联姻而改变女王的信仰。这些考虑都影响到了默里伯爵，并使他在那时决定拒绝女王的要求。

[5月14日] 几天之后召开的贵族大会极大地满足了女王的要求。许多贵族都毫不犹豫地表达了他们对这段婚姻的支持。但是，由于其他人也抱持着同默里伯爵一样的顾虑，或是受到了他拒绝女王要求的影响，因此他们决定在珀斯再次召开一次大会，以讨论相关事宜。

与此同时，玛丽公开表示了自己的决心，她授予达恩利独属于王族的荣誉头衔。她至今所遭到的反对以及许多旨在挫败其计划的阴谋都在女王的心中一如往常地起到了作用，那就是：愈发坚定了她的感情，甚至使之愈演愈烈。那个愚蠢的时代将这种炽烈的爱情归罪于巫术的影响。然而，它应当归因于青春与美丽对于一个同样年轻而又柔软的内心所产生的不可抗拒的力量。达恩利完全被成功冲昏了头，女王的宠爱与侍从的追捧令他自我膨胀起来，他的傲慢变得愈发不可收拾，也不再能听从别人的忠告。路斯文勋爵（Patrick Ruthven, 3rd Lord Ruthven, 1520—1566）奉命向达恩利勋爵通告，女王为了安抚伊丽莎白而决定暂缓举行封赐他为阿尔巴尼公爵的仪式。他闻知此事后暴跳如雷，竟然当场拔出短剑，刺伤了路斯文勋爵。女王竭尽所能去救治这位勋爵，以防止他的死亡会令达恩利暴露在舆论的攻击之下。

　　玛丽女王在此前的生活中从来没有如此明显地表现过她的老到与智慧。爱情使她的才智得到了升华，也令她想尽一切办法争取苏格兰的大臣们。她说服了许多贵族，她的承诺则争取到了更多的支持者。她对一些人赐予封土，对其他人则许以爵位。她甚至屈尊迎合新教牧师，并邀请了其中的三名领袖前往斯特灵。她在那里强烈表示自己决定保护新教信仰，并准备出席新教与天主教徒争论教义的大会。此外，她还表示自己想要听新教牧师的布道。女王通过这些手段赢得了人民。现在，除非受到再三的伤害，否则他们都会纵容其君主的行为。

　　同时，默里伯爵与其支持者显然成了伊丽莎白欺骗的受害者。她高调地表达了自己对这段婚姻的不满；她粗暴地对待伦诺克斯伯爵夫人；她以强硬的语气给苏格兰女王去信；她以专横的方式传召伦诺克斯伯爵父子，并声称，倘若他们不服从自己的命令，就将给予其严厉的处罚与恶毒的诅咒。所有这些都使得他们相信了她的真

135　诚，但是也增强了他们对这段婚姻的怀疑，并站出来予以反对。他们互相之间开始订立攻守同盟；他们秘密与英格兰大使联结，以便在必要时能够获得伊丽莎白的援助；他们努力使王国之中充斥着对危险的担忧，以抵消女王的那些做法所带来的影响。

　　除此之外，双方还在暗中分别策划了更加罪恶，也更加符合这个时代的风格的阴谋。达恩利已经无法容忍主要来自默里伯爵的反对，并决定无论如何都要除掉这个强大的敌人。因此，他打算在贵族大会于珀斯召开之时将伯爵暗杀。另一方面，默里已经无计可施，他无法阻止女王与达恩利的婚姻，因而便伙同沙泰勒罗公爵与阿盖尔伯爵（Colin Campbell, 6th Earl of Argyll, 1541—1584）合谋逮捕达恩利，并将其押赴英格兰监禁。

　　如果双方的阴谋都付诸实践的话，这次贵族大会就将成为一场致命的悲剧。但是，由于双方都有所警觉，或者毋宁说是他们各自有上天眷顾，因而两边的阴谋都流产了。宫中那些仍然支持默里的侍从向他通报了险情，他便没有前往珀斯，从而躲避了暗杀。同时，玛丽女王也截获了有关默里方面的情报，她立刻与达恩利一同撤往福斯河对岸。双方都深知自己的罪行，也颇感愤怒，他们不可能忘掉对方策划的暴行，也不会原谅对方所密谋的针对自己的伤害。从那时开始，所有和解的希望都已经破灭，他们的仇恨也将伴随着无刻不在的敌对行动而爆发。

136　玛丽甫一返回爱丁堡便颁旨传召她的封臣，并向他们去信，请求其火速率兵赶赴王都以确保她免遭国内外敌对势力的毒手。她得到了臣民们真诚的服从，他们也愿意捍卫这个温和与受欢迎的政府。她曾将自己所受到的欢迎归功于默里伯爵在管理方面的慎重指导。但是，他起而反对女王婚姻的这一举动抹杀了此前女王对其功绩的所有记忆。玛丽现在无法容忍反对的声音，并且开始把阻止大婚的

216

人视为密谋威胁其人身安全的潜在凶手。她决定要让默里伯爵感受到复仇的全部能量，因此传召他前来解释即将成为指控他本人的罪行，并以此给予他警告。在这个紧急关头，默里伯爵与那些依附于他的贵族们在斯特灵聚集，商讨目前应采取的对策。然而，舆论的倾向对他们十分不利，尽管国内有一些恐惧与猜疑的声音，但人民还是非常乐于满足女王的婚姻诉求。现在，他们除了恳求英格兰女王的庇护之外别无他法。他们因此结束了毫无意义的会谈，返回了各自的寓所。

玛丽的臣民从王国的四面八方蜂拥而来，这既证明了女王自身的强大，也与反对派的衰弱形成了鲜明的对比。玛丽在这种大好的形势下决定完成长久以来占据其内心的大事，她于 7 月 29 日嫁给了达恩利勋爵。婚礼按照天主教的仪式在女王的礼拜堂中举行，教皇颁发的特许诏书也于同期抵达。与此同时，她颁布懿旨，将苏格兰国王的头衔授予她的丈夫，并命令道，自今以往，所有法案都需要国王与女王的共同签署方能生效。与这一举措相比，没有什么能够证明女王对达恩利勋爵爱情的炽烈以及苏格兰大臣们的弱小。女王是否有权在不经过议会同意的情况下选择自己的丈夫，这一点在那个年代中还有待商榷。但是，她无权以个人的权力将国王的名衔授予自己的丈夫，或者说，仅仅凭借着一份简单的诏旨不能使其成为人民的主人，这一点却是毋庸置疑的。弗朗索瓦二世此前确曾获得了同样的头衔，但那不是来自女王的私相授受，而是源于人民的馈赠，他在此之前也获得了苏格兰议会的批准。达恩利勋爵身为一名臣子，仍然有必要得到议会的授权。仅用一份谕旨就取代了议会的立法，这种对特权的滥用应当引起整个国家的警惕。但是，女王在那时完全获得了臣民的信任，尽管有反抗者在喧闹，他们还是没能激起大规模的抗议。

婚礼总是伴随着成功的爱情，但是即便身处这样的盛事之中，
137 玛丽也没有忘记对反对此事的贵族进行报复。婚礼举行三天之后，
默里伯爵再度受到法庭的传召，并被处以最严厉的罚金。由于他未
能到庭，因此法官宣布他非法缺席的罪名成立。与此同时，女王释
放了戈登勋爵，他自从亨特利伯爵于 1562 年发动叛乱以来就一直
被囚系于监牢之中。她召还了萨瑟兰伯爵（John Gordon, 11th Earl of
Sutherland, 1525—1567），他曾经由于参与亨特利伯爵的叛乱而逃亡
到佛兰德斯。此外，她还允许博斯威尔伯爵再度返回苏格兰。戈登
勋爵与博斯威尔伯爵是王国中实力最强大的贵族，他们与萨瑟兰伯
爵都对默里伯爵怀有切肤之恨，并将其视为一切灾难的始作俑者。
这种仇恨成了他们与女王结成紧密同盟的基础，并使他们在朝臣中
独占优势。默里伯爵则将这一联盟看作女王愤怒的象征，这比她此
前的任何行动都更能明确地体现这一情感。

反抗者们尚未公开起兵。[①] 但是女王命令她的封臣向他们的根据
地进发，这迫使这些反抗者采取最后的极端措施。然而，他们发现
自己无力抵抗玛丽女王集结的大军，因而逃到了阿盖尔郡，希望能
够获得伊丽莎白的庇护——他们此前已经秘密派遣信使前往英格兰
乞求她的援助。

与此同时，为了使苏格兰女王受到侮辱，伊丽莎白发布了一份
新的宣言，对玛丽的行为表示了厌恶。她指责玛丽选择了达恩利勋
爵作为丈夫，也抨击她竟然如此轻率地举行了婚礼；她依然称伦诺

---

① 在他们毫无作用的商谈之后，他们返回了各自的寓所。默里伯爵在 7 月 22 日之时
尚且滞留在圣安德鲁斯。从女王在各郡指定的集结点来看，她似乎想要向法夫郡
进军，默里伯爵、洛西斯伯爵（Andrew Leslie, 5th Earl of Rothes, 1541—1611）、卡
尔凯蒂以及反对派的其他首脑都在那里。他们向西部逃亡使得女王取消了这次远
征，此前的集结地也发生了变更。——原书注

克斯伯爵与达恩利勋爵为其臣子，并要求他们立刻返回英格兰。此外，她还诚恳地替默里伯爵求情，并称他的行为不仅无罪，而且值得赞赏。这一消息令玛丽女王颜面扫地，其中也满是对丈夫的蔑视。奉命前来苏格兰传话的英格兰使臣塔姆沃斯傲慢无礼、举止粗鲁，这更令玛丽难以容忍伊丽莎白的表态。她虽然以温和的语气为自己的行为辩护，但其理由却十分强硬。她拒绝了宽恕默里伯爵的请求，并且流露出了自己的愤怒，因为伊丽莎白假借调停之事而干涉苏格兰的内政。

即便是在这种形势下，玛丽追捕默里伯爵及其追随者的热情也没有受到丝毫的削减。[1]他们现在公开举兵反叛，还从伊丽莎白那里获得了数额不大的一笔资金援助。他们打算在西部诸郡集结扈从，但警觉的玛丽使他们的这一企图落了空。她在那时的所有军事行动都充满了智慧，执行时也果断有力，最终也以成功收尾。为了鼓舞士气，玛丽女王亲自披挂上阵。她荷枪实弹，与士兵们一同前进，以令人钦佩的毅力承受住了战争给人带来的疲倦。她的活力激发着士兵们必胜的决心，这与他们在人数上的优势一同使反抗者们放弃了在战场上同王师一决雌雄的想法。不过，他们巧妙地避开了女王的大军，风驰电掣一般杀奔到了爱丁堡，并打算将城中的居民统统武装起来。[8月31日]女王没有让他们悠闲地停留多久，在她率军接近城堡之前，他们便不得不放弃此城，混乱地向西部边界撤退。

由于目前尚不确定反抗者的逃跑路线，玛丽便利用这个时机确

138

---

[1] 加入默里伯爵的显贵有：沙泰勒罗公爵、阿盖尔伯爵、格伦凯恩伯爵（Alexander Cunningham, 5th Earl of Glencairn, ？—1574）、洛西斯伯爵、博伊德勋爵（Robert Boyd, 5th Lord Boyd, 1517—1590）、奥克尔特里勋爵（Andrew Stewart, 2nd Lord Ochiltree, 1521—1591），此外，还有格洛奇、科宁汉姆海德、贝尔康米、卡米利、巴尔、戴格霍恩、皮泰罗的领主以及审计长大人。——原书注

保王国中心地区的安全。她占领了叛军的战略要地，迫使当地尚在犹豫不定的大贵族加入到保护她的联盟之中，她因此使得后方各郡获得了稳定。随后，玛丽女王亲率一万八千人马杀奔邓弗里斯。叛军在撤退期间几乎每到一处就会给女王写一封信，其中表达了他们想要投降的意愿以及各种和解的方案。然而，玛丽决定抓住时机一举歼灭这帮反臣，因而轻蔑地拒绝了他们。女王的节节追击令叛军无路可逃，同时他们也没能从伊丽莎白那里得到有效的援助。在上天无路、入地无门的绝望之中，他们逃往英格兰 [10 月 20 日]，并托庇于贝德福德伯爵（Francis Russell, 2nd Earl of Bedford, 1527—1585），他那时正担任英格兰的边疆守护之职。

除了希望他们的逃亡能够得到君主的许可之外，贝德福德与默里的个人友谊并不能为他们提供任何帮助。然而，伊丽莎白女王却对他们视若无睹。她已经圆满地实现了自己的目标，也借由他们在苏格兰人中激起了她想要的混乱与猜疑，这很有可能会长期分散玛丽政府的注意力。伊丽莎白现在的任务则是要做足表面工作，她要向法兰西与西班牙的大使们证明自己在此事中的清白，因为他们指责她用阴谋挑起了苏格兰的内斗。她为自己设计的辩护词有力地体现了她的性格，也表现出了不得不仰赖一群外邦君主庇护的逃亡者们的可怜处境。这些可怜人们委托默里伯爵与基尔温宁修道院院长汉密尔顿（Gavin Hamilton, Abbot of Kilwinning, ？—1571）等待伊丽莎白的答复。他们没有受到伊丽莎白女王的隆重欢迎，而这原本是二人受之无愧的待遇。他们此前对她的承诺深信不疑，为了完成她的计划甘愿以自己的财产甚至是生命做赌注。即便如此，伊丽莎白也没有接见他们，直到二人卑贱地表示愿意在法兰西与西班牙两国大使的面前承认她并没有怂恿他们起兵反叛为止。他们刚做出这样的承诺，伊丽莎白就给出了令其震惊的答复："你们说的确系事实，我永远都不会支持这种背叛君主的行为，因为这将为我的臣子树立反叛的榜样。你们犯下的叛逆之罪令人厌恶，我将把你们作为叛徒从这里驱逐出去。"这是一出虚伪的闹剧，对于那些参与其中的人而言都是一种欺骗。不过，伊丽莎白向流亡者们温和地承诺，允许他们定居在英格兰，暗中给予他们补助，并且会向苏格兰女王重申对他们有利的和解要求。

对叛军取得的优势并没能满足玛丽女王。她决定继续打击余党，防止她所担心的任何党派东山再起。有鉴于此，她召集了议会，为了使判决合法地向那些被处以流放的贵族们宣布，她还公开传召他们前来听审。

[12月1日]沙泰勒罗公爵因其谦逊的请求而获得了一份不同于他人的处罚，但这结果却并不容易，因为国王一直表示强烈的反对。最终，他不得不离开了苏格兰王国，并在法国定居了一段时间。

玛丽带到战场上的士兵数量、她在其中的有力行动以及他们保持武装的时间都较那些远比她富有的君主有过之而无不及。但是，当初在征召士兵以及维持军队时，女王仅仅支付了一小笔薪金。封臣跟随着他们的领主，领主则跟随着女王，他们都是自掏腰包。尽管如此，除了玛丽的亲卫队之外，还有六千名骑兵与三个连队的步兵由女王定期发军饷。这些巨额开支与举办婚礼的花销使得国库几近空虚。在这样的紧急情况下，朝廷就筹款问题制定了许多政策。他们向圣安德鲁斯、珀斯以及邓迪这几座被怀疑支持叛军的城镇征缴罚款。王国各地的自治市镇也需要缴纳一笔临时税。此外，爱丁堡的市民也应交出一大笔钱，作为借给政府的贷款。这一史无前例的压榨激起了市民们的警觉。他们要求延期付款，并为了躲避征缴而开始表示反对。玛丽将此举理解为公然的反叛，因而立刻将几名反对者逮捕入狱。但是，这一严厉的举措并没能征服爱丁堡市民们

139

追求自由的无畏精神。女王因而不得不将利斯王室的土地抵押给他们，她从中可以获得一大笔钱。三分之一的教士收益是女王获取财政支援的另一项来源。大约在此时，我们发现新教牧师比往常更加凄苦地抱怨他们的贫穷，这很有可能是由于军队花去了用以维持牧师生存的绝大部分基金。

宗教大会并没有对这喧嚷的一年中发生的骚动熟视无睹。其中的一次会议在女王大婚之前于 6 月 24 日召开，几名反对派的贵族也出席了这次会议，并且似乎对大会的决议产生了深刻的影响。大会向女王发出的强烈抗议只能归因于他们在宗教方面的恐惧与担忧，他们此时正在努力地向全国传播新教。大会代表们有些愤恨地抱怨道，自从女王返回苏格兰之后，宗教改革的进程就停止了。他们不仅要求全面镇压天主教信仰，甚至还要求女王的礼拜堂中也不得举行天主教弥撒。除了要以立法的形式对新教的国教地位予以正式确认之外，他们还要求玛丽本人也要皈依新教。女王在考虑之后做出了这样的回复：她的良心与利益都不允许她本人这样做。前者将永远谴责她的改变，因为这并非出于精神上的虔信；而从利益角度来看，她的背教则会遭到法兰西国王以及欧陆上其他盟友的攻击。

值得一提的是，女王在这一年中的顺利局势开始促使天主教的情况发生了有利的改变。伦诺克斯、阿索尔与卡希尔斯这几位伯爵开始公开参加天主教的弥撒。玛丽女王也比以前更加公开地宣称要给予天主教以庇护。在她的鼓励下，一些历史悠久的修道院也开始冒险公开向人民布道。

第四章　达恩利勋爵之死

[1566 年] 由于议会召开的日子已经临近，玛丽与她的大臣们开始商议如何处置那些被判处流放的贵族们。许多因素都促使玛丽不去限制司法的力量。反抗者们企图挫败她的计划，无论从利益上还是从感情上，这一计划对她都至关重要。他们是一个派系的首脑，她虽然曾迫不得已地追求这个派系的友谊，但对他们的教义却深恶痛绝。此外，他们还与伊丽莎白保持着紧密的同盟关系，这令她有足够的理由担心与憎恨他们。

然而，另一方面，几个重要的因素也促使她这样做。那些参与叛乱的贵族的命运目前悬而未决，他们都是王国中实力最为强大的封臣。他们富可敌国，门生故吏遍布国中，现在则任由女王摆布，成了她怜悯的对象，并且奴颜婢膝地请求她的宽恕。

在这种情况下，宽恕之举将会提升玛丽的人望，而且既能够获得外邦人的称赞，也能令其臣民接受。玛丽虽然仍旧怒气冲天，却并非无情之人。但是达恩利的怒火难以平息，他也是冷酷无情的。

各方面的风云人物都站在逃亡者这边为他们求情。莫顿、路斯文、梅特兰都曾是圣会的成员，他们不会忘记自己与默里伯爵及其难兄难弟的友谊，同样也不会忽视这些可怜人的安全——他们将之视为对王国有着重要影响的大事。梅尔维尔在那时深受女王的信任，他也支持他们的请求。默里伯爵本人则卑躬屈膝地恳请里吉欧的帮助，这个幸臣最近招致了国王的不悦，他想要获得默里的庇护以对抗国王，因此竭尽所能地满足其他朋友们的请求。尼古拉斯·斯洛克莫顿爵士最近受伊丽莎白派遣，成了苏格兰大使，他代表流亡者们对此事的干预更有分量，也最有可能成功。斯洛克莫顿出于对塞西尔的敌视，更加卖力地实施在英格兰宫廷中就已经开始的阴谋，以此来削弱塞西尔的权力与女王对他的信任。因此，他支持苏格兰女王对英格兰王位的要求——众所周知，她并没有获得多少支持。此外，他在这个关键时刻冒险给玛丽女王写信，其中包含了对其行为最有裨益的建议。他建议玛丽以慎重的普通方式处罚默里伯爵及其党羽。"对这些罪人的惩处，"他说，"若是能够展现出陛下的宽容，就将为您赢得慈悲与宽和的美名，并且能够使之传扬万里。此外，它还可以使英格兰人开始更加迫切地考虑您对英格兰王位的继承资格。与此同时，它还会使您的大臣相互间恢复完美和谐的关系，一旦您与英格兰之间的关系破裂，他们就会忠心耿耿地为您效劳，而这样的忠心正是由您的宽容所激发的。"

斯洛克莫顿审慎的建议在女王的脑海中留下了深刻的印象，他的睿智以及对女王的忠诚也使之更具说服力。她的朝臣们力挺这一巧妙的建议，并劝服了她不去理会国王顽固的脾气，而为了臣子们的调解与朋友们的愿望抛却私人的愤恨。因此，拟定于2月4日召开的议会延期到4月7日举行。同时，她也在考虑应当如何对待已经遭到贬黜的罪臣们。

141

尽管玛丽此时表现出了仁慈与宽容，然而她缺乏坚定的信念，因此无法抵抗意欲挫败这一温和处置的影响力。大约此时，法兰西国王派遣的两位使节抵达了苏格兰。其中一名仅仅是为女王的婚礼而来的，他向玛丽表示了祝贺，并将圣米迦勒骑士团的勋章授予了国王。另一名大使的任务十分重要，也产生了非常重大的影响。

法兰西国王查理九世与其姊西班牙王后（Elizabeth of Valois，1559 年成为王后，1545—1568）的会面计划曾被屡次提出，但因政治冲突而始终未能成行。经过许多阻碍之后，双方最终在巴约纳成功举行会谈。美第奇的凯瑟琳陪伴着她的儿子，西班牙王后则由阿尔巴公爵（Fernando Toledo, 3rd Duke of Alba, 1507—1582）陪同。在盛大的公众欢庆期间——这似乎是两国宫廷主要的消遣方式，双方制订了一项计划，在执行方式上也达成了共识。这个计划旨在消灭法国的胡格诺教徒、低地国家的新教徒并镇压全欧洲的宗教改革运动。教皇庇护四世（Pope Pius Ⅳ，1559—1565 年在位，1499—1565）的积极政策以及洛林枢机主教的狂热都巩固并促进了这个计划的实施，它与天主教的本质十分符合，对他们这些天主教徒而言也十分有利。

这就是第二位法兰西大使向玛丽描述的有关神圣同盟的情况。与此同时，他以法王与洛林枢机主教的名义向她请求，当天主教国家的王公们联合起来在欧洲的所有国家中毁灭新教时，不要在苏格兰恢复新教领袖的权力与对他们的信任。

天主教是一种虚幻缥缈的宗教，摄取人心是其看家本事。它由洞悉人性的圣人们创建，经过了许多世代的实践、观察与改造，最终达到了臻于完美的境界，这是此前的任何一种宗教都无法比拟的。他们的理性中没有力量，他们的内心中没有感情，也没有能够唤醒他们的目标。那时流行于法国宫廷中的声色犬马与西班牙宫中的勃勃雄心都无法将他们从偏执的盲目崇信中拯救出来。俗人与朝臣们也受到了这种凶暴而又残忍的热忱的煽动，而这常常被认为独属于教士阶层。国王与大臣们则将灭绝新教教义视为己任。玛丽自己深受天主教偏见的影响，她对天主教狂热的信仰明显地表现在了其性格的方方面面，并充斥在她生活中的每个角落中。她对自己的叔父们言听计从，并且从小就习惯了恭敬地听从他们的建议。在公众中恢复天主教弥撒的愿景、遵从其叔父的意愿以及满足法兰西君主的要求——她在英格兰事务上的处境使之必须奉承法国君主，所有这些都抵消了她在此前做出的慎重考虑。她立即加入了旨在摧毁新教徒的同盟，并改变了关于处置默里伯爵及其党羽的方案。

142 　　这一致命的决定促成了玛丽在未来所面临的所有灾难。自从她返回苏格兰以来，命运始终眷顾着她。虽然她的成功没有达到辉煌的顶峰，但也没有遭到巨大的挫折。此后，她的余生就被浓密厚重的乌云笼罩，其间虽能透出依稀的微光，但终究是丧失了快乐与希望。

　　玛丽采取的新措施很快就显现出了成效。议会推迟召开的时限被缩短了。她颁布谕旨，命令议会于 3 月 12 日召开。此外，她决定不再拖延，而是立即开始剥夺叛乱贵族的财产与公民权，同时决定采取措施，促进天主教在苏格兰的重新确立。[1]像往常一样，立法委员们被选举出来，以准备议会召开之前的各项事宜。他们全都是女

---

① 我们不仅仅是根据诺克斯一人的记载才指责女王企图恢复天主教的国教地位，或者是将天主教从那些法案中予以豁免。他确实声称，给圣伊莱斯教堂修建圣坛的材料已经准备好了。第一，玛丽本人在给驻法大使格拉斯哥大主教（James Beaton，1557—1570 年在位，1517—1603）的信中承认，"在那届议会上，她打算做一些有关恢复旧宗教的事情"。第二，神职人员中的贵族和天主教士在她的授意下，在议会上要求收回他们过去曾占有的土地。第三，她加入了巴约纳同盟。第四，她允许王国各地举行天主教弥撒，并宣称任何人都可以听天主教徒布道。第五，布莱克伍德在写作《殉道者玛丽》时从格拉斯哥大主教那里获得了许多史料，他宣称，玛丽女王打算在这次议会上采取措施，如果无法重建天主教信仰，至少也要减轻其负担。——原书注

王的心腹，并打算帮助她执行计划。默里伯爵及其党羽的覆灭现在看来似乎已经不可避免，危险正在向新教教会逼近。就在此时，一起突然发生的意外事件拯救了默里，也挽救了新教教会。如果我们注意到在那个野蛮的年代，这样的暴力之举乃是家常便饭，或者我们看到那些不幸的人们时常遭受悲惨的折磨，那么这一事件就是无足轻重的了。但是，倘若我们考虑到这起事件发生的时局以及随之而来的后果，那么它就非常值得我们的铭记。它的兴起与进程也应得到我们极大的关注。

达恩利那些华而不实的本事使女王对他产生了突然而又炽热的爱情，并使其得以顺利登上王位。然而，他的智商却与自己华美的仪容完全不成正比。他愚钝、幼稚，但对自己的能力自负不已，并将自己的成功完全归功于他本人所具有的"巨大"价值。女王的人格魅力一点也没有对他产生潜移默化的影响：玛丽的宽厚无法束缚他那傲慢狂放的脾气，她对达恩利关心有加，目的在于指导他的行为，但这些也都无法防止他做出鲁莽且轻率的举动。他沉溺于声色犬马，并且具有年轻人身上的所有恶习。他开始对女王漠不关心，并渐渐疏远玛丽的宾客。对于一个女人以及一位女王而言，这些都是令人无法容忍的。她曾经为了他而卑躬屈膝，如今，他的行为似乎太过狭隘，也很不光彩。她现在对达恩利的失望完全不亚于当初对他的喜爱。就在完婚数月之后，两人之间开始产生矛盾，达恩利过分膨胀的野心是争斗的源头。他并不满足于同自己的妻子共同治国，也不满足于和她共享"王"这个头衔，而这是玛丽动用了前所未有的权力才为他争取到的。达恩利开始提出更多王位方面的无礼要求，尽管玛丽宣称这样的要求超出了她的权力范畴，议会也将对此做出干涉，但他却始终无法理解，也没有耐心接受如此正当的辩解。因此，他总是在不断重复自己的要求。

143

起初得到国王信任的里吉欧没有迎合他的这些愚行，由此而招致了国王的不满。由于玛丽已经不可能对她的丈夫产生像新婚之初那样的爱恋，达恩利便将自己受到的冷遇归罪于里吉欧的挑唆，而没有反省自己的过错。玛丽自己的行为更增强了他的这种怀疑。她对里吉欧这个异乡人亲切有加，对他十分信任，而他的出身以及女王最近授予他的官职都没有给他任何权力。他始终伴随在女王左右，并干预朝政。此外，他与其他几个幸臣都是女王的玩伴。傲慢的达恩利无法容忍这个跳梁小丑的侵入，也没有耐心等待下去，因此毫不犹豫地决定立刻以暴力手段将其除掉。

与此同时，另一项针对里吉欧生命的阴谋悄然而至，它是各种不同动机的产物，莫顿、路斯文、林赛以及梅特兰是这项阴谋的策划者。虽然他们在最近的暴乱中出于各种各样的理由放弃了默里伯爵，但他们此前一直是他的亲密盟友。莫顿是安格斯家族的近亲，在安格斯伯爵年幼时出任道格拉斯家族的族长。路斯文迎娶了国王的姨母，林赛的妻子也出自同一血脉。所有这些都促使他们支持女王与达恩利的婚姻，因为这将为道格拉斯家族带来无上的荣耀。他们同时还期待着，在这个与其有同族之谊的国王统治之下，他们将获得国家的行政大权。梅特兰以其一贯的睿智预感到了默里伯爵对这场婚姻的反对既危险又无用。但是他希望，无论谁掌管宫廷，他的才华都能令其取得举足轻重的地位。不过，他们全都大失所望，国王的刚愎自用令他无法接受别人的建议。女王不可能帮助这些曾经与默里伯爵过从甚密的大臣，也不可能因为他们就放弃那些唯她马首是瞻的人。因此，莫顿、梅特兰以及他们的追随者要想恢复此前在御前会议中的优势，就只能期待默里伯爵的回归。因此，没有什么比玛丽对待流放者的严苛方式更能令他们困窘的了。他们将此归咎于里吉欧，他曾为了自己的利益而帮助过默里伯爵，现在却成了女王用以摧毁伯爵的最得力的工具。里吉欧的狂热彻底激起了他们的憎恶，并使之产生了复仇的想法。无论是出于公正、人道，还是从他们崇高的地位来看，这都不是一个明智的选择。

正当他们考虑对策之时，国王向路斯文传达打算替他报仇的决定，并恳请他们在他实行计划时提供援助。没有什么比这份提议更能令他们接受。他们立刻看到了与这位盟友合作所能获得的好处。他们希望，对里吉欧的私怨能够通过一场国王指挥的行动得到宣泄。他们没有放弃救回遭到放逐的友人的希望，作为与国王合作的回报，他们也希望达恩利能够确保新教信仰的安全。

但是，由于达恩利既浮躁又草率，他们便犹豫了一段时间，并且决定：倘若自身的安全得不到保障，就坚决不向前推进一步。与此同时，他们也在不断地给国王的怒火添油加柴。莫顿是那个虚伪的年代中最擅长曲意逢迎的人，他令年轻的国王完全陷入到了自己的掌控之中。他刺激着达恩利的统治欲，怂恿着他想要获得玛丽女王的王冠的野心。他将女王对里吉欧的信任描绘成唯一阻挡他成功的障碍。他说，里吉欧这个奴才独占了女王的恩宠，倘若不讨好他的话，女王的大臣、贵族甚至是她的丈夫都会被排除在枢密院之外。他对达恩利暗示道——国王也很有可能相信了他的鬼话，玛丽女王与里吉欧之间在纯粹的政治伙伴这一表象之下，很有可能还隐藏着完全不同的关系与不可告人的感情。[①]这样复杂的感情使国王勃然大怒，他开始更加焦躁不安，并威胁说，自己一定要给里吉欧来上

144

[①] 在我们所有的历史学家当中，只有布坎南一人公然指责了玛丽女王对里吉欧的爱恋。诺克斯则隐晦地点出了人们对这一情感的怀疑不是空穴来风的。梅尔维尔在一封写给女王的信中表达了他的隐忧，他担心女王与里吉欧过从甚密的关系会受到他人的曲解。从梅尔维尔的叙述以及达恩利对女王的劝告来看，国王本人无疑是相信人们对他们二人的关系的猜疑的，正如路斯文曾经提到过的一样。（转下页）

最后的致命一击。最终，双方都做好了准备，并达成了确保共同安全的一致意见。国王致力于防止玛丽与议会剥夺已遭放逐的贵族的公民权，他同意他们返回苏格兰，同时为他们争取最大限度的宽恕，并尽自己的最大努力支持新教在王国中的发展。他们则承诺为达恩利争取王权，如果玛丽先他而去并且没有留下子嗣，他们会确保达恩利的王位继承权，并将保护这一权利免遭任何觊觎者的侵蚀。在执行计划时，如果里吉欧或是其他任何人遭到杀戮，国王应当承认自己是事件的发起人，并保护那些参与其中的人们。

现在，万事俱备，只剩下执行这个阴谋，选择参与其中的人员以及指派他们在行动中各自应当扮演的角色。这里描绘的每一个关于那个时代中的场景、方式以及人物都会令人不寒而栗。他们选取的处决里吉欧的地点竟然是女王的卧房。尽管玛丽现在已经怀有六个月的身孕，尽管他们可以在其他地方不费吹灰之力地捉拿里吉欧，但是国王还是决定享受在女王面前痛斥其罪行的邪恶快感。莫顿伯爵这位御前大臣同意担纲这场暴行的指挥，他公然蔑视了本应全力保护的王国法律。路斯文勋爵曾卧病在床达三个月之久，他仍然十分虚弱，行动困难，只能勉强穿戴上他的盔甲。尽管如此，国王还是将行刑的任务交给了他。虽然他需要两个人的协助，路斯文还是在女王面前执行了这个命令。

（接上页）国王的疑心很重，也比书中所说的要表现得更为明显。但是，我们注意到，女王的法籍秘书是在 1564 年 12 月遭到解雇的，里吉欧也是在那时接任了这一职务。这次晋升是女王宠信于他的结果，这一点是毫无疑问的。关键在于，达恩利在此事发生的两个月之后才抵达苏格兰，而女王则立刻对他产生了爱慕之情。里吉欧本人助长了这一情愫的生发，并且推动了两人的婚姻。在二人结婚之后，女王对于达恩利的爱恋一如其旧，她很快就有了身孕。从上述列举的细节来看，女王不可能与里吉欧策划任何令人发指的阴谋，除非她遭到了完全的背弃。英格兰大使兰道夫的沉默也足够为她的无罪而辩护。——原书注

第四章 达恩利勋爵之死

3月9日这一天，莫顿率领一百六十人进入宫中，他们兵不血刃地逮捕了所有门卫。当时，女王正在与阿盖尔伯爵夫人、里吉欧以及其他一些人共进晚餐，国王突然从私人通道中闯入房间，在他身后的是路斯文勋爵，他身着盔甲，长期的疾患在他的脸上刻下了一副惨白而又骇人的表情。此外还有三四名随从紧随其后。这种不同寻常的装扮使得在场的所有人都心生戒备。里吉欧立刻意识到，自己是国王将要打击的目标。他张皇失措，逃到女王身后，并拼死地攥住她，希望女王高贵的躯体能够给予他庇护。造反者们已经在这条路上走得太远了，以至于完全不受这种想法的束缚。几名武装扈从冲入了卧室，路斯文随后拔出短剑，声色俱厉地命令里吉欧离开这个他不配出现的地方，离开这个他已经占据了太久的位置。玛丽用眼泪、哀求以及威胁去拯救她的幸臣，然而所有这些都无济于事，他还是被粗暴地从女王身边扯开，在他被拖离这间寝宫之前，愤怒的敌人们终结了他的生命，并在他的尸体上留下了五十六处伤口。

阿索尔、亨特利、博斯威尔以及其他在宫中拥有寝室的女王密友都因骚乱而警觉起来，并对自己的处境忧惧不已。不过，造反者们没有策划针对他们的阴谋，他们也不敢在王国中以对待里吉欧这个外邦人的方式令苏格兰的贵族流血。他们遣散了其中一些人，并听任其他人仓皇奔逃。

与此同时，造反者们占领了宫殿，并对女王严加看管。国王发布了一份诏旨，命令议会不得在此前确定的那一天开会，此外他还采取措施防止城市中出现任何骚动。默里、洛西斯以及他们的追随者已经得知了针对里吉欧的每一个步骤，他们于次日晚间返回了爱丁堡。默里伯爵受到了国王与女王的亲切接待：前者是因为他们之间达成的协议，后者则希望能够以温和的接待劝服他不要站在里吉欧的谋杀者一边。她仍然畏惧他们的权力，这些人给她的权威与人身以极大的侮辱，这已经远远超出了她想要施加给默里的惩罚。为了向他们复仇，她现在十分想要与默里伯爵和解。然而，默里伯爵对于那些为他甘冒生命危险的战友们负有义务，这促使他努力确保他们的生命安全。女王几乎没有选择远离的自由，她被说服准许莫顿与路斯文随侍左右，并做出承诺，答应在任何被他们视为有必要采取自卫措施的情况下都将宽恕他们。国王的冒险成功了，他的脸上现在写满了惊讶，不知道接下来该何去何从。女王看到了他的犹疑不决，并且乘机对此加以利用。她使出浑身解数以使他摆脱那些新朋友。达恩利对自己给予这位女恩主如此不堪的侮辱而感到愧疚，这使他表现出了不同寻常的顺从与谦恭。尽管许多人警告他不要听信女王的花言巧语，玛丽还是说服了达恩利遣散阴谋者安置在她身边的守卫 [3 月 11 日]。就在当天晚上，他在三名侍从的伴随下与女王逃离了那里，并前往邓巴。二人将逃计划告知了亨特利与博斯威尔，他们很快就与其他几个贵族加入到了逃亡的队伍当中。博斯威尔的封地就在邓巴，他的随从蜂拥而至，很快就达到了能够令女王与阴谋者们相抗衡的程度。

146　　　两位君主的突然逃跑令阴谋者之间充斥着难以言说的惊惶。他们曾获得过宽恕的承诺，然而从女王的行为来看，这个承诺现在更像是用来糊弄他们，或是争取时间的工具。尽管如此，他们还是冒险要求国王履行自己的承诺。他们的信使沦为了阶下囚，女王则亲自率领八千人马向爱丁堡杀奔而去，沿途以最严厉的口吻发泄自己想要复仇的愤怒。与此同时，她娴熟地将默里伯爵一派同杀害里吉欧的凶手们分隔开来。玛丽女王意识到两派的联合将会形成一个对王权颇具威胁的同盟，她表达了自己迫切想要接受默里伯爵支持的意愿，对阴谋者们则待以无情的挞伐。默里伯爵及其党羽仍然想要获得女王的赦免，里吉欧的谋杀者们则已经山穷水尽，他们得不到任何援助，因此狼狈地逃往纽卡斯尔 [3 月 10 日]，从而改变了默里一党的处境——他们几天前刚刚离开了那里。

没有人比莫顿伯爵更狡猾，像他这样的人也参加了这场不幸的冒险。国王公开宣布自己对阴谋毫不知情，从而卑鄙地抛弃了他。默里伯爵及其党羽也毫不留情地放弃了他，因此，莫顿不得不逃离他的祖国，他放弃了显赫的官位，让出了王国中最为充盈的财产。

玛丽返回爱丁堡之后便开始清算那些参与谋杀里吉欧的贵族。但是，我们应当注意到，为了体现她的宽容，只有两个出身卑微的人被指控犯有谋杀罪。

在这场阴谋中，有一点不应忘记，尽管它有些偏离我们的主题。诚然，在国王与阴谋者的盟约中，刺杀里吉欧乃是第一要义，但是，保护新教教会也是其中的一项重要条款。而上述打算违背条约的人也假装表现出对宗教的极大关注。历史没有假意为人性的堕落而辩护，它根据法律与道德中亘古不变的原则调整自己的观点，并且指出，这种反复无常是它所记述的那个时代的本质，为了指引下一个世代，它也将之悉数记载了下来。

这是本书述及的第二起谋杀案，我们随后还将面对更多的此类案件。这种令世人震惊的罪行究竟因何而起？个中缘由值得我们予以关注。愤怒很明显是人性中最为强烈的情绪，这种情绪的本质需要的是：一个自认为受到伤害的人应当亲手给予敌人报复性的一击。然而，放任这种行为对社会而言却是极具破坏性的。此外，惩罚要么应十分严苛，要么应具有持久性。因此，在每个国家的草创时期，政府将私人手中的利剑取走，并交托给治安法官。然而，虽然法律想要限制复仇，但它实际上却加强了这种行为。最早也最纯粹的惩罚是以牙还牙：伤人手足者应断其手足，害人性命者亦当取其性命。

对于人身伤害的罚金制度继承了同态复仇法的严苛。这两种惩罚体制的目标都在于复仇，受害者是唯一有权要求或是减轻惩罚被告的人。法律虽允许其中一方全力以赴地复仇，但也会保障另一方的利益不受侵犯。如果没有充分的证据可以证明被告有罪，或者是被告认为自己受到了不公正的指控，他就可以向原告发出决斗的挑战，倘若他获得了胜利，自己的清白就能得到证明。几乎在所有的重大案件中——无论是民事案件还是刑事案件，决斗往往被用来维护自己的清白或保护当事人的财产。司法很少行使它的权力，利剑是每一起争端的仲裁者。复仇的情绪受到了上述所有这些方式的滋养，并因人们的放纵而日复一日地茁壮成长，最终达到了十分强大的程度。人类开始习惯于流血，不仅在战争中，在和平时期也是如此。这些原因以及其他的一些因素使得人类沾染上了残暴的脾性与行事作风。因此，这样的残暴使人类必须阻止决斗审判，必须在刑事案件中废止罚金制度，必须想出更加温和的办法来解决民事纠纷。此后，对罪犯的惩罚更加严厉，罚金的数额也固定了下来。但是，那些负责处罚犯人、征缴罚金的诸侯却没有被赋予太大的权力。权势熏天的违法者鄙视他们的权威，势单力薄的罪人则托庇于他们，以期免受惩处。司法权极度虚弱且得不到有效的执行，对一个领主或是其封臣的惩罚往往会激起叛乱和内战。贵族们傲慢而又独立，他们之间发生冲突的原因复杂且难以避免。他们一旦觉察到自己受到了侵犯，便急不可耐地前去复仇；他们认为向敌人低头并怯懦地原谅他是无耻的行为；他们将惩罚侵犯者的权力视为贵族的特权与独立的标志，而司法审判这样缓慢的进程无疑是满足不了他们的。在贵族们看来，唯一可以洗刷耻辱的方式就是令敌人流血。如果仇敌毫发未伤，他们就无法完成报复，他们的勇气也会受到质疑，进而给自己的荣誉留下污点。软弱的治安法官无法完成这种报复，但贵族们自己却可以将其轻而易举地实现。在脆弱的政府管理之下，人们就像在自然王国中那样承担着审判与矫正罪行的权力。因此，谋杀这一类对社会极具破坏性的罪行不仅获得了准允，而且还被视为荣誉的象征。

　　14、15 世纪的欧洲历史上充斥着这种可憎的罪行，它主要盛行于法国与苏格兰，两国在那时交流频繁，并且在民族性格上有着惊人的相似之处。1407 年，法兰西国王唯一的兄弟在巴黎街头惨遭杀害。这起案件的凶手至今都没有受到公正的惩罚，因为一位杰出的律师获准在法国贵族们面前为他辩护，并公然声称谋杀这一行为具有合法性。1417 年，声名显赫的格尔森（Jean Gerson, 1363—1429）使出九牛二虎之力才说服了康斯坦斯会议谴责这一行为，他这样说道："现如今，谋杀一个骑士比干掉他的扈从更加光荣，谋杀一位君主比干掉他的骑士更能受到人们的称许。"在 15、16 世纪的苏格兰与法国，因私人恩怨、政治或宗教争端而惨遭谋杀的名人数不胜数，其数量之多令人难以置信。即便是在可能引发仇杀的纠纷得到解决之后，当事人仍然会被杀害；即便是在治安法官的审判以及法律生效之后，此类事件也还是会发生；即使是在知识与哲学使人们的行为方式变得更加优雅，使人性变得更加宽和之后，这种暴行也依然时有发生。在法国，这种行为直到 17 世纪末才渐渐消失。而在苏格兰，直到詹姆士六世因继承了英格兰王位而使王权增强之后才终止了这种暴行。

　　然而，每一个民族的习俗在其人民的脑海与内心中产生的影响，以及它能在多大程度上歪曲或是消灭道德准则，这些都变得十分重要。那个时代的作者们完全接受了同时代人关于谋杀的观点。对这一罪行，那些有功夫思考或评判的人们似乎比那些因压力或冲动而犯罪的凶手更加令人感到震惊。布坎南在描述比顿枢机主教与里吉

148

欧之死时并没有表现出一个正常人该有的恻隐之心，也没有显示出一个历史学家应有的正义感。诺克斯的思想更加激进，也更加野蛮。他在叙述比顿与吉斯公爵之死时，不仅没有谴责凶手，反而为之欢欣雀跃。同时，罗斯主教在提到默里伯爵遇刺时带有一定程度的喜悦，布莱克伍德则以卑鄙的喜悦详述了这件凶案，并将其直接归因于上帝的天罚。路斯文勋爵这个刺杀里吉欧的主谋在他死前不久写下了关于此事的回忆，这些冗长的文字中没有一处是为这桩既不光彩又十分野蛮的行径而进行忏悔。莫顿在这桩暴行中同样有罪，他也接受了路斯文的上述观点。在他最后的时刻，他本人和参与此事的大臣们都不认为这是一件需要忏悔的罪行。即便是在那时，当他谈论起对大卫·里吉欧的"屠宰"时，他仍然十分淡定，就像这是一件干干净净或是值得赞许的行为。其他时代的恶行令我们震惊，我们自己的陋习也开始广为人知，但很少能激起人们的惊恐。现在，我将从这个偏离了主题的论述回到我们的历史中来。

达恩利那些曾经令女王爱上自己的魅力以及使两人在一段时间中如鱼得水的因素现在完全消失了。爱情不再以亲密的面纱遮掩他的愚蠢与恶习，它们在玛丽面前展现得淋漓尽致。虽然达恩利发表了一份公开声明，宣称自己对于谋杀里吉欧的阴谋毫不知情，但玛丽完全可以确定，他不仅仅是从犯，而且还是这个令人憎恶的暴行的主谋。女王曾对他信任有加，并慷慨地赐予他权力，但他却用这些恩赐来侵犯她的权威、限制她的特权并威胁她的人身安全。任何女人都不可能容忍或原谅这样的侮辱。冷淡的寒暄、暗中的猜疑、频繁的争吵取代了此前的爱恋与信任。女王不再给予他特权，渴望获得晋升的人也不再寻求他的支持，因为他们发现这似乎并没有多大的用处。在贵族当中，一些人惧怕他残暴的性格，另一些人则抱怨他的背信弃义，所有人都鄙视他的愚笨与多变。人民则看到了他

的一些行为并不符合一个君主应有的气度。达恩利沉溺于酒精，他 149
的酒量超出了那个时代所能容忍的限度。他放纵自己那反复无常的
情绪，即便是年轻人本应放荡不羁的借口也不能合理地解释他的任
性。他无礼的行为令女王难以容忍，他冲动的性情也时常令她潸然
泪下，无论在公共场合还是在私人之间。玛丽对他的厌恶变得与日
俱增，并且到了难以掩饰的地步。他常常不在朝中——他在这里既
没有显赫的名望，也没有能够遮天蔽日的权力。那些试图取悦女王、
支持莫顿及其追随者的人，或是依附于汉密尔顿家族的贵族都在躲
避他，因而他几乎总是陷于无人问津的孤独之中。

　　大约此时，一颗政治新星取得了女王的极大信任，并很快在她
心中占据了优势地位。这刺激着他的冒险精神，使其构建了一个宏
大的计划——这个计划对他而言极为致命，同时也导致了玛丽女王
今后将要遭遇的一切灾难。这个人就是博斯威尔伯爵詹姆士·赫伯
恩（James Hepburn, 4th Earl of Bothwell, 1534—1578）。他是一个古
老家族的族长，资财丰盈、封臣众多，也是王国中实力最为强大的
贵族之一。即便是在那个动荡不安的年代中，虽然有很多宏大的计
划在许多雄心勃勃的头脑中得以构建，并激使着他们付诸实践，但
没有哪个人的能够比博斯威尔伯爵还要令人恐惧，或者说，没有人
比他更加大胆也更加不择手段地去攫取权力。[①]当王国中的所有显
贵——无论是天主教徒还是新教徒，为了反抗法国对苏格兰自由的

---

① 博斯威尔的冒险精神是如此显著，以至于他在法兰西定居期间就获得了几个标志。
　英格兰派驻巴黎的大使斯洛克莫顿是伊丽莎白手下最为睿智的大臣，他指出博斯威
　尔伯爵是最令人畏惧也最应当值得注意的人。他在一封信中这样写道："博斯威尔
　离开了法国，返回了苏格兰。他夸口说要在苏格兰大干一番，并且将在那里获得万
　人之上的地位。他是一个虚荣、鲁莽、冒险心强的年轻人，因此他的敌人将会注视
　着他，并且不会允许他活得太久。——原书注

危险进犯而加入圣会之时，他虽然是公开的新教徒，却忠于摄政太后，并在她的阵营中出力甚多。圣会在军事上的胜利迫使他逃往法国，他在那里随侍女王左右，直到她返回苏格兰为止。从那时起，他对待玛丽的每一个举动都恭敬有加。在所有的党派斗争中，我们甚至没有发现他做出任何可能会冒犯到女王的行为。当默里伯爵关于女王婚事的做法触怒了玛丽之时，女王将他从流放中召回——事实上，此前将他赶走也的确是情非所愿。此后，女王将博斯威尔伯爵的忠心与才干视为支撑其权力的强大支柱。当里吉欧的谋杀者们将她软禁之后，他是恢复了女王自由的主要功臣，并于此后服侍着她。他的忠心与成就在当时令女王印象深刻，并极大地增强了玛丽对他的信任。她出于感激而赐予了博斯威尔伯爵丰厚的奖赏，甚至将其拔擢至显赫的高位，令其参掌机要，无论何等重要的大事都要与他商议。他的谦恭与勤勉使其巩固并增强了女王对他的宠信，并逐渐为他脑海中可能已经设计好的宏大计划铺平了道路。尽管前路坎坷，尽管要以诸多罪恶为代价，他最终还是顺利实现了这一愿望。

女王分娩的日子就要来临。宫中仅有一名瘦弱的守卫，而这种草率之举很有可能会令她暴露在危险之下——她在那时可能会在这150 个被党争撕裂了的国度中遭受凌辱。有鉴于此，枢密院建议女王定居在爱丁堡的城堡中，这是苏格兰王国中最为坚实的堡垒，也是最适宜保护她人身安全的地方。为了使安全更有保障，玛丽试图消弭令一些大贵族互相猜疑的内部争端。默里与阿盖尔伯爵因亨特利和博斯威尔的反复伤害而愤怒不已。女王凭借着她的权力以及几番请求使他们握手言和，并令他们承诺以永远的遗忘埋葬他们的仇恨。玛丽十分重视这个和解，因而再一次获得了默里伯爵的支持。

玛丽女王在 6 月 19 日生下了她唯一的子嗣詹姆士，这位王子的降生对于整个不列颠岛而言都是十分幸运的，但对玛丽自己却是一场灾难。詹姆士对英格兰王位的继承将两个分裂的王国统一在了一位强大君主的统治之下，并且为大不列颠日后的霸权奠定了坚实的基础。但玛丽本人却被残酷的命运将她从幼子身旁硬生生地带走，她将永远都不被准允施予这种慈爱之情，也无法享受初为人母的喜悦。

苏格兰方面立刻派遣梅尔维尔前往伦敦报告这件大事。它最初给伊丽莎白带来了极大的打击，她的对手因一个王子的诞生而获得了优势，这令她流下了痛苦的泪水。但是，在接见梅尔维尔之前，她恢复了对自己的控制，不仅大方地接待了梅尔维尔，而且表现出了夸张的喜悦。此外，她还接受了成为詹姆士教母的请求。

由于玛丽喜爱奢华与壮丽的场面，她便决定以盛大的仪式庆祝王子的洗礼。因此，她邀请了法兰西国王与前夫的姑丈萨伏伊公爵（Emmanuel Philibert, Duke of Savoy, 1528—1580）。[1]

玛丽在产后恢复期间对国王的愤怒没有改变，里吉欧的死以及他曾经做出的野蛮行径依然令女王记忆犹新。她时常忧郁、沮丧。虽然达恩利有时会出现在朝中，并陪伴她一同巡行王国各地，但他并不受贵族的礼遇，玛丽也对他十分严肃，并且不准他参与机要事务，不给他任何权力。二人之间的裂痕越来越深，曾有人试图令他们和解，这主要是法国大使卡斯泰尔诺从中调和。但是，在经过这样一段激烈的冲突之后，要想让他们破镜重圆并不是一件易事。虽然他劝说女王与国王在一起共度了几晚春宵，但我们可以断定，这种同床共枕的表象并非发自真心，此种关系不会长久地得以维系。

---

[1] 萨伏伊公爵的妻子是法兰西国王亨利二世的妹妹贝里女公爵玛格丽特（Margaret of France, Duchess of Berry, 1523—1574），因此是玛丽女王的前夫弗朗索瓦二世的姑丈。——译者注

博斯威尔伯爵这阵子是女王的密友。没有他的参与，女王不会对任何事情做出决断，也不会赐予任何奖赏。结合他在枢密院中的优势来看，如果我们可以相信同时代的历史学者们的话，博斯威尔伯爵现在已经掌控了女王的内心。但是，这位野心勃勃的爵爷究竟是在何时允许爱情占据了他那本应充满了对君主敬重的内心？玛丽女王又是在何时以这种情感取代了对其忠心的感激？这些问题都不是能够轻易解决的。只有那些能够接近各派系首脑的人们才能注意到这种微妙的感情变化，他们能够冷静地以敏锐的洞察力探查内心的秘密活动。诺克斯与布坎南都不具备这样的优势。他们微贱的出身使其只能远观女王及其心腹。他们狂热的偏见也使得自己的观点草率并且经不起推敲。后世的史学家只能根据他们对历史事件的真实情感才能判断事实的真相，而他们的解释往往不足为据。

博斯威尔伯爵赢取女王的大胆计划似乎占尽了天时、地利、人和。玛丽女王年轻、亮丽而又平易近人。她十分敏感，易于坠入爱河。她曾将自己的爱情给予了一个一文不值的臣子，此人用忘恩负义来回报她，以无视、傲慢与残暴对待她。玛丽感受到了所有这些并在心中怀有切肤之恨。此时，一个男子汉突然出现。他维护她的权威，保护她的安全，分享她的见解，博斯威尔利用一切机会执行他的计划，表达自己的感情，这不可能不对她的内心产生重大的影响。

傲慢的达恩利已经习惯了别人的奉承，习惯了对他人呼来喝去的生活。他无法容忍受到的轻视以及自己目前毫无用处的境地。但是，在这个处处都鄙视或憎恶他的国家中，他永远都不可能指望可以建立自己的派系并支持他为恢复权威做出的努力。因此，他向教皇、法国与西班牙国王诉说自己对天主教的狂热信仰，此外，他还尖刻地抱怨了玛丽女王在推动天主教的传教上不作为。此后不久，他就做出了一个疯狂而又令人震惊的决定：登上一艘战舰逃到国外去。达恩利总是反复无常，我们无法对他的动机做出令人满意的猜想。也许，他希望以自己狂热的宗教热忱托庇于欧洲大陆的天主教诸侯，他认为他们能够利用权势来帮助他恢复失去的权力；也许他只是单纯地想要隐藏自己的失意，在国外，没有人曾经目睹过他过去的辉煌。

他将自己的计划告知了法国大使勒克劳克（Le Croc）和他的父亲伦诺克斯伯爵。他们都劝说他放弃这个计划，但都收效甚微。伦诺克斯似乎与他的儿子一样失去了女王的信任，他在此时很少出现在朝中，因而立刻向女王去信通报了此事。达恩利拒绝陪同女王从斯特灵前往爱丁堡，他也不在朝中。但是，他在女王知悉此事的当天到达了爱丁堡。他比往常更加任性，也更加暴躁。他迟迟不肯进入宫中，表示除非女王让随侍左右的几名贵族回避才肯面见女王。玛丽因而不得不这样接见了他。最后，达恩利要求女王将他带进卧房。玛丽试图问出达恩利想要逃亡的原因，尽管她费尽了口舌，但他仍然始终缄默不语。次日，御前会议奉命前来劝说他，但他仍然情绪消沉、固执沉默，既没有打算解释自己想要逃亡他国的动机，也没有表示任何放弃计划的想法。当他待在寝室之中时，他竟当着女王的面说她不应该长时间地盯着自己。几天之后，他写信给玛丽，其中提到了两件令他感到愤怒的事情。他在信中写到，玛丽长期不准他参与政事，并且剥夺了他的所有权力。贵族们因为她的态度而对自己公然表现出了蔑视，以至于他在每一个地方都得不到国王应当享有的尊严与荣耀。

与国王的逃亡计划相比，没有什么更能让玛丽感到屈辱了，这将会令整个欧洲都知悉他们二人之间的不和。世人将会认为国王因玛丽的轻视与冷漠而被迫流亡他乡，同情将会使人们产生对女王不利的看法。因此，为了向盟友解释此事，也为了从达恩利的责难中

152

拯救自己的名声，御前会议向法兰西国王与太后去信，叙述了整个事件的来龙去脉。这份报告措辞老到，并将玛丽置于最为有利的立场之上。

大约此时，目无法纪的边民需要给予惩罚。玛丽女王决定在杰德堡开设民事法庭。依照惯例，邻近数郡的居民奉命全副武装地前来参加法庭的审判。博斯威尔伯爵在当时是所有边疆地区的治安法官——或者称之为"守护者"，这是王国中最为重要的职位。尽管担任此职者通常为三人，但由于深受女王宠信，他得以独自操持权柄。为了不辜负女王的信任，在履行职责时表现自己的勇猛与积极，他试图抓捕一伙匪徒，他们隐蔽于利迪戴尔沼泽，时常骚扰附近的居民。但是，当他在与这伙亡命之徒中的一人打斗时，却身受数创，因此随从们不得不在 10 月 16 日将其带回了艾米塔吉城堡（Hermitage Castle）。玛丽立刻赶往那里，她的焦虑看上去像是对爱人的担忧，但这与其身为女王的高贵身份相抵触。[①] 她确认博斯威尔伯爵没有生命危险之后便在当天返回了杰德堡。旅途的劳累以及对博斯威尔的记挂令她在次日清晨发起了高烧。她的生命受到了严重的威胁，但是她年轻的身体与充沛的体力抵抗着恶疾的侵蚀。在女王生病期间，待在斯特灵的国王从未接近过杰德堡。当他终于觉得应当前往探视之时［11 月 5 日］，却由于受到了冷遇而没有勇气

[①] 杰德堡与艾米塔吉城堡的距离是十八苏格兰里，要穿过一个几乎无法通行的郡。博斯威尔似乎在一场打斗中受了伤，这是由一个绝望的个人引起的，而不是由边民的公开暴动导致的。没有证据表明女王身边有一大群扈从。事实上，并没有发起军事行动的必要，令女王置身于征讨窃贼的危险当中是十分不合适的。女王甫一发现博斯威尔没有陷入生命危险中就立刻返回了。在此之后，我们没有听到任何有关暴动的消息，也没有任何证据表明暴民求助于英格兰。由于已经没有关于这次远征的任何证据，读者一定能够自行评判诺克斯与布坎南言辞的真实性，他们二人将此描述为女王对博斯威尔的爱恋。——原书注

在那里长久地住下去。玛丽很快就恢复了足够的体力，并开始沿着东部边界返回邓巴。

当玛丽在邓巴驻留时，她将目光投向了英格兰。伊丽莎白不顾自己的承诺与声明，不仅允许，而且还怂恿莫顿与他的党羽留在英格兰。另外，玛丽也向几名英格兰逃亡者提供庇护。两位女王都警惕地注视着对方的动态，并暗中支持能够扰乱对手的行动。

在这一点上，玛丽的使臣罗伯特·梅尔维尔以及她的其他间谍十分活跃而且成果斐然。他们的阴谋在很大程度上促使英格兰议会产生了一阵风潮，在伊丽莎白统治时期，对于英格兰的和平而言，它比任何事情都更具威胁性，并需要伊丽莎白女王全力以赴地加以应对。

伊丽莎白登基已过八年，但她仍然没有表现出想要结婚的意愿。近期的一场重病威胁着她的生命，整个国家由于不确定的王位继承以及由此可能引发的灾难而惶惶不安。两院之中因此掀起了一场活动，他们写信给女王，劝说她要么结婚，要么同意立法确定王位继承顺序，以此防范未来可能发生的危险。她对臣民的热爱、对公众的责任以及对子孙的关心，所有这些都迫使她不得不采取其中的一个方案。长久以来，她对婚姻表现出的难以克服的厌恶使之不可能接受第一个方案。如果她选择了另一个方案，苏格兰女王就很有可能取得英格兰的王位继承权。伊丽莎白的睿智足以看到这一行动在未来可能引发的后果，并焦虑不安地注视着它。玛丽总是拒绝批准《爱丁堡条约》，因而明白无误地昭示了她将抓住有利时机要求英格兰的王位继承权。此外，她通过秘密谈判，已经获取了许多人对此事的支持。每一个天主教徒都热切地渴望着她的成功。她的温柔与仁慈消除了许多新教徒对天主教的恐惧。在英格兰的宫廷中，那些妒忌塞西尔并致力于从其手中夺取权力的派系为了反对他而支持苏格兰女王的要求。两个王国的联合对于双方的每一个智者而言都是令人满意的事情，而詹姆士王子的诞生则是一个幸运的保障，并有望成为两国永久的维系点。

在这样的情形下，在国民处于这种情绪中时，一份关于玛丽享有英格兰王位继承权的声明对于伊丽莎白女王而言无疑是一个重大的打击。目前而言，王位继承的不确定状况给她增添了很大的权力砝码。她的愤怒可能会在很大程度上将王位觊觎者们排除在一边。这也是迄今为止能够限制并震慑苏格兰女王的因素。然而，一旦玛丽的王位继承权得到了法律上的认可，这一障碍就将荡然无存，玛丽也将更加自由地贯彻她那危险的计划，并且可以更加有恃无恐地行动。她的党羽已经制订好了在王国各地举行暴动的计划，而一份对其王位继承权予以认可的法案无疑会成为起事的信号。尽管伊丽莎白的王权会对其臣民产生影响力，但她的王位还是会受到威胁。

正当这份议案在两院中悬而未决之时，玛丽接到了来自梅尔维尔的报告。虽然她并不缺少支持者，甚至在伊丽莎白身边也有她的人，但她还是决定致信给英格兰的枢密大臣们，以加强她对英格兰王位的继承权。她在信中表达了对伊丽莎白友谊的感谢，她将二人之间的友谊主要归功于他们努力的结果。她宣布了自己将永远与英格兰保持友好关系的决心，保证自己不会在超出伊丽莎白女王同意的范畴之外寻求自己对王权的掌控。然而，与此同时，虽然她的继承权已经确认无疑，但她还是希望英格兰议会能够明白无误地将其予以认可，并对此做出公正的评判。给英格兰枢密大臣去信的苏格兰贵族们也用同样的口吻做出了相同的叙述。玛丽老到地使这封信看起来就像是一份表达自己与臣子们对伊丽莎白的感谢的宣言。但是，由于她无法忽视伊丽莎白在关注议会进程时的警惕与恐惧，这

154

种不同寻常的举动——身为一国之君公开给另一国的国务大臣们写信，不可能不被理解为是鼓动在英格兰人之中刚刚兴起的那股风潮。

然而，没有什么比议会两院在这一事件当中的表现更能令伊丽莎白感到残酷和屈辱。她使出浑身解数打击或逃避这场运动。在他们最初被允许的狂热消失之后，她传召了两院中的数名议员。她安抚他们，做出承诺与具有威胁的行为；她免除了他们应付的王室津贴，并拒绝了已经批准的款项。最终，她说服了议员们推迟讨论这份议案。幸运的是，苏格兰女王的行为以及降临在她身上的不幸，使得这个致命的议案没有在今后的任何一届议会中出现。

与此同时，为了给世人留下一个公正的良好形象，她不会采取任何会令玛丽陷入绝望境地的举措。她将桑顿投入了伦敦塔，此人曾公开发表过一些贬损苏格兰世系的恶语；此外，她还向下院的一些议员表示了自己的不满，这些人似乎在此前的演说中使用了一些含沙射影的话语来抨击玛丽。

在她所有的关注点中，玛丽曾经十分热切地推动天主教在苏格兰的发展。天主教教义在苏格兰的重建似乎是她最为关心的事情。尽管她小心翼翼地隐藏着自己的计划，尽管她谨慎行事，她仍然以顽固的热忱贯彻着这个事业。此时，她冒险将一贯秉持的严谨作风弃之不顾，期待着加入了巴约纳同盟的天主教诸侯能够给予她援助，而这也促使她做出了最为大胆的举动，即便是就苏格兰民族的性格而言，这一行动也太过于冒险了。由于此前曾经与罗马教廷秘密结盟，她现在决定允许教皇派出一名特使进驻苏格兰。时任蒙多维主教的劳洛红衣主教（Cardinal Vincenzo Lauro, Bishop of Mondovi, 1523—1592）接到教皇庇护五世的任命前往苏格兰担任教皇特使之职。与他一并出发的还有教皇赠予玛丽女王的两万克朗现金。向一个遥远而又缥缈的希望敞开自己的金库并不是罗马教廷的作风，教皇特使的任务正是令苏格兰王国再度服从于教廷的意志。玛丽对此心知肚明，她在给教皇的复信中首先对他有如慈父般的关爱与慷慨表达了自己的感激之情，然后她做出了以下承诺：她将竭尽全力重建并传播天主教信仰；她将对教皇特使事之以礼，并以最大的热情支持他对于促进上帝之荣耀、恢复王国之安宁而制订的所有计划；她将以天主教仪式的规定为詹姆士王子洗礼，并希望她的臣民因此再度恢复被抛却了许久的对神圣教会的崇奉；她将向她的儿子灌输天主教的教义，并使其由衷地生发对天主教的热爱与信奉。但是，尽管特使已经抵达了巴黎，并且将他的一名随从与一部分资金送到了苏格兰，玛丽女王仍然认为接纳特使的时机尚不成熟。伊丽莎白准备在詹姆士王子洗礼时派遣一个庞大的使团前往苏格兰。由于这个不合时宜的冒犯，她明智地判断到，这会令玛丽以各种各样的借口拖延劳洛主教的行程，然而苏格兰接下来发生的暴乱却使之无法继续这段旅途。

当玛丽为了颠覆新教教会而秘密进行谈判之时，她毫无顾忌地公然利用职权为天主教教士提供更加稳固与舒适的生活保障。她在这一年里发布了几项有关此事的诏谕和枢密院令，并欣然同意了旨在为天主教教士提供更多薪金的每一项计划。玛丽的这些行为并没有为她增添多少正义的荣光。尽管许多国王为其行为辩护，虽然这得到了罗马教会的授权——他们那致命的狡辩总是将异教徒说成是信仰的悖逆者，将一连串的罪行披上了"责任"的神圣外衣。然而，这种虚伪一定会被归入到那些从未能成功玷污伟大与高贵品格的污点之中。

由于法兰西与皮埃蒙特的大使都没有到来，詹姆士王子的洗礼因而一再推迟。与此同时，玛丽女王定居在了克雷格米勒城堡。也许这里适合她现在的心绪，比起圣十字宫来，她现在更加喜爱这里。玛丽对达恩利的厌恶与日俱增，并且几乎到了无以复加的地步。深沉的忧郁取代了她本性中的活泼与乐观。她的草率与轻浮，国王的忘恩负义与蛮横固执，这些都令她感到羞耻与失望。各种各样的感情侵蚀着她的思想，她现在异常敏感，情绪冲动，并总是生出一种迟暮之感，时常觉得自己的生命即将走向终结。

　　但是，由于她长久期待的英格兰与法兰西的两位大使贝德福德伯爵与布利耶那伯爵的到来，她不得不压抑住心中的愤懑，并向斯特灵进发，前往庆祝其子的洗礼。贝德福德伯爵率领着一支庞大而又壮观的使团，并且带来了伊丽莎白的礼物——她的礼物在当时与苏格兰女王的高贵相得益彰，玛丽也喜欢这种能够向自己表示尊敬的贺礼。她为詹姆士王子的洗礼做了充分的准备，仪式的华贵在苏格兰的历史上前所未有。依据天主教的惯例，洗礼日定在了 12 月 17日。但是贝德福德伯爵与那些信奉新教的苏格兰贵族都没有踏进教堂的大门。那个时代的人们桀骜不驯、固执己见，他们不可能参加这样有违自身原则的活动。

　　达恩利在此时的行动完全表现出了自己的任性与愚笨。他选择留在斯特灵，但拒绝走出卧房的大门。由于女王不相信任何一个敢于同他交谈的人，他因而陷入了完全的孤独之中。没有什么比这一举动更能令人感到怪异的了。达恩利的这种表现似乎公开了他所受到的蔑视，而且，通过把女王的家庭不和暴露在许多外邦人的视野之中，他似乎有意要冒犯女王。玛丽敏锐地感到了这种侮辱，尽管她努力表现出与这个欢庆的场合相适应的愉快，尽管她出于礼节而佯装欢喜，但她还是需要间或退场，以发泄心中的悲伤。达恩利也

156

依然在谋划着他的逃亡，并越来越想将此付诸实践。[①]

　　观看詹姆士王子的洗礼并不是主要令贝德福德伯爵感到尴尬的事情。他收到的指令中包含着一份议案，它本应消弭两位女王之间存在了许久的猜疑，而我们时常提到的《爱丁堡条约》是引发二人不和的主要原因。然而，英格兰议会中最近掀起的那股风潮，支持玛丽的那个强大的派系以及英格兰王国中众多活跃的苏格兰女王代理人，这些都警示着伊丽莎白，使得她不会放弃《爱丁堡条约》中强硬而老到的措辞所带给她的每一个优势。她现在仅仅要求玛丽在自己的后代尚在人世的时候暂时放弃英格兰的王位继承权，除此之外别无所求。换句话说，伊丽莎白并没有采取危及玛丽所享有的继承权的任何举措。

　　玛丽不可能正面拒绝这个如此公正的提议。然而她坚称，伊丽

---

① 卡姆登提到，伊丽莎白命令贝德福德伯爵不要称呼达恩利为"国王"。由于这对于玛丽和她的丈夫而言都是一种侮辱，因此伊丽莎白命令他声称此举乃是因为达恩利没有出席王子的洗礼。但是：第一，在至今仍然存在的文件中，我们没有发现有关这一指令的细节；第二，贝德福德给女王的建议与卡姆登的强调是矛盾的，这是梅尔维尔指出的，他的叙述得到了伊丽莎白发给亨利·诺里斯的指令的证实。在这份指令当中，她提到了自己命令贝德福德伯爵要尽自己最大的努力调停玛丽与其丈夫之间的关系。一份公开出版的文件也在一定程度上证明了此事。第三，法兰西大使勒克劳克提到了国王的缺席，但是没有说他的缺席是因为卡姆登所说的原因。如果卡姆登所言不虚，那么勒克劳克就不可能在自己的报告中没有提到此事。勒克劳克的第一封信写于12月2日，写信的时间要早于贝德福德伯爵抵达苏格兰的时间。而他的指令，无论是公开的还是秘密的，都已经无从查考了。勒克劳克坦率地猜测到，国王与女王之间的不和是他缺席的原因，他对这一不和的解释是我已经提到过的，因此不再赘述。第四，他向朝廷去信，声明由于国王与女王之间的产生了矛盾，因此他拒绝同国王进行进一步的通信，虽然达恩利似乎对他十分信任。第五，由于国王没有出席王子的洗礼，他似乎也丧失了对国务的处理权。此时颁布的两道枢密院令（一道颁布于12月20日，另一道则颁布于12月21日）都只签署了女王的名字，国王的名字则没有出现在上面，这似乎不应归咎于伊丽莎白下达给贝德福德伯爵的指令。——原书注

莎白应当要求对玛丽的王位继承权进行法律上的评定并将结果公之于众。她尤其应当拿出亨利八世的遗嘱，让英格兰的贵族们仔细地讨论。亨利八世在这份遗嘱中将他姐姐的后代排除在了王位继承权之外。玛丽的大臣们固执地相信这样一种观点，即：这份在他们眼中对自己的女主人构成了极大伤害的遗嘱并不存在，他们在各种场合中都要求伊丽莎白出具这份遗嘱。为了达到自己的目的，玛丽将会竭尽所能地忍耐下去。这份遗嘱至今尚存，其真实性毋庸置疑。但是，削弱或是驳回斯图亚特家族的王位继承权并不是伊丽莎白的本意。她的目标是令继承问题悬而不决，此外，由于她始终在逃避这个问题，从某种程度上而言，她甚至还帮了玛丽一把。

在詹姆士王子受洗数日之后，莫顿与所有其他谋杀里吉欧的凶手获得了赦免，并返回了苏格兰。玛丽到此仍固执地在条约问题上决不妥协，但她最终还是同意博斯威尔伯爵的请求。如果没有来自各方的援助，他就无法在这场大胆的冒险中获得成功。在获得莫顿及其追随者的支持之后，他希望拯救一群忠实而又坚定的信徒。

达恩利在斯特灵一直遭受着孤独与无视的折磨。他焦躁不安，还听闻了女王要将他打入监牢的谣言，因此，他突然离开了斯特灵城堡，前往格拉斯哥投奔他的父亲。

这一年召开了两次宗教会议 [6 月 25 日、12 月 25 日]。代表们在会上发了许多牢骚，抱怨新教牧师遭受的贫困与轻视。本应在前一年就发给他们的薪金，至今连一分一厘也没见到踪影。只有为了伟大的事业而忍耐任何苦痛的决心才能使人们忠于这个如此贫穷与不被重视的教会。詹姆士王子的洗礼造成的巨大花费几乎令玛丽的金库为之一空，为了维持牧师的生计而拨给的款项只好另觅他途。女王因此不得不采取一些新的措施保障对教会的补助，以防止宗教大会提出抗议。在安抚牧师的工作中本应伴随着慷慨的施予和馈赠，

157

但是，女王与贵族都更加紧紧地攥住他们攫取来的教会财产。负责分拨资金的大臣认为，一笔据估计不超过九千镑的资金足以维持整个教会的生存，而他们刚刚见识到了一个小小的修道院就占据了价值远在这笔款项之上的财富。

那时的天主教士以惊人的毅力忍耐着心中的不平。但是，无论新教将会对哪里产生威胁，他们都易警醒起来，并且会以最响亮的声音表达出他们对危险的理解。在这次大会召开之前不久，他们得知了关于这种危险的正当理由。1560 年，议会宣布剥夺宗教法庭的司法权，指定了一个委员会听审并裁定此前属于宗教法庭审理的案件。这个法案是玛丽关注的少数法令之一。她确认了这个委员会的权力，并允许他们制定诉讼程序，这在宗教法庭中具有很大的权力。从他们最初接受任命开始，这些法官就不间断地履行着他们的职责，直到女王突然发布了一道谕旨，宣布恢复圣安德鲁斯大主教的传统司法权，并废止委员会的全部权力。

一份无法被证明为合法的文件使玛丽女王乐于冒险采取如此草率的行动。她花费了一些时间筹划如何重建天主教信仰，而恢复天主教士传统的司法权似乎是其中一个重要的步骤，这一举动应主要归因于对女王有着极大影响的博斯威尔伯爵，他更加邪恶。他的野心构建了那个即将付诸实践的大胆计划。我们在今后也会发现，他对天主教士重新获得的权力加以利用，这表现出了他如今致力于此的原因。新教牧师不是漠不关心的旁观者，他们不会对这件具有毁灭性威胁的事件没有反应。但是，由于他们对于获得来自女王的补助已经深感失望，他们便向整个新教贵族阶层表达了他们的抗议，其中满含着狂热的宗教热情——这正是那时的危险境况下所需要的。我们没有条件评判这一激烈的布道词所能产生的影响，但整个国家的注意力马上就将转向其他更加悲惨的事件上来。

158

　　在达恩利离开斯特灵，抵达格拉斯哥之前，他罹患了严重的疾病。这场病来势凶猛，在那个年代，一般会被人们归咎于毒药的作用。[①]在历史学家的争论中，我们无法准确地判定这一疾病的性质或其起因。他的生命危在旦夕，但是，在苟延残喘了数周之后，他坚强的体质战胜了病魔的侵袭。

　　玛丽对国王的无视与当年她在杰德堡生病时受到的对待一样。她不再感到新婚之时的爱恋所能激发出的同情，并满足于这些能够抚慰或减轻其伤痛的政事之中。这时，她甚至没有表露出任何类似的情感。尽管国王已经生命垂危，她还是在王国各地旅行，以此来消磨时光。在她抵达格拉斯哥之前竟足足在各处玩了一月有余。在那时，国王疾病已然消退，尽管虚弱，但脱离了生命危险。

　　玛丽与其丈夫之间的破裂不是由那些没有完全解决家庭不和而生出的嫌恶所引起的。女性思想中那些强烈的情愫令其走向危险的极端，并煽动着他们之间不愉快的争吵。达恩利对她的施予是忘恩负义，对她进行人身侮辱，他违背了婚姻的誓言，侵蚀她的权力，并阴谋害了她的幸臣。他多疑、傲慢、固执，这些伤害使玛丽有足够的理由加以抱怨。她敏感地感受到了这些，并在失望的爱情上增

[①] 布坎南和诺克斯确定国王是中了毒，他们提到了达恩利身上长满了黑色的溃烂脓包。布坎南补充道，国王的医生阿布雷斯坦率地宣称，毒药是这些症状产生的原因，而且女王不允许自己的医生随他一同去为国王诊治疾病。布莱克伍德、科森、杰布坚称国王患上了天花，因为女王在信中将他称为"痘人"。《法兰西的帕丽斯》一书当中提到了将国王转移至柯克·欧菲尔德的原因是担心他继续留在宫中会将疾病传染给他人，这似乎印证了布莱克伍德等人的说法。卡特提到了一点，尽管玛丽从未患过天花，但她还是冒险前去照料她。如果这是真的话，那么玛丽不去立刻探视达恩利就有了充分的理由。然而，玛丽女王在她年幼之时确曾患过天花。一位专事出版古代苏格兰诗歌的诗人艾德里安·特恩布斯写的一首诗对此提供了额外的证据。莱斯利主教则宣称国王的疾病是法兰西天花，在那个年代，这种疾病的传染性很强，一旦有人罹患此疾，他就立刻会被转移到城墙之外。——原书注

添了苦痛，这些都使她的心中产生了我们曾经描述过的绝望。她对国王的愤怒似乎并没有在他离开斯特灵之后有所减轻，在她前往格拉斯哥前一天写给驻法大使的信中，并没有任何突然和解的征兆。恰恰相反，她在信中以怨恨的口吻提到了国王的背信弃义，谈到他警惕地注视着她的一举一动以及他扰乱自己统治的倾向，与此同时，还嘲讽了他的所有举动。

如上文所述，玛丽在从爱丁堡前往格拉斯哥的旅途中表达了她的愤怒，虽然国王目前的状况使得女王对他的探望很有必要，但玛丽在此时做出下面这种举动也依然令人有些诧异。照常理而论，这场会面中应该只有互相之间的猜忌，然而事实并非如此：她不仅看望了达恩利，而且在她的言语与行为中似乎还努力表达出了对达恩利的爱。这虽然使她那总是轻信人言的丈夫受到了感动——他时常在一些场合中容易动摇，有时却又十分固执。但是，在那些洞悉人性的智者看来，这一突然的转变中充斥着令人生疑的原因。他们知道，二人之间的创伤不可能迅速地得到治愈，因此认为这是玛丽的诡计在起作用。

但是，玛丽的虚伪不是唯一值得怀疑的地方。她在居留格拉斯哥期间给博斯威尔伯爵写了两封著名的信，其中完全暴露了她的罪行。博斯威尔伯爵十分顺利地执行着自己的计划，并因此取得了对女王的绝对支配。在玛丽这样的处境中，在无法提供太过显著的赏赐的情况下，博斯威尔伯爵还能如此悉心地照顾她，而且还以花言巧语讨好她，这些都使得他窃走了这位贵妇的芳心，并完全征服了她。令人遗憾的是，在那些上流人士的生活中，他们很少顾及自己要对婚姻忠诚，玛丽从小在法兰西宫廷中的所见所闻更是增加了这一点。弗朗索瓦一世与亨利二世那多情的天性，那个年代中尚武性格所特有的放荡以及出入社交场合的自由，这些都使那些生性风流的女人在法兰西人当中学会了婚姻道德上的放纵。玛丽从小就对这些放荡的行为司空见惯，这很难令她像一个正人君子一样对此等恶习心生厌恶。国王的行为会使最初的禁忌之爱受到最小的冲击，愤怒与失望的爱情将会轻易表现出能够满足其复仇心的情感，如此众多的原因也会潜移默化地令她心中产生一种新的感情。

　　但是，无论我们对这一情感的发生与进展有着怎样的观点，信件本身都诉说了炽烈的与温柔的爱意。玛丽在此时对博斯威尔伯爵表达的爱恋完全解释了她此后的行为。如果这种解释不适用的话，她今后的行为就实在是太过于不可思议，也太过于自相矛盾了，更令人难以理解。如果我们承认她与达恩利的和解是发自真心的话，那么就无法对此做出合理的解释。玛丽女王的表白说明了这场和解不过是欺骗人的把戏而已。大家都清楚地知道，她对达恩利十分厌恶，并且充满疑虑地关注着他的一举一动。因此，她的耳朵里现在充斥着对其行为毫无理由的恶毒解释。其中，有一些人说国王打算控制詹姆士王子并以他的名义夺取政权；其他人则向她信誓旦旦地保证，说达恩利已经决定离开王国，他为此还租用了一艘民船，这艘船现在就停泊在克莱德河并随时准备接应他。后者是玛丽最为担心的事情，如果达恩利流亡到了国外，不仅会对女王的声誉带来极大的损害，而且还会破坏博斯威尔伯爵的计划。达恩利那时定居于远离女王的格拉斯哥，他的家族在那里的势力很大，因而他更能轻易地实现自己的计划。为了防止他执行任何明智的方案，玛丽认为，有必要将其带到自己能够随时监视他的地方。为了达到这个目的，她先是使出浑身解数以重新获得他的信任，随后便打算将他转移到爱丁堡附近，她谎称达恩利在那里可以很容易地获得医生的建议，而她也可以同时照顾他和詹姆士王子。达恩利现在十分虚弱，以至于不得不听从玛丽的建议，他也无力忍受身体上的疲劳，因而很快

160

就被带到了爱丁堡。

接纳他的地方是一个教长的家，位于柯克·欧菲尔德。它几乎完全坐落于大学的现址之上。这处房产在一片高地之上，在当时而言，视野开阔、空气清新，十分有利于恢复健康。但是，另一方面，这里的僻静也使其十分适于执行那桩罪恶的阴谋，这里似乎就是凶手有意选择的绝佳场所。

玛丽继续对达恩利进行无微不至的照料，她几乎每天都与他形影不离，并且在其卧房楼下的礼拜堂中度过了两个夜晚。她向他表现出了极大的温柔与信任，这与曾经困扰着他的那种疑虑极为符合。但是，当他愚蠢地沉溺于回到曾经的美梦中时，他事实上已经站在了被毁灭的悬崖边缘。2月9日，星期日，这一天晚间的十一点左右，女王离开了柯克·欧菲尔德，前往参加宫中举办的一场假面舞会。两天之后的清晨，达恩利的居所发生了一场爆炸。巨响与冲击令整座城市都警觉了起来，居民们迅速跑到爆炸声的来源地。国王与睡在同一间卧室中的侍从都已经死于非命，两人的尸首躺在城墙旁边的花园中，没有被火焰灼烧，其上没有任何暴力打斗造成的伤痕。

这就是达恩利勋爵亨利·斯图亚特在其人生的第二十一个年头所遭遇的悲惨宿命。命运的垂爱与他本人那毫无价值的光鲜外表将他拔擢至一个根本不相称的高贵地位。他的愚蠢与忘恩负义使他失去了一个女人的心，而她曾疯狂地爱恋着他。他的傲慢与反复无常使他与那些曾支持他成为国王的贵族渐行渐远。他的轻浮与多变使他受到了人民的讥嘲，而他们曾经将他视为苏格兰那些古老的国王与英雄的继承者。如果他是寿终正寝的话，他的死亡便不会为人民所哀悼，他的所作所为也不会被他们铭记。但是，他遭到谋杀时的惨状，以及无人为他复仇的惨淡使得人们以较大的敬意记住了他的名字，并为他感到遗憾，因为他实际上并没有别的头衔。

　　每个人都在猜想究竟是谁策划并执行了这一令人发指的恶行。矛头几乎都指向了博斯威尔伯爵，一些观点也认为女王似乎知晓整个阴谋。关于博斯威尔伯爵的罪行，这一行为的本质提供了充分的证据。女王对其丈夫的愤怒使她也很有可能犯下这桩罪行。

　　谋杀事件发生两周之后，女王发布了一道诏谕，指出必须有人为这个如此残忍的暴行负责，任何发现凶手的人都将获得重赏。博斯威尔伯爵现在是一人之下、万人之上的重臣，他的权力之大令人畏惧，并且还受到了女王的支持与庇护。尽管如此，这仍然无法平息人民的愤怒。城市中最显眼的地方贴满了布告，指责他犯下了谋杀重罪，并点出了他的从犯。各种带有讽刺性质的漫画也开始出现，抱怨之声不绝于耳，直到深夜，人们还能听到对其野蛮行径的控诉声。但是，这些谣言的制造者们并没有将他们的指控局限于博斯威尔伯爵一人，他们暗示玛丽女王也参与了这场谋杀。这一大胆的指控直接令女王的名誉受到了损害，因而引起了御前会议的关注，而对造谣者的调查转移了探查凶手的注意力。我们无法指望玛丽自己热情高涨地搜寻那个凶手，因为他使其摆脱了长久以来如此令她憎厌的丈夫。博斯威尔出于利益上的考虑将会扼杀或销毁任何可能提供给朝廷的证据，因为他对国务现在拥有最高指示权。如果可能的话，他会给整个事件蒙上一层黑暗与沉寂的纱布。然而，大臣们还是做了一些调查，一些人也被传召至御前会议听审。但是，调查却始终以疏懒的态度进行着，这种方式使得找出罪人的希望十分渺茫。

　　事实上，不仅仅是玛丽的御前大臣们怀疑她参与了这桩恶毒的罪行，我们也不应当将一个如此侮辱其品行的观点归咎于她那些恶毒而好斗的贵族们。关于谋杀达恩利的方式与其死亡时的惨状很快

161

就在整个欧洲散播开来，即便是在那个已经习惯了残忍行径的年代里，这一恶行也激起了普遍的厌恶。由于玛丽与其丈夫不愉快的婚姻长久以来是公众茶余饭后的话题，人们对达恩利之死的最初猜想是十分不利于玛丽女王的。她的朋友们手足无措，不知道该如何为她的行为辩解，因此请求她尽快捉拿凶犯，并且希望她对凶手的起诉能够证明她自己的清白。

与此同时，伦诺克斯伯爵不断请求玛丽为达恩利报仇。这位贵族与他的儿子曾共同失去了玛丽的宠信，并受到了她的冷遇，因而经常住在远离朝廷的地方。然而，这件事打击了他身为人父的慈心，同时对他的野心而言也是一个致命的冲击。因此，他冒险给女王写信［2月21日］，为找到并惩处将他的儿子与她的丈夫夺走的凶手而提出了行之有效的建议。他力促女王尽快起诉那些凶手，并审判他们的罪行。他在信中声明了自己对博斯威尔伯爵及其从犯的怀疑。出于礼节上的考虑，同时也为了促使针对他们的证据尽快找到，他要求女王将那些犯下滔天大罪的嫌犯们监禁起来，或者至少将他们逐出宫廷。

达恩利的尸身葬在了苏格兰的历代先王之间，葬礼虽是以私人的名义举行，但合乎他贵为人君的身份。葬礼结束之后，玛丽便前往西顿了。伦诺克斯伯爵的前半部分要求是无法避开的，因此她决定将博斯威尔伯爵立刻送上审判席。但是，玛丽没有将他关押起来，而且还允许他参加御前会议，允许这个被指控谋杀其夫的嫌犯享受一个重臣才得以拥有的一切保护、尊荣与权力。博斯威尔伯爵已经占据的官位使他获得了对整个苏格兰南部地区的指挥权。他还渴望将爱丁堡这个极为重要的城堡纳入到自己的掌控之中。女王为了劝说马尔伯爵交出城堡而同意让他担任詹姆士王子的监护人［3月19日］，并立即将这个如此重要的堡垒的管理权授予了博斯威尔伯爵。

162

玛丽的许多行为都违背了审慎与庄重的原则，我们只能将此归因于愚蠢或爱情。然而，她那令世人所知的性格完全证明她并不是一个愚笨之人，至于后者，很多证据都即将对此加以证明。

没有直接的证据显示博斯威尔伯爵是杀人凶手。但是，由于时间终将揭示这桩涉案人数众多的罪行的真实情况，因此，尽快结束审判乃是当务之急。他的控告者只会制造普遍的猜疑与不确定的猜测。有鉴于此，本应 3 月 28 日召开的御前会议决定在 4 月 12 日这一天对嫌犯进行审判。在审判刑事案件之时，那个时代的惯例通常会容许审判过程持续一个很长的周期。但是在这种形势下，审判周期似乎被极大地缩短了，以至于伦诺克斯伯爵只有十一天的时间去准备指控一个在权势与得宠的程度上都远远胜于自己的对手。[①] 没有人能够在如此不利的条件下与一个如此强大的对手相对抗。虽然伦诺克斯伯爵世袭的土地在他回归苏格兰后得到了恢复，但这些财产在他遭到放逐期间还是有所削减。他的封臣在他滞留英格兰期间习惯了一定程度上的独立，他也没能恢复一个封建领主对封臣们应有的优势地位。他没有理由去期待那些独立的派系与他进行合作。在达恩利登上权力巅峰之时，伦诺克斯伯爵的举动造成了他与默里一派公开的破裂。汉密尔顿家族是他的致命世仇，亨特利曾与博斯威

---

① 枢密院颁布法令，指定了审判博斯威尔伯爵的日期是 3 月 28 日，这天是星期三。女王将令状交给了信使，命他们传召伦诺克斯伯爵前来出席庭审，这是 3 月 29 日的事情。伦诺克斯在格拉斯哥与邓巴顿的宅邸中先后受到了三次传召，分别发生在 3 月 30 日、4 月 1 日与 4 月 2 日。其间，在 4 月 1 日这天，他在珀斯又受到了传召。虽然伦诺克斯那时住在距离爱丁堡有四十英里的地方，但令状仍然要求他尽快到达。这一没有必要的拖延令人生疑。确实，玛丽曾在 3 月 24 日之时写信给伦诺克斯，命令他在下周前来爱丁堡。这是一个警告，表明玛丽女王并不想拖延审判。但是，伦诺克斯不可能在庭审开启之前的十几天就知道审判日的具体时间。而根据当时的法律与惯例，当事人应当在审判日之前的四十天接受传召。——原书注

尔伯爵结成了紧密的同盟。为了洗刷国家的耻辱，伦诺克斯伯爵独自站了出来，他为了荣誉和人道而向同胞们大声疾呼，希望能够获得他们的支持。

同样引人注目的还有一点，博斯威尔伯爵本人就坐在御前会议的大臣们中间，而这一会议正是负责指定审判日与审判方式的机构。并且，他不仅仍然享受着完全的自由，而且女王也一如既往地对他以礼相待、宠信有加。

对于一个父亲而言，没有什么比这一草率的审判更能令他失望的了，这对于他来说是一个残酷的打击。审判的每一个指令都来自一个被控有罪的嫌犯，更何况他还有意掩盖自己的罪行。伦诺克斯预见到了这一虚伪调查的后果，也看到了自己危险的处境。尽管清楚地知道自己的努力可能会功亏一篑，他还是冒险站在了审判席上。在他此前的信件中，尽管措辞谦恭，但还是显现出了一些不信任女王的蛛丝马迹。他现在以直率的语言表达了这一心理：他抱怨这一仓促的审判给自己带来的伤害，他不止一次地抗议博斯威尔伯爵不仅仍然享有人身自由，而且还在女王的御前会议中保有此前的影响。他再三要求玛丽为了自己的名誉而在起诉凶犯这一问题上表现出一些真诚，并将那个有充分的理由被怀疑为凶手的人犯关押起来。在这些事情完成之前，他是不会在这个如此不令人满意的法庭上表达自己的决定的。

然而，他似乎对这份呈递玛丽御览的请愿书并没有抱持多大的希望。因此，与此同时，他请求伊丽莎白女王对此事进行干涉，以便他能够得到自己需要的延期。比起他对其中一位女王的猜疑而言，没有明显的证据可以证明他是如何臣服于另一位女王，毕竟她曾无礼地对待他的儿子，曾以强硬的手段对待他本人以及他的家族。伊丽莎白永远都不会自愿干涉苏格兰的内政，但她还是立刻写信给玛丽，建议她将审判日延迟一段时间。伊丽莎白女王以伦诺克斯伯爵用过的强硬措辞警告玛丽，如果她仍然坚持当前的审判方式，世人就会对她的行为做出不利于其本人的解释。

　　然而，伊丽莎白的建议与伦诺克斯伯爵的请求都无法令审判延期举行。博斯威尔伯爵在审判日当天出现在了法庭上，但伴随着他而来的却是一支庞大的扈从队伍，这使得法官对他的定罪变得十分危险，更遑论对他做出惩处了。除了那些依照惯例从王国四境赶来的数量庞大的亲友与封臣之外，他还有一群雇佣兵随侍左右，他们的旗帜随风飘扬，沿着爱丁堡的大街向法庭行进。民事法庭按照往常的程式开设，一份针对博斯威尔伯爵的控告书提交给了法庭，伦诺克斯伯爵则受到传召前来回应对他的指控。在控告书上，与他的名字一同出现的是罗伯特·科宁汉姆，此人是他的扈从。罗伯特出席了法庭的审判，并因其主人的缺席而向法官们表示了歉意。他说道，由于时间短暂，他的主人无法集结亲友与封臣，没有了他们的保护，伯爵无法冒着生命危险前来与这个如此强大的对手相抗衡。因此，他要求法庭终止审判，并且对在此期间通过的任何判决表示抗议，它们应当被视为非法的与无效的。另一方面，博斯威尔伯爵则坚持法庭应当立刻审理此案。他向法庭提交了伦诺克斯伯爵写给玛丽女王的一封信，其中恳请女王立刻对凶手进行审判。科宁汉姆的抗议因而遭到了驳回，由大贵族组成的陪审团则裁定博斯威尔伯爵无罪。

　　没有人作为原告出庭，没有一个目击者受到提审，更没有任何针对博斯威尔的证据出现。在这种情况下，陪审团别无选择，只能将他无罪开释。然而，他们的裁决远不能满足人民的意愿，更无法平息他们的抱怨。审判的每一个细节都令人疑窦丛生，同时也激起了人们的愤怒。法官们的判决非但不能成为论证博斯威尔伯爵无罪的证明，反而被人们视为他有罪的论据。讽刺文告与控诉书在不同的地方被张贴出来，公众以最为恶毒的语言表达了他们的愤怒。

164　　陪审法官们似乎意识到了自己的审判将会受到公众的指责，与此同时，他们答复了将博斯威尔伯爵予以释放的判决。凯思内斯伯爵（George Sinclair, 4th Earl of Caithness, ？—1582）以他们的名义宣称，人们不应责备陪审团的审判，因为没有人作为原告出庭，也没有作为控告的证据出现。他同时也注意到了，控书中将2月9日而不是2月10日作为谋杀者行凶的日期，这表现出了那些准备起诉书的人是何等的粗心大意。在一群人有理由怀疑任何事情的年代，这样的小细节自然也足以巩固并增加法官们的疑虑。

即便是博斯威尔伯爵本人也不会相信他获得的判决会完全证明自己的清白，尽管这一判决对他十分有利。他在获释之后立刻遵照当时尚未废除的惯例发布了一份声明，其中言明，他愿意与指控其为凶手的任何人决斗，只要此人有良好的声誉。

然而，玛丽继续宠信他，就好像他已经被最完美与最能令人信服的证据证明了清白一样。博斯威尔伯爵在她心中以及御前会议中取得的优势比以往更加显著。伦诺克斯伯爵不会指望在苏格兰这片土地上能够安全地度日，因为谋杀其子的凶手仍在完全逍遥法外，而且还获得了荣誉，弃仪礼于不顾。于是，他仓皇地逃到了英格兰。

[4月14日]在审判日的两天之后，玛丽女王召开了议会，并在开幕之时给予了博斯威尔伯爵荣耀，令他携带权杖随侍在女王身前。这次议会通过了许多法令，目的在于加强博斯威尔伯爵一派的权力，并且推动其计划的进展。女王出于偏爱而授予他的所有财产与荣誉也一并得到了法律的认可。此外，法令包含了对于他在过去效忠王室的极度赞扬，马尔伯爵对爱丁堡的让渡也为法令所确认。针对亨特利伯爵的剥夺法案遭到了废止，他与他的追随者们因此得以恢复各自的祖产。在释放了博斯威尔的陪审法官中，有一些人获得了女

王的赏赐。由于讽刺类的文告与日俱增，议会因而颁布法案，规定任何持有此类文件的人都要立刻将其销毁。倘若由于他们的疏忽而使其得以传播，他们就将被处以极刑，那些写作此类文告的人也将被一并处死。

博斯威尔对玛丽内心的支配能力似乎变得更加显著，因为她在此时批准了一项有利于新教徒的法令。玛丽对天主教的信仰是坚定不移的。她从未放弃过恢复天主教的计划，也并未失去过对这一事业的希望。她近来开始实行新的举措，并为此而采取了一些更加公开、也更加激进的措施。尽管博斯威尔伯爵不清楚其中的一些情况，他还是有足够的动机在这个节点上去争取新教徒的好感，因此他开始为了给他们的宗教活动取得一些额外的安全保障而努力。他们目前所能享有的活动非常具有不确定性，当玛丽女王返回苏格兰之后就完全建立在了王室的特许之上。王室对此已经明确表示，新教的活动只能是暂时性的。从那时开始，无论是宗教大会的请愿，还是人民的恳求都无法令玛丽做出任何有利于新教信仰的让步，而想要皈依新教的信徒们也只能秘密地举行入教仪式。然而，由于博斯威尔伯爵的强大影响力，他们现在得到了这些。议会通过了一项法令，将宗教、国内与自治市镇中不利于新教的法律都予以废止，同时废除这些法律中规定的对那些新教徒课征的罚金，无论是对其过去行为的处罚还是对目前皈依者的惩处，都予以全面废止。与此同时，法令宣布，他们的人身、财产、荣誉和税收都处于政府的保护之下，任何法庭，无论是民事法庭还是宗教法庭都不得因为他们的宗教观点对其进行干涉。因此，新教徒不再像从前那样只能获得有限期的神圣权利，也不用依靠王室的特许——这一特许随时都有可能由君主任意废止，他们现在得到了法律与议会的保护。博斯威尔因说服女王同意这些法令而洋洋自得，他自认为能够获得教士与人民的支

165

持，并诱使他们赞同自己的野心，进而默许自己的所作所为。尽管这部法案远不能意味着新教信仰的合法建立，但新教徒似乎还是将此视为重要的额外安全保障。议会在杰出领袖们的领导下制定了法律，其中对此公开做出了声明。

166　　博斯威尔伯爵迄今为止执行的每一个步骤都取得了他所期许的成功。他已经完全俘获了女王的芳心；谋杀国王的事件并没有在国内激起公众的暴动；他已经被同僚们宣判无罪，这一判决在一定程度上也得到了议会的认可。但是，在这个王权如此弱小、贵族的权力如此强大的王国里，他并不敢在没有得到贵族认可的情况下贸然采取他那野心勃勃的计划中的最后一步。[4 月 19 日] 为了确保行动的安全，他在议会解散之后邀请所有的贵族前来参加宴会。他的宅邸中布满了自己的朋友与扈从，并且命令士兵们将其团团围住。在这些安排都准备妥当之后，他向宾客们公开了自己想要迎娶女王的计划。他告诉大家，女王对此已经表示了同意，现在则需要他们的认可。他坦言，众位大人们的赞同既会令女王欢欣不已，又能令自己获得无上的荣耀。剩下的人惧怕博斯威尔获得的权势，同时也注意到了女王在自己的行动中对其表现出的爱恋，因此他们都愿意屈从于这一既无力抗衡又不可能挫败的计划。只有少数人对此表示了厌恶与愤怒，但是，博斯威尔最终说服了所有人在一份文件上签字。他部分是用承诺与奉承，部分则是依靠恐惧与武力来达成这一目标的。这份文件给这个国家的荣誉和名望抹上了深深的污点，在那个时代，没有哪件事能够达到这一点。

这份文件中包含了认为博斯威尔无罪的强硬声明，其中也对他为王室效忠表示了充分的认可。如果在未来出现对其谋杀国王的任何指控，签名者们都承诺将坚定地站在他这边，并且以自己的生命与财产拱卫他的名誉。签名的贵族们向女王推荐了博斯威尔作为王夫的最佳人选。如果女王陛下愿意屈尊下嫁于他，他们保证将会推动婚事的发展，并将会全力以赴地帮助他对抗任何胆敢反抗的人。在这些署名者当中，我们发现：一些人是女王的密友，其他人则不是枢密院的大臣，并为她所厌恶；一些人是她坚定的追随者，无论其命运发生怎样的沉浮；其他人则开始成为其悲惨命运的始作俑者；一些人狂热地信奉天主教，其他人则是新教信仰的拥护者。没有什么共同的利益可以将这些相互斗争的派系的人们联合在一起，并共同向他们的君主推荐一个对其名誉造成伤害、对国内和平造成致命打击的丈夫。这个怪异的联盟是诡计的产物，也应当被视为博斯威尔那大胆与巧妙演说的结果。显而易见的是，在两个派系的政治斗争与相互之间的责备中，这个"毫无价值"的事件是很少被人们提及的。双方都知道他们的行为很难经得起检验，对他们的名声也十分不利。因此他们在谈及此事之时总是十分的不情愿，并且尽量点到即止，似乎是想使其存留于黑暗之中，或是埋葬于这座"遗忘"的枯坟之内。但是，由于当时和后来许多获得女王支持的人都在这份文件上签了字，因此我们完全有理由怀疑：玛丽女王知悉博斯威尔伯爵的野心，对此也表示了支持。

167

　　关于此事，有直接的证据能够证明这些疑点。梅尔维尔在当时受到了女王的宠信。他们兄弟二人同英格兰的那些支持玛丽女王继承英格兰王位的人暗中缔结了同盟。有关玛丽与博斯威尔打算结婚的谣言很快就在英格兰不胫而走，这激起了人们普遍的愤怒，梅尔维尔甚至还收到了一封信，其中以强硬的措辞描述了这一草率的举动将会带来的致命后果。他将这封信交给了女王，并激动地强调了信中的论点。玛丽不仅无视这些规劝，还将此事告知了博斯威尔伯爵。梅尔维尔为了保住自己的性命不得不从朝中逃出，直到伯爵的怒火平息之前，他都不敢冒险返回这里。与此同时，伊丽莎白也警告玛丽，她将会因这一草率的选择而使自己陷入危险与丑闻之中，但她的建议同样没有引起足够的重视。

议会休会三天之后，玛丽女王从爱丁堡出发前往斯特灵看望她的幼子。博斯威尔现在万事俱备，并且做好了预防措施，以确保他能够安全地执行最终具有决定性的一步。他本人冲动的性格使其并没有对这一计划考虑多久。他谎称要讨伐边疆地区的强盗而集结了麾下的封臣，率领一千名骑兵从爱丁堡出发 [4 月 24 日]。他在途中突然调转马头，挥军直指林利斯戈（Linlithgow），在女王回返的途中与其相遇。他兵不血刃地遣散了女王身边薄弱的护卫队，将女王控制了起来并命令她与少数朝臣作为囚徒前往他在邓巴的城堡。女王对于这一侵犯其人身、侮辱其权威的行为既没有表现出惊讶，也没有表现出一丝恐惧，更没有大发雷霆，而是毫不反抗地屈服了。梅尔维尔那时随侍在她身边，逮捕他的武官则告诫他，如果没有收到女王的指示就不要擅自行动。如果我们能够相信署名为"玛丽"的信件，那么博斯威尔在事发之前早已将此事通告给了女王，这一计划的每一步都有她的参与和建议。

女王和博斯威尔伯爵都认为这一行为对他们而言是有利的。这为她下一步的举动提供了一个冠冕堂皇的借口。当她将婚姻归咎于武力的迫使而非其自愿的选择之时，她希望自己在外邦人中间的名声将不会受到非难，至少只受到少数人的指责。博斯威尔迄今为止为了证明他并非谋杀国王的凶手而采取了许多措施，但他仍然会不由自主地怀疑这些措施是否有效。对于他本人而言，仍然缺少一样能够保障其安全、抚平其恐惧的东西，那就是加盖了国玺的赦免令。根据苏格兰的法律，在赦免令中需点出犯有重罪者的姓名。在此之后，他的所有其他罪行都被视为包含在了赦免的范围之中。扣押女王乃是叛国的重罪，博斯威尔希望由这一罪行而获得的赦免能够拓展到他此前犯下的所有罪行之中。①

博斯威尔现在将女王掌握在了自己的手中，倘若他推迟完成自己的计划，那就与一个政客或者是一个风流公子的作风相违背了。为此，他首先要做的是与亨特利的姐姐简·戈登夫人离婚。博斯威尔对此事的处置一方面要迎合女王的想法，另一方面要与人民的情感相一致。因此，为了完成这一任务，有两个步骤是必需的：其一要将离婚建立在符合教法的基础之上；其二要适应新教的教义。[4月27日] 有鉴于此，博斯威尔以他的名义向圣安德鲁斯大主教的宗教法庭发起了诉讼——女王在此前已经恢复了大主教的司法权。博斯威尔手持女王赐予他的特许状，并假称他与简夫人是近亲结婚，不合规制，也没有得到教皇的豁免，因此他们的结合从一开始就是无效的。与此同时，他劝说简夫人以博斯威尔伯爵与他人通奸为由而向新教法庭提出离婚申请。博斯威尔在两个法庭中有同等的影响力。经过四天同样轻率与急躁的审判，其中一个法庭宣布两人的婚姻为非法而无效，另一个法庭则宣判他们离婚。

当这一臭名昭著的事件发生之时，女王正在邓巴，就像一个囚徒一样受到限制，但却受到了极大的礼遇。不久之后 [5月3日]，博斯威尔与他庞大的扈从队伍带着她前往爱丁堡。然而，他并没有将她安置在圣十字宫，而是将其带进了城堡，带进了这座由他统治的堡垒。国民的不满使得这一举措很有必要，在一个没有设防且能够轻易进入的宫殿里，女王很容易就能被人从他的手中抢走。但在这座坚固的城堡中，他们便拿女王束手无策。

摆在两人面前的仍然有一个需要解决的小问题。由于女王在某　169

---

① 赦免令虽然是针对某一具体的重罪颁布的，但是根据苏格兰的法律，在赦免令颁布之后，受到赦免者在此前所犯下的一切重罪都会受到豁免。因此博斯威尔伯爵希望利用这一点来间接地赦免自己谋杀国王达恩利的罪过。——译者注

种程度上仍被博斯威尔"囚禁"着，在这种状态下缔结的婚姻也许会被归于暴力强迫的结果，并会因此而遭到否决。为了避免这一尴尬的情况发生，玛丽前往最高民事法院，在法官们和几名贵族的面前宣布她现在处于完全的自由状态之下。此外，她还宣称，尽管博斯威尔侵犯其人身自由的暴行最初激起了她的愤怒，但是他对自己的尊重不仅平息了她的怒火，而且还促使她决定给予他更高的荣宠。

所有这些很快就成了公开的事情。玛丽册封博斯威尔为奥克尼公爵。在 5 月 15 日这一天，他与女王的婚礼得以正式举行，这曾是他长久以来追求的目标，也是其所有罪行的动机。在公众面前，婚礼以新教的仪式举行，证婚人是奥克尼主教亚当·博斯威尔（Adam Bothwell, Bishop of Orkney, 1527—1593），他是少数皈依新教的高级教士之一。在同一天，两人还以天主教的仪式私下里举行了婚礼。受命张贴婚礼预告的大臣克雷格行事鲁莽草率，这对计划产生了不利的影响；少数缺席婚礼的贵族与那些当女王出现在公众面前时保持沉默的人民则是臣民们对这一婚礼不满的明显象征。法国大使勒克劳克拒绝参加婚礼庆典则表现出了盟国对于她这一行为的愤怒。虽然玛丽一生中的其他行为都可由谨慎的规则开脱，或是甘愿接受道德的准绳，但这一致命的婚姻却无可置疑地证明了她的轻率——如果不是对其罪行的证明的话。

玛丽首要的关切是就自己的行为向英格兰与法兰西宫廷发出了一些致歉的文告。她下达给大使的指令至今仍然存在，它出自一位高人之手。但是，在所有狡猾而又虚伪的掩饰之下，我们还是可以轻易发现，不仅她所采取的许多措施是不合规矩的，她本人也意识到了自己根本就无法为这些行为做出合理的辩护。

国王的头衔是唯一没有授予博斯威尔的东西。尽管玛丽深爱着这个男人，她依然清楚地记得当初将此等荣衔授予其前夫之时所引起的麻烦。然而，她准允博斯威尔在所有以女王之名发布的令状上署名，以表示他的认同。尽管女王没有授予他国王的名衔，但他实际上已经攫取了属于国王的全部权力。女王的人身自由仍然掌握在他的手里，她比以前更加严密地受到其侍从的护卫。如果没有他的准许，任何臣僚都不得谒见女王。此外，除非有他本人在场，否则除了他的密友之外，任何人都不得与女王交谈。苏格兰的君主们习惯于像父亲或朋友一样生活在他们的臣属中间，对他们坦诚相待，也很少摆出帝王的架子。武装护卫站在王家寝宫的门前，难以接近。距离与躲避是闻所未闻且不受欢迎的事情。

这些预防措施是为了保护博斯威尔已经获取的权力。但是，如果不能控制詹姆士王子，他认为这些所得都将是危险与不确定的。女王将自己的幼子交给了马尔伯爵照管，这位贵族忠心耿耿，其忠诚众所皆知，因而不可能将王子交到博斯威尔这个在国王遇刺案中有着重大嫌疑的案犯手中。博斯威尔急切地想要令王子落入到自己的掌控之中，这彻底引起了人们的怀疑。他用尽了权力与计谋以劝说或迫使马尔伯爵乖乖就范。但是，有足够多的证据能够证明马尔伯爵的机敏与坚定，他保护着这个对于国家而言至关重要的生命，使其不至落入博斯威尔的掌控中，这个政客的恐惧与野心可能促使他对此采取任何暴力的举措。

与此同时，邻国的目光注视着这三个月来在苏格兰发生的重大事件：先是一位风华正茂的国王在自己的首都惨遭杀害；而后，被怀疑犯下这桩可憎罪行的嫌犯不仅仍然在各种场合公开露面，而且还被允许觐见女王，她还对其宠信有加，并将国内的大政交付给他处置；紧接着，对这个嫌犯的审判中充满了无耻的偏私，对他的释放则只能增强人们对其罪行的怀疑；然后，此人以无耻与下流的借口和他的妻子离了婚；最后，这个凶犯不仅没有因其行为受到君主

170

的鄙视，或是因其罪行而受到惩罚，反而得到了公开的允许，并且在无人反对的情况下迎娶了一位女王，而她正是被此人谋杀的前任国王的妻子，同时也是他所违犯的法律的守护者。这三个月中发生的一系列如此罕见并令人颇为不齿的事件在其他史书中可谓见所未见，实在是冒天下之大不韪。这也令外邦人认为他们是一个邪恶的民族。苏格兰人现在为整个欧洲所不容，他们几乎不敢出现在任何一个公共场所中。此外，由于苏格兰的许多罪恶行径都没有遭受处罚，他们因而受到了普遍的指责。时人指称他们缺乏勇气与人性，同时也不关心女王的名声和国家的荣誉。

这些指责激怒了那些迄今为止都被博斯威尔的诡计蒙在鼓里，或是为其权力所胁迫的贵族们。博斯威尔利用权力的方式、他屡次想要控制王子的努力以及他对警告的充耳不闻都促使他们做出了激烈而又迅猛的决定。他们当中的大部分人聚集在斯特灵，并缔结了保护王子的联盟。阿盖尔、阿索尔、马尔、莫顿、格伦凯恩、霍默、林赛、博伊德、图里巴丁的默里（Murray of Tullibardin）、格兰奇的柯卡尔迪以及国务大臣梅尔维尔是这一联盟的首脑。阿索尔伯爵斯图亚特（John Stewart, Earl of Athol, ？—1579）以对天主教始终如一的顽固信仰而闻名。但是，他对达恩利这位近亲遭到谋杀而感到义愤填膺，同时也热忱地关注着王子的安全。这些情感在这种形势下胜过了宗教方面的考虑，并且将他与最狂热的新教徒们联结在了一起。其他几名贵族也毫无疑问是出于对王子安全与国家荣誉的关心而行动的。但是，接下来的暴动则展现出了其中的一些贵族完全是出于野心与私怨而行动的。在很多场合下，当应当公正地追求自己的目标之时，他们却受到了偏私的教义与情感的驱动。

关于这一联盟，最初的传言令女王与博斯威尔伯爵惊慌不已。他们十分了解这个民族对其行为的态度。尽管他们的婚姻没有受到公众的反对，但他们清楚地知道，所有阶层的人们都对此事表示出了厌恶与不满。他们预料到了这一不满将会在经过长久的压抑之后发生一个大爆发。为了阻止这场风暴，玛丽颁布了一道谕旨[5月28日]，要求她的封臣在指定的日期内全副武装地前来向她的丈夫报到。与此同时，她发布了一份宣言，力图将加诸其政府之上的恶名摆脱掉，此外还表达了她对詹姆士王子的安全与幸福的关心。这些都没有起到任何显著的效果。她的封臣们很少响应其号召，而这份宣言也并不为人们所信赖。

171

组成联盟的贵族们积极地行动着，并且取得了很大的成功。在尚武的人民之中，那些实力强大而又颇得人望的贵族们发现，要想集结一支军队简直是易如反掌。他们准备在女王与博斯威尔能够发起抵抗之前向其进军。爱丁堡是女王理所当然的避难所，她的人身安全在那里将会得到完美的保障。但是，联盟者们已经用金钱使城堡的代理统管詹姆士·巴尔夫爵士的忠心产生了动摇，他的主子也不敢将如此重要的工作放心地交托于他。[6月6日]博斯威尔因此带领着女王向博斯威克城堡奔去，但在途中遇到了霍默勋爵与他的一群随从。他无心恋战，因而仓皇地逃向邓巴，女王则穿着男子的衣服跟随着他。联盟者们向爱丁堡进军，亨特利伯爵力图煽动居民们抵御来犯之敌，但徒劳无功。他们并未遭到抵抗就进入了城堡，许多市民蜂拥而至，加入到队伍当中，他们的热情成了联盟者的事业最为坚实的支柱。

为了给自己的行为树立光明正大的旗帜，也为了激起人民对博斯威尔伯爵的愤怒，联盟者们公布了一份宣言，说明了促使他们拿起武器的动机。他们在宣言中列举了博斯威尔伯爵的罪状，揭露并夸大了他的邪恶意图，号召每一个正义的苏格兰人加入他们，为其所犯下的罪行而复仇，进而阻挠他的阴谋。

与此同时，博斯威尔在邓巴召集了他的军队。由于他在那里有着众多的拥护者，因而他很快就集结起了一支军队，并冒险向联盟者们进军。他的士兵并没有多少，这一突然而又秘密的行动也使得远在异地的朋友们没有时间前来援助他。而且，由于并没有证据显示他们受到了英格兰女王的支持与资助，他们也不可能使这支军队长期维持下去。但是，博斯威尔也并不敢冒险将战斗拖延下去。他的士兵们不情愿地投身到这场战斗当中，也并不是真诚地为他效劳。这使得他能够获得成功的唯一希望是打敌军一个措手不及，或是在他们有时间反应之前先发制人。此外，在那些对其行为不利的观点扩散到王国的其他地区之前尽快压制他们，这也是成败的关键所在。这些动机促使女王决定以轻率与致命的速度向敌人杀奔而去。

联盟者甫一收到女王正在接近他们的情报就前往迎战。他们发现，她的军队几乎停在了英军当年在皮恩基之战前占据的同一块高地上。双方的军队在人数上近乎持平，但在军纪方面却不可同日而语。女王的军队主要由平民组成，是在仓促之间集结的，根本没有战斗经验。联盟者的军队则是由上层贵族组成，他们品行高洁，有一群最为忠诚的士兵追随着，这些战士既勇敢又富有战斗热情。

法兰西大使勒克劳克当时身处战场之中，他致力于调停女王与贵族之间的争端，希望在不流血的前提下结束这场战斗。他向联盟者指出，女王渴望和平，并将赦免他们对她的冒犯。莫顿伯爵则温和地回复道，他拿起武器不是为了针对女王，而是针对谋杀其丈夫的凶手。如果女王能够将凶犯绳之以法，或是将其从朝中驱逐出去，她将会发现他们准备服从所有作为封臣应当向君主履行的职责与义务。格伦凯恩补充到，他们并没有想要因自己的冒犯行为而获得女王的赦免，而是希望能够惩罚那些确系冒犯了女王的人。这种傲慢的答复令大使先生确信他的调停将会是徒劳无功的，他们的战斗热情十分高涨，以至于无法听从媾和的建议，或是无法考虑在前进了如此之远后稍稍撤退一些。

女王的军队因占领了高地而尽得地利，他们向敌军快速地行进。联盟者也毅然投入到战斗当中，但他们进军的速度较为缓慢，并且因为处于不利的地形而保持着谨慎。女王一方因敌军的接近而受到震动，导致他们战意全无。玛丽试图鼓舞他们的士气，她哭泣、威胁，甚至怯懦地呵责他们，但这些都无济于事。在博斯威尔的近卫中，只有少数人想要战斗，其他的士兵都摇摆不定，一些人甚至开始偷偷地逃离战场。博斯威尔试图以一场与任何一位敌手的决斗来解决这场战争，从而证明自己的清白，并以此来鼓舞士气。他为了捍卫荣誉而向格兰奇的柯卡尔迪、图里巴丁的默里与林赛勋爵发起了挑战。但是，这一挑战仅仅是虚张声势。博斯威尔自知有罪，因而丧失了惯有的勇气，女王也利用她的权威禁止了这场决斗。

在她的士兵们表现出畏惧之后，玛丽就无法冒险发起一场战斗了。联盟者已经派出部分骑兵包围了她所在的山冈，在这样的敌军面前撤退是完全行不通的。这种情况下，她别无选择，只能向那些起兵反抗她的贵族们投降，尽管这对于她而言十分残酷。她要求与柯卡尔迪展开会谈，这是一个勇敢而又颇有雅量的贵族，统率着敌军的一支先头部队。他获得了联盟领袖的准许，并以他们的名义做出承诺，只要她将博斯威尔从身边赶走，并依照贵族们的建议治理王国，他们就将服从她、尊崇她，仍旧尊奉她为自己的君主。

在会谈期间，博斯威尔向女王做了最后的告别，随后便在少数扈从的跟随下逃离了战场。这一凄惨的失败发生在他们结婚仅仅一个月之后。他为了达成迎娶女王的计划所犯下的罪行罄竹难书，这一婚姻也给玛丽的人生沾上了罪恶的污点。

博斯威尔甫一逃离，玛丽便向柯卡尔迪投降。这位贵族带着她前往联盟军队的大营，他们的领导人对其以礼相待，莫顿则以他们的名义向她做出了在未来效忠于她的诸多承诺。然而，普通的士兵们却以傲慢和鄙视对待她。在大军行进的路上，他们将原本只用来侮辱最为下贱与臭名昭著的罪犯的污言秽语都加于她的身上。无论她的目光看向哪里，他们都会在那儿举起一面旗子，上面描画着这样的场景：达恩利的尸体四仰八叉地躺在地上，年幼的詹姆士王子则跪在他的面前，并且不断地重复着这样的话语："主啊！我恳求您审判凶手，为我的生父报仇！"玛丽看到这样骇人的场面之后立刻转过头去，心中则满是惊恐。她已经开始感受到一个遭到囚系的君主身处的悲惨境地了。她表达着尖刻的抱怨，满脸泪水，瘫倒在地以至于难以起身。联盟者们带着她向爱丁堡进发，虽然路上耽搁了许多时日，但是，她以一个落难者所特有的轻信而期待着一些丰厚的救济，最终抵达了目的地。爱丁堡的大街上摩肩接踵，人们的热情与好奇心结合在了一起，使他们想要看一看这个不同寻常的场景。女王疲惫不堪、满身尘土以及泪流满面，这一奇景就这样被其臣民们一览无余。她随后被带到了市长的家中安顿。尽管她吵嚷不休、哀求不止，但士兵们还是将上文所述的那面旗子带到她的面前，侮辱与责备也再度上演。一个年轻貌美且正处于危难之中的女王自然是人们同情的目标。眼下的不幸与曾经的辉煌形成了鲜明的对比，这往往会令我们心不忍，并因此而支持不幸的"受难者"。但是，苏格兰人民对于其君主的凄惨处境却无动于衷。他们对其所犯下的罪行深信不疑，并对此表现出了极端的愤怒。女王所遭受的不幸也丝毫不能平息他们的怒火，也无法令其获得很少施之于落难君主的同情之心。

第五章　默里伯爵的摄政统治

[1567年]缔结联盟的贵族们已经对他们的君主做出了此等犯上之事，因而现在几乎已经不可能停下他们的脚步，也无法平和地追逐他们的目标。许多贵族都已拒绝同他们进行合作，其他人则公开谴责这一行为。此时，一件小事也许就能减轻人民针对女王的愤怒，并从这些联盟者手中剥夺其权力的主要支柱——人民的支持。这些考虑促使他们当中的一些人开始温和地对待女王。

但是，另一方面，玛丽对博斯威尔的爱恋依然和以前一样炽烈。她顽固地拒绝倾听任何要求他们离婚的建议，并且决定绝不抛弃这个令自己深陷于情网之中的男人。如果他们允许她恢复最高权力，那她要做的第一件事就是将博斯威尔召回。从他的愤怒以及女王和他们自己的行为中，联盟者都有充分的理由预料到她的复仇将会带来的严重后果。这些考虑胜过了所有其他的想法。当女王向他们投降时，双方曾达成了一项协议，但由于联盟者认为无法靠这份协议削减女王对博斯威尔的爱恋，因此，他们把应当向女王履行的义务弃之不顾，也没有同其他贵族商议，便在次日晚间将女王带到了列文湖城堡（Castle of Lochleven），并向城堡的主人威廉·道格拉斯（William Douglas, 6th Earl of Morton, 1540—1606）发去了一份授权令，委托他像囚徒那样拘押女王。这座城堡位于湖中的一个小岛上，堡主道格拉斯是莫顿的近亲，并且娶了默里伯爵的母亲。女王受到严密的看管，侍从的人数屈指可数，同时还要受到一个傲慢女人的侮辱——她夸口说自己曾是詹姆士五世的合法妻子。玛丽在这里受尽了囚徒之苦。

联盟者在拘押了女王之后立刻全力以赴地致力于增强他们的权力。他们缔结了新的联盟条约，组建了国家机密委员会，并且篡夺了所有的王权。他们在取得权力之后的第一个行动就是在爱丁堡全城之内搜查谋杀达恩利国王的凶手，这一积极举措为他们赢得了名174 望，与女王曾经的怠慢形成了鲜明的对比，并因此而给她造成了恶劣的影响。虽然几名嫌疑犯被捕入狱，布拉凯德队长与其他几人被判有罪并遭到了处决，但他们却始终没有什么重要的发现。一些历史学家认为，他们的罪行有充分的证据可以证明，但另一些史学家则宣称，对他们的判决是有失公允的，他们至死也不承认自己犯下了谋弑国王这种大逆不道的罪行。

然而，一个出人意料的收获落入了玛丽的政敌之手，他们认为这是最能证明她有罪的证据。博斯威尔在爱丁堡的城堡中留下了一只小箱子，其中留存着女王亲笔写给他的几首十四行诗以及一些信件。他现在派遣了一名心腹前来将这笔宝贵的精神财富收回。但是，当这位信使返回之时却在途中遭到了拦截，这只小箱子也落入了莫顿之手。其中的内容总是被用于证明联盟者行为的正当性，他们也不断将此作为他们并没有将莫须有的罪名加诸女王之上的最无可辩驳的证明。

　　联盟者们虽然取得了巨大的成功，但形势还远没有达到能够让他们完全放松的时候。这一小撮贵族声称他们有权处置女王的人身自由，也应当在不经过其他人同意的情况下享有女王的权力，这在大部分贵族的眼中既没有先例可循，同样也是极为放肆的。其中几名对此感到不满的贵族聚集在汉密尔顿，商讨在这种千钧一发的非常时期中所应采取的对策。联盟者曾做出过一些努力，想要和他们结为同盟，但却收效甚微。他们利用宗教大会的调停，请这些贵族前来爱丁堡进行私人之间的磋商，但没有取得成功。然而，虽然反对联盟者的这一派人多势众，其领袖的权势也如日中天，但由于缺乏一致的意见与行动很快就丧失了声望：他们之间的会谈充满了抱怨与牢骚，也没能就阻止联盟者的行动一事达成任何计划。

　　此时，来自另一个地区的危险开始出现。苏格兰的这场剧变并没有获得伊丽莎白的任何援助，她对此也毫不知情。尽管她由于看到苏格兰所陷入的混乱，或是因其憎恨的对手遭受不幸而欢欣不已，但她既不希望看到其中一派对另一派具有压倒性的优势，也不愿联盟者们毫不犯错地采取行动。她自己有统驭群臣的一套准则，并且认为王权是不容侵犯的。在她看来，联盟者侵夺了其君主的权力，他们无权掌控王权，也不得冒犯其人身自由，因为保护君主乃是他们神圣的责任。他们为别国的臣子树立了一个危险的先例，而玛丽的危难则将成为所有君主的危难。如果伊丽莎白关于苏格兰事务的处置曾经受到过内心情感而非国家利益的影响，那么无疑就是在此时了。玛丽现在被拖下了王座，并且被控参与了一场残暴的罪行，已经臭名昭彰。她因而不再成为伊丽莎白嫉恨的目标——无论作为一个女人还是一位女王。对一位遭受不幸的君主的同情暂时触动了一个不太容易受到温情影响的内心。当这一情感愈见炽盛之时，她派遣斯洛克莫顿前往苏格兰 [6 月 30 日]，命他全权负责与玛丽以及那些联盟者们进行谈判。伊丽莎白在下达给斯洛克莫顿的指令中体现出了对玛丽的人身自由及其名誉的极度担心，她建议玛丽与其臣僚和解的措辞也是掷地有声，表现出了她的深思熟虑，并且能够确保双方的安全与福祉。热心的斯洛克莫顿不足以完成这一工作，他的所有努力都是徒劳无功的。他发现，结成联盟的贵族与苏格兰的国民都已经与女王离心离德，玛丽与谋杀其前夫的凶手结婚这件事体现出了与其身份不符的轻率，这极大地冒犯了他们，并导致其不愿听从任何有利于女王的建议。

苏格兰此时由于女王被囚、议会遭到解散而陷入了混乱状态，这给人们提供了广阔的政治思考空间。在此期间，人们提出了四种安定国家的方案：第一种，玛丽应当重掌王权，但要受到多种严格的限制；第二种，她应将王位传给詹姆士王子，并离开苏格兰，但可以在英格兰或法兰西度过她的余生；第三种，法庭应当对玛丽的罪行进行公开审判，由于她无疑会被判有罪，因此她应当被处以终身监禁；第四种方案则要求在对玛丽进行审判并定罪之后将其处以极刑。斯洛克莫顿无论是出于自己的私心还是出于符合忠君的考虑，都希望看到有利于玛丽的处置措施出现。但他还是通报英格兰宫廷，指出梅特兰提出的方案更为温和，它不应遭到否决，而是应立即予以严格的执行。

在为这些严苛的处置措施进行辩护时，联盟者们指出，玛丽对于博斯威尔的爱恋依然没有丝毫的衰减，她自己也公开承认了这一点：她鄙视任何一个关于离婚的建议，并且宣称，她将放弃所有的抚慰，甘愿忍受惩处，宁死也不愿离婚。由于她抱持着这样的态度，他们声称，为了公众的福祉，也为了他们自己的安全，有必要防止女王利用职权让一个被最近的暴动所激怒的男人恢复他曾经的地位，因为这对于双方而言无疑都是致命的。尽管他们急于安抚伊丽莎白，但他们还是清楚地看到斯洛克莫顿在此时代表女王进行的干涉将会产生什么样的后果。伊丽莎白女王很乐于看到玛丽在未来免遭起诉，并将拒绝倾听他们此时关于苏格兰女王的建议。因此，他们断然拒绝了斯洛克莫顿会见玛丽的要求，对于他的建议则要么否决，要么逃避。

与此同时，他们像热锅上的蚂蚁一样焦急地讨论着关于稳定时局以及在未来如何处置女王的问题。伊丽莎白看到了斯洛克莫顿在谈判上毫无进展，他们也不会听取任何有利于玛丽的建议，因而她便转向了聚集在汉密尔顿的那一派贵族，煽动他们拿起武器以恢复玛丽女王的自由，她还许诺将尽其所能地支援他们。但是，他们没有比以前表现得更加团结或是更加积极，并且似乎已经放弃了对女王和祖国的关心，顺从地允许一个在我们看来无论从人数上还是从权力上都不能与之相比肩的小集团控制着国家的大政，并任意处置他们的女王。他们召开了多次会议，也制订了许多为了解决这些问题的方案。一些人想要坚持联盟缔结之初所制订的计划，即：在惩处了谋杀国王的凶手之后，在解除了女王与博斯威尔伯爵的婚姻之后，在确保詹姆士王子与新教信仰的安全之后，他们建议恢复女王对其合法权利的重新占有。但是，他们在军事上的成功刺激着其他人更加大胆也更加危险的想法，除了审判、定罪，并将女王作为针对其丈夫与幼子实施阴谋的主犯加以惩处之外，没有什么能够满足他们。前者是梅特兰的建议，其中表现出了太多温和的特质，因此与这个派系的脾性和愿望不符。后者是教士阶层提出的，并且为众多俗人所接受。但是贵族们不敢，也不会冒险采取这样史无前例的鲁莽之举。

最终，双方都同意接受一个方案，它既不像其中之一那么温和，也不像另一个那么激进。他们说服或是迫使玛丽让出王位，年幼的

176

王子被拥立为新君，默里伯爵则以摄政之名在国王尚未成年之时执掌国政。至于如何处置女王，他们则没有形成一致的决定。联盟者们似乎想要将其永远地囚禁起来，但是，为了恐吓她，也为了震慑她的拥护者，他们仍然保留着对其采取极端措施的权力。

显而易见的是，联盟者们在执行这一方案时能够预见诸多困难。玛丽青春正盛，她野心勃勃、桀骜不驯，已经习惯了发号施令的生活。让她承认自己在统治上的无能，放弃生来就享有的权力与荣耀，开始臣服于她的臣子，同意对她的奴役并邀请那些被她视为造成自己所有不幸的罪魁前来享有她那被剥夺了的权力与荣誉，这些都是很难办到的。然而，联盟者们并不缺乏达成这一目标的手段。玛丽已经在数周的时间里经受了身为囚徒的困苦与恐惧；自由的希望十分渺茫，没有哪个臣子拿起武器或是请求联盟者使之获得自由；没有一个人获准来到她的身边，倾听她的苦难，即便是法兰西国王与英格兰女王的使节也不能接近她。玛丽身陷孤独之中，既无顾问，也无亲朋，同时还处于不幸与恐惧的压力之下，任何一个女人在这种情况下几乎都可以听从任何建议。联盟者利用了她的处境与恐惧，他们派遣派系中最为野蛮的林赛勋爵（Patrick Lindsay, 6th Lord Lindsay, 1521—1589）前去向玛丽女王通告他们的方案，并要求她签署那些对于实施这项计划而言必不可少的文件。他严肃且无情地完成了他的任务。在玛丽的眼中，如果拒不听从林赛的要求，那她恐怕就只有死路一条了。与此同时，罗伯特·梅尔维尔以阿索尔、梅特兰与柯卡尔迪这些最关心女王利益的贵族的名义通知她，在她遭到囚系期间迫于恐惧而签署的退位诏书将不会具有法律效力，并且会在她恢复自由之后立刻遭到废除。斯洛克莫顿设法转交给她一封密函，其中也提出了相同的建议。对他们的意愿的遵从与对自身安全的考虑迫使她不得不屈从于同意任何联盟者所需要的条件，并且在林赛勋爵提供给她的那些文件上签了字。根据第一份文件，玛丽宣布退位，她将放弃所有的政治权力，并同意为年幼的詹姆士王子加冕。根据第二份文件，她任命默里伯爵为摄政，并将这一职位的所有权力与尊荣授予他。根据第三份文件，她任命了其他几名贵族作为摄政的候选人，如果默里拒绝接受这一任命的话，摄政将从他们几人当中选出。玛丽含泪签署了这些文件，当她将支配了许久的权杖交出之时，她的内心有如刀割，哀痛与愤怒交织于其中——这也许是能够触动人心的最为剧烈的情感。

联盟者试图通过给王子加冕的方式来确立这一传位的合法性。加冕典礼于 7 月 29 日在斯特灵举行。典礼庄严无比，联盟者的所有贵族、众多小贵族以及蜂拥而至的人民都见证了这一神圣的时刻。从这时起，所有公文都将以詹姆士六世之名签发，政府也将在他的名义之下运转。

没有哪一场革命是以如此轻松，或是以如此悬殊的力量完成的。在一个尚武的年代里，仅仅用了两个月，一部分既没有把持国家大权，也没有占据着国家大部分财产的贵族率领着不足三千人的部队就在战场上抓住、囚系进而废黜了他们的女王，他们没有流出一滴血就将她的儿子——这位刚满周岁的王子抱上了王座。

在联盟者发动的这场迅雷不及掩耳的革命中，所有国家都震惊地将目光投向了他们。对于这些异常的行动也出现了许多矛盾的观点。

即便是在苏格兰盛行的贵族政体之下，上述女王的支持者虽然享有贵族的大量特权，但君主还是占据着广泛的权力，她也应当受到人们的尊崇与礼敬。贵族的权力不容侵犯，君主也不应受到伤害，只有在国家的自由与福祉得不到其他任何方式的保障之时才能不得已而为之。这种情况很少出现，而且应当由全部——至少是大部分的社会成员来评判是否应当采取针对君主的极端措施，而不应由少数人来决断。玛丽究竟是以何种行为侵犯了其臣子的权利和财产？或者说，她究竟策划了怎样的针对损害王国自由与政体的阴谋？恐惧、猜疑与揣度是否足以成为囚禁并废黜这位继承自一个古老世系的女王的辩护理由？谋杀国王的主谋已经从女王的身边赶走，行凶的嫌犯受到了相应的惩罚，君主的安全得以保障，新教信仰也已建立，这些都是在没有将权杖从女王手中剥夺、没有判处她终身监禁之时完成的，无论自由的议会有着怎样的权力以通过这样的决定，抑或无论他们以怎样的名义做出了这一决断，贵族中的一个小小的派系在没有取得其他国民同意的情况下就给出了这样的判决，其性质只能被视为对政府的背叛以及对女王的变节。

联盟派的拥护者对此做出了许多不同的辩解。他们声称：显而易见的是，玛丽此前曾首肯了谋杀国王的暴行，后来又支持这一恐怖的行为。她对博斯威尔的爱恋，她授予他的权力与荣誉，她在审判这位贵族时所使用的方式以及她迅速嫁给了这个背负着诸多罪孽的男人时的草率，这些都激起了人们对她的强烈怀疑，也毋庸置疑地证明了博斯威尔的罪恶。如果继续将最高权力交给这样一个野心勃勃、穷凶极恶的贵族，对于国家而言是一种耻辱，对于女王而言则是有失身份，对于王子来说则是异常危险。因此，他们只能诉诸武力。女王曾经被迫放弃一个对于她而言十分不值的丈夫，但是她对他的爱恋仍旧十分炽烈。她对于造成二人分离的罪魁的愤怒是十分明显的，并且常常以最恶毒的言辞将其表达出来。他们如果恢复了她传统的权威，就意味着他们亲手把能够摧毁自己的权力交到了她的手中，并会使其召回博斯威尔伯爵，进而将有机会制订对于国家而言极为致命的计划。因此，除了用一部大胆的法案将国家和他们自己从未来的恐惧中解脱出来以外，他们别无他法。联盟者选择的应急手段既表现出了对王室血脉的尊重，对于公众的安全而言也是至关重要的。当一个君主因其无能的统治而被废黜之时，王冠便会被加在另一位国王的头顶，毋庸置疑，他可以代表从古至今的列位先王。

无论后世对于这两个相互竞争的派系之间的争论持有着怎样的观点，无论我们对于联盟者行为的合法性与必要性秉持着怎样的看法，有一点不可否认，他们的行为就其自身而言是十分慎重的决定。其他较为温和的处置措施也许能够稳定时局，但是，在他们加给了女王如此众多的伤害之后，没有比这种方式更能确保他们的安全，也更能维护他们自身的权力。

对于大部分国民而言，联盟者的行为不仅明智，而且公正。詹姆士六世继承大统一事已经昭告天下，人们也毫不反对地服从他的权威。尽管有几名贵族仍然聚集在汉密尔顿，并且似乎打算结成同盟与他的政府对抗，但支持新王的联盟已经组成，许多权势熏天的大人物都加入进来以阻止那些人的阴谋。

大约此时，默里伯爵的回归增强了支持新王这一派的力量，并且使政府的组织结构最终得以完善。[①] 在达恩利遭到谋杀之后不久，这位贵族就去往了法国，至于他是以什么样的理由离开的，史学家则没有提及。在此期间，他与联盟者的首脑结成了紧密的联盟，此次也是应他们的要求而返回祖国。起初，他似乎并不想接受摄政之职。不过，这一犹疑不决的态度不能归因于他的谦虚或是责任感，默里伯爵并不缺乏能力，也不是没有刺激他追求这一高位的野心。他最初收到任命状之时十分满意。但是，在几天的悬而不决之

---

① 默里伯爵此时身为摄政，其地位有如一国之君，如果没有能够处理国政的"君主"，这个国家的政体自然不能称之为完善，因此作者才会有这样的表述。——译者注

间，他有足够的时间思考他的行动理由，平衡斗争着的两派的力量与财富，审视他未来的名望与成功所依赖的基础，究竟所有这些是否可靠。

在做出最后决定之前，他前往列文湖堡探视玛丽。他在这次看望自己的妹妹，同时也是一国之主的苏格兰女王的过程中，既没有表现出任何想要解救她的意图，也不想减轻对她的监禁。这也许会被用来代表那个时代中缺乏体贴与优雅的环境。默里以他那朴实无华的方式真诚地对她过去的行为提出了意见，并且以亲人的态度对她的错误进行了批评，使得玛丽全身心地感受到了兄长一般的温和对待，因此泪流满面，完全陷入了悔恨的绝望之中。默里在这场会面中得不到任何的政治利益，他在其中也表现出了严厉与无情的性格，这也许会被算作玛丽一生中最痛苦的时刻之一，也是他的行为中最不按照利益角度考虑的一次。

默里从列文湖城堡返回之后不久便接受了摄政一职，并在无人反对的情况下开始履行这一职权 [8 月 22 日]。

在这诸多重大而又不可预期的事件中，博斯威尔这一造成他们所有现状的主要罪魁的命运几乎被人遗忘了。他在逃离联盟者之后便隐匿在了邓巴附近的封臣中间。但是，他发现在苏格兰已经不可能对自己的敌人取得任何进展了，甚至是保护自己免遭敌手的搜捕也已经变得十分困难，因此他托庇于自己的亲族默里主教。主教迫于联盟者的威势不得不放弃了博斯威尔伯爵，他因而退往奥克尼群岛（Orkney Isles）。他在各地遭到搜捕，为朋友们所抛弃，只有少数和他一样绝望的家臣追随着他，这使他无时无刻不在遭受着恶名与饥饿的折磨。他的穷困迫使他采取了令其更加臭名昭著的行为：他武装了一些从邓巴追随着他的小船，攻击每一艘出现在他面前的商船，以海盗的方式获取能够维持他与随从们生存的给养。联盟者派出柯卡尔迪与图里巴丁的默里前去讨伐他，在他停靠在岸边之时向其发动了突然袭击。他们打散了他的船队，带走了一部分船只，并迫使他乘孤舟往挪威方向逃去。在挪威海岸，他与一艘满载而归的商船不期而遇，并立刻向对方发起了攻击。挪威人开出战船援助他们的同胞，在一场绝望的战斗之后，博斯威尔与他的所有侍从都成了阶下囚。挪威人起初并不知道他的姓名与身份，并且以对待海盗的严苛方式对待他。他的真实身份很快便为人所知，尽管这使其免遭其随员业已遭受的死刑，但既无法使他获得自由，也不能减轻他受到的囚系之苦。在这个不幸的环境中，他遭受了十年的折磨，忧郁与绝望贯穿其中。最后，他就这样结束了自己的一生，同胞们无人同情，外邦人也无人愿意帮助他。自古以来，只有少数人能够以卑劣的手段实现他们那野心勃勃的目标，或从中得到满足。博斯威尔伯爵生命中的前半部分是动荡而又充满冒险的，其中满是危险与无常之变化。他通过诸多罪恶达到了权力的顶峰，但他对荣华富贵的享受不过是弹指一挥间，虽然绚烂，却十分短暂，有如盛开的冰花。更何况，焦虑与恐惧也使他每日寝食难安。在他的后半生，他遭受了最难以忍受的苦难——对于像他这样身处高位的权贵而言，这些苦难通常是可以豁免的。

默里伯爵就任摄政的良好影响很快就显现了出来。支持女王的派系十分软弱，他们优柔寡断并且很不团结。此外，一旦王国的政权掌握在了一个能力卓著、颇得人望的贵族手中，那些密谋拥立女王的阴谋者们就丧失了所有继续前进的希望，并且开始分别同摄政进行谈判。他们当中的大多数人都向新君表达了自己的忠心，最终使王国之中很少再出现反对现任政府的声音。如果这些人曾经向玛丽女王做出任何效忠，从伊丽莎白在这时的动向来看，玛丽女王很有可能给他们提供了令其能够在战场上与敌军交战的援助。但是，她的枢密院大臣们对此毫无兴趣，也并未就此问题达成一致意见，因此她最终放弃了支持他们的计划。摄政则利用他们目前的处境，逼迫他们无条件地绝对服从于他的政府。

180　　　摄政同时也成功地将国内的要塞纳入到了自己的掌控之中。爱丁堡的代理司令巴尔夫交出了城堡，作为对他背叛主人博斯威尔伯爵的奖赏，他获得了很多有利的条件。邓巴城堡的司令官对博斯威尔十分忠诚，但他很快就不得不停止反抗，其他一些小堡垒也不经反抗地投降了。

[12 月 15 日] 国家即将获得安定的前景鼓舞了摄政召开议会。除了这个最高权力机构的确认之外，在巩固新王与联盟者的权力方面已经万事俱备。在以多种手段取得了成功之后，获得议会的认可也毋庸置疑。为了讨论如此重大的问题而召集的议员，其数量十分庞大。议会的开幕式庄严神圣，所有的法案都以一致的同意获得了通过。然而，有许多在内心极度忠诚于女王的贵族没有出席议会，但是他们与摄政达成了和解。阿盖尔、亨特利与赫里斯公开在议会中承认他们对国王的行为是违背职责的，也是有罪的。他们服从的方式与摄政一党的举措既是他们获得利益的前提，也是双方真诚地握手言和的证明。

议会通过了联盟者所需的所有条件，既确保了他们的人身安全，又保证了他们在苏格兰王国建立的政府组织形式的稳固。玛丽的退位得到了接受，并被宣布为有效。詹姆士六世的权力与默里的任命都得到了议会的认可。联盟者对女王的囚禁与他们的所有其他举措都被宣布为合法之举。玛丽写给博斯威尔伯爵的信被公之于众，议会凭此宣布她是谋杀达恩利的从犯。与此同时，1560 年通过的支持新教信仰的法律得到了公开批准。议会也再度就此问题颁布了新的法令。旨在根除天主教残余、鼓励新教发展的所有举措都未受到忽视。

　　然而，显而易见的是，盛行于 1560 年议会之中的吝啬风气同样风行于这届议会之中。新教牧师们尽管沮丧不堪，并且陷入极度的贫困，在这七年中，他们仍然坚持奔走于王国各地，履行他们的宗教职责。为了自己的生计所做的斗争至今仍未生效。尽管他们的贫穷为世人所知，在这一年召开的宗教大会上也发出了激烈的抗议，但议会除了对那三分之一税收的支付做出了一些新的规定之外并没有多做什么，而这三分之一的收益对于改善新教牧师的处境而言也并不会产生任何重要的影响。

　　议会闭幕的几天之后 [1 月 3 日] 法院指控博斯威尔伯爵的四名侍从犯有谋杀国王达恩利的罪行，并将他们以对待叛徒的刑罚处死。他们的临终忏悔给那桩野蛮罪行的犯罪方式解开了谜团，但他们都出身于社会下层，而且似乎并没有参与那件针对达恩利的谋杀行动。

　　尽管现在全国普遍服从于摄政的权威，但在王国的土地上依然有许多暗中的抱怨与阴谋。汉密尔顿家族这一派将默里伯爵的晋升视为对沙泰勒罗公爵的伤害。在他们看来，公爵乃王亲国戚，因而更有资格出任摄政之职。玛丽长期的悲惨遭遇使许多人开始同情她的处境。倾向于强调宗教观点的人们担心默里伯爵的狂热。虽然他的能力卓尔不凡，但他似乎并没有对于安抚相互斗争派系的愤怒、消除他们互相的嫉视而言必不可少的能力。他需要凭借老到的说辞软化反对他的朝臣，但他似乎并不擅长此道。他的优点是严格，他对待同僚的态度，尤其是在就任摄政之后，变得陌生而傲慢。这些举动冒犯了一些贵族，也警醒了其他人。曾经轻易就遭到瓦解的女王一派再度联结在一起，并且得到了一些至今都在支持联盟者的贵族们的暗中支持。

181

当玛丽女王以一种既令其朋友震惊又出乎敌人意料的方式获得自由之时,这就是这个国家做出的有利于女王的处置措施。为了确保她能够有机会从牢狱中逃脱,她的支持者们做出了种种尝试,但一些意外与看守的警戒都挫败了这些努力。最终,玛丽使出浑身解数俘获了乔治·道格拉斯,他年仅十八岁,是看守的弟弟。由于她的手段向来都是温和可亲的,她便故技重施,再度以最谄媚的态度对待他,甚至允许他产生最野心勃勃的欲望,并对此做出了一些承诺,比如她应允将会选择他作为自己的丈夫。在他这样的年纪,身处这样的环境之下,他不可能抵制住这种诱惑。乔治·道格拉斯最终屈服了,并且拉拢了其他几人参与到解救女王的计划中。5月2日,这天是星期日,当他的哥哥正在享用晚餐,其余的家族成员正在做礼拜之时,他的一名随从设法从他哥哥的居室偷走了钥匙,并向女王和锁在她身边的一名女仆打开了大门,随后便将钥匙丢进了湖里。玛丽仓皇地向河边跑去,并登上了早已为她预备下的小船。船只甫一靠岸,西顿勋爵道格拉斯与詹姆士·汉密尔顿爵士便激动地前来迎接她。他们与一些随从早已在此等候她的到来。玛丽登岸之后立刻爬上马背,全速向尼德瑞(Niddrie)奔去,西顿勋爵在西洛锡安(West Lothian)的宅邸就位于那里。她毫无阻碍地于当天晚间抵达了目的地,在休整了三个钟头之后便又马不停蹄地向汉密尔顿出发,次日清晨,玛丽女王最终抵达了那里。

玛丽出逃的消息已经传出,在这种情况下,仅仅是一件小事都很有可能会引发她的支持者们的武装暴动。几天之后,她的身边就聚集了一大批贵族,他们的扈从足以组建大约六千人的部队。在他们面前,她宣称,在自己遭到囚禁期间,关于退位与所有其他文件都是在他人的胁迫之下而签署的。罗伯特·梅尔维尔爵士证实了这一点,贵族们与其党派中的主要成员宣布了这些文件是无效而又非法的。与此同时 [5 月 8 日]，他们结成了联盟，旨在保护女王与她的权力。九名伯爵、九位主教、十八名领主与许多上层士绅都在盟约上签下了自己的名字。他们当中有几人曾经出席了近期召开的议会，并且在保护新君的条约上签了字。不过这种突然的转变在以后变得十分普遍，因而用不着费力指责。

当女王从监牢中逃脱之时，摄政大人正在格拉斯哥主持一个民事法院。这件事着实出人意料，它将给他们的事业带来致命的伤害，因而令他的追随者们大受震动。他们当中有许多人开始动摇，其他人在私下里单独开始与女王谈判，还有一些人则公然变节，转投至女王的阵营当中。在这千钧一发之际，当他自己的名声与整个派系的生存取决于他的抉择之时，摄政手下最忠心的追随者们却在意见上产生了分歧，一些人建议他立刻退往斯特灵。女王的军队风头正盛，并且距此仅有八英里之遥。邻郡皆是汉密尔顿家族的封臣、亲友以及其他一些支持女王的领主。格拉斯哥是一处宽阔而又未加设防的城镇。他自己的部队仅仅维持着和平时期的人数，根本不足以御敌，这些理由都使他们必须撤退。但是，另一方面，反对之声也甚嚣尘上。格拉斯哥的市民们热情地支持着他们的事业。格伦凯恩、伦诺克斯与森普尔伯爵的封臣们近在咫尺，他们人数众多，充满斗志。几天之内，援兵就可以从王国各地赶来。在战场上，成功取决于统帅的名望，名望则会因为他的第一步举措而或增或减。有鉴于此，撤退将会伴随着一场屈辱的战斗，并将立刻使他们的战友丧失信心，从而令敌人们的志气大涨。在这种危险的紧急关头，默里的天赋显现了出来，并且使得他以智慧与果断的行动力做出了选择。他反对撤退，并且加固了他在格拉斯哥总部的防御。他欺骗玛丽，谎称自己正在考虑她为了调和双方之间的矛盾而提出的建议。与此同时，他竭尽全力将王国四处的封臣、随从向这里调

182

遣。他很快就集结了一支能够上阵杀敌的军队，虽然这支部队在人数上还无法与他的敌人相匹敌，但他却信任士兵们的能力与军官的经验，因而他终止了谈判，并决定冒险发起攻击。

与此同时 [5 月 13 日]，女王的将军们指挥着她的军队开始行进。他们的目的是护送女王前往邓巴顿城堡。那里地势险要，易守难攻，以至于摄政此前未能从司令官弗莱明勋爵的手中夺走。如果敌军前来阻止这次行军，他们便打算与之交战。从玛丽的立场上来看，没有比这更加草率的决定了。她的追随者们集结了起来，亨特利、奥格维尔与北部的氏族很快就会抵达。她的不幸减轻了许多贵族之间的嫉视，她在克服那些阻止其逃脱的障碍之时的机敏使得人们惊叹不已，并激起了他们的兴趣。如此众多的贵族突然聚集在她的身边增添了她的荣光。她一定会依赖法兰西的友谊与支持，也有理由期待英格兰的庇护——她的敌人们不可能期待来自这个王国的任何援助。慎重而又缓慢的行动能给她带来许多希望，敌人们却惧怕所有这些。

玛丽满怀希望，她的情绪也十分激动。她为从灾难的深渊到如此不同寻常的成功这个突然的转变而欢欣不已，以至于她从未质疑过自己的成功。她的军队几乎是敌军的两倍，主要由汉密尔顿家族及其党羽组成。圣安德鲁斯大主教掌握着军队的主要指挥权，他希望通过这次胜利不仅能够打击默里伯爵这个世仇，而且能够将女王掌控在自己的手中，进而迫使她要么嫁给沙泰勒罗公爵的一个儿子，要么至少将政权交给公爵。他的野心对于女王、他本人以及他的家族而言都是致命的。

女王的将军们在指挥上的失误与她发动战斗的决定一样糟糕。在两军之间通往邓巴顿的大道上，有一处名为"长岭"（Langside

Hill[①] 的丘陵。摄政为了以防万一，已经先期占领了这处高地，并将 183 他的军队部署在一处小山丘上，周围还有毗连的围栏与园圃。在这一有利的地形中，他等待着敌军的靠近，对方具有的骑兵优势无法在这片起伏不平的山地上施展开来。汉密尔顿的前锋部队草率地发起了攻击，他们尚未来得及调整气息，而且远离了主战场。长矛手们作战勇猛，他们早已置生死于度外，但是，汉密尔顿已经暴露了自己，他们侧翼的一边受到了来自敌方火枪手持续不断的攻击，另一边则受到了摄政精挑细选的精兵的攻打，并且得不到援军的呼应。他们因而不得不向后败退，并很快演变为了一场大溃败。在一群尚武的人们之间，很少有哪次胜利以极少的伤亡与屠戮而告终。三百人战死沙场，在溃逃中，几乎没有一人遭到截杀。摄政与他的将军们骑马奔走于战场之上，恳求他的士兵们宽恕他们的同胞。俘虏的数量极多，他们当中大多数都是贵族。摄政回到了格拉斯哥，并且因这场就他而言几乎是兵不血刃的胜利向上帝表示感谢。

在战斗进行期间，玛丽站在不远处的高地上，目睹了整个战役的过程，她心中的情感变化已非后世所能揣度，亦无法化之于笔端。当她看到作为其最后一根救命稻草的军队陷入了无可挽回的混乱时，她的意志完全落入了绝望的深渊之中——而此前的任何不幸都没能将其击垮。她在极度的惊惶之中开始了自己的逃亡，她的恐惧是如此的强烈，以至于直到她抵达距离战场足足有六十苏格兰里，位于加洛维的德鲁德莱安庄园（Abbey of Drudrenan）之前，她从未合过自己的双眼。

玛丽命运中的这场剧变既快速又罕见。在短短的十一天中，

---

① Langside 是个复合词，lang 在苏格兰英语中等同于 long，而 side 有山坡之意。音译为"朗赛德"，但无法突出地形上的特点，而岭字有山道的意思，因而将之意译为"长岭"。——译者注

她曾经是与自己势不两立的敌人的阶下囚；她也曾有一支归其掌握的强大军队以及一批愿意为她肝脑涂地的贵族。而现在，她不得不在面临着前所未有的生命危险之时逃之夭夭，并且与几名侍从隐匿于王国的角落当中。即便在这样的败逃之中，她也没有仔细考虑过自己的安全。她的恐惧激使她做出了一个决定，在她的一生当中，这是最轻率，也最不幸的一个。那就是：她决心前往英格兰。这一行为无论在什么样的环境中，对于她而言都显得过于草率与危险了。

在玛丽抵达苏格兰之前，她与伊丽莎白相互之间就已经存在着嫉视与不信任。他们在之后的所有行动都使这些情绪不断恶化。她以秘密的谈判与阴谋企图扰乱伊丽莎白的统治，并促进自己对于英格兰王位继承的要求。手握大权、行事果敢的伊丽莎白则公开支持玛丽手下的那些造反派，并且煽动在其统治过程中的所有纠纷与麻烦。伊丽莎白的政治准则使她得以追求自己的目标，即：通过使苏格兰陷入混乱，她可以确保英格兰王国的安宁。摄政在获得胜利之后立刻向爱丁堡进军，他并不知道女王的逃跑路线，在他想起追捕玛丽之时已经是几天之后。她一定早就已经隐藏在了一个隐蔽的角落中了。支持她的贵族们虽然在最近的战役里被打散了，但是没有完全被消灭，他们会聚集力量，期待着能够东山再起，直到她能够以领袖的身份再度安全地返回。比起将自己送到一个旧敌的手中而言，留在苏格兰不会有任何危险。她已经从这个对手那里受到了许多伤害，并且此人还将出于个人好恶与利益而再次恢复这些伤害。

184　　但是，另一方面，在玛丽遭到囚系之时，伊丽莎白也对其臣子的作为表示了公开的反对，并且以诚挚与温和的措辞恳请他们还她自由。她邀请玛丽前来英格兰寻求庇护，并允诺会亲自接见她，还将以符合一位女王、一个亲族以及一个同盟者的礼节来对待她。无论玛丽当权时制订的计划引起了伊丽莎白怎样的担忧，她现在都已经不再是恐惧的来源，而成了值得怜悯的对象。此时利用她失势的处境显然太过于残暴，也太过于狭隘。身为囚徒的恐惧依然令玛丽记忆犹新，如果她再度落入臣子的手中，成功者的傲慢将使得他们敢于对她造成任何伤害。逃亡法国的努力是危险的，就其目前的处境来说也不可能。她也无法容忍在那个王国中自己作为一个逃亡者与放逐者存在，因为她曾经是那里显赫一时的王后。英格兰仅仅是"收容"了她。尽管赫里斯勋爵、弗莱明与随她一同前来的侍从向伊丽莎白下跪，也无法令她做出更加慷慨的承诺，她的执着不可征服。因此，玛丽决定逃离这里。赫里斯奉命向卡莱尔（Carlisle）代理长官劳瑟（Lowther）去信，询问他能给予玛丽何种规格的接待。[5月16日]在收到答复以前，她的恐惧与焦躁便已经如此炽盛，以至于她迅速登上了一艘渔船，并与大约二十名侍从，在坎伯兰的威金顿（Wirkington）登陆。她在那里受到了隆重的礼遇，并从那儿向卡莱尔进发。

　　玛丽甫一抵达英格兰就向女王写了一封长信，控诉了自己从臣民那里受到的伤害，并且向她祈求自己目前的处境所需要的怜悯与援助。此事关系重大，玛丽的行为也无可厚非，这些都吸引了伊丽莎白与其枢密院的注意力，并且使之思考应对之策。如果他们仅仅是从公正与慷慨的角度思考这件事情的话，他们就不会在商讨对策时花费这么长的时间。一位女王被其臣子击败，并遭到了他们要剥夺其自由或生命的威胁。她逃离了他们的魔掌，将自己托庇于邻国与同盟的援助中，她也曾不止一次地收到这个邻国的友谊与庇护的保证。这样的处境使她有权受到尊敬与同情，并且她要求应该恢复自己的王权，或者至少有完全的自由去寻求其他任何一个国家的帮助。但是，对于伊丽莎白与她的朝臣们而言，问题不在于什么是最正义与最慷慨的，而是怎样才能给她个人以及英格兰民族带来最大的收益。关于苏格兰女王，有三种不同的方案可以实施：其一，恢复她的王位；其二，允许她前往法国；其三，将她留在英格兰。所有这些都会产生重要的后果，伊丽莎白的大臣们已经在他们的磋商中以准确的语言将之描述并记录下来了，这些文件至今仍然存在。

他们认为，如果玛丽在苏格兰恢复了她的绝对权威，那么她将比以前变得更加强大。坚定地效忠于英格兰利益的贵族们将会很快感受到由于她的愤怒所带来的压力。由于君主的恩典很少具有强烈的与持久的特性，她出于自己利益的考虑将会很快抹去她对伊丽莎白的感恩之心，并将促使她重新构建苏格兰与法国之间的同盟，而且会再度提出对英格兰的王位继承要求。任何旨在预防这种危险的措施都不足以束缚或限制苏格兰女王。她在苏格兰的党羽人多势众。即便没有英格兰的支持，她的回归也能激起拥护者的热情与勇气。只需在一场战斗中赢得胜利就能给他们带来优势位置，而这曾经是在一场失败中失去的。对于伊丽莎白而言，这也将会使玛丽成为一个比以前更加强大的对手。

容忍玛丽返回法国所引起的危险同样是明显的。法兰西国王在帮助寡嫂夺回王位并与之缔结同盟时不会吝惜自己的帮助。伊丽莎白将会再度看到一支外邦人的军队登上不列颠岛，在震慑住苏格兰人之后准备入侵她自己的王国。如果法国因宗教问题而引发的暴乱得以平息，洛林诸侯们将会恢复他们那野心勃勃的计划，法国与苏格兰同盟也将会在英格兰孤立无援也最虚弱的时候发起进攻。

因此，除了将她留在英格兰之外别无选择。要么允许她在英格兰自由地生活，要么像一个囚徒一样对她加以限制。前者是一个危险的尝试。她的宅邸将会成为天主教徒、叛乱者与热爱改革者聚集的场所。虽然伊丽莎白宣称玛丽对英格兰的王位继承要求没有依据，但她没有忽视，国民们并不这样认为，而且有许多人认为她比伊丽莎白本人更有资格成为英格兰的女王。如果玛丽的间谍为她赢得了许多教唆者的话，她的个人影响力就会变得更加令人畏惧。她的美貌、智慧、所受的苦难以及它们所能激发起的怜悯与尊敬，这些都会为她的派系争取到大量的信徒。

诚然，有一点需要担心的是，像对待囚徒那样对待玛丽将会激起人们对伊丽莎白的普遍愤怒。如果她以史无前例的暴虐对待这个恳求她——她也答应了将会给予其庇护的女王，她将丧失迄今为止人们加于其统治之上的公正与人道的美名。但是，英格兰的君主们总是非常注重从苏格兰人手中保护他们自己的王国，以至于他们从未顾虑过为此而应当采取的手段。亨利四世（Henry Ⅳ，King of England, 1367—1413）曾经抓住了苏格兰王位的继承人——他由于一场暴风雨而不得不在英格兰的一处港湾中避难。[①] 亨利四世无视他的宾客权与幼小的年龄，也不顾其父的泪水与请求，将他监禁了数年之久。尽管亨利四世的这一行为被后世憎厌，但伊丽莎白现在仍然决定对此加以效仿。在利益的引诱之下，她的美德并不比亨利四世的更经得住考验。眼前的利益远比未来的名誉重要得多。她嫉妒玛丽的美貌与成就，将这样一个对手控制起来所带来的快感也许不亚于她做出这一决定的政治考虑。但是，与此同时，为了使自己免于遭受伴随这一行为的指责，同时使她对待苏格兰女王的方式看起来像是"必须"而非"选择"，她决定对玛丽女王的利益表现出假意关心，并且对她的遭遇表示深切的同情。

---

① 此处系指苏格兰国王詹姆士一世。他于 1406 年前往法国寻求政治避难之时为海盗所擒，随后被交给了英格兰国王亨利四世。后者无视其父罗伯特三世的请求而将他留在了英格兰，但是对他进行了良好的教育，使他学习了英格兰的政治体制。——译者注

有鉴于此，她立刻派遣西疆守护斯克洛普勋爵与财务副总管弗朗西斯·诺里斯爵士带着她的亲笔信前去会见苏格兰女王，信中表达了温和的与亲切的慰问。但是，与此同时，伊丽莎白女王给他们下达了密令，要求他们严密监视玛丽的动向，并注意不要使其逃离英格兰。玛丽甫一抵达目的地便要求同伊丽莎白举行私人会面，以便向她哭诉自己遭受的苦难，并从她那里得到期待已久的友好对待。他们对此答复道，要伊丽莎白女王现在接见她有些强人所难。由于她目前背负着谋杀亲夫的污名，而达恩利毕竟是伊丽莎白女王的近亲，如果允许她现在觐见女王的话，那将使得伊丽莎白自己的名声也蒙上污点。但是，他们也向玛丽做出了承诺，一旦她洗清了自己的罪名，她就将受到与其地位相称的礼遇与帮助。

没有什么比这个借口更加狡猾的了，它将引诱着苏格兰女王一步一步地踏进伊丽莎白与其大臣设计好了的陷阱。玛丽对这一拒绝其要求的方式表示出了极大的震惊，但是，由于她不相信这种对于友谊的表白是缺乏诚意的，她便真诚地将自己的案件提交给了伊丽莎白女王审理，并且保证会出具足以证明她的清白的证据，以便完全消除伊丽莎白女王的顾虑，满足她的要求。这就是英格兰女王关于这一问题提出的要点。由于苏格兰女王提出了调查申请，她现在将自己视为玛丽和其臣子之间的仲裁者，并且意识到自己完全有权力将调查拖延到任何时候，也可以用无尽的责难使之复杂化。与此同时，她也提出了一个看起来无懈可击的理由以使玛丽远离自己的宫廷，并且使苏格兰臣民拒绝将之再度扶上王位。由于玛丽的行为十分草率，能够证明其有罪的证据也多而充分，因此她的臣子很有可能会证实他们对玛丽的控告。倘若此事发生，她在今后将不再会成为人们关心与同情的对象，对其进行冷落与忽视也不会受到多少指责。对于这件如此黑暗与隐晦的事件而言，玛丽不可能提供证明其本人无罪的证据，因此，虽然伊丽莎白的这种行为应当受到指责，但也许，不甘受到限制、伊丽莎白的猜疑或是她的狡猾都将使玛丽一步步迈进这个旨在利用她的圈套之中。

伊丽莎白早就觉察到了，在她的指挥下对苏格兰女王的行为进行审查将会使她自己获得很多好处。但是，这也存在着一定的风险：玛丽也许会过早地暴露她的意图，并且收回她所提供的证据，从而挫败他们的计划。即便如此，伊丽莎白也不会放弃调查，并为此想出了数条权宜之计。伦诺克斯伯爵夫人确信玛丽是谋杀其子的凶手，并且渴望对其进行报复，这乃是一个母亲的天性所使然的。她恳求伊丽莎白做出正义的判决，并且声泪俱下地乞求女王以伯爵夫妇的名义对苏格兰女王进行审判。不幸的达恩利国王的父母有权进行这样的指控，作为她的亲族，伊丽莎白不会因为倾听这样合理的请求而受到谴责。此外，由于苏格兰贵族公开指控玛丽犯下了此等罪行，并且声称拥有能够证明其罪恶的充分证据，说服他们前去乞求英格兰女王受理对其君主的指控并不是一件难事。英格兰议会也认为遵照他们的要求是合理的。与此同时，关于英格兰对苏格兰拥有支配权的古老论调再度兴起。根据这一理论，玛丽与其臣子之间的争端理应由伊丽莎白进行仲裁，因为这也是她的职权所在。虽然伊丽莎白在脑海中考虑到了所有的应对之策，并使它们在各种情况发生时留待使用，但她依然希望对苏格兰女王行为的探查能够按照自己的需要进行，并且最好能够证明她是无辜的。只要审查能够按照这一预想的轨道运行下去，她就无须再使用其他的计策。

当玛丽同意将自己的案件交由伊丽莎白审理之时，她根本没有料到接下来发生的任何糟糕的结果，或是基于其所提供的证据针对她的任何危险的意图。她希望伊丽莎白本人将会听取或审查她的辩护。她打算将自己与伊丽莎白女王相提并论。为了令其满意，她将

187

愿意解释任何被指控有罪的行为，而不是承认伊丽莎白作为她的上司，以至于在她面前必须为自己的罪行辩护。但是，伊丽莎白给玛丽的申请赋予了极为不同的意义。她将自己看作处置苏格兰女王与其封臣之间的争端所选定的仲裁者，并以这样的地位开始行动。她建议委任一个委员会去听取双方的辩护，并因此给苏格兰摄政去信，请他指派适当的人选以他的名义前来出庭，并且为他审判其君主的行为提供辩护的依据。

玛丽至今都在轻信伊丽莎白那不可思议的关心，并且希望她大量亲切的表白能够最终伴随着一些适当的行动。但是，伊丽莎白的这一决定使她完全醒悟了。她清楚地认识到了伊丽莎白的狡猾，并且看到了自己的荣誉将会受到削减，因为她将与反叛她的封臣们一同出庭，并将与他们一起站在同一位上司与法官的面前。她撤销了诉讼申请，因为它被用于一个与自己的意图截然相反的目的。她比以前更加真诚地要求面见伊丽莎白并待在她的宫廷中。她也给伊丽莎白写了一封信 [7 月 13 日]，其中的语调与她此前使用的都不一样，并且完全表达出了自己内心中的悲痛与愤怒。"就我目前的处境而言"，她说，"我不想，也不能答复我的臣民们的指控。出于自愿与我们二人的友谊，我已经准备消除你的疑虑，并且为我的行为辩护。苏格兰的贵族乃是我的臣属，我不愿通过将我的案件提交给司法审判而承认他们与我的地位相等同。我前来寻求你的帮助，就像寻求我的至亲与好友的援助一样。我认为你是最适合抚慰一个受到伤害的女王的君主。你此前可曾听说过，臣子因其政敌所做的错误指控而抱怨不已，而君主仅仅是听取了这样的抱怨就遭到了指责？你准许我那私生子的哥哥进入你的宫廷，他还犯有谋反之罪，而竟然将我拒之门外！上帝不允许我的到来给你的名声带来任何污点吗？！我真希望你对待我的方式能够给你增添荣耀！要么允许我去请求其他君主的帮助，尽管他们几乎没有理智，并且对我的错误颇感愤怒；要么将你慷慨的援助施之于我，由于这份帮助，我将对你永怀感佩之心。"

这封信在一定程度上破坏了伊丽莎白的计划，也没有使其打算撤销对玛丽的诉讼。她将此事提交给了枢密院 [6 月 20 日]，枢密大臣们决定无视苏格兰女王的恳求与抗议，继续对她的行为展开调查。在调查完成之前，伊丽莎白应坚持其一贯的对名声的主张，或对政府的安全的考虑，既不能给予玛丽所需的援助，也不允许她离开英格兰王国。为了避免她从这里逃脱——她那会儿尚在两国的边界地带停留，因此枢密院一致同意将其转移至远离边界地带的地区。

当英格兰宫廷正在被这些事情羁绊之时，苏格兰摄政没有忽视推进其在长岭计划的胜利，这对于他而言才是最重要的事情。此战不仅将女王赶出了苏格兰，而且还将其追随者们打散，使其群龙失首，尽归其掌握。他最初似乎决定对他们严惩不贷，参与此战的六名显贵作为反叛国王的暴徒而被判处死刑。他们被带往死刑的执行地，但是在诺克斯的强力干预下，他们得到了赦免。博斯威尔豪的汉密尔顿是这六人当中的一员，他一直活到了令摄政与诺克斯为这个慈悲之举而感到后悔的那一天。

此后不久，摄政就率领着一支由四千骑兵和一千步兵组成的军队向西部边界进军。那里的贵族都是女王的拥护者。但是，由于他们无力与摄政抗衡，因此他要么使其向新君臣服，要么以火与剑摧毁了他们的土地。然而，伊丽莎白的利益在于：通过平衡两党的力量，以温和的态度安抚苏格兰女王，从而令苏格兰陷入混乱当中。因此，她按照自己的意愿对此加以干涉。在战斗进行了两周之后，摄政按照英格兰大使的要求解散了他的军队。这场对于他的对手而

188

言极为致命的远征就这样草草收场。

英格兰枢密院关于无视玛丽之抗议并将其立即转移的决定很快就被付诸实践。[7 月 13 日] 她被带到了博尔登（Boldon），这是斯克洛普勋爵的城堡，位于约克郡边界。在这里，她与苏格兰的所有通信都被切断。她现在觉得自己完全落入到了伊丽莎白的掌控之中，尽管她仍被以礼相待，但实际上却沦为了一个囚徒。玛丽知道自由被剥夺的滋味，并且将之视为最恶毒的行为。上次遭到的囚禁对她而言仍然记忆犹新，对于再度遭到囚系的恐惧则充斥在她的脑海之中。[7 月 28 日] 伊丽莎白认为这是一个绝佳的时机，她应当传召摄政与其追随者前来英格兰，并且为他们自己的行为进行辩护。她宣称，要求获取对玛丽及其臣子的审判权并不是自己的目的，她也不想将玛丽贬低至竟然要回应其封臣的指控的地步。与之相反，默里伯爵与他的追随者们受到了法庭的传召，英格兰宫廷要求他们就对待其君主的严苛方式做出解释，并且需要证明并未犯下玛丽指控他们的罪行。就其个人而言，伊丽莎白允诺无论出现怎样的调查结果，她都将运用自己的权力与影响使玛丽重返王位，并且不会让她受到太大的限制。玛丽被这种表面上对她身为一个女王的关心欺骗了，她一方面被这个比迄今为止从伊丽莎白那里收到的所有允诺都更加充满奉承意味的谎言所安抚，另一方面也受到了感情的鼓舞。她被带到了英格兰的腹地，并在那里受到了严密的看管，最终屈从于伊丽莎白的所有要求，并且承诺向即将在约克郡召开的大会派遣代表。

189　　　为了使伊丽莎白相信她除了希望与之缔结更为紧密的联盟之外别无所求，她在一定程度上表现出了自己的平和，而在此前与今后的所有不幸中，她都是执着地予以坚守的。她对英格兰教会的宗教礼拜仪式表现出了极大的尊敬。她经常出现在依照新教礼仪举办的宗教仪式上，也会选择新教教士作为她的个人牧师。她仔细倾听他们抨击天主教错误的布道，装出表面上的欢愉，并表现出了所有即将皈依新教的象征意味。玛丽世人皆知的天主教信仰使人们无法相信她在此期间表现出的行为是发自真心的。比起他们引诱她做出这样的掩饰而言，没有任何其他事情可以强烈地表明她那不幸的处境与过度的恐惧。她的观点在所有其他时间都会更加小心翼翼地隐藏起来。

就在此时，摄政召开了议会 [8 月 18 日]，目的在于剥夺那些拒绝承认詹姆士六世的贵族的财产。女王的拥护者们警觉了，阿盖尔与亨特利是玛丽女王任命的王国守护，一人总管南境，一人则统领北疆。他们开始集结军队以阻止议会的召开。对女王的同情和对以国王之名统治全国的摄政的嫉妒增加了他们的力量，这使摄政发现自己很难与之抗衡。但是，由于玛丽已经将案件上诉至伊丽莎白那里，她将不会拒绝英格兰女王的要求，并会命令她的支持者们放下武器，耐心地等待英格兰的调查结果。通过这次停战，伊丽莎白及时地给摄政提供了援助，就像她此前提供给玛丽女王的帮助一样。

然而，摄政不会同意推迟议会的召开，即便这是伊丽莎白的要求。议会通过了一些温和的举措，我们可以将之归功于伊丽莎白的影响力，也可以归因于梅特兰的雄辩，他致力于防止苏格兰国内的一半国民消灭掉自己另一半的同胞。以最激烈的方式反对新君统治的贵族被剥夺了财产与公民权。至于剩下的人，议会给了他们时间以期待他们能够回心转意。

一旦伊丽莎白要求摄政派遣代表前来约克，在女王的代理人面前为他的行为辩护，苏格兰女王就不得不使自己屈尊于臣属的地位。摄政应当毫不犹豫并且焦虑地渴望同意这一举措。他的权威刚刚在苏格兰确立，并且得到了议会的巩固。将其统治的正当性付诸讨论，并且屈从于外国的司法，这是十分痛苦的。在外国人的面前指控他的君主是一件十分令人厌恶的工作，更何况这个民族还是苏格兰人的世仇。如果指控失败，他就会陷入非常危险的境地，倘若他获得了成功，那将会令其感到十分羞耻。但是，反对派的力量与日俱增，他们担心法兰西国王会介入此事。伊丽莎白对这件事十分在意，他们的处境也使得伊丽莎白女王的命令不容置疑。

　　亲自前往约克郡的必要性增加了其不得不采取的步骤。这让他们感到耻辱。他的所有追随者都谢绝了这一差使。他们不愿将自己置于羞耻与危险之中。一旦对女王的指控被判处无效，他们很容易就会预见到自己的处境，除非摄政自己愿意与他们共同承担这一后果。〔9月18日〕莫顿伯爵、奥克尼主教博斯威尔、丹弗姆林修道院代理院长皮特凯恩（Pitcairn, Commendater of Dunfermling）① 以及林赛勋爵陪同摄政一同前往英格兰。兰凯勒的麦吉尔与霍希尔的巴尔纳弗斯是两名杰出的市民，乔治·布坎南是默里伯爵最忠诚的支持者，他的才华为那个时代增添了荣光，还有梅特兰与其他几人，他们都得到了委任，陪同摄政一同前往约克郡。梅特兰将这一豪华的阵容归因于摄政的恐惧，而不是他的影响力。他曾激烈地反对这一举措。梅特兰希望自己的国家继续保持与英格兰的友谊，而不是成为她的附庸。他想要在某种程度上重建女王的权力，而不是让詹姆士六世始终占据着王位。摄政不可能放心地把这个与其政见如此不同的人留下来，他那卓越的能力可以在国家获得非常强大的、能够与摄政那古老与强势的家族相匹敌的影响力。

　　玛丽委派罗斯主教莱斯利、莱文斯顿勋爵、博伊德勋爵、赫里

---

① "Commendater" 指的是修道院中代行院长职务的人，教俗两界人士均可担任。他负责代理修道院的税收，但无权管理教士的生活。——译者注

斯勋爵、基尔温宁主教加文·汉密尔顿（Gavin Hamilton）、罗金法尔的约翰·戈登爵士、斯特灵的詹姆士·科伯恩爵士以她的名义出庭。

伊丽莎白提名诺福克公爵托马斯·霍华德、苏塞克斯伯爵托马斯·雷德克里夫、拉尔夫·萨德勒爵士作为她的代表前往听取双方的辩论。

10月4日是审判大会的开幕日。双方代理人的优秀、出庭法官的高贵、受审者的显赫以及辩论要点的重要性使得整个案件既闻名于世也不同寻常。伊丽莎白女王在此时出席了法庭，这令我们感受到了高贵的气氛。她的对手是一个独立王国的女王，也是一个古老的王家世系的传人，现在则沦为了她手中的一个囚徒，她的代表被委派在伊丽莎白面前接受审判。苏格兰摄政代表着他的国王，实际上也攫取了君主的权力，眼下也亲自站在她的法庭之中。英格兰的历代先王虽如此惧怕这个王国的力量，但始终无法将之征服，而现在，它的命运已经掌握在了伊丽莎白的手中了。

然而，前来参加这次大会的数个派系的主张与他们所期望的结果却大相径庭。

玛丽的主要目标是恢复她往昔的权威。这诱使她同意一个此前曾极力反对的计划。伊丽莎白的承诺让她有理由期待着能恢复自己的王权。为了达成这一目的，她已经对国王一派做出了许多让步，而英格兰女王的影响力与她身处这种环境下的焦躁不安也会令她做出更多退让。摄政仅仅希望为他的派系赢得伊丽莎白的庇护，并且似乎并不打算与玛丽达成任何的和解。伊丽莎白的考虑更多，她的计划也更加复杂。她似乎十分关心玛丽的名誉，并劝说她应该洗刷加之于自己身上的污名，同时她假称这就是召开审判大会的目的，以此欺骗玛丽，并避开法兰西与西班牙大使的求情。她一再许诺，只要不会给自己带来耻辱，她就会尽力帮助玛丽女王。但是，在友谊与慷慨的面纱之下，伊丽莎白隐瞒了她那不为人知的真实意图。她希望摄政控告玛丽是谋杀丈夫的从犯，她怂恿他，直到他决定采取这样一个令人绝望的举措。由于指控将会以两种方式终结，伊丽莎白早已就其未来的行为想好了应对之策。如果针对玛丽的指控得以成立，她将决定宣布苏格兰女王没有资格戴上王冠，并宣布她将永远都不会从良心上原谅这样一桩令人发指的罪行，更不会帮助她恢复王权。如果原告无法对其罪行提供充分的证据，而仅仅是在指责她的弊政，她决定将会与玛丽缔结一份帮助她重返王位的条约，但是却附带着让她从此以后不再独立自主的条件，这会使她依附于英格兰及其的臣民。由于大会的每一步与最终的决定都掌握在伊丽莎白的手中，她仍然可以自由选择她将采取的方案。抑或，如果两者的实行都会有危险，她将无限期地延迟审判，并使之陷入不可避免的混乱。

审判大会庄严地开幕了，但是，由于它一开始就表现出了伊丽莎白的真实意图，这激起了苏格兰人的愤怒与憎恶。大会在召开期间并没有做出任何努力以调和斗争着的两党，或是平息他们的怨愤，以使得女王因其过去的行为获得赦免，或者得到其臣子在未来对她的臣服。恰恰相反，玛丽的代表们获准向大会控诉摄政一党的叛乱行径，他们指责这些人以武力控制女王、将其打入囚牢以及迫使其放弃王位，并且利用詹姆士王子的名义掩饰自己对王权的篡夺。因此，他们要求玛丽女王从伊丽莎白这里获得能够弥补其伤害的有效的且迅速的补偿。

摄政在当时本应该公开他指控玛丽女王所犯下的残忍罪行，并将拿出证据来证明他的说辞。但是，他非但无法指控玛丽，反而甚至连对方针对自己的控诉都无法做出答复。他极不情愿地接受了那个控告，并且在他需要征求伊丽莎白许可的事情上犹豫不决。他的保留与犹豫令大部分英格兰代表与他的派系成员都惊讶不已。他们知道，倘若摄政不指控玛丽女王是谋杀达恩利的凶手，他就无法证明自己的行为是清白的，而摄政大人至今似乎并没有表现出任何对于此事的敏感性认识。然而，自从他到达约克郡之后，一个可以解释摄政神奇举动的阴谋就已经悄然展开了。

　　诺福克公爵当时是英格兰王国里最强大也最受人民尊敬的贵族。他的妻子刚刚过世，他本人则已经开始了一项计划——他在此后不久便公开承认了这一密谋：他打算通过与苏格兰女王的联姻登上苏格兰的王座。他知道对玛丽的公开审判将会令其臭名昭著，也会损害她对英格兰王位的继承要求。为了将之从这种残酷的屈辱中解救出来，他与梅特兰接洽，表达了他的震惊。他认为，像梅特兰这样一个如此聪明的智者竟会以一种对他们自己、对女王与国家而言都十分不光彩的方式赞同摄政的行为，将关乎国运的大事交由外邦人审判，把君主的丑行与错误公之于众——就政治与职责的考虑，他们本应将其遮掩起来的，这些都令人感到不可思议。梅特兰的观点与公爵的一致，他很容易地为自己的行为做出辩护。他向公爵保证，他已经用尽了自己的名望劝说同胞们不要采取这样的举措，他也将继续竭尽全力令他们放弃使用这种方式。这一表态鼓舞了诺福克公爵，使他同摄政交谈了此事。他重复并强调了曾对梅特兰表达过的观点。他警告摄政，他将会因为公开指控其君主这种极端行为使自己陷入危险。玛丽永远都不会原谅一个给她的品行打上了屈辱烙印的人。她一旦获得了任何程度的权力，他的毁灭都是不可避免的——在玛丽的手中，这也是理所当然的。伊丽莎白不会用一纸声明庇护他，无论他提供怎样能证明玛丽有罪的证据，她都不会为案件下达最终的判决。只有摄政一个人需要大会在听取了证词之后立刻对此案宣判，他最终将确信伊丽莎白的意图是多么的虚伪与歹毒。

192

303

因此，对于他而言，作为其君主的控告者出现在审判大会上是十分不明智的举动。诺福克公爵在这次劝说中表现出来的表面上的真诚以及其中述及的事情深刻地影响到了摄政。他每天都会收到玛丽想要与他和解的保证。如果他放弃指控她犯下这样残忍的罪行、放弃谴责她那不可调和的仇恨并做出与之相反的行动，她就会与摄政进行和解。所有这些考虑促使摄政决定改变他的目标，并且尝试采取公爵建议的方案。

因此，无论英格兰代表是否通过一个司法文件宣布玛丽女王有罪，无论他们是否决定毫不掩饰地宣判，无论玛丽女王是否应该遭到囚禁以防止她干扰在苏格兰建立的新政府，也无论伊丽莎白是否支持詹姆士六世一派的行为，是否会在未来对其提供庇护，摄政都决定在诉讼取得进一步的进展之前将自己的要求公之于众［10月9日］。只有摄政一人在这份包含了诸多要求的文件上签了字，除了梅特兰与梅尔维尔之外，他没有与任何扈从商议。但是，由于担心如此众多的预防措施会激使人们怀疑他所提供的证据并不充分，摄政便委派莱辛顿、麦吉尔与布坎南等人静候诺福克公爵、苏塞克斯伯爵与拉尔夫·萨德勒爵士，以私人而不是代表的名义在他们面前出具玛丽写给博斯威尔伯爵的信件、她的十四行诗以及其他所有足以证明玛丽谋杀丈夫的文件。并且向他们表示，此举旨在探悉英格兰女王是否认为这些证据足以确立对玛丽的指控。没有什么比摄政渴望知道自己究竟处于何种处境更加自然的了。他没有预先查明自己是否安全就冒险采取了指控自己的君主这一如此危险与不同寻常的举动，这样的轻率是不可原谅的。但是，伊丽莎白不希望看到他能清除掉任何困难，因而没有授权她的代表给予他任何所需要的保证。现在，有必要将摄政签署的文件递交给她，由于诺福克已经给他们点亮了一些光明，因而公爵本人十分期待着这份文件给伊丽莎白及其大臣们带来的巨大影响。他说："不要谨小慎微地考虑那些苏格兰人了，让我们尽情地观看他们的行动吧，就像我们曾经被他们冷眼旁观那样。他们玩的游戏已经过火了，他们的财产、生命以及荣誉，所有这些眼下都已危如累卵。他们现在正尽其所能地与他们的女王和解，并且已经不可避免地冒犯到了她。在这个如此重大的事件上，即便是最大程度的谨慎也不为过。"

正当英格兰的代表们正在等候关于摄政要求的指令时，摄政对苏格兰女王的代表提出的控诉做出了回应，其言辞完美地与他在那时所适应了的体制相契合。其中没有暗示女王是谋杀丈夫的从犯，同时那个时代所特有的尖刻之风也极大地减轻了。尽管他辩护道，玛丽与博斯威尔伯爵的婚姻使其有必要拿起武器加以阻拦，尽管玛丽喜爱这个曾在一段时间里将其监禁起来的可憎男人。但是，除了出于辩护所必需的言辞之外，摄政并没有谈及其他话题。玛丽女王的代表对此亦做出了驳斥，然而，由于摄政的文件中并未触及国王的谋杀事件，因此这些驳斥也只是点到为止，对于结束争端而言并无多大的作用，因此也并未引起伊丽莎白的代表的注意。

审判大会至今都在以一种令伊丽莎白女王失望的方式进行，并没有揭露任何她想要公开的秘密。约克与伦敦之间距离遥远，英方代表每当遇到困难时都要向她请示，这些耗费了很多时间。诺福克公爵与苏格兰摄政之间的谈判虽然是在暗中进行的，但是却不可能瞒住伊丽莎白这位女王，她有着足够的智慧去洞悉敌人的计划并挖掘出他们那些隐藏得极其深的阴谋。因此，她没有对摄政的要求做出任何答复，她决定将审判大会转移到威斯敏斯特召开，并且委任了完全受她信任的新代表。苏格兰女王与摄政都难以接受这样的决定。

我们发现，玛丽总是吹嘘自己的代表如何在约克审判大会上的

193

辩论中为她争取到了优势地位，以及他们是怎样以强有力的论据驳斥她的对手们，并使他们的指责显得苍白无力。那时，争论的背景使她很容易就获得了胜利。玛丽参与谋杀达恩利国王一事被摄政一党当作了挡箭牌，成了他们针对女王的暴力行为的辩护。由于他们努力避免提及此事，她在争论中便获得了她的对手因为隐瞒此事而失去的优势。

伊丽莎白决定不应使玛丽在威斯敏斯特召开的审判大会上享有此前具备的优势。她焦虑地思考自己应如何克服苏格兰摄政的犹豫，并且说服他指控自己的女王。她仔细考虑了使玛丽的代表前来回复指控的最适当的方法。由于她料到用以引诱摄政的许诺不可能瞒住苏格兰女王，并且会很自然地激怒她，因而伊丽莎白决定比以往更加严密地监视她。尽管她没有理由信任斯克洛普勋爵的警觉与忠诚，但是由于他是诺福克公爵的姻亲，因而她认为派遣他将苏格兰女王尽快转移到斯塔福德郡的图斯伯里，并且将其交给城堡的所有者什鲁斯伯里伯爵（George Talbot, 6th Earl of Shrewsbury, 1528—1590）看管是最合适的。

玛丽开始猜疑第二次审判大会召开的意图。尽管她对即将在伊丽莎白的眼皮子底下审理她的案子表示了满意，她还是给自己的代理人下达了指令，要他们尽量避免回应其臣子们对她的指控，如果他们如此不顾一切地提出了一个指控的话。这个疑虑很快就被严密的监视所证实。摄政为了出席审判大会而赶到了伦敦，他甫一抵达，便立刻获准面见伊丽莎白女王，并且受到了她的礼遇，甚至是欣赏。这一表现很正常地就被玛丽视为女王对其政敌的偏私。在极度的愤怒之下，她写信给自己的代表，命令他们在英格兰贵族与外国使节面前抱怨她至今所受到的对待，以及她有理由担心可能受到的额外伤害。她的那些叛逆之臣们可以面见女王，而她则被排除在外；他

194

们享有绝对的自由，而她则受到了长期的囚禁；他们受到怂恿前来指控她，而她则在辩护中处处受挫。有鉴于此，她不止一次地重申自己的要求：应当允许她面见伊丽莎白女王，如果这一要求遭到拒绝，她便命令他们宣布取消对威斯敏斯特审判大会召开的同意，并且声明这个大会通过的任何决议都是无效的。

也许这是玛丽所能采取的最谨慎的决定。她拒绝出席审判大会的借口听起来似乎言之凿凿，提出的时机也拿捏得恰到好处。但是，玛丽的信件并没有在预定的时间内到达她的代表们手中，他们自己也被伊丽莎白关心玛丽的谎言所欺骗了，因而同意召开第二次审判大会。

伊丽莎白在她的代表名单上又增添了几人，他们是：掌玺大臣尼古拉斯·培根爵士（Sir Nicholas Bacon, Lord Keeper of the Great Seal, 1510—1579）、阿伦德尔伯爵（Henry Fitzalan, 19th Earl of Arundel, 1512—1580）、莱斯特伯爵（Robert Dudley, 1st Earl of Leicester, 1532—1588）、克林顿勋爵以及威廉·塞西尔爵士。在约克审判大会上阻碍司法进程的因素很快就被消除了。摄政的要求得到了满意的答复，摄政不再迟疑不决，也不像此前那样提出反对。他与诺福克公爵的谈判被玛丽的一些侍从透露给了莫顿，莫顿则将之告知了塞西尔。他的个人安危与其权力的延续都仰仗伊丽莎白。如果他支持玛丽的话，伊丽莎白在任何时候都能摧毁他；通过一个由她巧妙引起的、涉及谁有权凭借着苏格兰的法律在君主年幼之时统治国家的问题，她让摄政看到了，即便不恢复玛丽的王位，她也能轻而易举地剥夺他对最高政权的掌握。这些考虑得到了大部分随员的支持，最终使摄政决定提起对玛丽女王的指控。

他努力减少将会伴随着这一行为而来的耻辱，他宣称自己极不情愿地执行这一令人不快的任务；宣称他的派系因其行为而遭到了长期的误解，并且默默地忍受着最坏的名声，而不是将其君主的罪行暴露在外国人的眼中。但是现在，敌对派系的傲慢与胡作非为迫使他们揭露至今都在竭力隐瞒的事情，尽管他们因之而丧失了许多。这些借口十分得体，而他所提及的顾虑也确实在一段时间中影响着他们这一派的行为。但是，自从议会在 12 月召开之后，他们就开始对女王的行为表现出极少的体谅与尊重，以至于人们无法相信那些慎重的声明。很明显，摄政与他的随员们陷入了没有选择余地的窘境，部分是由于这一事件的必然性，部分则是由于伊丽莎白的阴谋。他们要么承认自己犯有叛国重罪，要么指控玛丽是谋杀达恩利的从犯。

195　　指控所使用的措辞极其强硬。他们不仅指责玛丽同意了对达恩利的谋杀，而且还指控她协助凶手执行了谋杀的计划。他们宣称，博斯威尔伯爵是由于受到了她的庇护才得以摆脱法律的制裁，她的阴谋不仅威胁到了年幼的詹姆士王子的生命安全，而且还有可能颠覆王国的自由与政体。如果玛丽矢口否认上述罪行，他们将会拿出最充分的与不容置疑的证据以佐证自己提出的指控。

　　在接下来的代表会议上 [11 月 29 日]，伦诺克斯伯爵出现在他们面前。在哭诉了其子达恩利悲惨的死亡之后，他恳求伊丽莎白将苏格兰女王绳之以法。他发誓，这个女人就是凶案的幕后黑手，并拿出了他声称能够证明其请求的文件。伦诺克斯伯爵这位演员在一个如此关键的时刻适时地出现在审判的舞台之上，这很难用巧合来解释。很显然，这是伊丽莎白一手炮制的演出，目的在于通过这些额外的指控增加苏格兰女王的恶名。

　　对于摄政如此异想天开的诽谤，玛丽女王的代表们感到既震惊又愤怒，他们坚信自己的女主人并未犯下此等骇人听闻的大罪。但是，他们并没有对这些指控做出回应以证明玛丽的清白，而是求助于他们所收到的指令——他们此前曾在恰当的时机忽视了这些指令中的条款。他们要求面见伊丽莎白女王，并重申玛丽对于私人会晤的要求。他们声言，如果伊丽莎白拒绝了她的要求，他们就将反对审判大会在接下来的所有议程。针对玛丽那冷酷的指控已经提出，而用以支撑这一指控的证据也即将受到检验，在这个节点上提出这样的抗议，使得人们有理由怀疑她是在畏惧对证据的审验。这种怀疑也更为另外一个事件所证明：罗斯与赫里斯在前去面见伊丽莎白声明他们所做出的抗议之前，曾经私下通告了莱斯特与塞西尔，他们说，由于玛丽女王从一开始就表现出了与她的臣子进行和解的意愿，因此，尽管摄政对她提出了鲁莽的控诉，她仍然想要与他们媾和。

通常情况下，受到诽谤的无辜者往往会感到强烈的愤怒，但是玛丽那温和的表态同这种情绪不相匹配，也不能与无辜者总是表露出的意愿相吻合。在玛丽目前的处境下，一个如此不合时宜的建议一定会被人们视为她用来给自己辩护的证据十分不足的象征。她的代表们的品行举世皆知，这使得他们免遭愚蠢的恶名，也不会被怀疑背叛了自己的君主。在这种情况下，流言四起，人们在街头巷尾暗中指称玛丽女王的行为经不起如此严格的检验。即便他们答复了默里针对女王的指控，这种行为也会被视为此等草率举动可能的动机，而他们正在努力规避这种情况的发生。

这令伊丽莎白看到了希望［12月4日］，并给了她对此予以拒绝的借口。她向玛丽的代表们指出，就眼下的形势而言，没有什么比和解更有损玛丽女王的名誉。案件将会变成一团乱麻，这仅仅会给调查带来阻碍，或是遮掩她的丑行，而无法解决任何问题。当玛丽受到公众指控而背负着污名之时，她不可能准许他们的女主人前来与她会面。

196　　　玛丽的代表们在遭到拒绝之后便离开了。由于他们收到了拒绝的答复,摄政现在似乎更有理由提供证据以证明他的指控。但是,由于尚未将这些证据搞到自己的手中,伊丽莎白的计划尚未完成。比起她迄今为止所使用过的计策而言,她为此而使出的诡计虽然更加卑劣,但是更加成功。她命令她的代表们表明自己的愤怒与失望,因为摄政傲慢到忘记了自己身为臣子的职责,以至于竟然指控自己的君主犯下了这样残暴的罪行。摄政为了重新获得这位强大的庇护者的良好建议,立即表明自己的指控并不是出于恶意,也不是缺乏事实依据的,然后向英方代表提出并最终交给了他们以下物证:苏格兰议会关于确认摄政权力并废黜女王的法令、谋弑国王而遭到极刑的凶犯的临终忏悔以及我们屡屡提及的盛放信件、十四行诗与婚约的那只小箱子。

[12 月 14 日] 伊丽莎白甫一掌握了这些物证便立即将之展示给她的枢密院,同时她刚刚为此增补了几名显贵。伊丽莎白此举的目的在于使他们有机会考虑该如何应对这样一个如此重大的案件。此外,还表明了对于一个曾经宣称有完美的继承英格兰王位的权利的女王而言,现在有如此众多的证据能够证明她有罪。在这次极具权威的枢密院会议上,大臣们回顾了约克与威斯敏斯特审判大会上的所有诉讼过程,苏格兰摄政提供的用以指控女王的物证得到了细心的检视。信件以及其他据称出自苏格兰女王之手的文件被特别小心地比对了,他们"从写字到拼写的方式"与伊丽莎白在不同时期收到的来自苏格兰女王的手迹进行了对比。通过认真的核校之后,枢密院大臣与参与其中的显贵们一致认为,两者之间并无差别。伊丽莎白在确立了一个对其敌手而言如此不利的事实之后,开始放下迄今为止在给苏格兰女王的信件中所使用的友谊与尊敬。她现在以这样的语调给她写信,就好像玛丽的罪行已经得到了确认一样。她指

责玛丽拒绝从这个不能不给予回复的指控中证明自己的清白，这显然给她的人品造成了伤害。此外还坚定地宣称：除非她这样做，否则她目前的处境不会有任何的改观。玛丽很难从摄政攻击她的名誉所带来的震惊中恢复过来，伊丽莎白希望这种愤怒的表达能够震慑住她，并迫使她放弃王位，认可默里作为摄政的权威，同意她与詹姆士六世都将留在英格兰并接受她的庇护。对于这个计划，伊丽莎白已经考虑了很久，她向玛丽与她的代表都提出了这个建议，并且没有忽视任何有可能使他们接受的理由与计策。玛丽看到了这将会对她的名声、王位继承要求甚至是她个人的生命安危带来怎样致命的影响。她说："死亡并没有比这可耻的一步更可怕。我不会将传承自历代先王的苏格兰王位从我的手中放弃。我将会舍弃自己的生命，但是我口中的最后一个字仍然是以苏格兰女王的身份说出的。"

　　与此同时，玛丽似乎意识到了，当她始终不对这样公开的指控做出应答之时，她的名誉已经遭到了如此公开的责难。尽管大会现在已经被解散，她还是授权她的代表们对其敌人的指控进行答复。她在其中以强烈的语气否认了加之于她身上的罪行，并且于反而控诉摄政与他的党羽涉及处决了谋杀国王的凶手 [12 月 24 日]。摄政与他的随员们激动地声称他们是无辜的。玛丽仍然继续坚持与女王进行私人之间的会面，虽然她知道这一条件永远无法实现。伊丽莎白鼓励她维护自己的荣誉。但是，从两位女王轮番的拖延、躲避与借口中，显而易见的是，玛丽在竭力避免对案件做出进一步的侦探，而伊丽莎白则力求如此。

　　摄政现在迫不及待地想要返回苏格兰，他的政敌们已经正在趁他不在国内之时掀起一场骚乱。在他出发之前 [2 月 2 日]，枢密院传召他前往接收伊丽莎白对于此事做出的最终声明。塞西尔以英格兰女王的名义告诉他，一方面，女王不会反对摄政的行为，尽管她

197

认为这会损害到他的名誉，并且与他的职责不符。另一方面，他也没有针对其君主做出任何事情，而使女王对她的行为产生任何不利的观点。因此，她决定将苏格兰事务打回审判大会召开之初的状态。女王的代表们也于同一时期解散了。

在两国对这一大会认真地关注了四个月之后，这样的一个案件的定论乍看起来似乎太过于轻浮，也十分荒谬。然而，它却十分有利于伊丽莎白以后的计划。伊丽莎白看起来有失公允，她实际上也并无意保持中立。在应当对谁给予庇护这个问题上，她也从未感到困惑不解。在摄政离开伦敦之前，伊丽莎白资助了他一大笔钱，并且以她所有的权力支持詹姆士六世的权威。玛丽则因自身行为而推动了伊丽莎白女王做出这一决定。玛丽被伊丽莎白在审判大会召开期间一而再、再而三的欺骗激怒，她也因为没能从伊丽莎白那里获得任何援助而失望不已。因此，玛丽致力于煽动她在苏格兰的支持者们拿起武器，她将这样的阴谋归咎于伊丽莎白与默里，以至于成功地激起了每个苏格兰人的愤怒。玛丽声称，默里同意将她的儿子送往英格兰，并将其交到那个王国中最为险要的地方加以看管。此外，她还承认了苏格兰是英格兰的附庸。作为回报，英格兰将宣布默里对于苏格兰王位的继承符合法律。与此同时，关于英格兰王位继承问题的决定也有利于赫特福德伯爵（Edward Seymour, 1st Earl of Hertford, 1539—1621），他允诺将迎娶塞西尔的女儿。一个关于这一不切实际的计划的解释在苏格兰中间不胫而走。伊丽莎白觉察到了此举意在给她的政府抹上污名，因而致力于通过一个内容相反的宣言摧毁它的效力，并且她比以前更加厌恶苏格兰女王。

摄政在返回苏格兰之后发现王国上下一片安定。但是，玛丽女王的支持者们认为英格兰的审判大会将抹杀她所占据的优势，因而激起了他们的愤怒，并使之准备以一场内战来打破这片宁静。他

们也受到了一位显贵的怂恿，此人的显赫与高贵令他在王国里享有
极大的声望，他就是沙泰勒罗公爵。公爵已经在法国定居多年，法
兰西宫廷现在给了他一小笔资金，命他返回苏格兰，以期这个官居
高位、位极人臣的显贵能够增强女王一党的力量。伊丽莎白以各种
各样的借口令其在英格兰耽延了数月之久，但是最终仍不得不给
他放行。在他出发之前 [2 月 25 日]，玛丽任命他为苏格兰全境守
护（Lieutenant General in Scotland），这个有趣的头衔曾经归其养父
所有。

　　摄政没有给他时间以使其派系形成规模。他像往常的远征那样
召集了一支军队，并且向格拉斯哥进军。女王一派的首要人物阿盖
尔与亨特利的封臣们散布在王国的偏远地带，且相距甚远。沙泰勒
罗公爵的许多封臣在长岭之战中要么死于非命，要么沦为敌人的阶
下囚，因而他们的士气已经几近瓦解，与摄政进行和解遂成为避免
他的财产与封地遭受毁灭的唯一方法。和解没有任何困难，也没有
被任何不理智的言辞所影响。公爵允诺将承认新君与摄政的权威，
并且宣布他从女王那里接受的委任状不具备任何法律效力。摄政则
答应撤销几名女王追随者的法令、恢复那些承认国王权威的贵族的
财产与荣誉。此外，还应召开大会。双方的分歧应当在大会上获得
一致同意的解决。公爵应交出人质，以确保他对条约的遵守。并且，
为了表示他们的诚意，他与赫里斯勋爵将会陪同摄政一同前往斯特
灵面见新君。摄政则释放了长岭之战中擒获的俘虏。

　　阿盖尔与亨特利拒绝加入这个条约之中。在英格兰的秘密谈判
仍在进行，它有利于被囚禁的玛丽女王。谈判取得了极大的成功，
她的事务也开始朝着良好的方向发展，玛丽女王重返苏格兰似乎已
经不是一件遥远的事情了。法兰西国王近期取得了对胡格诺教徒的
极大控制优势，他们的毁灭似乎已经是不可避免的结果，法兰西在

198

恢复国内的安定之后，将会放手去保护她在不列颠的朋友。这种形势不仅影响到了阿盖尔与亨特利，并且对沙泰勒罗公爵产生了深刻的影响，他似乎开始动摇、犹豫不决，并且明显表现出他想要逃避对条约的履行。摄政看到了允许公爵以这种方式对他们的约定犹豫不决可能产生的危险，并立刻制订了一个既大胆又狡猾的计划。他命令护卫在公爵位于爱丁堡的宅邸中将其擒获，公爵此番前来爱丁堡乃是为了出席双方约定好了的大会。摄政不顾沙泰勒罗公爵作为王国第一等贵族与王位继承人的尊贵，也不管他做出的保障其个人安全的许诺，将他与赫里斯勋爵一并打入了爱丁堡城堡的监牢之中。这个如此出人意料的致命打击令公爵一党彻底丧失了斗志。阿盖尔屈从于王国的政府，并与摄政以简单的条件达成了和解。亨特利独自一人逃走，但最终也不得不放下了自己的武器。

此后不久，博伊德勋爵返回了苏格兰，并为摄政带来了两位女王的亲笔信。摄政决定在珀斯召开大会以讨论这一事件。伊丽莎白的书信中包含着关于玛丽的三种不同的处理建议：其一，她应当恢复此前的所有权力；其二，她应当与自己的儿子詹姆士六世共同统治王国；其三，她应当以符合其身份的条件留在苏格兰，但是不得执掌任何行政大权。这些建议是在法兰西大使费内隆（Fenelon）的强烈要求下提出的，并且似乎对失去了自由的玛丽女王更有利。然而，它们完美地适合了伊丽莎白关于苏格兰事务的总体政策。在这些如此不成比例的计划中，她很容易就能猜出苏格兰人所做出的选择。前两个方案遭到了否决，长久的拖延也一定会阻碍其进程。在关于最后一个建议的每个细节得到最终解决之前也会有许多困难因此产生。

玛丽在她的信件中要求她与博斯威尔伯爵的婚姻应当受到法律正义的检视，如若发现其违法，则应通过司法宣判二人离婚。这个致命的婚姻是这两年来她所遭受的一切苦难的根源，离婚是能够弥

199

补她的名誉因婚姻而遭受的伤害的唯一途径。尽早提出离婚符合她的利益，要想解释她对这一问题长期保持缄默的原因不是一件易事。她在此时提出这一要求的特殊动机开始广为人知，以至于她的要求遭到了等级大会（Convention of Estates）的否决。他们并未将这一要求归因于玛丽对博斯威尔伯爵的痛恨，而是归因于她想要同诺福克公爵结婚的意愿。

玛丽与诺福克的婚姻是他们在英格兰的主要目标，关于这一点，我已经在上文有所述及。极富想象力与创造力的梅特兰最先构思了这个计划。在约克审判大会召开期间，他就同诺福克公爵、罗斯主教商谈了此事。前者很乐意接受一个十分符合其野心的计划，后者则将之视为一个恢复其女主人自由并令其重登王位的工具。玛丽一直通过诺福克公爵的姐姐斯克洛普夫人与他保持通信。她不会拒绝这个能令她以如此显赫的方式重返苏格兰的计划。审判大会从约克突然转移到威斯敏斯特虽然延缓了这些阴谋，但却并未将之打破。梅特兰与罗斯主教仍旧是公爵的怂恿者与代言人，许多信件与爱情信物仍然在他与苏格兰女王之间被传递。

但是，由于他没有指望在像伊丽莎白这样警惕的统治者之下能够长久地隐瞒这一阴谋，他便致力于用率直与坦诚的假象欺骗伊丽莎白女王，而这种伎俩往往能够取得成功。他向伊丽莎白女王提到了四处散布的关于他与苏格兰女王结亲的流言。他抱怨道，这是一个无凭无据的诽谤，矢口否认了自己拥有这种想法，并且对玛丽的人品和统治都表达了完全的轻视。伊丽莎白对玛丽的任何事情都感到嫉妒，她似乎相信了这些忏悔。但是，他并没有停止谈判，而是以更大的精力投入到其中，并且拉拢了一些新盟友，其中之一便是苏格兰摄政。他曾经通过对玛丽女王的公开指控攻击了诺福克公爵，这违反了他在约克与之达成的约定。摄政在当时准备返回苏格兰，但是公爵在英格兰北部的影响力十分巨大。诺森伯兰伯爵（Thomas Percy, 7th Earl of Northumberland, 1528—1572）与威斯特摩兰伯爵（Charles Neville, 6th Earl of Westmorland, 1542—1601）是英格兰北部最强大的两名贵族，他们声言要为自己的封君所受到的伤害而向摄政复仇。默里为了确保自己能够平安地返回苏格兰而写信给诺福克公爵。在他为此前的行为致歉之后，他暗示道，公爵迎娶玛丽女王的计划既会为他自己所接受，对两国而言也极为有利，他将以最大的热情同意推动这样一件令人翘首以待的大事。诺福克轻易地相信了他，这一轻信对于那些急于完成计划的人而言十分自然。他给两位伯爵去信，命令他们停止任何针对默里伯爵的敌对行为，摄政因而得以在英格兰北部诸郡一路畅通无阻。

受到成功拉拢苏格兰摄政的鼓舞，诺福克公爵接下来打算诱使英格兰的贵族们支持他的计划。英格兰国民已经对伊丽莎白的婚姻感到失望，她的嫉妒使得王位继承问题悬而不决。由约克与兰开斯特家族的争端而引起的内战令英格兰大地荒凉了近一个世纪，人民对于这场战争依然记忆犹新。几乎所有古老的贵族都遭到了毁灭，在这场悲惨的战争中，国家也被带到了毁灭的边缘。尽管苏格兰女王对于英格兰的王位继承权是毋庸置疑的，但她却遇到强有力的竞争者。她也许会嫁给一个天主教的君主，这样会给自由和信仰带来危险。如果将其嫁给一个英格兰人、一个忠实的新教徒、一个实力最强也颇具人望的贵族，他们似乎就可以针对那些邪恶的企图提出有效的补救。大部分贵族要么直接赞同这一计划，要么对此心照不宣，他们都认为这是一个有益的计划。阿伦德尔伯爵、彭布罗克伯爵 (William Herbert, 1st Earl of Pembroke, 1501—1570)、莱斯特伯爵与拉姆利勋爵（John Lumley, Lord Lumley, 1st Baron Lumley, 1533—1609）联合向苏格兰女王去信，并由莱斯特伯爵亲自执笔。他们在信里衷心地提出了联姻的提议，与此同时却强调玛丽必须先做出承诺，保证不利用她对英格兰王位的要求做出损害伊丽莎白女王及其后代的举动。她应当同意两国之间缔结一个攻守同盟，应当确认苏格兰王国目前确立的宗教体制，并接受曾经起兵反抗她的臣子们的支持，如果她同意联姻并且批准了条约，他们将保证英格兰贵族不但会同意立即恢复她的王位，而且确保她对英格兰王位的继承权。除了第二个条款，玛丽乐于同意其他所有的提议，因为她需要一些时间来考虑她与法兰西国王之间的古老同盟。

所有这些谈判都没有令伊丽莎白女王知晓。她对苏格兰女王的嫉妒人尽皆知，她不可能自愿采取一个明显倾向于拯救其对手名誉并增加其权力的方案。但是，在这个对于国家影响重大的事件中，如果不经她的同意就采取新的步骤，将会被视为犯罪。所有涉及其中的人，甚至是玛丽与诺福克二人也宣称，在没有获得伊丽莎白女王同意的情况下不能采取任何措施。臣子的责任与忠诚似乎得到了完全的保护。大部分贵族都以这种观点审视此事，那些策划阴谋的人则有着更进一步与更加危险的主张。他们看到了玛丽将会因这一条约而获得的优势，这是及时而又确定的；而她对于诺言的履行则是遥远与难以确定的。他们此前曾将自己的计划通告了法兰西与西班牙的国王，并且获得了他们的认可。他们征求了外邦君主的同意，却对自己的女王加以隐瞒，这样的行为不会被视为无罪。然而，他们希望，英格兰王国里那些重要显贵的联合能够迫使伊丽莎白予以批准。他们自以为是地认为一个如此强大的联盟将会变得难以抵抗。这就是他们对能够成功的自信。当英格兰北部兴起了一个旨在将玛丽从其看守者的手中拯救出来的计划之时，诺福克公爵竭尽全力地劝说阴谋们不要做出这样的举动。他担心，一旦玛丽获得了自由，她支持他的想法有可能改变。

201   当博伊德勋爵从英格兰抵达之时，整个事件就处于这样的形势之下。除了公开的信件之外，他还暗中携带了诺福克公爵与斯洛克莫顿写给摄政与梅特兰的密信。这些信中都充满了乐观的希望。他们说，英格兰的所有贵族都支持这个计划，各项准备都已经就绪，这个方案经过悉心的策划，在贯彻之时也费尽了心力，既有力量又有数量上的支持，它不可能执行不下去，也不可能因此受到挫败。现在，除了最后的婚礼庆典之外，他们已经万事俱备了。这也取决于摄政宣判两人离婚的速度，这是眼下横亘在成功之路上的唯一障碍。诺福克公爵由于摄政的许诺而对此期待不已，如果他关心自己的利益、名望甚至是自己的安全，他就不会对自己的诺言弃之不顾。

但是，今时不同往昔，摄政现在的处境已经与当初诱使他同意诺福克公爵的计划的境地完全不同。他清楚地看到，诺福克成功之后的第一个结果就是使摄政自身权力衰败。如果将摄政视为自己一切不幸根源的玛丽女王恢复了权力，摄政永远都不要指望自己会获得宽恕，更不用说支持了。难怪他会拒绝采取一个对自己而言如此致命的步骤。这一拒绝引起了公爵计划的延迟。但是，由于其他各项准备工作已经确定，罗斯主教以其女主人之名，公爵则以其个人之名在法国大使面前宣布了他们对婚姻的一致同意，两人签署了婚约，并交由法兰西大使保管。

现在，这个阴谋已经为数人所知，因而不可能再长期隐瞒下去。人们在宫中交头接耳、议论此事。伊丽莎白将公爵召入宫中 [8 月 13 日]，对他的行为表示了极大的愤怒，并责令他放弃执行这一危险计划的所有想法。不久，莱斯特伯爵就把这个阴谋的所有细节向伊丽莎白女王和盘托出，他在同意这个阴谋时也许并没有其他意图。女王遂将彭布罗克、阿伦德尔、拉姆利以及斯洛克莫顿监禁起来并加以调查。玛丽比以前遭到了更加严密的看管，亨廷顿伯爵黑斯廷斯

（Henry Hastings, 3rd Earl of Huntingdon, 1535—1595）声言自己怀疑玛丽对于英格兰王位继承权的合法性，他奉命与什鲁斯伯里伯爵一道监管玛丽，他的严苛与警惕使得玛丽的囚徒生涯更加难熬。苏格兰摄政在伊丽莎白的淫威下可耻地背叛了公爵，他将信件交到了伊丽莎白的手上，并且提供了他掌握的所有情报。公爵起初退往霍华德宫，随后不顾枢密院的传召而逃到了他在诺福克的宅邸。他的扈从威胁要将其囚禁起来，他的封臣与亲友则对他冷眼相待。此外，他也未能做好叛乱的准备，也许他并不想这样做。在上述因素的影响下，他在犹豫了数日之后最终服从了枢密院的第二次传召，前往温莎[10月3日]。他最初像一个囚徒那样被囚系在一所家宅中，随后便被投入了伦敦塔。在经受了九个月的囚禁之后，由于他对伊丽莎白的谦卑的臣服而获得了释放。他向女王保证，自己将会忠于她，并且不再与苏格兰女王进行通信。在诺福克公爵谈判期间，玛丽女王在苏格兰的党徒毫无疑问地致力于使其重登王位，他们的权力有所增强，地位也得到了显著的提高。梅特兰是他们的核心人物，他的能力与积极是摄政所畏惧的。是他策划了那个在英格兰引起了骚动的阴谋。他继续煽动苏格兰人的不满，并且将霍默勋爵、柯卡尔迪与摄政的其他几名追随者拉拢到了自己的阵营当中。当他逍遥自在的时候，摄政不可能认为自己可以高枕无忧。因此，他设计将梅特兰诱至斯特灵，随后支使他的附庸克劳福德队长指控他是谋杀国王的从犯。摄政据此将梅特兰逮捕，并把他作为囚徒带到了爱丁堡。他很快就会遭到审判，但他与城堡司令柯卡尔迪的友谊却拯救了他。柯卡尔迪假称接到了摄政的指令从而将梅特兰从看守那里带走，并将之带进了城堡。从那时起，城堡就完全处于梅特兰的控制之下了。一个如此重要的地方就此丢失，一个如柯卡尔迪这样颇具军事才干的贵族就此背叛了他，这使摄政蒙上了污名。不过，他在此时与伊

202

丽莎白的成功结盟则抵消了这一点。

意图令苏格兰女王重登王位的阴谋遭到了揭露，并且受到了挫败，密谋者为了达成这一目的决定起兵反抗，但是这次却不再那么幸运了。诺森伯兰与威斯特摩兰虽然在他们的个人才干上并不是那么有名，但他们却是英格兰王国里最强大与最古老的两个贵族。他们在北部诸郡的地产十分广大，其影响力超过了原住民当中颇受欢迎同时尚武的珀西家族与内维尔家族。他们都信仰天主教，并且反对那个充斥着新人与新体制的王廷。自从玛丽抵达英格兰之后，他们就积极地支持她的利益，对天主教的狂热、对王廷的反对以及对玛丽遭遇的同情，这些都促使他们参加了旨在解救她的所有阴谋。尽管她的看守十分警惕，他们还是成功与她进行了通信，并将他们的计划全部告知了玛丽女王。他们参与了诺福克的计划，但是他的谨慎却与他们的冲动与热情极不相称。玛丽女王的自由不是他们主要的目标，他们意图改变这个国家的宗教，并给王国的政府带来一场变革。因此，他们向西班牙国王求助，他是那个时代公认的狂热天主教君主。比起让英格兰陷入一场内战所带来的混乱与灾难而言，没有什么更能令焦躁的菲利普感到高兴的了，或者说，没有什么更能促进他在尼德兰的计划了。阿尔瓦公爵奉命怂恿两位伯爵，一旦他们起兵造反，或攻击任何险要之地，或营救苏格兰女王，他就会提供给他们一笔资金以及一支大军。敦刻尔克市长拉莫特（La Mothe）在一名水兵的掩护下探测出了港口中最适宜登陆的地方。基亚皮尼·维特利（Chiapini Vitelli）是阿尔瓦最有才干的从属官，公爵借口解决两国之间的一些商业争端而将其派往了英格兰。但是事实上，他此行的目的在于确保一旦叛军起兵，他们要有一位富有经验的领导人。

这一谈判引起了两位伯爵之间的多次会面与大量通信。伊丽莎白得知了这个情况。虽然她无法揣度出他们的真实计划，但是她断定有诺福克的几名好友参与到了其中。因此她传召这些人来宫廷。他们由于意识到了自己的罪过并担心阴谋败露而拖延行程，女王紧接着发布了第二份更具强制性的传召谕令 [11 月 9 日]。这次，他们无法在不撼动自己的忠心的情况下加以拒绝。由于他们没有时间进行商议，因而便立刻竖起了反旗。重建天主教信仰、确定王位继承顺序、保卫古老的贵族是他们为反叛辩护的理由。许多下层人民拿起了他们所能负担得起的武器加入了他们的队伍。如果起义的领导人能够拥有与起事相称的能力，这场反叛将很快变得势不可当。伊丽莎白行事谨慎而严格，她的大臣们也忠心耿耿并且积极地为她效力。关于暴动的消息刚刚传来，玛丽就被转移到了考文垂，这里地势险要，不可能被常规的围城战攻破，叛军派来营救她的人也最终无功而返。军队在王国各处集结，当他们进军之时，叛军就向后撤退。在他们撤兵的同时，他们的人数也在缩减，士气也在逐渐地消退。失望与不确定性主导了他们的逃亡，并使他们当中的一小股士兵集结在诺森伯兰山脉之间。但他们最终不得不解散，其首领也前往苏格兰边界地区避难 [12 月 21 日]。两位伯爵同诺森伯兰伯爵夫人一同在利迪戴尔荒野（Waste of Liddisdale）上徘徊了数月，他们遭到了强盗的劫掠，饱经风霜之侵袭，并且极度缺乏维持生命所必需的给养。威斯特摩兰受到了布克勒的斯科特（Scott of Buccleugh）与芬尼赫斯特的克尔（Ker of Ferniherst）的庇护，随后逃到了尼德兰。摄政率领一小股部队向边界进军，以防叛军在这个难以驯服的地带产生影响，并在最后抓住了诺森伯兰伯爵。

　　在这么多重大的事件之间，近年来的教会事务几乎被我们忽略了。宗教大会仍然定期召开，但是并没有通过什么吸引注意力的重大决议。由于新教牧师的人数与日俱增，用以维持他们生活的资金缺口也越来越大，并且使他们越来越感到亟待解决。他们做出了许多努力以恢复教会的传统财产，或者是占据那些仍然为天主教的神职人员所占据的部分。天主教的神职人员现在对于国家而言不但毫无用处，反而成了一种负担。尽管宗教大会向摄政提出要求与抱怨的方式完全不同于他们曾经使用过的方式，摄政还是没有向他们提供任何有效的救济。当他们忍受着极度的压抑，并且因极端贫困而抱怨不止之时，公平的言辞与慷慨的许诺就是他们所获得的全部回应。

伊丽莎白现在对掌控像苏格兰女王这样的囚徒感到厌烦了。在此前的几年中，她那宁静的国王被扰乱了，先是她自己的贵族与玛丽的秘密联盟，然后是其他贵族的公然反叛。她总是宣称玛丽是造成所有这些乱象的"隐藏因素"，而这并不是空穴来风的认识。她的许多臣子支持或同情遭到了囚系的苏格兰女王，大陆上的天主教君主也热情地支持她的利益。伊丽莎白预料到，继续将玛丽拘留在英格兰将会给其臣子的暴动与阴谋提供借口，也会将伊丽莎白本人暴露在后者的敌对行动之下。因此，她决定将玛丽女王移交到摄政手中。她要求摄政向她保证，不得以司法审判或是暗杀的形式结束玛丽女王的生命，而且还要以适合其身份的方式对待她。为了确保摄政对这一诺言的遵守，她要求摄政将六名苏格兰显贵送到英格兰作为人质。至于对玛丽的监管，伊丽莎白则依赖于默里的警惕，他与伊丽莎白的安全都取决于防止玛丽的复辟。为此目的而进行的谈判迁延了一段时间，在此期间，警惕的罗斯主教发觉了此事，他与法兰西、西班牙两国大使一同抗议了这桩罪恶的交易。此外，他还指出，将玛丽女王交给她的那些叛臣无异于伊丽莎白以自己的权力判处她死刑。他们的抗议令此事暂时遭到了搁置，而摄政在此期间遇刺身亡则最终使得这个计划胎死腹中。

博斯威尔豪的汉密尔顿是刺杀摄政的凶手。正如我于前文述及的，他在长岭之战后不久就被判处死刑，因摄政的仁慈才免于一死。但是他的部分财产被转予了摄政的一名心腹，此人抢占了汉密尔顿的宅邸，并且在一个寒冷的夜晚扒光了汉密尔顿夫人的衣服，将其赶到荒郊野外之上。第二天清晨，当人们发现她时，这个可怜的女人已经彻底发了疯。这个伤害深深刺激了汉密尔顿，其影响远远超过了他所受到的宽恕，从那时起，他就发誓要向摄政复仇。党派之间的仇恨更加增强了他的个人怨恨。他的族人——那些汉密尔顿们支持他的计划，那个时代的原则也将会为他极度渴望的复仇方式辩护。他跟踪了摄政一段时间，并发现了行刺他的最佳时机。他最后决定等候摄政抵达林利斯戈，摄政从斯特灵前往爱丁堡之时将会途经此处。他躲在一处小木屋当中，那里有一扇面向大街的窗户。他在地板上铺了一层羽毛垫子，以防自己的脚步声被人听到；他身披一袭黑衣，遮住身影，防止暴露自己。在所有这些准备工作就绪之后，他便静静地等待着摄政的到来——在夜间他将寄宿在距离此地不远的一间旅店中。关于暗杀的一些模糊消息传到了摄政的耳中，他对此颇为关心，决定从他进来的那座城门原路返回，并且令人环绕城镇巡视。但是，由于城门处的群众很多，而他本人并不知恐惧为何物，因此他径直走在了大街上，蜂拥而至的人群迫使他以缓慢的速度行进，这给了刺客确认目标的时间。他只用一发子弹便打透了摄政的下腹部，并且杀死了他身边一名绅士的坐骑。当枪声响起时，摄政的侍从们立刻便要冲进小屋，但他们发现屋门已经被严严实实地堵死了。在他们撞开大门之前，汉密尔顿就已经骑上了一匹快马逃之夭夭，这匹马早就在走廊的通道中等候着他了。摄政因枪伤而在当天夜里去世。

在那个时代，没有人能够像摄政一样令史家们争论不休；或者说，他的德行被涂上了如此截然不同的色彩。勇敢无畏、富有军事才干、聪明睿智以及在管理国务方面的积极，这些都是令人称道的优点，甚至是他的敌人也因此而允许他占据了一个如此显赫的官位。但是，他的品德令人怀疑，不应受到毫无保留的赞扬与称许。在一个残忍的年代里，他能够以人道的方式利用胜利，对于败者也往往温和相待。他是知识的庇护者，而这在尚武的贵族中间既无人知晓也不受到重视。他对宗教的热忱无以复加，在那个时代中，人们对宗教的热情已经不是那么普遍，这使他有别于其他人。他对朋友的信任也毫无保留，仅次于他对他们的慷慨。对于国家自由的无私情感促使他站出来反对那种洛林诸侯迫使摄政太后追求的有害政体。在玛丽返回苏格兰之后，他以忠心与热情向她效忠，并因而牺牲了曾经依附于他的朋友们的友谊。但是，他的野心也是毫无节制的。随后发生的事件令他制订了宏大的计划，并燃起了他的雄心壮志，使他的行动违背了一个臣子应有的责任。他从玛丽女王那里受到了许多慷慨的馈赠，但他对待女王的方式既不像是一个兄长，也并不光彩。他对伊丽莎白的依附使苏格兰这个国家蒙上了屈辱，他对诺福克公爵的欺骗与背叛也不符合一个男人的荣誉。晋升成为摄政则激起了他的傲慢与严厉，他放弃了本性中的直率与坦诚，转而喜爱虚伪与过分的文雅。在他生命的最后几年里，他开始喜欢别人的阿谀奉承，厌烦别人的建议，对虚荣心的满足使他误入歧途，他的朋友则站在远方，预见了他最终的陨落。但是，在那个由派系之争而引发了混乱与骚动的年代里，他给司法带来了公正，他勇敢地镇压了桀骜不驯的边民，在王国里建立了如此不同寻常的秩序与安宁；因此，他的统治受到了百姓的欢迎，他也作为一个"优秀的摄政"而得到了民众长久与真挚的怀念。

第六章　莫顿伯爵的摄政统治

[1570 年] 摄政遇刺身亡这一出人意料的打击令国王一派颇感震惊，也惊恐难安。伊丽莎白哀叹摄政的离去，将之比喻为降临在英格兰王国之上最为致命的灾难。她伤心到了无以复加的地步，以至于和她的尊贵十分不符。玛丽的拥护者们则狂喜不已，就好像她的复辟不仅确定无疑，而且近在咫尺。谋杀的恶名很自然地落在了那些对此深表欢喜的人们的头上：由于刺客赖以逃脱的坐骑属于克劳德·汉密尔顿勋爵（Claud Hamilton, lst Lord Paisley, 1546—1621），凶犯也径直逃到了汉密尔顿家族的大本营，在那里就像一个凯旋者一样受到了欢迎。人们据此推断，摄政沦为了玛丽一派愤怒的牺牲品，而不是死于私人恩怨。在刺杀事件发生数月之后，布克勒的斯科特与芬尼赫斯特的克尔这两个狂热支持玛丽的贵族以一种敌对的方式进入了英格兰，他们在边疆地带烧杀抢掠，居民们也没有料到会遭受此等暴行的侵袭。如果摄政还活着，他们断不会冒险进行这样不合规制的入侵行为，退一步讲，这种入侵也不会发生在他死后

不久的时间里，除非他们参与了这场罪行。①

　　这不是紧随着摄政之死发生的唯一的混乱。在大暴动期间，人们希望自己不受惩罚，并因此而犯下了种种恶行。如果不使政府安定下来就不可能遏制这种状态，因此，贵族们为了重新选举一位摄政而召开了大会 [2 月 12 日]。女王一派拒绝出席会议，并且抗议它的议程。国王一派则犹豫不决，在观点上也出现了分歧。梅特兰在柯卡尔迪的帮助下获得了自由，他也在此之后得到了贵族们的一份宣言，证明其在谋杀达恩利一案中是清白的。他现在为了调和两派的争端并进而使之联合在一起，建议由玛丽女王和她的儿子一道统治国家。伊丽莎白秉承其传统的苏格兰政策，虽然玛丽的朋友向她请求，但她还是决定增加苏格兰的派系，而这将会把王国撕扯得四分五裂。伊丽莎白在听闻了摄政的死讯之后即刻派遣兰道夫前往苏格兰，并且作为她的代理人执行上述任务。兰道夫发现所有的派系都被互相之间的伤害所激怒，国中充斥着难以调和的矛盾，以至于他轻而易举就能激起他们之间的敌视。大会在没有通过任何决议的情况下就宣告解散，另一场邀请了全体贵族参加的大会则被指定于 5 月 1 日召开。

　　与此同时，梅特兰与柯卡尔迪这两位仍然承认詹姆士六世之权威的贵族竭尽全力地想要在一定程度上恢复同胞们和睦相处的关系。他们设法使两派的领导人召开会议以达成和解。但是，其中的一方将女王的复辟作为能够重建公共秩序的唯一要求，而另一方却将国王詹姆士六世的权威视为神圣之物，因此没有理由对其加以质疑，

---

① 作者意为：按理说，从摄政之死到消息传到两人的耳中需要一段时日，两人做好入侵的准备也需要时间，然而他们却在这么短的时间里就得到了消息，并率军侵入英格兰，因此他们很有可能事先就知道整个阴谋，并且很有可能参与其中。——译者注

更不得加以损害。双方都不愿意在自己的观点上做出退让，最终没有达成任何一致的意见。两派都出于对外援的期望而反对达成和解。来自法国的使者向玛丽的支持者们承诺将给予他们强大的支援，由于法兰西的内战似乎将要和平地告终，查理可能很快就会兑现他的承诺。同时，苏塞克斯伯爵在边界集结了一支大军，他们的行动将会成功地增加国王一党的力量与士气。

尽管试图令两派联合的努力被证明是无效的，它毕竟在一定程度上令双方的愤怒有所缓和，也使得怒火的爆发推延了一些时间。但是他们很快就开始以其一贯的暴力风格展开行动。莫顿是国王一派最为警惕也最有才干的领导人，他请求伊丽莎白立刻加以干预，因为这关系到一个对她如此有利并急需其援助的派系的安全。[4月10日] 玛丽一派的首脑人物集结在林利斯戈，并从那里向爱丁堡进军。柯卡尔迪是爱丁堡的城堡司令与市长，尽管遇到了一些困难，他还是劝说市民允许他们进了城门。阿索尔伯爵与梅特兰几乎是公开地宣布加入他们的队伍当中。赫里斯勋爵在柯卡尔迪的支持下获得了自由，并且恢复了他此前在枢密院中的地位。这些出身显赫并且能力杰出的贵族的加入令他们倍受鼓舞，因而他们发布了一份宣言，宣布了他们支持玛丽女王的主张，并且似乎决定在贵族大会召开之前决不离开爱丁堡。从人数与影响力上看，他们不会怀疑自己不能在大会中获得多数支持。

与此同时，他们制订了一个在两国之间引燃战火的计划。如果他们能够使两国陷入战争状态，并且复活英格兰与苏格兰之间古老的斗争与敌视，他们希望此举不仅可以拆散有利于国王一方的联盟，而且还能将他们的同胞团结在玛丽——这位对于伊丽莎白而言最危险的且是天然敌人的女王之下。因此，他们在摄政遭到谋杀之后不久便立刻指使斯科特与克尔发动侵掠，并且怂恿他们继续并扩大破坏。由于伊丽莎白一方面预料到了这一行为将会引起国家冲突的危险后果，另一方面决定不会容许这一侮辱其政府的行为逍遥法外，她因此发布了一份声明，表示她对于这起暴力行径的愤怒并不针对整个苏格兰人民，而是针对一小撮居心叵测的恶毒分子。对于前者，她决定继续保持双方神圣不可侵犯的友谊。由于她对自己的臣民负有责任，因而她不得不去惩罚后者的暴行。苏塞克斯与斯克洛普因而率军进入了苏格兰，两人分别在东西边界地带用火与剑摧毁了邻郡的土地。他们的名望增加了军队的人数，也推动了他们行动的进展。玛丽的支持者认为继续留在爱丁堡对他们而言并不安全，那里的居民并不太支持他们的大业，因而撤到了林利斯戈 [4 月 28 日]。他们在那里发表了一份声明，承认了女王的权威，宣布除了公爵、阿盖尔与亨特利伯爵之外，他们不会服从任何人的命令。两位伯爵乃是女王钦命的王国守护。

那些继续效忠国王的贵族在指定的日期集合在了爱丁堡，尽管很多朋友的背叛使他们受到了极大的削弱。他们发布了一份内容相反的声明，宣布那些为女王辩护的人是国家的敌人，指责他们不仅谋弑了达恩利国王，而且还杀害了摄政 [5 月 1 日]。然而，他们并不认为自己的力量强大到能够冒险去选出一个摄政，或是走上战场以对抗女王一派的大军。但是，伊丽莎白所给予的援助却使他们将上述两者都付诸实践。在她的命令下，威廉·德鲁里爵士（Sir William Drury, Speaker of the House of Commons, 1527—1579）率领一千步兵与三千骑兵进入了苏格兰，国王的支持者们也率领部队加入了英军。他们向格拉斯哥进军，女王一派刚刚在那里以攻打城堡的方式向他们宣战。联军迫使女王派撤退，抢掠了属于汉密尔顿家族的邻近诸郡，在占领了一些城堡、破坏了其他堡垒之后返回了爱丁堡。

在德鲁里的庇护下，伦诺克斯伯爵返回了苏格兰。在他的孙子尚未成年之际，将王国政府交托给他是再自然不过的了。他那显赫的出身以及与英格兰和苏格兰王室的血缘关系使他对于摄政这一荣耀的承受当之无愧。他对玛丽的愤怒难以抚平，他的财产处于英格兰，家小也全在那里。因此，伊丽莎白出于感情与利益都认为此人将会与其一致行动，并热切地希望他能够继承默里伯爵的摄政之职。但是，在许多场合下，她并不认为表露自己的观点是谨慎的行为，也不应该太过于公开地支持他的要求。法兰西的内战部分是由现实决定的，部分则是由于对宗教的狂热而激起的，其中的狂暴使之蒙上了屈辱的阴影。现在，这场战争似乎将要以和谈而告终。在贵族们损失惨重、最富裕的省份惨遭蹂躏之后，交战双方都迫切地需要和平，因而促进了为达成此目的而展开的谈判。众所周知，查理九世（Charles Ⅸ, King of France, 1550—1574）垂涎于玛丽的美貌。他不会允许法兰西的王后以及王室最古老的盟友遭受此等折磨，因而一定会设法去拯救她。他至今仅满足于法兰西的大使对玛丽女王受到的对待表示抗议。但是，如果他立刻自由地追寻自己的目标，伊丽莎白就将惧怕他那暴躁的脾气与他那强大的军队。因此，她必须在行动上有所保留，并且不能不把玛丽的权威放在眼里而去公开支持对苏格兰摄政的选择。嫉妒与怀有偏见的苏格兰也不需要这样的干涉。如果她公然支持伦诺克斯伯爵的要求，如果命令他作为她所支持的候选人参加贵族大会，这些都会激起贵族们的独立意识。此外，由于她如此简单地表露了自己的意图，她也许会使之功亏一篑。出于上述考虑，她犹豫了很久，并以含糊不清的言辞答复了国王一派成员写给她的信。不过，他们最终还是获得了一份对其观点更加清晰的表述，而一件不同寻常的事情似乎是它的诱因。教皇庇护五世（Pope Pius Ⅴ, 1504—1572）发布了一份训令，宣布将伊丽莎白

208

逐出教会，剥夺她的王位并解除其臣民对她的效忠誓言。一个名为费尔顿（Felton）的英格兰人大胆地将这份谕告粘贴在了伦敦主教宅邸的大门上。在以前的年代里，一个教皇出于自己的野心、傲慢或是偏见，会对最强大的君主宣布绝罚。但是，由于罗马教廷现在的权力很少受到关注，在宣判绝罚之时就应该十分谨慎。只有当教会的愤怒不被一些强大的君主放在眼里时，教皇才会采取这种极端的举措。因此，伊丽莎白认为这是天主教君主的联盟在针对她，并且由此判断，一些支持苏格兰女王的图谋已经制订。在这起事件中，她清楚地明白了，自己王国的安全取决于其影响力在苏格兰的保持。为了增强她在那里的影响力，伊丽莎白重申了她对于保护国王的追随者的承诺，鼓动他们推动对摄政的选举，甚至冒险指定伦诺克斯伯爵作为最适宜承担这一头衔的人。因此，在 7 月 12 日召开的由全体派系参加的贵族大会上，伦诺克斯伯爵成功当选为摄政。

女王一派已经打算在林利斯戈召开议会，新摄政眼下最为关心的就是对其加以阻挠。为了达成这一目的，他集结军队向玛丽女王任命的北境守护亨特利伯爵进军，并迫使伯爵安置在伯新（Berchin）的守军无条件投降。此后不久，他使自己成了其他一些城堡的主人。摄政在执政之初就取得了这样的胜利，这与苏塞克斯伯爵集结在边境的大军一同令他胆气倍增，他罢免了梅特兰的国务秘书一职，并宣布梅特兰、公爵、亨特利以及女王一派的其他首领为叛徒与公敌。

在这样令人绝望的处境之下，女王的党徒转而向西班牙国王求援。自从玛丽遭到囚系之后，她就与西班牙国王结成了紧密的同盟。他们劝说阿尔瓦公爵派遣两名从属官前来探查苏格兰王国当前情况，并检视它的海岸线与港湾，此外还给予一笔资金与军队上的援助。他们将会把这笔援助送给亨特利伯爵。但是，这一与他们的紧急情况不成比例的援助对他们的帮助并不是很大。他们此前为了自己的安全而与伊丽莎白缔结的条约正在执行，其条件是恢复被囚禁的玛丽女王的王位。这一谈判最初的步骤在 5 月之时就已经开始展开了，但至今取得的进展十分不明显。法兰西的天主教徒与胡格诺教徒之间达成了和平协议，伊丽莎白认为查理将会代表他的嫂子对不列颠事务进行强有力的干涉，这刺激了伊丽莎白采取行动。她假意对她的囚徒更加放纵，并且比以前更加亲切地听取外国大使提出有利于玛丽女王的请求，并且似乎完全决定将她放回在其祖先传承给她的王位之上。作为表示她真诚的证据，伊丽莎白努力令苏格兰交战的双方实现停火。伦诺克斯伯爵由于至今都好运相伴而欢欣不已，并且由于对敌人取得了轻松的胜利而洋洋自得——他们的封地尽遭摧毁，他们的军队士气丧尽。因此，伦诺克斯伯爵在一段时间里拒绝了伊丽莎白女王的这一建议。然而，违背其女主人的意愿对他而言并不安全。双方一致同意，从 9 月 3 日起停战两个月。这一停火不时得以重申，因而一直延续到了来年的 4 月 1 日。

209

　　不久之后，伊丽莎白就派遣塞西尔与沃尔特·迈尔德梅爵士（Sir Walter Mildmay, Chancellor of the Exchequer of England, 1523—1589）前往探视苏格兰女王。这两位特使的身份尊荣显赫，前者是她的首席国务大臣①，后者则是财政大臣，同时也是她最有能力的顾问。这样的委派使得所有派系都相信此次的谈判非常认真，玛丽女王获得自由的时间也不远了。他们提出的建议有利于伊丽莎白，但也像玛丽这样一个身处此种环境下的君主所期待的。其中主要的条款是：批准《爱丁堡条约》；在伊丽莎白及其后代统治期间不得对英格兰的王位提出要求；忠于两国达成的同盟；赦免拿起武器反抗她的臣

---

① 原文中以 "Prime Minister" 一词指称塞西尔。首相在那个时代尚未产生，但塞西尔的地位与当今的首相基本上相近，因此译者将这一词译为"首席国务大臣"，应该指出，这并不是一个固定的职位，指称的是其地位，而非官位。——译者注

民；不得与任何旨在扰乱英格兰王国政府的人通信，也不得支持此类计划。为了确保上述条款的实现，玛丽必须将一些显贵送来作为人质，她的儿子詹姆士六世应留居在英格兰，边界的一些城堡也应交到伊丽莎白的手中。对于这些建议，玛丽赞同其中的一些，努力延缓其中的另一些，至于剩下的她则是极力想要回避。与此同时，她制作了建议书的复本，并将其寄给了教皇、法兰西国王、西班牙国王与阿尔瓦公爵。她暗示道，如果无法得到有利于她本人的强有力的且及时的干涉，她将不得不接受这些令人难以接受的条件，并愿意以任何代价换取自由。但是，教皇是一个遥远而又软弱的同盟，他在这段时间里一直竭尽全力对抗土耳其人，因此耗尽了他的资财。查理已经开始考虑解决针对胡格诺教徒的阴谋，这虽然会令他的统治蒙上污名，但却使得他需要时间与安静以便令那个恶毒的计划走向成熟。菲利普正忙于准备天主教大军所需的舰队，以便在勒班陀（Lepanto）取得对异教徒的胜利。西班牙的摩尔人威胁说要发动一场暴动，尼德兰的臣民在众多难以忍受的镇压与愤怒之下公然掀起了叛乱。所有这些以不同的理由促使玛丽放弃了依赖于他们的援助的希望，并且在她能够追求到的最佳条件下缔结了条约。

玛丽因此同意了伊丽莎白的许多要求，并且表现出了她还可以继续做出让步且任人处置的姿态。但是，她所能做出的任何让步都无法满足英格兰女王。伊丽莎白尽管对外国大使不断强调了她的真诚，尽管她在执行条约时一丝不苟，但是除了欺骗玛丽的盟友与争取时间之外，她并没有其他任何目标。在以如此狭隘的方式长期对待了一个逃到英格兰向她寻求庇护的女王之后，她现在不能安全地将其解放。在这种严密的监禁所带来的不利条件下，玛丽发现了能够在英格兰激起暴动的方法——尽管这是被绝对禁止的。如果她获得了自由，恢复了以前的权力，她那合理的愤怒究竟会带来怎样令人绝望的后果？什么样的条约可以约束她，使之不为自己所受到的折磨复仇，或者是使之不利用出现在他们面前的有利时机？对伊丽莎白而言，是否有可能确保她在未来的行动可以消除所有的疑虑与恐惧？是否有理由确信未来得到的利益能够永远抹去对于曾经受到伤害的记忆？这就是伊丽莎白所考虑的，尽管她继续以看似完全不同的观点行事。她任命罗斯主教、盖洛文主教与利文斯顿作为她的大使，并因此要求摄政指定适当的人选以代表苏格兰王国。莫顿伯爵、邓弗姆林修道院院长皮特凯恩与詹姆士·麦吉尔爵士是摄政钦点的人选。他们开始准备行程，不过比伊丽莎白本人所希望的还要慢。[1571年2月19日]最终，他们抵达了伦敦，并且见到了两位女王的代表。玛丽的代表们表现出了强烈的服从意愿，他们愿意服从任何条件，只要它能够消除阻止其女主人获得自由的障碍。但是，当莫顿与他的随从们受召前来为他们的行为辩护，并且解释他们派系的观点之时，他们开始为自己对待女王的行为进行申辩，提出了关于限制君权的原则，以及臣子有权抵抗并控制暴君的权利。这令伊丽莎白感受到了极大的震惊，她还是和以前一样认为君主的权力乃是高高在上而又神圣不可侵犯的。关于詹姆士六世目前所占据的权力，他们宣称，既不会也不可能受到同意缔结任何旨在颠覆或损害其王权条约的影响，哪怕这样的伤害仅仅是最低程度的。比起苏格兰国王的代表对英格兰女王的此等答复而言，没有什么更加荒谬可笑的了。他的派系完全仰仗于伊丽莎白的庇护，他通过伊丽莎白的部队而登上了王位，由于伊丽莎白的权力，他才能够延续自己的统治。她很轻松地就能改变自己的立场，无论她认为什么样的条件才是最适合的，他们除了服从之外别无选择。然而，她假意将这一宣言视为无法克服的障碍，并且发现自己并没有理由去担心来自法兰西国王的危险，她并没有表露出任何支持玛丽的打算，莫顿的答复给她提供了一个停止谈判的借口［3月24日］，直到摄政能够送来在苏格兰王国中更具权威的大使。因此，在被能够获得自由的希望欺骗了长达十个月之后，不幸的苏格兰女王比以前受到了更加严密的监禁，并且几乎不可能从中逃脱。那些仍然忠于她的大臣们孤立无援，完全暴露在了敌人们的愤怒之下——他们在谈判中的成功使之更加粗暴。

在停战期结束之后——双方都没有精确地确定这一时间，乔丹岭的克劳福德队长，这个英勇无畏的军官执行了一个对于摄政而言十分重要的任务——突袭邓巴顿城堡。这是在内战爆发之后，女王一派在苏格兰王国里掌握的唯一防御工事。这处堡垒坐落于平原之上的拔地而起的一块巨岩之巅，几乎难以接近。它的地势使得这座城堡异常坚固，在那个时代的人们看来几乎是无法攻下的。由于它遏制着克莱德河（River Clyde），因而具有重要的战略地位，并且被人们视为任何前来支援玛丽的外国军队的最理想的登陆地。这个地方的险要使司令官弗莱明勋爵（Lord Fleming）明白这里比他所需要的还要安全，也使他认识到了这里的重要性。一名士兵曾经在要塞中待过，并且由于一些邪恶的惯例而遭到了厌弃，他向摄政提出了一个方案，不仅努力证明了它的可行性，而且自告奋勇担任了这项任务的先锋。他们认为，冒这样的风险而换取如此大的收益是很划算的。云梯以及其他为此所必需的装备已经暗中准备就绪，并且发放到了各队当中。所有通往城堡的道路都被封堵，以至于关于这项计划的消息没有传进去一星半点。入夜之后，克劳福德率领一小队果敢的死士从格拉斯哥开拔，并于午夜时分抵达了巨岩之下。此时，月光惨淡，原本清亮的天空也突然为一层薄雾所覆盖。克劳福德一行人决意在此岩的最高点发动进攻，因为那里的卫兵最少，他们也希望这些人并没有留存几分警惕。最初，他们很难固定云梯，

211

因为士兵们的焦急与他们的体重使之翻倒在地。没有一名士兵因此受伤，也没有一名守卫因这一动静而心生警惕。向导与克劳福德爬上了巨岩，并且将云梯固定在了生长于一片裂岩之中的树根上。尽管他们费尽了九牛二虎之力才登上这里，但是距离城墙仍然有一段距离。他们再一次固定了云梯，但是在攀登过程中却遇到了一个出人意料的困难。其中一名士兵的某种疾病突然发作了，同时紧贴在云梯上，似乎已经死去。整个行动因而陷入了僵局。将他挪开是不可能的，把他径直推下去也是残忍的，并且也许会被敌人发现。颇为仁慈的克劳福德没有将其放弃，他命令士兵将生病者紧紧地绑在云梯上，当他的疾病消退时不至于从梯子上跌落。然后，他们转向了云梯的另一边，并且很轻松地就跨过了他的腹部。黎明即将到来，离城墙还有一些高度。但是，在克服了许多重要的困难之后，这些很快就能完成。一名哨兵发现了最先登上城头的人，在他受到致命一击之前及时发出了警报。要塞里的军官与士兵们尚未来得及披盔戴甲便仓皇出逃，比起抵抗敌军而言，他们更关心自己的安全。袭击者们向前冲去，他们大声呼喊，勇猛异常。他们占领了弹药库，夺走了枪炮，并且将炮口转向了敌人。弗莱明勋爵躲进了一艘小船，独自一人逃到了阿盖尔郡。为了奖赏其英勇与优秀的指挥，克劳福德被任命为城堡的司令官。由于他在此次行动中没有损失一兵一卒，他享受到了纯粹的成功喜悦。弗莱明夫人、法兰西使者维拉克（Verac）、汉密尔顿与圣安德鲁斯大主教是其中最为显赫的俘虏。

维拉克的身份使其免于承受因煽动叛乱而应得的惩罚。摄政对弗莱明夫人也以礼相待。但是，一个与他们截然相反的命运在等待着圣安德鲁斯大主教。他被重兵押解到了斯特灵，由于他此前被议会的一项法案宣布剥夺了公民权，因而他没有经过常规的审讯就被判处了绞刑。在他落入敌军之手的四天后，判决被执行了。曾经有人努力证明他并不是谋杀国王与摄政的凶手，但是这一辩护缺少充分的证据。我们的史家注意到了，他是苏格兰第一个死于行刑人之手的主教。他在教会与王国所享有的高位本应将其排除在只适用于下层罪犯的惩罚之外。但是，他对女王的狂热、他的能力、他的信仰一起使他遭到了国王派成员的厌恶与畏惧。大主教的忠告支撑着汉密尔顿家族的名望与权力，伦诺克斯因而十分憎恶他。派系愤怒与个人恩怨左右了那个不甚恰当的判决。

邓巴顿的丧失以及国王派对待大主教的严苛使女王派恼怒不已，也使得问题更加复杂。失望与愤怒所能激起的狂暴复活了他们之间的敌意。柯卡尔迪在停战期间致力于增加爱丁堡的守军数量，并且准备了防御所必需的东西。他发布了一份声明，宣称伦诺克斯的权威是篡夺而来的，因而属于非法。然后，他下令支持他的平民必须在六个小时之内离开城镇，并且夺取了市民们的武器。他在圣吉尔塔上部署了炮台，修理城墙并加固城门。尽管市民们的感情倾向于另一条不同的道路，他还是使得整个首都全与摄政为敌。公爵、亨特利、霍默、赫里斯与其他主要的派系成员率领着他们的扈从前往爱丁堡。他们收到了来自法兰西的一小笔资金与一些武器装备，并且在城墙上部署了一支规模不小的军队。另一方面，莫顿占领了利斯并加固了那里的城防，摄政则率领一支大军加入了他。双方的军队如此接近，以至于每天都会爆发小规模的冲突，并且互有胜负。女王派还没有强大到可以在战场上与敌军对抗，摄政的优势也不足以一劳永逸地围攻城堡或城镇。

在爱丁堡落入敌手之前不久，摄政在那里召开了议会。为了防止任何对议会的合法性的质疑出现，议员们尽可能准确地服从宣言，并且齐集在坎农盖特城门，那里虽然没有城墙，但是位于城市的特区之中。柯卡尔迪竭尽全力以干扰议会的召开，但由于遭到了强烈的抵抗，其努力最终是徒劳无功的。他们通过了一项法令，剥夺了梅特兰与其他一些人的公民权，随后宣布休会到 8 月 28 日。

另一派为了使他们的议程得到法律权威的支持，在此后不久又召开了一次议会。他们在这次大会上发布了一份宣言，宣布女王退位并同意为其子加冕的决定无效。议员们一致同意这份声明，他们通过了法案，指出女王是在受到恐吓与威胁后才放弃了王位，上述决定本身以及其产生的所有后果都是无效的。因此，法案命令所有正直的臣民承认女王作为他们合法的君主，并支持所有以玛丽之名签署的文件。新教信仰的建立被另一项法案所确认，他们还模仿敌对派，指定 8 月 26 日作为下次议会的开幕日。

与此同时，内战的灾难使整个王国都荒凉不堪。同族、亲友以及兄弟四散于王国各处，并且徘徊于斗争的两派之间，诚可谓"五郡则兄弟相悲，三州则父子离别"。在每个郡、每个城镇甚至是每个村落，人人都以"国王的人"或"女王的人"来互相区分。政治仇恨撕裂了所有的亲缘联系，消灭了使人们得以联结在社会中的互相之间的友善与信任。宗教狂热也混杂进了这种区分之中，并且加深了它们的影响。

分裂国家的派系在表面上只有两个，但是苏格兰王国还存在着那些无论在观点还是原则上与两派都不相同的异见人士。对于其中一些人而言，宗教考虑是主要的，他们有的忠实于女王，因为他们希望通过她来重建天主教，有的则将国王的权力视为新教信仰最得力的支持。其中的反对意见是剧烈的而又不可调和的。其他人则仅仅是被政治动机影响，或者是被利益引诱。摄政致力于将这些人联合起来，对此并没有感到失望。通过温和的手段，他使许多玛丽的支持者认可了摄政的权威。梅特兰与柯卡尔迪也制订了相同的计划，但条件是女王必需能够让出一部分政权，苏格兰也必需摆脱对英格

213 兰的附属。莫顿是国王派中最有能力、最有野心、也是最强大的贵族。他坚持了一条与众不同的路线，只有英格兰宫廷才能驱使他在这条道路上前进。他挫败了每一个有可能会令两派和解的方案，由于他对伊丽莎白忠心耿耿，因而他从女王公开的庇护中获得了权力与信任。

双方指定的议会开幕日已经到来，只有三名贵族与两名主教出现在了以女王之名在爱丁堡召开的议会。尽管他们的人数不值一提，但女王派的议会还是通过了一项法案，宣布对敌对阵营中的两百人剥夺公民权。参加斯特灵议会的人数众多，摄政说服了阿盖尔伯爵、埃格林顿伯爵（Hugh Montgomerie, 3rd Earl of Eglinton, 1531—1585）、卡西利斯伯爵（Gilbert Kennedy, 4th Earl of Cassilis, 1541—1576）与博伊德勋爵承认国王的权威。三位伯爵是王国中最为强大的贵族，并且在此之前都积极支持着玛丽女王。博伊德勋爵曾是玛丽在约克与威斯敏斯特审判大会上的代表，并且从那时起参与了玛丽女王的所有机密要务。但是，在那个动乱的年代，个人的行为与派系的准则常常会发生改变，至于荣誉感以及与个人品行相符的一致性常常会不相匹配。人们不会顾及礼仪，常常在突然之间背离一个派系，并且接受另一个派系的极端观点。如此众多显赫人士的背叛不仅削弱了女王一派的力量，而且增加了其对手的名望。

在爱丁堡议会通过了剥夺法案之后，斯特灵议会也开始构思针对其敌人们的类似法令。国王派的议员们自认为他们的人数与远离危险的距离可以使他们高枕无忧。然而，就是在这样的"安全状态"下，他们在9月3日早晨被市中心传来的敌人呼喊声惊醒了。显贵们的宅邸顷刻间就遭到了包围，在他们搞清楚这一令人震惊的事件之前，摄政、阿盖尔伯爵、莫顿伯爵、格伦凯恩伯爵、卡西利斯伯爵、埃格林顿伯爵、蒙特罗斯伯爵、巴肯伯爵、森皮尔伯爵（Robert

Sempill, 3rd Lord Sempill）、卡斯卡特勋爵（Alan Cathcart, 4th Lord Cathcart,1537—1618）以及奥格维尔勋爵都成了阶下囚，他们被因系在军队之后，同时准备向爱丁堡进发。柯卡尔迪是这次大胆冒险行为的始作俑者，如果他没有被朋友们对其个人安全不合时宜的担心所牵绊，如果他冒险亲自指挥这场行动的话，这一天的到来也许就会消除两个派系之间的争斗，并且恢复国家的安宁。在他的命令下，亨特利、克劳德·汉密尔顿勋爵与布克勒的斯科特率领四百人从爱丁堡出发，为了更好地隐藏行踪，他们先是向南部进发，然后突然右转，步兵也骑上了战马，并且径直向斯特灵奔去。9月4日早晨，他们抵达了斯特灵。城墙上没有一个哨兵，也没有一个人因此醒来。除了莫顿之外，他们没有受到任何一个俘虏的反抗。莫顿伯爵勇猛而又顽固地保护自己的宅邸，他们因而不得不将这座屋子点燃。直到火焰将他逼出为止，他都没有屈服。莫顿的反抗使他们浪费了一些时间，那些不习惯纪律约束的士兵丢下了他们的旗帜，开始抢劫市民们的房舍与商店。市镇中的喧闹与骚动传到了城堡中去，司令官马尔伯爵派遣三十名士兵突袭了敌军。除了军官之外，所有的敌军都四散开来，因此没有集结成队。市民们拿起武器帮助他们的司令官。突如其来的攻击震惊了侵入者，一些人四散而逃，另一些人则向他们的俘虏投降。跟随斯科特而来的边民们为了防止敌人的追赶而抢走了自己人的马匹，从而使得女王一派的成员几乎无一逃出。如果摄政没有不幸遇害的话，国王派的损失还不如引起的惊慌那么大。"想想圣安德鲁斯大主教吧"（Think on the Archbishop of St. Andrew's）是女王派士兵中流传的一句话，伦诺克斯成了人们关于大主教牺牲品的记忆。俘获摄政的军官努力为他提供庇护，但在保卫他的过程中，这位军官却失去了自己的生命。人们都认为是克劳德·汉密尔顿勋爵下令将摄政杀死的。柯卡尔迪由于秘密且审慎

214

地制订了这一计划而赢得了荣誉。但是，莫顿那幸运的顽固与士兵们的无纪律性使得柯卡尔迪最终功败垂成。如果他成功的话，这一突袭就可以与历史上最值得人们喝彩的军事冒险行为相比肩了。

由于众多贵族都已经齐集一堂，他们便立刻展开了对新任摄政的选举 [9 月 6 日]。阿盖尔、莫顿与马尔伯爵（John Erskine, Earl of Mar, 1558—1634）是候选人，马尔伯爵被大部分声音所支持。在那些长期盛行于苏格兰的凶猛的争斗中，他以其温和、仁慈与无私而闻名于世。由于他的权势远不如阿盖尔，他的能力也不及莫顿，这样对于其他贵族而言并没有那么可怕。他在近期的动乱中拯救了派系的首脑，使其免遭毁灭的厄运，这一功绩也给他的晋升加了很多分。

当这些事件在苏格兰发生之时，英格兰的注意力仍然放在玛丽身上，对她也更具致命性。英格兰议会在 4 月召开，并且通过了一项法令，其中宣布：任何在女王生前提出王位继承要求的人都将被认定为叛国者；其他任何人的头衔都不如英格兰女王高贵；议会无权确定或限制王位继承顺序。这一闻名的法令的目的不仅在于确保其君主的安全，而且还在于抑制苏格兰女王与其追随者那焦躁不安与野心勃勃的脾性。

此时，关于伊丽莎白与法兰西王子安茹公爵（Francis, Duke of Anjou, 1555—1584）联姻的一项条约取得了显著的进展。双方的朝廷似乎都迫切地需要这一婚姻，并且都自信地宣称这一计划不会失败。然而，他们实际上都不愿意看到两人成婚。他们支持这一联姻没有别的原因，仅仅在于掩盖和促进他们别有用心的特殊计划。美第奇的凯瑟琳的所有政策都专注于完成她那旨在除掉胡格诺派首脑的邪恶计划。与一位被视为胡格诺派庇护者的女王就其嫁给自己的儿子一事进行谈判，并在其中表现出自己愿意在宗教上有所让步，以及在其他事务上保持中立，她希望以此来欺骗整个欧洲的新教徒，甚至能平息胡格诺派的戒备之心。伊丽莎白则由于从中获得了利益而自鸣得意。在谈判期间，法国人不会公然给予苏格兰女王援助，如果他们对婚约的成功履行抱有任何希望的话，他们就会自然而然地冷落苏格兰女王，并以此来为自己牟利。玛丽自己也会因为丧失了一个迄今为止都被她视为最强大保护者的同盟而沮丧不已。通过破坏她与法国的同盟，至少有一个能够扰乱英格兰王国之安宁的因素可以被控制。这两位"铁娘子"都完成了她们的计划。凯瑟琳的诡计强加给了伊丽莎白，并且蒙蔽了胡格诺教徒的双眼。法国人对苏格兰女王的利益表现出了极大的冷漠。玛丽认为法兰西准备与她的敌人们联合在一起，因而比以往更加愿意寻求西班牙国王的庇护。菲利普的心思深不可测，并且喜爱权谋与诡计，他曾经依靠罗斯主教与玛丽缔结了一段时间的秘密同盟，并且资助她与她在苏格兰的支持者一小笔资金。里德尔菲（Ridolphi）是佛罗伦萨的一个绅士，他以银行家的身份定居于伦敦，实际上却是教皇的代理人。他得到了主教的信任，负责玛丽与菲利普的谈判事宜。玛丽认为有必要将这一秘密告知诺福克公爵，伊丽莎白最近刚刚让他恢复了自由，前提是他保证不再与苏格兰女王进行过多的交往。然而，他却无视这一诺言，继续与玛丽女王保持着密切的同盟关系。与此同时，玛丽女王用暧昧的笔调写下了她表达爱意的情书，力图以此来滋养公爵野心勃勃的希望。其中一些信件一定是在他向伊丽莎白女王保证不再维持与玛丽的过多交流之还后收到的。玛丽仍然将他视为未来的丈夫，如果没有取得他的建议，她不会采取任何行动。她此前将自己与里德尔菲的谈判告知了诺福克公爵，在她以密码写就的一封长信中，她先是抱怨了法兰西宫廷置其利益于不顾的卑鄙，然后宣布了她将寻求西班牙国王的援助，这是她目前唯一能够依靠的帮助。

215

最后，她推荐里德尔菲成为他的心腹，此人的能力足以阐明这项计划的意义并推动它。公爵命令他的秘书希克福德译解密码，并将信件烧毁。但是，无论希克福德是否已经被朝廷收买，或是在那时决定背叛自己的主人，他都违反了后一项指示，并且将这封信与其他藏在公爵床下的密信隐匿了起来。

里德尔菲在与公爵的商谈中没有遗漏任何通常情况下能够激起叛乱欲望的内容与承诺。他向公爵说到，教皇已经准备了一大笔金钱以资助他们的事业。阿尔瓦公爵承诺将率领一万人马在伦敦附近登陆。天主教徒将起身响应，许多贵族也已经做好了叛乱的准备，只是缺少一名首领。苏格兰一半的国民都将目光投向了诺福克公爵，吁请他为了自己受到的伤害而复仇，并拯救一个不幸的女王——她已经将自己的婚姻与王位都作为公爵胜利的奖赏了。诺福克赞同这一计划，虽然他拒绝提供任何可作为凭据的信件，但是同意他以自己的名义与教皇和阿尔瓦公爵谈判。罗斯主教脾气暴躁，急于解救他的女主人，他倾向于一个草率而又不顾一切的计划，因而建议公爵暗中召集一小批扈从，立刻控制伊丽莎白。但是公爵拒绝了这个既粗暴又危险的计划。与此同时，英格兰宫廷通过拦截了一名里德尔菲的代理人而拿到了关于这一阴谋的模糊情报。这场意外的发生使得整个事件浮出了水面。公爵委托希克福德转给赫里斯勋爵一笔钱，这将用于支援玛丽在苏格兰的朋友。他交给了一个并未参与阴谋的人，让他将这笔钱运到边境去。然而，这个人从重量上怀疑他所运输的乃是黄金，不是像希克福德所说的白银，因而径直将此交给了枢密院。诺福克公爵及其仆役以及所有参与或被怀疑参与密谋的人都被监禁了起来。参与阴谋的同谋者向来都不会表现出过多的忠诚，他们全都可耻地背叛了自己的主人 [9 月 7 日]。每个人都对他们所熟知的细节供认不讳，希克福德则供出了找出他所隐藏的文件的方法。公爵起初信赖同伙的忠诚，并且

相信所有危险的文件都已经遭到销毁，因而自信地坚称自己无罪。但
是，当他看到同伙的供词以及被"销毁"的文件时，他被他们的背叛
震惊了，最终承认了自己的罪行并且恳求女王的宽恕。他的过错令人
憎恨，也被频繁地请求赦免。伊丽莎白认为有必要通过对他的惩罚震
慑她的臣民，使他们不敢与苏格兰女王或是她的任何其他敌人沆瀣一
气。诺福克公爵的同僚们审判了他，并且宣布他犯有叛国重罪。几天
之后，他便被处死。

　　这一阴谋的暴露对玛丽的利益而言是极为有害的。罗斯主教也
出庭受审，同谋者对他的行为供认不讳，英方认定他是针对伊丽莎
白女王的每一个阴谋的主要推动者，因此也将他收押了起来。他的
文件遭到了搜查，他本人则被关进了伦敦塔，遭到了严苛的审讯，
他们还威胁要将他处死。不过，在经过了漫长的监禁之后，伊丽莎
白还是释放了他，条件则是他离开英格兰王国。玛丽不仅被剥夺了
一个无论在忠诚上还是在能力上都十分杰出的侍从，而且从此以后
不准向英格兰宫廷派驻使节。西班牙大使因其所拥有的君主的权力
与尊贵而免于遭受罗斯主教那样的侮辱，仅仅是被命令离开英格兰。
由于现在有明显的证据表明玛丽对于自己所受到的侮辱感到愤怒，
她无法容忍自己受到的囚禁，并毫不犹豫地参与针对政府与宗教的
敌对行为，因而她开始被视为公敌，并且比以前遭到了更加严密的
看管。侍从的人数被缩减了，如果看守不在场的话，任何人都不得
接近她。

　　与此同时，伊丽莎白预见了在欧洲大陆上聚集起来的针对其王
国的风暴，她开始想要恢复苏格兰的安宁。她被玛丽近期针对其统
治的阴谋所激怒，因而决定不加掩饰地支持国王派，并且将这一决
定暗示了各个派系的领袖。她告诉他们，玛丽同自己的敌人之间有
着如此罪恶的通信，并且激起了针对其王位与生命的如此危险的阴

谋，这使得自己从今以后不再将玛丽视为值得保护的对象，并且将永远不会同意恢复她的自由，更不会将之扶上王位。因此，她劝告他们要联合起来承认詹姆士六世的权威。她承诺，通过她的调停，将为那些迄今为止都在反对詹姆士六世的派系争取到公正的待遇。但是，倘若他们仍然一意孤行地反抗下去，她将利用自己所有的权力迫使他们屈服。尽管这一宣言没有产生立竿见影的效果，尽管敌对行为还在爱丁堡周边展开，尽管亨特利的弟弟亚当·戈登爵士（Sir Adam Gordon, 1545—1580）在北境的许多遭遇战中击溃了国王的支持者，但是，伊丽莎白对自己的观点进行了清楚无误的表述，这鼓舞了国王派的士气，打压了女王派的希望。

[1572 年] 由于莫顿统率着摄政的军队攻打利斯，柯卡尔迪也仍然占领着爱丁堡的市镇和城堡，仅仅一天之内就会发生许多场战斗。与此同时，双方都避免发动决定性的战役，他们通过攻击小股部队来扰乱对方，他们互相袭扰对方的驻地并且互相拦截军需物资。这些行动虽然无足轻重，但却使双方处于持续不断的狂热与激动之中，并且激怒了他们，最终达到了一个既不管战争法则，也不顾人道主义原则的地步。不仅是在战场上如此——不仅仅是在他们杀红了眼的时候才会表现出这种难以缓和的愤怒，并且他们未经审判便将战俘一律绞死，不管他们是贵族还是平民，都毫不留情。很多人都受到了这一酷刑的折磨，受害人一次可能多达五十人以上。直到双方都因此遭受了重大的损失之后，他们才停止了这一如此违反人性的残暴之举。与此同时，那些留在市镇与城堡中的居民虽然从阿尔瓦公爵那里得到了金钱上的援助，但还是开始遭受粮食匮乏的困扰。由于莫顿摧毁了城市周边所有的磨坊，并且在所有的房屋中都驻扎了卫兵以增强其效果，因而食物短缺愈发严重。最终，所有粮食都已经告罄，如果英格兰与法兰西大使没有令双方暂时停火

的话，他们很快就将被迫投降。

虽然关于伊丽莎白与安茹公爵之间联姻的谈判几乎没有结果，但是查理与她却需要缔结一个两国之间的防御同盟。他不仅将这一条约看作蒙蔽新教徒双眼的绝佳工具——针对他们的阴谋已经成熟并可以付诸实践，而且还可以很好预防使用那一残忍手段可能给他带来的危险后果。伊丽莎白至今都是在没有同盟的状态下统治国家，她现在看到了自己的王国被国内的暴动所威胁，也处于外来入侵的危险之中。因此，她十分迫切地想要确保这个强大的邻国的支援。苏格兰女王的处境是谈判一拖再拖的主要原因。查理提出了一些有利于玛丽及其派系的要求，伊丽莎白则拒绝听取任何关于这方面的建议。她的顽固战胜了法兰西君主软弱的努力，玛丽的名字不再出现于条约之中。关于苏格兰事务，［4月11日］条约中仅仅插入了一段模糊不清的条款："派系之间达成的条约不应在苏格兰引起任何形式上的变革；任何外国人不得加入或挑起那里的派系纷争；英格兰女王有权使用武力惩罚那些继续在苏格兰庇护英格兰叛臣的苏格兰人。"通过这一条约，法兰西与英格兰假装在苏格兰事务上达成了一致，勒克劳克与威廉·德鲁里爵士以两国君主的名义前往苏格兰。通过他们的调停，两派同意达成两个月的停战期。在此期间，敌对双方的派系领袖应举行一次会议，目的在于解决双方之间的分歧并恢复王国的和平。这一停战给苏格兰南部的女王派带来了及时的休整期，但是对于他们在北部的利益却是致命的打击。亚当·戈登爵士仍然在那里保持着他的名望与优势。数个派系都前往攻打他，他在战场上击败了一些人，其他人则被他的计谋挫败。由于他的勇气与指挥能力旗鼓相当，他的冒险从来都没有失败过。他在战争中也保持着与一个英勇战士相称的仁慈，由此而取得的优势与名望不亚于通过武力所夺来的。如果他没有因为停战而被迫停止他的行动，他很有可能会使整个北境屈从于女王的权威之下。

尽管戈登英勇善战、所向披靡，玛丽女王的利益仍然在受损，不仅在她自己的国家，在英格兰人当中也是如此。由于玛丽与阿尔瓦公爵的谈判，英格兰人民感受到了冒犯，他们对外国人心生警惕，并且担心受到西班牙人的奴役。5月份召开的议会宣布玛丽是英格兰最危险的敌人，在贵族与人民召开了庄严的会议之后，两院一致同意通过一项法案，宣布她犯下了叛国罪，并且剥夺她对于英格兰王位的继承权。时人将此称之为"重大案件"，它使得议员们在整个法庭开庭期间都忙碌不已，并且往往做出一致的行动。尽管伊丽莎白称许他们的积极，支持他们正在进行的审判，并且满意于向玛丽展示她能够从整个国家的愤怒中获得什么。但是，由于她并不认为现在的时机已经成熟到可以对玛丽做出极端的暴力判决，因此她命令议会休会。

英格兰议会这些严苛的举措给玛丽带来的侮辱不亚于其盟友法兰西的冷落与忽视。蒙莫朗西公爵（Francis, Duke of Montmorency, 1530—1579）奉命前来批准同伊丽莎白的盟约，他虽然表现出为了苏格兰女王的利益而奔走的样子，但是他并没有请求伊丽莎白释放她，或是恢复她的王位，而是仅仅要求减轻对她的监禁。即便是这一小小的要求，他也使用了极为温和的措辞，以至于几乎没有受到多少关注。

与法兰西的联盟令伊丽莎白十分满意，她希望能够从中获得极大的安全保障。她现在将自己的注意力完全转移到了苏格兰事务上。在那里，两派之间的敌意仍然十分尖锐，许多利害冲突需要调解，以至于一个全面的和解似乎还十分遥远。但是，正当她致力于使他们取得一些一致时，一个令大部分欧洲国家都感到震惊与恐惧的事件发生了。这就是巴黎的圣巴托罗缪大屠杀。这个事件在整个人类历史上都罕有其匹，无论是其策划的长期性，还是其执行的野蛮程度上都是如此。由于获得了安全与偏袒的承诺，胡格诺派的首脑人物被送进了宫廷，尽管他们被判处死刑，但却受到了友好的对待。宫廷给予他们礼遇，并且在七个月中以所有象征着亲密与信任的方式对待他们。在他们安享太平之时 [8 月 24 日]，他们所信赖的国王发布了旨在摧毁他们的命令。在命令的执行中，他们的同胞、朋友用鲜血染红了双手。仅仅在巴黎一处就有一万名胡格诺教徒惨遭屠戮，且不分性别、年龄与身份。同样野蛮的命令被送往王国的其他地区，与之类似的大屠杀紧接着发生了。现代的天主教作者每当提起此事之时都表现出了对它极大的憎恨，但在当时却为西班牙人所欢呼。在罗马，教廷则为它的成功而向上帝表达了神圣的感谢。但是在新教徒中间，大屠杀却引起了不可避免的恐慌。法兰西大使在英格兰宫廷中描绘了他在大屠杀之后看到的景象。他说：“每个人的脸上都浮现出阴郁的悲伤。沉默——就像是黑夜之中的死寂一般笼罩在政府的每一间房屋之中。贵妇与朝臣们徘徊于两侧，所有人都穿着全黑的丧服。当我从他们身边走过之时，无人对我露出礼貌的表情，或是向我回礼示好。”

但是，震惊并不是这一事件对新教徒激起的唯一情感，同时它使他们心中充满了恐惧。他们将之视为一场更加严厉的打击的前奏，并且相信，所有的天主教君主很有可能都在密谋摧毁新教徒。这种观点对于玛丽在苏格兰的事业造成了不小的损害。她的许多支持者都是新教徒，尽管他们希望看到她的复辟，但却并不愿因此而牺牲他们所信奉的宗教。他们担心她狂热地信奉这个允许神职人员违背圣誓并激使他们犯下最野蛮的罪行的宗教。新教徒的大联盟似乎是能够支持宗教改革并且阻止天主教同盟摧毁他们的唯一办法。如果

219

不与伊丽莎白结成紧密的联盟，并且使两国把防御天主教的侵蚀作为共同的事业，不列颠现行的宗教体制将不会继续维持下去。

伊丽莎白被这种普遍倾向所给予她的信任鼓舞，她重新开始了她在默里伯爵担任摄政期间所制订的计划，即：将玛丽作为一名囚徒送往苏格兰。但是她的观点和处境与当年同默里谈判时已经有了天壤之别。她对苏格兰女王的恨意由于近期发生的事件而有所加强，这也使她认识到了，自己愿意而且也有权不仅去干扰她的统治，并且还能夺去她的王位。苏格兰的女王派已经近乎瓦解，她也无须担心仍在讨好英格兰的法国会给她带来怎样的危险。因此，她开始追求与三年前大不相同的目标。那时，她表现出了令人赞赏的姿态，她不仅恳请玛丽的生命安全，而且还希望她能够得到与其身份相符的对待。现在，她提出了明确的条件：在玛丽抵达苏格兰之后立刻对她进行公开审判，并且应当根据她的罪行立刻做出判决。她强调，为了两国的利益，此事应当刻不容缓地被执行。也许，在伊丽莎白统治时期，没有什么比这件事更应受到严厉的指责了。她想要缩减其对手的生命，这是她的憎恨与恐惧想要达到的，她也急于规避这一暴行可能给自己带来的指责，同时以狭隘的诡计将对玛丽本人的憎恶转移给了玛丽的臣民。马尔伯爵十分看重国家的荣誉，他的品行也不容许其听取这样一个可耻的建议，因而伊丽莎白没有冒险对此做出重申。

当她致力于实行这一阴险的举措之时，摄政也在努力与他的同胞就全面和解一事进行谈判。由于他以最大的热情致力于达成这一目标，敌对派系也相信他的真诚，因此，他的努力很难会以失败而告终。梅特兰与柯卡尔迪十分赞同他的观点，以至于除了签署条约之外几乎不缺少什么。但是，莫顿没有忘记他曾经在给摄政提出要求时所感受到的失望。他的能力、财富与英格兰宫廷的支持都使他比摄政在派系中的影响力要大，他也喜欢挫败摄政追求的每一个计划。他担心，如果梅特兰与其同伴恢复了在政府中对权力的行使，他自己的影响力就将受到极大的削减，摄政则会由于他们的支持而夺走他目前所占据的优势。那些占据着曾经属于女王派成员土地的贵族都支持莫顿。他的野心与他们的贪婪挫败了摄政那令人敬佩的计划，并且推迟了对于王国而言十分必要的建立和平的请求。

控制着国王派成员的自私与野心深刻地打击到了这位热爱祖国并热切地渴望和平的摄政。内部的分裂摧毁了他的精神世界，并且使之渐渐陷入忧郁之中，他的生命最终以一场疾病而告终。他因这场大病而于 10 月 29 日去世。也许，他是苏格兰王国里唯一没有遭到嫉妒，也没有留下污名的摄政。尽管两派之间有着相互的敌视，但他们都承认摄政的观点是正直的，他的诚挚态度也是毋庸置疑的。

现在，莫顿的面前已经没有竞争者了。英格兰女王坚定地支持着他的主张，尽管人民恐惧，贵族们则心存戒备，他还是当选为新一任摄政 [11 月 24 日]。他是这五年来第四个担任这一危险职务的贵族。

由于停战期延长到了 1 月 1 日，这给了他时间以继续同敌对派系进行开始于其前任的谈判。然而，直到新年，他们都没有取得任何进展。

在我们叙述此事之前，迄今为止尚未论及的一些事件应当引起我们的关注。

诺森伯兰伯爵自从于 1569 年的苏格兰战场上被俘之后一直被囚禁在列文湖堡，女王将他交给了贝里克城堡的司令哈德森勋爵（Lord Hadson），并且被带到了约克郡，在那里遭受了因叛乱而应受的惩罚。国王派十分清楚他们仰赖于伊丽莎白的庇护，因而不太可能拒绝将一个曾经起兵反抗她的叛臣交到她的手中。但是，由于莫顿与洛奇乐文的道格拉斯收到了一笔贿金，莫顿更是在英格兰流亡期间

220

受过诺森伯兰伯爵的恩惠，因此，他放弃这个可怜的贵族并听任他走上绝路，这将会被人们认为是忘恩负义与心狠手辣的行为。

这一年因教会体制的革新而变得意义重大。宗教改革之后不久，天主教的主教就由一项法案确定了他们对于部分财产的占有权。但是，属于他们的宗教司法权现在则归教长所有，尽管其权利受到了削减。在圣安德鲁斯大主教去世之后，莫顿就获得了国王的许可，得到了主教的权利。但是，一个俗界之人获得这些权利是可耻的事情，因为世人将灵魂的拯救视为它的附属。有鉴于此，他便推荐了圣安德鲁斯大学的校长道格拉斯作为大主教的候选人。他将收益中的一部分款项分给了他，但仍然将这一职务的其余权利保留在自己手中。贵族们看到他们能够从中获利，因而纷纷支持他对于这一计划的执行。然而，这冒犯了教士阶层，他们希望这些收益能够用于支持仍然没有固定牧师的教区，而不是保留在一个无论其名字还是权力都为他们所厌恶的贵族之手。但是，一方面，激怒贵族对于教士而言太过于草率，因为苏格兰新教教会的生存全都仰赖于他们的支持；另一方面，莫顿在执行计划时非常狡猾，他在运作的过程中也诡计多端，最终使一个由教会领袖组成的大会和枢密院一同认可了它。"大主教与主教的名义与职务应当在国王尚未亲政时予以继续保留，这些头衔应当授予新教大臣中最有资格之人。但是，关于他们的宗教司法权，则应归于宗教大会统辖。"他们的选举规则以及那些担任了在天主教时代属于教长与牧师会议的职务并享受其职权的人同样十分特殊。关于提交给宗教大会的所有议案，有些人反对使用"大主教""教长"与"牧师会议"等字眼，也有人提出抗议，认为在一个更加完美的方案拿出以前，这只能被视为一份俗界的法令。不过，这些议案最终还是获得了通过。诺克斯由于健康状况恶化而未能出席会议，虽然他高声疾呼，反对圣职买卖——道格拉斯

221

就是因此而获得晋升的，也指责了提名一个年老体衰之人担任这个需要精力旺盛的人的职务是极为不妥的，但他似乎并没有遣责这次大会的议程非法。在一封写给宗教大会的信中，他也赞同大会确定的关于选举主教的方式。宗教大会同意其计划的结果是道格拉斯得到了他想要的官位。与此同时，格拉斯哥大主教与邓凯尔德主教则从新教教士中间选任。他们全都获准得到议会中属于神职人员的议席。但是，由于他们效仿了莫顿做出的先例，他们与不同的贵族也做出了类似的交易，这些贵族只把因此而获得的一小部分收入分给了他们。

　　这次会议召开之后不久，诺克斯走完了六十七年的人生。他是新教得以在苏格兰传播并确立的重要支柱。热心、无畏以及公正是他的杰出品质。他熟知在那个年代里流行于神学家之中的学问，也擅长各种能够影响人心、启迪民智的雄辩之术。然而，他的原则常常十分严苛，脾气也异常火爆。他不但严于律己，而且对于他人的缺点也无法熟视无睹。无论犯下过错的人是什么样的性格，有着怎样的出身，他都会使用严厉与激烈的言辞对他加以劝告，使之听起来就像是在故意激怒别人而不是在教化他一样。这种性格常常使他做出一些对于女王的身份与行为的粗鄙与不负责任的表达。这种极端的品质虽然使他显得十分严厉、刻板，但却适合他作为上帝的使徒在一群凶暴的人群中间推动宗教改革，并使他能够直面危险、战胜异见，而一个生性温和的人在他这样的处境下一定会畏缩不前的。他勤奋钻研、努力工作，频繁地为公众热情洋溢地演讲，这耗尽了他原本充沛的精力。在弥留之际，他表现出了极大的勇气；当死亡临近之时，他又表现出了本性当中的豁达。他时常为他人奉献，并且以不朽的希望安慰自己——这不仅能使善人免于沮丧，而且可以令他们在临终之前心生喜悦。莫顿伯爵出现在了他的葬礼上，宣读

222

了他的颂文，虽然只有数个词，但对诺克斯而言却是一种荣耀，因为它来自一个曾经受到其猛烈抨击的贵族。"这里长眠着诺克斯，他从不畏惧任何人。"

[1573 年] 虽然莫顿并没有前任摄政那样仁厚的动机，也不需要和平的环境，但他还是努力认真地重建了和平。当他还是苏格兰王国的二号人物时，国家的混乱有助于他获取权力与地位。但当他已经坐上了头一把交椅之时，这对他而言就是百害而无一利。当许多贵族继续以武力对抗他时，他作为摄政的权力就是残缺、脆弱、危险与不确定的。伊丽莎白也急于扑灭她在苏格兰制造的蔓延了如此之久的混乱。她曾经希望能够从法国的联盟中获得利益，但她后来发现这并没有确保自己的安全。虽然她与法国仍然维持着表面上的友谊，查理每天也在重复他对于这个联盟的忠诚，但她还是从一件事情上确信了她不应该依赖于这个背信弃义君主的承诺与誓言。伊丽莎白的大使警告她，法国仍然与玛丽在苏格兰的支持者暗中保持着联系，并且怂恿他们要负隅顽抗。阿尔瓦公爵也不加掩饰地在苏格兰王国执行着他的计划。大使向伊丽莎白指出，他们打算利用最近的停战期，在法兰西与尼德兰发生的暴动将会使他们在不列颠岛上采取任何行动，并且致力于使斗争的两派联合起来，以斩断他们从苏格兰获得援助的希望。

玛丽的支持者目前所处的境地使摄政得以在极大的优势下进行与他们的谈判。他们的内部现在分裂为了两个派系：其中一派以沙泰勒罗公爵与亨特利为首；梅特兰与柯卡尔迪则是另一派的领袖。沙泰勒罗公爵一派因其成员的显赫、财产的丰盈、追随者众多而十分强大。梅特兰一派则受惠于他们个人的能力以及他们手中掌控的爱丁堡城堡。摄政无意将他们所有人都纳入到同一个条约之中。由于他担心女王一派继续保持团结会阻碍他的统治，因此他决定以分别谈判的方式分化并削弱他们的力量。他向柯卡尔迪及其党羽最先提出了谈判方案，并且致力于继续与他们进行前任摄政开始的谈判，尽管这一谈判曾经因他自己的诡计而破裂。但是柯卡尔迪知道莫顿的企图，也清楚统治集团与前任摄政在位之时已经有了云泥之别。梅特兰则把摄政看作不可和解的仇敌。法国向他们再三保证会对其提供援助，尽管罗谢尔被围使得法军在那时疲于奔命，时常欺骗这个派系的希望又一次蒙蔽了他们的双眼，他们期待着胡格诺派的阻碍将会被很快清除掉。查理那时也将会自由地在苏格兰行动。与此同时，法军送来了一笔资金，如果城堡能够坚持到降临节（Whitsunday），法国还将提供更为有效的援助。梅特兰十分喜欢制订危险的计划，柯卡尔迪则拥有能够使之付诸实践的无畏勇气。他们知道，爱丁堡的城堡十分险要以至于他们可以挑战摄政的所有权力。他们希望，伊丽莎白不要违反同法兰西的条约，不要派遣军队前来援助摄政。如果法军能够派兵在苏格兰登陆，那么很有可能将女王从囚禁状态下解救出来，或者至少平衡法兰西与英格兰的影响力，并且可以使苏格兰解除对于英格兰的可耻的依附关系。他们为了这一辉煌而颇具空想性质的计划而向莫顿伸出了友谊之手。他们积极谈判，目的则在于争取时间。出于同样的目的，他们建议女王派全部人员都应当对此表示理解，柯卡尔迪也应当在条约签订之后的六个月内继续保有城堡。摄政出于利益的考虑拒绝了前者，他的洞察力则使他看到了同意后者将会带来的危险。现在，所有关于和解的希望都已经破灭了。

223

停战期刚刚结束，柯卡尔迪便开始攻击爱丁堡的市镇，由于此前被他驱逐的市民都已返回，因而爱丁堡比以前更加狂热地支持国王。但是，由于摄政开始着手同沙泰勒罗公爵与亨特利进行谈判，因而他们之间仍然保持着停火状态。

他们不如其他派系那样小心谨慎，也更愿意倾听摄政的提案。

沙泰勒罗公爵生性优柔寡断，衰老也增加了他的犹豫，并且使他讨厌行动。由于内部争斗所带来的灾难已经折磨了苏格兰长达五年之久，这比此前的任何斗争持续的时间都要长。战争而非效劳对于女王的损害十分巨大，并且比以前的任何入侵对王国的威胁都要大。在战争中，所有的派系都获得了大量荣誉，也遭受了重大的损失，并且耗尽了自己的资财。人民饱受战争之苦，并且迫切地渴望着和平，企盼它可以清除这一虽无意义但颇具毁灭性的争斗。

此时，一个关于促成人们渴望已久的和平的重大事件发生了：[2月23日]斗争的两派缔结了珀斯条约。缔约一方是摄政，另一方则是沙泰勒罗公爵与亨特利。调停人则是伊丽莎白派遣的使节吉尔格鲁（Killegrew）。条约的主要内容如下："所有认同条约的派系均应认可目前已经在王国之中确立起来的新教信仰；他们应当服从国王的统治，并且认可莫顿作为摄政的权威；他们应当承认自从国王加冕以来所有反对他的行为均为非法；双方应立即释放各自的俘虏，将抢掠而来的财产归还给它们原来的主人；针对女王派成员的剥夺法案应当予以废止，并且应当对所有自1567年6月15日以来被判处有罪者给予赔偿；此项条约应当在议会中得到各派的认可。"

柯卡尔迪既没有为自己的安全担心，也没有为此做好准备，他尽管被追随者们抛弃，但是并未丧失勇气，也没有打算与他们和解。[①]尽管王国上下都已经臣服于国王，他仍然决定以女王的名

---

① 梅尔维尔的兄弟罗伯特爵士是加入柯卡尔迪守卫城堡的贵族之一，他也对自己的派系忠心耿耿。他坚称，柯卡尔迪曾经提出了一些能够令他接受的和解条件，但这些条件都被摄政拒绝了。但是，由于伊丽莎白当时十分想要令苏格兰恢复和平，她的使节吉尔格鲁与洛西斯伯爵（Earl of Rothes）竭力劝说柯卡尔迪认可珀斯条约。似乎我们更应该把敌对行为归咎于柯卡尔迪的顽固、他对莫顿的不信任或是对外援的希望，而不是任何其他原因。——原书注

义继续守卫城堡，并且等待着各方允诺的援助。摄政缺少围城所必需的一切。但是伊丽莎白为他提供了充足的物资，因为她决定无论如何也要在法国发现自己有时间干涉苏格兰事务之前结束这场战斗。威廉·德鲁里爵士率领五百名步兵与一支炮兵向苏格兰进军，摄政 224 则率领着他所有的军队加入了英军。[4月25日] 他们挖掘战壕，有条不紊地修筑攻打城堡的工事。法国送给了柯卡尔迪一大笔资金，但由于詹姆士·巴尔弗爵士这个在当时最有名的贪婪者的背叛，它落入了摄政的手中。尽管柯卡尔迪由于这个变故而气馁，他还是以置之死地而后生的勇气守卫城堡。他抵抗了苏格兰与英格兰人的攻击达三十三天之久，他们士气高涨且争相对城堡发起进攻。其间，柯卡尔迪没有要求举行任何谈判，直到防御工事被打破，城堡中的一口水井干涸，剩下的则被垃圾堵塞为止。即便如此，他的战斗意志也没有屈服，他决定即便是在最后一座堡垒陷落之后光荣地被俘也不会向自己的旧敌投降。但是他的卫戍部队却没有被其英勇行为以及令人绝望的决定所鼓舞，他们掀起了一场暴动，并且迫使他做出了让步。[5月29日] 他向德鲁里投降，德鲁里以其女主人的名义向他允诺他将受到亲切的对待。他的兄弟詹姆士·柯卡尔迪、霍默勋爵、梅特兰、罗伯特·梅尔维尔爵士、一些爱丁堡市民以及大约一百六十余名士兵都成了俘虏。

战争期间仍获得薪饷的一些军官劝说部下随他们一同去了低地国家，并且参与到了国务之中。这些人因他们的无畏而增加了他们英勇善战的美名，而这正是苏格兰民族与生俱来的优点。

随着摄政与沙泰勒罗公爵、亨特利伯爵缔结条约以及爱丁堡城堡的陷落，苏格兰的内战就此告一段落。当我们回顾国家的状况，比较两派之间的力量之时，玛丽在贵族当中的支持者无论在人数上还是在权力上显然都更胜一筹。但是，这一优势却被其对手所占据的其他优点抵消掉了。政治才能、军事技巧以及其他所有的优势随着时间的推移逐渐在国王一方显现了出来。他们的敌人无法以任何人而自夸：他们无人比得上默里的勇敢无畏、粗中有细，无人比得上莫顿的聪明睿智，无人比得上梅特兰的敏锐与老到以及柯卡尔迪的勇猛。所有这些在一开始奠定了国王权威的基础。一方面，他们谨慎地制订计划并积极执行；另一方面，他们的决定十分草率，行动也十分无力。人民受到宗教狂热的鼓舞，同时受到对于女王的愤怒的驱使，因而热情地支持国王的事业。教士也将他们所有的砝码加到了国王一方的天平之上。依靠着这些力量，同时也凭借着英格兰的干涉，国王的政府最终得以建立起来。玛丽甚至失去了君主之名号所能给予她的庇护，尽管在她的部分臣民中她依然享有这个尊号。玛丽无法再向英格兰派驻使节，这曾经是她在那里享有的唯一的尊严。因此，从今以后，她将被视为一个被剥夺了所有王家象征的流亡者。她在一个国家受到不安的监视，在另一个国家里则遭到了完全的遗忘。

柯卡尔迪与他的同伴们仍然处于德鲁里的监禁之下，他们受到了友好的对待，直到英格兰女王决定了他们的命运为止。莫顿强调他们应当因叛乱与顽固而受到惩罚，并且宣称，只要他们还留着一条性命，他就无法认为自己的人身与权力是安全的。伊丽莎白不顾德鲁里的荣誉以及他以女王之名义做出的承诺，将这些人交给了摄政，听凭其发落。[8月3日]他起初将他们分别监禁起来，此后不久便经过了伊丽莎白的同意，将柯卡尔迪绞死在了爱丁堡的十字大街上。梅特兰认为自己不会受到比这更好的对待，为了免受公开处刑的屈辱，他选择了自杀。梅尔维尔对此记述道："他以一种古罗马的方式结束了自己的一生。"

当摄政将复仇的怒火冲着玛丽仍在苏格兰的残党发泄之时，

225

她无力为他们提供任何救援，只能在荒凉的囚禁地为他们的不幸而哀泣。与此同时，她的身体也因为长期的监禁与缺乏锻炼而每况愈下。在法兰西大使的请求之下，她的看守什鲁斯伯里勋爵获准带她前往巴克斯顿·威尔斯（Buxton Wells），那里距离她的监禁地图斯伯里不远。塞西尔最近刚刚被册封为伯利男爵，同时被任命为王室财政大臣，他正巧也在那里疗养。尽管没有哪位大臣比塞西尔更能入得了伊丽莎白这位君王的法眼，也没有谁能够拿出比他更加忠心的证据，但是，伊丽莎白对于每一个接近苏格兰女王的人都会心生疑虑。作为这种偏执的结果，就连塞西尔似乎也因此而受到了她的怀疑。当时玛丽将他看作最危险的敌人，他也发现在劝说伊丽莎白相信自己并不会偏袒这个不幸的女王方面遇到了一点困难。

在这一年里，阿尔瓦公爵被西班牙王室从尼德兰召回了。他的高压政策在那里激起了反抗，为了平定尼德兰人的叛乱，西班牙耗尽了它在那里的资财、军队，最终丢掉了荣誉。接替阿尔瓦公爵担任总督的列奎生（Requesens, 1528—1576）具有较为温和的性格，也不太具备冒险精神。伊丽莎白曾经因为阿尔瓦公爵与苏格兰女王之间进行的谈判以及他对其利益的热切关注而焦虑不安，如今她再也不必受到这种焦虑的折磨了。

[1574年]尽管苏格兰已经完全确立了和平，但伴随着内战而生出的邪恶却依然存在。在混乱时期，法律的约束即便是在文明国家也不会受到重视，现在则完全受到了一个并不习惯于司法管理的好战民族的轻视。苏格兰王国各地的无序开始成为不可避免的状况。在一两个派系的庇护之下，各种各样的罪行都不受到惩罚。摄政因而亲自前去镇压这些暴徒，在他的勤勉与权力之下，王国的秩序与安全得到了重建。但是，他在完成这项工作的过程中所表现出的贪

婪使他丧失了名望。他的勒索行为比起他所打击的罪行对这个国家更具破坏性。间谍与眼线遍布各地，陈年旧账被再度翻出，莫须有的罪名也被任意安置，小过受到重罚，少年犯被迫交出一大笔赎金以换取他们的生命。与此同时，流通中的货币不断贬值，曾经被禁止的行业买到了执照才得以继续进行活动。此外，政府还对商品征收重税，所有在过去用来镇压人民的手段——尽管早先已经受到了废止，现在又被官方拿出来对付苏格兰人。比起摄政对教会的不公，上述这些举措并没有受到人民的激烈反对。用以维持教士生存的那三分之一收益总是被大会任命的征税官再三拖延。在内战期间，王国的几个部分甚至没有获得税收。摄政假借要对这一不公正的现象进行补救，同时允诺将会给自己所在教区中的每一个牧师发放一笔薪金，因而他征缴了教会的那一部分收益，根据法律规定，他也有权这样做。但是，教士并未从中获得任何收益，他们发现这笔款项比以前的更不稳定，并且拖延的时间更长。一位牧师往往要负担四到五个教区，他只能得到一笔少得可怜的款项，剩下的则被贪得无厌的摄政攫取了。

查理九世在这年去世了，这对于苏格兰女王而言是一个新的不幸。继承法兰西王位的亨利三世（Henry III, King of France, 1551—1589）对她并没有多大的兴趣，他对于吉斯家族的猜忌以及对太后的奉承使他极大地远离了玛丽的利益。

[1575 年] 沙泰勒罗公爵的离世 [1 月 22 日]，必须视为玛丽女王的另一个损失。由于议会曾不止一次地宣布他是第二顺位的王位继承人，因此使他在同胞中获得了极大的威望，并使之比其他任何人都更能平衡摄政的力量。

此后不久，在英格兰与苏格兰边疆守护之间的一次例行会谈中，双方发生了一场打斗。英格兰惨遭失败，一些人当场被杀，英格兰边疆守护詹姆士·福雷斯特爵士（Sir James Forrester, Warden of the March）与他的几名扈从则成了俘虏。但是，伊丽莎白与苏格兰摄政都很清楚两国之间存在的良好谅解行为所能带来的好处，因而允许这桩小事就此打住。

国内的安宁则因为另一桩事件所引发的后果而可能会受到扰乱。虽然主教们仅仅占有一小部分收益以及一些适度的权力，但极为厌恶摄政及其政策的教士仍然对他们生出了嫉恨。他们知道腐败已经名正言顺地渗入教会之中。他们担心这一微不足道的开端将会使教会的等级制度变得像以前一样强大并且具有压迫性。安德鲁·梅尔维尔是这一疑虑的主要提出者，他以不凡的博学、素雅的装扮以及大胆的思想而闻名。但是，由于他整日浸淫在学术当中，对于俗事他并不熟知。他更关注自己追寻的目标，而不是用于达成目标的方法，虽然总是能够制订出令人赞赏的计划，但都常常被他在执行中的草率所挫败。他在大会上提出了一个问题："《圣经》中究竟是否同意王国现行的主教职位的设立？"教会法庭上持续不断地出现关于主教忽视其职责的指控，他们所知的许多渎职行为得到了很好的证实。有人指控邓凯尔德主教浪费他的税入，大会判处其有罪。摄政并没有制止这些行为，而是放纵这些关于神职体制的争论，因为这些论争将教士的狂热从关于他对教会财产的侵蚀的关注上转移了。

[1576年]摄政的高压政策至今为止有很大一部分主要施加于中下层人民的身上。但是他现在开始采取措施以使得贵族们确信，他们的高贵身份也无法使其免受摄政的权力的影响。一个常常令苏格兰贵族发生争斗的意外事件在此时发生了，这引发了阿盖尔伯爵与阿索尔伯爵之间的分歧。阿盖尔伯爵的封臣在阿索尔伯爵的领地上劫掠了一番，阿索尔率军前去惩罚暴徒，但他受到了阿盖尔的庇护。

227

二人遂决定在战场上解决这一不光彩的争斗。此时，摄政干涉了此事，以他的权力迫使他们遣散各自的军队。他们二人的行为都是有罪的，尽管在当时很普遍，但终究是违反了法律的规定。摄政利用了这一点，并且决定对他们提出叛国罪的控告。这一决定被莫顿的一名家臣透露给了两位伯爵。即将到来的危险使得他们忘记了曾经的争端，并且为了共同防御而结成了紧密的同盟。二人的联合使他们变得令人畏惧，他们无视摄政传召前去民事法院听审的命令。摄政因此不得不停止做出进一步的指控，但是他意欲对两位伯爵做出伤害的打算却在他们的脑海中留下了深刻的影响，并且招致了他们想要对他复仇的强烈愿望。

摄政一计不成又生一计，他栽赃克劳德·汉密尔顿，声称他策划了一个旨在取其性命的阴谋，但是这一努力也以失败而告终。尽管假想中的从犯被他逮捕并且遭到了刑讯的折磨，他还是没能获得任何罪证。恰恰相反，很多细节都显示了他的无辜，以及摄政意欲陷害他人的阴谋。

[1577 年] 苏格兰贵族在权力上几乎可与他们的君主相比肩，并且受到王室的格外优遇。他们愤怒地看着摄政施行的这些专断的行为。人民在一个如此专一的政体之下也很难适应沉重的税负，并且大声抱怨摄政的贪婪。所有人都将目光投向了年幼的国王，他们希望国王能够抚慰他们的不满，并且施行仁政。

詹姆士现年已经十二岁了。女王在他出生之后不久便将他交给了马尔伯爵照料，在内战期间，他都安全地生活在斯特灵城堡中。伯爵的兄弟亚历山大·厄斯金是对他进行教育的主要负责人。在他的统筹下，布坎南与其他几名大师作为他的教师，向他传授这个王国所能提供的最好的学问，这些知识对于一个君王而言也是必不可少的。由于年轻的国王在学习上表现出了极大的热情，并且取得了巨大的进展，苏格兰人便幻想着他们已经在他身上发现了臣民的喜爱和轻信常常加诸幼王身上的所有优点。但是，由于詹姆士还远远没有达到法定的统治王国的年龄，摄政便没有充分地考虑人民的态度，也没有认真思考对于他的偏见将会使国王在这段时间内占得先机。他不仅忽视了要去拯救与那些伴随国王左右、对他施加影响的人的友谊，而且还因为对个人的伤害而激怒了他们当中的一些人。他们的愤怒使其同意另一些人提出的计划：向国王灌输莫顿一手遮天、野心勃勃的印象，在国王的心里种下猜忌的种子。他们告诉詹姆士六世，一个国王有充足的理由去畏惧一个摄政，而不是去喜爱他；摄政在野心与利益的驱使下将会努力使国王保持在永久的懵懂状态，并且使他不知政务。然而，仅仅需要一点力量就可以打破这种束缚。臣民们自然会尊崇他们的君主，并且对摄政暂时的统治而感到不耐烦。莫顿以历代先王闻所未闻的严苛统治着这个国家，国民在他的压迫下呻吟，因而一定会欢迎一位施行仁政的君王。现在，国王的名字很难在苏格兰被提及，他的朋友们没有多大的影响力，他的宠臣也没有官位。但是，只需要做出一点努力就会发现莫顿的权力与他的专断同样脆弱不堪，国王轻而易举地就能夺回自己的正当权力，并且把自己的国民从暴政中拯救出来。如果莫顿没有把自己的权力等同于王权，那么就让他听听臣民们的哭泣吧。

　　这些说辞在幼王的脑海中留下了深刻的印象，他始终被这样一种观点教育着：他生来就是为了统治别人。但是，如果没有贵族们的认可，他对于这一计划的支持只能收到很小的成效。阿盖尔伯爵与阿索尔伯爵是实力最为强大的两位贵族，他们对摄政有着难以调和的愤怒，并且被这种情感所驱使。在斯特灵城堡中策划的阴谋已经执行，两位伯爵也接到了关于此事的通报，并积极地参与其中。亚历山大·厄斯金在他的兄长死后接过了对城堡的指挥权以及对幼

228

王的监护权,他允许他们二人前来秘密谒见国王。他们对其臣民的不幸做出了相同的解释,向国王诉说人民处于摄政贪婪的统治之下。他们大声控诉自己所受到的不公正的对待,并且乞求国王召开全体贵族大会,因为这是唯一能够拯救国民于水火的方法。詹姆士六世同意了他们的请求,并且向贵族们发布了以他的名义写就的信件。但是,两位伯爵十分谨慎,他们知道应当将信件仅仅发给那些公然对莫顿表示不满的贵族。

然而,由于对摄政不满的人有很多,因此当大会召开的那一天到来之时,远远超过召集人数的贵族们聚集在了斯特灵。他们厉声指责莫顿伯爵。尽管他事先收到了阿盖尔与阿索尔同国王面谈的情报,并且假意表示要辞去摄政之职,他们还是建议国王不要理会他的提议,径直罢免他的官位,将统治权收归到自己的手中。文秘署署长格拉姆斯勋爵与赫里斯奉命向摄政宣布了这一决定,他那时住在位于达尔基斯(Dalkeith)的宅邸之中。国民们因这一出乎意料的决定而欢欣不已,摄政从这一高位之上的跌落也使他们欣喜若狂。摄政有自知之明,知道自己被罢免将会带来怎样的危险,他也想要继续占据着这个职位直到任期结束,而根据法律的规定,距离这一天的到来还十分之遥远。但是,他所领导的派系的力量之源要么无法给予他支持,要么现在以贬低他的方式支持着他的敌人。人民、爱丁堡市民以及教士都因为他过多的高压政策而疏远了他。伊丽莎白最近正忙于派遣一支大军前往尼德兰,支援那里的人民争取自由的战斗,因而无暇关注苏格兰事务。由于她已经无须担心法国的威胁——洛林诸侯们在那里已经失去了往昔的影响力,因此,她也许并不会因为苏格兰王国中新产生的派系而感到不悦。即便是那些长期以来加入莫顿阵营当中的,或是为其利益所诱惑的贵族们,比如格拉姆斯、林赛、路斯文、国务秘书皮特凯恩以及审计官图里巴丁的默里，所有这些人都抛弃了正在衰败的摄政，并且出现在了斯特灵的大会上。所有这些因素都促使莫顿确定了自己的弱势，并且使其决定给一股他难以抵挡的洪流让路。他随同总理大臣与赫里斯勋爵前往爱丁堡，出席了国王接收政府的仪式，并且在人民面前向国王交出了他曾经在摄政的高位上占据的所有权力。这一典礼伴随着群众的欢呼与喝彩，同时也毫无疑问地增加了一个野心家在被迫宣布放弃最高权力时所能感受到的痛苦，也使莫顿确信了他已经完全失去了同胞们的喜爱。然而，国王提出了一项议案，认可了他在履行摄政职责期间的所作所为，赦免了他的冒犯、罪行以及背叛，这些构成了他的恐惧与担心的来源。忠于国王的贵族交出了一大笔保证金，确保他们会在詹姆士六世亲政后的首届议会中批准这一议案。

　　詹姆士六世任命了一个由十二名贵族组成的枢密院以协助他处理朝政。莫顿遭到了自己派系的背弃，并且无力与现在完全掌握了政权的派系相抗衡，因此退到了一座庄园之中。他似乎耽于平静，安享乡村生活的愉快。然而，他的脑海中实际上却充斥着伴随野心的失落而到来的深深的不安与躁动，并且打算恢复他往日的荣光。即便是在这处被人们称之为"狮子的巢穴"（lion's den）的居所之中，他的财富与能力也是令人畏惧的。新的枢密大臣以一种急于剥夺他的剩余权力的急躁行为惹怒了他。他们要求莫顿交出仍然在他手中的爱丁堡城堡。他起初拒绝了他们的要求，并且准备守卫城堡。但是爱丁堡的市民们拿起了武器，击退了莫顿派出的保护粮道的士兵。因此，他不得不放弃抵抗，交出城堡。这一事件鼓励了他的对手们在爱丁堡召开议会，并且继续增加他们对莫顿的要求。这使得他确信，除了自己的彻底毁灭之外，没有什么能够满足他们那根深蒂固的仇恨。

229

然而，他们的权力与受欢迎的程度已经开始下降了。格拉姆斯勋爵是派系中最有能力也最为温和的贵族，他在爱丁堡死于其扈从与克劳福德伯爵的随员之间发生的一场冲突之中。接替他担任总理大臣的阿索尔伯爵、埃格林顿伯爵、凯思内斯伯爵与奥格尔维勋爵这些所有受国王宠幸的大臣要么公开坦承自己对天主教的信仰，要么被人们怀疑倾向于这个教派。在那个年代里，天主教的回归为世人所畏惧，而这一担心是十分合理的，因此，他们在宗教上的表现引起了人们普遍的警觉。由于莫顿严苛地对待天主教徒，阿索尔等人在此时对天主教徒那些不合时宜的支持使得所有热忱的新教徒都颂扬莫顿当时对于天主教徒的政策。

人们对于莫顿的这些细节无所不知，因而他认为现在是时候把曾经准备好了的工具拿出来使用了。他此前取得了马尔伯爵（John Erskine, 2nd Earl of Mar, 1558—1634）与其母——第一代伦诺克斯伯爵夫人的信任，并且向他们暗示，亚历山大·厄斯金密谋夺取他的侄子对斯特灵城堡的统领权，并且意欲软禁国王。通过这些谣言，他轻而易举就诱使一个野心勃勃的女人和一个年仅二十岁的血气方刚的年轻人起兵阻止这一莫须有的罪行。[4月26日]年轻的马尔伯爵突然来到斯特灵，并且像往常一样率领他的侍从走进了城堡，在当日早晨占领了城门，赶走了他的叔叔。亚历山大·厄斯金从未料到危险竟然源于自己的侄子。守军屈从于他，并且尊其为司令，他几乎兵不血刃就成了国王与城堡的主人。

这件如此出人意料的事情引起了莫顿极大的恐慌，尽管莫顿没有在计划执行时出现，但是人们普遍认为他才是这个意外的始作俑者。新上任的枢密大臣们认为有必要为了他们自己的安全而改变策略，他们并没有出于难以抑制的愤怒下令逮捕他，而是与这个仍然有能力给他们制造麻烦的对手展开了和谈。双方各自委派了四名代

230

表前去协商，调解他们之间的纠纷。八个人在距离达尔基斯不远的地方会面，当他们几乎达成协议之时，狡猾的莫顿为了增加他们在条约中能够提供给他的安全与关照，在夜间赶到了斯特灵。由于他已经争取到马尔伯爵的叔叔——图里巴丁的默里的支持，因而他获准进入了城堡 [5 月 24 日]。他在那里以其一贯的机敏管理着事务，因而他很快就比伯爵本人还要更为彻底地掌控了城堡。他也很快就获准进入了枢密院，并且在其中占据了绝对的优势。

由于爱丁堡议会的开幕日即将到来，这使得莫顿产生了一些焦虑。他担心带领国王去往爱丁堡，因为那里的居民更加支持与他为敌的派系。为了避免陷入这样的困境，他以国王的名义发布了一份诏令，将议会召开的地点改在了斯特灵城堡。阿索尔伯爵与他的党徒们宣称这一改变完全违背了苏格兰的政治体制，国王已经沦为了莫顿的阶下囚，虚伪的枢密大臣们则成了他的奴隶。他们认为，议会乃是所有贵族都能无所畏惧地参加并得以在那里自由议事的场所，它对于安定一个经历了长期战乱之后的国家而言也是绝对必要的。但是，这届议会的召集程序违反了律法，它在一个堡垒的高墙之中举行，处于士兵们的威慑之下。试问，这样的议会如何能够确保议员们的安全？他们又如何能够在其中自由地辩论？公众从这样的议会中又能获得怎样的福祉？这样的质问虽然掷地有声，但是议会还是在指定的日子里召开了 [7 月 25 日]。尽管蒙特罗斯伯爵与林赛勋爵以其派系的名义发表了抗议的声明，它还是按照惯例召开了会议。国王对于政府的接收得到了认可，詹姆士六世赐予莫顿的旨在保证其安全的法令也得到了批准。一些关于枢密院成员的人数与权力的规定也获得了同意。马尔伯爵夫人对于近期的变革助力颇多，因而也获得了一笔津贴作为奖赏。

与此同时，阿盖尔伯爵与阿索尔伯爵率领他们的扈从举兵造反，他们打出了拯救国王于监禁之中、挽救王国于压迫之下的旗号。詹姆士六世幼年曾长期被灌输应当憎恨莫顿的教育，他现在厌恶这个男人的奴役，因而暗中鼓励他们的冒险。不过，他在当时不仅要被迫公开否定他们，而且还要征兵对抗他们，甚至要宣布自己并没有受到任何形式的限制，处于完全的自由状态之下——无论是人身还是意愿都不受人操控 [8 月 11 日]。双方很快就在战场上兵戎相见了，阿盖尔与阿索尔统兵三千，莫顿的侄子安格斯伯爵（William Douglas, 10th Earl of Angus, 1552—1611）的麾下则有五千人马。然而，两边都不愿意开战：莫顿不信任其军队的忠诚；阿盖尔与阿索尔这两位伯爵则担心虽然能够获得一场彻底的胜利，但它却不是决定性的。由于他们没有围攻斯特灵城堡的条件，他们的兵力又将会很快耗尽，莫顿自身的财富与英格兰女王的资助将会给他提供永无止境的援助。伊丽莎白派遣鲍斯（Bowes）前来苏格兰促成两派达成和解。在他的调停之下，双方缔结了一项条约，允许阿盖尔与阿索尔伯爵觐见国王，他们的一些部下则获准加入枢密院。此外，为了友好地解决双方余下的分歧，国王将召集贵族大会。

詹姆士甫一将政权掌握在手中便派遣邓弗姆林修道院院长前去英格兰向伊丽莎白通报此事，命令他重申两国的同盟，并且要求获得最近由于其祖母伦诺克斯伯爵夫人的去世而应由他继承的财产。伦诺克斯伯爵夫人的次子膝下只有一女，名为阿拉贝拉·斯图尔特，她生于英格兰。由于排除外国人对于英格兰王位享有继承权的法律主要是针对苏格兰王族对于英格兰王位继承的要求，伊丽莎白如果认可了詹姆士对这些财产的继承，就意味着她在长久以来悬而不决的问题上迈出了决定性的一步。为了避免直面这一微妙的问题，或是避免将伊丽莎白统治期间最为神秘的问题暴露在阳光之下，她命令王室监护法庭法官伯利勋爵（Lord Burleigh, Master of the Wards）

扣押伦诺克斯伯爵夫人的地产收益。她通过此举警告苏格兰国王，如果他还希望能够在一些意义重大的要求上获得成功的话，寻求她的支持是必不可少的——这一要求当然也会被轻而易举地驳斥。

[1579 年] 经过漫长的拖延并遇到很多困难之后，争斗着的贵族最终达成了一些协议，但这却伴随着一个悲剧事件的发生。莫顿为了表明和解的态度而邀请反对派的领导人参加宴会。总理大臣阿索尔伯爵赴宴之后不久便突发恶疾，并且在几天之后死去，疾病的症状以及剧烈程度使人们十分怀疑他是死于中毒。尽管医生解剖了他的尸体并宣布死因是热病，阿索尔的家属仍然指控莫顿犯下了毒杀伯爵的罪行。阿索尔这个能力杰出的贵族的离去很显然能够让莫顿获得优势，人们也反对他的所有举措，这些都使得苏格兰人将之视为充分的证据，尽管他们总是喜欢将杰出人物的死亡归于一些极端的原因。

阿盖尔伯爵随后获得了总理大臣的职务，这一晋升在很大程度上是他安于接受莫顿统治的结果。莫顿现在恢复了在摄政期间攫取到的一切权力，并且完全挫败了对手们的阴谋。除了汉密尔顿家族之外，没有哪一个世家大族能够让他心存戒备，或是能够阻碍他的计划。沙泰勒罗公爵的长子阿兰伯爵始终没有从他对女王失败的追求所造成的打击中恢复过来，现在几乎完全丧失了理智。次子约翰勋爵继承了家族的地产，克劳德勋爵则是佩斯利的教区牧首。他们都是血气方刚的年轻人，野心勃勃并且富有冒险精神。莫顿畏惧他们在王国中的影响力，朝臣则希望能够瓜分他们的财产。由于所有的国王都会自然而然地对他们的继承者产生嫉妒与憎厌，因此朝臣们很容易就可以将这些感情灌输到幼王的脑海之中。为了给一场最为激烈的诉讼提供法律依据，他们提出了一个主张。珀斯条约中保证的赦免并未拓展到那些谋杀默里伯爵与伦诺克斯伯爵这两位摄政的从犯身上。约翰勋爵与他的兄弟们被怀疑是这两起凶杀案的共犯，并被包括进了一个为此而剥夺凶手公民权的法案之中。朝廷并未传召他们前来受审，也没有审讯任何一个目击证人以证明这些指控。大臣们认为，这一剥夺公民权的法令足以使汉密尔顿兄弟服从作为罪人应蒙受的所有惩罚。莫顿、马尔、埃格林顿三位伯爵与路斯文、博伊德、卡斯卡特三位勋爵共同受命前去捉拿约翰勋爵等

232　人，并扣押他们的财产。在他们发出召集令之后不久，一支大军便整装待发，随后便向汉密尔顿家族的所在地攻去。幸运的是，两兄弟虽然遇到了一些麻烦，但还是成功地逃走了。但是他们的土地被抄没，汉密尔顿与德拉芬（Draffan）这两座城堡也陷落了，保卫它们的人则受到了惩罚。阿兰伯爵尽管因其目前的状况无法招供任何罪行，他还是被法律的无耻滥用而牵涉进了其家族的悲惨命运之中。由于他似乎也犯有叛乱罪，因而被严密地拘禁了起来。这些诉讼程序虽然严重违背了公正的基本准则，但是在其后召开的议会中得到了批准。

　　大约此时，玛丽通过她的秘书诺维（Naue）向她的儿子詹姆士六世送去了一封信件与一些昂贵的珠宝，还有一件她亲手刺绣的衬衫。但是，由于她仅仅把詹姆士六世称为"苏格兰太子"，因而诺维没有获准觐见国王，而是遭到了驱逐。

　　尽管伊丽莎白此时没有特别的理由去担心天主教君主为了玛丽的利益而做出的任何努力，她还是持续以同样焦虑的关心来保护自己。占有葡萄牙与防御尼德兰使西班牙的枢密院与军队疲于奔命；法兰西被国内的暴动撕扯得四分五裂，并且处于一个软弱而又多疑的君主的统治之下，他为其臣民所轻视，也得不到他们的信任，因而根本没有资本去扰乱其邻国。伊丽莎白长期以来通过与法王兄弟安茹公爵缔结婚约的谈判而欺骗着法兰西宫廷。但是，四十五岁的

伊丽莎白是否打算嫁给一个年仅二十岁的国王？是不是对于奉承与追求的喜爱令她听取了这个求爱者的花言巧语——她曾两次在不同的时期允许他前来谒见，并且对他待以极大的尊敬；又或者，就像她统治期间的其他谈判一样，是否出于利益的考虑才促使她做出了这样的举动？这些历史问题都是我们想要解决的。在这一拖延了许多时日的谈判期间，玛丽无法期望能够获得来自法兰西宫廷的援助，似乎也很少与之通信。伊丽莎白也享受到了在位期间难得的安宁。

　　莫顿在此时似乎也同样安全，但是他的安全却建立在不稳定的基础之上。他挺过了一场风暴，挫败了他的敌人，并且再度获得了对朝政的主要处置权。但是，由于国王现在已经处于一个彰显个性的年龄，即便是最不经意间的观察也能够使莫顿确信，他有理由看到对其权力的威胁即将到来。詹姆士很早就表现出了对那些目前为止始终伴随在他身边的宠臣的依靠。这一感情源自一颗涉世未深的年轻人的内心，来自于其中生发出的纯真的热情，在他这个年纪中，本是无可厚非，也不应当指望他能够老成地选择自己喜爱的对象。在这些宠臣中，最得他欢心的是埃斯米·斯图尔特（Esme Stewart, 1st Duke of Lennox, 1542—1583），他出生于法兰西，也是伦诺克斯伯爵（Matthew Stewart, 4th Earl of Lennox, 1516—1571）的二弟。他当时的爵位是德奥比尼勋爵（Lord D'Aubigne），这处地产位于法兰西，他的祖先由于为法国王室效力而获封此爵，一直传承至他这一代。埃斯米抵达了苏格兰 [9 月 8 日]，目的在于索取他有权获得的伦诺克斯伯爵的头衔与地产。起初，他由于王亲的身份而受到了国王的礼遇。他谈吐优雅、衣着考究，举止动静皆符合宫廷的礼仪，这些都给詹姆士留下了深刻的印象。即便是到了成年时期，詹姆士也很难抵御这些肤浅的魅力。这一喜爱也像往常一样迅疾与慷慨。在埃斯米出现在宫廷之后的几天之内，他就被封为

233

埃布罗萨克勋爵（Lord Aberbrothock），此后不久又被封为伦诺克斯伯爵，最终晋升为了伦诺克斯公爵、邓巴顿城堡司令、御林卫队队长、寝宫第一护卫以及王室财务总管。奥克尔特里勋爵（Lord Ochiltree）的次子詹姆士·斯图尔特队长（James Stewart, Earl of Arran, Captain of the Royal Guard, ？—1595）没有受到任何通常存在于受宠者之间的嫉妒与竞争的影响，而是获得了更大的信任。但是，尽管二人结成了同盟，但他们的性格却有着天壤之别。埃斯米生性温和，仁慈、率真，但对国情却一无所知，并且被那些受他信任的人所误导。虽然他适合做幼王的玩伴，但是完全不适合作为一个管理朝政的大臣。詹姆士·斯图尔特队长的身上具备着所有令国民们厌恶的恶习，这对于他的君主而言也是有害的。他并没有任何能够平衡这些缺点的美德，当然了，他在执行其计划时的狡猾除外。影响着他的是匹夫之勇，而不是对危险的敏感。他不为宗教信仰所束缚，不顾礼节，对于反对意见也从来不会心生畏惧，并且似乎想要达到不可能实现的目标。在一个涉世未深以至于无法察觉其缺点的君主的统治之下，他的厚颜无耻取得了成功，荣誉、财富与权力则是对其罪行的奖赏。

这两个人都同意竭尽全力削弱国王对莫顿的信任，此人现在是阻挡他们完全占有权力的唯一的一块绊脚石。由于詹姆士已经被灌输了对这位贵族的厌恶——他不仅努力维持作为监护人的权威，而且还对国王极尽谄媚之能事。他们发现可以轻而易举地完成计划。莫顿已经无法将国王继续囚系在斯特灵城堡的高墙之中，于是便带着他前往爱丁堡召开了议会［10月17日］。詹姆士庄严地走进了他的首都，市民们大声欢呼他的到来，并且根据那个时代的风格举行了盛大的游行。经过了三十七年女王与摄政的统治之后，在遭受了内战的灾难与外军的傲慢对待之后，苏格兰人兴奋地看到王权再度掌握在了一个国王的手中。即便是一个年仅十五岁的国王，即便他仍然处于摄政权力的阴影之下，苏格兰人还是认为团结、秩序与安宁现在将会在王国中恢复。詹姆士以华丽的方式召开了议会，但是其中却没有通过任何意义重大的法令。

[1580 年] 人民向君主表现忠心的游行鼓励了国王的宠臣们继续他们针对莫顿的谗言。由于国王现在定居在圣十字宫，朝臣们都可以面见国王，针对莫顿伯爵的阴谋因此日渐炽盛，导致使他失势的阴谋也愈发成熟。

莫顿开始感到危险，并且致力于阻止伦诺克斯的晋升。他将其描述为新教信仰的可怕敌人、天主教的秘密代理人以及吉斯家族众所周知的间谍。教士们选择了相信这些流言，并且开始在人民中间四处奔走、散布警告。但是，伦诺克斯为国王尽忠效劳，也得到了那些受国王委派指导他学习新教教义的神学家们的信任。他公开在圣吉尔斯教堂指责了天主教教义的错误，并且宣布自己加入苏格兰新教教会。这尽管没能完全消除人们对他的怀疑，也没能封住一些狂热牧师的言谈，但是在很大程度上削减了指责者的指控力度。

另一方面，有流言指出莫顿打算控制国王并将其带往英格兰。无论他是否因为无法继续以任何其他手段保持其权力而向英格兰宫廷提出了这种建议，无论这是否是他的敌人为了搞臭他而制造的谣言，我们现在都无法对其进行确认。由于他在临死之前发誓言明自己从未有过这种想法，这很有可能是其对手制造的流言蜚语。然而，此事为宫务大臣之职的再度设立提供了借口。这一职务被授予伦诺克斯，亚历山大·厄斯金作为莫顿的主要敌人则是他的代理人。他们统领着一群健儿，随侍国王左右，以保卫他的安全。

莫顿是个聪明人，他知道政敌们对国王的人身安全做出此等不

234

同寻常的保护意味着什么。他只能使出最后的撒手锏——向伊丽莎白求助，这位女王的庇护往往在他身处险境之时助他脱困。作为这一请求的后果，她的使者鲍斯控诉伦诺克斯意欲破坏两国之间的和平。此外，他还以英格兰女王的名义强调国王必须马上将伦诺克斯逐出枢密院。这种史无前例的要求让朝臣们认为这是对国王的冒犯，同时也是对王国权力独立的侵蚀。他们假意对使节的代表性提出了质疑，并以此为借口不再接见他。鲍斯对此深感厌恶，他有所退却，但并没有离开苏格兰。亚历山大·霍默爵士奉命前去就此事劝说伊丽莎白。霍默爵士在英格兰受到了同鲍斯一样的侮辱，在进行了这样的报复之后，伊丽莎白认为接见此人有损她的威仪。伯利奉命前去透露他的任务，即指责詹姆士六世的忘恩负义，并且向他强调正是伊丽莎白女王将王冠戴到了他自己的头上。伯利还要他提醒詹姆士六世要谨慎行事，不要将这个如此重要的同盟之间的友谊葬送在一个涉世未深的年轻人的奇思妙想之中，也不要强烈地怀疑与苏格兰民族的幸福相契合的原则。

莫顿对伦诺克斯的指控加速了他自己的失败。他在辞去摄政一职之时获得精确、严谨的赦免法令，以至于几乎无法使他得到任何合法的保护。对于达恩利的谋杀行为不能包含在其子詹姆士六世颁布的赦免诏令之中，莫顿因此仍然处于法律的处罚范围之内。斯图尔特队长也开始了行动，虽然是孤注一掷，但是有可能获得权力与国王的支持。他在詹姆士六世同贵族开会之时闯入了会议室。[12 月 30 日] 他跪在国王面前，指控莫顿是谋杀达恩利的"从犯"，或者根据苏格兰的法律语言来说，莫顿在针对国王陛下的生父的谋杀案中是"同谋凶犯"，他为此还提供了能够在审判中证明其有罪的合法证据。莫顿当时就在现场，并且镇定地听完了队长对他的指控。他轻蔑地笑了一声，这一行为要么来自于对其指控者那臭名昭著的人品的轻视，要么则来自于他那傲慢的性格。"他想要惩罚那些被怀疑犯下此等滔天重罪的凶犯的热忱——一定将他自己从嫌犯之列剔除出去了。然而，他还是愉快地接受了审判，要么在宫廷之中，要么在任何法庭上。除了对自己的无罪与敌人将要表现出的恶意之外，他什么也不怀疑。"斯图尔特仍然跪在那里，并开始质问莫顿该如何解释他对阿奇博德·道格拉斯施予的众多馈赠，因为此人是他已经确认的凶犯之一。莫顿打算回答这个问题，但国王把他们二人都赶了出去 [1581 年]。伯爵遭到了关押，起初是关在他自己的宅邸之中，后来又被送到了爱丁堡的城堡里，那里的司令正是亚历山大·厄斯金。不过，在爱丁堡似乎不足以使之屈服于政敌的权威之下，因此他又被带到了邓巴顿，这是伦诺克斯所管辖的地方。他们也发布了一份逮捕阿奇博德·道格拉斯的令状，但他及时收到了关于这一迫近的危险的情报，因此逃到了英格兰。

安格斯伯爵不仅将这一事件归因于他们对莫顿的憎恨，还将之归咎于斯图亚特家族与道格拉斯家族之间古老的仇恨。他确信敌人现在已经制订了消灭所有道格拉斯家族成员的计划，因而准备起兵拯救他的族人。但是，莫顿阻止了他的这一举措，并且宣称，自己宁愿死一万次也不愿背负一个拒绝接受审判的恶名。

伊丽莎白成功地干涉了此事，她站在了莫顿这个为了保持她在苏格兰的影响力而劳苦功高的贵族一边。最近发生在苏格兰王国的事件令她心神不宁。伦诺克斯获得的独立于她的权力是十分危险的，鲍斯受到的对待与此前她的大臣们在苏格兰受到的尊重有着云泥之别。现在，他们对于莫顿的攻击则使她确信苏格兰现在有人打算在两国之间播下不和的种子，并且诱使詹姆士与法兰西缔结新的同盟，或是使他迎娶一位天主教国家的公主。对于所有这些因素的恐惧使她发布一道诏谕，命令英格兰大军在两国边境集结，并且委派兰道

235

夫作为大使出访苏格兰。他不仅劝说詹姆士六世与他的枢密院，而且还在那时召开的等级大会上发表演说。他起初列举伊丽莎白女王给予苏格兰人的诸多好处：女王没有向他们索取一寸土地，也没有侵犯王国的自由，而是流下了英格兰臣民的鲜血、耗费了王室的资财，使得苏格兰人民能够从法兰西的奴役之下获得自由；她帮助苏格兰人建立了纯正的宗教，并且为他们争取到古老的权利；她在苏格兰发生内斗之时保护那些支持国王事业的人，王位由此而保持在了詹姆士六世的手中，敌对派系的所有阴谋也遭到了挫败。随后，兰道夫接着说道，虽然两国之间的联盟不为他们各自的祖先所知，但对于双方而言却是同样有利的。尽管许多天主教君主联合在一起力图破坏这一同盟，她的关心与他们的坚持一并击败了迄今为止的所有阴谋。她看到了最近充斥在苏格兰枢密院之中的冷漠、猜疑与疏远，她认为应当将此归咎于伦诺克斯公爵。这是一个法国臣子，是吉斯家族的余孽，在天主教那些错误的教义的喂食之下成长，并且很有可能支持天主教。他并不满足于在如此短暂的时间内获得如此广泛的权力——他以年轻人的冲动与对外国人的无知运用这些权力。他也没有经过深思熟虑便要剥夺莫顿伯爵由能力与经验而获得的权势，并且还要设计摧毁他。在把詹姆士六世扶上王位这件事情之上，莫顿比其他任何人的贡献都要大。此外，他还致力于抵制天主教的侵蚀，维持两国之间的同盟关系。兰道夫最后向他们呼吁，如果苏格兰的贵族们还保留着任何的宗教热忱，如果他们希望与英格兰继续保持友好关系，如果他们重视自己阶层的特权，那么就应当把伦诺克斯公爵这个险恶的佞臣从国王的身边赶走，将莫顿从他公开的敌人手中解救出来，使他接受一个公正的审判。如果为了执行这个对于国家与国王而言都十分重要的计划而需要力量的话，他向他们承诺，伊丽莎白女王的庇护将会降临在苏格兰的土地之上，无论他们需要金钱还是军队，女王都会提供给他们。

但是，这一严正的抗议以及从英格兰君主到臣民的不同寻常的吁请并不是伊丽莎白用来支持莫顿并对抗伦诺克斯公爵的唯一手段。她说服了奥兰治亲王派遣一名代表前往苏格兰，他表面上称赞詹姆士六世的众多大臣在为国家效劳，在抵抗天主教君主针对新教信仰的无休止的阴谋方面所表现出来的勇气，而实际目的却在于请求他忠于同英格兰之间缔结的神圣同盟——这是能够保护其国家免遭危险计谋的侵蚀的唯一屏障。他还向詹姆士指出，最重要的是不要相信那些试图削弱或瓦解不列颠民族同盟的人，因为这样的联盟是欧洲的所有新教徒都乐于看到的。

詹姆士的枢密大臣们已经下定决心要摧毁他们的敌人，因而无法听从这些抗议。奥兰治亲王的多管闲事、伊丽莎白傲慢的语气以及她公然尝试去激起臣民对抗他们的君王，这些都被视为对国王本人以及王权独立性的史无前例的侮辱。他们将一份含糊其辞的答复意见交给了兰道夫：詹姆士准备强硬地维护自己的尊严，所有那些被怀疑支持莫顿的朝臣都将被开除公职，其中一些人则被打入了大牢。王国上下举凡能持枪上马的男人都奉命集结起来，准备上阵杀敌。士兵们也受到了征召，并且陈兵于边境。英格兰大使发现，激使他们拿起武器的既不是他向大会做出的公开演说，也不是他在贵族中间进行的秘密阴谋。此外，他也发现了自己所受到的诽谤日渐增多，甚至有人想要谋取他的性命，因此便在黄夜逃离了苏格兰。在两个王国中，所有事情都呈现出敌对的趋势。虽然伊丽莎白想要用她的部署恐吓苏格兰国王，但她并无意与之开战。集结在边境的军队虽令人生出了种种疑虑，但他们很快就被遣散了。

伊丽莎白越是表现出对莫顿安全的担心，他的敌人就越想要尽快执行旨在置他于死地的阴谋。斯图尔特队长起初被任命为阿兰伯爵（James Stewart, 3rd Earl of Arran）的监护人。不久之后，由于阿兰伯爵提出了一些无聊的要求，他的头衔与财产就全归斯图尔特队长所有了。这位新晋贵族奉命将莫顿从邓巴顿带到爱丁堡，路上不仅警告莫顿他即将降临的命运，而且还令他屈辱地看到了他的致命死敌们由于策划了旨在消灭他的阴谋而获得的荣誉。

高等刑事法院关于这一时期的记录已经丢失。我们的史学家们指出，这可能是因为对莫顿的审判是错误的，或者是不尽如人意的。对他的审讯似乎伴随着暴力，在审判期间，一大批武装人员部署在了城中各处。法官是由伯爵那些众所周知的敌人们组成的，虽然他对其中一些人提出了抗议，要求撤换他们，但是这项异议遭到了否决。经过短暂的讨论之后，陪审团认为他犯有如下罪行：隐匿了谋杀前代国王达恩利的凶手，并且自己也是该案的从犯之一。判决的前半部分并未出乎他的意料，但他两次重复着"同谋凶犯"这一词语，并且补充道："上帝知道这并非实情。"法庭因为他的叛乱行为而宣判他死刑，但国王推迟了其中最为残酷的部分，命令刽子手在次日将他斩首。

在行刑之前可怕的间隔期间，莫顿的内心有若止水一般平静。他愉快地享用晚餐，像往常一样在夜间安眠。他用自己一生当中最后的时间参加了宗教集会，并且与城市中的一些牧师一同做了祷告。陪伴着他的牧师们直击他的良心，指出了他的罪行。他向他们坦白的罪行，弥补了我们资料不足的缺陷。莫顿伯爵承认，当他在里吉欧死后从英格兰返回之时，博斯威尔向他通告了针对国王的阴谋，如博斯威尔所言，玛丽女王知道这个密谋并且表示了支持。他请求莫顿支持这个计划，而他在那时是完全拒绝的。此后不久，博斯威尔以及阿奇博德·道格拉斯再度请求他予以支持，莫顿为此要求他们给予一份由女王亲笔所书的担保，以对这一行动进行授权。但是，由于他们始终未能拿出这份文件，因而他便拒绝进一步参与他们的计划。"但是，"莫顿继而说道，"由于我既没有赞同这一叛乱性质的行动，也没有帮助他们执行这项阴谋，我不可能揭露或阻止他们的罪行。我该向谁揭露？女王是此案的始作俑者；达恩利是那么的愚蠢，以至于没有什么秘密能够安全地通告他。亨特利与博斯威尔在王国中的影响力巨大，但他们却是这一罪行的案犯。"这些因素据信可以在一定程度上减轻莫顿的罪行，尽管他为曾经向阿奇博德·道格拉斯所表现出来的支持而感到抱歉，因为他知道此人乃同谋者之一，这一歉意也远不足以替他赎罪，但他的脑海中似乎并没有表现出其他焦虑不安的思索。当看守告诉他警卫已经到场，各项准备已经就绪之时，"我歌颂我的上帝，"他说，"我也已经准备好了。"阿兰伯爵负责指挥警卫，即便在这个令最难以缓和的仇恨也能有所减轻的时刻，莫顿的敌人们也依然无法控制他们的恶意，并对他进行了侮辱。在处刑台上，莫顿的举止镇定自若，他的表情与声音一如既往，并未发生改变。在最后的祷告结束之后，他便以无愧于道格拉斯之名的勇气从容赴死了。莫顿的头颅被放置在爱丁堡的监牢之中，他的尸体则被弃置在了处刑台上，只覆盖了一件破破烂烂的大衣，最后被几名杂工带到了埋葬犯人的墓地之中。他的朋友们无人敢于送他前往墓地，也无人敢于通过哀泣来表现他们对伯爵的尊敬与感激。

阿兰伯爵在私生活上放荡不堪，在公众场合的行为也十分鲁莽。此后不久，他便由于同马奇伯爵夫人那段臭名昭著的婚姻而吸引了公众的注意力。在他成为宫中的宠臣之后，他常常到伯爵家里做客，并且无视宾客之礼，策划了一个针对伯爵娇妻的阴谋。这个女人年轻貌美，根据同时代的史学者们的描述，"她的性感容易诱发任何难以忍耐之事"。他们因互相之间的需求而无法容忍约束，他们的情欲都十分炽盛，渴望公开宣布他们的结合，并且希望以一段婚姻来为他们非法的感情生下合法的后代。伯爵夫人提出要与自己的丈夫离婚，她的理由是任何一个端庄的女性都不会提出的。[7月6日]受到阿兰伯爵恐吓的法官们毫不迟疑地就对此案做出了判决。这个臭名昭著的事件被这一段婚姻所终结，它的庆典盛况空前，但被各个阶层的人们所厌恶。

这年召开了议会[10月24日]。在开幕式上，阿兰伯爵与新晋的伦诺克斯公爵之间发生了一些争论。阿兰伯爵生性傲慢，并且被妻子的野心所驱使，开始追求与公爵平起平坐的地位。他忘记了正是在公爵的庇护之下他才能够爬上今天这样的高位。他多方尝试，企图在枢密院中构建一个针对伦诺克斯的派系，但他最后发现国王对公爵十分喜爱，以至于他不可能撼动公爵的地位。因此，伯爵对这位宠臣表现出了谦卑的服从，并且重新获得了他以前的信任，而不是由于遭到放逐失去了所有的利益。但是，这一决裂却使得公爵在国民中的形象更加令人厌恶。在此期间，阿兰伯爵寻求了教士的支持，他谎称自己对新教有着虔诚的信仰，并且致力于巩固人们对其敌手的怀疑，即：伦诺克斯公爵是吉斯家族的间谍以及天主教的支持者。由于人们认为他对公爵的阴谋了如指掌，因此他的诽谤比他的人品享有了更多的信任。对于在此期间伦诺克斯与阿兰之间的敌对以及双方都致力于赢得牧师的支持，我们便可以解释为因为这届议会通过了几项大力支持教士的法案，尤其是其中的一项旨在废除莫顿提出的宗教仪式以及任命一名牧师负责数个教区的法令。

我们已经有几年未能关注教会了。当苏格兰的政体经历了众多不同寻常的重大变革之时，教会也受到了影响。其中的两个事件吸引了教士的注意力。其一是为教义或是宗教组织构建一个宗教体系。经过长期的努力并遭受了众多挫折之后，这一体系最终得到了初步确立。宗教大会庄严地对这一体系的建立表示了认可，并且将之提交枢密院以期获得它的支持。但是，莫顿在他统治期间并不希望看到这样的体制付诸实践，那些在他失势之后控制着国王的贵族们也是如此。他们通过给其设置障碍、表示反对而阻止这项议案获得任何法律上的认可。另外一件引人注目的事件是对主教制的废黜。主教们对于国王十分忠诚，他们将自己获得的晋升归功于国王的提拔，并且对此心怀感佩。这样的主教们对于公众的自由而言无疑是十分危险的。他们在议会中占有席位，也拥有荣誉头衔，这不仅使他们从宗教事务上分心，而且很快就令他们的性格与习惯同那个时代的其他教士有了显著的差别。贵族嫉视他们所获得的权力，平民则认为他们的生活亵渎了圣灵，双方因而都迫切地想要看到对方的垮台。亚当森学识渊博、口若悬河，在道格拉斯去世之后晋升为圣安德鲁斯大主教（Patrick Adamson, Archbishop of St. Andrews, 1537—1592），他与梅尔维尔之间的私人争斗掺杂进了两派的情感，并且使之继续激化。在每一场大会之上，人们都将矛头对准了主教制，对其大加挞伐。主教们的特权日益遭到限制，大会最终通过了一项法令宣布主教职位在《圣经》中既无依据，也没有证明，因此要求所有占据主教职位者都应当立即辞去此职，并且放弃对圣事的管理权，直到宗教大会允许他们收回该项权限为止。违反此令者将会被开除教籍，但是法院并没有默许这一判决。此后不久，格拉斯哥大主教一职就产生了空缺，斯特灵教区的牧师蒙哥马利（Montgomery）是一个自负、浮躁且专横的人，他个性中的缺陷使其更倾向于离间人民和他们所喜爱的秩序，而不是调和人民和他们所憎恨的目标。他与伦诺克斯达成了一桩丑恶的神职买卖，并且在他的推荐下成了大主教。他是斯特灵长老会的成员，后来又调任到格拉斯哥长老会，这两个组织与宗教大会都争相检举他。为了庇护蒙哥马利，詹姆士

239

软硬兼施，但这些举措毫无成效。当宗教大会正准备对其宣布绝罚的判决之时，一名传令兵进入了会场，以国王的名义命令他们停止做出进一步的审判，否则就将视他们为反臣。即便是这样的命令也被他们无视，虽然蒙哥马利因其悲伤与表面上的忏悔而得以拖延一段时日，但判决最终还是如期宣布，并且张贴在了苏格兰王国的所有教堂之中。

教士们作为一个整体他们的牢固性尚不如一个大胆的个人，尤其是那些爱丁堡的牧师们。他们每日痛骂管理的腐败，那个时代的人们可以自由登上布道坛，他们便站在其上指责伦诺克斯公爵与阿兰伯爵是国家与教会所遭受之痛苦的始作俑者。朝臣们紧接着向国王抱怨教士们那傲慢与狂热的本性。为了制止他们冒失的演讲，詹姆士不仅将最受欢迎的一名牧师杜里（Dury）逐出了城镇，而且命令他不得在其他任何地方布道。杜里向法院控诉詹姆士的这一行为是对神职人员所享有的豁免权的侵犯。法官们支持杜里提出的原则，杜里也决定无视王室的布告。但是治安法官决定强迫他离开城市。根据国王的命令，他不得不放弃了自己提出的指控——他此前曾经在爱丁堡的十字大街上遭受了公然的侮辱。人民陪同他来到城门之前，哀泣之声不绝于耳。教师们则诅咒这一暴行的设计者必将为天雷所殛。

教会目前身处险境，它的司法权受到了质疑，教士的自由布道权也遭到了限制。但是，政府在此时发生的一场突如其来的重大变革使他们获得了意想不到的帮助。

两个宠臣因他们在国王心中占据的优势而攫取了难以控制的权力，并且蛮横地使用这些力量。詹姆士六世通常居住在达尔基斯或金内尔（Kinneil），此地是伦诺克斯与阿兰领地的中心。他的众多随员，常常在其间飞鹰走马，这完全有失他作为一国之君的威严。那些扶助他登上王位的有功之臣被他渐渐遗忘，而那些曾经恶毒地反对他的人却享受着奖赏与荣耀。他的宠臣们向幼王的脑海中灌输着国王应当享有特权的理论，而这一观念显然与苏格兰的政体完全不符。不幸的是，它在国王年幼之时便对他产生了深刻的影响，并且可能成了他此后在英格兰与苏格兰政府中犯下的一系列过错的根源。民事法庭在各郡开设，土地的所有人被传唤至庭前。法庭无视独属于封建领地的体制，而对他们课以沉重的贡金。宫务大臣恢复了他对于自治市镇的旧式司法权，他们被迫屈从于大臣的淫威之下，痛苦不堪。这两个宠臣还设计了一项旨在激怒伊丽莎白并且瓦解两国同盟的计划，这一同盟被所有的新教徒视为主要对新教的保护。詹姆士六世与他的母亲玛丽女王之间开始频繁地通信，并且努力通过一个联盟条约将二人之间的王位联结在一起，就像梅特兰曾经建议过的那样。这项计划会危及并削弱他的权威，对那些曾经大力反对玛丽女王的贵族们而言也是致命的。

240

　　所有这些事件都激怒了苏格兰的贵族们，他们决定不再容忍这两个奴才的傲慢，也不会坐视他们的飞扬跋扈与冲弱寡能毁掉君主和国家。伊丽莎白在前后四代摄政当朝时期都对苏格兰事务拥有绝对的掌控力，但是自从莫顿死后，她发现在那里的影响力正在遭到剥夺。因此，她准备支持任何旨在将国王从这两个宠臣的手中拯救出来的努力，此二人目前也正在诱使着国王采取十分令她讨厌的措施。马尔伯爵、格伦凯恩伯爵、路斯文勋爵（最近刚刚晋升为高里伯爵）、林赛勋爵、博伊德勋爵、奥利劳特勋爵的长子、格拉姆斯管领（Thomas

lyon, Tutor of Glamis, ？—1608 ）①以及其他几名显贵为此而结成了同盟。
政府更迭在文雅的国家中通过阴谋诡计悄无声息地缓慢推动，但在那
个野蛮的年代里往往如疾风暴雨一般突然而又狂暴，于是国王的地位
与宠臣的安全保障促使同谋者们立刻诉诸武力。

詹姆士六世在阿索尔居住了一段日子，并且享受了他最喜爱的
游猎，随后便在一小队人马的护送之下返回了爱丁堡。他受到邀请
前往路斯文城堡（Ruthven Castle），这是回程的必经之处。由于他
不觉得那里会存在着危险，因此便希望在路斯文能够继续纵情玩乐
[8月12日]。詹姆士六世在城堡中发现了一群陌生人，这令他感
到了一丝不安。他们还在无时无刻地从不同的地方秘密出现，这许
许多多陌生的面孔增加了他的恐惧。然而，他小心翼翼地隐藏起了
自己的不安，并且希望能够在次日清晨前去打猎时发现一些逃生的
机会。但是，正当他准备启程时，一群贵族涌入了他的卧房，提交
了一份对伦诺克斯公爵与阿兰伯爵那些非法且颇具压迫性的所作所
为进行抗议的文件，其中将此二人描述为宗教与自由的最危险的敌
人。詹姆士六世在如今的处境之下应当对这些抗议友善地接受，但
他却迫不及待地想要离开。当他接近房门之时，格拉姆斯管领粗鲁
地阻止了他。詹姆士抱怨、劝告以及威胁着他，当他发现所有这些
都毫无成效之后，他的泪水便夺眶而出。"无妨，"格拉姆斯管领厉
声说道，"孩童的眼泪总比男人的锋芒要好。"这句话在詹姆士六世
的脑海中留下了深刻的印象，使之永远都难以忘记。同谋者们不顾
国王的哭泣与愤怒，遣散了他的侍从，除了他们的心腹之外不允许

---

① "Tutor"一词在18世纪的苏格兰方言中指的是一个领主的代理人。在领主年幼之
时会在家族长辈中选择一人担任其监护人，此人即被称为Tutor。他除了保护领主
的安全之外，还负责管理领主的地产。因此，套用日本史中的术语，将其译为管
领。——译者注

任何人接近他。虽然他们对国王待之以礼，并且小心翼翼地保护着他，这一事件还是被我们的历史学家们称之为"路斯文劫持"，从而在史书上留下了劫掠君王的污名。

伦诺克斯与阿兰伯爵对于这个如此出人意料并且对自己的权力而言如此致命打击的事件感到异常震惊。伦诺克斯妄图激使爱丁堡的市民们拿起武器前去拯救他们的君主，但遭到了拒绝。阿兰伯爵还是像以前那样冲动，他刚刚听说了国王身上发生的不幸之后便策马扬鞭，带着一批扈从向路斯文城堡疾驰而去。由于同谋者们已经命马尔伯爵率领一支大军埋伏在大道之上准备拦截他们，阿兰伯爵因而与自己的随从被他们分割开来，最后只与两骑到达了城堡之下。贵族们一看到这个如此令人憎恶的罪人，他们的怒火就被激起。如果高里伯爵的友谊和其他未被史学家们言明的因素没能拯救这个对于王国而言有百害而无一利的生命的话，阿兰伯爵一定会为他的鲁莽付出生命的代价。不过，他还是没能获准觐见国王，而是被监禁在了斯特灵城堡中。

詹姆士六世现在是其臣子的真正囚徒，他情不自禁地对他们的行为表示了厌恶。尽管如此，他还是不得不发表了一份告谕，宣布同谋者们的行动得到了他的认可，声明自己处于完全的自由状态之下，没有受到任何限制，也没有人威胁他的生命安全。此外，他还严禁任何人以拯救国王为名而反对那些与"路斯文劫持"有干系的贵族［8月23日］。最后，他命令伦诺克斯公爵在9月20日之前离开苏格兰。

此后不久，乔治·凯利爵士与罗伯特·鲍斯爵士作为伊丽莎白女王派遣的大使来到了苏格兰。他们这次出访的借口是前来确认国王的人身安全。在他们的调解下，安格斯伯爵得以返回苏格兰，他在叔叔莫顿死后就一直处于流亡之中，这个十分强大并很受欢迎的

241

贵族的回归也大大增强了他们这一派的力量。

伦诺克斯的和善与风度为他赢得了许多朋友，曾有人向他保证，国王对他的喜爱是绝对不会发生动摇的。他起初似乎决定无视詹姆士六世在暴力威逼之下而发布的命令，国王本人的不情愿也使之对自己产生不了多大的影响。但是，国王的敌人十分强大，他们受到了伊丽莎白的暗中支持，也得到了教士的公开认可，这使他取消了进行一个对国王和他自己都十分危险的冒险，更何况他还没有成功的把握。但是，他还是通过诸多手段拖延离开的时间，希望詹姆士六世可以从同谋者们的手中脱逃，或者命运可以为他提供一些有利的机会来获得解救。

另一方面，同谋者们不仅十分热切地想要获得同胞们的认可，而且渴望就他们的行动取得一些法律上的保障。因此，他们发布了一份冗长的声明，其中解释了促使他们采取这种非常措施的原因。此外，他们致力于增强公众对这两个佞幸的愤怒。他们强烈地渲染了这两个人的幼稚与傲慢，痛陈他们对贵族的轻视、对教会权力的违背以及对人民的压迫。贵族们迫使无法安全地拒绝其要求的国王最大限度地给予他们豁免。但他们对此毫不满足，向宗教大会提出要求，并轻而易举地促成了一项法案 [10月3日]，其中宣称："他们办差得力，深得上帝、陛下与人民的欢心。"此外还要求所有虔诚的新教徒继续发扬这一令人赞赏的事业。为了增强这份法案的力度，每一个牧师都在他们的布道坛上宣读这项议案，并且使教会谴责每一个反对这一伟大事业的人。几天之后召开的等级大会通过了一项具有同等效力的法令，并且赋予了同谋者们以绝对的保障，确保他们的每一项计划都能够顺利进行。

詹姆士最初被他们带到了斯特灵，随后又前往圣十字宫。尽管他在每一地都因为他的地位而受到了表面上的尊敬，但他的一举一

动都处于完全的监视之下，并且受到了与他被抓住之初同等的限制。　242
伦诺克斯在逃避了许多令其离开王国的命令之后，最终不得不开始
了他的逃亡之旅。然而，他仍然在爱丁堡附近逗留了一些时日，似
乎他仍然打算做出一些努力以恢复国王的自由。但是，也许是他那
温和的性格使其不愿看到内战引发的流血与无序，也许是一些不为
我们所知道的原因，他最终放弃了，并且取道英格兰前往法国。国
王在发布驱逐他的命令时与公爵服从这一指令时一样十分不情愿。
他们都由于无力防止这一命令导致二人的分别而感到忧伤。伦诺克
斯在抵达法国后不久，旅途的劳累与内心的痛苦便使他发起了高热。
在生命中的最后时刻，他表现出了对新教的虔诚信仰，以证明他并
不像有些人指责的那样是一个狂热的天主教徒。由于他是最早受到
宠幸的人，因此他也许是詹姆士六世最喜爱的幸臣，尽管他并不是
最有能力的。他的主人对他那柔和与热切的喜爱是死亡本身无法否
认的。国王对他的后裔给予的慷慨与仁慈不仅给伦诺克斯的亡灵以
极大的荣耀，而且将他确立为自己最喜爱的人之一。

　　同谋者成功剥夺了詹姆士六世的自由，这一消息很快就令整个
欧洲一片哗然，并且最终传到了仍然处于监禁状态之下的玛丽女王
的耳朵里。由于她自己的经历让她很清楚一个遭到囚系的君主将会
遭受怎样的伤害，由于那些现在参与针对其子的阴谋的贵族也是那
些被她视为自己所有不幸的始作俑者，对于一个母亲的内心而言，
担心自己的儿子将会遭遇同样的不幸是再正常不过的了。这些担忧
也成功地激起了她对自己目前之处境的恐惧，在内心的极度痛苦之
下，她写信向伊丽莎白女王抱怨自己所遭受的史无前例的严苛对待，
并且请求她不要弃自己的儿子于不顾，从而使之任人摆布，也不要
坐视他最终陷入与自己同样的不幸。这封信的语调尖刻、强硬，它
既表现出了苏格兰女王没有被其遭遇所折服的意志，也表露出了她

对伊丽莎白的阴险与严苛的强烈不满。但这样的一封信却无助于她实现自己的目标，她所受到的监禁既没有因此而减轻，也没有获得任何有利于詹姆士六世的干涉。

[1583 年] 亨利三世虽然惧怕并憎恨吉斯家族的诸侯们，但是不得不寻求他们的支持。他积极干预此事，力图将詹姆士六世从这个完全为英格兰利益而服务的派系的手中拯救出来。他命令驻英格兰的使节德·拉·莫特·费内隆前往爱丁堡，并且尽自己最大的努力使詹姆士获得一个更适合于其尊贵身份的地位。由于伊丽莎白无法正当地阻止他自由地执行自己的任务，她因此委派戴维森作为她的使节一同前往苏格兰，她借口派戴维森协助谈判，实则是命令他监视费内隆的行动并阻止其取得成功。詹姆士的王位至今尚未得到欧洲大陆上任何一个君主的承认，因而他十分高兴来自法兰西宫廷的这次令苏格兰王廷蓬荜生辉的访问。因此，为了有利于这次出访，他以隆重的礼节接待了费内隆[1 月 7 日]。掌控着国王的贵族们并不喜欢已经对苏格兰事务早已失去了影响力的法国的干预。他们警告教士，如果吉斯家族恢复了他们在朝中的优势，苏格兰的宗教就将处于危险之中。尽管国王全力以对待使节的礼仪拘束他们，但他们还是公然抨击法兰西宫廷，抨击吉斯家族的诸侯们并且抨击作为使节的费内隆。他们反对与法国结盟，因为法兰西人以不为任何一个常规政府所容忍的暴虐而去迫害新教徒，这个王国也因此而臭名昭著。费内隆受到戴维森的监视，得不到贵族的信任，同时也处于教士和人民的侮辱之下。他没能给国王的处境带来任何改善便返回了法兰西，他曾建议苏格兰政府应处于詹姆士与其母的共同统治之下，这一提议自然也并未收到答复。

与此同时，詹姆士尽管巧妙地掩饰着他的恐惧，但他还是由于遭到了监禁而愈发感到寝食难安，这些不安使他持续寻找逃脱的适当机会。经过长久的观察之后，他最终成功地从监禁者的手中逃脱了，这是法兰西国王无力办到而英格兰女王也不愿看到的。由于同谋者们将伦诺克斯逐出了王国，并且令阿兰远离宫廷，他们因此变得安全了。此外，他们认为时间能让国王接受他们以及他自己的处境，因此便日益疏于对他的看管。他们之间后来产生了一些不和，法兰西使节在居留苏格兰期间挑拨他们之间的矛盾，削弱了其赖以生存的联盟。威廉·斯图尔特上校（Colonel William Stewart）是负责保护国王人身安全的那群护卫的统帅，詹姆士将他拉拢到了自己这一边。他在恢复国王的自由这件事情上居功至伟。詹姆士六世借口拜访自己的叔祖马奇伯爵（Robert Stewart, 1st Earl of March, 1522—1586）而获准 6 月 27 日从福克兰前往圣安德鲁斯。为了不引起怀疑，他起初借住在城镇中没有任何防御措施的一处小屋中。然后，他以对城堡的好奇心为借口而前往窥探一番。当他与那些深得其信任的侍从刚刚走进城门之时，斯图尔特上校便立刻命令门卫落下城门，将其他侍从关在了城外。次日清晨，阿盖尔伯爵、亨特利伯爵、克劳福德、蒙特罗斯、洛西斯与其他收到国王密函的贵族们率领着他们的扈从进入了城镇。虽然马尔伯爵与其他几名派系领袖全副武装，但他们发现自己的部队无法与敌人相抗衡，因此想要重新恢复对国王的掌控是徒劳的——国王在他们的控制之下已经度过了十个月的时间。詹姆士六世生性温和，那些时常随侍其左右的侍从深受他的这一性格的影响，并因此对他尊崇有加。由于他在如此之久的时间中始终未能顺从同谋者，并且在此期间，他的愤怒既炽盛又持久，他们因而必须诚恳地乞求宽恕。如若不然，这一对他的人身和权威都带来了极大侮辱的行为将会令他的愤怒直冲霄汉。

成功逃脱魔窟的詹姆士洋洋得意、欣喜若狂。然而，在詹姆士·梅尔维尔爵士以及他那智慧的朝臣们的建议之下，他决定克制自己的行为。他召集双方的领袖、附近的贵族、邻近市镇的代表、朝臣以及大学校长至御前议事。他宣布，尽管自己曾遭受了一段时日的极端限制，但他不会将此归咎于任何人。此外，他没有忘记在他尚未亲政的时日里所发生的如此众多的暴乱。他决定大赦天下，对所有臣民一视同仁，将自己的爱公平地给予他们。为了证明自己的真诚，他前往路斯文城堡拜访了高里伯爵，并且赦免了他在那里针对国王所犯下的罪行。

244

但是，詹姆士六世并没有将这一慎重与温和的方案坚持下来。他此前的宠臣阿兰伯爵曾获准定居在金内尔一段时间，这是他的一处宅邸。国王在重获自由之后立刻恢复了对他的宠信，并且表达了想要见他的强烈愿望。朝臣们强烈反对这个佞幸的回归，他们惧怕他的傲慢与专横，国民们也憎恨他的行径。然而，詹姆士六世继续着满足他的要求，并且保证他将不会像从前那样迫使他们屈从，仅仅令他随侍自己的左右就已经满足了。但是，詹姆士与阿兰伯爵的这次会面重新点燃了国王过去的宠爱之心，国王忘记了他的承诺，阿兰伯爵又一次掌控了他的内心，并且再度执掌了国之权柄。他依然具有一个奴才那样的自大，在行事之时也依然像从前那样鲁莽。

阿兰伯爵在恢复权力之后的第一个行动就是颁布了一份关于"路斯文劫持"的布告。其中要求劫持的参与者以最谦卑的方式承认自己的罪行。国王曾允诺将赦免他们，保证他们在未来的行为将不会使他记起他们过去的错误。但是，这份宣言的要旨与他们曾经受到鼓励而有所期待的赦免有着天壤之别。他们当中也没有人会依靠这样一份充斥着模棱两可的条件的赦免，更何况它还是出自一个年轻国王的手笔——他此时正处于一个大臣的控制之下，此人缺乏诚信且不顾廉耻，他想要复仇的欲望甚至超出了其本性中最为凶残的部分。许多起初在宫廷中供职的派系领袖回到了他们自己的宅邸。

他们预见了危险的风暴正在聚集，并且开始想要逃到国外去。

伊丽莎白一直保护着同谋者们，她十分厌恶这个明显想要置他们于死地的计划，因此写信给詹姆士六世［8月7日］。伊丽莎白的措辞强硬、尖刻，她在信中以一种完全不同于君主之间通信的风格指责国王，谴责他违背了诺言而召回了阿兰伯爵，谴责他是如此轻率，以至于严苛地对待自己最为忠诚也最有能力的臣子。詹姆士以合乎其至尊身份的方式对此信做出了答复，他说，那些承诺是暴力手段逼迫他做出的，当这些暴力所带来的恐惧已经消除之后，它就对自己没有约束力了。选择什么样的臣子为他效劳是其个人的自由，尽管他想要仁慈地对待那些参与"路斯文劫持"的臣子，但是为了树立自己的权威，他不能保证这些侮辱他的臣子们不受责备就能得到赦免。

伊丽莎白的复信很快送到了宫中［9月1日］，她派遣自己的秘书沃尔辛厄姆为使节前往递交此信。他以华丽的方式出现在了苏格兰的宫廷，使得这个年轻的国王欢欣不已，并且令其为之目眩。沃尔辛厄姆获准与詹姆士六世面谈，他强调了信中的要点，国王也重复了自己此前的答复。

在经受了阿兰伯爵与其奴仆的几番侮辱之后，沃尔辛厄姆返回了英格兰，结果是没有与国王达成任何新的协议。沃尔辛厄姆是继伯利之后的国之柱石，像他这样身居高位的显贵在这样的高龄为了国政饱经旅途之风霜，更何况他的身体也每况愈下，因此我们有理由相信这一事件造成了他今后的不幸。[①] 但是，由于他并没有出现明显的不适，伊丽莎白因而仍然想要令这位大臣前去搞清楚苏格兰国

---

① 意指沃尔辛厄姆这次出使苏格兰给他的身体造成了很大的负担，这可能加速了他的去世。——译者注

王的能力与脾性。他已经到了一个让人必须揣度其性格和举动的年龄了。由于詹姆士六世一向更擅长于言谈而非行动,因而给英格兰国务大臣留下了深刻的印象,尽管他在苏格兰受到了冷遇,但他还是对詹姆士的能力做出了有利的报告,促使伊丽莎白决定在今后以隆重的礼节与更加尊敬的方式对待他。

伊丽莎白想要庇护同谋者的意愿使得詹姆士更想要处置他们。由于同谋者们拒绝接受他所给予的赦免条件,国王便颁布了一份新的谕告,将他们统统打入了大牢。只有安格斯伯爵一人遵从了国王的谕旨,剩下的人要么逃到了英格兰,要么获得了国王的许可退往外地。等级大会召开 [12 月 17 日],大会的成员被阿兰伯爵卑劣的伎俩所欺骗,因而宣布那些参与“路斯文劫持”的贵族犯下了叛国罪,下令将去年通过的支持他们的法令从记录中删去,并且支持国王以严苛的法律起诉他们。

同谋者们虽然没有做出在那个年代里属于出格的任何举措,但是,一群桀骜不驯的贵族处于那样尚未安定下来的政体之下,他们一定会被确认犯下了针对君主的叛乱行径。詹姆士六世也秉持着同样的观点去看待他们的行为,因此当他因为他们坦白了自己的罪行而赦免了这些人之时,他有充分的理由为自己的仁慈而感到自豪。但是另一方面,我们也应当承认,当国王自愿允诺赦免他们而又违背了诺言之后,他们也有理由对此加以抱怨。除非他们有着不可原谅的鲁莽行为,否则是不会将自己的生命交到阿兰伯爵手中的。

[1584 年] 教会的利益受到了这一时局反转的深刻影响。当同谋者们掌握政权之时,教士不仅恢复了他们的特权,而且还有所拓展。由于他们此前曾宣布教阶制不合律法,因此他们致力于消灭教会之外的主教制度。不过,他们并没有废除苏格兰的所有主教,也没有将他们一律逐出教会,这应当归因于列当森的机敏,而不是他们缺

乏热忱。他使得这一行为复杂化并且拖延了其实施的过程。当国王恢复自由之后，事情就变得截然不同了。阿兰伯爵是一切正派与神圣之物的敌人，他再度拥有了国王的支持。那些曾经积极捍卫新教事业的贵族们遭到了严苛的起诉，这被视为教会将要遭受灭顶之灾的前兆。教士不可能掩饰他们的愤怒，也不会对这一即将发生的危险三缄其口。杜里曾经恢复了他的官职，并且是爱丁堡长老会的一名牧师，他公开在布道坛上为"路斯文劫持"喝彩。国王闻知此事之后怒不可遏，虽然他已经屈服，但詹姆士还是命令他辞去所有的职务。安德鲁·梅尔维尔受到了宫廷的传召，命他在枢密院之前就他曾在圣安德鲁斯发表的言论进行答辩，此外还谴责他把国民现在所受到的苦难同詹姆士三世治下的苏格兰进行比对，并且暗示他们应当受到与那时一样的救济，他还认为自己有责任为他们的利益而奔走。梅尔维尔拒绝在一个民事法庭上就这一完全属于宗教领域的案件接受审判。如他所言，他所在的长老会有权召他前去解释曾经在布道坛上说过的话。国王与枢密院均无权对一个牧师所表达的教义进行初审，除非他们违反了教会的豁免权。对于民事司法的豁免权曾在很大程度上增添了天主教士的荣光与权力，它经过了长期的斗争，并最终为天主教徒们所获取。如果新教牧师也获得了此等特权，他们就将独立于治安法官之外。更为重要的是，他们本来由于传布那些能够导向幸福与安宁的教义而对社会十分有益，一旦他们不受约束并且毫无畏惧地散播那些危险的原则，或是激发听众那不顾一切的违法之举，他们就将成为社会的毒瘤。詹姆士唯恐失去他那过度扩张的特权，因而为这个大胆的侵蚀王权的行为所警觉。由于梅尔维尔因其学识与热忱获得了派系领袖的声望与权威，詹姆士决定严厉地惩罚他，他的"杰出"也使之显得非常重要。此外，他想要以这一及时的严苛去阻止那种危险宣言的复活。然而，梅尔维

246

尔为了躲避君主的愤怒而逃到了英格兰。布道坛上则持续回响着对国王的抱怨，指责他扑灭了智慧之光，并且将一个最有能力也最为忠诚地捍卫宗教自由与原则的卫道者从教会中夺走了。

教士们这些针对宫廷的激烈的雄辩为人民所大力支持。同谋者们虽然被逐出了王国，但仍然在那里保持着强大的影响力。由于他们惧怕来自一个年轻国王的愤怒，同时被阿兰伯爵那些残暴的建议所激怒，因而他们从未停止过煽动信徒们拿起武器保卫自己。戈里是同谋者当中唯一屈从于国王并且接受了赦免的人，他的这一行为令他失去了一个派系的尊重，也未能获得另一派的信任，因而他很快就为此而后悔不迭。在遭受了国王的无视与阿兰伯爵的傲慢所带来的屈辱之后，他被勒令离开苏格兰，并且前往法国。当他在邓迪等候船只之时，他接到消息称安格斯、马尔与格拉姆斯管领制订了一个突袭斯特灵的计划。在他目前的处境之下，用不了多费口舌就能将他拉进这一同盟之中。他提出了很多借口推迟他的行程，并且准备在同谋者们商定好了的日子里拿起武器执行他们的密谋。他在邓迪耽延了太久，并且没有充分的理由支持，这使得朝廷起了疑心，这对他自己而言是致命的，也挫败了同谋者的计划。威廉·斯图尔特上校率军包围了他的居所，并且不顾他的反抗而将其逮捕。两天之后，安格斯伯爵、马尔伯爵与格拉姆斯管领占领了斯特灵城堡，在那里树起了反旗，并且发布了一份宣言，声明他们起兵的目的只是在于清君之侧，因为国王身边有一个小人通过卑劣的手段获取了权力并且极为傲慢地使用它。戈里沦为囚徒之事令他们的士气备受打击。他们将之归咎于他的变节，并且推测，由于他此前曾背弃了他们，现在可能又一次背叛了。与此同时，伊丽莎白忘记了在关键时刻给予他们曾经允诺过的资金支持，他们的封臣与亲友的动作也十分迟缓，因此他们开始动摇并有所沮丧。由于詹姆士六世行动果断，率领了两万大军杀奔斯特灵，他们便仓皇地向英格兰逃走，但很难脱困。这一鲁莽与无力的尝试产生了令阴谋者失望的后果。这不仅重创了他们的计划，而且增加了国王的名望与力量，巩固了阿兰伯爵的权力。此外，还使得国王等人更加大胆地实施他们的计划，并且获得了更大的成功。戈里是其愤怒的第一个牺牲品，在一场有违常规的审判之后，陪审团判定他犯有叛国罪，并且在斯特灵将他公开处斩。

247

　　打压教会是国王将要进行的第二个步骤。但是，由于为此必须寻求立法机构的帮助，因而他匆忙地召开了议会 [5 月 22 日]。当时许多贵族要么被逐出了王国，要么被禁止出现在国王左右。阿兰的傲慢使一些人避而远之，另一些人则受到了震慑，因此议会全部由忠于朝廷的议员们组成。为了掩盖那些由教士的学识所制定的法律，立法委员们对其宣誓进行保密。一些大臣预感到了危险，他们也收到了有关危险的消息，因而委派了一名成员前去向国王宣布他们的主张。此人刚刚走入宫门便被侍卫们逮捕，并且被打入了监牢。其他人打算进入议会，但却没有获得许可。因此，旨在完全推翻教会体制与原则的法案就这样获得了通过。拒绝承认枢密院的司法权，任何意欲削减议会中三个等级之特权的图谋都将被宣布为叛国重罪。不经国王的允许或委任就举行世俗或宗教界的集会的，在公开场合的演讲或布道中公然诋毁国王、侮辱他的祖先或是大臣者，都将被处以死刑。

　　当这些法令根据古老的惯例张贴在爱丁堡的十字大街上之时，罗伯特·庞特（Robert Pont）以其同胞们的名义对此进行抗议，因为这些法令没有得到教会的承认或支持就获得了通过。他是圣卡斯伯特长老会的成员，也是最高民事法庭的一员。自从宗教改革以来，教士与宗教法官就被视为神圣的，教士有自由责难与告诫的权力，而宗教法官则拥有不受控制并且独立的司法权。现在，国王把攻击的矛头对准了二者。这些新法令的目的在于使教士因其贫穷而变得愈发微不足道。随着贪婪的贵族剥夺了他们的财富，野心勃勃的国王也打算剥夺曾经属于他们的权力，也难怪警报四起、抱怨日盛。爱丁堡的所有牧师都预见到了自己将要面临的危险，因而纷纷逃到了英格兰。国中最杰出的教士也纷纷效仿他们而出逃国外。孤寂与震惊的情绪弥漫在苏格兰的每一个教堂之中，人民为失去了他们敬仰的牧师而哀恸不已，在这样一个出人意料的事件所引发的全面恐慌之下，人们开始表达对阿兰的愤怒，并且开始将国王视为新教信仰的敌人。

第七章　玛丽女王之死

[1584 年] 当苏格兰被国内的派系纷争撕扯得四分五裂之时，伊 248
丽莎白听到了一些传言，指称有人打算在国内搬弄是非，以趁机营
救玛丽女王。弗朗西斯·斯罗格莫顿（Francis Throkmorton）是柴郡
的一名贵族，他有很大的嫌疑参与到这项阴谋之中，并因此被囚禁
了起来。在他的文件中发现了两份清单，其中一份是国内的主要海
港，详细记载了港湾的水文地理；另一份则罗列了英格兰境内著名
的天主教徒。这些物证更加令女王确信了对他的怀疑，并且由此确
认一场邪恶的阴谋将要爆发。起初他坚称自己无罪，并且宣称那两
份文件系出自大臣们的伪造，目的在于恐吓或诱捕他，他甚至以超
乎常人的毅力忍受住了酷刑的折磨。但是，当他再度被带到拷问台
上时，他的意志崩溃了。他不仅承认了自己与苏格兰女王之间有着
秘密的通信，并且招供他们制订了入侵英格兰的计划。他说，吉斯
公爵许诺为他们提供军队，并将亲自指挥整个行动。教皇与西班牙
国王将会提供入侵所需的资费。所有的英格兰流亡者们都会拿起武

器，在他们登陆之后，英格兰的天主教徒们也准备加入到他们的队伍当中。西班牙大使门多萨（Mendoza）是这起阴谋的支柱，他不遗余力地在英格兰人民之间煽动其不满的情绪，并且加速在欧陆上的准备。在他的命令之下，斯罗格莫顿制作了这两份清单，复件已被他们搜去了。他在审判中撤回了这些招供，在宣判之后又再度予以承认，但是在行刑之时他又对这些罪行矢口否认。

对于我们这些身处当代的看客而言，只要仔细利用时间与历史给这一阴谋扫去的尘雾，细细审视吉斯诸侯们的性格，我们就会发现斯洛克莫顿供认状当中的很多细节都背离了事实。吉斯公爵在当时的处境使他根本无暇考虑对外国的征服，他在朝中无权无职，又受到国王的厌憎，并且为宠臣们所排挤。因此，他根本没有时间去思考怎样扰乱邻国的安宁。他那雄心勃勃的心中已经满是撼动法兰西王位的传说。但是，当伊丽莎白正在追查那桩阴谋之时，吉斯家族与菲利普之间的紧密同盟已经为整个欧洲所熟知。由于他们尚未公开针对亨利三世的图谋，由于他们企图以入侵英格兰的威胁掩盖他们的阴谋，斯洛克莫顿的招供便极有可能。伊丽莎白很清楚他们提到的派系都热切地希望看到自己的垮台，因此认为她必需更加谨慎地守卫自己的王国。英格兰流亡者那不慎重的狂热增加了她的恐惧。他们不满足于仅仅抗议她对待苏格兰女王的严苛以及她对天主教臣民残忍的迫害；也不满足于曾经有一位教皇威胁要将她开除教籍，而另一位则切实地将之付诸实践。他们现在开始散发各种宣传品，力图劝说人们信奉他们的原则，即：终结伊丽莎白的生命将会是一件功德无量的壮举。他们公开劝告那些未婚的侍女们要像朱迪思（Judith）对待荷罗孚尼（Holofernes）那样对待伊丽莎白，这一壮举将会使她们的名字在未来任何一个时代的教会中都变得神圣而光荣。因此，伊丽莎白不仅将斯洛克莫顿打为叛徒，严惩不贷。此

249

外，她命令西班牙大使立刻离开英格兰。为了在不列颠岛遭到攻击之时能够确保自己的安全，她决定尽最大的努力恢复自己在苏格兰枢密院的影响力——她在此前已经完全丧失了对它的掌控。

伊丽莎白有三种方法可以实现自己的计划：其一，给那些流亡中的苏格兰贵族以有效的支援，以使他们能够恢复对苏格兰朝政的掌控；其二，与玛丽缔结一项条约，威胁已经惯于统治之道的詹姆士六世同意除了放弃王位以外的所有条件，或是允许苏格兰有一位共治者；其三，争取阿兰伯爵以使之确保对国王的掌控。最后一个方法不仅简单迅速，而且最易成功。因此，伊丽莎白决定采用最后一个方案，但也没有完全放弃其余的两个。出于这种考虑，她委派自己最得力的秘书之一戴维森前往苏格兰。此人能力卓著、口才极佳。阿兰伯爵贪得无厌，为其同胞所憎恶，并通过对职位的危险占有而占据着权力——年轻国王的支持。他毫不犹豫地接受了伊丽莎白的提议 [8 月 13 日]。此后不久他便同意与亨斯顿勋爵举行会晤，此人是贝里克的司令，并且被国王赐封为执政（Lieutenant General）[1]，当然了，这是一个华而不实的头衔。亨斯顿勋爵在一大队扈从的陪伴之下出现在了指定的会面地点，在勋爵的面前，阿兰伯爵重申了他对英格兰利益的神圣而又可靠的忠诚信仰，并且向他保证詹姆士六世不会参与旨在破坏两国之间和平的谈判。由于伊丽莎白开始对国王的婚姻抱持着戒心——其母玛丽女王的婚姻此前曾令她日夜不宁，他允诺将阻止詹姆士听从类似的提案，直到他预先获

---

[1] "Lieutenant General" 在苏格兰方言中写作 Lieutenant-generale，是君主在朝中的代理人，也可以作为地方大员节制一方。此外，他还是军中仅次于国王的军事长官。当他作为君主在中央政府的代理人之时，一般仅享有荣誉性的地位，此时将其译为"执政"。若其作为君主在地方上的代理人之时则享地方上的军政大权，此时则将其译为"某某总督"。具体译法视情况而定。——译者注

得英格兰女王的认可。

　　流亡中的贵族与他们的追随者很快就感受到了阿兰伯爵同英格兰的友谊所产生的效果了。由于伊丽莎白曾经允诺他们前来英格兰寻求庇护，她的几位大臣也认为她应当使用武力保护他们，这因而成了限制詹姆士与他的幸臣对他们采取非常手段的唯一因素，二人担心这会激起英格兰人的怜悯与愤怒，从而令他们全力以赴地帮助这些流亡者们。但是，所有诸如此类的担忧现在都已经不复存在了。詹姆士六世与阿兰伯爵冒险召开了议会 [8 月 22 日]，其中通过了一项法案，宣布剥夺安格斯伯爵、马尔伯爵、格拉姆斯管领以及一大批他们的支持者的公民权。他们的财产悉数移交给王室，根据苏格兰君主的惯例，国王必须将掠夺而来的土地封赐给那些忠于王室的贵族及其部属。因此，詹姆士将大部分地产封给了阿兰伯爵及其部下。

　　对待教士的方式也没有多么仁慈。所有的牧师、诵经师以及大学教授都必须在四天之内签署一份文件，证明他们对早先议会中通过的一份关于教会的法案表示认可。许多教士被宫廷所威慑或是收买，屈从于这个要求。其他人则坚决反对，他们的薪金遭到罚没，一些更加活跃的反对者被关押了起来，剩下的大部分人都逃往国外。那些服从这个要求的教士被人们怀疑是出于利益或是野心的考虑而做出了行动；那些忠于教义并且因此而遭受折磨的教士则赢得了很高的名望，他们证明了自己的虔信与真诚。教会法庭几乎完全遭到了废止，在一些人迹罕至的地方，有教士留下来履行宗教礼拜的职责，他们曾经因此而在人民中间获得了名望。但是，他们不仅被禁止向公众布道，而且被迫以不冒犯王廷的方式表达他们的观点。人们认为他们的演说无力、沉闷而且令人鄙夷。那时的人们普遍相信，宗教的力量与热忱连同最正直的贵族与最虔信的教士一道被逐出了这个王国。

　　与此同时，伊丽莎白开始与苏格兰女王进行了徒劳的谈判，其中的要点几乎每年都会重申一次。她不仅以自由的前景欺骗这个不幸的女王，而且还因为自己逃避外国势力的请求而向玛丽道歉。同时，她还以此来震慑詹姆士，警告他自己可以随时释放一个能够干扰其权力的对手。她可以任意延长谈判的进程，当其中的条款变得不再为她所需要之时，她也不缺乏打破谈判的借口。正在谈判中的条款也许并不比曾经的要严苛，但是可以使其无效化的理由却更加无聊了。

　　克莱顿是一名耶稣会士，他乘船自佛兰德斯前往苏格兰，但在途中却遇到了那时横行在英吉利海峡的海盗的追赶。克莱顿陷入了极大的慌乱之中，他将保管的文书撕成几片，然后将之抛入海中。然而，十分巧合的是，一阵海风又将它们吹回了船上，并且被乘客们捡了回来，他们立刻将这些纸片交给了枢密院职员韦德。他小心翼翼地将这些纸片拼在了一起，最终发现其中包含了一个阴谋。文书中说到，西班牙国王与吉斯公爵制订了一个入侵英格兰的计划。人民尚未从斯洛克莫顿策划的阴谋所引发的恐惧与焦虑中恢复过来，他的图谋如今被这额外的证据所确认，人民此前的忧惧不仅再度萌发，恐慌也变成普遍的事情。由于这些年来威胁着英格兰的所有危险要么源于玛丽女王本身，要么则是因为伊丽莎白的政敌们在利用着玛丽的名号而为自己的阴谋与暴动辩护，这些都使得人民对其处境的同情大大减少，并且开始惧怕与憎恨她了。英格兰人在伊丽莎白睿智与和平的统治之下享受着安宁，并且获得了远超其先祖的财富，因此十分爱戴这位女王。他们将伊丽莎白的安全与自己的利益联系在一起，这激使他们更加憎恶苏格兰女王。为了阻止她的追随者们，英格兰人认为有必要通过一些能够展现他们效忠君主的公开行动使他们确信，任何旨在威胁伊丽莎白女王生命安全的行为对于她的对手们而言都是致命的。因此，他们组建了一个联盟［10月19日］，署名者都发下了神圣的誓言："吾等誓将为了保卫女王而与她的仇敌战斗。倘若任何觊觎王位者胆敢以暴力之举针对吾王，此等恶行必为正义之法律所不容。吾等以永恒的上帝之名起誓，必将诛杀此等元奸巨恶，必将以吾人之力将此毒蔓殄灭无遗！"举国上下众志成城，都以高涨的激情在这份文件上签下了自己的名字。

251　　玛丽不仅将这一联盟视为将她排除到所有王位继承权之外的公开宣言，而且将之视为自己即将遭受毁灭的确定预兆。为了防止这一危险的发生，她利用残存的权力做出了虚弱的挣扎，派遣她的秘书诺维前往英格兰宫廷，表示自己将在此前导致二人不和的所有要点上顺从伊丽莎白女王的意愿，不想再受迄今为止遭受的痛苦折磨了。但是，无论玛丽顽固地坚守自己作为一国之君的特权，还是她愿意屈服于自己的处境，她都未能成功地通过让步来安抚她的敌人。她的坚持被认为是虚伪的，或是出于对即将到来的危险的担忧。然而，她愿意屈从于伊丽莎白提出的任何条件使沃尔辛厄姆劝说他的女主人最终同意了她的请求。但他也提醒了伊丽莎白，正是人民之间订立的联盟使玛丽女王陷入了被动与顺从之中，这才激使她提出这样的建议。伊丽莎白总是幻想玛丽在暗中进行着神秘的与欺骗的举动，并且猜测她可能与英格兰内外的天主教徒保持着危险的联系。她的猜疑并不全是空穴来风，玛丽在此时写信给弗朗西斯·英格菲尔德爵士（Sir Francis Inglefield），督促他尽快执行她称之为"伟大计划"的阴谋，并且劝他不要顾虑自己可能会因此而陷入生命危险之中。如果她的生命能够拯救受到压迫的万千教会之子，她将毫不犹豫地献上自己的生命。因此，伊丽莎白并不打算在聆听苏格兰女王的建议之后减轻对她的严密看管，而是决定将她从什鲁斯伯里伯爵的监禁中转移，任命埃米亚·波莱特与德鲁·德鲁里这两位爵士作为她的看守。什鲁斯伯里伯爵在十五年里忠心耿耿地履行着自己的职责，但他与此同时对玛丽也十分尊敬，总是将严厉的命令软化之后再予以执行。同样的礼遇不会再被这两个低阶贵族施行了，他们严苛的警惕也许是其能够获得举荐的主要原因，也可能是他们能够得到晋升或是赏识的唯一途径。

　　由于詹姆士比以前更加希望剥夺流亡贵族所受到的伊丽莎白给予的庇护，他便委派格雷嗣君（Patrick Gray, Master of Gray, 1538—1608）[①]作为他的大使前往英格兰宫廷，授权他就此事与伊丽莎白女王谈判。格雷应当将这一殊荣归因于阿兰伯爵的嫉妒。他的身上具备着作为一名朝臣所拥有的一切才华：他举止优雅、巧舌如簧、野心勃勃并且诡计多端。在他定居法兰西期间，他与吉斯公爵亲密无比，为了取得公爵的支持，此人公开宣布放弃自己的新教信仰，并且表现出对玛丽女王极为炽烈的忠心，他也确实与女王保持着秘密通信——女王希望此举能够为自己带来极大的利益。返回苏格兰之后，他竭力讨好詹姆士六世，并且成功地在国王心中留下了深刻的印象。阿兰伯爵在向国王举荐了格雷家主之后不久便开始担心他日渐增长的影响力，他相信在格雷远离宫廷之时能够抹杀他在国王心中的影响力，因此便不遗余力地赞扬格雷，说他是可以担当此等重任的最佳人选，并且帮助他获得了这样的殊荣，这样做只为加速他的失败。伊丽莎白聪明睿智，她往往能够发现可以执行其计划的适当工具，她通过赏识与馈赠争取格雷为她的利益服务。前者可以满

252

---

① "Master" 是苏格兰贵族中的一个特殊头衔，比如格雷勋爵（Lord Gray）的嗣子称为 Master of Gray。在此借用春秋战国之时对列国国君继承人的称法，将其译为"嗣君"。这一头衔至今仍在使用，比如现任福克兰嗣君亚历山大·凯里（Alexander Cary, Master of Falkland, 1963—　）。——译者注

足他那极大的虚荣心，后者则可以支持他的挥霍。他毫无保留地听命于伊丽莎白的指示，不仅竭力使詹姆士六世处于英格兰的影响之下，并且作为间谍蛰伏在苏格兰女王身边。他屡屡向玛丽女王表示忠心，以此套取她的每一个机密，最后将之悉数汇报给伊丽莎白女王。

格雷与英格兰宫廷的亲密关系令流亡的苏格兰贵族们大为光火。伊丽莎白不再考虑用她的权威去帮助他们重返祖国，她发现自己可以通过贿赂国王身边的宠臣轻而易举地实现对苏格兰的统治。伊丽莎白听从了格雷的请求，命令流亡者们离开英格兰北部，并且向王国的中心地带进发。这使得他们很难再与苏格兰的支持者们保持通信，并且几乎无法在不得到伊丽莎白的准许之下就返回苏格兰。这是詹姆士六世多年来希望达成的目标，格雷通过此举使自己的地位比以前更加巩固。此外，由于获得了巨大的声望，他也可以更好地为伊丽莎白女王效劳。

[1585 年] 阿兰伯爵现在暂时占据了他那永无止境的野心所需要的，或是一个君主的宠信所能给予他的所有权力、财富与荣耀。总理大臣（Lord Chancellor）是一国之中最为显赫也最为重要的职务，现在詹姆士六世将此授予了他，而曾经继承阿索尔伯爵担任此职的阿盖尔伯爵此时尚未离开人世。人民对此深感震惊，也异常愤怒。阿兰是一个追名逐利的冒险家，他对法律一无所知，并且常常蔑视司法，这样的人竟然会得到任命成为议会、枢密院以及民事法庭的成员，并且对其臣僚的财产享有最终的决定权，这实在是天下之最大的滑稽。与此同时，他还是斯特灵与爱丁堡的城堡司令。这些官位似乎仍不足以彰显他的价值，詹姆士六世最终任命他为苏格兰王国全境守护。如果不经他的允许，任何人都不得接近国王；不经他的斡旋，任何事情都无法得到国王的同意。詹姆士六世每日沉

溺于声色犬马之中，将所有的大权都交付给了阿兰伯爵。这样异乎寻常的晋升增加了他本性当中的傲慢，并且使之变得愈发炽盛。他不再满足于一个臣子所能享受的所有荣华富贵，开始声称自己的血统源于阿尔巴尼公爵默多克，并且吹嘘自己比国王更加拥有继承王位的资格。但是，与这些关于王权的想法一并生发的是他那贫寒的出身所带来的卑劣行径。他身为法官时的贪赃枉法臭名远播，只有他的妻子能够在这方面超过他。这个女人罔顾正义，干涉每一桩即将受到裁定的案子。她利用自己的影响力去贿赂或威胁法官，并且公然给他们的判决下达指示。阿兰伯爵作为一名大臣的贪婪也是毫无休止的，他并不满足于如此众多的官位带给他的薪俸，不满足于属于汉密尔顿家族的地产与荣耀，也不满足于刚刚落入其手中的而本属于格雷家族的大部分土地。他急于获取其他几名贵族的地产，并且要求麦克斯韦勋爵用他的封土交换金内尔的罚没地。由于麦克斯韦后来不愿意为了一块如此危险的土地而放弃自己的祖产，阿兰便煽动其世仇约翰逊领主反对他，并且令王国的这个边陲地区陷入了战火。他将阿索尔伯爵、霍默勋爵与卡西斯嗣君（John kennedy, Master of Cassilis, 6th Earl of Cassilis，1616—1668）投入监牢，原因在于：阿索尔伯爵不愿与他的妻子高里伯爵之女离婚，也不愿将自己的地产交付与他；霍默勋爵不愿将自己邻近阿兰伯爵封土的那部分土地舍弃；卡西斯家主则不愿借给他钱财。他的间谍遍布王国上下，并且恣意闯入每一个集会之中。近邻之间互不信任，熟人之间互相猜疑，即便是夫妻之间的正常生活也受到了干扰。男人们不知该向谁吐露怨愤，也不知该去哪里抱怨。在历史上，或许没有哪个大臣让一个国家如此憎恨。

　　阿兰伯爵仍然不顾人民的感情，鄙视他们的抱怨并继续放纵着他的脾气，而且采取十分极端的行动。阿加蒂的大卫·霍默与他

253

的兄弟帕特里克收到了几封来自流亡者关于私人买卖的信件，二人旋即遭到处死，理由竟然是与反叛者勾结。德鲁姆瓦塞尔的坎宁汉姆（Cunninghame of Drumwhasel）与梅因的道格拉斯（Douglas of Mains）是两位颇有人望的绅士，他们被控与流亡贵族同谋劫持国王。在法庭上，只有一名目击证人出庭作证，二人提交的证明自己无罪的证据也是无可辩驳的。指控他们的人在此后不久便承认自己受到了阿兰伯爵的收买，所有人都相信这一指控是毫无凭据的，但他们还是被判有罪，并且作为叛徒遭到了处决。

在这些绅士受到一些莫须有的罪名而无辜惨死之时，伊丽莎白的生命却因为一场真实的阴谋而陷入了危险之中。帕里是一名法学博士，也是众议院的议员。此人目中无人、异想天开，但行事果敢。他最近投身到了天主教的麾下，并且充满了改宗者的热忱。他打算以刺杀伊丽莎白之举来证明自己改宗天主教的真诚。艾伦枢机主教出版了一本小册子，证明刺杀一个遭到绝罚的君主不仅是合法的，而且还是一件大功。教皇派驻威尼斯的大使、威尼斯与巴黎的耶稣会以及英格兰流亡者们都赞同这项计划。教皇本人则劝告他要不屈不挠，并且赐予他免罪文书，赦免他的罪过。迪·科莫枢机主教（Cardinal di Como）也给他写了一封内容相似的信件。虽然帕里时常伴随女王左右，但是恐惧与其他一些责任感使得他久久未能动手。幸运的是，内维尔揭露了他的阴谋，他是英格兰王国中唯一被告知其计划的人。帕里最终供认了自己的罪状，并且受到了相应的惩罚。

这些针对女王的阴谋增加了英格兰议会的愤怒，最终促使议员们通过了一项对苏格兰女王而言十分致命的法案。通过这项法案，旨在保卫伊丽莎白人身安全的联盟得到批准，并且做了进一步的规定："倘若国中发生任何叛乱，或是发生任何以王位继承为由的针对女王的伤害，女王陛下有权任命24人组成委员会。该委员会受掌玺大臣之统辖，有权审判并处罚这些叛乱者。在审判之后应颁布文告，将那些罪人排除在王位继承权之外，陛下的臣子亦得以追杀这些叛徒。倘若针对女王的阴谋产生了效果，那些犯下此等大罪之人将永远丧失王位继承资格，英格兰人民有权以上述方式将彼等殄灭无遗。"这一法案直白地将矛头直指苏格兰女王，无论我们是否将之归于伊丽莎白这个手段老到的女王对其议会的影响，要想使之既符合人道，又不违正义是一件很不容易的事情。玛丽女王因此不得不为自己与他人的行为负责，这样的后果可能会使之丧失王位继承权，甚至是自己的生命。

　　玛丽理所当然地将这一法案视为英格兰打算采取极端手段的警告，她也认为伊丽莎白的大臣们很有可能在此时决定取走自己的性命了。此外，他们还发布文告、散布宣传册，目的在于向国民表明，这一粗鲁且史无前例的举动不仅是必需的，而且也是正当的。即便是在玛丽余下的日子里，他们也利用权力去侮辱她刁难她，使其倍感痛苦。玛丽的所有侍从几乎都被遣散，她不再被他们以女王之礼对待。虽然长达十七年的囚徒生活已然摧毁了她的体质，她还是被关在一间破败不堪的囚室之中。即便是在仲夏时节，她在屋子中也仍然会感到阵阵寒意。尽管她缺乏资金，但她还是惯于在城堡附近的村镇中施舍穷人。波莱特现在拒绝她自由进行这一虔诚而又人道的善举，而这也是她在痛苦之中唯一能够获得安慰的事情。关押她的城堡现在处于严密的监管之下，一个疑为天主教徒的年轻人也被收押在那里，她就在玛丽的眼皮底下受到酷刑的折磨，并最终惨死在了刑具之下。玛丽时常向伊丽莎白抱怨这样的伤害，并且开始从一个女人与女王的角度劝告她。但是，由于现在已经没有了政治上的理由可以迫使伊丽莎白女王用虚浮的希望欺骗她，也无须给予她任何救济，女王因此甚至不打算写信答复玛丽。法兰西国王与

254

伊丽莎白女王结成了亲密的同盟，他依赖于伊丽莎白女王以对抗国内叛乱的臣民，因此担心他对玛丽的支持会给自己带来不利的影响，他对玛丽的求情也十分软弱无力。但是，法兰西使节卡斯泰尔诺（Castelnau）对玛丽的同情使得他违背了朝廷下达的指令，并且为玛丽受到的侮辱表示抗议。在他的坚持要求之下，他最终说服了伊丽莎白将玛丽女王转移到图斯伯里，尽管她仍然在目前的居所里度过了漫长的冬季。

仇敌的侮辱、朋友的忽略都不如其子詹姆士六世的忘恩负义给玛丽带来的伤害要大。詹姆士至今都像一个孝子那样对待他的母亲，并且与她展开谈判，这触怒了伊丽莎白。由于二人的继续谈判不符合英格兰女王的利益，格雷在返回苏格兰之后发现自己由于成功地完成了外交使命而获得了国王极大的宠信，因而便劝说詹姆士给他的母亲写一封措辞强硬的、颇为不孝的信。在信中，詹姆士拒绝承认她为苏格兰女王，也不再认为她的事情与自己有任何关系。这种对母爱的无情回报令玛丽女王悲痛欲绝，她在写给法兰西使节的一封信中这样写道："我忍辱负重，只为保留他对英格兰王位的继承权，而这乃是我本应享有的，难道这就是我如此努力的回报吗？我根本没有嫉妒他在苏格兰的权威，因为我在那里并不需要权力。如果我至今为止深爱着的儿子不愿我返回那里，我是不会踏上苏格兰的土地的。无论他想要什么，或是享受什么，他都应当知道这一切都是承自我这里。从他那里，我没有收到任何援助、资金或是任何形式的利益。让我的盟友不要再将他当作一个君王那样看待，他是经过我的允许才得以继承大统，如果'后悔'没能平息我的愤怒，我将送给他身为人母的诅咒，并且将我的王冠以及我的所有诉求赠给一个能够愉快接受它们并且努力保卫它们的人。"詹姆士对于他的母亲几乎一无所知，他在幼时受到的教育使之将其看作一个最为放荡的

255

妇人。因此，他对母亲的热爱从未有过，现在也不会努力去重获她的支持。但是，其不负责任的行为是否增加了玛丽对天主教的虔信，并因此促使她认真地考虑剥夺詹姆士六世的王位继承权？抑或，这些威胁是否在突然之间迸发为一阵绝望之感？这些都是令人难以判定的事情。现存的一些文件似乎使得前者并无可能。

另一件令人不安的事情也占据着伊丽莎白的头脑。她已经享受了许久的安宁，这一宁静如今似乎即将告终。风暴在各处集结，令她心生警惕。邻国正在经历十分不利于她的变革，亨利三世于年幼之时表现出的优秀品质激起了法兰西大臣们的希望，但它们却在他登基为王之后消失殆尽。他获取的最高权力不仅腐蚀了他的内心，而且减弱了他的洞察力。他很快就丧失了国民的欣赏与喜爱，他的生活分为了两个部分：其一是出于宗教虔诚的苦修，其二则是毫无休止的纵情声色。此外，他的贪婪、奢侈以及对众多奴才的宠信也使得他令人鄙夷。在他唯一的兄弟去世之后，人民的这些情感以暴力的方式爆发了。亨利没有子嗣，虽然他才32岁，但王位继承已经成为一个公开的话题了。纳瓦尔国王虽然出自王族的旁支，但是无可置疑的王位继承人，他也是一个虔诚的新教徒。纳瓦尔国王将会继承王位这件事对于法国的宗教而言是致命的，这也会令欧洲的天主教徒有所警觉。此外，这也激使吉斯公爵得到了教皇的支持与西班牙国王的援助，作为一个卫道者的形象出现在法国公众面前，他也拥护波旁枢机主教作为王位继承人。为了组建自己的派系，一群联盟者成立了名为神圣同盟的组织。全国各个阶层的人竞相加入其中，这种宗教狂热在那个年代是十分正常的。这一党派的目标似乎不仅在于颠覆法国的新教，而且致力于摧毁全欧洲的新教。吉斯公爵作为这一强大而又狂热的派系的领袖，攫取了远超王权的权力。腓力二世通过征服葡萄牙人而大大增强了西班牙的海军力量，并且最终将比利牛斯山以西的大陆通道纳入到了自己的统治之下，这片土地看起来似乎注定要被纳入到一个强大的君主的统治之下。奥兰治亲王威廉起初鼓舞尼德兰的居民站起来追求自由，他的智慧与活力组建了联邦并保护了它，但这位杰出的人才最终死在了一个刺客的手中。帕尔马亲王的卓越才能使得低地国家的战事发生了完全的逆转，他的所有军事行动都伴随着完美的军事技艺，在执行时也有着与之相称的勇气，并因此无往而不胜。荷兰由于最近的绝境而处于落回旧主之手的边缘。

256　　　所有这些迄今为止令伊丽莎白得享安全的条件全都不复存在了。从法兰西与西班牙两国的警惕中，她得不到任何利益。菲利普依靠他与吉斯公爵的联盟而获得了对两国枢密院的控制，胡格诺教徒无力与这样的联盟对抗，也很少指望能够转移他们的注意力。尼德兰不可能长久地以武力反抗的方式分散西班牙的兵力。在这样的欧洲局势之下，伊丽莎白有必要制订一个新的行动计划，她在制订此类方案时的智慧与她在执行时的力度相等同。这些措施的理念与她的本性十分相符，她迄今为止追求的也是谨慎与安全。但是，她现在换了一种风格，决定采取极富冒险性也十分危险的举措。她热爱和平，但却并不畏惧战争。当战火的威胁迫近之时，她也有能力不仅保护自己的安全，而且可以大胆地攻击她的敌人，直到将危险从她的国土上消灭殆尽。她立刻给胡格诺教徒提供了一大笔资金，也暗中与亨利三世展开私人之间的谈判，这位国王显然是被迫加入了同盟。他憎恨这个联盟的领导人，并且希望看到他们的覆灭。伊丽莎白公开为这个联省共和国提供庇护，并派遣了一支大军前去支援他们。她致力于构建一个新教君主的同盟，以对抗天主教君主联盟。她决定以严苛的手段对待苏格兰女王，这位女王的痛苦与权力给伊丽莎白的敌人们提供了入侵英格兰的借口。她下定决心，要以更大的力度与苏格兰构建一个紧密的联盟，拓展并巩固她在苏格兰枢密院当中的影响力。

她发现自己可以轻而易举地诱使大部分苏格兰朝臣推动自己的计划。约翰·梅特兰爵士曾被举荐出任其兄长以前担任过的国务秘书之职，路易斯·贝伦顿爵士是司法秘书，他接替格雷担任了国王派驻于伦敦的使节。这二人与格雷深得伊丽莎白女王的信任，为了指导并加快他们的行动，伊丽莎白派遣爱德华·沃顿爵士与贝伦顿爵士一同返回苏格兰 [5 月 29 日]。沃顿衣着光鲜，举止优雅，令人赏心悦目。他很擅长詹姆士六世酷爱的事情，先是向国王讲述了自己的冒险经历，随后又叙述了自己在外国居住期间的所见所闻，以此来取悦詹姆士六世。但是，在这些肤浅的才华之下，他隐藏了自己那危险与诡计多端的心机。他很快就赢得了詹姆士六世的宠信，由于只关注娱乐与消遣之事，他也很快就得以在公共集会上获得了身为一个外国臣子所能得到的最大的影响力。

他提议两国为拱卫新教信仰而应缔结紧密的同盟，没有什么比这个建议更能令苏格兰人民接受。天主教同盟那快速并令人警惕的进程似乎促使所有的新教君主为了保卫他们的共同信仰而联合起来。詹姆士欣然接受了他的提议 [7 月 19 日]，等级大会也授权他缔结这样的一份条约，并且可以在议会中予以批准。詹姆士六世如此迅速地同意这些条款并不完全归因于他自己的热忱与沃顿的劝说，也部分归因于伊丽莎白宽广的胸襟。作为她对年轻国王有如慈母一般疼爱的象征，她给予了詹姆士一笔五千英镑的津贴。伊丽莎白的父亲在她尚未继承大统之时也曾赐给她一笔同样数额的赏金，她在信中不经意地向詹姆士提到了这个细节，从而使得这笔在当时而言数目庞大的资金成了令国王十分满意的礼物。他的收入在漫长的摄政统治期间早已被挥霍一空了。

257

但是，沃顿的首要目标是摧毁阿兰伯爵。当这个如此令世人厌憎的奴才继续支配着国王之时，他的帮助对于伊丽莎白而言就没有太大的用处。虽然阿兰伯爵自从与亨斯顿会晤以来始终为她的利益效劳，但伊丽莎白不可能信任这个反复无常的男人。并且，虽然他一直公开反对苏格兰女王，但他仍然同玛丽和吉斯公爵保持着秘密的联系。流亡中的贵族无论从感情上还是原则上都忠于英格兰，当危机来临之时，他们是伊丽莎白唯一能够完全信任的苏格兰人。在贝伦顿离开伦敦之前，他们受到传召前往那里，伊丽莎白给出的理由则是令他们为自己受到的指控进行辩护。然而，事实上，他们奉命与贝伦顿一同商议如何返回苏格兰并恢复权力的对策。沃顿负责贯彻这个计划，并且致力于使之能够成功地予以执行。此时，一件平淡无奇的细琐小事促成了这一方案。约翰·福斯特爵士与芬尼赫斯特的克尔分别是英格兰与苏格兰中部边疆的守护。大约在仲夏时节，二人依据惯例举行了会晤。然而，双方发生了争执，拉塞尔勋爵、贝德福德伯爵的长子在打斗中丧命。这场械斗完全是一次意外，但伊丽莎白却选择将此事看作克尔在阿兰伯爵的唆使之下策划的阴谋，目的在于挑起两国之间的战争。她强调应当将二人交到自己的手中，尽管詹姆士六世回避了她的要求，但他还是不得不将阿兰伯爵囚禁在了圣安德鲁斯，将克尔关在了阿伯丁。在阿兰远离宫廷期间，沃顿与他的同伴们得以不受干扰地执行他们的计划。在他们的建议之下［10月16日］，流亡中的贵族们努力与沙泰勒罗公爵的两个儿子约翰勋爵与克劳德勋爵达成和解，此二人由于莫顿的残暴之举而被逐出了苏格兰王国。他们的共同遭遇以及共同利益使得双方将横亘在汉密尔顿家族与道格拉斯家族之间的古老仇恨埋葬于遗忘的废墟之中。在伊丽莎白的允许之下，他们共同回到了苏格兰边境。再度获得支持的阿兰伯爵强调应当使王国进入防御状态之中，但格雷、贝伦顿与梅特兰暗中挫败了他的图谋。他们阻止了一些重要命令的发布，其他的则被他们在执行方式上做了手脚，使之发挥不出多大的效力。所有这些命令都得到了缓慢的服从，同时遭到了反抗。

与此同时，诡计多端的沃顿开始构想另一个更加危险的计策。他企图控制国王的人身，并以武力将之带到英格兰。但是他的阴谋幸运地被暴露，为了免受处罚，他便不辞而别了。

此时，流亡中的贵族们也加快了执行冒险计划的步伐。由于他们的封臣与朋友现在准备加入到反抗者的队伍当中，他们便进入了苏格兰。队伍在所到之处都会被人民视为拯救者而倍受欢迎，最为虔诚的祈祷者向上帝祈求他们能够获得成功。这些贵族们率兵一万，马不停蹄地向斯特灵进发。国王虽然集结了一支在人数上远远超过他们的大军，但是不敢冒险在战场上与他们对抗，因为士兵们的忠心十分可疑，他们最多只会做到消极应战，市镇与城堡也都没有为可能遭到的围攻而做好准备。然而，城门却紧闭起来，贵族们也在圣尼尼安安营扎寨 [11 月 2 日]。当天晚上，他们攻陷城镇——或者毋宁说是居民的背叛导致城镇落入了他们的手中。阿兰伯爵本打算做出防卫，但最终仍不得不逃之夭夭。次日清晨，他们包围了城堡，那里的物资连一天都供应不了。詹姆士被迫立刻听取和谈的条件。贵族们并没有被成功的喜悦冲昏了头脑，没有提出过分的条件。国王也愿意做出适宜的让步。他们获得了条件最为慷慨的赦免，免除了他们所犯下的所有冒犯之举。王国各处险要的堡垒都交到了他们手中，理由是为了确保安全。他们将克劳福德、蒙特罗斯与斯图尔特上校从国王的身边赶走。为了建立王国的安宁与和平，国王决定召开议会。

[12 月 10 日] 尽管议会中的绝大多数议员是由联盟派贵族与他们的部属组成，但他们远远没有表现出意欲复仇的情绪。他们满足

258

于通过这项法案，以恢复古老的荣耀与财产，并且确认国王授予的赦免。此举似乎表示他们愿意忘记过去的统治失误，也使得詹姆士免于遭受因臣子们公开历数他的罪状而给他带来的伤害。只有阿兰伯爵一人的官位与薪俸遭到了剥夺，一份公开的声明将他宣布为国家的公敌，他就这样从荣华富贵的巅峰跌入了贫贱的谷底。从此以后，人们只以他本来的头衔称呼他为"詹姆士·斯图尔特队长"。由于他在执掌国政之时曾是苏格兰人愤怒与憎恨的目标，因此人们毫不怜悯地注视着他的失势，他遭受的所有痛苦也未能减轻人民对他的愤怒。

牧师是这次变革之中唯一没有得到救济的阶层。联盟派的贵族被人们视为教会特权与原则的捍卫者，在那些宣言中，他们决定恢复教会的特权与原则，并通过这一借口而赢得了许多朋友。现在，人们有理由期待他们兑现自己的诺言，并且给予那些曾经为了他们的事业而饱受折磨的并且多次呼吁废止此前通过法案的牧师一些回报了。然而，国王坚决维持这些法案的效力，由于贵族们不愿为了强调这些令人厌恶的法规而受到国王的憎厌，教会的主张因而被迫成了世俗利益的牺牲品。牧师们在布道坛上发泄他们的愤怒，他们由于失望而引发的怒火演变为了一些极端的不敬言论，这些粗言恶语甚至波及了国王的人身安全。

[1586年] 圣安德鲁斯大主教（Patrick Adamson, Archbishop of St.Andrews, 1537—1592）也感受到了牧师之怒的后果。法夫的地方宗教法院传召他出庭受审，令他就自己轻视大会此前通过的关于要求主教履行职能的法令做出回应。虽然他拒绝承认法庭的司法权，并且向国王提出了上诉，法庭还是宣布将其革除教籍，尽管这一判决有违常规。亚当森同样无耻地威胁梅尔维尔，表示要对他和其他的一些对手施以绝罚。

此后不久 [4 月 13 日]，最高宗教会议召开。在这次会议上，国王虽然遇到了一些阻力，但还是通过了一些法案，宣布主教之职继续保留在教会体制之中。然而，这一阶层的权力却得到了大幅度的削弱。对教义的执行以及对教士的审查权交给了长老们。在长老会中，主教仅仅作为一个永恒的仲裁者而出现，他们自身也与其他牧师一样受到最高宗教会议的统辖。由于对大主教进行上诉也许会激起大会中不同寻常的激烈讨论，这一问题遂以妥协而告终。他放弃了对教会有任何的优先权，并且在举止上使自己更加匹配一个主教应有的行为，就像圣保罗所描述的那样。大会没有检视绝罚判决的依据便宣布恢复他此前享有的所有权力。虽然为了大会的声誉而展示出了极度不同寻常的柔和态度，这一判决也得到了圆滑的尊重，但是仍有几名狂热的成员抗议这个决定。

259

苏格兰朝中现在充斥着对伊丽莎白女王忠心耿耿的大臣，除了法兰西使节德·艾斯纳瓦尔（D'Esneval）的干扰之外，两国于去年提议建立的同盟现在已经没有任何阻碍了。詹姆士本人率先提议恢复谈判，伊丽莎白没有让这个有利的时机白白消逝，她立刻派遣兰道夫前去缔结自己迫切需要的条约 [7 月 5 日]。条约中提到了两个缔结条约的基础：其一，新教信仰由于天主教势力在近期结成了旨在摧毁新教的同盟而面临危险；其二，为了遏制这一致命计划而缔结紧密关系的新教同盟的必要性。盟约的主要条款则有：双方皆应为了拱卫新教信仰而战；联盟必须是针对那些企图扰乱两国宗教稳定的敌人的攻守同盟；如果结盟的一方遭到了入侵，另一方无论与之缔结了怎样的同盟都不得直接或间接地援助入侵者；如果英格兰遭到了离苏格兰较远的国家的入侵，詹姆士六世必须提供给伊丽莎白女王两千骑兵与五千步兵以作为援军；倘若敌军在距离苏格兰六十英里的地方登陆或是接近那里，国王必需率领苏格兰的所有士兵上阵杀敌，就像保卫他自己的王国一样浴血奋战。同样的，伊丽莎白也应当在苏格兰遭到入侵之时全力保卫这个王国。与此同时，她向国王保证不会采取任何可能削减其对于英格兰王位继承要求的措施。伊丽莎白对于这个条约表示了极大的满意，它使得苏格兰成了一个有力的盟友而不是危险的邻居，同时也为她自己提供了安全保障。这是她的所有先祖都曾经致力于达成的目标，但此前没有一位君主能够做到。宗教热忱与两国长期享受的和平愿景大大减轻了国家之间的仇恨，詹姆士六世的行为也获得了臣民们的普遍接受。

此时，对于阿奇博德·道格拉斯的赦免使得国王遭到了许多非议，此人参与了谋杀其父的阴谋。布林尼是道格拉斯的一名侍从，他参与了谋杀，并且与莫顿都指控道格拉斯是杀死达恩利国王的凶手之一。他逃到了英格兰，从未躲避死刑的处罚。詹姆士也曾多次要求伊丽莎白交出这个不值得受到她庇护的凶犯，他现在从国王那里获得了许可，得以重返苏格兰。在一场虚假的审判之后，他掩盖了自己的罪行。阿奇博德·道格拉斯不仅得到了国王的宠信，而且将英格兰大使隆重地送回了宫廷。詹姆士现在的年纪已经不能用年轻与无知来为这桩卑鄙的交易辩护了，此事应当归因于他的好脾气，这种脾性常常使他牺牲自己的高贵与名望以满足朝臣们的要求。

此后不久，英格兰天主教徒对于玛丽那轻率的喜爱以及他们针对伊丽莎白的难以平息的愤怒激起了一场阴谋，这对于其中的一位女王而言是致命的，而给另一位女王的名誉则带来了无法挽回的影响，这向欧洲展现了一幕奇景，它在人类的历史上至今还未曾上演过。

吉福德博士、吉尔伯特·吉福德与霍奇森（Hodgson）是受教于兰斯神学院的牧师，他们深信着这样一种狂热与荒诞的观点：教皇庇护五世针对伊丽莎白的谕令直接来自于圣灵的指示。他们将这一

260

疯狂的想法灌输给了萨瓦赫（Savage），此人是西班牙的一名军官，以狂暴与令人生畏的勇猛而闻名于世。他们对萨瓦赫说道，没有什么比杀死一个遭到绝罚的异教徒更能令上帝欢喜的了。萨瓦赫十分渴望获得殉道的殊荣，因此便立下了神圣的誓言，发誓要杀死伊丽莎白。巴拉德是兰斯神学院的一名实用主义神父，他赶往巴黎 [4 月 26 日] 请求西班牙大使门多萨努力发动一场入侵英格兰的行动。新教联盟的事业在那里正如火如荼地进行着，由于伊丽莎白已经将最为精良的部队都送到了尼德兰的战场上，因而英格兰王国此时十分空虚。佩吉特（Paget）与其他英格兰流亡者们认为除非先将伊丽莎白除掉，或者入侵者可以确保登陆的安全，否则他们的入侵将会以失败而告终。如果两者都能完成，入侵者将得到源源不断的援助。与此同时，巴拉德则继续着他的阴谋。

[5 月 15 日] 巴拉德将这一计划告知了安东尼·巴宾顿，此人是德比郡一个年轻的绅士，资财丰盈、为人亲和，他在定居法兰西期间与格拉斯哥大主教结识，并且被他推荐给了苏格兰女王。他认同佩吉特的观点，也认为伊丽莎白的死亡是发动入侵的首要前提条件。巴拉德保证，伊丽莎白的日子不会有多久了，并且将萨瓦赫的誓言出示给了他。这个西班牙军人现在正守在伦敦等待着行刺的时机。但是巴宾顿认为将这一要事交托到一人之手有些不妥，因此提议再派遣五名死士加入到萨瓦赫的队伍当中，他们行动的成功是一切希望的基础。巴宾顿认为这些人的荣誉与勇气必需令人信任，他们也应当自愿承担此项工作。因此，他将此事告知了爱德华·温莎、托马斯·索尔兹伯里、查尔斯·丘利（Charles Tiuley）、奇迪奥克·提奇博尔（Chidioc Tichbourre）、罗伯特·盖奇、约翰·特拉弗斯（John Travers）、罗伯特·巴恩威尔、约翰·查诺克（John Charnock）、亨利·邓恩、约翰·琼斯（John Jones）以及罗伯特·波利（Robert

Polly)。在所有这些人当中，除了波利之外，都是出身良好的绅士，他们因个人之间的友谊而联结在一起，宗教热忱则增强了其联系的纽带。他们举行了多次磋商，最终确定了执行计划的步骤，并且分派了各自的任务。巴宾顿自己受到任命前去营救苏格兰女王，索尔兹伯里与其他几人则负责煽动市民发动暴乱，而刺杀伊丽莎白这一最为重要也最为危险的任务则交托给了提奇博尔、萨瓦赫以及四名助手。对于宗教的狂热崇信扑灭了他们对于荣誉与原则的坚守，抹杀了与他们贵族身份相称的美德。他们毫不犹豫地去执行这个令人发指的计划，在这一行动当中甚至暴露了人性之恶。然而遗憾的是，这项计划在他们的眼中却是荣耀的。为了使这一"功勋"永久流传，他们绘制了一幅图卷，其中包含了六名刺客的肖像，巴宾顿身处中间，一些动作也暗示着他们在共同从事着危险的行动。

　　阴谋者们由于这一计划的荒唐与草率而心生动摇，似乎认为这不太可能完成。他们既不相信同伴的忠诚，也怀疑无法成功完成这一计划。但是，当他们认为自己的阴谋处于绝密状态之下时，沃尔辛厄姆事实上早已悉数获知了他们的所有计划。波利是他的一名间谍，他参与了计划并且背叛了自己的同伴。吉尔伯特·吉福德也是如此，他前往英格兰推动这项计划，但却被沃尔辛厄姆收买，并且将这些计划的详情全数汇报给了伊丽莎白。女王与沃尔辛厄姆并未将此消息透露给任何枢密大臣，而是同意暂时不采取行动。伊丽莎白决定静观其变，等到这一阴谋更加成熟，并且演变到即将执行的地步之时再做决断，这样可以更好地对付这一阴谋。

　　最终，伊丽莎白认为让自己冒着生命危险坐观事态的发展实在是有些不太妥当，这是一种罪过，会触犯上帝。巴拉德是整个阴谋的元凶，遭到了逮捕 [8 月 4 日]。他的同伙为此深感震惊，因而想要通过逃亡的方式拯救自己的生命。但是，就在几天之内，除了温

261

莎之外，同谋者们悉数遭到了逮捕，并且被投入了伦敦塔之中。虽然他们各有任务，但缺少行刺的毅力与果敢。此外，他们被恐惧所影响，因而立刻招供了自己的所作所为。英格兰人民愤怒异常，他们急于为这个针对其君王的可耻行径而复仇，因此加快了审判的进程，最终将他们所有人以叛徒之名悉数处死。

伊丽莎白迄今为止的行为都会被称为审慎而又值得赞赏的，人们也不会指责她违反了人道，或是采取了任何超出保护其生命的必要手段。但是，随后而来的是一出悲剧，关于此事，后人将会做出不同的评判。

一群鲁莽年轻人的狂热足以解释他们制订的疯狂计划，但是这并非伊丽莎白与其大臣所想要看到的解释。他们希望使国民们相信，巴宾顿与他的同伙应当被视为苏格兰女王手中的工具，而玛丽女王才是一连串针对伊丽莎白生命与英格兰和平的威胁的幕后元凶。他们公开了所谓的玛丽女王支持这一阴谋的书信，并且宣称，这封书信是以非同寻常且秘密的方式获取的。吉福德在抵达英格兰之后得到了一些流亡者的信任，受托将一些信件交给玛丽。但是，为了检测他的忠心与能力，他们将关于那个阴谋的部分隐匿了起来。这些信件平安地交到了他的手中，他也毫无顾虑地使用了它们。沃尔辛厄姆随后将其轻而易举地收归麾下，在大臣的许可与波莱特的纵容之下，他收买了查特利城堡（Chartley Castle）附近的一名商人。玛丽曾将一些信件交给了这名商人，让他藏在了城墙的一处空洞中，并以一块活砖掩盖了起来。信件便以这种方式由女王获取，她的复信也被依法处理。所有这些都被带给了沃尔辛厄姆，他打开了信件，破译了其中的内容，并且再度小心翼翼地将之封起，以免他所动的手脚被人发现。随后，沃尔辛厄姆将之交给了那些受命前来拿取这些信件的人。写给巴宾顿的两封信与几封写给门多萨、佩吉特、英格菲尔德以及那些英格兰流亡者的信件便是按照此法为沃尔辛厄姆所获得的。在这些信中，玛丽支持了巴宾顿等人的阴谋，甚至是刺杀伊丽莎白的计划也得到了她的首肯。她指示他们要小心行事，在外国援军准备加入之前不可贸然起兵。她推荐自己的兄弟阿伦德尔伯爵（Philip Howard, Earl of Arundel, 1557—1595）与年幼的诺森伯兰伯爵（Henry Percy, 9th Earl of Northumberland, 1564—1632）负责指挥他们的行动，这样也会提升他们的名望。她也建议他们，如果有可能的话，在行事的同时也要挑起爱尔兰的暴动。但是，最重要的是，她恳请他们要小心策应她的逃脱，并且为此而提出了几个方案。

所有这些细节在审判阴谋者之时都予以公布，此后，国家陷入了同盟者所激起的恐怖之中。最近的危险亦因此而得到了扩大，他们认为无须迟疑，也不必审查，应当立刻发布全国总戒严令。玛丽对天主教的狂热众所周知，在那个年代，受这种狂热激发出暴力和残暴的风气的例子也数不胜数。多年来破坏王国和平的阴谋都是以她的名义进行的。现在变得越来越明显，英格兰人说，一位女王的安全与另一位的生存水火不容。因此——他们接着补充到，为何对于一个国家而言如此高贵的生命要暴露在一个令人恼火的敌人的反复攻击之下？被怀疑是天主教同盟所犯下的案子现在发生了，我们英格兰君主的神圣生命受到了威胁，为何一个受到伤害的人不能对他们进行适当的报复？

没有什么比这些观点更能引起伊丽莎白及其臣子的共鸣。他们起初在人民之间扩散，现在则将之作为针对苏格兰女王所采取的那些极端行为的借口与目的，这件事他们已经策划很久了。伊丽莎白加之于玛丽身上的伤害越多，她就越担心并且憎恨这位不幸的女王。最终，人们劝说她，除了这个竞争对手的死亡之外，没有什么能够确保伊丽莎白的生命安全。伯利与沃尔辛厄姆积极地推动伊丽莎白关于苏格兰事务的措施，并且毫无保留地迫害苏格兰女王，他们有理由担心她在爬上英格兰王位之后会表现出的极端愤怒。出于这些额外的考虑，他们十分认真地通过巩固伊丽莎白女王对苏格兰女王的恐惧与憎恨来阻止这个对于他们自己而言十分致命的前景。

与此同时，玛丽受到了极其严密的看管，并且极力确保她对阴谋败露一事的不知情。托马斯·戈杰斯爵士（Sir Thomas Gorges）最终奉命从宫中前去向她宣布此事，告知她由于参与此等恶行而犯下了大罪。他在玛丽跨上马背准备与看守外出散步之时将此事告知了她，这打了她一个措手不及。对此她震惊无比，并且想要返回自己的居所，但是并未得到准许。在此期间，侍卫们打开了她的衣橱，找到了储物箱与其中的文件。这些文件被封装并且送往了宫中。她重要的佣人也同样遭到逮捕，并且被投入了不同的监牢。诺维与克尔（Curle）是她的两名秘书，其中之一是法兰西人，另一人则是苏格兰人，他们都被押往了伦敦。在她的监禁地还发现了总计超过两千镑的财产，也一并遭到收缴。在押解她走了几天的路程之后，玛丽被送往了福瑟林盖（Fotheringay）这是位于北安普敦郡的一处坚固的城堡。

现在已经不再期望获得针对玛丽的更多证据，除了决定她的命运之外也没什么事情了。关于此事，伊丽莎白与她信任的心腹大臣似乎已经拿定了主意。但是，在其他的枢密大臣中还有几种不同的意见。一些人认为，遣散她的所有侍从，并且对其加以严密的看管，切断所有与敌国交通的可能性就足够了。他们认为，由于她的身体已经在长期的监禁中垮掉了，她的意志也因为许多悲痛之事而消沉了下去，因此她无法再存活多久了，女王与英格兰人民很快就能从这种恐惧之中得到解脱。但是，反对者们指出，虽然拯救玛丽的肉

263

体很容易，但是无法削减天主教徒对其名号的尊崇，亦无法熄灭他们对其遭遇的同情。只要这种情绪仍然存在，为了解救她而发动的暴乱就不会停止，任何更加严苛的举措所能带来的唯一后果就是令这些努力更加频繁，也更加危险。出于这些理由，这一权宜之计遭到了拒绝。

一场合法的公审虽然是史无前例的，但是是处理此事的最佳手段。审判的同时饰以公正的外表，并充满了高贵的气氛。古往今来，从未有过任何法案或是判例能够证明这种审判对一个外国君主来说是正当的，因为这位君主并非在率军侵入英格兰时遭到俘获，而是自愿逃到这个王国寻求庇护的。想要找到此类历史资料也必然是自费心力。针对玛丽女王的诉讼建立在议会通过的法案的基础之上，这份法案最终以这样的方式加以运用，那些当初制定它的议员们诚可谓"司马昭之心路人皆知"。

伊丽莎白认为审判程序应当"前所未有"，因为出席庭审的显贵们出于其高贵身份应当受到此等礼遇。她下达了加盖玉玺的诏书，任命英格兰王国中最为显赫的四名贵族与五名法官一道听审并裁决这一桩大案。律师们提出了关于如何称呼玛丽的名字与头衔的难题，由于司法的基本准则已经被其完全违背，因而他们现在的关心是徒具躯壳的形式。他们最终决定这样称呼她："玛丽，上代苏格兰国王詹姆士五世的女儿与继承人，通常被称为苏格兰人的女王、法兰西寡后。"

在遭受了许多侮辱之后，玛丽不再怀疑自己已经是死期将至了。她无时无刻不在希望英格兰可以用毒药或是其他秘密手段了结自己的生命。她担心敌人的怨恨会在剥夺其生命的同时侮辱她的名誉，因此便写信给吉斯公爵为自己辩护，声言自己并未参与刺杀伊丽莎白的阴谋。在她遭到单独监禁之时，她并未听闻伊丽莎白要对她举

行公审，也从未想过这种史无前例的、对一个君主如此严苛的措施
会发生在自己的身上。

伊丽莎白任命的委员会于 10 月 11 日抵达了福瑟林盖。次日清
晨，他们将伊丽莎白的一封亲笔信转交给了玛丽。伊丽莎白在信中
对她进行了激烈的指责，随后写到，对国家福祉的考虑使得公开审
判玛丽一事显得十分必要。因此，伊丽莎白要求她在经过英格兰法
律漫长的保护之后，现在应当服从于这一审判其罪行的命令。玛丽
尽管对这封信的内容感到震惊，但她既没有为即将到来的危险而张
皇失措，也没有完全无视自己的尊严。她以最为庄严的方式辩护道，
自己是无罪的，也从未参与任何旨在杀害英格兰女王性命的阴谋。
与此同时，她也拒绝承认委员会有司法权。"我来到英格兰王国，"
她说，"是作为一个独立的君主前来寻求女王的援助，并不是使我自
己屈从于她的权威之下。我的意志并未被过去的不幸所打倒，也没
有被现在的危险所震慑，以至于最终屈从任何与我这颗戴着王冠的 264
头颅所不相称的要求，更不会使之令我的历代先王和继承我执掌王
权的子孙蒙羞。如果我注定要接受审判，只有君主才有资格与我对
话。英格兰女王的臣子们无论出身多么显赫，都只不过是一介莽夫，
尚不足以与我平起平坐。自从我抵达英格兰之后，我就像一个囚徒
一样受到监禁。这里的法律从未向我提供任何庇护，不要让他们现
在为了夺取我的生命而歪曲这神圣的法条！"

信使们以论证和请求的方式推翻了玛丽的决定，他们甚至威胁
她要用法律来给她定罪，因为她抗命不从，拒不出庭为自己辩护。
然而，她仍然坚持了两天，拒不承认他们的司法权。最终宫廷次臣
哈顿（Hatton）说服了她。哈顿向她说到，倘若她拒绝接受审判，她
就会损害自己的名望，并且将丧失证明自己无罪的唯一机会。他们
这些臣子与英格兰女王都希望看到她能够出具无可辩驳的证据，以

使人确信她的确是受到了不公正的邪恶指控。

这些听起来天衣无缝的说辞能够影响到这位粗心的女王是不足为奇的。她在那时孤身一人、无依无靠，因而根本无法察觉伊丽莎白那些老奸巨猾的大臣们的诡计。在同样悲惨的处境之下，她的孙子查理一世（Charles Ⅱ，King of England，1600—1649）断然拒绝承认最高法院不合法的司法权。后世子孙们支持他的行为，因为这符合一位君主应有的尊贵身份。玛丽的决定并不牢靠，这主要因为她急于为自己的名誉和荣耀进行辩护。

法官们坐在城堡的大会堂之中［10月14日］，对玛丽女王以礼相待。在审判进行之时，她小心翼翼地为自己抗辩道，她屈尊聆听对她的那些指控并对此给予答复，但并不意味着自己承认了法院对她享有的司法权，也不认可那些用于审判她的法律的有效性与公正性。

大法官针对玛丽的抗辩也提出了自己的抗议，力图为法院的权力辩护。

此后，伊丽莎白的检察官与法务官开始对她进行控告，提出了近期的那场阴谋的所有细节。他们向法庭提交了玛丽写给门多萨、巴宾顿、英格菲尔德以及佩吉特的信件的复本。巴宾顿、巴拉德与萨瓦赫的认罪书以及玛丽的两名秘书诺维与克尔的供认状也一并在法庭上进行了宣读。

玛丽聚精会神地聆听着他们的长篇大论，她镇定自若，心中未起一丝波澜。但是，当他们提到阿伦德尔伯爵的名字之时——这位伯爵那时正被囚禁在伦敦塔之中，她终于失声喊出了体现其宽容与仁慈的语句："唉，霍华德家的贵族们为了我的利益究竟遭受了多少磨难啊！"

当伊丽莎白女王的大臣完成了他们对玛丽的指控之后，玛丽站起身来，以宽宏的德行与高尚的思想开始了自己的辩护。她为自己不幸的处境而哀叹道，她经过了十九年的囚徒生活，其间遭到了粗鲁的对待，最终受到了法庭的指控。她说，这次起诉的目的不仅在于抢夺她的王位继承权，还在于最终剥夺她的生命，并且旨在将她的名字刻入未来的耻辱柱之上：英格兰的当权者不顾她身为君主的神圣权利，使得她现在屈从于适用于针对平民的法律之下。虽然她是一位涂抹过圣油的君主，但仍然要在臣子的面前接受他们的审判。而且，像一个普通的罪犯一样，她的荣誉现在经受着律师们以傲慢语调的攻击。他们的目的在于歪曲她的话语，并且进而曲解她的行为。即便是在这样令人深感耻辱的处境之下，她仍然被拒绝享有一般罪人都能享受的权利，并且被迫孤身一人为自己辩护，没有任何朋友的建议，也没有法律顾问的帮助，亦不得使用自己的文书。

265

　　玛丽随后进入了涉及指控她的重要文件这一部分。她完全否认了与巴宾顿和巴拉德有任何形式的通信，那些所谓的信件复本完全出于伪造。尽管她的手迹足以令她认罪服法，但没有证据可以证明他们的信件交到了玛丽的手中，也不能证明受她的指令做出的答复。这些遭到定罪并且受到处决的可怜人的供词并不具有多大的真实性，死亡的恐惧与求生的希望也许能够迫使他们提供许多与事实不相符的证言，一位女王的名誉也不应当受到这种卑劣证据的玷污。玛丽秘书们的供认状也并不可靠：威逼利诱都可以令这两个外邦人屈服，为了保护自己，他们也许会对自己的主子落井下石。他们在不违背效忠誓言的情况下是无法透露任何有损其利益的事情的，他们对于一位主子的背信弃义也无法令自己获得敌人的信任。写给西班牙大使的信件无非是复制的，其中也并没有涉及什么大逆不道的话语。玛丽女王继续说道："我常常努力使自己获得与普通人一样的自由。但是，长年的悲惨经历使我确信，要想从英格兰女王的公正与慷慨之中获得自由几乎是自费心力。我曾频繁地恳请外邦的君主们，并且呼吁我所有的朋友为了我的自由而奋战。我也曾努力减轻英格兰的天主教徒所遭受的严苛对待，如果我的灭亡能够使他们免受压迫的话，我将会为了他们而从容赴死。然而，我希望效仿以斯帖（Esther）而非朱迪思（Judith），我希望为人民做出调停，而不是为了拯救他们而流血牺牲。当他们身处严苛的迫害之下，或是因我遭受的空前伤害而愤怒之时，当这些情绪很有可能激使他们做出暴力之举时，我常常扼制我的追随者那不受控制的狂热。我甚至警告英格兰女王，这些极端的行为可能会使她面临生命危险。摆在我面前的王冠十分诱人，我为了获得它几乎毁灭了自己的灵魂。现在，这些期待与折磨则使得我精疲力竭。我并非丧失了慈悲之心，也并非无视我的宗教责任，我痛恨'暗杀'这种卑鄙的手段，也厌恶对立着的双方。我在此发誓，倘若我曾经口头赞同或是在心中默许任何旨在谋杀英格兰女王性命的诡计，我甚至不会祈求上帝的宽恕！"

玛丽在法官面前经过了两天的审讯，每天都以符合女王身份的尊贵礼仪行事，她也具备优雅的脾性和女人的温和。

委员会根据伊丽莎白的命令在没有通过任何判决的情况下停止了审判，并且将之移交给了威斯敏斯特的星室法庭[10月25日]。当他们聚集在那里之时，诺维与克尔被带到了庭前，并且发誓确认了他们此前的供认。经过复审之后，委员会一致裁定玛丽为"巴宾顿阴谋的从犯，并且筹划了各种旨在伤害、谋杀伊丽莎白女王的罪行，这违反了旨在确保女王生命安全的法案"。

进行这次审判并且执行这一裁决是否公正？要想回答这一问题并不是一件易事。伊丽莎白宣称的自己优于一个独立君主的权力从何而来？玛丽有必要服从外国的法律吗？另一个君主的臣子是怎样成为她的法官的？如果这种对王权的侮辱能够获得允许的话，难道公正的法律就能够袖手旁观吗？如果巴宾顿一伙的证词十分准确的话，为何伊丽莎白没有再让他们多活几周？为何没有让他们与玛丽当庭对质以便更加有力地指认她的罪行？诺维与克尔仍然活着，他们为何没有出现在福瑟林盖？他们为何在星室法庭中提交了玛丽不在现场所听说过的证物？这些可疑的证据能够用来给一位女王定罪吗？这样的大罪难道能够建立在如此薄弱的证据之上吗？

然而，玛丽在审判大会上出示的证据并不是其有罪判决的依据，这只是用来作为证明的借口，并不是伊丽莎白及其大臣用来摧毁玛丽而采取的极端举措的原因，只是给伊丽莎白的嫉妒与恐惧稍稍披上一层合法的外衣罢了。对于玛丽的愤怒蒙蔽了国民们的双眼，他们热切地想要将自己的君主从任何一处危险之中拯救出来，因此并未发现审判程序的不合法之处，也并未注意到证据上的缺陷，而是将这些怀疑视为完美无缺的证据。

判决宣布之后不久，英格兰就召开了议会。我们也许会期望这个辉煌的大会中的成员能够比民众更加冷静，也应当具有更加敏锐的目光。然而，上下两院的议员们都受到了带有偏见与狂热的公众的支配，相同的狂热或恐惧也明显地体现在了他们的议事之中。他们急躁地指责阴谋以及那些可能会危及伊丽莎白生命安全与王国和平的危险事情，所有在福瑟林盖出示的文件也被拿到了他们面前。两院的议员们在粗鲁地谩骂了苏格兰女王之后，一致批准了委员会对玛丽的审判以及他们所做出的判决。他们并不满足于此，因而联名向伊丽莎白请求道，由于此事关乎她的生命安全，关乎新教信仰的存续以及人民的福祉，他们希望女王将这一判决结果公之于众，并且毫不迟疑地依据判决给予这个既危险又不可救药的对手以惩罚。她所犯下的罪行罄竹难书，理应受到此等惩处。这个要求出于议会的恐惧，这份忧惧与它的高贵不相符合，提出此一要求的理由更是牵强附会。他们依据的并非公正，而是便利。他们宣称，即便是最为严苛的囚禁也不足以抑制玛丽那诡计多端的性格。根据长期的经验来看，她的狡猾远远胜过看守者的警觉。数条刑法不足以制止她的追随者，他们既然认为玛丽的人身神圣不可侵犯，就不会在乎为了拯救她而陷入可能的危险。数个邻国的君主也准备支持他们的努力，并且正在等待恰当的时机入侵英格兰，维护苏格兰女王对英格兰的王位继承要求。因此，他们认为，玛丽的生命与伊丽莎白的安全之间有着不可调和的矛盾。如果女王陛下将错误的仁慈施予了玛丽，她的人身安全与王国的宗教和自由都将得不到保障，这一必要性使得玛丽应当为此而牺牲。为了证明这一牺牲是公正且必要的，他们举出了历史上的数个先例，也引用了《圣经》当中的一些篇目。但是，这些史证都遭到了他们的误用，并且被他们的真实意图所扭曲。

然而，在这种压力之下，没有什么比这些解释更能令伊丽莎白接受的了，这使得她从一个十分尴尬的窘境之中解脱了出来。它并未使其丧失宽恕的权力，而是令她得以不受责备地惩处自己的敌手。如果她选择了前者，她就会博得仁慈的美名；如果她选择了后者，无论惩处的力度有多么严苛，世人都会将之归咎于人民的请求，而不是她自己的愤怒。然而，她的答复与往常一样含糊不清，虽然令人难以捉摸，但是隐藏在公开与率真的表象之下。对人民的关心流露在这份宣言之中，这增加了他们的忠心；对玛丽忘恩负义的抱怨则被她用来激起人民的愤怒：她在其中暗示自己的生命已经陷入了危险，这成功地激起了他们的恐惧。最后，她请求他们将惩处玛丽女王这位血亲所带给她的恶名抹去，并且恳请他们考虑是否有一种既可以使她的双手免于沾上一位女王的鲜血，又能够为民众带来福祉的两全之策。

这份答复的真实意图很容易理解。两院的议员们再度重申了他们此前的请求，这一请求现在则更具有攻击性。伊丽莎白对此没有做出更加明确的回复，在获得了对玛丽女王的公开处刑这一条件之后，她便没有必要再伪装下去了。况且，她的惺惺作态很有可能会被大臣们会错了意，从而当成她的真实意图来处理。因此，她命令议会休会，并决定亲自安排玛丽的命运。

欧洲的所有君主都震惊而又愤怒地注视着英格兰对玛丽女王的审判。甚至是一贯厌恶吉斯家族的亨利三世也不得不为玛丽的利益背书，并且站起来为王室的共同权力而战。驻英格兰大使奥伯斯平（Aubespine）与受命前来的贝里埃弗尔（Bellievre）恳切地为玛丽女王说情。他们为此使出了浑身解数：他们从公正、宽宏与人道的角度恳请伊丽莎白女王收回成命；他们既苦口婆心地请求，又声色俱厉地威胁。但是，伊丽莎白对此充耳不闻，也不为所动。她在那时得到了暗示，知道亨利三世对于玛丽女王的命运其实是漠不关心的，也明白他对吉斯家族的人素来没有好感。因此，她确信这些聒噪的抗议不会带来一个君王的雷霆之怒。

她也并未过多理会苏格兰国王的恳求，尽管这一请求由于提出的正式与严肃而应受到更大的重视。她的委员们小心翼翼地前去安抚詹姆士六世，他们发布了一份宣言，说明英方并无意贬损他的尊严以及他此前享有的头衔。他以一个孝子的拳拳之心看着自己的母亲受着侮辱，并且从一个国王的角度审视此事。苏格兰民族的自尊心被他们君主血亲所受的伤害而激发出来，他们劝说詹姆士六世用最为严苛的手段去保护玛丽的生命，或者是为她的死而复仇。

起初，詹姆士很难相信伊丽莎白会冒险做出这种出人意料的举动，这显然会将一位君主神圣的躯体暴露在平民的双眼之下，也有损于她无时无刻不在关注着的尊严。伊丽莎白刚刚在这一极端的行为中暴露了她的真实意图，詹姆士便派遣威廉·凯斯爵士前往伦敦。

268

凯斯爵士与詹姆士的常驻英格兰大使道格拉斯一同以强硬的措辞抗议英方加之于一位独立女王身上的伤害，并迫使她如同一个平民一样接受审判，而审判所依据的法律也是对她没有约束效力的。此外，他们请求伊丽莎白不要将这一本不公正的判决付诸实践从而加重这些伤害造成的后果，更何况这也会有损苏格兰国王的声誉。

伊丽莎白并未回复他们的抗议，詹姆士遂亲自给她写信，他以极为痛苦的措辞抱怨她的行为。此外，他还威胁到，倘若伊丽莎白将这一决定付诸实施，责任与荣誉都将迫使他断绝与英格兰的友谊，并且会像一个儿子一样以为其母亲所受到的痛苦进行复仇的方式而行动。与此同时，他召集了允诺会支持他向英格兰复仇的贵族们。他向法兰西、西班牙与丹麦派遣使节，意图获得这些国家的支援。此外还采取了其他一些增强达到其威胁的举措。詹姆士信件中的强硬语气激怒了伊丽莎白，她准备不做出任何答复便赶走他的使节。但是，他的准备令女王的大臣们心生戒备、惶恐不安。在他们的恳求之下，她回复了一封措辞温和、用语含混的书信，承诺将听取国王提出的任何旨在拯救玛丽生命的建议。此外，她还答应将推迟判决的执行，直到苏格兰的新任使节到来为止。

与此同时，她命令将针对玛丽的判决公之于众[12月6日]，并且不忘告知人民此乃两院议员再三请求之下的结果。同时，她派遣巴克赫斯特勋爵与比尔勋爵将判决结果以及人民如何强烈要求尽快执行判决的情况告知了玛丽。伊丽莎白指出，虽然她尚未屈从于他们的请求，但她建议玛丽为这个判决的执行做好心理准备。为了保护新教信仰、安抚人民的内心，此事乃是十分必要的。玛丽在收到这一消息时非但没有心生恐惧，反而面露喜色。"此事不足为奇，"她说，"英格兰人现在急于饮下我这个外邦君主的血液，他们也常常以暴力对抗自己的君主。但是，在经受了如此众多的折磨之后，死神于我而言就是一位极受欢迎的拯救者。我的生命被视为对天主教如此重要的存在，我以此为豪。作为一位殉道者，我现在将视死如归。"

在判决公布之后，玛丽身上所有的王室象征都遭到了剥夺。[12月19日] 置于其房中的幔帐被撤去，波莱特进入了她的卧房，并且无礼地触碰她的身体，甚至在她面前戴着帽子。玛丽从未受过如此无礼的对待，她为这些侮辱感到震惊，并且因这些无礼的粗野之举而感到被冒犯，因而再度向伊丽莎白发了牢骚。与此同时，她提出了最后的要求：她恳请伊丽莎白女王恩准她的侍从将她的遗体带到法兰西，与她的先祖一同长眠于神圣的大地之下；恳请伊丽莎白允许她的一些亲友出现在刑场之上，作为她的无辜与她忠诚地信奉天主教的证人；要求她的所有侍从都能够平安地离开英格兰王国，并且能够享受她赠给他们的一小部分遗产，以作为她深爱着他们的见证。此外，她要求天主教神父能够陪伴她，帮助她为了进入不朽的世界做准备。玛丽以耶稣之名，以她们共同的先祖亨利七世的亡灵，以她们的近亲关系与同为君王的尊崇祈求伊丽莎白能够满足她的这些要求，并且亲自写了一封信给她。玛丽的书信究竟有没有交到伊丽莎白的手中，现在已经无法确认了。但是，她的确没有得到答复，这些要求也并未得到关照。伊丽莎白只给她提供了几名新教牧师，不过，玛丽拒绝了他们，并且在没有神父指引的情况下独自一人祈祷，她确信自己的死亡已经不远了。

[1587年] 詹姆士不曾耽延分毫，他派遣了新任使节赶赴伦敦 [1月1日]。他们是格雷嗣君和罗伯特·梅尔维尔爵士。为了消除伊丽莎白的恐惧，他们强调，詹姆士六世没有参与玛丽同意的旨在谋取伊丽莎白性命的阴谋。为了表示诚意，苏格兰将移交一些身世最为显赫的贵族前来英格兰作为人质。如果这还不够的话，他们将会

269

建议玛丽放弃所有对于其子的权力与要求，这样一来，她就无法对新教信仰与伊丽莎白的安全构成威胁。伊丽莎白拒绝了第一种建议，因为它并不稳固。她也没有接受后者，因为它很危险。詹姆士那时命令大使们全力以赴地与其交涉。梅尔维尔忠实地执行了这一任务，但是，格雷以其一贯的背信弃义行为欺骗了他的主人。尽管詹姆士六世如此信任格雷，并且将这一重大的任务交托给他。格雷也背叛了他本来将要拯救的女王。他力劝伊丽莎白执行对其敌手的判决，他时常重复着那句古老的言语："已死之人不足为惧（The dead cannot bite）。"他向伊丽莎白保证，无论发生了什么，他都将平息国王的怒火，或者至少会阻止其愤怒可能会产生的恶果。

与此同时，伊丽莎白表现出了极度的不安与焦虑。她避开了社交场合，总是表现出忧郁与沉思的神情，并且重复着判决的结果。毫无疑问，这类不安的表现在很大程度上应当归之于她的虚伪。但是，像伊丽莎白这样谨慎的女王是不可能在不经过深思熟虑的情况下就冒险采取一个可能会给自己带来污名，会令她与王国陷入危险之中的行动。人民焦急地等待着她的决定，似乎是害怕他们的恐惧与狂热有所平息一样，关于危险即将迫近的流言再度甚嚣尘上。有人指控法兰西使节奥伯斯平收买了一名刺客前去谋杀伊丽莎白女王，还有一些人传言西班牙舰队已经抵达了米尔福德港。其他人坚称吉斯公爵已经率领一支大军在苏塞克斯登陆。现在，人们则盛传北部诸郡起兵作乱，而到了第二天，流言就演变为了苏格兰人与他们所有的武装力量都进入了英格兰。还有人说一些阴谋分子制订了一个劫持女王并焚烧城市的计划。恐慌日渐炽盛，震惊与愤怒的人民呼喊着要将玛丽女王尽快处决，并且将之视为唯一能够恢复王国安宁的因素。

当这些观点在她的臣民当中流布之时，伊丽莎白认为自己可以安全地发起筹划已久的行动了，她命令国务大臣戴维森将死刑授权令拿给了她 [2 月 1 日]。她在那时的行动明白无误地表明了，她至今为止的克制都不是出于仁慈。在这个特殊时刻，她签下了令状，270将一个女人、一位女王以及她自己的近亲交到了刽子手的手中。她甚至还可以在这种状态下开玩笑："走吧，"她对戴维森说，"告诉沃尔辛厄姆我现在做了什么，虽然我十分担心当他听到这一消息之时可能会悲痛而死。"她主要的焦虑在于如何确保世人能够相信她并未同意处决玛丽——这一可憎行为的表象。她时常暗示波莱特、德鲁里以及其他一些朝臣，现在是时候表现他们对其安全担心的真诚度了，她希望他们的热忱能够将她从现在的混乱中拯救出来。但他们很聪明，对此装聋作哑。甚至是在令状签发之后，她还给波莱特写了一封较为直白的信，抱怨他的疏忽使得她最主要的敌人能够存活至今，并且请他记住作为一名臣子的职责，以及他按照誓言所应当做的事情。此外，伊丽莎白还暗示波莱特，他应当通过缩短那个囚徒的生命而将他的君主从持续不断的危险中拯救出来。波莱特虽然严苛，并且总是不负责任地离开自己的岗位，但他却是个正直的男人。他轻蔑地拒绝了伊丽莎白的提议，并且为自己被视为一个刺客而哀伤不已。他向女王坦言，自己的生命可以听任其处置，但他绝不会玷污自己的荣誉，也不会因为做下这样的恶事而给自己的后人留下一个难以洗刷的污名。伊丽莎白在收到这一答复之后气得七窍生烟，并且称他是个迂腐而又刻板的家伙，指责他只会做出承诺，却永远都不兑现自己的诺言。她打算利用温菲尔德这个胆大包天的人去完成这个致命的打击，但是戴维森表示了强烈的反对，指出这一行为将会有损荣誉，同时也是一个危险的举动。伊丽莎白因此再度重申了自己的意图：委员会做出的判决应当依律执行，由于她已经签署了令状，她请求大臣们不要再拖延下去了。通过这份令状，枢密大臣认为自己有足够的权威执行判决，并且出于对女王安全的担忧而大力推动此事的进展。此外，有人向他们指出，倘若苏格兰女王获得了宽恕，他们就将陷入危险的境地。因此，枢密大臣们聚集在了会议室中，每个人的手中都持有一封信件，其中授权什鲁斯伯里伯爵与肯特伯爵同郡长前往监督判决的执行。

2月17日，星期二，两位伯爵抵达了福瑟林盖，要求面见苏格兰女王。他们在她面前宣读了执行死刑的令状，并且要求她准备在次日清晨受刑。玛丽平静地听完了他们的话，她在胸前画着十字，祈念着圣父、圣子以及圣灵之名。"我的灵魂，"她说，"不足以安享天国的喜乐，因为我的身躯必将遭到刽子手的染污。尽管我不愿看到英格兰女王成为首个侵犯君主神圣躯体的恶徒，但我仍然愿意服从她的命令，因为这是上帝早已为我安排好的宿命。"玛丽将手按在身旁的一本《圣经》之上，并且郑重宣布自己并未参与巴宾顿谋刺伊丽莎白女王的阴谋。她随后提起了自己写给伊丽莎白的那封并未得到答复的书信。她诚挚地恳求道，在人生的最后时刻，她希望自己的牧师可以帮助她进行祷告，以使自己获得天主教教义的安慰。即便是这个连犯下十恶不赦之罪的人通常情况下都能享受到的待遇也遭到了完全的否决。

她的侍从们在这些谈话进行的过程中泪如雨下，尽管他们受到了两位伯爵的威吓，但还是难以抑制自己的痛苦。肯特与什鲁斯伯里伯爵刚刚离去，他们就向女主人奔去，并且失声痛哭，表现出了他们最为悲伤与脆弱的情感。然而，玛丽不仅保持着她的镇静，并且竭力去抚慰他们的悲伤。她与所有围绕在身边的侍从们跪了下来，感谢上帝终于能够终结她的痛苦，并且祈求她能够庄重而又刚毅地容忍即将到来的极刑。玛丽将当天晚上的大部分时间都用来处理自己的杂事，她亲自写下了遗嘱，将自己的余财、珠宝与衣物在侍从中根据他们的品级或是德行进行了分配。她给法兰西国王与吉斯公爵分别写了一封简短的书信，措辞温婉，尽显她的宽和。她希望他们能够为自己的亡魂祈祷，并且庇护她的侍从。此后，她像往常一样吃了一顿简单的晚餐，与人交谈之时不仅心无波澜，而且显得略为欢喜。她与自己的每一位侍从都喝了些酒，为自己曾经可能出现的失职而请求他们的原谅。随后，她按照惯例躺在床上，静静地小睡了几个钟头。当次日的晨光洒下之时，她已经早早地站在了圣坛之前，用大量的时间进行祷告。上午八时，郡长与他的部属走进了她的卧房，发现她仍然跪在圣坛之前。玛丽女王看到他们之后立刻站起身来，姿态端庄，神情自若，甚至透露出了一些喜悦，她就这样向着刑场走去，波莱特则派了两名随从搀扶着她。玛丽身着一袭丧服，但却显露出了平日里许久不曾展现过的典雅与高贵。她的脖颈上戴着一个香盒，其中盛贮着绘有"上帝之羔羊"（Agnus Dei）的绘卷；她的数珠挂在腰间，手中则持着象牙制的十字架。两位伯爵与邻郡的几名士绅在楼梯下前来迎接他，她的御用教师安德鲁·梅尔维尔爵士获准与她做最后的辞别，他已经有数周不曾见过女王了。当梅尔维尔看到自己深深爱戴着的女主人身处如此凄惨的境地之时，他再也无法忍住在眼眶中打转的泪珠。他哀叹女主人的悲惨遭遇，抱怨造化弄人，因为他将奉命把这一令人悲痛欲绝的消息传到苏格兰去。玛丽为此安慰他道："不要哭泣，亲爱的梅尔维尔，这是一件令人庆贺的事。你在今天将要看到玛丽·斯图亚特会从她的所有恐忧之中解脱出来，长久以来，她都在盼望着能够终结所有痛苦的这一天。勇敢地注视着吧，梅尔维尔，在临死之时我将仍然忠于我的信仰，仍然忠于苏格兰，并且从未改变我对法兰西的热爱。向我的儿子问好，告诉他，我从未做过有损苏格兰王国的恶事，从未损害过他的名誉和权力。但愿上帝能够宽恕那些无故嗜饮吾血的罪人吧！"

　　经过再三的请求之后，玛丽终于说服了两位伯爵准允梅尔维尔与他的三名侍从以及玛丽的两名侍女陪伴她一同登上刑场。处刑台位于她曾接受审判的同一座大厅之中。刑板、座椅以及垫子上都铺上了一层黑布。玛丽轻快地登上了台阶，神色自若地看着这些刑具，并且在胸前画着十字，她最终坐在了刑椅之上。比尔大声宣读了死刑执行的令状，玛丽则满不在乎地听着，就像已经灵魂出窍了一样。随后，彼得伯勒教长开始了适用于其目前情况的布道，并且向上帝祈求她能够升入天国。但是，玛丽宣称自己不会诚心倾听教长的祈祷，也不会加入其他人的祷告。她跪在地上，重复着拉丁文的祷告。当教长完成了他的祈祷之后，玛丽以常人能够听得见的声音，用英格兰语向上帝叙述了教会目前的艰难处境，并且祈求詹姆士六世的统治下的苏格兰王国能够繁荣昌盛，祈求伊丽莎白能够健康长寿，在她治下的英格兰王国能够长治久安。随后，她宣布自己只希望能够获得惨死的耶稣的宽恕，在这幅图景之下，她甘愿流下自己的鲜血，因此她举起了十字架，亲吻着它，继而说道："耶稣啊！你的力量施之于这个十字架之上，唯愿你的仁慈能够接纳我，并且宽恕我的罪过！"

　　玛丽随后摘去了自己的面纱，脱掉了自己的上衣，准备把头颅放到刑板之上。其中的一名刽子手粗鲁地前来帮忙，但她温柔地阻止了他，并且报以微笑，告诉他，自己还不习惯在大庭广众之下更衣，也不适应这种仆人的服侍。她冷静而又无畏地将自己的脖颈伸到了刑板之上。当其中一名刽子手抓住她的双手之时，另一人斩了两次才将她的头颅砍了下来。玛丽的假发因此而脱落，露出了她那由于恐惧与悲伤而早已变白了的头发。刽子手举起了仍在淌着鲜血的头颅，教长则大声呼喊道："伊丽莎白女王的敌人已然全部肃清

272

了！"只有肯特伯爵一人的口中念着"阿门"，以回应这桩惨事。其余的观众继续保持着沉默，脸上早已沾满了泪水。他们在那时除了怜悯与敬佩之外已经无力生出其他情愫了。

这就是苏格兰女王玛丽悲惨的死亡，她在这个世上走过了四十四年又两个月，其中有将近十九年都是在监牢之中度过的。即便是在那时，苏格兰王国在她统治时期形成的派系依然以不同的名称存在着。在派系形成之初的仇恨遗留到了后来的岁月之中。他们的偏见与互相之间的愤怒也依然存在，甚至有增无减。在历史学家的认识当中，他们受到了这种情感的支配，要么认为她品格高洁、平易近人，要么则认为她具有易变的人心所生出的一切缺点。因此，我们想要探寻玛丽的真实性格将会是徒劳无功的。她不值得其中一方夸张的赞誉，也不必经受另一方含混不清的指责。

玛丽女王使自己的美貌与优雅达到了极致，以至于几乎无人能够抵御它们的力量。她文雅、友善、温婉、活泼，她谈吐端庄、文笔雅致。然而，她由于内心温和、待人真诚而会遭到突如其来的背叛与打击。她会因为遭到反对而焦躁不安，因为她自幼就已经习惯了身为女王所应当享有的尊崇。她在那个优雅的宫廷之中接受了教育，并且学习了统治之道。她对阿谀奉承十分敏感，也清楚地知道每个女人因自己的美丽而被赞誉所产生的喜悦之感。她是一个和蔼可亲的女人，而不是一位杰出的女王，因为她有着为我们喜爱的品质，尽管我们并不敬佩她的这些优点。[①] 她的活泼不会受到审判的压抑，她内心的温和在"审慎"的限制之下使之陷入了错误与罪恶之中。玛丽总是不为命运所眷顾这样的说法不足以解释她所遭到的长

---

① 意指玛丽女王虽然拥有身为女人的优秀品质，然而这些品质却是一个统治者的大忌。——译者注

久而又连续的灾难。我们就此也必须补充到，她总是行事不谨，她对达恩利的感情轻率、过分而又极其幼稚。虽然她那突然而又矛盾的极端转变是由于她受到了爱情伤害，也是由达恩利忘恩负义的傲慢与残忍所造成的；但是，这些因素与博斯威尔的花言巧语以及他的效劳都不足以为她爱上的这个贵族而辩护。甚至是那个年代，放纵的方式也不能为这种不幸的情感辩护，他们也无法减轻我们对这个悲剧的厌恶。人性将会遮掩她的这部分性格，也会把其中的一部分缺点归因于她的处境。此外，人们也会为她那悲惨的命运哀叹，而不是指责其品格的堕落。玛丽的遭遇超出了那些假意激起悲伤与同情之心的厄运，无论在程度上还是在持续的时间上都是如此。当我们深入其中探寻她的遭际之时，我们总是倾向于完全忘记她的缺点。我们对她的错误不会感到多大的愤怒，并且愿意为这个似乎在道德上几近完美的女王流下眼泪。

关于玛丽女王本人有一个细节，我们在写作一部女性统治史之时不能将其遗漏。所有同时代的史学家都认为玛丽女王容貌俊美、举止端庄，这两种优点在她身上已经发挥到了极致。她的秀发乌黑发亮，虽然按照那个时代的惯例她常常戴不同颜色的假发，但这仍然无法掩盖她的美丽。她的双眸呈深灰色，肤色也极为完美。她的双手与胳膊十分精致，外形和颜色无可挑剔。她身姿挺拔、亭亭玉立，无论跳舞、走路，还是骑马，她都一样的优雅。她对音乐的品味恰到好处，不管唱歌还是弹奏鲁特琴，她的技艺都非同凡响。在她生命的最后时刻，由于受到了长期的监禁，囚室之中湿冷不堪，她患上了风湿病，这使得她再难使用自己的双臂。布兰托姆说，所有人都爱慕她，每个人在阅读她的历史之时都会潸然泪下。

伊丽莎白不准玛丽的侍女接近她的遗体，玛丽在受刑之后被带到了邻近处刑地的一间小屋之中，在那里停留了数日，甚至只覆盖了一张从台球桌上扯下来的破布。刑板、刑台、刽子手的工作衣以及所有染上了玛丽鲜血的东西都被烧成了灰烬。此后不久，伊丽莎白下令将她的遗体以王室之礼葬在了彼得伯勒大教堂之中。但是，这一拙劣的把戏是徒劳无功的。这场浮华的葬礼无法抹去躺在墓室之中的玛丽曾经遭受的伤痛。詹姆士六世在继承英格兰王位之后不久便下令将她的遗体转移到了西敏寺当中，与英格兰的历代先王埋葬在了一起。

伊丽莎白在收到玛丽之死的消息之时佯装震惊，并且惺惺作态地对此表示了关心。叹息、流泪、哀恸与忧伤，所有这些都被她用来表现自己心中巨大的悲痛。虚伪与诡计的象征可以追溯到她针对苏格兰女王生命的每一个时期。将玛丽带去公审的命令表面上看起来似乎是出于枢密大臣们的请求。她迟迟不予发布对玛丽的判决，直到议会两院两次请求她做出决断为止。她在签署死刑令状之时也并未表现出不情愿的神态。现在，她又在展示另一场最为醒目也更加庄严的骗局。[①]伊丽莎白企图让世人相信，她此前并不知道玛丽遭到了处决，此事也违背了她的意愿。戴维森并没有怀疑她的意图，也不认为自己早已身处险境，他是伊丽莎白用以执行这个诡计的工具，并因此成了牺牲品。

作为国务大臣，将死刑令状带到伊丽莎白面前以使之签署乃是他的职责。也正是在她的命令下，戴维森才将这份令状带给了掌玺大臣。然而，伊丽莎白声称她命令戴维森不要将她的行为告知任何人，在没有得到她的口头允许之前也不得将令状发布出去。但是，戴维森无视了这道命令，不仅将这一消息泄漏给了她的几名大臣，而且还和他们一同召集了枢密大臣，在没有得到她同意的情况下就

274

---

① 指玛丽的葬礼。——译者注

发布了令状，什鲁斯伯里伯爵与肯特伯爵也因此奉命前去执行判决。虽然戴维森否认了上述说法，他提供的细节也具有很高的真实性；虽然我们难以相信，她的枢密大臣——这些深得其信任的心腹在没有得到伊丽莎白首肯的情况下就聚集在她的宫中，并且冒险通过了这桩如此事关重大而又违背其意愿的决议。但是，到目前为止，伊丽莎白仍然在揣着明白装糊涂，并且在宫中大发雷霆。她将几名幸臣赶出了王宫，对待塞西尔尤其严苛，甚至对他表现出了深深的厌恶，以至于塞西尔认为自己已经彻底失去了女王的欢心。他在极度的痛苦之下向女王写信，请求她可以准允自己告老还乡［3月］。至于戴维森，伊丽莎白立刻将他关进了伦敦塔。他很快就被带到了星室法庭接受审判，法官判处他缴纳一万英镑的罚金，并将之打入了监牢，直到女王愿意释放他为止。戴维森遭受了数年的牢狱之苦，并且从未恢复任何宠信与权力。由于她的嫉妒与恐惧夺走了苏格兰女王的生命，为了给这一行为辩护，伊丽莎白毫不犹豫地牺牲了王国之中最为高尚也最有能力的贵族的名声与幸福。

这出看似严肃的闹剧虽没有留下好名声，但给伊丽莎白提供了向苏格兰国王道歉的机会。由于母亲的危险处境激起了国王身为孝子所有的关心与忧虑，玛丽惨遭极刑的消息便迅速使得他的心中充满了悲伤与愤怒。他的臣子们认为此事对詹姆士六世以及整个苏格兰民族而言都是一个奇耻大辱。为了安抚他们，伊丽莎白立即派遣亨斯顿勋爵之子罗伯特·凯里携国书出使苏格兰。她在信中对这一不幸的意外表示了深切的痛苦。她宣称，此事完全出乎她的意料，也并不是在她的命令之下发生的。詹姆士没有准允她的信使进入苏格兰，并且费了一些周折才从贝里克那里收到了一份备忘录，其中包括戴维森的叙述。但是这份记叙经过了篡改，将伊丽莎白的罪责完全开脱了出去，并且把责任完全归结于戴维森的草率与背叛。这样的辩护很难令人满意，它看上去更像是一次嘲讽，因此增加了对苏格兰人的羞辱。许多贵族，包括国王本人，除了愤怒之外没有其他任何感情。伊丽莎白迫切地想要安抚他们，她既缺乏有力的工具，也缺少冠冕堂皇的理由以达成这样的目的。莱斯特写信给国王，沃尔辛厄姆则写信给国务大臣梅特兰。他们在信中提醒詹姆士：如果他仅仅以苏格兰一国的兵力冒险前去攻打一个实力远在他们之上的王国，那他就是在自取灭亡。过去的历史与其母悲惨的遭遇也许可以使他确信，没有什么比依赖外邦的援军更加危险，也更加虚伪的了。法兰西国王从来都不愿意看到不列颠岛上的两个王国纳入一位君主的统治之下，也不会尽力援助一个与吉斯家族有着血缘关系的君王。腓力二世也许是那个更加积极的盟友，但他也绝对是更加危险的一个。他将假借支援詹姆士六世而强调自己对于英格兰王位的继承权，毕竟他早已公然提出过这一要求了。处决玛丽女王所依据的那份法案会把詹姆士排除在王位继承之外，生来厌恶受到外邦之君统治的英格兰人如果被他的敌意所激怒，将不会在乎使用这份法令来否决詹姆士的继承权。伊丽莎白会用母亲对待儿子那样的温柔去弥补她的过错，如果詹姆士贸然发动一场毫无结果的战争，他就会失去只要与伊丽莎白保持友谊就能轻而易举获得的继承权。他知道自己势单力孤，苏格兰的贫弱、一些贵族的桀骜不驯、另一些贵族那可疑的忠心以及亲英派的影响力，这些连同莱斯特等人的劝说一道使詹姆士六世确信，在这个节骨眼儿上与英格兰开战虽然师出有名，但是颇为失策。所有这些因素使得他遏制了自己的愤怒，并在表面上装作满意于英方对戴维森的处罚，并且保留了所有同英格兰宫廷友好相处的象征。战争的阴云就此消散，玛丽的死亡就像其他普通的罪人一样，没有任何君主为她报仇雪恨。无论伊丽莎白将会招致怎样的恶名，她都不再会面临此前由于玛丽的存在而给她带

275

来的危险了。

　　然而，玛丽之死对于格雷嗣君而言却是致命的，并且使其丧失了国王的宠信。他开始像那些不择手段攫取权力并且将其恣意滥用的佞臣一样为人厌憎。他在英格兰出使期间的背叛行径已经不是一个秘密，当詹姆士六世最终得知此事之后，他深感震惊。朝臣们看到了国王心中逐渐生起的憎恶，格雷的敌人于是抓住了这一良机。威廉·斯图尔特为了向曾经背叛自己兄长的詹姆士队长复仇［5月10日］，而在贵族大会上公开谴责他的罪行，控告他不仅设计夺走了玛丽女王的生命，并且与天主教君主秘密勾连，目的则在于恢复天主教在苏格兰的统治地位。格雷被国王与所有的贵族抛弃，他对自己的罪行也心知肚明，因此做了些无力的抗辩。他被判处永久流放，尽管这一惩处对于他的罪行而言有些严苛。然而，国王不愿使这个曾经倍受宠信的佞臣听凭司法的惩处。他的近亲汉密尔顿勋爵以及其他最近刚从流亡之中返回苏格兰的贵族为了回报他曾经为他们做出的努力，也向国王诚恳地求情。

　　在摧毁了其中一个敌人之后，詹姆士·斯图尔特队长认为现在是时候向所有敌人发动进攻了。他挑出了梅特兰，此人因其能力而闻名，同时也深为他所忌恨。斯图尔特不仅控告他也是置女王于死地的从犯之一，而且还指责他密谋劫持国王，并且打算将其送到英格兰人的手中。但是，时间与无视在很大程度上使国王失去了对这个并没有太大价值的奴才的喜爱。所有朝臣都联合起来反对斯图尔特，他也并未达成目标，而是受到了屈辱——他亲眼看着国王将总理大臣的职务授予了自己的敌人，梅特兰也因此掌控了有如首相一般的权力和影响力。

　　在今年召开的宗教大会上，对主教的仇恨与对他们侵蚀权力的嫉妒与担心出现了。但是，由于国王现在已经成年，议会也在这个节点上召开，教士们也满足于派遣代表向朝廷陈述他们的冤屈，他们希望能够因此而获得补偿。

在这届议会召开之前，詹姆士做了一件配得上国王之名的事情。"致命世仇"存在于许多世家大族之间，并且代代相传。这极大地削弱了王国的力量，它比任何事情都更有助于保留贵族的强势与无礼的性情，这也是他们自己与苏格兰王国的灾难。经过许多预先的谈判之后，詹姆士邀请互相敌对的派系前来圣十字宫参加宴会。贵族们在席间允诺将他们之间的不和永远忘却，这样的情况是受詹姆士的权威和请求的影响。随后，国王带着他们排成了庄严的队伍，穿过了爱丁堡大街。每个贵族都与他曾经的世仇牵着手向前迈进。他们在大街上举办了酒会，与对方互相干杯，并且原谅了对方，发誓在未来成为朋友。身处于这一奇观之中的人民心中生发出了看到和谐与安宁在王国各处建立起来的希望，并且通过欢呼与鼓掌表示了他们的满意。遗憾的是，这一和解产生的效果与国王虔诚的努力和人民美好的愿景都不符合。

议会首先关注的是新教信仰的安全。自从宗教改革以来所有利于新教的法案都获得了批准。一部更新也更加严格的法案获得了通过，它针对的是此时来到苏格兰的天主教士与耶稣会士，他们的目标是说服人们改信天主教。这届议会通过的两部法案，由于它们将要产生的后果而值得我们注意。

其中一部涉及教会的土地。由于公共税收已经不足以满足国王的花销，由于对政府的管理更加复杂也更加昂贵，由于詹姆士生性慷慨，对财会事务也一窍不通，因此必须筹措一部分资金以备不时之需。但是，现在不可能对平民征收数目庞大的税收，贵族们也不适应于承受沉重的赋税。因此，教会的收入是正当供给可以获得的唯一渠道。尽管自从宗教改革以来，教会遭受了世俗势力的抢掠，

276

他们也利用了各种手段去夺取教会的土地，但仍然有一些未曾让渡的部分土地保留在教会手中，收入还十分可观。这些土地或者被那些享受其地租的主教所持有，或者被他们任意转让给了俗世中人。所有这些土地都在这届议会中由一项总法并入了王室土地之中，国王也有权将这些土地的租税用于王室事务。只有什一税被保留下来以维持那些侍奉教长或是在主教宫中效力的侍从的薪水，他们同时也可以获得一小块俸地作为定居之所。在继承了这笔庞大的财产之后，人们自然而然就断定国王一定获得了巨大的权力，贵族的影响力也相应地有所减弱。然而，将这一表面上的事实进行反转才是真相的所在。几乎所有在法令通过之前获得授予的教会土地都得到了批准，而此前认为是不确定的头衔也源于议会法令的权威。詹姆士在有限的时间内批准了新土地的转让，这就是他温和的脾气，随时都在准备着屈从于侍从们的请求，并且满足他们最无理的要求。这不仅体现在有限的时间之中，而且贯穿于他的整个统治时期。他总是在进行授予，他的议会则随时准备着批准对贵族的这类封赏。因此，从这些可观的收入中，王室只得到了一点利益。主教是这一法案最为惨重的受害者，但是在这个节点上，国王与他的大臣们都对这个既被人民厌恶，又受到教士迫害的阶层的利益不感兴趣。他们的敌人热切地推动着法案的通过，能够瓜分其收益的前景促使所有派系都同意了其中的条款。对主教阶层的权力与财富进行致命打击之后，进行我们即将述及的教会体制的变革就不是什么难事了。

　　另一部法案在国内体制方面催生的变革也同样剧烈。在封建体制之下，每一个自由的持地人，或是国王的直属封臣都有权参加议会。这些土地的自由持有人原本在人数上很少，但却拥有很大的财产。不过，经过时间的演变，这些土地要么被他们自己瓜分，要么被国王分封出去，或是因其他意外事件而分崩瓦解。自由持地人的数量愈发多了起来，他们之间的条件也变得愈发不平等。除了古代的贵族们仍然保留着他们的地产和权力，苏格兰也兴起了另外一个阶层，虽然他们的财富与影响力远不及贵族，但其权力却可以与之相比肩。然而，在野蛮的年代里，当政体还不甚完善，议会很少召开，就算召开讨论的也是与尚武民族并无多大关系的事件之时，很少有小贵族出席议会，议会的司法权全部由大贵族与教士阶层共同执掌。詹姆士一世喜欢模仿他长久以来适应了的英格兰政体，他想要平衡大贵族的权力，并于1427年在议会中通过了一项法案，免除小贵族出席议会的义务，授权他们所在的郡委派两名委员代表他们出席议会。这部法案像这位睿智的国王所制定的其他许多规制一样，只产生了很小的效果。国王的所有封臣都像以前一样继续占有出席议会的权力，但是除了一些极度重要的场合之外，只有大贵族才会出席。然而，在宗教改革的影响之下，苏格兰的政体经历了一场巨大的变革。贵族的权力得到了很大的增长，因为国王常常用以遏止贵族造反并且平衡其权力的神职人员的影响力相应减弱了。许多修道院成了世俗贵族的领地，信奉新教的主教极为贫困，并且受到了国民的唾弃，根本无法与他们的先辈相提并论。曾经的主教因为自身的财富与人民的盲目崇信而有了极大的重要性与信任度。在这种情况下，詹姆士六世求助于詹姆士一世曾经用过的权宜之计。他通过了一项法案，再度重启了1427年法令。从那时起，苏格兰平民就可以将他们的代表送到议会中去了。一项旨在削减贵族权力的法案不可能在没有遭到反对的情况下就获得通过，但是，由于国王有权召集中小贵族亲自参加议会的权力，其他贵族因而担心议院中满是他自己的扈从，就同意通过旨在限制他们仅由代表出席的法案。

1588年，一个备受全欧洲瞩目的普遍期待开始实现了，它以引发诸多事件与变革而闻名。根据同时代的史学家所言，几名占星学家曾经预知了此事。如果那些睿智的观察家们没有超凡脱俗的智慧，欧洲两大主要王国的事务也使得他们难以冒险做出预言，并且预见一些大危机的发生。在法兰西，这危险显然是源于一个同盟取得的令人震惊的进展，它由一位野心受到限制而才华足以克服所有困难的领袖人物所领导；也源自亨利三世那胆怯、多变与失策的御前会议。因此，要么是亨利三世最终被迫放弃与他并不相称的王位，要么是他强悍的对手被一些突然而又恐怖的打击夺走性命。因此，在这年年初，吉斯公爵（Henry I, Duke of Guise, 1550—1588）将他主子赶出了王都，并且迫使他与自己签订合约，给予公爵以王权的庇护。在年终之时，吉斯公爵则成了亨利的愤怒与恐惧的受害者，也因他本人的生命安全而忧心忡忡。西班牙发生的一些事也极不寻常，三年之中，腓力二世用尽了欧洲领地上的所有能量，也耗尽了西印度群岛的财富，目的在于为战争做好准备。一支在海洋上从未出现过的庞大舰队准备从里斯本起航，一支同样庞大的陆军也准备登船。虽然种种细节都显示着其矛头所指之处乃是英格兰本土，但他们具体的目的地尚且不为人知。伊丽莎白长期以来给予低地国家的诸侯们以秘密的援助，现在则公开为他们提供庇护。她的一支大军在低地国家为他们效力，莱斯特伯爵则指挥着他们的部队。她在共和国的政府中拥有强大的影响力，一些最为重要的城镇也尽归其掌控。她的舰队袭扰着西班牙的海岸，拦截从西印度群岛驶来的大帆船，并且威胁着那里的西班牙殖民地。腓力二世被大量的伤害所激怒，被野心所诱惑，并且被传播天主教的狂热所驱使，他决定要征服英格兰，而不仅仅是入侵那里。他身上传承自兰开斯特家族的血脉、教皇西克斯图斯五世（Pope Sixtus Ⅵ, 1521—1590）的封赠都使得他认为自己也应当享有英格兰的王位。

伊丽莎白看到了迫近的危险，并且准备迎击它。筹划与执行保卫王国的计划之时的智慧与力度使她的统治闻名于世。她主要关心的是确保与苏格兰国王的友谊，她对待詹姆士六世之母的严苛尚不为君主们所知。她常常严酷并轻蔑地利用他本人，虽然他迄今为止都压制着由于这些伤害而产生的愤怒，但伊丽莎白并不认为这些情绪已经完全消失，也担心在自己目前的处境之下，这些愤怒会以致命的极端形态而爆发。腓力二世深知与苏格兰结盟将会极大地促进他的事业，因此对詹姆士六世大献殷勤。他唆使詹姆士为了母亲遭受的折磨而复仇，他允诺将与其共享征服的战果，并且向他提议将自己的女儿伊莎贝拉公主嫁给他。与此同时，苏格兰挤满了天主教士以及腓力二世的间谍。他们使一部分贵族改宗天主教，另一些贵族则被他们的贿赂与承诺所收买。亨特利、埃罗尔伯爵（Francis Hay, 9th Earl of Erroll, 1564—1631）与克劳福德是公开支持西班牙利益的那一派系的首领。麦克斯韦勋爵从西班牙宫廷之中赶来，召集他的扈从，并起兵准备加入西班牙的军队。为了消除这些影响，伊丽莎白热切地表明她与国王的友谊。她的使节阿什比（Ashby）则向国王做出了许多承诺。他向詹姆士六世保证，他对于英格兰王位的继承权会在王国得到公开的认可，伊丽莎白也会授予他英格兰的公爵爵位。他将获准与女王同掌朝政，也会收到定期的津贴补助。詹姆士很清楚伊丽莎白的伎俩，因此不会完全依赖于这些承诺。但是他也很明白目前的利益所在，并且稳固地追求它们。他拒绝接受与西班牙的危险联盟，也禁止教皇的使节出现在他身边。他逮捕了帕尔马亲王的代理人森普尔上校（Colonel Semple），也将许多神学院派天主教士逐出了王国。他突然向邓弗里斯进军，遣散了麦克斯韦的扈从，并且将他本人投入了监狱。在一次贵族大会上，他宣布了自己将坚定地遵守与英格兰的同盟。他没有听取关于复仇的建议，而是决定与伊丽莎白一同对抗新教信仰的共同敌人。他下令全国进

279

入紧急状态，并且征召军队前去阻挡西班牙人的登陆。他同时还派遣了一支军队前去援助伊丽莎白，并且告诉她的使节，自己不希望获得西班牙国王的任何帮助，因为就像波吕斐摩斯（Polyphemus）对尤利西斯（Ulysses）承诺的那样，当他吞食掉尤利西斯的所有同伴之后，他也将一口把尤利西斯吃掉。

　　在这种情况下，人民的热忱并不比国王的要弱。他们即将面临的严峻形势也令他们为了自己的安全而想出了一个特别的权宜之计。为了保护真正的信仰、保卫国王的人身安全与国家的长治久安，他们缔结了一个公民联盟，目的在于同一切国内外的敌人相对抗。这一盟约包括了对新教信仰的皈依，尤其包含了对天主教错误教义的放弃。此外，他们发下了庄严的誓愿，以上帝之名，承诺将凭恃上帝的力量支持缔约各方保卫国王与国家的事业，并且竭尽全力与天主教做斗争。国王、贵族、教士以及人民都欣然在盟约上签下了自己的名字，这一不同寻常的联盟现在已经出现，那时的许多因素都有助于它的形成，也使得这样的观念为苏格兰人民所熟知。在历史上，当重大事件发生之时，当公众的安全受到威胁之时，以色列人往往互相缔结神圣同盟，忠于上帝在他们中创立的宗教。苏格兰人认为这是值得他们效仿的神圣先例。在那个年代，除非所有的苏格兰人都认为出于安全的考虑有必要缔结同盟，否则他们是不会展开大规模行动的。这种宗教同盟的形式很显然是借用了曾经出现过的许多政治同盟的实例。条款、盟约以及特别的表达模式也同样如此，几乎所有强大的天主教君主在那时都加入了旨在根除新教信仰的联盟。似乎没有什么别的方式比缔结一个相反的同盟以对抗那个强大集团的攻势更为有效的了。这就是历史上赫赫有名的"圣约"（Covenant）的起源。它在詹姆士统治时期不断得到重申，并于1638年再度复活，虽然那时已经遭到了重大的修订。它也在1643年为英格兰人所采用，并且得到了两个王国中的教俗两界的执行。那时所遵从的政治目的，以及为了达成这一目的而使用的暴力手段并不在我们解释的范围之内。但是，在它刚刚缔结的那个时间点上，我们也许可以断定它是一个为了拱卫国家的宗教与自由而做出的审慎又值得赞赏的工具。其中包含的条款也符合当时的紧急状况，毕竟天主教袭来的危险已经迫近，因为人们也处于欧洲最为狂热也最为强大的天主教君主入侵的威胁之下。

　　腓力二世想要征服英格兰的愿望并没有激使他做出迅速且有力的行动以确保这次大冒险的成功。他的舰队本应在 4 月起航，但是直到 7 月中旬也还没有进入英吉利海峡。舰队一直在海岸边缘逡巡，等待帕尔马亲王的加入。亲王在佛兰德斯港被一支荷兰部队阻住了去路。西班牙人在那时遭遇了接二连三的灾难，持续的风暴与众所周知的战役连同他们失败的指挥一道葬送了胜利的希望。上帝热切地守卫着新教信仰与不列颠的自由，在他的庇佑之下，英勇的英格兰人摧毁了西班牙人的大舰队——傲慢的腓力不可一世地将其称之为"无敌舰队"（Armada）。在他们被赶出了英格兰的海域之后，这些残兵败将不得不绕道苏格兰与爱尔兰以返回自己的祖国。许多船只都在这片危险与未知的海域失事。虽然詹姆士命令他的臣子们全副武装，监视着西班牙人的动向，并且防止他们以敌对的方式在苏格兰登陆，但他最终还是仁慈地接待了七百名左右的西班牙人，他们因遭到暴风雨的袭击而不得不在苏格兰海岸登陆。詹姆士在给予他们足够的补给之后，允许他们返回了自己的国家。

　　西班牙军队撤退之后，伊丽莎白派遣一名使节前往苏格兰与詹姆士一同庆贺，并且赞许他在如此危险的状态中所表现出的坚定与慷慨。但是，使节不再提及阿什比的承诺，这名朝臣甚至因为他越权提出了如此慷慨的条件而受到了指控。由于意识到自己的谎言，

280

447

或是因受到主子的否认而痛苦不已，他便暗中离开了苏格兰。

[1589年]此战役使腓力二世确信，自己采取鲁莽的行为试图通过海军征服英格兰是徒劳无功的，因为他要长途奔波、准备装备，并且会遭受海洋与风暴引起的延迟、危险以及不确定性的影响。因此，他决定以另外一种方式发动攻势，接受了洛林诸侯长期考虑过的计划——由苏格兰发起对英格兰的入侵。他设想到，自己可以轻松地将一支陆军由低地国家送往苏格兰，一旦他们在那里得以立足，或者得到当地人的援助，英格兰的边防就会变得形同虚设。英格兰的北部诸郡充满了天主教徒，他们也将公开举兵接纳西班牙的部队。与此同时，他还要发动对英格兰南部海岸地区的袭击，此举可以将英军一分为二，不仅能够分散英格兰枢密院的注意力，而且可以令整个王国都陷入慌乱。为了给这一计划的执行扫清障碍，他送给了仍在苏格兰的学院派天主教徒布鲁斯一大笔资金，命他协同海伊（Hay）、克莱顿（Creighton）、泰利（Tyrie）与苏格兰的耶稣会士尽可能多地收买苏格兰的上层人士。天主教的狂热以及这些密使的三寸不烂之舌使得几名显贵最终支持了这个显然将要摧毁苏格兰的计划。虽然国王近期表示要将伦诺克斯公爵之女嫁给亨特利，但他还是继续忠于天主教。克劳福德与埃罗尔则受到怂恿成了新的改宗者。他们全都同帕尔马亲王（Alexander Farnese, Duke of Parma, 1545—1592）进行了通信。他们在信中表示要为西班牙国王效力，并且决定提供六千人马助他一臂之力，以使其成为苏格兰之主。此外，他们还将率领众多封臣加入到西班牙人之中，以使得亲王能够统率人数足够的军队进入英格兰。弗朗西斯·斯图尔特（Francis Stewart, 5th Earl of Bothwell, 1562—1612）是詹姆士五世的孙子，他最近被国王册封为博斯威尔伯爵，虽然他因为仍旧忠于新教而没有受到宗教动机的影响，但他反复无常与躁动不安的性格也使他加入了这个

具有造反性质的联络当中。

[2月17日] 所有这些信件都在英格兰遭到了拦截，伊丽莎白 281被这一威胁到英格兰的危险所震惊，因而将之悉数转交给了詹姆士六世，责备他此前对于天主教派系的仁慈，并且要求他以严格的方式制止这个令人生畏的阴谋。但是，虽然詹姆士忠于新教信仰，虽然他深刻地了解新教与天主教徒之间的神学论战，虽然他早年曾写过对于《启示录》的评论——他在其中努力证明教皇是基督的敌人，但是，他还没有打算在对待天主教徒之时接受这些理论，他在余生中也依然信奉着这些哲学。天主教徒那时在英格兰是一个强大而又活跃的派系，但他们尚未在苏格兰形成气候。教皇与西班牙国王准备参与他们所有的阴谋，并且支持他们的每一个盲目的举动。在英格兰，这样的一群人对他继承英格兰王位表示反对，加上英格兰人对外邦君主统治的厌恶一定会给他制造很多麻烦。为了避免此事，他认为很有必要安抚他们，而不是将其激怒，并且通过温和的对待以及缓和针对天主教徒的法律的执行力度，确保他们对他继承英格兰王位的接受。詹姆士一边努力以大度的承诺与仁慈的行为争取一个派系，一边又顽固地坚守另一派的教义与信条，这产生了一种神秘的氛围，甚至是在国王的性格中产生了自相矛盾的部分。天主教徒由于正处于竭力攫取权力的时期，因而轻易地相信了国王，认为他的内心完全是在他们这边；新教徒则由于已经占据了权力而有着不容僭越的警惕，因而将每一个对天主教徒的慈悲之举都视为其应得的冷漠与叛教的象征。为了使双方都能满意，詹姆士总是力求完美，同时也揣着明白装糊涂，他认为这是统驭之道的一部分。

他在这一阶段的行为大体上符合上述原则。虽然有英格兰女王的请求与教士的抗议，他仅仅将亨特利及其同伙关押了很短的一段时间。不过，他很快就有理由颁布一份有违政府尊严的宽容法令。

同谋者们为了自由所做的第一次努力是召集他们的扈从，借口则是要驱逐总理大臣梅特兰，因为他为了英格兰的利益而使用自己的诡计。但是，他们的真正目的是控制国王。这些尝试遭到了挫败，部分是由于梅特兰的警觉，部分则是由于他们失败的指挥。他们被迫退往北境，并在那里公开举起了反旗。但是，由于国王的政府仍然受到人民的爱戴，他的大臣们也并未受到人民的憎恶，他们的封臣因此缓慢地加入到其阵营当中，并且没有表现出多大的热情。国王亲自率领着他所能征召到的部队向他们杀去，叛乱者们不敢依赖自己的部队，他们的士兵虽然在人数上占据优势，但是并非真心实意地追随他们，并且也不愿在战场上与国王兵戎相见。叛乱者们因此将军队解散，并且向国王投降，听凭其发落。亨特利、埃罗尔、克劳福德与博斯威尔都受到了公开的审判。反对叛乱的法令对于他们而言是致命的，但是国王不允许通过任何惩罚，他利用自己将要举行婚礼的机会，将他们悉数赦免了。

282　　　由于詹姆士乃是苏格兰历代先王的嫡系继承人，由于联合两个王国的所有希望都系于其身，由于王位的假定继承人阿兰伯爵已经陷入精神错乱的状态，因此，人民在这种氛围下十分热切地盼望着国王的大婚。詹姆士本人也急于完成此事，并因此向丹麦国王弗雷德里克二世（Frederick Ⅱ, King of Denmark, 1534—1588）提出迎娶其长女的联姻计划。但是，伊丽莎白嫉视任何能够增加斯图亚特家族后代的事情，也担心这样会令他们更能为英格兰人所接受，因此努力干扰詹姆士，并且使出浑身解数挫败或延迟他们的婚姻。詹姆士的大臣由于收受了英方的贿赂而支持伊丽莎白的计划，虽然有许多使节从苏格兰被派往了丹麦，但他们提出的条件十分苛刻，以至于弗雷德里克二世不相信詹姆士的提亲是发自真心的，而是为了蒙骗他，因此他应允了不伦瑞克公爵（Duke of Brunswick）的提亲。詹姆士将这一外交失败完全归咎于其使臣的错误，但他并没有因为此事而灰心丧气，继而写信给弗雷德里克的次女安妮公主（Princess of Anne）。虽然伊丽莎白向他推荐了纳瓦尔国王的妹妹凯瑟琳以转移他的注意力，虽然她劝说苏格兰枢密院反对国王与丹麦的联盟，詹姆士仍然坚持着他的选择。由于他无法以其他方式克服枢密院的固执，他便暗中怂恿爱丁堡的市民们拿起了武器。他们威胁要将总理大臣撕成碎片，因为他至今都在用诡计阻挠国王的行动，并且令人民深感失望。此事产生了效果，马歇尔伯爵奉命率领一支庞大的使团出访丹麦。他收到了赋予其广泛权力的命令，其上有国王的亲笔签名。双方很快就婚约达成了一致意见，年轻的王后乘上了开往苏格兰的帆船。詹姆士为了迎接她而做了盛大的准备，并且以一个爱人的耐心等候着她的登陆。然而就在此时，一个令人沮丧的消息传来，王后由于一场剧烈的暴风雨而不得不在挪威停留，护送她的舰队疲惫不堪，因而很难在春季之前再度起航。詹姆士深切地感受到了这个意外的打击所带给他的失望之情。他立刻配备了一些航船，没有告知任何枢密大臣，在总理大臣与其他几名贵族的陪同之下，率领三百名士兵亲自前去迎娶他的新娘 [10 月 22 日]。他安全地抵达了高斯陆（Upslo）附近的一处小港，王后正居留于此处。[11 月 24 日] 他们在那里隆重地举行了婚礼，由于在冬季时分渡过这片狂暴的海域实在是有些轻率，詹姆士因而接受了丹麦宫廷的邀请，前往哥本哈根，在那里度过了数月，其间举行了持续不断的节庆与游行，国王与王后都异常欢欣。

在国王的一生当中，没有什么比这次突然的行程更加完全地背离了他的性格特征。他的儿子查理一世对女性有着过度的钦慕，这源于他内心的情感，优雅的品位更增强了他的这一特点。他在西班牙浪漫的旅行则与这种性情十分相称。但是，詹姆士不易受到任何风流韵事的影响，并且总是表现出对女性气质的漠不关心，这往往是迂腐的学识和不熟知优雅为何物的性格所易于激发的结果。然而，他被阻挡其道路的诸多障碍激怒了，这也使得他变得焦躁不安。他急于确保在这段婚姻中获得政治利益。他担心继续拖延下去会给伊丽莎白与她的大臣们以可乘之机，使之以阴谋再度挫败这场婚姻。他突然决定要通过一场能够在数周之内返回的旅行阻止他们。国民似乎为他的这一举止鼓掌叫好，并且为年轻的国王身上洋溢的热情而高兴。虽然他很久都不在国中，但是贵族、教士与人民都争相表达他们的忠心与服从。在他的统治史中，还没有哪个时期像现在一样安宁，也没有哪个时期像现在一样免遭派系斗争的侵扰。

283

第八章　詹姆士六世的统治与高里阴谋

[1590 年] 在 5 月 1 日这天，国王与王后抵达了利斯，受到了臣民们的热烈欢迎。王后的加冕典礼进行得庄严而又华美。不过，主教阶层已经没落，受到了人们的轻视，以至于无人出现在这个神圣的场合上。罗伯特·布鲁斯是一位声名显赫的新教牧师，他亲手将王冠戴在了王后的头上，在她的额前涂抹了圣油，并且完成了其他的所有仪式。

许多教士在国王前往北欧之时都热忱地致力于保护王国的和平与秩序，这使得詹姆士在很大程度上与他们进行了和解，甚至与王国的新教体制达成了和解。在今年 [8 月 4 日] 召开的大会上，他对教会的教理与教规表示了极大的赞美，表明自己将忠于这些原则，并且准允大会制定全面废除主教权力的法案，为建立一个全面而又合法的长老会体制铺平道路。

[1591 年] 随后发生的一个事件使得教士获得了巨大的胜利。他

们的老对手亚当森大主教（Archbishop Adamson）[1]由于触怒了国王而失去了权势，合并法案剥夺了他的主教税入，他本人也受到了年龄、贫困与疾病的折磨，因而不得不向教士低了头，并且向大会递交了一份声明，改变了他此前关于教会体制的观点，收回了他对长老会制度的抨击。主教当中最为博学多才的人所做出的这一忏悔，被视为真理的胜利。

与此同时，国王对于各种大罪之人的仁慈使得他的政府受到了轻视，也怂恿了这些暴行的发展，并且最终证明了臣子对其致命性的打击。这几年的历史当中写满了世家大族之间的致命争斗，鲁莽的谋杀随处可见，其细节也极尽野蛮。封建贵族政治当中所有的缺点现在也许比苏格兰历史上其他任何时期都更令人有切肤之痛，普遍的混乱状态已经达到了一种几乎不容社会继续存在下去的地步了。国王则由于太过温和以至于不忍施行惩罚，或是太过软弱以至于无力做出行动，因此使得所有这些恶行都能够逍遥法外。

284　虽然詹姆士六世对真正的罪行漠不关心，通常情况下出于想象之中的巫术却引起了他的关注，那些被怀疑施行巫术的人也感受到了他的权威。许多中年人被抓了起来，并且受到了折磨，他们要么是一个家族的家主，要么是上层社会的主妇，他们年纪不甚老迈，家境也较为殷实。虽然他们的认罪书当中包含了最为荒谬也最令人难以置信的细节，国王、教士和人民的偏见一同毫不怀疑地相信了他们那夸张的言行。一些不幸的受害者指控博斯威尔曾经向他们占卜过，目的在于得知国王死亡的具体时间，并且利用他们的巫术召唤了风暴，力图谋杀王后，最终使得詹姆士六世在丹麦延误了许多时日。在这些罪证之下，博斯威尔被投入了大牢。他那狂暴与傲慢

---

① 指的是圣安德鲁斯大主教亚当森。——译者注

的性格使之无法屈从于囚禁，也令他无法忍受这种侮辱。在贿赂了看守之后，他最终得以逃出囚牢。博斯威尔将自己的遭遇归罪于他的政敌总理大臣的诡计，因此以驱逐署长为由召集了自己的扈从。国王的一些侍从支持他，在他们的帮助下，博斯威尔伯爵得以在夜色的阴云之中经由密道进入了圣十字宫。他径直向国王的寝宫而去，但幸运的是，在他抵达目的地之前，警报就已经响起，宫门随即关闭。他试图强行打开一些门，并放火烧毁其他宫门。在此期间，爱丁堡的市民们拿起武器，并保卫了王宫。博斯威尔在逃跑之时遇到了很大的阻碍，但最终在夜色的掩蔽之下仓皇出逃。

[1592 年] 博斯威尔等人向北境逃去，国王轻率地授权亨特利伯爵用"火与剑"追捕他们。亨特利以执行这一命令为由而为自己的私仇泄愤。他包围了默里伯爵的宅邸，将其夷为平地，并且杀害了伯爵本人 [2 月 8 日]。默里伯爵（James Stewart, 2nd Earl of Murray, 1565—1592）是前代摄政（James Stewart, 1st Earl of Murray, 1531—1570）的继承人，他品行高洁，深受人民的爱戴。他的死激起了普遍的愤怒，爱丁堡的市民们愤怒地聚集起来，虽然他们在治安法官的监视之下受到了限制，但还是不顾国王与大臣们的尊严，公然侮辱并威胁这些达官显贵们。这些愤怒的情绪在不断地蔓延着，詹姆士六世也因而认为退出爱丁堡方为明智之举。于是，他去往了格拉斯哥，并在那里定居了一段时日。亨特利伯爵也前往格拉斯哥向国王缴械认罪，虽然他的罪行骇人听闻，人民也大声疾呼要将他绳之以法，但是他现在与御前大臣的交情匪浅，国王也因为他娶了幸臣伦诺克斯公爵之女而仍对他心怀仁慈。因此，詹姆士不仅庇护了他，使之免遭惩处，甚至豁免了对他进行的公审。

此后不久，苏格兰发生了一件有关教会体制的重大事件。教士们长久以来都在抱怨议会 1584 年法案是对其特权与司法权的侵蚀，虽然这些法案现在大都失去了效力，他们还是决定请求议会在形式上废除它们。选择在这个节点上推动议会废除这些法案是一个明智之举。国王已经由于他对天主教派系的仁慈而失去了许多人民的支持，他在追捕谋杀默里伯爵的凶手之时所表现出的倦怠也令人失望。御前大臣不仅领导了一个反对他的强大派系，而且还成为人民厌恶的对象，人们将国王的每一个过错都归在了他的头上。博斯威尔仍然潜藏在王国之中，并且受到梅特兰的政敌们的暗中支持，他也随时准备继续自己那鲁莽的冒险。因此，詹姆士六世现在十分乐于满足教士的要求，他不仅同意通过一项法案将1584年法令中的条款予以废除，而且还大献殷勤，允许议会建立长老会体制。此外，他还在最高宗教大会、地方会议、长老会以及教会法庭中，以最为自由的方式确定了他们不同的教义与原则。教士阶层的热忱与权威，甚至是在摄政们的统治之下也不曾获得法律的准许，无法建立教会体制，尽管他们曾期望能够在摄政体制下取得这一进展。没有哪个君主像詹姆士一样支持这样一种体制，它的共和主义倾向将会激起一种自由的氛围，而这正与他那王权至上的观念水火不容。他对长老会教士在那个年代中表现出的坦率与不顺从的秉性厌恶得无以复加。这些苦行者们往往以热忱而不是精明而闻名于世，因此常常与他的意见相抵触，并且时常抨击他的行为，这冒犯了他作为神学家的专断以及身为国王的骄傲。然而，他的处境常常迫使他掩饰自己的情绪，由于他总是因为纵容天主教派系而令其臣子心生厌恶，他便对长老会派教士做出了让步，以弥补这一不平衡。

在这届议会之上，博斯威尔与他所有侍从的公民权都遭到了剥夺。但他很快就又有所动作，想要在福克兰再度抓捕国王。詹姆士的一些朝臣背离了他，另一些人作为御前大臣的政敌则希望博斯威尔获得成功，因而只做了无力的防御。不过，詹姆士最终还是确保了自己的安全，这要归功于罗伯特·梅尔维尔爵士的警惕与忠诚，当然这也是由于博斯威尔及其侍从的犹豫不定。

当国民由于发现了一个新的惊天阴谋而有所警惕之时，这一危险几乎没有终结。纽伯特勋爵（Lord Newbattle）的兄弟乔治·克尔准备起航前往西班牙之时遭到了逮捕，在他的寓所发现了许多可疑的文件，其中有安格斯、亨特利以及埃罗尔伯爵的签名。他们希望以这种方式防止机密遭到泄漏，但是克尔在酷刑的威胁之下屈服了，他供认出自己受这些贵族的差遣去往西班牙与国王谈判。签署了他们的名字的那些空白页面中充斥着克莱顿与泰利的名字，他们都奉命代替三位伯爵向西班牙国王效劳，并请求他派遣一支大军在盖洛维或是克莱德港（Mouth of Clyde）登陆，他们将在此地率先建立起苏格兰的天主教信仰，之后将举全国之力入侵英格兰。芬特里的格拉海姆与雷迪兰的巴克莱也受到了他的指控，克尔称他们二人也参与了这起阴谋。因此，国王将他们也投入了大牢，并且确认了其罪行的所有细节。

[1593 年] 国家因最近接连发生的许多阴谋而陷入了持续的恐惧与骚动，这起新危险的发现则造成了最后的恐慌。所有人都认为应当立即拿起武器保卫祖国，就好像敌人已经出现在了自家的宅院之中一样。詹姆士六世那时恰巧不在王都之中，爱丁堡市长不等他发布令状，也没有收到任何法律上的准允便立刻召集了一大群贵族，以确保针对即将发生的危险能够提供即时的防御。他们逮捕了安格斯伯爵，并且将他囚禁在了城堡之中。他们审讯克尔，准备在国王面前就国家的处境与处决阴谋者的必要性做申述。詹姆士六世虽然对这些侵犯其王权的每一个行为都有所警觉，同时也对臣子们的冒犯颇感不悦，然而他们并不像是在请求，反倒像是在逼迫他就范一样。尽管如此，在这动荡的时局当中，他还是发现有必要不仅接受他们的计划，并且需要声明自己并没有考

286

虑过对阴谋者发布赦令。他召来了亨特利与埃罗尔伯爵，而且将其交由司法审判处置。芬特里的格拉海姆的同伴指控他犯下了叛国罪，因此詹姆士下令将他公开处斩 [1 月 3 日]。此后，国王亲率大军向北境杀去。两位伯爵与刚刚从监牢中逃脱的安格斯伯爵退到了山中，国王则把属于他们的守军悉数关押在了城堡之中，迫使他们的封臣与邻郡的贵族签订了一份契约，在其中要求他们向自己宣誓效忠，并且对新教表达坚定的信仰。此外，为了更好地确保北境的和平与安定，詹姆士六世任命阿索尔伯爵与马歇尔伯爵（Earl of Marischal）为北境守护。

詹姆士在完成了这次远征之后便返回了爱丁堡 [3 月 18 日]，并且在那里接见了英格兰派来的使臣伯格勋爵（Thomas Burgh, 3rd Baron Burgh, 1558—1597）。伊丽莎白被近期的这场阴谋唤醒，她认为这一罪行所带来的恶果对英格兰具有同样巨大的威胁。因此，她指责了詹姆士此前的疏忽，并劝告他为了新教信仰与其本人的荣誉而严惩密谋作乱的恶徒。如果他不能逮捕这些贵族，至少应该将他们的地产充公，以作为对这些罪恶行径的惩罚。然而，伊丽莎白削弱了她的要求所能产生的效力，因为她与此同时还为博斯威尔伯爵求了情，女王此前曾依据她一贯的政策——培育苏格兰贵族的派系斗争之风而庇护了他。詹姆士完全拒绝听从任何关于博斯威尔的请求，此人曾令他的政府与他个人蒙受了奇耻大辱，因此他必欲将其杀之而后快。关于天主教中的阴谋者，詹姆士则保证将大力惩处他们。但是，为了能够更好地贯彻这一政策，他向伊丽莎白女王请求了一小笔资金。也许是对詹姆士的行为并不信任，伊丽莎白似乎并无意向他提供这笔资金支持。然而，苏格兰大臣的狂热与强求迫使他不得不召开了议会，目的则在于通过法案剥夺那三位伯爵的公民权。在议会召开之前，克尔从牢中逃走，并且宣称由于朝廷拿不出合法的证据，因此不能对他们做出判决。人们怀疑是国王本人策划了这起越狱事件，目的在于逃避英格兰女王对他的要求，并且使人民的愿望落空。为了安抚那些厉声反对此举的教士，詹姆士准允议会通过了一部新的法案，停止对那些顽固地蔑视教会并指责其为罪人的宣言人授予神职。

　　当天主教徒密谋占领国家的企图激起了人们的恐慌之时，朝中被分成了两个敌对的派系，他们互相争斗，都想争得朝政的主导权。其中一派的首领是御前大臣，国王对他给予了完全的信任，但是王后对他深感厌恶，而他也许会因此失去权势。伦诺克斯公爵、阿索尔伯爵、奥克尔特里勋爵与所有的斯图尔特家族成员都支持她，并且努力加深双方之间的分歧。詹姆士既希望看到公众之间的和谐关系，也想要王国四境国泰民安，因此曾建议他的宠臣暂且退隐一段时日，以平息王后的愤怒。但是，由于他在当前的节点上十分需要这个能力卓著的大臣，因此便将他再度召回。为了防止御前大臣再次获得此前的权力，斯图尔特们制定了一个不顾一切的诡计。他们与同姓斯图尔特的博斯威尔伯爵联合了起来，并将他秘密带回了苏格兰 [7 月 24 日]。随后，他们占领了王宫的大门，让他带领一队武装扈从进入了国王的寝殿。詹姆士六世虽然被他的朝臣们抛弃，同时也无力抵抗，但他表现出更多的是愤怒，而不是恐惧。他厉声斥责这些反臣的背叛之举，大骂博斯威尔伯爵，并且让伯爵赶快刺穿他这个君主的心脏，以完成他的谋叛之举。但是，博斯威尔跪在了国王的面前，乞求他的原谅。国王在目前的处境之下无法拒绝他的要求，几天之后，他与这些成功的变节者们签署了一份协议。对于造反者而言，他现在是真正的囚徒了。在这份协议之中，他被迫赦免了博斯威尔伯爵此前的所有冒犯之举，并且令议会通过了这份文告。与此同时，他将御前大臣、格拉姆斯嗣君、霍默

287

勋爵与乔治·霍默爵士从王宫与枢密院当中赶走。博斯威尔也相应地同意离开宫廷，但他已经在这里留下了许多党羽，以至于他认为这足以防止那个敌对派系的回归。

但是，现在要想让国王像他年幼时那样屈从于奴役之下并不是一件易事。他急于摆脱掉自己身上的枷锁，而那些受到博斯威尔利用的人则不敢继续对国王进行限制。他们允许国王在斯特灵召开贵族大会，并且在那里恢复了他的权威 [9 月 7 日]。博斯威尔所有的敌人以及那些希望通过出席大会的方式来获得国王宠信的贵族们都服从了召集令。他们指责那些有辱国王人身与权威的行为是严重的叛乱之举，声称国王本人无须遵守那些在武力逼迫之下签订的条款，这也严重侵犯了他身为君主的权力。不过，詹姆士仍然给博斯威尔颁布了一道赦令，希望他能够请求被赦免并且主动离开王国。但是，博斯威尔轻蔑地拒绝了这些条件，并且再度举兵作乱，意欲突袭国王。国王的护卫发现了他的阴谋，这样他不得不逃往边疆地区。

国王对博斯威尔的雷霆之举与他针对天主教贵族的迟缓态度形成了对比，而这在臣民之中激起了极大的反感。此外，国王的这一举动要么被归咎于他对阴谋者的依恋，要么则被视为他对其观点的暗中支持。所有这些都激起了毫无理由的恐惧 [9 月 25 日]。教士由于自诩为新教信仰的近卫军，因而认为自己有必要在这个节点上为了保护它而采取一些重大举措。恰巧在此时，法夫地方宗教大会召开，会上提出了一份议案，要求将那些参与近期阴谋的贵族视为顽固与无可救药的天主教徒，并且对他们施以绝罚。虽然没有一个阴谋者住在法夫教区的管辖范围之内，也无人应当服从他们的司法管控，那些狂热的成员还是无视规定，宣布对这些人处以绝罚——议会近期通过的一项法案增加了新的恐怖刑罚，由于担心这一决定被归之于小部分人的决定，并被视为教会中的一个小集团的行动，他们遂委派代理人参加邻近地方的宗教会议，并且要求他们给予同意和认可。

几周之后发生的一件事更是加深了人民对于国王的疑虑。詹姆士正在以远征边民为由向边疆地区进军 [10 月 17 日]，三名天主教伯爵突然出现在他的面前，并请求国王对他们进行合法的审判。詹姆士并未将他们置于囹圄之中，而仅仅是指定了审判的日期。他们打算在审判日当天率领一支由亲友与封臣组成的庞大队伍前去出庭。与此同时，教士与许多贵族齐聚在爱丁堡，抗议国王大胆的极度放纵，并且要求他根据司法程序将犯下叛国重罪的数名罪人收押监禁，在他们没有得到教会的赦免之前不得对其进行合法的审判。此外，他们要求召开等级大会，商讨处置罪人的程序。同时，他们建议派遣武装扈从跟随国王一同前往审判地，以防那些鲁莽而又强大的罪犯威胁司法，并且挟制法官。教士们的违规之举与他们的要求都令詹姆士感受到了冒犯，尽管如此，他还是发现推迟审判并且召集等级大会以安抚人民的恐惧与戒备不失为一招妙计。在满足了这些要求之后，人民的疑虑大大减轻了。[11 月 26 日] 御前大臣在大会中纵横捭阖，最终使大会授权他与其他几名成员对阴谋者做最后的宣判。经过多次商讨之后，他们同意三名伯爵与其党羽免于对他们与西班牙国王通信一事接受质询，但同时也命令他们在 2 月 1 日之前向教会认错并公开承认天主教信仰的错误，否则就将被逐出王国。在 1 月 1 日之前，他们必须在这两者之中做出选择。此外，他们应当确保在未来的和平举动；如果他们在指定的日期到来之时仍未做出选择，他们就将失去这一决策的保护，并且将接受法律的全面制裁。

[1594 年] 詹姆士由于这一仁慈之举招致了许多非议，而且并未从中获得任何好处。三名伯爵盲目地忠于天主教信仰，屈从于天主

288

教教士的要求，同时也受到了外援的怂恿，因此拒绝接受朝廷开出的条件，并继续与西班牙保持着联系。等级大会据此宣布他们将失去上述条款的保护，国王也公开发布文告，要求他们服从法律的制裁。这一强力举措也许是由英格兰大使促成，伊丽莎白此前留意着詹姆士的动向，并且将他不愿惩罚天主教诸侯的行为归因于他在暗中支持他们的计划。因此，她派遣苏志男爵（Edward la Zouche, 11th Baron Zouche, 1556—1625）前往苏格兰再度重申他的这一仁慈之举将会给他带来的危险，并且要求他果断行事。那些贵族的罪行与当前的局势都需要他这样做。尽管国王现在的举措平息了人民的怨声，但是苏志忘记了他身为大使的角色，与那些反对国王的贵族们暗中进行谈判，并且几乎公开地与博斯威尔进行通信。博斯威尔则以反叛者所秉持的一贯说辞，假称要改变国家的混乱局面。此外，他还声明自己反对那些限制国王惩处新教信仰敌人的大臣们，以这种华而不实的借口掩盖自己的野心。苏志勋爵则以伊丽莎白女王的名义怂恿他起兵反抗自己的君主。

与此同时，国王与教士之间充满了互相的不信任。教士认为，詹姆士对于天主教派系表现出了太多的偏爱；詹姆士则怀疑他们怂恿博斯威尔伯爵起兵作乱，甚至猜疑他们为此向他提供了金钱上的援助。的确，任何一点点煽动都有可能促使博斯威尔做出这种叛乱行径，他突然率领着四千骑兵出现在了离爱丁堡一英里之外的地方。他用来给这一暴行辩护的借口颇受欢迎，宗教热忱、对天主教的仇恨以及对国王的荣誉和国家自由的关心都成了他起兵的借口。詹姆士对这一突袭毫无防备，他没有步兵，只有霍默勋爵的少数骑兵护卫着他。在这种险境下，他请求爱丁堡市民们向他提供援助。为了鼓舞他们的士气，他保证事后将对天主教贵族严惩不贷。在牧师们的鼓动之下，市民们斗志昂扬地拿起了武器，并且在国王的统率之

289

下杀向博斯威尔的军队。尽管伯爵已经成功地迫使突然率领着少数骑士攻击他的霍默勋爵溃逃，但他却不敢对国王发起进攻，因而退往了达尔基斯。他的侍从们抛弃了他，这接二连三的失败打击了他的斗志，使之无法再冒险走上战场。他再度前往位于英格兰北部的藏身之地，但是伊丽莎白这次听从了国王的抗议，命他放弃这次撤退。

　　国王刚刚从一场危机之中解脱，便立即面临着另一起事件的威胁。作为他们与西班牙谈判的结果，天主教贵族在今年[4月3日]收到了一笔来自腓力二世的资金援助。天主教贵族身处狂热的盲信之中，宽容也无法感化他们。人们因此十分担心这些人会做出极端的举动。宗教大会对此发出了警告，比以前更为激烈地抗议他们，并且全体一致地批准了法夫地方宗教会议对他们做出的绝罚判决。詹姆士被天主教贵族的顽固与忘恩负义所激怒，并且担心他长期以来对天主教的宽容不仅会激起臣民的普遍不满，而且也会令英格兰人心生疑虑，因此开始对他们采取前所未有的严苛举措。[6月8日]他召开了议会，将阴谋的具体细节在会上进行了披露。尽管一些议员与阴谋者们有血缘关系，而有的则是他们的朋友，詹姆士仍然凭恃着自己的影响力说服了他们，并且要求他们支持法律所能给予的最为严苛的惩罚。议会因此宣布天主教贵族犯有严重的叛国罪，剥夺了他们的财产与头衔。与此同时，议会也通过了比以往更加严苛的法案，以打击信奉天主教信仰的信徒。

　　如何将这一判决付诸实践是一个十分棘手的难题。三位强大的贵族割据一方，那里地势险要、易守难攻，有许多封臣的拱卫，更何况还有一个足以与苏格兰国王相匹敌的外国君主的援助。任何请求都无法说服伊丽莎白女王提供远征所必需的资金。倘若詹姆士亲自率领自己的人马前去攻打他们，就将会使自己蒙羞，也会陷入危险的状况。因此，詹姆士六世只得求助于一个在这种境况下仍能稍稍提振王权的权宜之计。他将权力下放给了阿盖尔伯爵（Archibald Campbell, 7th Earl of Argyll, 1575—1638）与福布斯勋爵，他们两家与阴谋者乃是不共戴天的仇敌。詹姆士允许他们侵入反臣的领地，占领他们的城堡。博斯威尔虽然大言不惭地声明自己信奉新教，可现在也已经与他们结成了紧密的同盟。如今，苏格兰王国的土地上已经是"山雨欲来风满楼"。阿盖尔伯爵在国王的请求与教士的怂恿下率领七千人马赶赴沙场，亨特利与埃罗尔伯爵率领一支部队在格伦利物（Glenlivat）与他们会合。虽然他们的军队在人数上不如敌军，但这些士兵主要是由低地诸郡的士绅组成，他们骑着高头大马，并且带领着一队炮兵。双方 [10 月 3 日] 在战场上短兵相接，沿袭甚久的仇恨令他们个个气冲斗牛，古老的敌意也增加了他们的勇气。[1585 年] 高地人由于首次面对火炮的轰击而惊慌失措，此外也无法抵挡骑士的冲击，因而很快就纷纷逃之夭夭。阿盖尔伯爵今年只有十八岁，是个英勇善战的年轻人。亲友们将他带离了战场，为他们的失败而气愤地失声痛哭。他命令他们坚持下来，以便能挽回自己的荣誉。

　　这次失败的消息甫一传来，詹姆士便召集了一支部队，亲自率领他们向北境进军，尽管此时他已经不得不依靠典当珠宝的办法去筹措资金。欧文、凯斯、莱斯利以及福布斯等氏族加入了国王，与他一同对抗他们共同的敌人。亨特利与埃罗尔伯爵在格伦利物中丧失了主要的扈从，其他人则拒绝为他们起兵对抗国王，因此二人不得不退到了山中。詹姆士蹂躏了他们的领地，在他们的一些城堡中派驻了军队，对于另一些堡垒则将之夷为平地。此外，詹姆士还留下了伦诺克斯公爵作为北境守护，同时留下了一支足以限制敌人行动的军队，防止他们侵掠低地诸郡。严酷的气候使得亨特利等人备受折磨，扈从也逐渐抛弃了他们。因此，二人最终屈服了，在得到了国王的许可之后远航出海，保证今后若无国王的允许绝不返回苏格兰，也不会参与任何针对新教信仰与王国和平的阴谋。

苏格兰北境的安宁在他们流亡之后得到了重建，詹姆士在近期的行动中所表现出的果敢与坚定也在很大程度上为他重新赢得了新教臣民的信任。但他也因此而丧失了天主教会的赏识。天主教徒们曾经坚定地维护他的母亲对于英格兰王位的继承权，并使得英格兰人因此而无法拒绝他本人对王位继承的要求。他曾经表现出的对于天主教徒的宽纵也令他们一度将其对王位的继承视为一件大事。然而，国王最近在追捕阴谋者之时表现出的力度以及经过他批准的针对天主教徒的严苛法案现在则完全改变了他们的这一观点，并且打碎了他们的希望。因此，天主教徒们现在开始四处搜寻一些新的继承者，希望用此人的继承权来反对詹姆士。英格兰境内的天主教徒将目光投向了埃塞克斯伯爵（Robert Devereux, 2nd Earl of Essex, 1565—1601），虽然他那宽宏的思想建立在稳固的新教信仰之上，但他却厌恶那个时代因宗教观点的纷争而产生的对待彼此的严苛之举。那些处于流亡之中的派系制订了一个适于其目前处境的大胆计划，他们提出西班牙公主应当继承英格兰王位的要求。耶稣会的教士们出版了一部著作，其中通过歪曲的历史、虚构的谱系与荒谬的评论，同时掺杂了对苏格兰国王尖刻的谩骂，力图证明西班牙公主享有优先于詹姆士的王位继承权。尽管腓力二世已经同时与法兰西和英格兰进行了一场战争，并且很难抵挡联省共和国对勃艮第诸省的进犯，他仍然想要攫取这一不切实际的目标。一个来自西班牙的王位觊觎者和天主教徒一起开始制订对于国王继承英格兰王位的反对计划，这些因素都增加了新教徒的担忧，消除了他们对国王的偏见，并且使之开始为即将来临的危险做准备。

291　　博斯威尔的名字曾经时常出现在扰乱王国和平者的名单之上，他现在的处境则令人生怜。英格兰女王由于他与天主教贵族的联合而抛弃了他，教会因为同一理由对他施行了绝罚；扈从也在他身处艰难的境地之时背离了他。博斯威尔为了安全而不得不逃往法兰西，随后则是去往了西班牙与意大利。在那里，他由于宣布弃绝新教信仰而度过了几年隐姓埋名的穷困生活，只是作为一个放荡的酒鬼而被人知道。国王虽然准备放下极度的愤怒以换取微不足道的感恩，但他永远都不会为他的屈服而心软，也不会听取任何有利于他的交涉。

　　在这一年里，国王失去了御前大臣梅特兰，他是一位能力卓著的大臣，长期以来奉命辅佐朝政。由于詹姆士在其在世时对他宠信有加，因此他给这位大臣写了一首挽诗，其诗风优雅、诗体精致，远胜于同时代的其他作品。

　　在他死后不久，政府就发生了巨大的变革。在那时，政府的开销要远远超过詹姆士的收入。王后挥霍成性，詹姆士本人则对经济一窍不通。因此，现在很有必要确保征税的秩序与执行力度。这一重要的任务交托给了八名熟知法律的绅士，他们因其人数而被称之为"屋大维"（Octavians）[①]。国王授予他们的权力十分广泛，几乎不受限制。国王既无权力增加他们的人数，也不得在不经过他们同意的情况下填补空缺。此外，他还规定，如果没有五名及以上的委员签字批准的话，国王不得让渡他们的税收、不得授予他人津贴或是清理国库。委员会的所有行动与决定都被视为与民事法庭的法官裁决具有同等的法律效力。他们可以在不出具令状的情况下逮捕任何

[①] 屋大维又称"奥古斯都"（Augustus），后者是八月"August"的语源，而这一委员会的人数是八名，因而人们将其戏称为"屋大维"。——译者注

人，或是收缴他们的财产。如此强大的司法权以及他们对于公共财产所享有的绝对支配权，使其也能够将所有行政大权攫取到自己的手中。八名委员们联合了起来，逐渐削弱了其他大臣的权力，并且控制了每一个有利可图或是位高权重的官职。就连传统的王室仆役也抱怨说自己不得不将职位让给了新人。

[1596 年] 幸臣与年轻的朝臣们指称国王的慷慨因委员会的管控而受到了限制，并因此而牢骚满腹。教士则惊呼他们当中的一些人背叛了新教，投入了天主教的怀抱，而其他人则有可能在暗中支持着天主教。虽然有许多派系都联合起来反对八人委员会，但他们仍然保持着权力，并将此完全归功于他们在管理经济事务之时奉行的节约原则。在这个时期，政府的必要开销也的确比以往更容易得到支付。

此前曾有人指称腓力二世此时正在进行充分的入侵准备，这样的传言如今充斥着不列颠岛上的大街小巷，使得人们担心一场新的入侵即将袭来。詹姆士采取了适当的方式以保卫他的王国，但这并没有满足教士的狂热情绪需要，他们对于国王是否真诚的怀疑再度复苏。由于他曾允许遭到放逐的贵族的妻子征收他们封地上的租税，并且可以住在他们的宅邸之中，教士便指责国王由于支持了新教信仰的公开仇敌而使得剥夺法案形同虚设。教会会议讨论了国家目前的情况 [3 月 24 日]，指定了举行公众斋戒的日期。他们重申了曾与国民缔结的圣约，其中要求大家忠于新教信仰，并且要保卫它免遭一切冒犯。宗教界的许多著名人士和王国的诸多显贵组成了一个委员会，他们等候着国王，并且呈递给他一份旨在保卫王国与新教信仰的计划书。他们力劝詹姆士将近期遭到流放的贵族的地产据为己有，以此作为维持军队的资金来源；并采取最为严格的措施以防止这些狂暴的贵族再度归来。此外，还要加大力度逮捕他们的

292

支持者。

这些建议与国王的计划相矛盾，同时也违背了他的意愿。他终其一生都厌恶那些充满反对与危险的道路。他喜欢以温和的手段达成自己的目标。他熟稔统驭之道，忧虑地看着天主教会对他的偏见，这一情绪正在日渐加深。因此，他决定做出一些补偿，以平息由自己的所作所为而招来的愤怒。伊丽莎白现在已经上了年纪，她的生命最近曾陷入危险。如果任何一个天主教竞争者现在开始质疑他对于英格兰王位的继承权，即便是一个像流亡贵族那样的派系也强大到足以令人畏惧。他的臣子们如果在此时发生分裂，后果也是不堪设想的。因此此时正需要他们精诚团结以共御外侮。因此，詹姆士认为应当减轻他们已经遭受的处罚，而不是继续采取大会建议的严苛惩罚。此外，由于他们在域外定居期间被腓力二世的密使包围，由于愤怒之情使他们比以往更容易听取他们的建议，由于绝望也许会驱使他们做出更加凶暴的行动，这样詹姆士便决定在给出一些限定条件的基础之上将他们召回苏格兰。流亡中的贵族并不缺乏情报，他们为国王的这一态度所鼓舞，同时也因为已经厌倦了流亡生活中充满的不安与束缚。因此，他们冒险暗中返回了苏格兰，此后不久便向国王递交了一份申请书，请求他允许他们定居在自己的宅邸之中，保证此后将和平并负责地行事。詹姆士召开了等级大会商讨这件至关重要的大事，在大会的建议下最终同意了他们的请求。

在爱丁堡召开的最高宗教会议刚刚接获这一消息便任命了一个委员会，他们由于恐惧与狂热而草率地做出了自认对王国安全至关重要的决定。他们向苏格兰所有的长老会写了通报，警告他们危险即将到来，并力劝他们煽动人民站起来为保卫长老会的司法权而奋斗。委员会命令他们将判处天主教贵族绝罚的法令张贴在布道坛之上，并且利用他们对所有支持天主教的嫌疑人发布一份简要的判决书以谴责他们的行为，这些判决也没有经过正式的审判。由于危险的迫近已经使他们无法等待教会法庭的开设，他们因此从王国各地选拔了最为优秀的教士，命令他们常驻于爱丁堡，以"教会常务委员会"的名义与那里的牧师每天定期召开会议。此外，最高宗教会议授予该委员会最高权威，并仿效古代基督教的形式对其加以改良，防止教会受到任何损害。

最高宗教会议此举既是非法的，同时也是史无前例的，它显然侵犯了王权，并且无异于公然叛乱。国王的行为在一定程度上证明了此举属于僭越。他对于天主教徒的慈悲有违那个时代的原则，他对于阴谋者的赦免则背弃了自己此前做出的承诺。他尊敬亨特利夫人，尽管此人对于天主教的崇敬不亚于她的丈夫；他将自己的女儿伊丽莎白公主交托给了利文斯顿夫人，她与亨特利夫人一样笃信天主教。他在公开场合对教士的品格与他们的职能表示了轻视，这些言行必定会使人们的脑海中充满疑虑，并且也会激起那些无法消除的狂热之情引发的轻率思想。但是，无论影响教士的动机有多么强大，无论他们的目标有多么令人赞赏，他们在展开行动之时都缺乏智慧，甚至失之谨慎。詹姆士表现出了不愿与教会发生决裂的强烈愿望，他对于权力遭到侵蚀而产生的戒备也会使其为了和平与安宁而做出让步。在他的命令之下，一些枢密大臣与教士中的温和派举行了会谈，向他们询问亨特利与他的侍从能否得到教会的一些适当保护，以使得他们再度被教会接纳，并且免于遭受因过去的背叛而受到的惩罚。教士对此答复道，虽然慈悲的大门常常为那些幡然悔悟的罪人敞开，但是由于这些贵族犯下了崇拜邪神的大罪，上帝与人间的法律都将对这种罪人处以死刑，世俗的法官也因此而无法赦免他们。即便教会应该宽恕他们，国王本人也应当将其绳之以法。

293

这种毫不退让的立场令国王龙颜大怒，而此人的草率与顽固更是加深了他的愤怒。

圣安德鲁斯教区牧师大卫·布莱克在一次例行的关于国家形势的布道之中坚称国王允许天主教贵族返回苏格兰，并且宣称国王此举表示他已经背叛了自己的心灵。此外，他还说道："世间所有的国王都是恶魔的子孙，撒旦现在已经主宰了宫廷；英格兰女王是一个无神论者；法官都是贪污受贿的异端；贵族蔑视神灵、腐朽堕落；枢密大臣贪得无厌，同样不信任何宗教。"在他为王后所做的祷告中，他这样说道："我们应当为她的利益而祈祷，但我们却没有这样做的理由，因为她不会给我们带来任何好处。"詹姆士命令他来枢密院解释他那些大逆不道的言论 [11 月 10 日]。教士非但没有因为他攻击自己的君主对其进行惩处，反而草率地支持他的言论，就好像这是整个阶层的共识一样。辩论涉及布道者的豁免权以及教士对所有国王的缺点进行抨击的权力。这一权力曾在 1584 年震动朝纲，现在又得到了激活。这一观点认为，为了履行他们神圣的职能，教士应当只屈服于教会；只有他们在教会中的上司有权评判他们在布道之时的言辞是否正确。如果国王以任何借口篡夺他们的司法权，教会就将成为地方治安法官的奴隶。此外，教士也不再以有利于个人与王国的大胆行为去谴责君主的恶习，而是学会如何满足国王的情感。国王一方面决定惩罚一个新教牧师的轻率，另一方面又打算赦免天主教阴谋者的罪行，这让他们不得不起来反抗。现在是时候为了他们的权利而奋斗，并且保卫新教教会在宗教改革期间就已经占据了的特权。受到这些考虑的影响，教会委员会便怂恿布莱克拒绝接受枢密院的司法传唤。布莱克为了这个能够表现其宗教狂热的机会而自豪，因此向枢密院呈文，坚定地拒绝了为枢密院质询他的问题做出辩护。为了增加这一事件的分量，教会将他的呈文发给王国各地

294

的长老会，并且命令每一位牧师都要在上面签名，以表示他们对这一文件的认同。

詹姆士保卫王权的力度不亚于他们发起进攻的程度，如果允许教士能够不受惩罚地公然诽谤他的大臣，甚至是对他本人评头论足，他的权威就会因此一落千丈。詹姆士同时也很清楚他能从教会那里获得怎样不平等的补偿，因此，他力促对布莱克的质询，并且发布了一份文告，命令教会常务委员会的成员离开爱丁堡，返回他们各自的教区。布莱克没有屈服，而是重申了他的拒绝，委员会的成员无视国王颁布的文告，宣称由于他们奉教会之命召开会议，对教会的服从是一种神圣的责任，并优先于对国王本人的遵从。虽然布莱克拒绝为自己辩护，枢密院还是对他进行了审判。经过严肃的探查之后，枢密院宣布他犯下了此前曾经指控过的罪行。但是，枢密大臣将此案呈交给了国王，请他决定应当对布莱克施行何种惩罚。

与此同时，许多人都做出了努力以调停双方的争斗，几乎每天都有和解方案提出。但是，在国王的浮躁与教士和朝臣的顽固之中，这些努力收效甚微。双方都号召人民，并且互相指责，力图令对方身败名裂。傲慢、暴动与叛国是詹姆士指责教士的罪名；他们则在圣坛之上抱怨詹姆士对天主教徒的纵容以及对新教教会的严苛。国王被他们的污言恶语彻底激怒了，最终判决布莱克退往斯佩河（River Spey）对岸，允许他在那里定居。此外，他再次命令教会常务委员会离开爱丁堡，并要求王国的所有教士都需签署一份协议，迫使他们像其他臣民一样屈从于民事法庭有关民事案件的司法权。

这一决定性的举措激起了敌对派系的极端情绪，极端的行为也紧随其后。这种情绪部分可以归咎于一些朝臣的阴谋，他们想要从国家的灾难中获利，同时想要促使八人委员会陷入同教会的纷争之中，以此削弱他们的权力。一方面，他们通告国王，爱丁堡市民每晚都全副武装，并且在牧师的宅邸四周安排了强大的护卫。詹姆士为了防止这一子虚乌有的事件对其政府产生侮辱而发布了一份告谕，命令二十四名市民领袖离开爱丁堡六个小时。另一方面，这些朝臣们写信给牧师，建议他们注意自己的人身安全，因为亨特利已经与国王进行了秘密会谈，并且制订了针对爱丁堡市民的严苛计划。牧师们并不怀疑这一情报的真实性，因此盲目地掉进了陷阱。信件发到了牧师们的手中之时，恰巧其中的一人正要登上布道坛。[12 月 17 日] 因此，他们决定应当由此人向人民指出即将到来的危险。在布道结束之后，他要求贵族与绅士们聚集在小教堂之中，平民出于担心也群聚在那里。他们承诺并且发誓会支持教士，此外还草拟了一份准备呈递国王御览的请愿书，恳请他纠正教会所抱怨的不公平，并且驱逐那些成为新教信仰之公敌的枢密大臣，以此将那些教士从未来的危险之中拯救出来。他们委派了两名贵族、两名绅士、两名自治市镇代表以及两名牧师前去向国王陈情。国王碰巧在市政厅的大会堂之中，那是民事法庭开庭的地方。提交请愿的方式以及它的内容冒犯了詹姆士六世。他做出了傲慢的答复，请愿者则再度温和地予以请求，当时杂乱的群众涌入了会堂之中，詹姆士因此突然退往另一间议事厅之中，并且命令侍卫关闭了大门。代表们返回了群众中间，他们仍然聚集在那里，一位牧师在代表们前往陈情期间为人民诵读哈曼（Haman）的故事。当他们向大家报告国王拒绝倾听他们的请求之时，大厅中充满了咒骂、威胁以及公众产生的所有混乱和愤怒。一些人呼吁大家拿起武器，一些人则搬出了顽劣的哈曼。其他人则叫嚷着"上帝与基甸（Gideon）之剑"，并且群情激奋地冲了出来，包围了大会议厅，威胁着国王本人，要求将那些他们指认出的枢密大臣撕成碎片。城市的治安法官部分依靠权威，部分则依靠武力，都在努力平息暴动。国王则允诺将会接受他们以正常方式提交的申请，希望以此来安抚抗议者。牧师们意识到了自己激起这场民变的轻率，因此也支持法官与国王的举动。人民的愤怒因此就像其刚刚激起之时那样很快就平息了下来。他们悉数散去，国王则返回了王宫，并为自己逃过这场暴动而高兴。人民的狂暴立刻就能结果了他的性命，詹姆士也将这一事件视为对王权不可饶恕的冒犯。

詹姆士甫一撤离，反抗者的领袖就聚集起来准备他们的请愿。他们的主要诉求有：惩罚天主教贵族，驱逐那些可能支持天主教贵族与其观点的枢密大臣；废除近期通过的旨在破坏新教教会的法案；认可支持教会常务委员会的法案。然而，国王现在仍然在气头上，他们因此不敢冒险在今晚将这一绝对能够重新激怒他的请愿书呈递给他。次日清晨之前，国王与他的所有侍从撤到了林利斯戈，民事法庭与其他司法机构被要求离开这个城市，因为它已经无法保证他们的安全，同时也与他们的高贵地位不相符合。同时，国王命令所有贵族们回到各自的宅邸，不经国王的允许不得擅自集会。国王行动的力度使他的敌人们深受打击，也压了他们的士气。市民们知道国王与法庭的离去将会使他们遭受深重的灾难，因此已经感到后悔。只有牧师们决定继续抗争下去，他们努力防止贵族们散去；他们以反对国王的恶语激怒人民；他们致力于建立一个攻守同盟，并且很清楚倘若能够联结一些大贵族，其荣光与权力就能助他们一臂之力。因此，爱丁堡的牧师向汉密尔顿勋爵去信，其中声言："人民由于受到上帝的感召，并且为教会遭到的伤害而愤怒，已经拿起了武器；许多贵族都已经决定起身为了保护新教信仰而战，正是在其祖先的勇猛和虔诚之下，新教才得以建立；他们只是缺乏一个能够将其联合起来，并且激发士气的领袖，而汉密尔顿勋爵对于新教的虔诚与他高贵的出身都使得他应该当仁不让地享有此等殊荣。"因此，他们请求他不要击破他们的希望与愿景，也不要拒绝正在遭受苦难

296

的教会所提出的请求，尤其是在她如此需要援助的时候。汉密尔顿勋爵并未遵从他们的请求，而是将这封书信径直交给了国王，这一新近的侮辱令詹姆士六世雷霆震怒，以至于他命令爱丁堡治安法官立刻前去捉拿他们的神父，以作为他们煽动叛乱的罪人。治安法官为了重获国王的宠信而准备服从他的命令，牧师们由于看不到任何安全的希望，因此向英格兰逃去了。

这场失败的暴动并未令国王受损，反而建立了他的权威。那些参与其中的人遭到定罪，并被遣散［1月3日］。其他的大臣为了避免受到怀疑，为了获取他的支持，主张处决那些暴动者，以此来为国王受到的侮辱复仇。詹姆士召开了等级大会，宣布近期的暴动为叛国之举，要求每一位牧师都应当签署一份服从国王司法权的宣言，无论是在民事案件还是在刑事案件之中都应如此。此外，詹姆士授权治安法官随时都可以逮捕任何一名牧师，只要他在布道坛上对国王的行为进行含沙射影的抨击。不经国王的许可，任何宗教法官都不得开庭，今后倘若未经国王的许可，也不得选举任何人出任治安法官。与此同时，关于近期的骚动，要么由唆使了暴动的治安法官接受相应的惩罚，要么则对爱丁堡的全体市民处以罚金。

得到这些作为权威的法令的武装之后，詹姆士决定彻底消灭苏格兰臣民身上那桀骜不驯的性情。由于教士至今仍然从爱丁堡市民的支持与狂热当中获得了主要的信任与力量，詹姆士最先关注的就是削弱他们。虽然治安法官现在以最为谦卑的条件屈从于他；虽然他们为自己与市民辩护，证明他们完全不想违背国王的权力；虽然在最为严苛的审查之后，已经没有再发现其他足以证明他们曾预谋叛乱的细节；虽然有许多贵族与教士仍然保留着对他们的厌恶但为他们说情——但是，任何调解最终仍然没有生效，国王的意志也仍然无法改变［2月28日］，他宣布剥夺爱丁堡作为自治市镇的特权，并且对其课以罚金，以惩罚他们的叛乱之举。王国的首都失去了治安法官，为其牧师与司法机构所抛弃，市民也被国王剥夺了公民权。因此，他们陷入了绝望与哀伤。朝臣们甚至威胁要将城市夷为平地，并且在那里树立起一根刑柱，以此作为国王之怒与市民之罪的永久印记。最终，伊丽莎白干预了此事，为这些可怜人说情。贵族们也不停地请求他，因此，詹姆士免除了市民们的罚金，但是同时也剥夺了他们最为重要的特权［3月21日］。他们不得选举自己的治安法官与牧师，许多赋税也加到了他们的身上。此外，詹姆士还以"和平礼物"为名向他们征收了一大笔税金。

与此同时，詹姆士也同样努力限制教会的司法权，并且取得了成功。经验曾经表明，议会的法案与枢密院的判决都收效甚微，也令人生厌。他现在想出了一个更加灵活的计策，这也更有助于实现他的目标。宗教法官是由多人组成的，大部分教士都一贫如洗，政府也没有给他们提供津贴。爱丁堡附近的牧师虽然也同样建立了长老会体制，但却承担着领导教会的重任，因而令他们的兄弟心生嫉妒。许多人都产生了一种突然而又强烈的想法，并且这种想法极易受到侵蚀或震慑。詹姆士出于这种考虑而认为他有可能收买教士，他此前力图征服他们的尝试完全是徒劳无功的。为此，他向王国各处派出了合适的代理人，他们做出承诺、阿谀奉承，甚至连威胁这种伎俩也用了出来。侵犯首都附近的牧师——这样的事件急剧恶化，偏远诸郡对其权力的嫉妒也在与日俱增。两派都召开了最高会议，少数教士领袖用狂热与勇敢拱卫教会的特权，大多数人则宣称他们支持国王所认可的方案。许多自宗教改革以来沿袭至今的宗教仪式遭到谴责；许多至今都被视为神圣与无可置疑的教义也遭到废弃；牧师们议论政事的许可受到了管制；他们抨击特权阶层的自由受到了限制；简略的绝罚判决被宣布为非法；不经国王批准，他们不得召开最高宗教会议；提名主要城市的牧师的权力如今也被收归于王权之下。教士就这样将自己的特权拱手相让，虽然这些权力受到侵蚀乃是相当危险的事情。他们也自愿给自己套上枷锁，尽管它比詹姆士冒险以武力逼迫所带给他们的束缚还要沉重。这样持续不断的抗争，而不是此前关于国王严重侵犯了教会司法权的流行观点，迫使他们大声疾呼教士阶层的堕落。

根据这些最高会议的权威，信奉天主教的伯爵们获准公开为自己的过错而忏悔，同时也免除了对他们的绝罚，教会也再度接纳了他们。但是，此后没过多久，他们便再度犯下了此前的过错，并且与天主教会达成了和解。他们的叛教之举也在一定程度上证实了教士阶层此时关于免除其罪过的担忧与恐惧。

爱丁堡的牧师们由于这两次最高会议的调解而得以自由地返回他们在城市中的岗位，但是这一自由却因为对其权力的极大剥夺而受到了限制。国王将爱丁堡划分成了不同的教区，牧师的人数增加了一倍，国王将那些忠于自己并且可以信任的人安置在了新教区。这些因素增加了近期通过的教会法令的权威，并且巩固了詹姆士在此后一直占据的对宗教事务的绝对控制。

国王专心致志于建立新的教会模式，以至于这一时期的其他事务很少值得我们予以关注。八人委员会受到了其他朝臣的嫉妒，他们自身也分成了不同的派系，因此便辞去了各自的职务。税收的管理又回到了以前的状态之中，国王与国民都失去了他们的收益。

[12 月 19 日]在这一年的年终，国王召开了议会，恢复了亨特利伯爵及其扈从的财产与头衔，废除了曾经通过的剥夺法案。这一最高机构的权威也被用来对教会做进一步的改革。但是，由于国王本人接受了现行的体制，因此提出这项改革动议的是教士自己。由

298

于合并法案与长老会体制的建立使得一些仍然健在的主教陷入了贫困，并且遭到了轻视；由于那些占据着修道院的都是一些世俗中人，有许多还是世俗贵族，议会中现在几乎已经看不到宗教界议员的身影了——因此，王权在议会中的影响力遭到了极大的削减，贵族的权力与人数之间的平衡也被打破。但是，国民对于主教的名号与品行的偏见仍然深入骨髓，以至于詹姆士本人不得不小心翼翼地避免议会中出现复活主教制的提案。[1598年]因此，他劝说最高宗教会议任命的委员会向议会控诉教会是王国四境之中唯一没有在那里享有代表权的机构，而议会乃是所有阶层为了保卫自己的权利而进行奋斗的场所，并因此请求议会准许教会依据古老的惯例向那里派驻代表。议会听从了他们的请求，通过了一项法案，准允那些被国王授予无主修道院或主教区的牧师在议会中享有投票权。教士不会掩饰任何对他们特权的侵蚀所表现出的警惕，这样，最高宗教会议将决定这些人在教会体制中应当占据多少宗教裁判权。

议会通过的法案在神职法官中遭到了强烈的反对，国王也发现要想获得他们的认可并不是一件容易的事情。虽然教士们已经察觉到这一新的特权将会给他们的阶层带来怎样的荣光，虽然他们意识到，教士当中的大部分人由于获准进入议会这一最高权力机关之后，将会使个人的权力与荣耀获得极大的增加，他们对于主教制度的痛恨依然十分强烈，也因此而牺牲了对利益与野心的考虑。国王许下的所有关于现行教会体制不会变更的诺言无法让他们相信他的真诚；所有用来限制新近创设的神职人员司法权的发明都无法削减他们的警惕与恐惧。经验告诉他们，等级制会造成阿谀之风的盛行，尽管最初得到承认的权力十分有限，但是在许多虚有其表的借口之下，它将很快拓展自己的支配权。教士当中的一名领导人说道："任凭君主的意愿去粉饰这一计划，用阴谋诡计武装入侵者。在这些欺骗之下，我听到了为主教加冠的号角声。"同样的观点也在他的兄弟当中盛行，促使他们拒绝了权力与荣耀，就像他们当年用同样的热忱拒绝了主教阶层的奉承一样。然而，仍然有许多人为晋升的希望所诱惑；国王与他的牧师们也再度利用了他们在去年大获成功的手段。经过长期的辩论与诸多反对之后，[3 月 7 日] 最高会议宣布牧师接受议会中的席位是合乎法律的；对于教会而言，在议会这个最高权力机关之中拥有代表也是十分有利的。此外，最高会议决定从教士当中遴选五十一人作为议员去参加议会，这一数字几乎与古代参与议会的神职人员的数目相同。至于选择他们的方式与授予其何等程度的权力则尚未确定，这一问题将留待日后商榷。

[1599 年] 由于继承英格兰王位的前景愈发临近，詹姆士便采取诸多预防措施，以确保自己能够继承王位。他通过联姻从而与德意志地区的诸多王公结为了同盟，因而他便派遣了数名特命全权大使，向他们解释自己对继承英格兰王位的正当性，并且要求他们在竞争者站出来指责他那毋庸置疑的权利之时向他提供援助。这些王公乐于承认其王位继承要求的正当性，但是他们能够向他提供的援助却十分有限。与此同时，詹姆士派驻于英格兰宫廷的大使金洛斯修道院院长爱德华·布鲁斯（Edward Bruce, Abbot of Kinloss，1548—1611）恳切地请求伊丽莎白女王通过一些公开的举动认可詹姆士对于英格兰王位的继承权，并且将她自己的臣民从一场灾难之中解救出来——它正是由王位继承的不确定性所引起的。但是，年龄增加的强烈情感诱使伊丽莎白令这一问题始终悬而不决，因此詹姆士只能获得一个模棱两可的答复。由于没有什么因素能够影响到女王，詹姆士便命令他的使节探听其臣民的动向，并且努力争取他们的支持。布鲁斯行事隐秘，他的洞察力异于常人、口若悬河，对于执行谈判的任务而言，这些天分都是必不可少的。具有这些品质的

这位大臣赢得了英格兰人的信任，许多显贵毫无保留地向他吐露心声，并且向他再三保证将会捍卫詹姆士六世对于英格兰王位的继承权，使之不受觊觎者的侵害。由于英格兰境内此时开始四处散播一些反对他继承王位的小册子，詹姆士便委派了一些学识渊博的学者前去答复这些异议者的指责，并且解释两国王位的合并将会给双方带来的好处。苏格兰人带去的这些解释与答复为人们广为传阅，并且有力地推动了英格兰人赞成两国王权的合并。詹姆士亲自写了一部著作，并在这一年出版，它产生了十分有利的影响。该书的题名为《王权的赠礼》(Basilikon Doron)，书中包含着有关为政之道的格言，是詹姆士六世写给其子亨利亲王的。虽然从那个时代开始，国民的品味发生了巨大的改变，性格也日渐雅致，但我们仍然不能将之视为一部不值一顾的作品，也不能认为它次于当代的作家。其文风纯正、用词精准，不亚于当今的任何一部作品。这部书中充斥着他对于学识的炫耀，虽然令我们这些当代的学人深感厌恶，但却激起了时人的钦慕；由于其中充满了理论家口中声称的"为了国家福祉"这一类的言辞——詹姆士总是滔滔不绝地大谈这些理论，但很少能够付诸实践——英格兰人十分确信他的能力，并且希望在詹姆士的统治之下，国家的荣耀与财富都能够不断增长，因为他们认为这位国王精于统驭之道，这部作品也表明了他的智慧与他对于人民的热爱。

英格兰女王对于詹姆士的看法与她的臣民们截然不同。他对于天主教贵族极端放纵，轻而易举地就宽恕了他们屡次的背叛。天主教派的格拉斯哥大主教比顿（James Beaton, Archbishop of Glasgow, 1517—1603）在宗教改革时期逃离了苏格兰，詹姆士则恢复了他因这一神职而应得的收入，并且任命他为驻法兰西大使。此外，他还在《王权的赠礼》这部书中对那些忠于玛丽女王的臣子鼓掌喝彩。伊丽莎白将这么多思想上的迹象视为他对新教信仰的疏离，并且怀疑他很快就会对这一信仰感到厌恶。这些疑虑似乎得到了格雷家主的确定，他定居在意大利，并未使自己那诡计多端

的性情有所闲置，而是自贬身份地成了英格兰朝廷的间谍。他交给了伊丽莎白一封信件的复本，原信是詹姆士写给教皇克莱门特八世（Pope Clement Ⅷ，1536—1605）的。詹姆士在信中对这位教皇表示了很多关心，并且感谢他的支持；在此之前，他表明了自己将会继续宽纵天主教徒的决心。为了促进苏格兰宫廷与罗马教廷的交流，他请求教皇将韦森主教德拉蒙德（Drummond, Bishop of Vaison）拔擢为枢机主教，因为此人是一个苏格兰人。伊丽莎白曾经通过其他渠道收到了关于此次通信的一些残缺情报，因此心中充满了疑虑。她立刻派遣鲍斯前往苏格兰质询此事的来龙去脉，并且指责詹姆士此举与一个新教君主的身份大相径庭。詹姆士六世为这一指责而感到震惊，并且以一种只有清白的人才能表现出来的自信宣称此事纯属诽谤。他说，信件本身一定是他的敌人伪造的，目的在于令他对于新教的真诚受到别人猜疑。他的国务秘书埃尔芬斯顿（Elphingston）也同样信誓旦旦地否认了这件事。然而，直到多年以后，一个单纯的意外事件才让我们知道，伊丽莎白收到的情报并非空穴来风，虽然与此同时国王对于自己无罪的声明同真相看似完美地吻合。贝拉明枢机主教在他对一篇出自詹姆士六世之手的论文所做的公开答复中，指责他抛弃了曾经信奉的天主教教义。作为证据，贝拉明引用了他写给克莱门特八世的信件。人们不再可能相信这封书信是子虚乌有的，此事变得十分复杂，以至于无法在不经过调查的前提下就能够平息下去。詹姆士立刻审问了埃尔芬斯顿，他的供认最终解开了谜团。他承认自己将这封信与其他文件混杂起来一并交到了国王面前等待他的签署。国王不怀疑他，遂将之与其他

文件一同签字，因此并不知道其中的具体内容。然而，埃尔芬斯顿宣称此举并没有其他用意，只是出于为国王效劳的一片忠心。通过国王治下的宽纵，埃尔芬斯顿希望以此讨好天主教徒，并进而幻想着能够为国王继承英格兰王位扫清障碍。英格兰枢密院对这位大臣的行为却有着截然不同的观点。在他们看来，这种草率的欺骗不仅会令国王的声誉受到损害，而且还会令他陷入生命危险。他们甚至将这一具有火药味的背叛归咎于天主教徒的愤怒与失望，因为他们发现这封信所激起的希望遭到了挫败。埃尔芬斯顿作为犯下叛国重罪的大罪人被押回苏格兰受审。他的同僚判处他有罪，但是在伊丽莎白的调停之下最终获得了赦免。

根据其他史家的说法，詹姆士本人并非对这次同教皇的通信毫不知情。如果我们相信他们的说法，那么埃尔芬斯顿就是受到了英格兰宫廷的威胁，同时被邓巴伯爵（George Home, 1st Earl of Dunbar, 1556—1611）的诡计所欺骗，因此在他的叙述当中隐瞒了一些事实，并篡改了事情的真相。此外，他以自己的名誉为代价，冒着生命危险为他的君主蒙上了一层遮羞布。

但是，无论我们将这封信归咎于埃尔芬斯顿的忠心，还是归之于国王的命令，有一点可以确定的是，詹姆士在这段时间内始终致力于获得天主教诸侯的友谊，以此作为他继承英格兰王位的保障。霍默勋爵（Alexander Home, 1st Earl of Home, 1566—1619）是一个天主教徒，国王命他与教皇暗中交涉，格拉斯哥大主教也是一个活跃的天主教徒，他在此事当中也扮演了一个积极的角色。教皇对国王及其关于英格兰王位继承权的要求表示了如此支持，以至于他认为詹姆士在几年之后一定会公开承认他对天主教的义务。詹姆士·林赛爵士做出了极大的努力，争取了英格兰的天主教徒承认其主子的头衔。伊丽莎白从王国各地收到了关于这些阴谋的情报，但都含混

301

不清。她所知道的越不完善，就越是怀疑国王的图谋。她本性当中的戒备也随着年龄的增长而与日俱增。因此，她比以前更加焦虑地注视着詹姆士的行动。

[1600 年] 关于教会议员的选举与权力问题最终在今年由最高会议在蒙特罗斯召开之时予以敲定 [3 月 28 日]。选取这个地方召开最高会议是因为此地对于北部诸郡的牧师而言最为便利，并且国王在他们当中也颇有影响力。虽然北部诸郡的许多牧师都已经恢复了他们的职位，国王也恩威并施，凭借着他亲自出席会议的权威以争取绝大多数人的支持，但接下来的提案却很难获得支持。这些条款包括：最高会议应向每一个享有议会席位的神职人员推荐六名候选人，国王应从中选择一人出任该职；通过这种方式选举出来的神职人员在获得议会席位之后，不得建议或赞同任何可能会损害教会利益的事情，除非他们接到特别命令；选举产生的议员应当向每一次最高会议报告他的动向，并且必须听取大会的批评，同时接受绝罚或剥夺公权的判决，也不得提起上诉；宣判之后，此人在个人集会当中不得以牧师之名行事，亦不得履行牧师的职责；他不应篡取优于其牧师兄弟的宗教裁判权；如果教会对他处以剥夺公权的惩罚，他在议会中的席位也将因此而遭到剥夺；他每年都应向最高会议提出辞职申请，由会议在国王的批准之下决定是否再度恢复他的职务，判断批准与否的依据则是教会的利益。这些条款与主教制的原则极为矛盾。这些权力并不是源自他们的职位，而是依靠任命能够使其获得议会的席位。他们是代表，而不是教士们的上司。他们在宗教界的权力遭到了剥夺，即便是民事司法权也是暂时性的。然而，詹姆士自以为是地认为他们很快就能自行摆脱这些束缚，并且可以逐渐获得属于主教阶层的所有特权。教士也同样担心这一点，当詹姆士争夺这些代表的提名权之时，他们自然会反对他。这与其说是由于

赋予他们的权力，倒不如说是他们相信很快就会获得这些权力。

　　在这年夏季，苏格兰王国得以享受难得的平静。教士在经过了诸多抗争之后终于屈服；信奉天主教的伯爵们在议会的权威与教会的同意之下恢复了他们的地产与头衔；余下的贵族互相以和平相处，并且服从王权的辖制。在这表面的安宁之中，国王的生命却正处于极大的危险之中，一场完全出人意料、其动机也颇为令人费解的阴谋正悄然而至。它的始作俑者是高里伯爵约翰·路斯文（John Ruthven, 3rd Earl of Gowrie, 1577—1600）与他的弟弟亚历山大，他们二人正是于1588年遭到斩首的老高里伯爵之子。此二人天资聪颖，禀赋异于常人，尤其是兄长约翰·路斯文更是如此。二人才华横溢，经过培养之后，其教养更是臻于上乘。他们比同一阶层的贵族们都要博学，比同等年纪的普通人都更加虔信宗教。他们慷慨、勇敢、受人欢迎，以至于同胞们并不认为他们会犯下残暴的罪行，而是对他们所表现出的美德满怀希望。虽然有这些高尚的品质，一些不为人知的动机仍然促使他们参与到这场阴谋之中，如果我们确信普遍为人接受的叙述，那么它也许是传诸子孙最为邪恶的东西，同时也是令历史学家的记述最为互相矛盾的了。

302

　　国王一直在福克兰宫度过他的狩猎季节。8月5日这天清晨，他正要前去享受游猎之乐，亚历山大·路斯文此时前来谒见国王，以一种郑重其事的口吻告诉詹姆士，昨天在夜色降临之前，他看到了一个形迹可疑之人在约翰·路斯文宅邸旁的小路上独自游荡。亚历山大对他进行了搜查之后，在此人的大衣下发现了一个藏满外国金币的钱罐。他立刻将这名嫌犯关进了一间孤宅之中，没有将此事告知任何人。他认为自己有责任将这个关系重大的事件首先通报给自己的君主。詹姆士听罢此事，立刻怀疑这个身份不明的人是学院派天主教徒，他应当受到了外国的援助前来苏格兰兴风作浪。虑及此处，詹姆士便决定命令珀斯的治安法官将此人带到他们面前，询问此案的所有细节。但是，亚历山大强烈地反对这一决定，并且用许多理由力促国王亲自前往珀斯审讯案犯。此时，追猎开始了，由于詹姆士颇好此乐，因此来不及考虑这起事件的可疑之处，以及路斯文的强烈要求究竟是否合理。最终，他召来了亚历山大，向他许诺在狩猎结束之后就将启程前往珀斯。然而，狩猎持续了很长时间，亚历山大一直陪伴在国王身边，他也在不断地催促国王尽快上路。在一头雄鹿遭到猎杀之后，他不再允许詹姆士等待下去，直到品尝了鲜美的野味。当亚历山大看到伦诺克斯公爵与马尔伯爵准备随同国王一并前往之时，他请求国王命令他们不得随驾同行。詹姆士拒绝了这一要求，亚历山大的焦急不安以及他行事之时的慌乱此时也令詹姆士的心中生出了一丝疑虑。但是，他自己的好奇与亚历山大的请求说服了他向珀斯进发。当他们距离城池还有一里之遥的时候，亚历山大便单骑先行，前去向兄长通报国王驾临，尽管他此前已经派出了两名信使。在队伍接近城镇之时，高里伯爵在一些市民的陪同下前来迎驾，詹姆士的身边则只有二十余名侍从。伯爵等人并没有为国王的娱乐活动做准备，他面露愁容、神情窘迫，也没有用他的殷勤来弥补他对客人的招待不周。当国王用毕御膳之后，他的侍从们被请进了另外一间房中用餐，国王则几乎独自一人留了下来。此时，亚历山大在他的耳边私语，提醒他现在是时候前往关押嫌犯的房间了。詹姆士命令他带上托马斯·厄斯金爵士与他同行，但是亚历山大却命令他不得随侍国王左右，随后便引导国王登上楼梯，穿过几间房舍之后，最终走进了一间书房之内。亚历山大每走过一间屋子都会在国王的身后把房门锁上，最终，这间书斋当中站立着一个穿着盔甲的武士，他的腰间则佩着一柄长剑和一把匕首。国王原本以为会看到一个不着盔甲并被绑缚起来的囚犯，因此对眼前的这幕景象感到吃惊，并仔细审视着这究竟是不是亚历山大口中所说的嫌犯。亚历山大·路斯文此时倏地抽出那名武士佩带的匕首，将其抵在国王的胸前，恶狠狠地说道："你应当还记得我的父亲在你的命令之下遭受了怎样不公的折磨，现在你是我的囚徒了。不要抵抗，也不要叫喊，你最好乖乖地听从我的安排，否则这把匕首就会立刻浸染你的鲜血！"詹姆士劝说路斯文，恳求他不要这样做。国王在书房当中发现的那名武士既没有勇气去帮助他，也无法为虎作伥。路斯文表示，只要国王没有大声呼喊，他的生命就是安全的，随后便凭着一些不为人知的理由前去寻找他的哥哥，并留下了那名武士监视国王。此人立下誓言，在亚历山大离开期间绝不发出任何动静。

　　当国王陷入这一危险的境地时，他的侍从着急地想知道他的下落。此时，高里伯爵的一名佣人急忙走进房中，告诉他们国王刚刚向福克兰急驰而去。他们全都冲上了大道，伯爵则张皇失措地让随从为他们备马。此时，伯爵的弟弟返回了国王那里，发誓现在已经没有任何补救的办法，宣称国王必须去死，并且想要捆住他的双手。虽然詹姆士手无寸铁，但他不愿就此引颈就戮，因此与亚历山大之间发生了一场激烈的搏斗。那名武士像以前一样站在那里，满脸惊讶，一动不动。国王则将亚历山大拖到了窗边——在他前去寻找伯爵之时，国王说服了那名武士将这扇窗户打开。现在，詹姆士声嘶力竭地向窗外吼道："叛乱！叛乱！救命！有人意欲行刺于我！"他的侍从们听到了喊叫，他们循声望去，看到窗边有一双手正掐住国王的脖子，于是便飞奔上去，想要帮助国王。伦诺克斯与马尔率领大部分人冲到了主楼上，但他们发现所有的房门都紧紧地锁着，于是便猛烈地撞击着这些屋门，以将它们打开。与此同时，约翰·拉姆齐爵士通过一道直通书房的暗梯进入了楼中，他发现屋门正大开着，于是便冲向了仍在与国王搏斗的路斯文，便连刺了他两剑，随后将之向楼梯推去。托马斯·厄斯金爵士与休·赫里斯爵士恰在此处，二人见亚历山大踉跄而来，于是双剑并举，登时将其砍杀在地。亚历山大·路斯文用尽了最后的力气喊道："啊！我是不会因此而遭受谴责的！"在双方酣斗期间，那名隐藏起来的武士趁机逃了出去，踪影全无。此时，威尔逊带着一名步兵也赶到此处，同拉姆齐、厄斯金以及赫里斯一同进入了屋内。他们尚未闭紧屋门，高里伯爵便率着七名武士突入屋内。他的双手各持一柄重剑，厉声威胁将会把他们悉数斩杀于此屋之中。拉姆齐等人不敢怠慢，立即将国王推进了小书房之内，紧闭房门之后迎战高里伯爵。虽然双方人数悬殊，但约翰·拉姆齐最终看准时机，利剑一刺，将高里伯爵穿心杀死。伯爵尚未吐出只言片语便就此一命呜呼。他的侍从则纷纷受到重创，哀号不止，立刻也作鸟兽散了。国王的三名侍从在打斗之时也不幸受伤。房门那头，可怕的喊杀声震动耳膜，原来是伦诺克斯等人仍在徒劳地试图打开一条通路。国王确定来人乃是伦诺克斯与马尔等人之后，便令厄斯金等人打开屋门。他们奔向国王，惊喜地发现他安然无恙，于是纷纷欢呼雀跃。国王双膝跪地，虔诚地感谢上帝赐予他一个如此完美的营救。然而，危险仍未结束。高里伯爵是珀斯的市长，并且颇受市民爱戴。他们听闻了兄弟二人的悲惨命运之后群情汹涌，纷纷拿起武器，包围了伯爵的宅邸，威胁要为兄弟二人报仇雪恨，其中更是充斥着傲慢与无礼的谩骂。詹姆士从窗边向他们发表演说，向他们讲述了事情的真相，这才渐渐平息了市民的暴怒，最终令他们逐渐散去。如果搜寻伯爵的文书，国王也许会发现他的计划与同谋。但是，除了一个小小的羊皮袋之外，他们一无所获。那个羊皮袋中满是关于魔法的印结和

咒语，国王在事后发布的关于此次事件的布告中对此做出了这样的
解释："这些东西大概是伯爵尸体上的伤口并未流血的原因。但是，
当它们刚刚被带走，他的鲜血就立即喷涌而出了。"经过这些危险
的日子之后，国王于夜间返回了福克兰，并且将伯爵兄弟的尸首交
给了珀斯治安法官看管。

　　虽然国王已经对这一图谋弑君的阴谋给出了详细的解释，但是
兄弟俩犯下如此大罪的动机、目的以及他们所依靠的共犯仍然不为
人知。亚历山大·路斯文向国王说过的话令人有一些理由认为他们
行凶作恶的动机乃是为父报仇，但是，无论他们的父亲受到了怎样
的伤害，似乎都不应当将之归罪于国王，他在那时年幼无知，本人
也屈从于一个派系的淫威之下，这都应当将他从杀父之恨当中排除
出去，因为这一行为并非出自他的命令。詹姆士甚至曾经以赠予其
资财的方式弥补其父受到的伤害。老高里伯爵本人也对国王表示了
恳切的感激，以此对他的行为表示了认可。伯爵的三名扈从因为帮
助他行凶而被判有罪，并且在珀斯遭到斩首。但是他们却无助于解
释伯爵犯下这桩罪行的动机，它与早先对国王补救措施的认可显然
自相矛盾。藏匿于书房之中的那名武士遭到了官方的大力搜捕，国
王希望从他的身上获得一些重大发现。伯爵的管家安德鲁·亨德森
在获得了赦免的承诺之后承认自己就是那名武士，但他同样对伯爵
的计划一无所知。虽然他被高里伯爵安排在了那间书房之中，但他
甚至都不知道自己的目标是什么。整个事件至今仍然陷于无尽的黑
暗之中，据此似乎可以判断伯爵兄弟并未协同任何密友或是同谋共
同策划此事，他们是在完全绝密的状态下执行了这桩阴谋。

　　但是，九年之后发生的一桩奇案使得上述论点虽然貌似可信，
实则缺乏根据。高里伯爵兄弟并未使他们的阴谋始终秘不示人。一
个姓斯普洛特的秘书在一些人当中散布自己知道一些关于高里伯爵

304

阴谋的秘密，枢密院认为此事关系重大，于是将他抓了回来。他的供认部分是出自本意，部分则是因为受不住刑罚而屈打成招的。根据他的供认，莱塔瑞格的洛根（Logan of Restalrig）是一名富裕的士绅，但他生性放荡，好寻花问柳。他知道高里的意图，并且参与了刺杀国王的密谋。斯普洛特说，路斯文神父经常与洛根会面，商讨如何执行他们的阴谋。伯爵本人也曾为此与他通信。鲍尔是洛根的密友，他深得伯爵的信任，并且往返于两处为他们送信。洛根与鲍尔现在都已经死去多时了。但是斯普洛特坚称他曾读过伯爵与洛根有关这场阴谋的信件。斯普洛特曾在致命的好奇心的驱使之下偷去了几封鲍尔的书信，为了证明自己的供词，他现在将之交给了枢密院。枢密院将这些文件与洛根的手迹进行了对比，发现它们几乎完全相同。几名颇得朝廷信任并且有资格审判案件的法官询问了他们，并且发誓将确保供词的真实性。死亡本身无法使洛根免遭指控，他的尸骨被人们拖出，最终受到了审判。根据一项同样令人厌恶也同样不合法度的判决，他的领地遭到没收，子孙也被剥夺了公民权。斯普洛特则因为知情不报而被判处了绞刑。他到最后都在坚持自己的供词，并且在绞刑台上向观众举手，示意自己所言皆非虚妄。在被刽子手推下脚凳之后，他拍了三次手。

　　虽然这起事件出人意料地揭露了高里伯爵的同谋，但是有关他的动机与意图却仍然未能公之于世。看来，两个品行高洁的年轻人会立刻背弃他们的责任，并且犯下谋弑国君这样大逆不道的罪行，这委实令人难以置信。他们似乎也不大可能在行事之时如此草率，也如此缺乏远见。如果他们想要隐藏自己的所作所为，他们就应该选择一个更为合适的场所执行计划，而不是在自己的宅邸中作案。如果他们打算让亨德森给国王致命一击的话，他们就不该选择这个胆小如鼠的人。他们也不能责怪这个对其计划毫不知情的人冒险犯下如此大罪。如果亚历山大·路斯文打算亲手了结国王的性命，为什么他用匕首抵住国王的胸口之后又迟迟不肯下手？他怎会在简单地声明自己的意图之后将国王留了下来？将国王交给亨德森这样胆怯的看守难道不荒唐吗？他可以轻而易举地将国王一剑刺死，但又浪费时间将这个手无寸铁的君主捆绑起来，他这样做的用意究竟是什么？上帝是否允许他们用君主的鲜血沾湿自己的双手？他的死又能给他们带来什么样的好处呢？他们反对国王后裔的继承权的要求与主张又是什么呢？不可避免的复仇与永远的恶名是他们犯下这一罪行的唯一后果。

但是，我们不可能认为国王曾制订了危及伯爵兄弟的计划。他们此前并没有因为一些罪行招起他的愤怒，也没有受到国王的猜忌与憎恨。詹姆士不是一个嗜杀成性的暴君，行事也不会如此草率、决绝。他不会在伯爵自己的宅邸中谋杀他们两兄弟，那里遍布伯爵的亲朋，而他只率领了一支几乎手无寸铁的队伍。伯爵兄弟可以呼请忠于高里家族的市民们前来支援，国王则几乎远离了所有的帮助。詹姆士所能选择的扈从则只有马尔伯爵与伦诺克斯公爵，前者与高里家族过从甚密，后者则娶了伯爵的一个姊妹。

无论我们信奉这些观点当中的哪一种，也无论我们将谋杀的责任归咎于高里还是国王，都会面临难以克服的困难，我们也会因此而陷入黑暗、迷茫与矛盾。也许应该对整个阴谋的起因加以深入挖掘，这样我们就能在更加遥远的源头发现此事起初并没有多大的罪孽。

伊丽莎白的政策中一个最大的目标就是令苏格兰国王处于持续不断的依附状态之中。为了实现这个目标，她有时奉承詹姆士，有时则收买他的大臣和心腹。当她的所有这些手段都没有产生成效之后，她便怂恿教士去令她所怀疑的政策变得不受欢迎。教士们要么谴责这些政策，要么煽动一些贵族起而反对并推翻它。在那个狂暴的年代之中，人们很少使用计谋去削弱一个政府部门的权威，很少有人擅长此道，他们常常使用粗鲁的办法控制国王的人身，并因此而掌控了他的枢密院。在"路斯文劫持"中控制了国王的贵族们便受到了伊丽莎白的唆使与支持。博斯威尔在他所有疯狂的举动中也利用了伊丽莎白的庇护，当这些阴谋都以失败而告终之后，他也能安全地退回她的国家之中。詹姆士近期与天主教诸侯的通信，他与英格兰大臣的秘密谈判以及他在统治王国之时信奉的原则，所有这些都激起了她的警惕之心。她担心一些重大的变革正在苏格兰发生，阻止这些变动也符合她的利益。高里伯爵曾是实力最为强劲的苏格兰贵族之一，他的祖先曾忠于英格兰的利益，他此前曾经接受了这种观点，并且认为国家的福祉与两国联盟的存续密不可分。在他旅居巴黎期间，他与伊丽莎白的大使亨利·内维尔爵士（Sir Henry Neville）结下了亲密的友谊。内维尔向英格兰宫廷举荐了他，以期能够为女王所用。伊丽莎白以隆重的礼仪接待了他，命令沿途各地皆须对其示以极为尊崇的敬意与热爱。从所有这些细节来看，我们也许会生出一丝疑窦，认为此后针对国王的阴谋正是在那时形成的苗头，并且得到了女王的赞翊。这种质疑的想法在当年曾盛极一时，根据伊丽莎白在苏格兰的代理人尼科尔森（Nicholson）的书信来看，这一怀疑似乎并不是缺乏依据的。有人看到一艘英格兰军舰在福斯湾中逡巡，伯爵的两名年幼的弟弟在这场阴谋失败之后逃到了英格兰，并且受到了伊丽莎白女王的庇护。詹姆士本人尽管小心翼翼地掩饰着自己的情绪，但仍然从他的举止中表露出了极大的不快。然而，伊丽莎白的阴谋中没有一个意图旨在伤害国王的人身安全，而仅仅是限制他的权威，并且挫败他的计划。詹姆士的生命安全万无一失，同时此举也限制了天主教徒觊觎伊丽莎白的王位——他们的教唆者一定会不顾一切地采取行动，他们的焦躁与顽固也会促使他们犯下恶行。对于伊丽莎白而言，怂恿高里伯爵前去谋杀他的君主并不是一个明智的举动。此举亦不像是两兄弟的意图。首先，亚历山大·路斯文力图将国王独自一人诱骗到珀斯，当随侍国王一同进发的随从在数量上超出了他的预期之时，伯爵便设计将他们从国王身边支开——他谎称国王独自一人向福克兰急驰而去，并立即令侍从为他们备马，以便使他们也去追赶国王。伯爵兄弟将国王锁在房屋的角落中的同时还试图绑住他的双手，从这一举动来看，他们的计划似乎是为了抓捕而非刺杀国王。虽然高里没有召集到足够多的扈从以至于能够将国王长期拘禁在这里，但他一定会马上将国王送到那艘英格兰的舰船之上——它似乎正在等待接收国王。詹姆士此后一定会被送到"磐石堡"（Fastcastle），那是洛根的一处宅邸。根据洛根信中的一些语焉不详的暗示，这里也是阴谋者聚会的场所。国王在这些针对他的粗暴态度和行为中惊惧难安，他会很自然地判定自己已经是将死之人了。他的所有侍从出于利益的考虑一定会坚称国王那时已经怀有这种想法，并且也会夸大他所遇到的危险，并以此来增加他们的重要性与价值。世人在无法完全搞清楚重大性与悲剧性的事件之时，往往会轻信传言，这种盲从与国王的恐惧和侍从们的虚夸一同放大了整个事件。另一方面，事件中也添加了许多子虚乌有的夸张细节，损害了这些细节的真实性，甚至授人以柄，使其有理由质疑整个阴谋是否真实存在。

关于珀斯阴谋的报告于次日清晨送到了爱丁堡。枢密院命令爱丁堡的所有牧师立刻召集人民，在叙述完威胁国王生命的整桩阴谋的所有细节之后，他们向上帝表示感恩，感谢他对国王做出了如此明显的护佑。但是，由于第一份送到爱丁堡的报告是在慌乱之中写就的，整个阴谋的细节在当时还没有完全搞清楚。不过，这一消息

308

激起的情绪却难以分辨，它有点言过其实，并且自相矛盾。牧师们抓住了这种情绪，虽然他们为了国王的安全而公开向上帝表示感谢，但他们却拒绝讨论任何细节，也拒绝描述似乎仍不确定的真相。

几天之后，国王返回了爱丁堡。虽然他的私人牧师盖洛维在大街上向人民做了一番鸿篇大论，并且在其中列举了阴谋的所有细节；虽然詹姆士在他们倾听之时确认了他的解释；虽然他命令官方发布了一份有关整个事件的报告——爱丁堡的牧师与他们的兄弟们仍然对此表示怀疑。他们对高里伯爵的欣赏，对国王每一个行为的戒备，加之关于这次事件的叙述中的某些错误和诸多不可能的细节，这不仅使得他们怀疑整个事件，而且给他们的疑虑赋予了一种可信的样子。但是，国王最终通过争论与威胁说服他们承认这个阴谋的真实性，只有罗伯特·布鲁斯神父除外。他除了宣称自己尊重国王关于事件的说辞之外不会再退让分毫，此外他也不会说他自己被国王说服并因此而相信它的真实性。一个人的顾虑与顽固不会引起太多的关注，但是当同样的疑虑开始在公众中间蔓延之时，一个因正直与能力而闻名的神父所树立起的榜样就会变得非常脆弱了。国王竭尽全力想要说服布鲁斯并且赢得他的支持。但是，当国王发现自己使出了浑身解数之后还是无法使布鲁斯动摇分毫之时，他便剥夺了神父的收益，在经过一些拖延以及许多和解的尝试之后，最终将他逐出了王国。

议会的议程没有受到这类顾虑的阻碍。根据法律，兄弟俩的尸体被抬到了那里，议会对他们提出了叛国的控告，并且审问了目击证人。此后，对他们的尸体执行了针对叛徒才有的惩罚。此外，似乎至今为止的惩罚都不足以表达议员们对其罪行的痛恨，议会通过新法律，宣布将路斯文这一姓氏予以废除。为了保留国王奇迹逃生的记忆，同时为了向后人强调国民具有感恩这一神圣品质的意义，议会指定每年的 8 月 15 日为公共感恩节。

[1601 年] 虽然高里的阴谋引起了突然的大惊慌，但是随后并 309 没有产生多大的后果。由于伯爵兄弟并未与任何扈从商议，也并未 告知他人，因此危险很快就宣告结束。但是，此后不久，英格兰发 生了一起针对伊丽莎白女王的阴谋。虽然最初的危险很快就被驱散， 但是产生了悲剧性的后果，并且令其统治的结束充满了阴沉与哀伤 的色彩。由于詹姆士对此事颇感兴趣，因此我们有必要对此进行 论述。

英格兰宫廷在此时分成了两个势力强大的派系，互相之间为争 夺最高统治权而争斗。其中一派的领袖是埃塞克斯伯爵罗伯特・德 埃夫勒（Robert D'Evreux, 2nd Earl of Essex, 1565—1601）。财政大臣 伯利之子罗伯特・塞西尔爵士（Sir Robert Cecil, 1st Earl of Salisbury, 1563—1612）则是另一派的头领。前者是英格兰最为才华横溢、也 最受欢迎的贵族，他勇敢、慷慨、友善。虽然有些冲动，但愿意听 从他所热爱的人们的建议。他虽然会与他人公开为敌，但是并非无 法与之和解；他对朋友忠实有加，也十分和善、亲切。他不会掩饰 自己的观点，也不会歪曲他人的意见；他更适于待在军营，而不是 在宫廷之中。他的天赋使其有资格在政府中位列第一，但他的性格 却使之总是嘲讽自己屈居第二——这实在是有损身份。他很快就引 起了伊丽莎白女王的注意，女王以超乎寻常的慷慨赐予了他最为崇 高的荣耀。即便是这样也没有削减人民对他的欣赏与喜爱。这种极 为罕见的幸运使他立刻成了君主的宠臣与人民的宠儿。同时，塞西 310 尔自幼在宫中接受教育，并且在一个深通此道的父亲的教育之下成 长，他诡计多端、谄媚事主，并且勤奋刻苦。虽然他拥有使他适合 于高官厚禄的才华，但他并不仅仅依靠这些才能来获得它们，而是 利用自己的老到与他人的失误以爬上权力的巅峰。这样的两个人势必会成为对手与敌人。埃塞克斯鄙视塞西尔的狡诈，认为这卑劣低级。对于塞西尔来说，伯爵的宽宏则显得有些傲慢和愚蠢。除了罗利之外，所有尚武之人都支持埃塞克斯。大部分朝臣则忠于塞西尔，因为他的处事习惯与他们的更为相像。

由于伊丽莎白日渐衰老，两派之间的斗争变得日益激烈。埃塞克斯为了增强自己的实力，近来开始追求苏格兰国王的友谊。对于詹姆士六世的王位继承权而言，他是一个狂热的支持者，并且与国王及其主要的大臣们都保持着密切的书信往来。塞西尔则专心致志地为女王效忠，由于他的勤勉与等待奖赏的耐心，致使他隆宠日盛，不断得到女王的封赏。而埃塞克斯伯爵的趾高气扬与心性躁动有时却令他受到女王的限制，虽然女王偏爱于他，但是无法轻易容忍他的反驳，并且常常是既不情愿又很缓慢地对他给予支持。然而，他自己的恳求受到了敌人恶毒的支持，塞西尔希望能够令他远离宫廷，因此推荐他担任在爱尔兰征讨泰伦地区的远征军司令，并且举荐他出任爱尔兰王国全境守护，而这一职位的任期往往没有限期。但他在远征期间的成就与他自己的承诺以及女王的期待都不相称。女王由于失望而愤怒不已，塞西尔等人的诡计也增加了女王的怒火，她因此给埃塞克斯伯爵写了一封措辞严厉的书信，其中充满了指责与呵斥。他那急躁的性格无法承受这一呵责，在盛怒之下，他打算率军进入英格兰将他的政敌从女王身边赶走，以恢复他的权力以及女王对他的宠信。但是，经过深思熟虑之后，他放弃了这个草率的计划，并且率领几名忠于他的军官在英格兰登陆，此后径直向宫廷而去。伊丽莎白在接待他之时不露声色。如果进行适当的退让与感谢，他或许还能重新得到女王对他的宠信。但是，他认为自己已经被这些退让深深地伤害了。另一方面，伊丽莎白决定打压他那傲慢的脾性，虽然她的严厉已经使他写了一封最为谦卑的书信，但她仍然将之软禁在掌玺大臣的宅邸之中，并且任命了一个委员会前去审讯他，质询他在管理爱尔兰之时的行为，命他解释自己为何不经女王的准许就擅离职守。委员会剥夺了他的所有官职，只保留了御马官的职位。不经女王的同意，他也不得离开监禁之地。伊丽莎白女王满足于对埃塞克斯的傲慢进行的打压，因此并未打算认真执行判决，她也允许伯爵在此后不久返回到自己的宅邸当中。这个事件延续了数月之久，在此期间，埃塞克斯的心中波澜起伏，他既想遵守效忠君主的誓言，又充满了复仇的渴望。他时而向一方倾斜，时而又为另一种想法所吸引。当他的复仇心再度被激起之时，他向苏格兰派遣了一名信使，怂恿国王以武力强调他对英格兰王位的继承权。埃塞克斯伯爵在信中向国王承诺，除了他在英格兰的朋友能够帮助詹姆士之外，蒙特乔伊勋爵（Charles Blount, 8th Baron Mountjoy, 1563—1606）也会率领五千人马从爱尔兰前来援助他们，他现在正担任着爱尔兰全境守护一职。但是，詹姆士不想用这种仓促的计划去攻占英格兰，这样会使他承担失去这个王国的风险，而他对于英格兰王位的继承权才刚刚获得承认。蒙特乔伊勋爵也拒绝了这个冒险计划，埃塞克斯则采取了更加忠于职守的计划。他的脑海中所有野心勃勃的想法现在都被抹去了。

　　埃塞克斯这一温和的表现仅仅是一时的失望所导致的结果，而它并不能持续多久。女王不仅拒绝了重新给予他此前的恩赏，而且也拒绝他再度回返宫廷随侍在她左右。这一新的伤害刺激了他那原本就不太安分的脾性，现在则变得愈发焦躁不安，并且生出了绝望的情感。他的朋友们没有想办法平息他的愤怒，或是安抚他的急躁，而是以他们那鲁莽与偏狭的狂热给他火上浇油。经过多次急切的磋商之后，他决定以暴力弥补自己受到的折磨。但是，埃塞克斯伯爵清楚地明白，如果只是以报私仇的名义起兵，他和自己的部队一定

311

会成为过街老鼠。因此，他努力通过将苏格兰国王的利益与自己的相混合，以此来为自己的叛乱披上为公众谋福利的外衣。他写信给詹姆士，谎称现在支配着英格兰宫廷的那一派决定支持西班牙公主的王位继承要求；英格兰各处的险要之地现在都被纳入了其仇敌的掌控之中。此外，他向詹姆士指出，除非他现在刻不容缓地向英格兰派遣使节，并且强调他对于王位的继承权，否则他们的举措将会使他的所有希望都归于破灭。詹姆士知道此举会令英格兰女王心生厌恶，因此不愿意鲁莽地引起女王的不快。然而，埃塞克斯被复仇的怒火与焦躁蒙蔽了双眼，使自己完全受制于这些情感的支配，就像一个绝望的疯子一样行事。埃塞克斯仅仅率领了两到三百名不完全武装的扈从就想要撼动全欧洲最为坚固的王座。他带着这支部队从宅邸中出发，沿途召唤伦敦的市民，他这样说道，如果他们爱惜他本人的生命，或是不愿意让自己的王国落入西班牙人的统治之下，那么就请他们拿起武器，追随他的脚步一起前进。他向王宫进军，意图将塞西尔一党从女王身边驱赶走，并且获得一份关于詹姆士六世对英格兰王位享有继承权的声明。然而，埃塞克斯伯爵虽然受到市民们的喜爱，但却无人敢于加入到这个疯狂的冒险当中。市民的冷淡令他气馁，他的一些扈从也抛弃了他。此外，在城市的各个领袖统率之下向此处进军的士兵们也几乎完成了对他们的包围。在这种情况下，他不得不撤回到了自己的宅邸。他没有做出任何适合其当前处境或是与其此前的勇敢名声相称的大胆努力，最终向敌人们投降了。

詹姆士刚刚听闻了埃塞克斯的失败便立刻任命马尔伯爵约翰·厄斯金（John Erskine, 2nd Earl of Mar, 1558—1634）与金洛斯修道院院长布鲁斯（Edward Bruce, Abbot of Kinloss, 1548—1611）作为派驻英格兰的大使。埃塞克斯曾经依靠马尔伯爵的帮助与国王保持联系，马尔对埃塞克斯伯爵的良好性情极为钦慕，并且致力于保护他的安全。布鲁斯与马尔的私交甚笃，因此也决定大力支持他的行为。对于埃塞克斯伯爵而言，没有什么比选对这两个人对他更加友善的了。国王命令他们恳切地请求女王饶恕埃塞克斯的性命，如果他们发现国王通过公开宣布他的朋友们无罪能够有助于确保他们的安全，他们就可以不再掩饰。国王也承诺会成为他们的领袖，并且以武力强调这应当属于他的权利。但是，在使者们抵达伦敦之前，埃塞克斯就已经遭受了极刑，也许是出于对苏格兰大使进行干预的担心加速了埃塞克斯的死亡。伊丽莎白在一段时间里曾经犹豫不决，无法做出决定他命运的判断，她也不忍心将这个曾经受她宠信的男人交给刽子手，因此在他最近的狂行所激起的愤怒与过去对他的喜爱之中挣扎不已。伊丽莎白现在面临的危机已经大大减少，这有利于平息她的愤怒，与此同时也使她重新生出了对他的怜惜之情。如果此时能有一位忠臣进行调停，他的生命也许会继续下去，他也会获得女王给予的宽恕。但是，这位宽宏的贵族在此时并没有那样友善。伊丽莎白架不住大臣们的再三请求，同时也被埃塞克斯的傲慢所激怒——她认为伯爵不屑于乞求她的宽恕，最终判处他死刑。埃塞克斯伯爵刚刚被处死，女王就为自己的草率后悔不迭，并且深切地哀悼了他的死亡。詹姆士总是认为埃塞克斯是因为他的事业而牺牲，在他继承了英格兰王位之后，他令埃塞克斯伯爵之子承袭了其父的爵位，同时也恢复了与他共谋的贵族们的爵位，并且对他们宠信有加。

312

　　苏格兰大使发现他们来得太迟，以至于无法完成他们此行最为重要的任务，因此不仅小心翼翼地隐瞒了关于这部分任务的指令，而且以詹姆士六世的名义庆贺女王躲过了这一鲁莽的阴谋。伊丽莎白虽然对于国王同埃塞克斯之间的通信了如指掌，也知道伯爵想要强调詹姆士对王位享有的继承权，但是她不愿此事为人民所知，并因此欣然接受了苏格兰使节的庆祝。为了安抚詹姆士，同时也为了确保两个宫廷之间的联合，她增加了给予詹姆士定期津贴的数额。使节们在英格兰定居了一段时日，并且成功开启并拓展了布鲁斯此前与英格兰贵族制订的计划。由于伊丽莎白日渐老迈，英格兰人愈发关注苏格兰，并且互相之间想要阻止对方追求未来君主的青睐。忠于新君的保证、关心他的声明以及支持他的承诺源源不断地从英格兰王国各处向詹姆士涌来。塞西尔自己察觉到了埃塞克斯与苏格兰国王结为好友的用意，也明白他能够从中获得怎样的好处。因此，他认为不再与这位很快就会成为其主人的君主保持距离是谨慎之举。但是，与此同时，他也担心与詹姆士的交流在他的女主人的嫉视之下会变得十分危险，更何况女王的这种性格已经因老迈的年岁而愈演愈烈。虽然塞西尔与詹姆士进行了通信，但所有这些都是秘密进行的活动，他的处境要求他必须小心谨慎，这样谨小慎微的做法也符合他的性格。詹姆士迄今为止都在担心塞西尔的反对，也畏惧他的影响力，现在则赢得了此人的支持。因此，他可以在绝对的安全中静静地等待着那个为他铺平通往英格兰王位之路的事件到来。[①] 他不太能抑制住英格兰的追随者，他们正在努力地表现，为这个即将登上王位的君主服务，并且催促他允许议会提出一个宣布他继承英格兰王位的议案。詹姆士谨慎地拒绝了这项提案，但是他很满意看

---

① 伯奇博士在他的《亨利王子的一生》（Dr.Birch, *Life of Prince Henry*）这本书的第 232 页解释了进行这一秘密通信的方式，以及这些信件是怎样从伦敦运往都柏林，随后再送往苏格兰的。虽然塞西尔再三请求国王在读完信件之后立即将之销毁，但仍有大量书信保留了下来，并且在 1766 年被大卫·达林普尔爵士（David Dalrymple）整理出版。这些信件出自亨利·霍华德勋爵（Lord Henry Howard）的手笔，霍华德写就之后由塞西尔亲自审查。信中的文辞含混不清，整个通信的情况也同样如此。——原书注

到自己从英格兰宫廷中获得的优势，他长久以来都不得不服从这个宫廷的命令，自己以前所采取的政策也都为这个宫廷所挫败。

[1602 年] 自从詹姆士六世亲自执掌朝政以来，虽然激烈的派系纷争分裂了宫廷，政府当中也经常发生变革，苏格兰仍然享受着不同寻常的安宁，这时没有外敌的干扰，国内也没有发生持续很长时间的暴乱。在这段时期，詹姆士致力于使高地与群岛开化。这部分疆土此前曾被历代先王忽视，虽然那里的改革值得他们的关注。与英格兰长期的和平为国王征服边民那桀骜不驯的性格提供了一个机会，同时也使其得以抑制他们的掠夺——但这对于他们的敌人与同胞而言都极具破坏性。低地诸郡的人民开始逐渐忘记使用武器的技能，并且变得愈发擅长生活所必需的技能。但是，高地居民保留了他们那野蛮、残暴的本性，他们厌恶劳作、惯于劫掠，以不断的入侵袭扰那些更加勤劳的邻居。詹姆士不仅热衷于消灭他们的侵袭，而且希望把他们变为有用的臣民，因此他在不同的时期中制定了许多有助于达成这一目标的明智法律。他命令所有的地主与氏族首领都不得准允他人定居在他们的封地之上，除非这些人能够找到可以为他们的品行做担保的人。詹姆士六世要求这些地主和氏族长们拟定一份嫌疑人的名单，并将他们置于其司法管辖之下，以确保能够将他们移交司法审判，并且对那些曾经遭受他们劫掠的受害者予以赔偿。为了确保这些条款能够得到忠实的履行，氏族长被迫向国王送交人质，或是抵押品。此外，国王在高地建立了三处城镇，作为勤勉劳动者的避难所，同时也作为发展艺术与商业的温床。其中一处位于金泰尔半岛（Kintyre），第二处位于洛哈伯（Lochaber），第三处则位于路易斯岛（Isle of Lewis）。为了吸引居民前往那里，国王将所有属于王室自治市镇的特权都授予了这些市镇。然而，由于发现很难激起那些地方本土居民的劳动热情，詹姆士决定使更多勤于劳

313

作的居民向那里迁居。最初的实验应用于路易斯岛，由于那里的地形易于发展贩鱼贸易，而这正是苏格兰的财源之一，因此国王使精于此道的法夫郡居民向那里迁居。但是，在他们的移民定居发挥出良好的效果之前，岛民们由于自己的岛屿遭到侵占而愤怒不已，并因此拿起武器先后向他们发起了九次突袭，杀死了一些移民，最终迫使其他人放弃了定居。国王的注意力很快就被转移到了其他事务之上，我们也没有听到关于此事的其他更加有益的计划。詹姆士没有持之以恒地追求他的目标，如果缺乏坚持，岛民的生活方式与习惯是不可能得到改变的。但是，尽管如此，他依然值得后人的赞誉，不仅仅是因为他是第一个提出这一构想的君主，同时他也是第一个为了向岛民介绍文明的生活方式而提出可行方案的国王。

[1603 年] 在享受了多年良好的身体状况、健康的体质以及非同寻常的规律作息与节欲生活之后，伊丽莎白开始在这个冬季感受到自己的活力开始减弱，也感到了老迈之躯的衰弱。她迫不及待地从威斯敏斯特向里士满赶去 [1 月 31 日]，当日暴雨倾盆，她在路上抱怨不已。女王患上了不规律的热病，她的脉搏良好，但吃得却很少，并且总是难以入眠。她的坏脾气似乎来自深深的忧郁，这从她的言行举止当中都表现得非常明显。她喜欢独处，常常独自一人坐在黑暗之中，她的脸庞布满泪水。

314 　女王身体恶化的情况刚刚为人所知，王国上下各个阶层与各个派系的人便更加急切地向苏格兰国王提出申请，并且争相对他表示忠心，表达自己愿意听受他的差遣。甚至是伊丽莎白的一些贴身侍从也厌倦了她那漫长的统治，他们喜欢新鲜的人和事，急不可待地想要摆脱由于过去的恩赏而加之于他们身上的表述感恩的重负，并且希望分享新君的慷慨，因此开始抛弃她：一群人急匆匆地赶赴苏格兰，想要预先获得继承人的宠信，又或是担心自己效忠得太晚。

　　与此同时，女王的病势愈发严重，她的忧郁症也是疾顽难愈。人们对于她生病的原因做出了一些推测，女王本应由于她性格当中的乐观而躲避疾病的侵袭。一些人将之归因于她被迫赦免了蒂龙伯爵，此人发动的暴乱曾在多年之中给她制造了许多麻烦。其他人则将之归咎于女王看到了她的朝臣们忘恩负义，以及英格兰人民的善变——他们冷漠地看着女王的健康日渐恶化，并且毫不掩饰他们急于希望苏格兰国王继承王位的心情。而那时最为普遍的观点则是，女王的疾病极有可能源于埃塞克斯伯爵事件给她带来的悲痛。女王对这个不幸的贵族仍然怀着极为强烈的眷恋，虽然她时常咒骂埃塞克斯的顽固，但每当她提及此人之时都会泪流满面。在她到达里士满之后发生了一个意外事件，这重新激起了她对埃塞克斯伯爵的钟爱，并且加深了她的悲伤。诺丁汉伯爵夫人（Catherine Carey, Countess of Nottingham, 1547—1603）在临死之前想要见上女王一面，同时告诉她一些秘密，因为伯爵夫人无法带着这个秘密安宁地死去。在见到女王之后，伯爵夫人告诉她，当埃塞克斯被宣判死刑之时，他曾经想要按女王以前告知他的方式获得这位女主人的赦免——埃塞克斯伯爵如日中天之时，女王曾赐给他一枚戒指，告诉他如果日后遇到危险，他可以将这枚戒指还给女王，她也会因此而向其提供庇护。然而不幸的是，他将这枚戒指交到了诺丁汉伯爵夫人的手上，而不是斯克洛普夫人。伯爵夫人将此事告知了她的丈夫，亦即诺丁汉伯爵（Charles Howard, 1st Earl of Nottingham, 1536—1624）。伯爵是埃塞克斯的死敌之一，因而禁止她将这枚戒指交给女王，也不让她将其还给埃塞克斯伯爵。伯爵夫人如今向女王揭开了这个谜团，并且请求她的原谅。伊丽莎白女王如今看到了埃塞克斯伯爵的敌人们是怎样的恶毒，也知道自己对伯爵的猜疑不应该，她因此回答道:"也许上帝可以宽恕你,但我永远都不会原谅你的所作所为。"①
从那时起,女王的意志完全消沉了下去。她几乎不再进食,拒绝服
用一切药物。她说自己现在只求一死,并且也不会再有多少时日。
没有哪个人的请求能够说服她回到床上去,她坐在席子之上整整过
了十个昼夜,神情忧郁、一言不发。她一直把手指放在嘴唇上,双
眼直勾勾地盯着地板,就那样纹丝不动。唯一能够吸引她注意力的
活动就是坎特伯雷大主教(John Whitgift, Archbishop of Canterbury,
1530—1604)在她的卧房之中举行的祈祷。她对此颇感兴趣,并且
热情地参与了进来。最终,心中的痛苦与长期的禁食耗尽了她的生
命之火,伊丽莎白女王安静地合上了她的双眼,没有一丝挣扎。这
一天是 1603 年的 3 月 24 日,星期四,也是她人生当中的第七十个
年头,同时是她统治的第四十五年。

外邦人常常指责英格兰人对他们的君主冷漠无情、极为不敬,
但是却拿不出理由来。没有谁比英格兰人更加感谢那些值得他们心
存感念的君主。爱德华三世与亨利五世的名号在英格兰人中世代流
传,这个时代的人民与那些处于他们统治之下的人民一样热切地铭
记这两位君主。伊丽莎白的统治同样受到人们的铭记,史家们在她
去世之后赞美她对于人民的热爱、在识别人民利益上的睿智、在追

---

① 这则关于伊丽莎白的轶事在奥斯本的书中首次提及,并且得到了莫里耶与伊丽莎
白·斯佩尔曼夫人的证明。卡姆登提及伊丽莎白因埃塞克斯伯爵之死产生的悲伤
是她得病的原因之一。一些留存下来的原始档案也证明了这在那个时代被人们普遍
接受。然而,埃塞克斯在女王驾崩之前的两年遭到处决,没有理由使得女王的悲伤
在这么长时间之后再度复苏。由于诺丁汉伯爵夫人之死发生在女王去世的大约两周
之后,这些事件的巧合与其他提及的证据增加了奥斯本所述的故事的可能性,也使
之在历史上占据了一席之地。我们唯一可以知道的是,伊丽莎白对埃塞克斯伯爵爱
意起因于她的年龄。当一个人年近七旬之时,她的所有激情应该已经完全冷却了,
但是,这种质疑的依据已经被一个钟情于英格兰历史的作家否决了。——原书注

逐这些利益之时的稳重、在选择大臣之时的明智、通过武力取得的荣耀、对王国安宁的保护以及由此而产生的名望、财富和商业进步；同时，史家们也公正地将她的名号置于最伟大的君主之列。他们认为，即便是她性格当中的缺点也不会对人民产生致命的威胁。她的极度节俭并不意味着她是一个守财奴，虽然这阻碍了一些大企业的发展，也使得其他的成功不甚完美，但是却使得她统治期间的财政井井有条，并且使得国家摆脱了许多负担——倘若一个君主稍微慷慨或是稍稍有一些野心，他就会使得国家处于这种负担的压迫之下。她对侍从的赏赐有一些缓慢，这在有的时候会打压他们的进取心，但是防止了他们追逐与自己身份不符的权力与财富。她对那些质疑其王位继承权的君主心怀戒备，因此使得她采取了有利于她本人以及公众安全的预防措施，并且去追求人民对她的热爱，以便将之作为支持其王权的坚固支柱。这就是英格兰人对这位伟大女王的描绘。

无论是谁承担写作苏格兰历史的任务，他都会发现自己常常不得不将伊丽莎白女王视为一个既与众不同又难以亲近的角色。她在苏格兰王国的权威比起在英格兰的影响力而言毫不逊色。她起初获得这种权威是因为国民做出了很重要的贡献，但是后来在运用之时却对苏格兰人民的幸福造成了很大的损害。她煽动两党斗争的怒火，对其中一方有所偏私，对另一方则许以虚伪的承诺；她巧妙地平衡两派之间的斗争，使得他们烦扰不堪，并且无法征服对方；她使得苏格兰陷入了长期的混乱与战争，她的手段与诡计达成了其祖先所未能完成的目标，并且使得苏格兰陷入了依附于英格兰的境地。时常与道德不一致的政治原则也许可以为这一行为辩护，但她无论如何也无法就她对玛丽女王的所作所为道歉——伊丽莎白女王在其中表现出了没有必要的虚伪与史无前例的严苛。在她所有其他的行为中，伊丽莎白值得我们给以最崇高的敬意。在这起事件当中，我们必须认识到，她不仅将身为女王所应当拥有的宽宏大量抛弃在一边，而且还置那些女人所特有的情感于不顾。

虽然伊丽莎白不会允许关于王位继承的问题由议会做出决断，但她也不会公布自己的观点，因为她希望对此进行保密。然而，她并没有制订将苏格兰国王排除在王位继承之外的计划。在她去世之前，她打破了关于此事长久以来所保持的沉默，她告诉塞西尔与海军大臣说（Charles Howard, 1st Earl of Nottingham, Lord High Admiral, 1536—1624）："她的王座亦即苏格兰国王的王座，她没有合适的继承人，她的外甥苏格兰国王应当作为她的继承人。"关于这一点，她在病榻之上做出了最后的确认。伊丽莎白刚刚咽下最后一口气，枢密院大臣们就宣布詹姆士六世为英格兰之君。外邦君主策划的所有支持西班牙公主的阴谋，王国之中策划的支持阿拉贝拉夫人（Lady Arabella）与哈特福德伯爵（Edward Seymour, 1st Earl of Hertford, 1539—1621）继承王位的阴谋都在顷刻之间烟消云散了。贵族与人民忘记了他们对于苏格兰的古老仇恨，也忘记他们对于被外邦人统治的厌恶。他们大声欢庆国王的继位，甚至比英格兰本土的君主登基之时的喝彩声还要响亮。在这欢庆的喧哗之中，少数爱国者提出了一项动议，建议给继承人确立一些限定条件，并且要求他做出一些补偿，这在他们召唤他前来继承王位之前是鲜有人提及的。查尔斯·珀西爵士是诺森伯兰伯爵的兄弟，托马斯·萨默塞特（Thomas Somerset）是伍斯特伯爵（Edward Somerset, 4th Earl of Worcester, 1550—1628）之子，他二人奉命携带国书前往苏格兰面见詹姆士，其上有那时身处伦敦的所有贵族与枢密院大臣的签名。他们奉命前去通报伊丽莎白女王的死讯，以及他将要继承王位的消息；此外也要告诉他，他们十分关心对其头衔的确认，人民对于这一事项的公布也欢欣鼓舞。他们马不停蹄地向苏格兰进发，以便用最快的速度将这一令人振奋的消息传递过去，但未能得偿所愿。亨斯顿勋爵（Henry Carey, 1st Baron Hunsdon, 1526—1596）的长子罗伯特·凯里（Robert Carey, 1st Earl of Monmouth, 1560—1639）在伊丽莎白女王去世的几个小时之后就动身前往苏格兰，并且于周六晚间抵达爱丁堡，那时正值国王即将就寝之时。他立即获准进入寝殿，跪在国王床前，向他告知了女王离世的消息，并正式称呼他为"英格兰、苏格兰、法兰西与爱尔兰之王"。作为他所带来消息真实性的凭证，他将一枚戒指呈递给了国王，这是他的妹妹斯克洛普夫人在女王去世之前从她的手指上取下的信物。詹姆士以合乎礼节的镇静倾听着他的报告，但是，由于凯里只是以私人信使的身份前来苏格兰，因此他所带来的消息并未向民众公布，国王也依然待在他的寝宫之中，直到珀西与萨默塞特的到来。随后，他的头衔得到了庄严的宣布，他的臣民欢欣雀跃，其欣喜的程度不亚于英格兰人，他们都为君主荣耀的增加而感到高兴。由于他的存在对于英格兰而言不可或缺，那里的人民也急于一睹新君的风采，他便刻不容缓地准备向英格兰进发。他命令王后在几周之内跟随着他，将苏格兰政府交托给了枢密院，将自己的子女也交给了几名贵族。周日这天，在启程前往英格兰之前，他去拜访了圣吉尔教堂。牧师在布道之中表达了对上帝的感谢，感谢神圣的主使得詹姆士在没有遇到抵抗、没有流血的情况下就被拔擢至这样一个强国的王位之上；此外还劝告他要以促进人民的幸福与繁荣的方式向主表达感激之情。听完这场布道之后，国王站起身来，向人民发表演说，表达了自己对他们毫不改变的热爱，并允诺他将经常回到苏格兰来看望他们。此外，詹姆士还向他们保证，无论他是否身在苏格兰，人民都会感受到他仍然是苏格兰的君主，就像他曾生活在他们中间一样。他的耳朵将会永远倾听他们的诉求，而他也会以父母一般的爱去回应这些请求。他的演讲常常被很多观众的哭泣打断，他们虽然为自己君主的成功而高兴，但却因为他的演说而陷入了悲伤。

4月15日这天，詹姆士率领着一支虽然华美但人数并不庞大的队伍开始了他的旅程。次日，他进入了贝里克郡。许多人聚集在那里对他表示欢迎，各郡的士绅在他经过之时都会在自家的宅邸中举办欢迎宴会，以展示他们的财力与奢华。伊丽莎白统治了太久的时间，以至于她的大多数臣民只记得她的宫廷什么样，同时他们对于一个君主的习惯、对于礼仪的见解也是在伊丽莎白的宫廷之上形成的。他们很自然地就把这些标准应用到了对这位新君的行为举止的判断之上，并且立即把他与女王做了比较。詹姆士的习惯与伊丽莎白的极为不同，因此受到了对比之苦。他没有伊丽莎白的用以俘获民心的亲切手段，虽然在少数他所喜爱的人当中会感到轻松，但是他的懒惰却使他无法忍受迎合各色人等的需求时所带来的疲倦。他对伊丽莎白抑制亲密举止的威严依旧很陌生，也不能像伊丽莎白女王那样常常慷慨地封授爵位，以至于这些头衔不再具备荣誉与奖赏的价值。但是这些只为少数人所见，群众仍然在鼓掌欢呼。在这欢呼声中，詹姆士于5月7日进入了伦敦，和平地登上了英格兰的王位。

这就是两个王国的联合，它们早在史家记撰之初便分而治之，但却因天命而最终联合在一个强大君权的统治之下。通过这一本土力量的联结，大不列颠开始登上欧洲的权力之巅，而这是英格兰或苏格兰任何一个独立的个体都无法实现的目标。

苏格兰人长久以来都将他们的君主视为英格兰王位的合理继承人，因此他们有足够的时间思考两国的联结将会产生的所有后果。但是，将一个君主送到强大的敌国的王座之上所带来的荣耀令他们为之目眩，他们依赖于君主的偏私，也希望能够自由地分享他现在所能赐予的财富与荣誉。因此，他们很少注意到这一伟大事件所能产生的最为明显的后果，只忙于庆祝他对英格兰王位的继承，因为这对于苏格兰王国而言十分有利，国王本身也是与有荣焉。然而，他们很快就有理由采纳一个十分与众不同的观点，从那时起，苏格兰的政治体制也会发生完全的转变。

封建贵族体制在欧洲的许多国家都被君主的政策所颠覆，或是被商业的发展削弱，但是它仍然在苏格兰存在着，其力量更是十分强大。许多因素都使苏格兰贵族的权力逐渐得到增强，即便是在其他国家中增强了君权的宗教改革，在苏格兰也增加了贵族们的财富与影响力。苏格兰国王的税收很少，其特权受到了极大的限制，也没有一支常备军的支持，因此无法对这些强大的臣子们施加君权的影响力。他不得不依靠权宜之计统驭政府，法律的效力常常不在于他如何行使，而是来自于贵族们的自愿服从。虽然这些因素产生了一个虚弱的政府，虽然苏格兰处在一个君主的统治之下，也具备他的所有徽记，但事实上却是处于贵族政体之下。人民并不是都不快乐，即便是在这样野蛮的政体之下，也会有保障他们安全与利益的法律原则。国王被贵族们的权势影响，不敢冒险专断行事。国王的权力虽然很小，但是他的借口与要求却有很多。贵族们对此也忌惮三分，他们担心自己那些无理的要求会激怒这位"附庸"，因此也会以温和与所谓的"平等"方式减轻贵族专制的力度。只要封建政体中的尚武精神仍然保留着它的活力，国王与贵族的封臣就不仅免于受到压制，而且会被他们的上级讨好——他们的权力与重要性建立在封臣的热爱与忠心之上。

在继承了英格兰王位之后，詹姆士也同样继承了如此广泛的财富、权力与显赫，这令贵族们惊恐难安，并且认为现在为了自己那些难以保护的特权而进行的斗争将会徒劳无功。单凭恐惧无法让他

318

们屈服，詹姆士对他的同胞有所偏私，希望他们能够与他"有福同享"，因而将财富与荣耀赐予了他们。获得其支持的希望与对其权力的恐惧一道驯服了他们那凶暴与独立的性格。国王的意志开始在苏格兰成为最高法律，贵族也在争相服从他的命令。而在此前，他们对此一直是不屑一顾的。詹姆士对他们的臣服十分满意，因此允许他们对各自的封臣享有传统的司法权。授予封建领主的这一广泛权力在他们的手中开始成为用于镇压他人的可怕工具，而这一权力赖以建立的军事理念则开始逐渐丧失，并不为人们所关注。没有什么保留了下来，用以减轻他们行使的权力。贵族们经常远赴英格兰宫廷，并且效仿他们的邻居那样奢华的生活习惯，因而耗尽了他们的财富。这些使贵族们别无他法，只得加重人民的赋税。人们几乎不敢口出怨言，因为他们知道这些抱怨永远不会到国王那里，也不会为他们带来任何救济。从两国王位的联合到1688年革命为止，苏格兰被置于一种最单一也最不幸的政治体制之下。它屈服于一个君主的专制与贵族体制的压迫性司法之下，它承受了君主与贵族政体所特有的痛苦。君主暴虐专横，贵族们既是奴隶也是暴君，人民则在两者的支配之下呻吟不止。

在这段时期，贵族曾经确实做出过努力以摆脱束缚，进而重获他们古老的独立地位。詹姆士六世故去之后，我们的君主不再对苏格兰民族抱有偏私。查理一世在英格兰接受教育，并没有对他原来的母邦产生多么独特的爱恋。贵族们察觉到了这位执掌权杖的王者对他们并不是十分友好，他们与之并没有多么强烈的联系，在他的枢密院中也无法产生太大的影响力，因此不再服从他的指示。国王对贵族特权的侵蚀激怒了他们，此外他们也意识到了其他的侵犯，因此古老的独立精神再度萌发。他们抱怨并且抗议。与此同时，人民极度厌恶宗教领域中的革新，贵族则在暗中加深了这种厌恶。他们的诡计与朝廷的错误行为激起了这样一种趋势——使得整个国家的各个阶层都拿起了武器，组成联盟，共同对抗自己的君主，这种对国王的憎恶可以说前所未有。查理一世命令他的英格兰军队采取行动，虽然人民联合在了一起，同时他们也十分狂热，但是贵族本身也一定会起而抗争。英格兰臣民当中日渐增长的不满情绪阻止了国王采取更加有力的措施。内战在两个王国之中同时爆发，经过了许多著名的战役与革命之后，率先发起战争的苏格兰贵族与王权一同被毁灭。王权复辟之后，查理二世再度于苏格兰获得了绝对的王权，贵族的地产在此前的战火中惨遭蹂躏，他们的勇气也被此前经受的灾难打击得荡然无存，因此既无力也不愿像以前那样与王权对抗。在他与詹姆士七世（James Ⅶ of Scotland, James Ⅱ of England, 1633—1701）统治期间，君主的命令在苏格兰得到了最为谦卑的服从，贵族的贫穷使得他们成了比以前更加卑微的奴隶与更加暴虐的领主。总是被忽视的人民现在令贵族生厌，贵族将他们所受到的伤害归因于人民与他们自己所信奉的宗教和政治原则极为矛盾。

319

革命将其他原则引入了苏格兰政府之中。增强王权、确保贵族的特权迄今为止始终是我们法律的目标。人民的权利此前鲜有提及，遭到了忽视，无人知晓。自此以后，对人民福祉的关注开始兴起。《权利宣言》（Claim of Right）使他们的自由得到了保障，人民代表的数量得到了增加，他们逐渐在议会中得到了新的关注，也获得了新的分量。由于他们开始享受着更加安全的环境以及享受更多的权利，他们的思想也随之逐渐开放，并且开始制订更加宏大的贸易、工业与政治发展计划。但是，仍然占据支配地位的贵族专制的风气与其他许多意外事件都延迟了国民的进步与幸福。

另外一个重大事件完成了已经开始的革命。已经为王权联合所打破的贵族政治权力几乎完全被两个王国的联合所歼灭。苏格兰贵族只能代表他们个人参加英格兰议会，并且在其中只掌握很小的一部分立法权。而在以前，他们在国家最高大会中作为一个较为重要的部分而在其中掌握较大的权力。他们现在也完全被逐出了下院，即便是他们的长子现在也不被允许在那个令人崇敬的会议中代表他们的同胞。贵族的特权也没有得到保留，以弥补他们政治权力的丧失。由于商业的发展，政府也日臻完善，这些都在逐渐对贵族产生限制。法律变得对人民越来越有利，对贵族则愈发致命，最终使得他们的特权几乎完全遭到了剥夺。由于贵族失去了权力，人民则获得了自由。他们从以前的重负之下解脱了出来，从长期以来受到的压制中解放出来，并且接受了比以前更为自由的法律与政体。他们因此而得以发展商业、改善生活习惯、培育艺术与科学。

上述对苏格兰政治情况的纵览只提到了其中一些事件及其发生的原因，并没有对此做出详尽的叙述，这使得我们注意到了三个时期，从中可以追溯最高立法机关成员的三个不同组成部分发生变迁的日子。当苏格兰国王继承了英格兰的王位之时，君主曾经受到限制的权力开始变得空前膨胀，他们本人也成了全欧洲最为专制的君主。他们行使着专横的权力，议会无法对其加以限制，贵族们也无法与之相抗衡。当两个王国合并之后，贵族们不得不让出自己的权力、优先于其他阶层的地位，他们的处境也不再能够引起其他臣子们的恐惧与嫉妒。自从联合起来后，曾经遭到忽视并且很少被贵族讨好的平民开始占据尊位，并且可以分享广泛的权利——而这正是英格兰人花费了鲜血的代价才追求到的。平民现在成了一个非常重要的阶层，这在两个王国都是如此。

教会感受到了国王因其继承了英格兰王位而得到的绝对权威的影响。它的变革也同样值得我们予以关注，詹姆士在他于苏格兰统治的最后几年里恢复了主教的名号与职位。但是他们没有宗教裁判

320

权，也不享有神职人员的优先地位。他们的收入不多，除了在议会中的席位以及会招来教士的嫉视与人民的仇恨之外，几乎与他人别无二致。国王喜欢英格兰主教的显赫与权威，想要在两国实行一致的宗教政策——他在世俗政府中也想让两国奉行一样的体制，但是并未成功，因此决定建立一个两国一致的教会体制。三名苏格兰人在伦敦被拔擢为主教，国王命令他们的兄弟们听从这三人的命令。在苏格兰不为人知的宗教仪式得到推广，虽然教士比贵族更少奉承他，并且极力反对这一革新，不过由于詹姆士颇为擅长统驭之道，因此最终获得了他们的服从。然而，查理一世是一个顽固的君主，他不懂得苏格兰人的性格，急躁而又鲁莽地在那个王国推行他的理念，急不可耐地要求苏格兰人接受英格兰人的圣餐仪式，轻率地恢复教会的地产，由此而点燃了内战的烽火。人民可以自由满足他们的愿望，主教制度遭到推翻，长老会体制则以新的活力得到了重建。此后，主教制度与君主制一同在苏格兰恢复了。这个政体如此为人民所厌恶，以至于不得不用武力进行维持。虽然为了支持君主政体而使用了暴虐的迫害，国民的厌恶依然无法克服，但它也艰难地继续存在着。在革命之时，人民的意愿被认为具有价值，因此值得立法者的关注。长老会体制再度建立，并且为联合王国所批准，至今仍然存在。

继承英格兰王位的影响不仅仅扩展到了政治与宗教体制之中。国民的性格、品味与精神都明显受到了这一事件的影响。当学术在15、16世纪得到复兴之时，所有的现代语言都还处于蒙昧时期，缺乏优雅、力度，甚至不够明晰。没有一个作家认为以这种语言写就的作品适于表达并修饰他们的观点。他们也不认为用这些粗鲁与易于消亡的作品能够建立不朽的名声。由于在那时盛行的风尚没有将自我认识的兴起归因于人类心智的独创，而只是认为它们是受到了对于古人的钦慕的影响——这种对古人的研究随后风靡整个欧洲。因此，这些风尚不仅由审美与旨趣的标准组成，而且还包括对文体的鉴赏。甚至是古人所书写的语言也被认为是独特的，因而几乎被用于学习与思考之中。不仅是古人的生活习惯受到模仿，即便是他们的语言也被吸收了。最为夸张的尝试莫过于用一种死语言去书写，人们不习惯用这种语言思考，他们无法说出这些语句，甚至连拼写也办不到。这种写作方式的成功是令人震惊的，由于他们是在一个最为纯粹的模型之上构造他们的风尚，由于他们没有受到那种随意交往产生的野蛮风俗的感染，宫廷的矫揉造作、与陌生人的交流以及其他千千万万种语素引入了活语言当中。许多现代人在他们的拉丁组成部分之中达到了优雅的程度，而这是罗马人本身在奥古斯丁时代之后也未曾达到的。当这些因素成了唯一的组成部分，当所有作家都能用一种共同语言书写，我们也就容易对他们做出比较。苏格兰作家们不逊于其他民族的作家，天赋异禀的布坎南在散文与诗歌的写作上都更加多样、更加新颖，也更为雅致，比起其他民族的拉丁语作家而言，他的确是更胜一筹。布坎南的例子在文学方面反映出了苏格兰的巨大成就。

321

但是研究死语言的过程令人生厌。作家常常会遇到与劳动付出不成正比的情况，他们会在学习中陷入只能阅读并且对作品本身钦慕不已的狭隘循环，因此备受折磨。人们不再花费半生的精力去学习罗马人的语言，而是开始打磨、凝练自己的母语。我们发现现代语言的优雅与精致即便无法与古代语言相媲美，至少也会比它们更能为多数人所用。意大利人最先树立了榜样，他们在鉴赏性质的作品中不再使用拉丁语，这种语言如今只局限于科技著作当中。那些更为优雅的民族也开始从此时放弃使用拉丁语。我们可以推断，苏格兰人没有理由去为公共审美当中发生的这种转变而感到遗憾。他们在追求文学方面的荣誉时也保留着与其他民族一样的特质。英格兰语与苏格兰语都源于同一种语言，在16世纪结束之时，两者之间几乎没有太大的区别。虽然两者在词汇与习语方面几乎都是如出一辙，但在拼法上多少还是存在着一些差异的。在那个年代中，苏格兰政治家的文风在优雅与纯正方面丝毫不逊色于同他们进行通信的英格兰大臣。詹姆士六世本人也是一位值得重视的语言大师。在他的榜样作用和鼓励之下，苏格兰语在雅致这一方面已经可以同英格兰语并驾齐驱了。苏格兰有着一连串精通母语和拉丁语的作家，这值得这个民族进行夸耀。文风的发展、科学与艺术的进步，正如在欧洲其他文明国家之中发生的一样，在苏格兰也同样毫不令人陌生。

　　但是，在其他国家不再使用拉丁语进行鉴赏性质的写作，同时开始测验其母语的力度和界限之时，苏格兰已经不再成为一个王国了。詹姆士继承王位之初引发的狂喜很快就结束了，苏格兰人马上就失去了使人民富有生气、使他们的品味变得优雅的东西。当国王不再身处国内、贵族不再群聚其间、宫廷的壮丽与优雅也不再盛行之时，普遍的沮丧之情似乎在人民中间弥漫。宫廷已经离人民远去，没有留下任何关于在国内奉行何种礼仪标准、怎样进行演说的修辞信息。苏格兰的少数作品受到了英格兰标准的检视，每一个词或是短语倘若违反了这一标准，哪怕仅仅是一点过错，都会被判定为野蛮之物。与之相反的是，如果两个国家仍然各自保持着独立状态，每一个国家独特的习语和演讲方式都会得以保留。宫廷的范式使得这些作品广为流传，也得到了著名作家的权威支持。正如希腊语当中不同的方言所引起的多样性一样，我们也会以这种观点审视苏格兰的各种作品。人们会认为这些方式十分美妙，它们也会被不同国家的作者们混杂起来使用。但是，当詹姆士将两国的王权合二为一之后，英格兰语很自然就成了语言当中主要的法官与立法者，英格

兰人也会把他们的耳朵不适应的演讲视为满篇语法错误的垃圾而拒
之门外。两国的交流十分不足，古代的偏见也强大到足以防止他们
相互模仿的地步。在这种情况下，苏格兰人没有掌握根据英格兰语
的标准去改善其母语的方法。恰恰相反，语词的讹用从各种渠道中
源源不断地涌进来。那个时代的苏格兰教士比起研究来更以虔信而
著称。虽然他们当中没有出现太多的作家，但他们却享有公开对人
民发表演说的特权。他们的布道往往十分冗长，或许还很频繁，这
种"急就章"式的文辞不可能有多么的优雅，许多马虎与错误的表
达方式都可以追溯到一个共同的源头。律师的诉状文体松散、词不
达意。而这种类似的写作方式被许多作家采用，他们谈论的许多内
容日渐与普通的演讲和工作混合起来，许多错误的演说形式因而进
入到了他们的语言系统，他们将之称为"苏格兰语风"（Scotticism）。
议会中盛行的语言或是公众的鉴赏力也没有得到多大的改进，我们
本应期待那里会出现更加自由也更加合理的生动演说。那里所有的
事情都由立法委员们讨论，他们则奴颜婢膝地奉承宫廷。议会中很
少发生辩论，在革命之前，没有一个议员是以特属于其人民会议的
风格与力度来行事。

　　因此，在整个 17 世纪当中，英格兰人不断地修正他们的语言
与品味。在苏格兰，前者的水平不断降低，至于后者则几乎完全丧
失了。从那个世纪开始之时，两国都摆脱了原本的粗野，他们之间
的差距虽然起初并没有多大，但在世纪末的时候已经产生了天与地
那样悬殊的差异。甚至是在黎明的曙光播洒在两个民族的身上之后，
苏格兰人似乎重新又倒退进了无知与晦暗之中。当其他民族都在努
力求取知识与名望之时，原本积极、睿智的苏格兰人却陷入了无精
打采的状态。然而，这必须得归咎于他们那不幸的政治状况，而不
是任何性格的缺憾。其中一个稍稍消退，另一个就开始表现自己。

322

革命期间通过的法案剥夺了立法委员会的权力，其他有用的法案也得以通过，由此使得苏格兰议会中出现了自由辩论的风潮。修辞术与所有其他能够完善辩论的技巧开始成为人们关注的要点。索尔顿的弗莱彻（Fletcher of Salton）的例子就足以证明苏格兰人依然有能力展示他们那宏大的思想，尽管言谈之中会掺杂进一些俗语，但是仍然可以有力而优雅地表达自己的观点。

最终，王权的联合将两个国家合二为一，并且使得他们成了一个民族。两国之间长久以来存在的差异也逐渐消逝，她们各自的特质也同样消失殆尽。相同的风俗在不列颠岛上的两个部分都盛行开来，人们读着相同作者写下的作品，并且都会对他们钦慕不已。优雅与高贵的娱乐方式盛行一时，语言的标准与纯正也被建立起来。苏格兰人在此前的一个世纪当中都处于自由受到威胁、国民的品味与精神也受到致命打击的境况，如今瞬时就拥有了比其祖先所能享受的还要有价值的特权。推迟他们追求文学光荣，或是阻碍他们获得这些荣誉的因素现在都已经荡然无存。

索　引

图书在版编目（CIP）数据

苏格兰史 /（英）威廉·罗伯逊著；孙一笑译 .—
杭州：浙江大学出版社，2021.2
书名原文：The History of Scotland
ISBN 978-7-308-19793-9

Ⅰ . ①苏…　Ⅱ . ①威…②孙…　Ⅲ . ①苏格兰－历史
Ⅳ . ① K561

中国版本图书馆 CIP 数据核字（2019）第 275624 号

苏格兰史

[英] 威廉·罗伯逊　著　孙一笑　译

责任编辑	王志毅
文字编辑	王　军
责任校对	黄梦瑶
装帧设计	毛　淳
出版发行	浙江大学出版社
	（杭州天目山路 148 号　邮政编码 310007）
	（网址：http://www.zjupress.com）
排　　版	北京辰轩文化传媒有限公司
印　　刷	河北华商印刷有限公司
开　　本	635mm×965mm　1/16
印　　张	34
字　　数	410 千
版 印 次	2021 年 2 月第 1 版　2021 年 2 月第 1 次印刷
书　　号	ISBN 978-7-308-19793-9
定　　价	138.00 元